B V
72

AF549822

Jerzy Konikowski

Modernes Sizilianisch – richtig gespielt

Joachim Beyer Verlag

ISBN 978-3-95920-128-5

4. überarbeitete und ergänzte Auflage 2021

Ein Imprint des Schachverlag Ullrich, Zur Wallfahrtskirche 5,
97483 Eltmann

Herausgeber: Robert Ullrich

Inhaltsverzeichnis

Zeichenerklärung

!	ein sehr guter Zug
!!	ein ausgezeichneter Zug
?	ein schwacher Zug
??	ein grober Fehler
!?	ein beachtenswerter Zug
?!	ein Zug von zweifelhaftem Wert
+ −	Weiß hat entscheidenden Vorteil
− +	Schwarz hat entscheidenden Vorteil
±	Weiß steht besser
∓	Schwarz steht besser
⩲	Weiß steht etwas besser
⩱	Schwarz steht etwas besser
=	ausgeglichen
∞	unklar, mit beiderseitigen Chancen
≅	mit Kompensation für den materiellen Nachteil
↑	mit Initiative
→	mit Angriff
⇄	mit Gegenspiel
Δ	mit der Idee
⌓	besser ist
x	schlagen
+	schach
#	matt

Vorwort

Die Eröffnung ist ein wichtiges und zugleich kompliziertes Stadium jeder Schachpartie. Wenn eine Seite schon am Anfang des Kampfes materiell oder positionell in Nachteil gerät, wird es nicht leicht, dies im weiteren Spielverlauf (also im Mittel- bzw. Endspiel) wieder auszubügeln. Um eine Partie richtig zu beginnen, ist es wichtig, Eröffnungen sorgfältig zu studieren. Dabei muss man sein Wissen und seine Erfahrung nutzen, um die eigenen Figuren optimal auf dem Schachbrett zu platzieren. Es ist klar, dass nur diejenigen Spieler im Schach Erfolge erzielen können, die sich mit dieser Problematik ernsthaft beschäftigen und die versuchen, die taktischen und positionellen Nuancen der von ihnen gespielten Eröffnungen richtig kennen zu lernen und zu verstehen. Und damit dies möglichst gut gelingt, muss man Bücher zum jeweiligen Thema studieren.

Die Sizilianische Verteidigung ist heutzutage die beliebteste Spielweise gegen 1.e2–e4. Der Grund ist, dass viele scharfe und komplizierte Stellungen entstehen, die Schwarz zahlreiche und gute dynamische Gegenchancen bieten. Die Strategie von Weiß beruht darauf, das Zentrum zu behaupten und sich Angriffsmöglichkeiten am Königsflügel zu verschaffen. Schwarz hingegen versucht, das weiße Zentrum zu bekämpfen und ein schnelles Konterspiel am Damenflügel zu starten. Eine sehr wichtige Rolle spielt dabei die halboffene c–Linie, wo ein Turm auf c8 unangenehmen Druck auf den Springer c3 und den Bauern c2 ausüben kann.

Diese Verteidigung bietet Spielern jeglicher Spielstärke, vom Amateur bis hin zur Weltspitze, einen breiten Anwendungsbereich. Da es aus Platzgründen leider nicht möglich ist, alle Sizilianisch–Systeme in einem einzigen Buch vorzustellen, habe ich beschlossen, Ihnen eine der heute populärsten Spielweisen vorzustellen – nämlich das Najdorf-System. Dieses führt zweifellos zu einem kompromisslosen Kampf mit guten Chancen für Schwarz. Aus diesem Grund haben es viele Weltmeister (wie beispielsweise Robert Fischer, Garri Kasparow und Wesselin Topalow) zu ihrer Hauptwaffe gegen 1.e2–e4 gemacht und mit großem Erfolg angewandt.

Mit diesem Buch möchte ich Ihnen ein komplettes Repertoire für Schwarz gegen 1.e2–e4 vorstellen. Es ist jedoch keine wissenschaftliche Arbeit mit den dazu erforderlichen ausführlichen Texten, Varianten und Analysen. Hingegen ist es ein Versuch, eine notwendige und hinreichende Menge an Informationen zu diesem Thema zu bieten, sodass sich der Leser schnell mit der Eröffnung vertraut machen und sie auch in der Praxis anwenden kann. Das Buch wendet sich somit an Schachfreunde, die mit Schwarz Sizilianisch spielen möchten – womöglich sogar zum ersten Mal. Deshalb finden Sie hier nicht nur die Besprechung des Najdorf-Systems, sondern auch all der Varianten, die vor Erreichen von dessen Ausgangsstellung auftreten können – wie 2.♘c3, 2.c3, 2.d4, 2.f4 usw.

Wenn Sie den Zug 1...c7–c5 noch niemals gespielt haben, empfiehlt es sich, zunächst alle Varianten nachzuspielen, um einen allgemeinen Eindruck zu gewinnen. Anschließend können Sie mit einigen der Varianten experimentieren, die Ihnen am besten gefallen haben - und zwar am zweckmäßigsten in freien Partien oder Blitzpartien (z.B. im Internet). Wenn Sie nach einiger Zeit den Wunsch nach umfangreicheren Informationen zu einzelnen Varianten verspüren, können Sie zu Spezialliteratur greifen. Ein ausführliches Literaturverzeichnis befindet sich am Ende des Buches.

Zum guten Schluss möchte ich noch auf einen speziellen Aspekt aufmerksam machen. Die Eröffnungstheorie entwickelt sich heutzutage in Windeseile. Bei fast jedem bedeutenden Turnier werden neue Ideen hervorgebracht, alte Einschätzungen werden revidiert und die ein oder andere Variante wird widerlegt. Angesichts dieser Informationsflut ist es also nicht einfach, den Überblick zu behalten. Es kann durchaus passieren, dass sich die Bewertung einer Variante aus einem gerade erschienenen Eröffnungsbuch inzwischen geändert hat. Das ist leider nicht zu vermeiden. Deshalb empfehle ich Ihnen, jedes Eröffnungsbuch kritisch zu betrachten und mit der aktuellen Turnierpraxis zu vergleichen.

Ich hoffe, dass mein Lehrbuch Ihnen dabei hilft, die Geheimnisse der vorgestellten Varianten zu ergründen und dass es Sie dazu anregen wird, die Sizilianische Verteidigung in Ihr Turnierrepertoire aufzunehmen.

Jerzy Konikowski
FIDE-Meister

Einleitung

1.e4

Dieser Eröffnungszug, den Weiß in der Turnierpraxis am häufigsten wählt, führt zu lebhaftem und höchst interessantem Spiel. Er ist vor allem Spielern mit guten taktischen Fähigkeiten zu empfehlen, denn oft entstehen sehr scharfe Positionen, in denen sich beide Seiten auf ihr kombinatorisches Gespür verlassen müssen.

1...c5

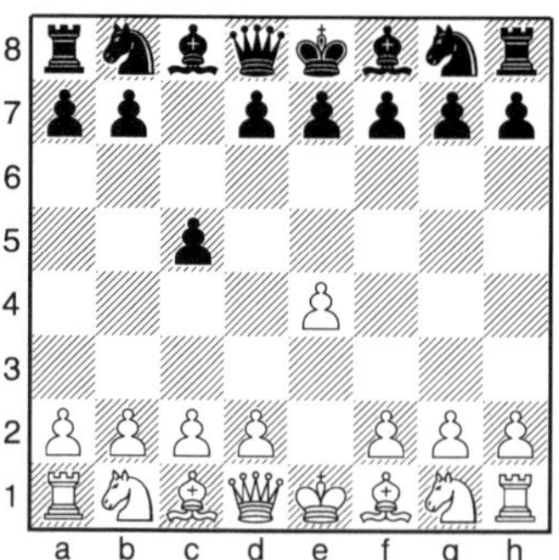

Die Sizilianische Verteidigung wird heutzutage am häufigsten gespielt. Diese Popularität beruht ohne Zweifel auf der Dynamik des Spiels. Die entstehende asymmetrische Struktur führt grundsätzlich zu einem komplizierten und zweischneidigen Kampf mit beiderseitigen Chancen. Die Praxis zeigt, dass Schwarz schon in der frühen Partiephase gute Perspektiven hat, sich nicht nur auf die Defensive beschränken zu müssen, sondern Gegenspiel zu erhalten. Die Sizilianische Verteidigung ist besonders bei Taktikern beliebt, denn in ihren Händen ist sie eine Waffe, die dem Weißen sehr gefährlich werden kann.

2.♘f3

Diese logische Fortsetzung, mit der Weiß seinen Königsflügel entwickelt und gleichzeitig d2–d4 vorbereitet, wird am meisten gespielt.

Gelegentlich wird der Springer auch auf e2 platziert, aber das führt zumeist unter Zugumstellung zu den Hauptvarianten.

Natürlich stehen dem Weißen viele andere Möglichkeiten zur Verfügung.

I. 2.♘c3 – siehe **Kapitel 1**

II. 2.c3 – siehe **Kapitel 2**

III. 2.d4 – siehe **Kapitel 3**

IV. 2.f4 – siehe **Kapitel 4**

Andere Varianten sind relativ selten und werden deshalb nur kurz vorgestellt.

V. Auf das Flügelgambit 2.b4 ist 2...cxb4 die prinzipielle Antwort.

A) 3.d4 d5 4.exd5

(Nach 4.e5 ♘c6 kann Schwarz sich mit ♕d8–b6, ♗c8–f5 usw. entwickeln.)

4...♘f6 5.♗b5+ ♗d7 6.♗c4 ♗g4

7.f3 ♗f5 8.a3 ♘xd5 9.axb4 ♘xb4 10.♘a3 e6 11.♘e2 ♗e7 12.0-0 0-0 13.c3 ♘d5 14.♗b3 ♘c6 15.♘c2 ♖c8 16.♘e3 ♘xe3 17.♗xe3 ♘a5 18.♗a2 a6 19.♗f2 ♘c4 20.♘g3 ♗g6 und Weiß hat keine Kompensation für den Bauern, Ozsvath–Varnusz, Budapest 1973.

B) 3.a3 d5

(Nach 3...bxa3 4.♗xa3 entsteht eine unklare Stellung.)

4.exd5 ♕xd5 5.♘f3

(Oder 5.♗b2 e5 6.♘f3 ♘c6 7.axb4 ♗xb4 und Schwarz steht besser.)

5...e5 6.axb4 ♗xb4 7.♗a3

(7.c3 ♗d6 8.♘a3 ♘c6 9.♗c4 ♕e4+ 10.♗e2 ♘ge7∓, Rossetto–Hübner, Skopje 1972)

7...♗xa3 8.♘xa3 ♘c6 9.♘b5 ♕d8 10.♗c4 ♘f6 11.0-0 0-0 und Schwarz behauptet den Mehrbauern, Analyse von Polugajewski.

VI. 2.g3 d5

Möglich ist auch 2...g6, was unter Umständen durch Zugumstellung zur *Geschlossenen Variante* führen kann – siehe **Kapitel 1**.

A) 3.d3 dxe4!?

(Ein anderer Plan besteht in 3...♘c6 4.♘d2 e5 5.exd5 ♕xd5 6.♘gf3 ♗e6 7.♗g2 0-0-0 8.0-0 ♕d7 9.♖e1 f6 10.a4 g5 mit zweischneidiger Stellung, denn beide Parteien haben Spiel gegen den gegnerischen König.)

4.dxe4 ♕xd1+ 5.♔xd1 ♘f6 6.f3 ♘c6 7.c3 e5 8.♔c2 ♗e7 9.♗e3 a6 10.♘d2 b5 11.♖d1 ♗e6 Δ0-0-0 oder auch 0-0, ♖f8–d8 mit gutem Spiel.

B) 3.exd5 ♕xd5 4.♘f3 ♗g4 5.♗g2 ♕e6+! 6.♔f1

(6.♕e2 ♕xe2+ 7.♔xe2 ♘c6 ist gut für Schwarz.)

6...♘c6 7.h3 ♗h5 8.♘c3

(In der Partie Suetin–Sweschnikow, Dubna 1979, erreichte Schwarz nach 8.d3 ♕d7 9.g4 ♗g6 10.♘h4 e6 11.♘xg6 hxg6 12.♘c3 ♘f6 die bessere Stellung.)

8...♘f6 9.d3 ♕d7 10.♗f4 e6 11.g4 ♗g6 12.♘e5 ♘xe5 13.♗xe5 0-0-0 nebst ♗f8–d6 mit gutem Spiel für Schwarz.

VII. 2.c4 ♘c6

(Auch hier geht 2...g6!?.)

3.♘c3

A) 3...e6 4.♘f3 ♘d4

(Spielbar ist 4...♘f6 Δd7–d5 oder d7–d6.)

5.♘xd4 cxd4 6.♘e2 ♕b6 7.♘g3 g6 8.♗e2 ♗g7 9.0-0 ♘e7 10.d3 0-0=

B) 3...g6 4.g3 ♗g7 5.♗g2 d6 6.d3 e6

(6...♘f6 7.♘ge2 0-0 8.0-0 ♘e8 9.♗e3 ♘d4=)

7.♘ge2 ♘ge7 8.0-0 0-0 9.♗e3 ♘d4 10.♕d2 ♘ec6 11.♖ab1 ♗d7 12.a3 a5 13.♘b5 ♕e7 14.♘exd4 cxd4 15.♗h6 ♖fc8 16.♗xg7 ♔xg7 17.♗h3 a4 18.f4 e5 19.♗xd7 ♕xd7 20.f5

♖f8 21.f6+ ♔h8 22.♕h6 ♖g8 23.♖f3 g5 24.g4 ♖g6 25.♕h5 ♘d8 mit der Absicht ♘d8–e6–f4 nebst Eroberung des Bauern f6. Schwarz steht deutlich besser, De Eccher–Morosewitsch, Capelle la Grande 1992.

VIII. 2.b3 d6

(Mit 2...♘c6 3.♗b2 d6 4.f4 ♘f6 5.♘c3 g6 usw. kann Schwarz auch in eine andere Richtung gehen.)

A) 3.♗b2 e5 4.f4 ♘c6 5.♘f3 exf4 6.♗b5 ♘f6 7.0-0 ♗d7 8.♘c3 ♗e7 9.d3 ♘e5 10.♗xd7+ ♕xd7 11.♕d2 ♘g6 12.♘e2 ♘h5∓, Sulskis–Dwoiris, Koszalin 1999

B) 3.f4 ♘f6

(Ein anderer Entwicklungsplan ist 3...♘c6 4.♘f3 ♘f6 5.♘c3 g6 6.♗b2 ♗g7 mit etwa gleichen Chancen.)

4.♕f3 ♘c6 5.♗b2 e6 6.♘c3 a6 7.0-0-0 ♗d7 8.g4 ♘d4 9.♕g2 ♗c6 10.g5 ♘h5 11.♘ce2 e5 und die Chancen beider Parteien sind etwa ausgeglichen, Reprintzew–Balaschow, St. Petersburg 1998.

C) 3.♗b5+ ♘d7 4.♗b2 e6 5.♘e2 ♘gf6 6.♗xd7+ ♗xd7 7.d3 ♗e7 8.♘d2 ♗c6 9.0-0 d5 10.♘g3

(10.e5 ♘d7 11.f4 0-0 12.♘g3 f6=)

10...♕c7 11.♕e2 0-0-0 (11...0-0!?) 12.e5 ♘d7 13.a3 ♖de8 14.b4 f6 mit scharfer Stellung angesichts der entgegengesetzten Rochaden, Analyse von Rogozenko.

IX. 2.d3 ♘c6

(Ein anderer Entwicklungsplan ist 2...e6 3.♘f3 d5 4.♘bd2 ♘c6 5.c3 ♘ge7 6.♗e2 ♘g6 usw.)

3.g3

(Oder 3.f4 g6 4.♘f3 ♗g7 5.♗e2 d6 6.0-0 ♘f6 7.♕e1 0-0 8.♕h4 c4 9.♔h1 cxd3 10.cxd3 ♗g4 11.♘c3 ♗xf3 12.♗xf3 ♕b6 13.♗d1 und nun hätte Schwarz in der Partie McShane–Tscheparinow, Novi Sad 2009, 13...♖ac8!? spielen sollen; z.B. 14.♖f3 e6 15.♖h3 h5 16.f5 ♘e5 mit gutem Spiel.)

A) 3...♘f6 4.♗g2 e6

(Oder 4...d5 5.exd5 ♘xd5 6.♘c3 ♘xc3 7.bxc3 g6 8.♘e2 ♗g7 9.0-0 0-0 10.♗e3 ♕d6 11.♖b1 b6 nebst ♗c8–b7 mit etwa gleichen Chancen.)

5.♘f3 d5 6.♘bd2 ♗e7 7.0-0 0-0 8.♖e1 b5 9.e5 ♘d7 10.♘f1 a5 11.h4 b4 12.♗f4 ♗a6 13.♘1h2 a4

Unter Zugumstellung ist eine Hauptvariante des 'Königsindischen Angriffs' entstanden. Beide Seiten haben klare Ziele: Weiß versucht am Königsflügel zu attackieren, Schwarz wird auf der anderen Seite kontern. Die Stellung ist kompliziert mit beiderseitigen Chancen.

B) 3...g6 4.♗g2 ♗g7 5.f4 d6 6.♘f3 e5 7.c3 exf4 8.♗xf4

(8.gxf4 ♘ge7 9.0-0 0-0 10.♗e3 b6 11.♘a3 d5 12.e5 f6=)

8...♘ge7 9.♕d2 ♘e5 10.♘a3 ♗g4 11.0-0 0-0 12.♖ae1 ♕d7 13.d4 ♘xf3+ 14.♗xf3 ♗xf3 15.♖xf3 cxd4 16.cxd4 ♘c6 17.♘c2 ♖ae8 und nach Überwindung der Eröffnungsprobleme steht Schwarz gut.

X. 2.a3

Diese originelle Variante ist mit einem Bauernopfer verbunden.

2...e6 3.b4!? cxb4 4.axb4 ♗xb4

A) 5.♗b2 ♘f6 6.e5 ♘d5 7.c4 ♘e7 8.♘a3 ♘bc6 9.♘c2 ♗a5 10.♖a3 ♗c7 11.♕a1 b6 12.♖g3

(12.♘f3 ♗b7 13.h4 ist eine Empfehlung von Notkin.)

12...♘f5 13.♖h3 ♗b7 14.♘f3 ♘ce7 15.♗d3 ♘g6

Weiß hat für den Bauern aktives Spiel, doch Schwarz sollte seine Stellung verteidigen können.

B) 5.c3 ♗e7 6.d4 ♘f6

(In der Partie Marshall–Tarrasch, San Sebastian 1912, spielte Schwarz 6...d6 7.♘f3 ♘c6 8.♗e3 b6 9.♗b5 ♗d7 10.d5 exd5 11.exd5 ♘a5 12.♘a3 ♘f6 13.0-0 0-0 14.♖e1 ♖e8, wonach er mit einem Mehrbauern verblieb und die Partie schließlich gewann.)

7.♗d3 0-0 8.f4 d6 9.♘f3 ♘c6 10.0-0 ♕c7 11.♘bd2 e5 12.d5 ♘a5 und Weiß hat einen Bauern weniger.

2...d6

Heutzutage auch populäre Antworten wie 2...e6 oder 2...♘c6 führen zu anderen Systemen und werden in diesem Buch nicht behandelt.

3.d4

Mit diesem üblichen Zug kämpft Weiß um die Herrschaft im Zentrum. Auch der Weg für den schwarzfeldrigen Läufer wird frei.

Seltener gespielt wird 3.♗b5+ – siehe **Kapitel 5.**

3...cxd4

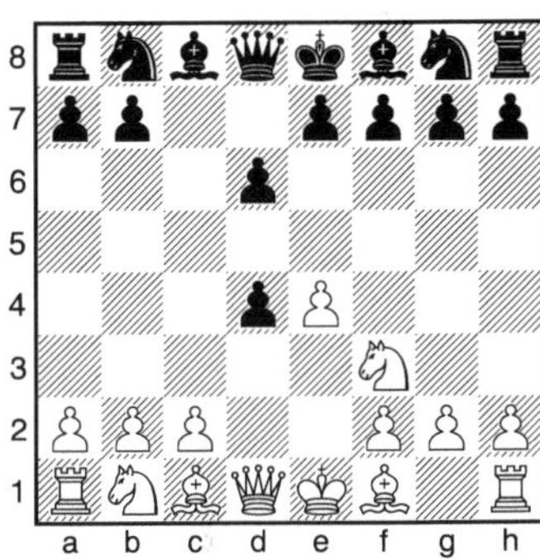

4.♘xd4

Eine Nebenvariante ist 4.♕xd4 mit folgenden Möglichkeiten.

A) 4...a6

A1) 5.♗e3 ♘c6 6.♕d2

(Nach 6.♕b6 ♕xb6 7.♗xb6 ♘f6 8.♘c3 ♗g4 9.♘d2 g6 10.f4 ♗e6 11.♗c4 ♘d7 12.♗e3 ♗g7 13.♗b3 ♖c8 steht Schwarz gut.)

6...♘f6 7.♘c3 b5 8.0-0-0 ♕a5 9.♔b1 e6 10.♗d3 ♗b7 11.♘e2 ♕xd2 12.♗xd2 ♗e7 13.h3 ♖c8 14.♖he1 ♘d7 15.♘ed4 ♘xd4 16.♘xd4 ♘c5 und Schwarz erhält Ausgleich.

A2) 5.♗g5 ♘c6 6.♕d2 h6 7.♗h4 g5 8.♗g3 ♗g7 9.♘c3

(9.c3 ♘f6 10.♗d3 d5!=)

9...♗e6 10.♗d3 ♘f6 11.0-0 ♘h5 12.♘d5 f5 13.h3 f4 14.♗h2 0-0 15.c3 ♘f6

Schwarz hat keine Eröffnungsprobleme und gute Aussichten.

A3) 5.c4 ♘c6 6.♕d2

(6.♕e3 g6 7.♗e2 ♗g4 8.0-0 ♗g7 9.♘c3 ♘f6=, Analyse von Rogozenko)

6...g6 7.b3 ♗g7 8.♘c3 ♘f6 9.♗b2 ♗g4 10.♗e2 0-0 11.0-0 ♕a5 12.♖fd1 ♖fd8 13.h3 ♗xf3 14.♗xf3 ♘d7 15.♗e2 ♘c5 16.♖ac1 ♖ab8 17.♕e3 b5 18.cxb5 axb5 19.♖d2 e6 20.♗f1 b4 21.♘d1 ♗xb2 22.♖xb2 ♖bc8 und Schwarz hat eine gute Stellung, Taher–Ftacnik, Istanbul 2000.

A4) 5.h3 ♘c6 6.♕e3 g6 7.c4 ♗g7 8.♗e2 ♘f6 9.♘c3 0-0 10.0-0 ♗e6

(Es geht auch 10...♘d7!? 11.♖b1 a5 12.b3 ♘c5 13.♗b2 f5 14.exf5 ♗xf5 15.♖bd1 a4 16.♗a3 ♕a5 17.♘b5 axb3 18.axb3 ♖f6 19.♗xc5 ♖e6 20.♕c1 ♖xe2 21.♗d4 ♘xd4 22.♘fxd4 ♖e5 und Schwarz hat keine Sorgen, Rombaldoni–Sorcinelli, Bergamo 2009.)

11.♖b1

(11.♗d2 ♖c8 12.♖ab1 ♘d7 13.♘g5 ♘d4 14.♘xe6 fxe6 15.♖fc1 ♖f7 16.b4 ♕c7 17.♘d1 ♘e5=, Macieja–Shanava, Kusadasi 2006)

11...♖c8 12.b3 ♕a5 13.♗d2 ♕c5 14.♖bc1 ♘d7 15.♘g5 ♕xe3 16.♗xe3 ♘c5 17.♖fd1 h6 18.♘xe6 fxe6 19.f3 g5 mit gleichem Spiel, Antonio–Le Quang Liem, Subic Bay 2009.

B) 4...♘c6 5.♗b5

(5.♕d2 ♘f6 6.♘c3 ♗g4 7.♗e2 e6 8.0-0 ♗e7 9.b3 0-0 10.♗b2 ♖c8 11.♖ad1 a6=)

5...♗d7

B1) 6.♕d3 a6 7.♗xc6 ♗xc6 8.♘c3 e6 9.♗f4 ♘f6 10.0-0-0 d5

(Es geht wahrscheinlich auch 10...♗e7 11.♖he1 d5!? usw.)

11.♗g5 (11.♘e5 ♗d6=) 11...dxe4 12.♕xd8+ ♖xd8 13.♖xd8+ ♔xd8 14.♘e5 ♔e8 15.♘xc6 bxc6 16.♖d1 ♘d5 17.♘xe4 f5 18.♘g3 h6 19.♗d2 ♗c5 20.f3 ♔f7=

B2) 6.♗xc6 ♗xc6 7.♘c3 ♘f6 8.♗g5 e6 9.0-0-0 ♗e7 10.♖he1 0-0 11.♕d2

(11.♔b1 wird in **Partie Nr. 1**: Swidler–Kasparow, Linares 1999, analysiert.)

11...♕c7 12.♘d4 ♖fd8

Beide Seiten haben die klare Absicht, die gegnerische Königsstellung zu stürmen.

13.♔b1 ♖ac8 14.f4 h6 15.h4 b5! 16.f5

(16.♘dxb5 ♕b7∓; 16.♘cxb5 ♗xb5 17.♘xb5 ♕b7 18.♗xf6 ♗xf6 19.♘d4 ♖c4⇄)

16...b4 17.♘cb5 ♗xb5 18.♘xb5

♕c5 19.♘d4 hxg5 20.hxg5 ♘h7 21.g6 ♘f8 22.gxf7+ ♔xf7 23.♕e2 ♗f6 0-1, Fernandez-Beljawski, Alicante 1978

4...♘f6 5.♘c3 a6

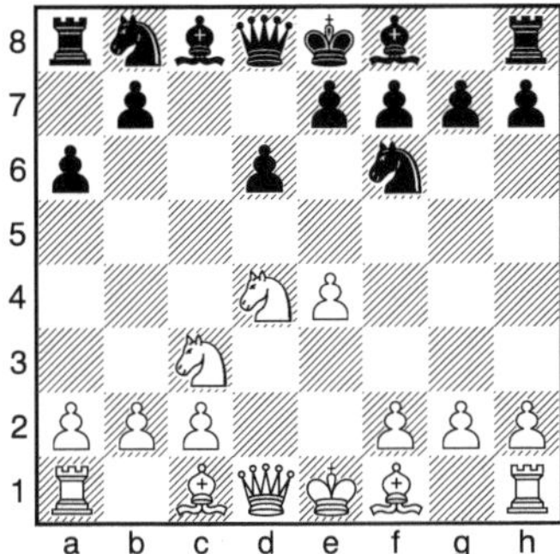

Durch diesen Zug, der die Vorbereitung von b7-b5 und damit ein Konterspiel am Damenflügel plant, wird das Najdorf-System charakterisiert. Es trägt den Namen des polnisch-argentinischen Großmeisters Miguel (Mieczyslaw) Najdorf (1910-1997), der bereits in den 1940er Jahren mit dieser Neuentwicklung die Aufmerksamkeit der Praktiker und Theoretiker auf sich zog.

Heutzutage ist das Najdorf-System aufgrund der Schärfe des Spiels und der hervorragenden schwarzen Gegenchancen eine der beliebtesten Spielweisen in der Sizilianischen Verteidigung und wird sehr häufig auch von Weltklassespielern angewandt. Zu den größten Anhängern gehört ohne Zweifel Garri Kasparow, einer der besten Schachspieler aller Zeiten. In diesem Buch findet der Leser viele Partiefragmente aus seiner Turnierpraxis und in den Beispielpartien von **Kapitel 19** auch einige vollständige Werke.

6.♗g5

Diese Fortsetzung gilt allgemein als beste gegen das Najdorf-System. droht auf f6 zu schlagen, wodurch die schwarze Bauernstruktur am Königsflügel geschwächt würde.

Selbstverständlich stehen dem Weißen eine ganze Reihe weiterer Spielpläne zur Auswahl.

I. 6.f3 – siehe **Kapitel 6**

II. 6.♗e3 – siehe **Kapitel 7**

III. 6.f4 – siehe **Kapitel 8**

IV. 6.g3 – siehe **Kapitel 9**

V. 6.♗e2 – siehe **Kapitel 10**

VI. 6.♗c4 – siehe **Kapitel 11**

VII. 6.h3

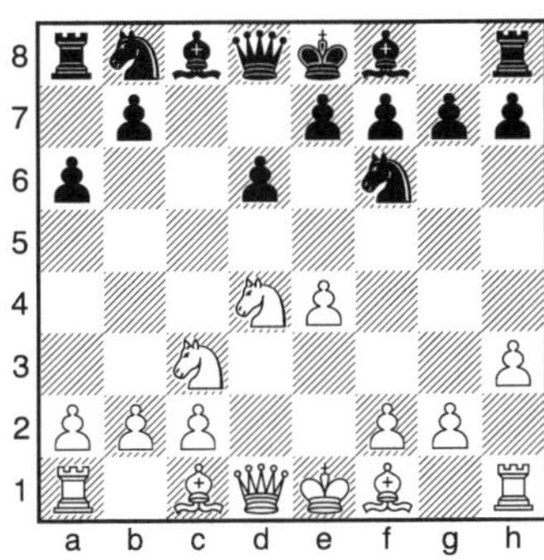

Weiß will mit g2–g4 aktiv am Königsflügel vorgehen, aber Schwarz hat genügend Gegenspiel.

A) 6...e5 7.♘de2

Laut Theorie das Beste. Der Springer kann nach ♘e2-g3 zum Königsflügel überführt oder oft auch über c3 auf die anderen Seite gebracht werden.

(Nach 7.♘b3 ♗e6 8.f4 ♘bd7 9.g4 b5 10.♗g2 ♘b6 11.g5 ♘fd7 12.f5 ♗c4 13.♘a5 ♖c8 14.♕d2 b4 15.♘d1 ♗b5 16.a3 d5! kommt Schwarz zu Gegenspiel im Zentrum, Khismatullin–Duda, Eriwan 2014.)

7...h5!?

Eine gegenwärtig populäre Fortsetzung, um g2-g4 zu verhindern. Anderseits wird der Königsflügel geschwächt, was Weiß sehr oft ausnutzen kann.

8.g3

(8.♗g5 ♗e6 9.♗xf6 ♕xf6 10.♘d5 ♕d8 11.♕d3 ♘c6 12.0-0-0 g6 13.♔b1 ♗g7 14.f4 ♗xd5 15.♕xd5 exf4 16.♘xf4 ♕f6 17.♘d3 0-0 18.♗e2 ♘d4 19.?df1 ♕e6 20.♕xe6 fxe6 21.♗d1 ♖xf1 22.♖xf1 ♖f8=, Saric–Wojtaszek, Istanbul 2012)

8...♘bd7 9.♗g5

(Auf 9.♗g2 folgt 9...b5 nebst ♗c8-b7, ♘d7-c5 mit schwarzem Gegenspiel.)

9...♗e7 10.a4 ♘c5 11.♗g2 ♗e6 12.a5 b5 13.axb6 ♕xb6 14.b3 0-0 15.0-0 a5 16.♕d2 ♖fc8 17.♖fd1 a4?, Caruana–Nakamura, Zürich 2015

B) 6...b5 7.g4

(Oder 7.♘d5!? – siehe **Partie Nr. 2:** Fischer–Najdorf, Warna 1962.)

7...♗b7 8.♗g2 ♘c6 9.0-0

(Nach 9.♗e3 kann Schwarz 9...♘a5 mit dem Plan e7-e6, ♗f8-e7, 0-0 usw. spielen.)

9...♘xd4 10.♕xd4 e5 11.♕d3 ♗e7 12.f4 ♘d7 13.♘d5 ♗xd5 14.exd5 0-0 15.c3 exf4 16.♗xf4 ♗f6 17.♗e4 g6 18.♔g2 ♗e5 und Schwarz steht gut, Morris–Smirnow, Cammeray 2018.

C) 6...e6 7.g4

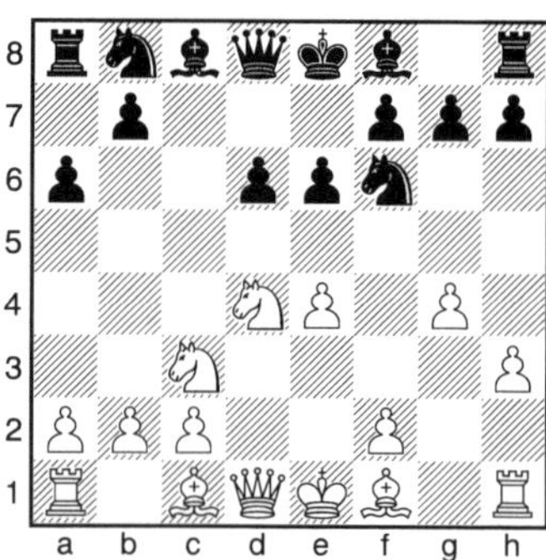

Jetzt stehenSchwarz mehrere gute Pläne zur Verfügung.

C1) 7...b5 8.♗g2 ♗b7 9.a3

(Nach 9.g5 ♘fd7 10.f4 ♘c6 11.♘xc6 ♗xc6 12.♗e3 kann Schwarz mit 12...♗e7 oder 12...b4 nebst ♘d7–c5 ziemlich gleiche Chancen erreichen.)

9...♘fd7 10.0-0 ♗e7

(Interessant ist auch 10...g5!? 11.♘de2 h5 12.gxh5 ♖xh5 mit scharfem Spiel.)

11.f4 ♘c6 12.♗e3 ♘xd4 13.♕xd4 0-0 14.a4 ♗c6 15.axb5 axb5 16.b4 e5 17.♕d3 exf4 18.♗xf4 ♘e5 mit guten Chancen, Fontaine–Lautier, Marseille 2001.

C2) 7...♘fd7 8.♗g2 ♗e7

(Die Fortsetzung 8...♘c6 wird in **Partie Nr. 3:** Sprenger–Hou Yifan, Bundesliga 2020, analysiert.)

9.♗e3 ♘c6 10.♕d2 0-0 11.0-0-0 ♘de5 12.♕e2 ♘xd4 13.♗xd4 ♘c6 14.♗e3 b5 15.f4 ♗b7 16.♔b1 ♖c8 17.g5 ♘a5 18.♕e1 ♕c7 19.♖c1 ♘c4 20.♘d1 d5! mit schwarzem Gegenspiel, Radjabow–Duda, Berlin 2015.

C3) 7...d5 8.exd5 ♘xd5 9.♘de2

(Eine andere Möglichkeit ist 9.♗d2 ♗b4 10.♘xd5 ♗xd2+ 11.♕xd2 ♕xd5=.)

9...h5!?

Eine aktive Reaktion, mit der Schwarz sofort die Lage am Königsflügel klären will.

(Gut ist auch 9...♗b4 10.♗g2 0-0 11.♗d2 ♘xc3 12.♘xc3 ♘c6 13.a3 ♗e7 14.0-0 ♕c7 15.♕f3 ♖d8 16.♖ad1 ♗d7 17.♗f4 ♕b6 18.b4 ♗e8 and Schwarz hat eine solide Position, Kurajica–Mecking, Hastings 1971/72.)

10.g5 ♗d6 11.♘xd5 exd5 12.♗g2 0-0 13.0-0

(Nach 13.♘xd5 ♘c6 14.♗e3 ♗e6 15.♕d2 ♕c7 hat Schwarz ausreichenden Ersatz für den geopferten Bauern. Die kurze Rochade ist wegen der geschwächten Bauernstruktur sehr gefährlich, aber nach 16.0-0-0 nebst b7-b5, a6-a5 usw. bekommt Schwarz gute Gegenchancen.)

13...♘c6 14.♕xd5 ♗xh3! 15.♗f4 ♗xg2 16.♔xg2 ♗xf4 17.♘xf4 ♕b6 18.♘xh5 ♖ad8 19.♕b3 ♕c5 und wegen der schwachen weißen Königsstellung steht Schwarz etwas besser.

C4) 7...♗e7 8.g5 ♘fd7 9.h4 b5 10.a3 ♗b7 11.♗e3 ♘c6 12.♕d2 ♖c8

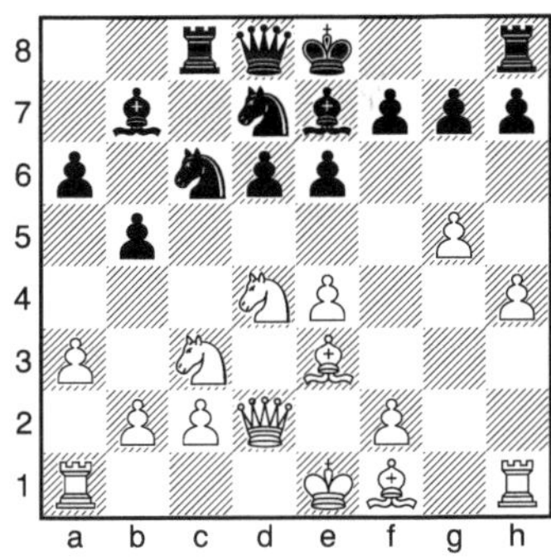

13.♖h3

Ein typischer Zug: Der Turm verteidigt die dritte Reihe und kann jederzeit zum Damenflügel überführt werden.

(Sehr oft anzutreffen ist auch 13.♘xc6 ♖xc6 14.0-0-0 0-0 15.♔b1 ♕c7 16.f3 ♘e5 17.♖h3 ♖c8 18.h5 ♘c4 19.♗xc4 ♖xc4 20.g6 ♗f6 mit guten Gegenchancen, Puranik-Zanan, Moskau 2020.)

13...b4

So leitet Schwarz sofortiges Gegenspiel gegen den weißen König ein.

(Zu scharfem Spiel führt 13...0-0 14.0-0-0 ♘xd4 15.♗xd4 ♘c5 16.♕e2 ♕a5 mit der Absicht b5-b4 usw.)

14.axb4 ♘xb4 15.♘b1

Mit der Drohung c2-c3 nebst ♗f1xa6.

(Zu 15.♘ce2 – siehe **Partie Nr. 4:** Demchenko–Gelfand, Moskau 2016.)

15...a5 16.c3 ♘c6 17.♘b5 d5!

Mit diesem aktiven Schlag in der Mitte verschafft Schwarz sich Gegenspiel gegen den unsicher stehenden weißen König.

(Nach 17...♘c5 18.♘xc5 dxc5 19.♖d3 ♕b6 20.♘d6+ ♘xd6 21.♖xd6 0-0 22.♘a3 steht Weiß besser.)

18.exd5 exd5 19.♕xd5 0-0 und nun sollte Weiß 20.♘1a3 nebst 0-0-0 mit scharfem Spiel in Erwägung ziehen.

In der Partie Pichot–Navara, Gibraltar 2020, wählte Weiß 20.♘a7 und nach 20...♘xa7 21.♕xb7 ♗c5 22.♗xc5 ♘xc5 23.♕xa7 ♖e8+ 24.♖e3 ♖xe3+ 25.fxe3 ♕e8 bekam Schwarz gefährliche Initiative.

VIII. 6.a4

Mit dem Ziel, das schwarze Gegenspiel b7–b5 zu erschweren. Andererseits wird das Feld b4 geschwächt, das durch schwarze Leichtfiguren besetzt werden kann.

6...e5

(Ein anderer Plan ist 6...♘c6!? 7.♗e2 e5 8.♘xc6 bxc6 9.f4 a5 10.fxe5 dxe5 11.♕xd8+ ♔xd8 12.♗g5 ♗e7 13.0-0-0+ ♔e8 14.♗c4 ♘g4 15.♗xe7 ♔xe7 16.♖d2 ♖a7 17.♘d1 ♖d7=, Van der Wiel–Hölzl, Österreich 1997.)

7.♘f3

(– 7.♘b3 ♗e6 8.♗g5 ♘bd7 9.♗d3 ♗e7 10.♕d2 0-0 11.f4 exf4 12.♗xf4 ♘e5 ist günstig für Schwarz, Kamssa–Allan, Damaskus 2003.

– Nach 7.♘de2 d5! 8.exd5 ♗b4 9.♗g5 0-0 10.♗xf6 ♕xf6 11.♘g3 ♕d8 12.♗c4 f5 13.0-0 ♔h8 hat Schwarz laut Arizmendi und Moreno aktives Spiel für den Bauern.

Statt 7...d5 kann Schwarz natürlich erst mit ♗f8–e7 und 0-0 seinen Königsflügel entwickeln, um erst danach den Vorstoß d6–d5 vorzubereiten.)

A) 7...♗e7 8.♗c4 (8.♗g5 ♗e6!) 8...♗e6

(Es geht auch 8...0-0 9.0-0 ♗e6 10.♗a2 h6 11.♖e1 ♘c6 12.♗e3

♘b4 13.♗xe6 fxe6 14.a5 ♖c8=, Ramirez Alvarez–Karjakin, Wijk aan Zee 2005.)

9.♕e2 0-0

(9...♘c6 10.0-0 ♗xc4 11.♕xc4 ♖c8 12.♗g5 ♘d7 13.♗xe7 ♘xe7 14.♕b4 ♕b6 15.♕xb6 ♘xb6=, Kudrin–Najer, USA 2005)

10.0-0 ♕c7 11.♗a2 ♘c6

(Möglich ist auch 11...♖c8!? nebst ♘b8–d7 usw.)

12.♖d1

(12.♘d5 ♗xd5 13.exd5 ♘b4 ist gut für Schwarz.)

12...♘b4 13.♗b3 ♖ac8 (13...h6!?) 14.♗g5 h6 15.♗xf6 ♗xf6 16.♕d2 ♖fd8 17.a5 ♕c5 mit etwa gleichen Chancen. Später gelang es Schwarz, den Vorstoß d6–d5 durchzusetzen und auszugleichen, S. Marjanovic–Chandler, Nis 1983.

B) 7...♕c7 8.♗g5

(Nach 8.♗e3 ♗e7 9.a5 0-0 10.♗e2 ♘bd7 11.0-0 ♘c5 12.♘d2 ♗e6 13.f3 d5! hat Schwarz keine Probleme.)

8...♘bd7 9.♘d2 h6 10.♗h4 g5 11.♗g3 ♘c5 12.a5 ♗e6 13.h4 ♗g7 14.♖a3 ♖d8 15.♕e2 d5 und Schwarz hat gutes Spiel, S. Hansen–Nakamura, Kopenhagen 2005.

IX. 6.♗d3

Mit dem Ziel, schnell den Königsflügel zu entwickeln und dann aktive Operationen einzuleiten.

A) 6...e6 7.0-0 ♘bd7 8.a4

(Gespielt wird auch 8.f4 ♗e7 9.♗e3 ♕c7 10.♕e2 b5 11.a3 ♗b7 mit beiderseitigen Chancen.)

8...b6 9.f4 ♗b7 10.♕f3 g6 11.♘b3 ♗g7 12.♕h3 ♕c7 13.♗e3 h5

(Beachtung verdient 13...0-0!? 14.f5 ♖ae8 mit guten Chancen, Analyse von Emms.)

14.♔h1 ♘g4 15.♗g1 ♘c5 mit sehr komplizierter Stellung, Semenjuk–Rubljewski, Russland 1999.

B) 6...♘c6 7.♘xc6 bxc6 8.0-0 g6 9.♕e2 ♗g7 10.♔h1 0-0 11.f4 ♘d7 12.♗d2 a5 13.♖ae1 a4 14.e5 dxe5

(14...♘c5!? ist eine starke Alternative.)

15.f5 gxf5!?

(15...♘c5 16.fxg6 hxg6 17.♗c4 ♗e6 18.♗e3 ♗xc4 19.♕xc4 ♘e6)

16.♖xf5

(16.♗xf5 e6 17.♗d3 f5∓)

16...♘c5 17.♖g5 ♘xd3 18.cxd3 f6

Laut Arizmendi und Moreno steht Schwarz angesichts von Mehrbauer und Läuferpaar besser.

X. 6.♖g1

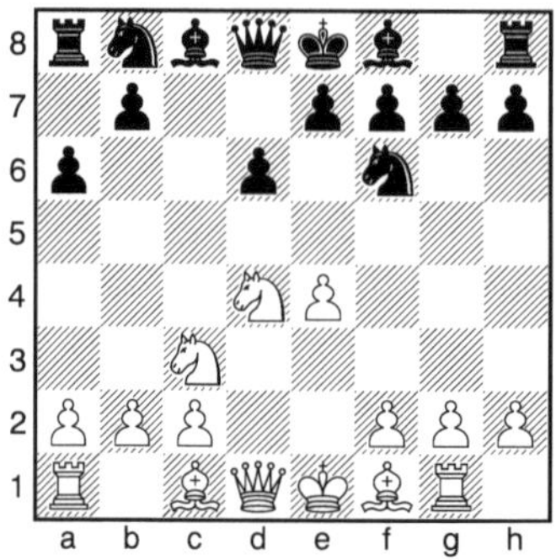

Weiß bereitet rasch den Vorstoß g2–g4 vor und plant damit einen Königsangriff. Schwarz hat jedoch viele effektive Gegenpläne mit guten Chancen auf gleiches Spiel.

6...e5

(– Möglich ist z.B. auch 6...e6 7.g4 d5 8.exd5 ♘xd5 9.♘xd5 ♕xd5 10.♗e3 ♕a5+ 11.c3 ♕c7 12.h4 ♗e7 13.♕c2 ♘d7 14.0-0-0 ♘c5 15.♗g2 ♗d7 16.g5 0-0-0 mit etwa gleichen Chancen, Waitzkin–Fedorowicz, New York 1999.

– Oder 6...♘c6 7.g4 g6 8.g5 ♘d7 9.h4 ♘xd4 10.♕xd4 ♘e5 11.♔d1! ♖g8 12.♘d5 ♘e6 13.♕b4 ♖b8 14.f4 ♘c6 15.♕b6 ♕xb6 16.♘xb6 ♘g7 17.c3 f5 18.gxf6 ♘xf6=, van Foreest–Firouzja, Wijk aan Zee 2020.)

7.♘b3 ♗e6 8.g4 d5

A) 9.g5 ♘xe4 10.♘xe4 dxe4 11.♕xd8+ ♔xd8 12.♗e3 ♘d7

(12...♔c7!? 13.♗g2 h6 14.gxh6 g6 15.♗xe4 ♘d7 16.0-0-0 ♗xh6 17.♗xh6 ♖xh6 18.♖g3 ♖c8 19.♗d5 ♗f5 20.♗xf7 ♔b8 21.c3 ♘f6 mit Kompensation für den Bauern, Fontaine–Relange, Clichy 1998.)

13.0-0-0

(13.♗g2 h6 14.♗xe4 ♔c7 15.h4 hxg5 16.hxg5 ♖h4=, Pridoroschni–Zhou Jianchao, Moskau 2005)

13...♔c7 14.♗g2 h6 15.gxh6 g6 16.♗xe4 ♗xh6 17.♖d2 ♘f6 18.♘c5 ♘xe4 19.♘xe4 ♖ad8 20.♗xh6 ♖xh6 21.♖xd8 ♔xd8 22.♘g5 ♔e7 23.♘xe6 ♔xe6 24.♖g2 ♔f5 25.♔d2 ♔f4 26.♔e2 g5 mit besserem Turmendspiel angesichts der Schwäche auf h2, Dowling–Bernal, IECG 2001.

B) 9.exd5 ♘xd5 10.♘xd5 ♕xd5 11.♗e3 ♘c6

(Zum Ausgleich führt auch 11...♕xd1+ 12.♖xd1 ♘d7 13.♗g2 ♗xg4 14.♖d2 ♖b8=, Nieuwelink–Windels, Belgien 2004.)

12.♕xd5 ♗xd5 13.0-0-0 0-0-0 14.g5 ♔c7 15.c4 ♗e6 16.♖xd8 ♘xd8 17.♗e2 ♘c6 18.♘c5 ♗f5 (18...♗xc5!?) 19.♗g4 ♗xc5 20.♗xf5 ½–½, Emelin–Huzman, St. Petersburg 1999

XI. 6.♕e2

Weiß entwickelt erst seine Dame, um später die Postierung des Läufers bestimmen zu können, der nach d2, e3 oder g5 ziehen kann.

6...e5

Mit dieser energischen Reaktion

zwingt Schwarz den weißen Springer zwar, die zentrale Position zu verlassen, schwächt jedoch das Feld d5.

A) 7.♘b3 ♗e6 8.♗g5

(8.♗e3 ♘bd7 9.0-0-0 ♗e7 10.f3 ♖c8 11.g4 b5 12.g5 ♘h5 13.♔b1 0-0 14.f4 ♘xf4 15.♗xf4 exf4 16.♘d4 ♘e5 17.♘xe6 fxe6 18.♗h3 ♕d7 19.♘d5 ♖b8 20.♖hg1 ♔h8 21.♕f2 ♘g6 22.♖d3 ♗d8∓, Kontopoulos-Anastasopoulos, Athen 2012)

8...♘bd7

(8...♗e7 9.♗xf6 ♗xf6 10.0-0-0 0-0 11.♔b1 ♕c7 12.♘d5 ♗xd5 13.exd5 ♘d7∞)

9.0-0-0 ♕c7 10.♔b1 ♗e7 mit beiderseitigen Chancen.

B) 7.♘f5 ♘c6 8.♗g5 ♗xf5 9.exf5

(9.♗xf6 ♕xf6 10.♘d5 ♕d8 11.exf5 ♕a5+ 12.♕d2 ♕xd2+ 13.♔xd2 ♖c8=)

9...♘d4 10.♕d3 ♕c8 11.♗xf6 gxf6 12.0-0-0 ♕xf5 13.♕xf5 ♘xf5 14.♘d5 0-0-0 15.g3 ♘e7 16.♘xf6 d5 17.♗h3+ ♔c7 18.♖he1 ♗g7 19.♘h5 ♗h6+ 20.f4 ♘g6 21.♔b1 exf4 22.gxf4 ♘xf4 23.♘xf4 ♗xf4 24.♖e7+ ♔b6 25.a4 ♗xh2 26.♖d3 ♔c6 27.♗g2 b5 mit etwa gleichem Endspiel, Peczely-Richter, Oberhof 2012.

XII. 6.♕f3

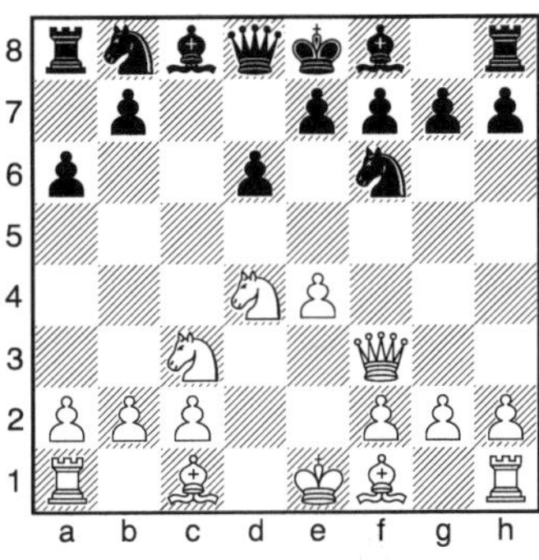

Dieser frühe Damenzug ist noch nicht so verbreitet. Er verfolgt die einfache Absicht, nach ♗c1-e3, h2-h3, 0-0-0 nebst g2-g4 einen Königsangriff zu starten.

6...g6

Der Drachen-Aufbau ist eine mögliche Verteidigungsmethode.

7.h3

Eine nützliche Prophylaxe gegen ♗c8-g4.

7...♗g7 8.♗e3 ♗d7

(Nach 8...0-0 fällt es Weiß leichter, sofort seinen Hauptplan in die Tat umzusetzen: 9.0-0-0 ♗d7 10.g4 ♘c6 11.♕g3 mit Initiative am Königsflügel.)

A) 9.♘d5!? 0-0

(Nach 9...♘xd5 10.exd5 ♕a5+ 11.c3 0-0 12.h4 setzt Weiß seinen Plan um, wohingegen Schwarz seine Kräfte noch nicht vollständig entwickelt hat.)

10.0-0-0 ♘c6 11.♔b1 ♘e5 (11...♖c8!?) 12.♘xf6+ ♗xf6 13.♕g3 ♖c8

Zwecks Gegenspiel muss Schwarz seine Kräfte am Damenflügel mobilisieren.

(Zu langsam ist 13...♕a5 14.♘b3 ♕c7 15.f4 ♘c6 16.h4 ♖fc8 17.c3 h5 18.♗e2 ♗g7 19.♕f2 a5 20.♗b6 ♕b8 21.a3 a4 22.♘d4 ♘xd4 23.♗xd4 e5 24.fxe5 dxe5 25.♗b6 ♗e6 26.g4! hxg4 27.h5 gxh5 28.♖xh5 mit starkem Angriff, J. Polgar–Swiercz, Istanbul 2012.)

14.h4 h5 15.f4 ♘c4 16.♗xc4 ♖xc4 17.e5 ♗g7 18.e6 ♗xd4 19.♖xd4

(19.exf7+ ♔xf7 20.♗xd4 ♗f5 21.♗c3 b5 ist günstig für Schwarz.)

19...♗xe6 20.♖xc4 ♗xc4 21.f5 ♕a5

(Aber nicht 21...♔h7?? wegen 22.♕g5+–.)

22.b3

(22.fxg6 ♕xa2+ 23.♔c1 ♕a1+ 24.♔d2 ♕xh1 25.gxf7+ ♔xf7–+)

22...♗d5 23.fxg6 ♗e4 24.gxf7+ ♔xf7 25.♖f1+ ♔e8 26.♖xf8+ ♔xf8 mit ausgeglichenem Endspiel.

B) 9.g4 ♘c6 10.0-0-0 0-0 11.♕g2 ♖c8 12.♗e2 (⌓12.f4!) 12...♘xd4 13.♗xd4 e5 14.♗e3 ♖xc3! 15.bxc3 ♕a5 16.g5 ♘h5 17.♗xh5 gxh5 18.♕f1 ♖c8 19.c4 ♗e6 20.♕d3 ♗xc4 21.♕xd6 ♕xa2 22.♕d7 ♕a3+ 23.♔d2 ♕a5+ 24.♔c1 ♗e6 25.♕xb7 ♗f8 26.♖he1 ♗b4 0-1, Abergel–Negi, Cappelle la Grande 2010

XIII. 6.a3

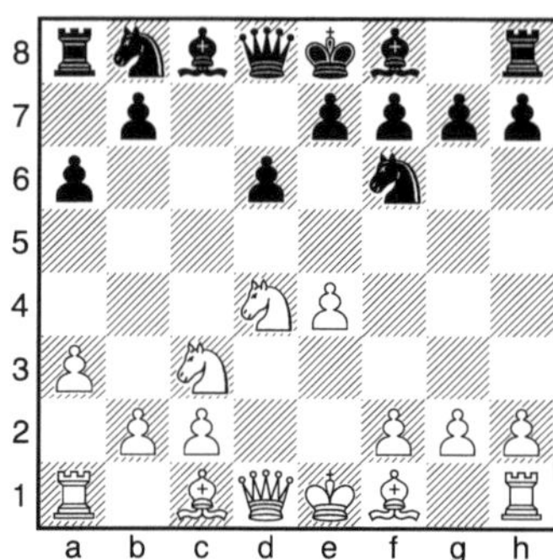

Um nach dem absehbaren b7-b5 den weiteren Vorstoß b5–b4 zu verhindern. Auch kann der Läufer nach eventuellem ♗f1-c4 und ♕d8-c7 ein Versteck auf a2 finden.

6...e5

Die Standartfortsetzung, die den Springer zu einer sofortigen Reaktion zwingt.

(Spielbar ist auch 6...e6; z.B. 7.f4 ♗e7 8.♗e3 ♘c6 9.♗d3 0-0 10.0-0 ♕c7 11.♔h1 b5 12.♕f3 ♗b7 13.♖ae1 ♘xd4 14.♗xd4 ♖ac8 15.♕g3 ♖fe8 16.f5 e5 17.♗e3 ♔h8 18.♘d5 ♘xd5 19.exd5 ♗f6 20.♗e4 ♕e7 mit beiderseitigen Chancen. Die Situation am Königsflügel ist stabil und Schwarz kann nach a6-a5 und b5-b4 ein Konterspiel auf der anderen Seiten organisieren, Gheorghiu–Damjanovic, Sotschi 1964.)

A) 7.♘b3 ♗e6 8.♗g5

(8.♗d3 ♗e7 9.0-0 ♘bd7 10.♔h1 0-0 11.f4 ♖c8=)

8...♗e7 9.♗xf6

Es geht um die Eroberung des Feldes d5.

(Nach 9.♗d3 ♘bd7 10.0-0 0-0 11.h3 b5 12.♖c1 ♘b6 hat Schwarz keine Probleme, Araboga-Uraz, Manavgat 2016.)

9...♗xf6 10.♘d5 ♘d7 11.♗e2 ♖c8 12.♘xf6+ ♘xf6 13.♕d3 0-0 14.0-0 ♕b6 15.♖fd1 ♖fd8 16.♖ac1 d5 17.exd5 ♖xd5 18.♕e3 ♕xe3 19.fxe3 ♔f8 mit aktivem Spiel für Schwarz, Blard-Rodier, Etang Sale 2006.

B) 7.♘f5 d5!

So ist richtig.

(Problematisch ist hingegen 7...♗xf5 8.exf5 d5 9.♗g5 d4 10.♗xf6 ♕xf6 11.♘d5 ♕d8 12.♗c4 b5 13.♗a2 ♗c5 14.♕g4 0-0 15.f6 g6 16.♕g5 ♘d7 17.h4 mit starkem Angriff, Lagno-Haussernot, Monaco 2017.)

8.♗g5 d4 9.♗xf6 gxf6!?

Das ist die beste Antwort.

(Nach 9...♕xf6 10.♘d5 gewinnt Weiß ein Tempo und erhält somit bessere Perspektiven; z.B. 10...♕d8 11.♕g4 ♗xf5 12.♕xf5 ♗d6 13.h4 ♘c6 14.♗c4 b5 15.♗b3 ♘e7 16.♕g4 0-0 17.♖h3 ♘xd5 18.♗xd5 ♖a7 19.♖g3 ♕f6 20.a4 ♗b4+ 21.♔f1 bxa4 22.♖xa4 a5 23.♖a1 ♖c7 24.♗b3 ♖a8 25.♔g1 ♗f8 26.♕h5 g6 27.♕g4 ♖a6 28.h5 ♕f4 29.♕e2 mit späterem Sieg, Carlsen-Wojtaszek, Wijk aan Zee 2017.)

10.♘b1

(10.♘e2 ♕b6 11.♖b1 ♗e6∞)

10...♗xf5 11.exf5 ♕d5 12.♕d3 ♘c6 13.♘d2 ♗h6 14.♘e4 ♕a5+ 15.c3 dxc3 16.♕xc3 ♕xc3+ 17.bxc3 ♔e7=, Schou Moldt-Ochsner, Horsens 2013

C) 7.♘f3 ♗e7 8.♗c4

(Nach 8.♗g5 empfiehlt sich 8...♘bd7!? 9.♗c4 b5 10.♗xf6 ♘xf6 11.♗d5 ♖b8=.)

8...0-0

(8...♗e6 9.♗a2 0-0 10.0-0 b5 11.♖e1 ♖e8 12.♗g5 ♘bd7 13.♘d2 ♖b8 14.♗xf6 ♘xf6 15.♘f1 b4?, Karjakin-Giri, Wijk aan Zee 2017)

9.0-0

(9.♗g5 ♗e6 10.♗xf6 ♗xc4 11.♗xe7 ♕xe7 12.♘d2 ♗e6 13.♘f1 ♘d7 14.♘e3 ♘f6 15.0-0 ♖ac8 16.♕d3 ♖c6 17.♖fd1 ♖fc8=, Anand-Njepomnjaschi, Riyadh 2017)

9...♗e6 10.♗xe6 fxe6 11.♘g5 ♕c8 12.♕d3 h6 13.♘f3 ♘bd7 14.♗e3 b5 15.♖ad1 ♘c5 mit Vorbereitung von d6-d5 und ausgezeichnetem Spiel, Grego-Rutten, Internet 2014.

6...e6

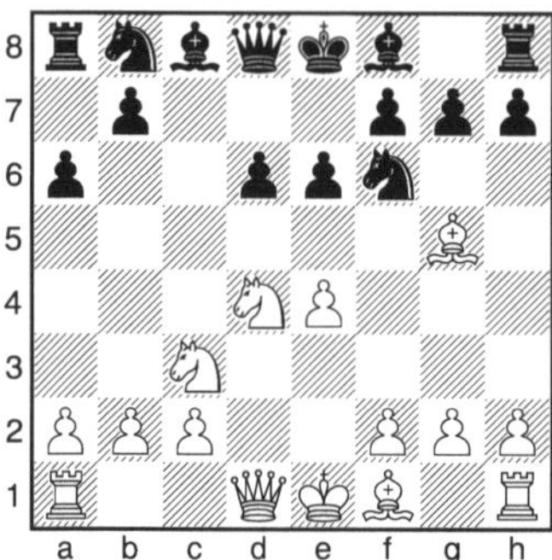

Ein natürlicher Zug, um nach ♗f8-e7 und 0-0 schnell den König zu sichern.

Selten gespielt wird 6...♘bd7. Laut Theorie gibt dies Schwarz keinen Ausgleich, aber ganz so einfach ist es nicht. Wahr ist jedoch, dass die Variante in letzter Zeit in der Praxis selten anzutreffen ist. Schauen wir uns einige praktische Beispiele an.

A) 7.♗c4 ♕a5

(7...♕b6 8.♗b3 e6 9.♗xf6 ♘xf6 10.f4 e5 11.♗a4+ ♔e7!? 12.♘de2 exf4 13.♗b3 ♗e6 14.♘d4 g6 15.♕d2 ♗h6∓, Giri–Gelfand, Amsterdam 2010)

8.♕d2 e6 9.0-0-0 b5 10.♗b3 ♗b7 11.♖he1 0 0 0 12.a3

(12.f3 ♗e7 13.♔b1 ♔b8 14.♗e3 ♖c8 15.♗g1 ♘c5=, Adianto–C. Hansen, Dortmund 1980)

12...♗e7 13.♔b1

(Keine Probleme hat Schwarz nach 13.f4 h6 14.♗h4 ♘c5 mit dem Plan b5-b4 und aktivem Spiel.)

13...♔b8 14.f4 ♘c5 15.♗a2 b4 16.axb4 ♕xb4 17.f5 ♘fxe4 18.♖xe4 ♘xe4 19.♘xe4 ♕xd2 20.♖xd2 f6 21.♘xe6 ♗xe4 22.♘xd8 ♖xd8 23.♖e2 d5 24.♗f4+ ♗d6 25.♗xd6+ ♖xd6 mit gleichem Endspiel, Wittmann–Danner, Ljubljana 1981.

B) 7.f4 ♕c7

Nach 7...e6 geht das Spiel in die Hauptvariante über.

8.♕f3 b5 9.e5 ♗b7 10.exd6 ♕b6 11.♕e3 e6 12.♗xf6 ♘xf6 13.♘cxb5 ♘d5

(13...axb5 14.♗xb5+ ♘d7 15.f5 e5 16.♕xe5+ ♔d8∞)

14.♕b3 axb5 15.♗xb5+ ♔d8 16.0-0-0 ♗xd6∓, Kett–Harikrishna, Chanty-Mansijsk 2010

C) 7.♕e2 h6 (7...b5!? 8.0-0-0 ♗b7∞) 8.♗h4 g6 (8...b5!? 9.0-0-0 ♗b7∞) 9.f4 e5

C1) 10.♘f3 ♕c7 11.0-0-0 b5 12.♘d5 ♘xd5 13.exd5 ♗g7 14.fxe5 ♘xe5 15.♘xe5 ♗xe5 16.♗g3

(16.♗f6 ♗g4! 17.♕xg4 ♗xf6∓)

16...0-0 17.♗xe5 dxe5 18.d6 ♕c5 und Schwarz hat gute Kampfmöglichkeiten, Analyse von Barlov.

C2) 10.fxe5 dxe5 11.0-0-0 ♗e7 12.♘f3 ♕c7 13.♕c4 ♕b8 14.♘d5 b5 15.♕c6 ♘xd5 16.♖xd5 ♕b7 17.♕c3 f6 18.♗f2 ♘b6 19.♖d1 ♘a4=, Hou Yifan–Anand, Wijk aan Zee 2013

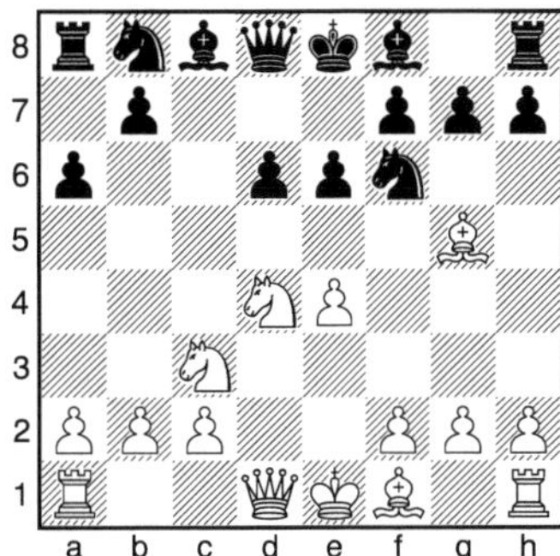

7.f4

Weiß strebt erst Raumvorteil im Zentrum an, um danach ♕d1–f3 und 0–0–0 folgen zu lassen. Dieser aktive Plan wird überwiegend angewandt und gilt als die Hauptvariante.

Andere Züge sind auch mit der langen Rochade verbunden, doch f2–f4 wird erst später gespielt.

I. 7.♗c4 ♗e7

A) 8.♗b3 0-0 9.♕f3

(9.♕d2 b5 10.a3 ♗b7 11.f3 ♘bd7 12.0-0-0 ♘c5 mit Gegenspiel)

9...♕c7 10.0-0-0 ♗d7 11.g4 ♘c6 12.♘xc6 ♗xc6 13.♗e3 b5 14.g5 ♘d7 15.♕g2 a5 und der schwarze Gegenangriff am Damenflügel ist schneller, Kulon–Bodnaruk, Belfort 2005.

B) 8.0-0 0-0 9.♗b3 ♘c6

(Nach 9...♘bd7 muss Schwarz mit dem typischen Opfer 10.♗xe6!? rechnen.)

10.♘f3 b5 11.a3 ♗b7 12.♖e1 ♕c7 13.♕e2 ♘a5 14.♗a2 ♖ac8 15.♖ad1 ♘c4 mit gutem Spiel.

II. 7.♕e2 h6 8.♗h4 ♗e7

A) 9.0-0-0 ♘xe4! 10.♗xe7

(10.♕xe4 ♗xh4 11.♘f5 ♕g5+ 12.♔b1 ♕xf5 13.♕xh4 d5=)

10...♘xc3 11.♗xd8 ♘xe2+ 12.♘xe2 ♔xd8 13.♖xd6+ ♔e7 14.♖d2 b5 15.g3

(15.♘c3 ♗b7 16.♗d3 b4 17.♘e4 ♘d7 mit dem Plan ♖h8–d8, ♘d7–b6 und gutem Spiel für Schwarz, Wirschell–Van Wely, Antwerpen 1996.)

15...♗b7 16.♖g1 ♘d7 17.♗g2 ♗xg2 18.♖xg2 ♖ac8 nebst ♖h8–d8 und annähernd gleichen Chancen, Vökler–Dinstuhl, Plauen 2003.

B) 9.f4 ♘xe4! 10.♗xe7 ♘xc3 11.♕c4 ♔xe7 12.♕xc3 ♖e8 13.0-0-0 ♔f8 14.♘f3

(14.g4? e5 15.♘f5 ♗xf5 16.gxf5 ♘c6 17.♔b1 ♕f6 18.fxe5 ♖xe5 ist günstig für Schwarz, Blazi–Keller, Marktredwitz 1984.)

14...♘c6 15.♕a3 ♕b6! 16.♕xd6+

(16.♖xd6 ♕b4 17.♕xb4 ♘xb4 18.♗c4 b5 19.♗b3 ♗b7=, Analyse von Arizmendi und Moreno)

16...♔g8 17.♗c4 ♖d8 18.♕a3 ♗d7 19.♖d6 ♗e8 20.♖hd1 ♕c7 21.g3 b5 22.♖xd8 ♖xd8 23.♖xd8 ♕xd8 24.♗d3 ♕b6 mit aktivem Spiel.

III. 7.♕f3 h6

Sehr oft wird erst 7...♘bd7 gespielt, was meistens Zugumstellung bedeutet.

8.♗h4 ♘bd7 9.0-0-0 ♕c7

A) 10.♕h3 ♗e7

(10...b5? ist ein bekannter Fehler, denn nach 11.♘xe6! fxe6 12.♕xe6+ ♗e7 13.♗xb5 bekommt Weiß starken Königsangriff.)

11.f4 b5 12.a3

(Oder 12.♗d3 b4 13.♘ce2 ♘c5 und Schwarz steht gut.)

12...♖b8 13.♗d3 b4 14.axb4 ♖xb4 15.♘b3 ♘c5 16.♘xc5 ♕xc5 und die Stellung bietet Schwarz gute Gegenchancen am Damenflügel.

B) 10.♗e2 ♗e7 11.♖he1

(11.h3 b5 12.♗d3 b4 13.♘ce2 ♗b7 14.♔b1 ♘c5 15.♗xf6 ♗xf6 16.♘b3 0-0 17.♕e3 ♘xd3 18.cxd3 a5 19.♖c1 ♕d7 20.d4 a4 21.♘d2 ♖fc8 und Schwarz steht aktiv am Damenflügel, Chain–Markovic, Dos Hermanas 2004.)

11...g5!?

Solche Züge sind im Sizilianer sehr oft anzutreffen.

(Infrage kommt auch 11...g6 und zudem 11...♖b8!? mit dem aktiven Plan b7–b5–b4 usw.)

12.♗g3 ♘e5 13.♕e3 b5 14.a3 ♖b8 und in dieser scharfen Stellung hat Schwarz nach dem geplanten b5–b4 gute Gegenchancen.

IV. 7.♕d3 b5

A) 8.a3 ♘bd7 9.0-0-0 ♗b7 10.f4

(Weiß muss immer mit einem Qualitätsopfer rechnen; z.B. 10.♕h3 ♗e7 11.♗d3 ♖c8 12.f4 ♖xc3! 13.bxc3 ♘c5 mit Kompensation, Arencibia–Iwantschuk, Luzern 1997.)

10...♗e7 11.♗xf6 ♘xf6 12.♗e2

(In der Partie Jurtajew–Morosow, St. Petersburg 2004, geschah 12.g4? ♘xg4 13.♕e2 ♘f6 14.♖g1 g6 15.♗h3 ♕b6 16.♗xe6 fxe6 17.♘xe6 ♖c8 18.♘d5 ♘xd5 19.exd5 ♗xd5 20.♘g7+ ♔f7 21.f5 ♕c6 22.fxg6+ hxg6 23.c3 ♗f6 und Weiß bekam für das geopferte Material keinen ausreichenden Ersatz.)

12...0-0 13.♗f3 ♘d7 14.g4 ♘c5 15.♕e2 ♕b6 16.g5 b4 17.axb4 ♕xb4 mit ausgezeichneten Aussichten am Damenflügel.

B) 8.f4 ♘bd7

(8...b4 ist natürlich eine Alternative.)

9.a3 ♗b7 10.♗e2 ♘c5 11.♕e3 ♗e7 12.♗f3 0-0 13.0-0-0 ♘fd7 14.♗xe7 ♕xe7 15.g4 ♘b6 und Schwarz hat vollwertiges Spiel am Damenflügel.

V. 7.♕d2 ♗e7 8.0-0-0 b5 9.♗d3 ♗b7

A) 10.f3 ♘c6

(Möglich ist auch 10...♘bd7 nebst 0-0, ♕d8–c7, ♖f8–c8 mit Gegenspiel am Damenflügel.)

11.♘ce2 ♖c8 12.g4 h6 13.♗e3 ♘d7 14.h4 ♘de5 15.g5 h5 16.f4 ♘xd3+ 17.♕xd3 ♘b4 18.♕b3 ♘xc2

19.♘xc2 ♗xe4 20.♘c3 ♗xh1 21.♖xh1 0-0 22.♖g1 d5 23.♗d4 ♗d6 24.f5 b4 25.♘xb4 e5 26.♗f2 ♗xb4 27.♕xb4 d4 28.♖d1 ♕c7 29.♗xd4 exd4 30.♕xd4 ♖fd8–+, Kampschoer–Pex, Hengelo 2002

B) 10.f4 ♘bd7 11.♖he1 ♘c5

(Die Partie Seidel–Schmoll, Düsseldorf 2002, zeigt die schwarzen Angriffsmöglichkeiten: 11...♕b6 12.♘f3 b4 13.♘a4 ♕a5 14.b3 ♗c6 15.♗xf6 gxf6 16.♘b2 ♕xa2 17.♕xb4 d5 18.♕c3 ♗a3 19.♕xc6 ♔e7 20.exd5 ♖hc8 21.d6+ ♔d8 22.♕e4 ♘c5 0-1.)

12.b4 ♘xd3+ 13.♕xd3 ♖c8 14.♗xf6 ♗xf6 15.e5 dxe5 16.fxe5 ♗e7 mit günstiger Stellung für Schwarz, Yeo–Dineley, West Bromwich 2003.

VI. 7.f3

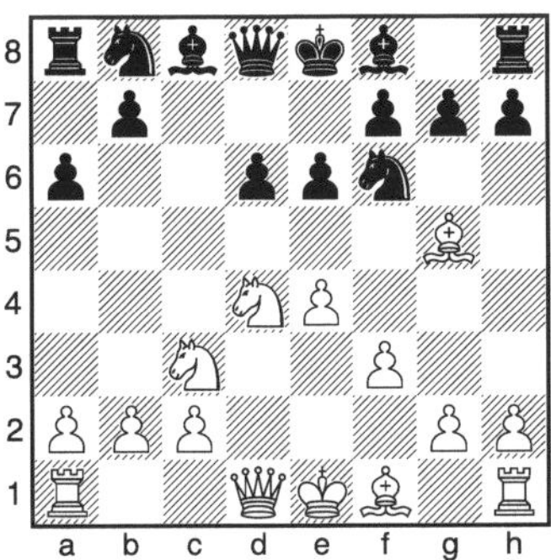

Dieser Zug ist gegenwärtig recht populär. Weiß plant ♕d1-d2, 0-0-0 nebst g2-g4 und h2-h4 mit aktivem Spiel am Königsflügel. Da Schwarz jedoch ausreichende Gegenchancen hat, entsteht ein scharfes Spiel mit beiderseitigen Perspektiven.

A) 7...♗e7 8.♕d2 ♘bd7

(Im Falle von 8...0-0 9.0-0-0 b5 10.h4 ♗b7 11.g4 ♘bd7 12.♗xf6 ♘xf6 13.g5 ♘d7 14.♗d3 ♖c8 mit der Idee ♘d7-e5-c4 kann Schwarz auf Gegenspiel hoffen.)

9.0-0-0 ♕c7 10.g4

(Auf 10.h4 kann Schwarz sofort mit 10...b5 kontern; z.B. 11.♗d3 ♘e5 12.g4 ♖b8 13.♖de1 b4 14.♘d1 h6 15.♗e3 ♘fd7 16.g5 h5 17.♔b1 g6 18.f4 ♘xd3 19.cxd3 e5 20.♘e2 0-0 21.f5 d5 und Schwarz kann mit seiner Stellung zufrieden sein, Amerika–Reizniece, Riga 2017.)

10...0-0

(Mit 10...b5 kann Schwarz auch energisch am Damenflügel vorgehen; z.B. 11.h4 ♗b7 Δ♘d7-b6, ♖a8-c8 mit Gegenspiel.)

11.h4 b5 12.♗xf6 ♘xf6 13.g5 ♘d7 14.h5 b4 15.♘b1 (15.♘ce2 ♘b6?) 15...♘c5 mit scharfem Spiel und beiderseitigen Chancen, Sengupta–Nakamura, Oropesa del Mar 2001.

B) 7...h6

Damit wird der gegnerische Läufer sofort befragt.

8.♗e3 b5 9.a3

(9.♕d2 ♘bd7 10.0-0-0 ♗b7 11.g4 ♘c5?)

9...♘bd7 10.♕d2 ♗b7 11.0-0-0 h5 12.♔b1 ♗e7 13.♖g1

Weiß bereitet eine typische Aktion am Königsflügel mittels g2-g4 vor.

(Zu 13.♕e1 – siehe **Partie Nr.5:** Carlsen – Vachier–Lagrave, London 2019.)

13...♖c8 14.♗e2

(14.♗f2 ♘e5 15.h3 h4 16.♕e3 ♕a5?, Petrolo–De Filippis, ICCF 2009)

14...♘b6 15.♕e1 ♘fd7 16.g4 hxg4 17.♖xg4 ♗f8

(Die Analysen nach der Partie bewiesen, dass 17...g6!? besser gewesen wäre. Nach 18.♖xg6 ♖xc3! 19.♕xc3 ♘a4 20.♕b3 fxg6 21.♘xe6 ♕c8 22.♘g7+ ♔f8 könnte Weiß durch Dauerschach remisieren.)

18.♖g2

(Stärker ist 18.♗g5! ♕c7 19.♖h4 mit weißem Vorteil.)

18...♘e5 19.f4 ♘ec4 20.♗c1 ♕c7 mit großen Komplikationen, Carlsen – Vachier–Lagrave, London 2019 (rapid).

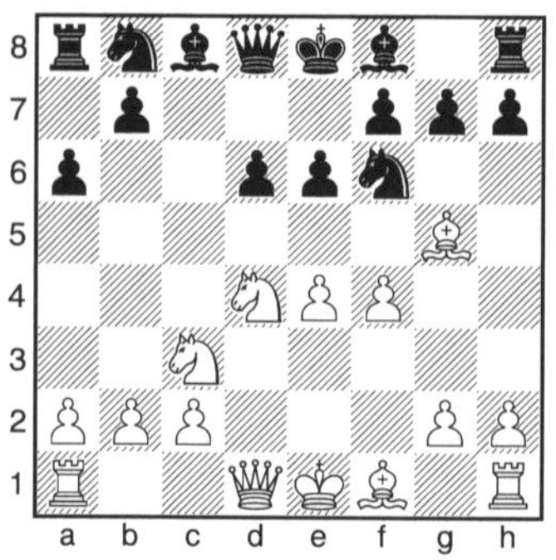

7...♗e7

Damit ist die Hauptvariante des Najdorf–Systems entstanden, in der Schwarz die schnelle Entwicklung seines Königsflügels anstrebt.

– Wenn er Lust auf Abenteuer hat, kann er sich mit 7...♕b6 in die sogenannte Bauernraub–Variante stürzen – siehe **Kapitel 12**.

– Zu ebenfalls äußerst kompliziertem Spiel führt die Polugajewski–Variante nach 7...b5 – siehe **Kapitel 13**.

Selbstverständlich stehen Schwarz auch viele andere Pläne zur Verfügung.

I. 7...♕c7 – siehe **Kapitel 14**

II. 7...♘bd7 – siehe **Kapitel 15**

III. 7...♘c6 – siehe **Kapitel 16**

IV. 7...h6 8.♗h4 ♕b6 9.♕d3

(– 9.a3 ♘bd7 10.♗f2 ♕c7 11.♕f3 b5 12.0-0-0 ♗b7 13.f5 e5 14.♘b3 ♖c8 15.♗d3 ♗e7 16.♔b1 0-0 17.♖he1 ♖fd8 18.h4 d5⇄, Lubas–Schulz, ICCF Email 2009

– 9.♘b3 ♕e3+ 10.♗e2 ♘xe4! 11.♘xe4 ♕xf4 12.♘xd6+ ♗xd6∓

– 9.♕d2 – siehe **Partie Nr. 6**: Burg – Bekker–Jensen, Bremen 2013.)

9...♕xb2 10.♖b1 ♕a3 11.f5 ♗e7 12.fxe6

A) 12...♗xe6 13.♘xe6 fxe6 14.e5

(14.♗e2 ♘bd7 15.0-0 ♘c5⇄, Huschenbeth–Van Kampen, Haarlem 2011)

14...dxe5 15.♗xf6 ♗xf6

(15...gxf6 16.♖xb7 f5 17.♗e2 0-0∞)

16.♕g6+ ♔e7 17.♘e4 ♖d8 (17...♘d7!? 18.♗d3 ♖hf8∞) 18.♗d3 und nun hätte Schwarz im Duell Carlsson–Penalver, Malmö 2012, 18...♕a5+!? 19.♔f2 b5 spielen sollen.

B) 12...fxe6 13.♗e2 0-0 14.0-0 ♔h8 15.♔h1 ♘c6!

(Schwach ist 15...♘bd7? 16.♘xe6 ♘e5 17.♘xf8 ♘xd3 18.♘g6+ ♔h7 19.♗xd3 ♗d8 20.♘d5 b5 21.♘ge7 ♗xe7 22.♘xe7 ♗b7 23.♗xf6 gxf6 24.♖xf6 ♕xa2 25.♖bf1 ♔g7 26.♖g6+ ♔h8 27.e5 1-0, Bobras–Maksimenko, Bundesliga 2013.)

16.♘xc6 bxc6 17.e5 dxe5 18.♕g6 ♗d7=, Analyse von Kavalek

8.♕f3

Die Dame macht Platz für die lange Rochade.

Nach 8.♕e2 empfahl Polugajewski 8...h6 9.♗xf6

(9.♗h4 ♘xe4 10.♗xe7 ♘xc3 11.♕c4 ♔xe7 12.♕xc3 ♖e8 wurde bereits nach dem Hauptzug 7.f4 als Variante II analysiert.)

9...♗xf6 10.0-0-0 ♕a5=

8...♕c7

Schwarz bereitet den Vorstoß b7–b5 vor.

Sofort 8...b5? ist schwach wegen 9.e5!± Δ9...♘d5? 10.♘xd5 exd5 11.♕xd5+–.

Dagegen führt 8...h6 zu **Kapitel 17.**

9.0-0-0 ♘bd7

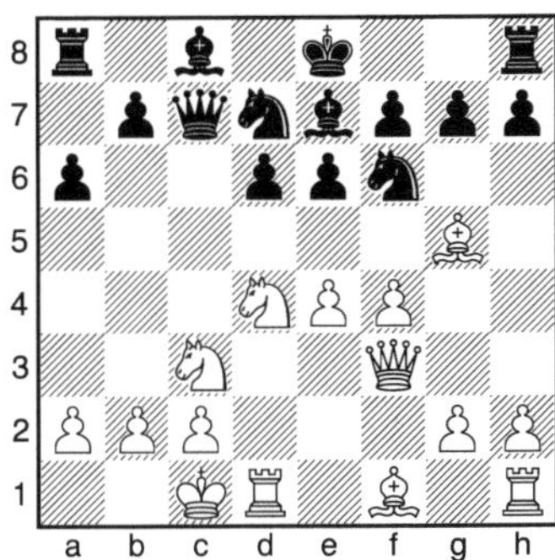

10.g4

Entschlossen und ohne Zeitverlust beginnt Weiß einen Bauernsturm am Königsflügel.

Zurückhaltender, aber auch nicht ohne Gift sind folgende Alternativen.

I. 10.♕g3

(Möglich ist natürlich auch 10.♗d3, was unter Zugumstellung zu **Kapitel 15**, Abspiel 2 führt.)

A) 10...b5 ist sehr riskant; z.B. 11.♗xb5

(Stärker ist 11.♗xf6!? ♘xf6 12.e5 dxe5 13.fxe5 ♘d7 14.♗xb5 mit gefährlicher Initiative.)

11...axb5 12.♘dxb5 ♕b8

(12...♕c5? 13.e5 dxe5 14.fxe5 ♘xe5 15.♗e3 ♘h5 16.♗xc5 ♘xg3 17.♘c7+ ♔f8 18.♖d8#)

13.e5 dxe5 14.fxe5 ♘xe5 15.♖he1 ♘g6 16.♘c7+ ♔f8 17.♘xa8 ♕xa8 18.♕c7 h6 19.♗e3 ♘e8 mit schwarzem Vorteil, Shirazi–Browne, USA 1983.

B) 10...♘c5! st ohne Zweifel der beste Zug; z.B. 11.♗d3 h6 12.♗h4 0-0 13.♘f3

(Nach 13.♖he1 b5 14.e5 ♘h5 15.♕g4 ♘xd3+ 16.♖xd3 ♘xf4! 17.♕xf4 dxe5 18.♕e4 ♗xh4 19.♕xh4 exd4 20.♖xd4 ♗b7 bleibt Schwarz mit einem Mehrbauern.)

13...b5

(13...♘h5 14.♕g4 ♘f6 15.♕h3 b5 16.e5 dxe5 17.fxe5 ♘d5 führt zu ausgeglichenem Spiel, Analyse von Schamkowitsch.)

14.e5 dxe5 15.fxe5 ♘e8 16.♗xe7 ♕xe7 17.♘e4 ♘xd3+ 18.♖xd3 ♗b7 mit beiderseitigen Chancen, Olthof–Deneuville, Fernpartie 1985.

II. 10.♗e2 b5 11.♗xf6 ♘xf6

(Zu gefährlich ist 11...♗xf6? wegen 12.♗xb5! mit starkem Angriff.

Auch nach 11...gxf6 12.♕h5 ♘b6 13.a3 Δf4–f5 bekommt Weiß starke Initiative.)

12.e5

(Zu langsam ist 12.a3 wegen 12...♖b8! mit dem Plan b5–b4 und Gegenspiel.)

12...♗b7

A) 13.♕g3 dxe5 14.fxe5 ♘d7 15.♗f3

(Sehr kompliziert ist das Läuferopfer 15.♗xb5 axb5 16.♘dxb5 ♕c5 17.♕xg7 0-0-0 18.♕xf7 ♘xe5 19.♕xe6+ ♔b8 mit dem Plan ♗e7–g5+ und ♘e5–c4 mit starker Initiative.)

15...♗xf3 16.gxf3 g6 17.f4 ♕b7 18.♖he1 0-0-0 19.♘e4 ♔b8 20.♘b3 ♘b6 21.♘d6 ♗xd6 22.♖xd6 ♖xd6 23.exd6 ♘d5 24.f5 gxf5 25.♘c5 ♕c6 26.d7+ ♔a7 27.♕h4 ♕b6 mit scharfer Stellung und etwa gleichen Chancen, Morgado–Sanakojew, Fernpartie 1984.

B) 13.exf6!?

Eine scharfe Idee von Keres, die jedoch bei genauem Spiel von Schwarz nur zum Remis führt.

13...♗xf3 14.♗xf3 ♗xf6 15.♗xa8 d5 16.♗xd5

(Nach 16.♗c6+ ♔e7 17.♘ce2 ♖c8 steht Schwarz gut.)

16...♗xd4 17.♖xd4 exd5 18.♖e1+

(Zu 18.♘xd5 – siehe **Partie Nr. 7**: Keres–Fischer, Jugoslawien 1959.)

18...♔f8 19.♖e5

(19.♘xd5 ♕c5 20.c3 g6 21.f5 gxf5 22.♖e5 ♔g7 23.♖xf5 ♖c8 24.♖g4+ ♔h8=, McKay–Zuckerman, Dresden 1969)

19...g6 20.♘xd5 ♕d6 21.c3 ♔g7 22.g4 ♖c8 23.g5 ♕d7 24.f5 gxf5 25.♖f4 ♕a7 26.♖exf5 ♖c4 27.♖f1 ♖h4 28.♖e5 ♕c5 mit ausgeglichenem Endspiel, Richardson-Sagorowski, Fernpartie 1972-76.

10...b5

Gegen die weiße Aktion am Königsflügel bereitet Schwarz ein Konterspiel auf der anderen Seite vor.

Eine interessante Alternative ist 10...h6!? - siehe **Partie Nr. 8**: Schirow-Dominguez, Sofia 2009.

11.♗xf6

Weiß möchte mit Tempo seinen aktiven Plan fortsetzen.

Hier wurde auch 11.a3 erprobt, was aber nach 11...♖b8 (oder 11...♗b7) zu gleichen Chancen führt; z.B. 12.♗h4 ♘c5 13.g5 ♘fxe4 14.♘xe4 ♘xe4 15.♕xe4 ♗b7 16.♘xe6 fxe6 17.♕xe6 ♗xh1 18.♗h3 ♗f3 19.♖e1 d5 20.g6 ♗e4 21.♖xe4 dxe4 22.♕f7+ ½-½, Dementjew-Sadow, UdSSR 1976.

11...♘xf6

- 11...gxf6?! ist kaum noch in der Praxis anzutreffen; z.B. 12.f5 ♘e5 13.♕h3 0-0 (13...♗d7 14.g5!) 14.♖g1

(Stark ist auch 14.♘ce2!? aus der bekannten Partie Gligoric-Fischer, Jugoslawien 1959: 14...♔h8 15.♘f4 ♖g8 16.♖g1 d5 17.fxe6 dxe4 18.♘d5 ♕c5 und nun hätte 19.♘f5! den Schwarzen vor unlösbare Probleme gestellt; z.B. 19...♗d8 20.♕h6 ♖g6 21.♘f4 ♘d3+ 22.♖xd3+-.)

14...♔h8 15.♖g3 ♖g8 16.♘ce2 ♕b7 (16...♗d7!?) 17.♘f4 mit weißem Vorteil, Ivanovic-Jacimovic, Novi Sad 1985.

- Schwach ist auch 11...♗xf6?! 12.♗xb5! axb5 13.♘dxb5 ♕a5 14.♘xd6+ ♔e7 15.e5 mit starker Initiative.

12.g5 ♘d7

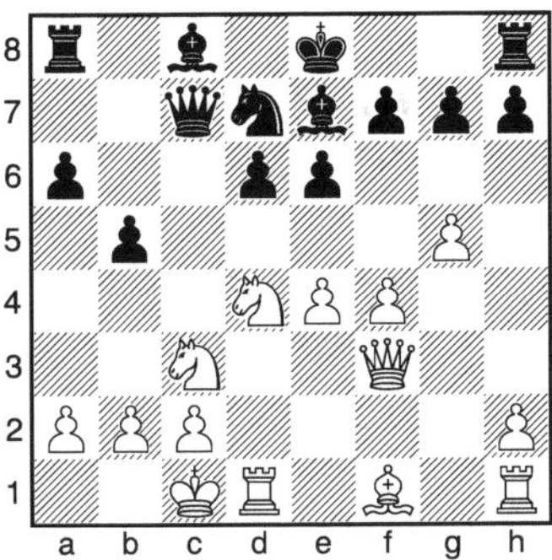

13.a3

Eine ruhige Fortsetzung, um die Drohung b5-b4 zu verhindern.

Zu scharfem Spiel und größeren Komplikationen führt 13.f5, was in **Kapitel 18** analysiert wird.

13...♖b8

Die stärkste Antwort: Schwarz organisiert sofort Gegenspiel am Damenflügel.

14.h4 b4 15.axb4 ♖xb4 16.♗h3

Die entstandene Position ist für die Beurteilung dieser Variante von großer Bedeutung. Die analysierten Varianten beweisen, dass Schwarz auf keinen Fall schlechter steht.

16...♕c5

Eine starke und noch nicht genau in der Praxis geprüfte Alternative ist 16...♕b6!?; z.B. 17.♘f5

(– Nach 17.♘xe6 fxe6 18.♗xe6 kann Schwarz mit 18...♖xb2 Vorteil erlangen.

– Stärker ist jedoch 17.♘b3!? gefolgt von 17...a5 18.♘a2 usw. Diese Möglichkeit muss weiter analysiert werden.)

17...♗f8 18.♘e3

(18.b3 ♗b7∓ bzw. 18.♖he1 ♖xb2 19.♕d3 d5 20.exd5 ♗a3 21.♕e3 ♖xc2+ 22.♔xc2 ♕b2+ 23.♔d3 ♘c5+ 24.♕xc5 ♗xc5 25.♖e2 ♕b8 26.♘xg7+ ♔f8 27.♘h5 h6∓)

18...♕a5 19.♔d2

(Oder 19.b3 ♖xb3! 20.cxb3 ♕xc3+ 21.♔b1 ♘c5 22.♕e2 ♕xb3+ 23.♔a1 ♗b7 mit starkem Angriff.)

19...♘c5 20.♖a1 ♕d8

(20...♖d4+!? 21.♔e2 ♕b4 ist eine Untersuchung wert.)

21.b3 ♗b7 22.♘c4 ♘xe4+ 23.♘xe4 d5 24.♘f6+ gxf6 25.♘a5 ♗a8 26.♖he1 ♖d4+ 27.♔c3 ♗b4+! 28.♔xd4 ♕b6+ 29.♔d3 ♕b5+ 0–1, Necesany–Sagorowski, Fernpartie 1972–74

17.♘b3

Sehr scharfe Varianten entstehen nach 17.♕d3 ♕b6 18.♘f5 (18.b3 ♘c5!)

A) 18...♘c5 19.♘xd6+ ♗xd6 20.♕xd6 ♖xb2 21.♗g2

(21.♗f1 ♗d7 22.♗xa6 ♕a5! 23.♔xb2 ♕b4+ 24.♔c1 ♘b3+! 25.cxb3 ♕xc3+ 26.♔b1 ♕xb3+ 27.♔a1 ♕c3+ 28.♔a2 ♕c2+ 29.♔a3 ♕c3+ und Schwarz rettet sich durch Dauerschach.)

21...♖b4 22.♕xb6 ♖xb6 23.e5 ♗b7 24.♗xb7 ♖xb7 25.♖d6 mit weißem Vorteil.

B) 18...exf5!? 19.♘d5 ♕c5 20.♘xb4 ♕xb4 21.♗xf5 ♘c5 22.♕d4 ♕xd4 23.♖xd4 ♗b7 24.b4 ♘e6 25.♖c4 0-0 und die Chancen von Schwarz sehen gut aus.

17...♕b6 18.h5 ♘c5 19.♘xc5 dxc5 20.g6

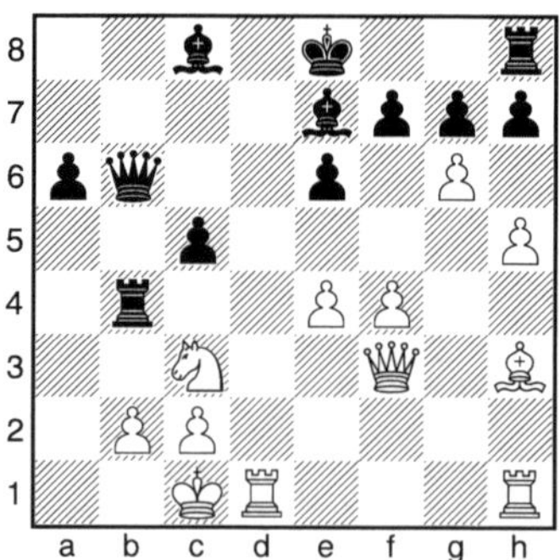

20...fxg6

Auf 20...♖xb2!? empfiehlt der englische Großmeister John Nunn 21.h6, aber nach 21...fxg6 22.hxg7 ♖g8 scheint bei Schwarz alles in Ordnung zu sein. Diese Variante muss noch genauer unter die Lupe genommen werden.

21.hxg6

21.♘d5 exd5 22.♗xc8 0-0 scheint für Schwarz günstig zu sein; z.B. 23.hxg6 h6 24.♕h3 ♖xe4 usw.

21...h6 22.♘d5 exd5 23.♗xc8 0-0 24.♕g4 ♖xe4 25.♖de1

Es droht 26.♗e6+ ♔h8 27.♖xh6+! nebst Matt.

25...♗f6 26.c3 ♕a5 27.♖xe4 dxe4 28.♔b1

Nach 28.♕h3 ♔h8 steht Schwarz gut.

28...♕c7 29.♗xa6 ♔h8 30.♗c4 ♖b8 31.♕g3 ♕b6 mit schwarzer Initiative, Bellin-Portisch, Teeside 1972.

Die relativ ruhigere Fortsetzung 13.a3 ist offensichtlich nicht so giftig wie 13.f5, aber auch hier können scharfe und zweischneidige Positionen entstehen. Für weitere Analysen und praktische Erprobung empfehle ich den Zug 16...♕b6!? (statt 16...♕c5).

Zusammenfassung: Mit dem hier vorgestellten Überblick der Kapitel und Abspiele wollte ich den Lesern zeigen, mit welchen Themen ich mich im Buch beschäftigen werde, um Ihr Eröffnungsrepertoire für Schwarz nach 1.e4 c5 zu gestalten. Sie finden hier viele Analysen bekannter Großmeister, Theoretiker und auch des Autors. Die Varianten und vor allem die Hauptideen sollen Ihnen helfen, die strategischen und taktischen Pläne in diesen Systemen kennenzulernen und zu verstehen.

In insgesamt 18 theoretische Kapitel sowie einen praktischen Teil (Kapitel 19) gliedert sich das Material. Ich habe versucht, die behandelten Varianten so objektiv wie möglich darzustellen. Natürlich kann man nie ausschließen, dass vereinzelt Ungenauigkeiten in den Analysen auftauchen. Deshalb rate ich Ihnen, das Buch kritisch unter die Lupe zu nehmen und alle Varianten gründlich zu überprüfen.

Besonders möchte ich Ihnen empfehlen, das Kapitel 19 (Beispielpartien) genau zu untersuchen. Es ist nämlich sehr wichtig, nicht nur die Theorie zu lernen, sondern auch die praktischen Probleme in realen Partiestellungen auszuloten. Die Auswahl von 74 lehrreichen und typischen Partien aus der modernen Turnierpraxis soll Ihnen vermitteln, mit welchen strategischen und taktischen Nuancen die Sizilianische Verteidigung verbunden ist.

Kapitel 1

Geschlossene Variante

1.e4 c5 2.♘c3

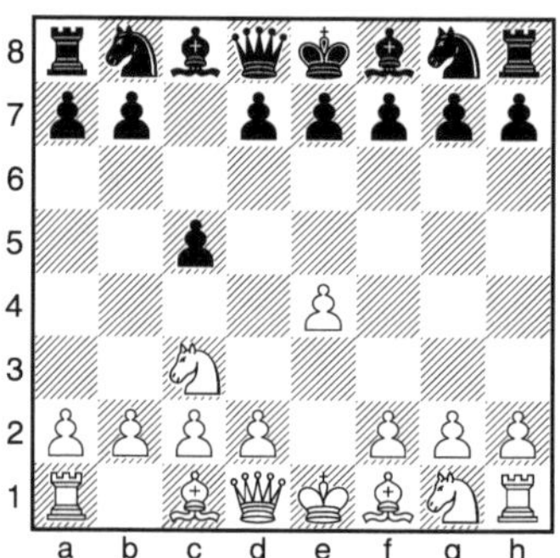

Mit diesem Springerzug deckt Weiß seine Pläne auf. Er verzichtet auf den typischen zentralen Vorstoß d2–d4 und verhindert vielmehr d7–d5. Er signalisiert auch, dass er das Zentrum zunächst geschlossen halten möchte und den Kampf erst nach geruhsamer Entwicklung im späteren Mittelspiel auf die Spitze treiben will.

2...♘c6

Das ist die beste Erwiderung, denn der Springer nimmt den wichtigen Punkt d4 unter Beschuss.

3.g3

Dieses Fianchetto gehört zum Hauptplan des weißen Spiels.

Die Varianten nach 3.f4 werden in **Kapitel 4** analysiert.

Sehen wir uns weitere Möglichkeiten an.

I. 3.♘f3 e5 4.♗c4

(Nichts verspricht 4.g3 g6 5.♗g2 ♗g7 6.0-0 ♘ge7 7.d3 0-0 8.♗e3 d6 mit aktivem Spiel für Schwarz, der schon bereit ist, mit f7–f5 am Königsflügel vorzugehen.)

4...♗e7 5.d3 d6

A) 6.0-0 ♘f6 7.♘g5

Mit dieser prinzipiellen Fortsetzung gewinnt Weiß Zeit für den Hebel f2–f4 und bekommt in der Folge gefährliches Spiel auf der halboffenen f–Linie.

7...0-0 8.f4 exf4

Eine logische Folge ist sofort 8...h6!?; Schwarz vertreibt den weißen Springer aus seiner aktiven Stellung und erhält so das Feld e6 für seinen Läufer c8.

9.♗xf4 h6 10.♘f3 ♗e6 11.♕d2

(11.♘d5!? wird in **Partie Nr. 9**: Kramnik–Leko, Linares 2003, besprochen.)

11...d5 12.exd5 ♘xd5 13.♗xd5 ♗xd5 14.♖ae1 ♗e6 mit vollwertigem Spiel.

B) 6.♘d2 ♘f6 7.♘f1 ♗g4 8.f3 ♗e6 9.♘e3 0-0 10.0-0 ♖b8

(10...♘d7 11.g3 ♘b6 12.♘cd5 ♘xc4 13.dxc4 g6 14.♗d2 f5∞)

11.a3 ♘d4 12.♗a2 b5 13.♘ed5 ♘xd5 14.♘xd5 ♗g5 15.♗xg5 ♕xg5

16.c3 ♘c6 17.♕e1 ♕d8 18.♘e3 ♗xa2 19.♖xa2 ♘e7 mit gleichen Chancen, Z. Almasi-San Segundo, Ohrid 2001.

II. 3.♘ge2 e5!?

(Auf 3...♘f6 oder 3...g6 kann 4.d4 geschehen, womit das Spiel in Varianten übergeht, die in diesem Buch nicht analysiert werden.)

4.♘d5

A) 4...g6 5.♘ec3 a6

(Zur Abwehr der Drohung ♘c3-b5 geht wahrscheinlich auch 5...♘d4 6.a4 d6 7.♘b5 ♘e6 8.c3 ♗g7 9.♘a3 ♘e7 10.♗b5+ ♘c6 11.d3 0-0 12.0-0 ♘e7 mit zweischneidigem Spiel.)

6.a4 ♗g7 7.♗c4 ♘ge7 8.0-0 0-0 9.d3 ♘xd5 10.♘xd5 d6 11.♗e3 ♔h8 12.♕d2 ♗e6 13.c3 ♖b8

In dieser komplizierten Stellung hat Schwarz zwei Pläne zur Verfügung – nämlich entweder mit f7-f5 am Königsflügel vorzugehen oder mit b7-b5 auf der anderen Seite aktiv zu werden.

B) 4...♘ce7 5.♘ec3 ♘xd5 6.♘xd5 ♘f6 7.♗c4 ♗e7

(7...♘xe4? ist schwach wegen 8.♕e2! mit weißem Vorteil.)

8.d3 d6 9.0-0 ♗e6

(Nach 9...0-0 10.f4 ♘xd5 11.♗xd5 exf4 12.♗xf4 ♗e6 13.♗xe6 fxe6 14.♕g4 e5 15.♕e6+ ♔h8 16.♗e3 ♗f6 17.♖f3 ♕e7 18.♕g4 steht Weiß aktiver.)

10.f4 ♗xd5

(Ein interessantes Endspiel entsteht nach 10...exf4 11.♗xf4 ♗xd5 12.exd5 a6 13.a4 0-0 14.♕f3 b6 15.♖fe1 ♕d7 16.♖e3 b5 17.axb5 axb5 18.♖xa8 ♖xa8 19.♗xb5 ♕xb5 20.♖xe7 ♕xb2 21.♗xd6 ♕c1+ 22.♕f1 ♖a1 23.♕xc1 ♖xc1+ 24.♔f2 ♖xc2+ 25.♔f3 h6 und Schwarz steht gut.)

11.exd5 exf4 12.♗xf4 ♕d7 13.a4 a6 14.♕f3 0-0 15.a5 ♘g4 16.c3 ♘e5 17.♗xe5 dxe5 18.♕e4 ♗d6 19.♖f5 (19.♖f3 f5!) 19...f6 zur Vorbereitung von g7-g6, f6-f5 mit etwa gleicher Stellung aufgrund der ungleichen Läufer).

III. ♗c1-e3, ♕d1-d2 nebst 0-0-0 ist auch eine Möglichkeit.

A) 4...♘ge7 5.d3

(5.♘ge2 d5 6.exd5 exd5 7.♘f4 d4 8.♘e4 ♘g6 9.♕e2 ♗e7 10.♘xg6 hxg6 11.d3 ♗e6 12.♗f4 ♕d7 13.♗f3 0-0-0 14.b3 f5 15.gxf5 gxf5 16.♘g3 ♗f6 17.0-0-0 ♘b4 18.♔b1 ♘d5∓, Michalek-Danes, Tschechische Republik 2006)

5...♘g6 (5...d5!?) 6.♘f3 ♗e7 7.♗e3 d5 8.exd5 exd5 9.d4 ♗xg4 10.dxc5 d4 11.♗xd4 ♗xf3 12.♗xf3 ♘xd4 13.♗xb7 ♖b8 14.c6 ♘e6 15.♕f3 0-0 16.♘d5 ♘h4 17.♕e4 ♗d6 18.0-0-0 ♘c5-+, Toculet-Stefansson, Iasi 2013

B) 4...h5!? 5.gxh5 ♘f6 6.♘ge2 ♖xh5 7.d3 d5

B1) 8.♘g3 ♖h8 9.♗g5

(9.exd5 exd5 10.♗g5 ♗e7 11.♕d2

♗e6 12.♘ce2 ♕b6⇄, Winand-Feldtmann, Frankfurt 2010)

9...♗e7 10.h4

(10.♕d2 d4 11.♘ce2 g6 12.♗xf6 ♗xf6 13.f4 e5 14.0-0 ♗g4 15.♖f2 ♗g7 16.c3 ♕h4 17.♗h1 0-0-0→, Boesch-Feldtmann, Deutschland 2009)

10...g6 11.♕d2 d4 12.♘ce2 e5 13.a3 ♘g4 14.♗xe7 ♕xe7 15.♕g5 ♗e6 16.♘g1 0-0-0 mit schwarzem Vorteil, Hort-Kindermann, Bath 1983.

B2) 8.♘f4 ♖e5 9.0-0 d4 10.♘ce2 ♖g5 11.♘g3 ♖g4 12.♘h3 ♖h4 13.f4 ♘g4 14.e5 ♕d7 15.a3 ♗e7 16.♘f2 und nun hätte Schwarz in der Partie Lange-M. Wolf, DESC 2002, 16...♘xf2 17.♖xf2 ♕c7 Δ♗c8-d7 und 0-0-0 spielen sollen.

IV. 3.♗b5 ♘d4 4.♘f3 ♘xb5

(4...e6!? 5.0-0 a6 6.♗d3 ♘e7 7.♘xd4 cxd4 8.♘e2 ♘c6 9.b3 ♗c5 10.♗b2 0-0 11.c3 dxc3 12.dxc3 d6 13.♘d4 e5 14.♘xc6 bxc6 15.b4 ♗a7 16.c4 a5=, Vallejo Pons-Gelfand, Istanbul 2012)

5.♘xb5 d6 6.d4

A) 6...a6 7.♘c3 cxd4 8.♕xd4

(8.♘xd4 ♘f6 9.0-0 e6 10.♗e3 ♗e7=)

8...e5 9.♕d3 h6 10.♘d5 ♘f6 11.♘xf6+ ♕xf6 12.♘d2 ♕g6 13.0-0 f5 14.f3 f4 15.♘c4 ♗h3 16.♕e2 ♖c8 17.♘b6 ♖c6 18.♘d5 ♗e6 19.c4 ♗e7 20.a4 ♗d8 21.a5 0-0 22.♗d2 ♗xd5 23.exd5 ♖c8 24.b3 ♗c7 25.♖fe1 ♗b8 26.♕e4 ♗a7+ 27.♔h1 ♕h5=, Jovanovic-Kozul, Sibenik 2010

B) 6...♘f6 7.♘c3

(7.e5 dxe5 8.dxe5 ♕xd1+ 9.♔xd1 ♘d5 10.c4 a6 11.cxd5 axb5 12.♔e2 b6 13.♖d1 ♗b7 14.♗f4 e6 15.d6 h6 16.b4 ♖a4 17.a3 ♔d7 18.♗e3 g5 19.bxc5 bxc5 20.♗xc5 ♗g7 21.♗b4 ♗d5 22.h3 ♖c8=, Sarenac-Pap, Kragujevac 2013)

7...cxd4 8.♕xd4 e5 9.♕d3 h6 10.0-0 ♗e7 11.♘d2 ♗e6 12.♘c4 ♖c8 13.♘e3 0-0 14.♗d2 ♕b6 15.b3 ♕d4 16.♖ac1 ♖fd8 17.♖fd1 ♔f8 18.♗e1 ♕xd3 19.♖xd3 a6 20.f3 b5 mit gleichen Chancen, Mamedow-Abasow, Baku 2013.

3...g6

Auch für Schwarz gilt das Fianchetto als beste Möglichkeit, denn der Läufer verstärkt den Druck auf d4.

4.♗g2 ♗g7 5.d3 d6

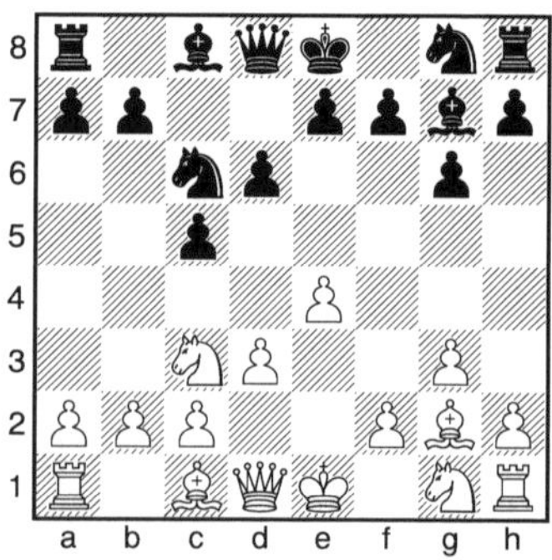

6.f4

Dieser thematische Zug, mit dem Weiß Raum am Königsflügel nimmt und nach g3–g4 nebst f4–f5 eine Aktion gegen den schwarzen König plant, muss früher oder später geschehen.

Allerdings ist gelegentlich auch 6.♗e3 anzutreffen, was meistens unter Zugumstellung zur Hauptvariante führt.

6...e6

Im Unterschied zu 6...♘f6, was auch oft gespielt wird, plant Schwarz, den Springer nach e7 zu stellen, um die Wirkung des Läufers auf der langen Diagonale und speziell die Kontrolle über d4 nicht einzuschränken.

7.♘f3 ♘ge7 8.0-0 0-0 9.♗e3

Angesichts der Vorbereitung von d3–d4 gilt dieser Zug als der beste.

Andere Fortsetzungen sind zur Zeit kaum anzutreffen.

9.♗d2 ♖b8 10.♖b1 b5 11.a3 c4

(11...a5 12.a4 b4 13.♘b5 ♗a6∞)

12.♗e3 (12.dxc4 bxc4∓) 12...d5 13.dxc4 bxc4 14.♘d4 ♘xd4 15.♗xd4 dxe4 16.♗xg7 ♔xg7 17.♘xe4 ♘f5 mit der Drohung ♕d8–b6+ und ♘f5–e3; Schwarz steht aktiver, Analyse von Rogozenko.

9.♘e2 ♖b8 10.c3

(10.d4 cxd4 11.♘fxd4 ♕b6 12.♗e3 ♕xb2 13.♕d3 ♕b4 14.♖ab1 ♕a4∓)

10...b5 11.d4 b4 12.dxc5 dxc5 13.♕xd8 ♖xd8 14.♗e3 bxc3 15.bxc3 ♗a6 16.♖ae1

(16.♖fe1 ♗xe2 17.♖xe2 ♗xc3 18.♖c1 ♘d4 19.♖f2 ♗b4∓)

16...♗d3 17.e5 c4 18.♖f2 ♘d5 mit guten Perspektiven für Schwarz.

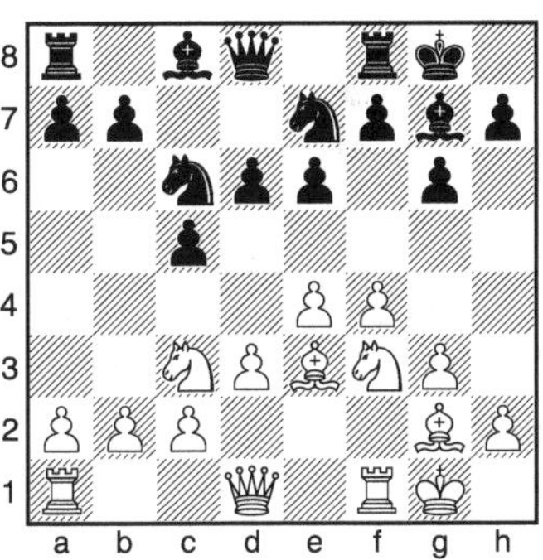

9...♘d4

Diese mechanische Verhinderung von d3–d4 wird am meisten gespielt.

Nach der ebenfalls spielbaren Alternative 9...b6!? kann die Partie folgenden Verlauf nehmen.

A) 10.d4 ♗a6

A1) 11.♖e1 ♕c7 12.a4 ♖ad8 13.♘b5 ♕b8

(13...♗xb5 14.axb5 ♘xd4 15.♘xd4 cxd4 16.♗xd4 e5 ist auch möglich.)

14.c3 ♗b7 15.♗f2 a6 16.♘a3 ♕c7 und Schwarz hat die Eröffnungsprobleme weitgehend gelöst, Buenafe Moya–Kramnik, Villarrobledo 1998.

A2) 11.♖f2 ♕c7 12.a4 ♖ad8 13.♘b5 ♗xb5 (13...♕b8!?) 14.axb5 ♘xd4 15.♘xd4 cxd4 16.♗xd4 e5 17.♗c3

(17.♗e3 exf4 18.gxf4 ♗xb2 19.♖a2 ♗c3∓)

17...exf4 18.♗xg7 fxg3! 19.hxg3 ♔xg7 20.♕d4+ f6 21.c4 ♖f7 22.♗h3 d5! 23.exd5 ♕xg3+ 24.♗g2 ♘f5 mit ausgezeichnetem Spiel.

B) 10.♕d2 ♘d4

(Spielbar ist auch 10...d5!?.)

B1) 11.♖ae1 ♗b7 12.♗f2

(Oder 12.♘h4 f5 mit gutem Spiel.)

12...♕d7 13.♘h4

(13.♘xd4 cxd4 14.♘e2 e5 15.c3 dxc3 16.♘xc3 f5∞)

13...f5 14.♘d1 fxe4 15.♗xe4

(15.dxe4 ♗a6 mit Qualitätsgewinn)

15...♘ef5 16.♘xf5 exf5 17.♗xb7 ♕xb7 18.♗xd4 ♗xd4+ 19.♘e3 ♕f7 mit etwa gleichen Perspektiven. Weiß sollte nun am besten 20.c4!? spielen, Barejew–Leko, Monte Carlo 2004.

B2) 11.e5 ♘xf3+ 12.♗xf3 ♖b8

(Hier ist auch 12...d5!? zu beachten; z.B. 13.♘e2 ♘f5 14.c3 ♗a6 15.g4 ♘xe3 16.♕xe3 ♖c8 17.♖ae1 ♔h8 18.f5 gxf5 19.gxf5 ♖g8 20.♔h1 ♕h4 mit aktivem Spiel, Bissieres–Launiau, Frankreich 1999.)

13.♖ae1 ♗b7 14.♕g2 ♗xf3 15.♕xf3 ♘f5 16.♗d2 c4 17.♖f2 ♘d4 18.♕d1 cxd3 19.cxd3 dxe5 20.fxe5 ♘c6 21.♘e4 ♘xe5 22.♗f4 ♖b7 23.♘c5 bxc5 24.♗xe5 ♗xe5 25.♖xe5 ♖xb2 26.♖xb2 ♕d4+ 27.♖f2 ♕xe5–+, Prados Montano–Zambrana, Dos Hermanas 2006

B3) 11.♗xd4 cxd4 12.♘b5 e5

(Unklar ist das Qualitätsopfer 12...♘c6 13.e5 dxe5 14.♘xe5 ♘xe5 15.♗xa8 ♗d7 16.♗e4 ♗xb5 17.fxe5 ♗xe5 und Schwarz hat wohl Kompensation.)

13.♕b4 ♘c6 14.♕xd6 ♕xd6 15.♘xd6 ♗a6 16.b3 exf4 17.gxf4 ♖ad8 18.e5 f6 19.♖ae1 fxe5 20.♘xe5 ♘b4 21.a3 ♖xd6 22.axb4 ♗h6 23.♘c4 ♖df6 24.♗d5+ ♔h8 und Schwarz behält gleiche Chancen, Genduso–D. Gross, Österreich 1999.

C) 10.♗f2

C1) 10...♗b7 11.♕d2

(Oder 11.d4 cxd4 12.♘xd4 a6 mit dem Plan ♕d8–c7, ♖a8–c8 usw.)

11...♕d7 12.d4 cxd4 13.♘xd4 ♘a5 14.♖ad1 ♘c4 15.♕c1 ♖ac8 16.b3 ♘a5 17.♘ce2 f5 (17...d5 18.e5±) 18.exf5 ♗xg2 19.♔xg2 gxf5 und das Spiel steht ungefähr gleich.

C2) 10...♗a6 11.♕d2

(Nach 1.g4 sollte Schwarz unbedingt mit 11...f5! 12.gxf5 exf5 usw. eine Blockadestrategie verfolgen.)

11...♕d7 12.♖ae1 ♖ae8 13.g4 f5! 14.gxf5 exf5 15.♗h3 d5 16.e5 ♘d8

17.♘e2 d4 18.♗g2 ♘e6 19.h4 ♗b7 und Schwarz bekam gutes Spiel, Spasski–Atalik, Tallinn 1998.

10.♗f2

Statt des Textzuges, der ♘f3xd4 ermöglicht, gibt es auch andere Pläne.

I. 10.♖b1

(Mit der Absicht 11.♘e2, um den Springer d4 zu vertreiben.)

10...♖b8 11.♘e2 ♘xe2+ 12.♕xe2 b6 13.c3

(Das sieht solider aus als die scharfe Fortsetzung 13.g4?! – siehe **Partie Nr. 10**: Spasski–Portisch, Toluca 1982.)

A) 13...♗b7 14.♘e1

(Oder 14.♖bd1 ♕c7 15.g4 f5 mit beiderseitigen Chancen.)

14...d5 15.d4? (⌓15.♘c2) 15...cxd4 16.♗xd4 ♗xd4+ 17.cxd4 dxe4 18.♘c2 ♘f5 19.♖fd1 ♘d6 20.♘a3 ♖c8 mit schwarzem Vorteil, Aleksejewa–Tschistyakowa, Nischni Nowgorod 1999.

B) 13...♗a6 14.♖f2 ♕d7

(Nach 14...d5 15.e5 d4 16.cxd4 ♘f5 17.g4 cxd4 18.♗d2 ♘e3 19.♗xe3 dxe3 20.♕xe3 ♕xd3 21.♕xd3 ♗xd3 22.♖d1 steht Weiß besser, Agajew–Karjakin, Oropesa del Mar 2000.)

15.♖d1 ♖bd8 16.♕c2 f5 17.♖fd2 ♗b7 mit annähernd gleichen Aussichten.

II. 10.e5 führt zu großen Komplikationen; z.B. 10...♘ef5 11.♗f2 ♘xf3+ 12.♕xf3

(12.♗xf3 dxe5 13.fxe5 ♗xe5 14.♗xc5 ♗d4+ ist gut für Schwarz.)

12...♘d4 13.♕d1 dxe5 14.fxe5 ♗xe5 15.♘e4 f5 16.♘xc5 f4

A) 17.gxf4 ♗xf4 18.c3 ♘f5 19.♕e2

(19.♘e4 ♕c7 20.h3 ♗d7 21.♕b3 ♖ae8 22.♖ae1 b6 23.♕c4 ♕b8=, Rogulj–Stojanovic, Neum 2002)

19...♕d6 20.h3 ♗h2+ 21.♔h1 ♗g3 22.♘e4 ♗xf2 23.♖xf2 ♕e7 24.♔g1 ♗d7 25.♖af1 ♗c6 26.d4 ♖ae8 27.♕g4 ♗d5 28.b3 b6 29.♕f4 e5 und Schwarz glich das Spiel aus, Starostits–Zozulia, Condom 2004.

B) 17.c3 f3 18.cxd4 fxg2 19.♔xg2

B1) 19...♕d5+ 20.♘e4 ♗g7 21.♕b3 ♕xb3 22.axb3 ♗d7 23.♗e3

(– 23.d5 exd5 24.♘c5 ♗b5 25.♖a5 a6 26.♘e6 ♗xd3 27.♖e1 ♗e4+ 28.♔g1 ♗xb2 29.♘xf8 ♖xf8 30.♖a2 ♗c3 31.♖c1 ♖f3 32.♖a4 ♔f7 33.♔f1 ♔e6 mit voller Kompensation für die Qualität, Glinert–Bellon Lopez, Toronto 2003.

– 23.♔g1 ♗c6 24.♘c5 ♗d5 25.♖ae1 ♖ae8=)

23...a6 24.♖xf8+ ♖xf8 25.♖f1 ♗c6 26.♖xf8+ ♔xf8 27.♔f2 ♗d5=, Novitzkij–Grigore, Creon 2004

B2) 19...♗xd4 20.♗xd4 ♖xf1 21.♕xf1 ♕xd4 22.♕f2 ♕xf2+ 23.♔xf2 b6 24.♘e4 ♗a6 25.♔e3 ♖c8 26.♘c3 ♖d8 27.d4 ♔g7 mit gleichem Endspiel, Koch–Lautier, Besançon 1999.

10...♘ec6 11.♘xd4 ♘xd4

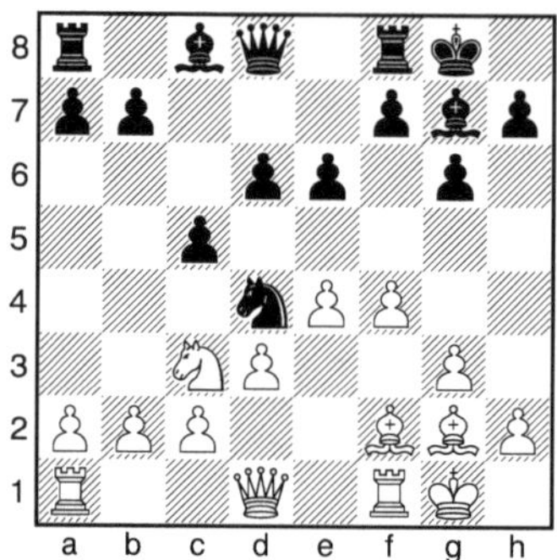

12.e5

Weiß will das Feld e4 für seinen Springer nutzen.

Eine andere Idee ist 12.♖b1, um b2 zudecken und ♘c3–e2 folgen zu lassen; z.B. 12...♗d7 13.♘e2 ♕a5

(In der Partie El Debs–Lima, São Paulo 2005, geschah 13...♗a4!? 14.b3 ♗c6 15.c4 ♘xe2+ 16.♕xe2 ♕e7 17.♖bd1 ♖ad8 18.♗e3 f5 19.exf5 exf5 20.♗xc6 bxc6 21.♕f3 ♕xe3+ 22.♕xe3 ♗d4 23.♕xd4 cxd4 24.♖fe1 ♖fe8 25.♔f2 ♔f7 mit gleichem Endspiel.)

14.♘c1

(Oder 14.c3 ♘xe2+ 15.♕xe2 ♕xa2 16.e5 ♕b3 17.exd6 ♖fc8 18.f5 gxf5 19.g4 ♗c6 20.♗h4 fxg4 21.♕xg4 f5 22.♕g3 ♔h8 mit scharfem Spiel, Spasski–Miles, Gjovik 1983.)

14...♗a4 15.b3 ♗c6 16.♗e1 ♕a3 17.c3 ♘b5 18.♘e2 f5 und Schwarz erhält völligen Ausgleich, Spasski–Adorjan, Gjovik 1983.

12...dxe5 13.fxe5 ♗xe5 14.♘e4 f5 15.♘xc5 ♕d6

Auch 15...♕c7!? wurde schon probiert; z.B. 16.b4

A) 16...f4 17.c3 ♘f5 18.♘e4 (18.g4 ♘e7 19.d4 f3⇄) 18...fxg3 19.hxg3 ♗d7 20.♗c5 ♗xg3 21.♘xg3 ♕xg3 22.♕f3 ♕xf3 23.♗xf3 ♖fb8 24.a4 ♗c6 25.♗e4 ♖c8 26.♖ae1 b6 27.♗f2 ♗xe4 28.dxe4 ♘d6 und Schwarz steht besser, Larino Nieto–Martin Gonzalez, Barcelona 2011.

B) 16...♗g7 17.c3 ♘b5 18.♕b3 ♘xc3 19.♖ae1 ♔h8 20.♘xe6 ♗xe6 21.♖xe6 ♖ad8

(21...♖ae8 22.♖fe1 ♖xe6 23.♕xe6 b6 24.d4 ♘b5 25.d5 ♘d6 26.♕e7 ♕xe7 27.♖xe7 ♖f7 28.♖e6 ♖d7=, Palek–Velika, Rakovnik 2012)

22.♗c5 ♖fe8 23.♖fe1 ♕d7 24.♖xe8+ ♖xe8 25.♖xe8+ ♕xe8 26.♗xa7 ♕e1+ 27.♗f1 f4 28.♕f7 fxg3 29.hxg3 ♘e2+ 30.♔h1 ♘xg3+ 31.♔g2 ♘xf1 32.♕xf1 ♕xb4 mit schwarzem Vorteil, Landaw–Van Wely, Las Vegas 2010.

16.b4

Auf 16.♘a4 folgt stark 16...f4!.

16...♘c6 17.♖b1 ♗d4

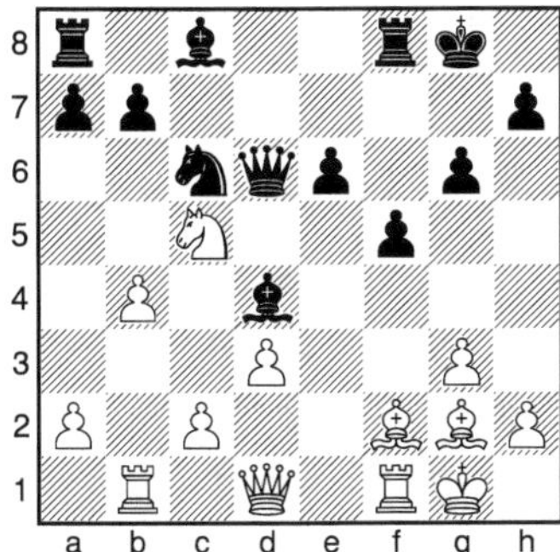

18.♕e1

Um das ♘c6xb4 zu vermeiden.

Mit der gleichen Idee kann auch 18.♕d2 gespielt werden.

A) 18...a5 19.♗xc6

(19.a3 axb4 20.axb4 ♖a2∓)

19...♗xf2+

(Nach 19...bxc6 20.c3 ♗xf2+ 21.♕xf2 axb4 22.cxb4 e5 23.a4 erhält Weiß etwas bessere Chancen.)

20.♕xf2 bxc6 Δe6–e5. Ich meine jedoch, dass Weiß wegen seines starken Springers auf c5 gute Perspektiven hat.

B) 18...♗xf2+ 19.♕xf2 ♖b8 20.a3

(20.c3 b6 21.♘b3 e5 22.b5 ♘d8 23.d4 ♗b7 24.dxe5 ♕xe5=, Posch–Kiss, Koszeg 1999)

20...b6 21.♘b3 ♗b7 (21...e5!?) 22.d4 ♘d8 23.c4 ♘f7 24.♗xb7 ♖xb7 25.♕e3 e5 26.dxe5 ½–½, Spasski–Hjartarson, Deutschland 1991

18...a5 19.c3 ♗xf2+ 20.♕xf2 axb4 21.cxb4 b6 22.♘b3 ♖b8 23.a3 e5

Schwarz plant ♗c8–e6 und ♗e6xb3, um danach das Feld d4 zu besetzen, aber natürlich kann Weiß den Springer c6 vorher mit b4–b5 vertreiben. Die Stellung ist annähernd ausgeglichen, A. Rodriguez–Juarez Flores, Cali 2001.

Zusammenfassung: Wie die aktuelle Turnierpraxis zeigt, gibt der Entwicklungsplan mit 7...♘ge7 dem Schwarzen gute Aussichten auf ausgeglichenes Spiel. Zu beachten ist auch 9...b6!? (statt des Standardzuges 9...♘d4), was ebenfalls gut für Schwarz aussieht. Allgemein gilt die Einschätzung der Theorie, dass Schwarz sich im 'Geschlossenen Sizilianer' keine Sorgen um seine Zukunft zu machen braucht.

Kapitel 2

Alapin–Variante

1.e4 c5 2.c3

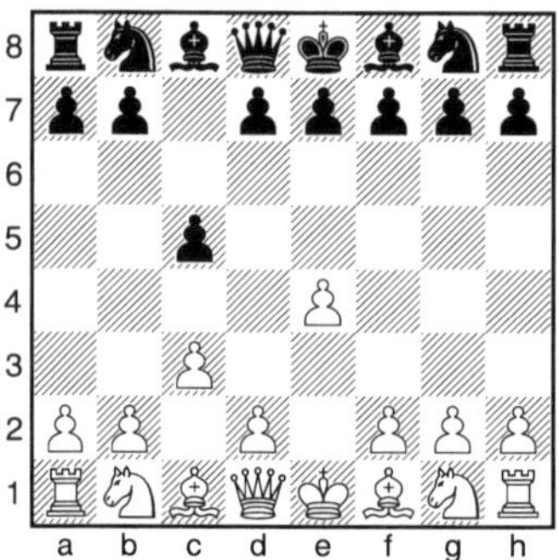

Der strategische Sinn dieses Zuges ist klar: Weiß will mittels d2–d4 ein starkes Bauernzentrum errichten. Das System ist nach dem russischen Meister Simon Alapin (1856-1923) benannt, der diese Idee in die Turnierpraxis einführte.

2...♘f6

Mit dieser populärsten Erwiderung greift Schwarz sofort den weißen Zentrumsbauern an, um die flexible gegnerische Entwicklung zu stören.

Ich möchte jedoch auch auf andere ebenso spielbare Möglichkeiten aufmerksam machen.

I. 2...d5

Mit diesem Schlag klärt Schwarz sofort die Lage im Zentrum. Der Nachteil ist, dass die Dame sehr oft unter Beschuss der weißen Leichtfiguren geraten wird.

3.exd5 ♕xd5 4.d4 ♘f6 5.♘f3

A) 5...♗g4 6.♗e2 e6 7.h3 ♗h5 8.0-0 ♘c6 9.♗e3 cxd4 10.cxd4 ♗e7 11.♘c3 ♕d6

Schwarz kann mit seiner Stellung zufrieden sein, denn der weiße Isolani auf d4 kann belagert werden, wie die folgenden Beispiele zeigen.

A1) 12.a3 0-0 13.♖c1 ♖ac8 14.♕a4

(Oder 14.b4 ♘d5 15.♘e4 ♕b8 16.♕b3 ♖fd8 17.b5 ♘a5 18.♕a4 b6 19.♗d2 ♘f4 mit guter Stellung für Schwarz, Agrest–Gijsen, Mureck 2005.)

14...♖fd8 15.♖fd1 a6 16.b4 h6 17.♕b3

(17.b5 axb5 18.♘xb5 ♕b8 ist gut für Schwarz.)

17...b5 18.♕b2 ♗f8 19.♕d2 ♕b8 und Schwarz steht gut, denn der Druck auf den d–Bauern ist erhalten geblieben, Merkulowa–Bidkowa, Kiew 2005.

A2) 12.♕b3 0-0 13.♖fd1 ♖fd8 14.a3

(14.♖ac1 ♕b4 15.♕xb4 ♘xb4 16.g4 ♗g6 17.♘e5 ♘fd5=, Pietukhow–Puschkarew, Sotschi 2006)

14...a6 15.♖ac1 b5 nebst ♖a8–c8 und gutem Spiel für Schwarz.

B) 5...♘c6 6.♗e2

(6.dxc5 ♕xc5 7.♗e2 g6 8.♗e3 ♕f5 9.♘d4 ♘xd4 10.♕xd4 ♗g7 11.♗d3 ♕a5 12.♕c5 ♕xc5 13.♗xc5 0-0 14.0-0 ♖d8=)

6...cxd4 7.cxd4 e6 8.♘c3 ♕d6 9.0-0 ♗e7 10.♗e3 0-0

B1) 11.♕d2 b6

(11...♖d8 12.♖fd1 b6 13.♗f4±)

12.♖fd1 ♘b4 13.♖ac1 ♗b7 14.♘b5 ♕d8 15.a3 ♘bd5 16.♘e5 a6 17.♘c3 ♘xc3 18.♕xc3 ♖c8 19.♕d3 b5

Schwarz hat seine Figuren harmonisch entwickelt und die Stellung ist etwa ausgeglichen.

B2) 11.♖c1 b6 12.♕d2 ♗b7 13.♗f4 ♕d8 14.♖fd1 ♘b4 15.♘e5 ♖c8 16.a3 ♘bd5 17.♗f3 ♗a8 18.♘xd5 ♗xd5 19.♘c6 ♕d7 20.♘xe7+ ♕xe7 21.♗e2 ♕b7 22.f3 ♗b3 23.♖xc8 ♖xc8 ½–½, Sweschnikow–Tukmakow, Riga 1985

II. 2...d6

Nach diesem Zug verläuft das Spiel anders als nach 2...♘f6 oder 2...d5 und erinnert an die Pirc-Verteidigung oder an Königsindisch.

3.d4 ♘f6

A) 4.♗d3 cxd4 5.cxd4 g6 6.♘c3 ♗g7 7.h3

(7.f3 0-0 8.♘ge2 ♘c6 9.0-0 e5 10.d5 ♘b4 11.♗b1 a5 12.♗e3 ♗d7 13.♕b3 ♕b8 14.a3 ♘a6 15.♕b6 ♘c5 16.♗xc5 dxc5 17.♕xc5 ♖c8 18.♕e3 b5 19.♘d1 ♘e8 20.♗d3 a4 21.♘f2 ♘d6 22.♖ac1 ♕b7 und für den Bauern bekam Schwarz starke Initiative; P. Bücker–Konikowski, Dortmund 1984.)

7...0-0 8.♘f3 e5 9.0-0 exd4 10.♘xd4 ♘c6 11.♘xc6 bxc6 12.♕a4 ♕b6 13.♗e3

(Besser ist 13.♖b1!? mit der Idee ♗c1-e3.)

13...♕xb2 14.♖fc1 ♕b7 15.♖ab1 ♕d7 16.♖b3 c5 17.♗b5 ♕d8 18.♖d1 (18.♗c6 ♗d7!=) 18...♗e6 19.♗c4 ♕e7 20.♗xe6 ♕xe6 21.f3 ♖fd8 und Schwarz hat den Mehrbauern behalten, Kuhn–Konikowski, Dortmund 1983.

B) 4.f3 ♘c6 5.♗e3 d5 6.e5 ♘d7 7.f4

(Nach 7.e6 fxe6 8.dxc5 ♘f6 9.♗d3 g6 10.♘e2 ♗g7 11.♘d2 0-0 12.♕a4 e5 13.0-0-0 ♗f5 bekam Schwarz in der Partie Välkelsalmi–Dorfman, Helsinki 1986, gute Perspektiven.)

7...cxd4 8.cxd4 ♘b6 9.♘c3 ♗f5 10.♘f3 e6 11.♗d3 ♗xd3 12.♕xd3 ♘c4 13.♗c1 ♖c8 14.0-0 ♕d7 15.b3 ♘b6 16.♗d2 ♗e7 17.♖ae1 g6 mit sehr kompliziertem Spiel. In der Partie Smagin–J. Arnason, Sotschi 1988, bereitete Weiß g2–g4 nebst f4–f5 vor und bekam bessere Perspektiven am Königsflügel.

C) 4.dxc5 ♘c6! 5.f3

(Nach 5.cxd6 ♘xe4 6.dxe7 ♕xd1+ 7.♔xd1 ♗xe7 wiegt der weiße Mehrbauer den gewaltigen schwarzen Entwicklungsvorsprung kaum auf.)

5...d5 6.exd5 ♕xd5 7.♕xd5 ♘xd5 8.♗c4 e6 9.♗xd5 exd5 10.♗e3 ♘e5 11.b4

(11.b3 ♘d3+ 12.♔d2 ♘xc5=)

11...a5 12.♗d4 ♘d3+ 13.♔d2 ♗f5 14.a3

(Oder 14.g4 ♗g6 15.h4 h5 mit aktivem schwarzem Spiel.)

14...h5 15.♘e2 ♖h6 und für den Bauern hat Schwarz sehr aktives Spiel, Klinger–Cebalo, Biel 1986.

III. 2...b6

Diese Variante hat zwar keinen guten Ruf in der Theorie, doch findet sie immer mehr Anhänger. Die Hauptidee ist, das starke weiße Bauernzentrum mit Figuren und Bauern zu attackieren, wobei der Läufer auf b7 eine wichtige Rolle auf der Diagonale a8–h1 spielt.

3.d4 ♗b7

A) 4.f3 e6 5.♗e3 ♘f6 6.♗d3 ♗e7

(Nicht schlecht ist der Plan mit dem Fianchetto auch des Königsläufers: 6...♘c6 7.a3 d6 8.♘e2 g6 9.0-0 ♗g7 10.b4 0-0 11.dxc5 bxc5 12.bxc5 d5 und Schwarz steht gut, Analyse von IM Zeller.)

7.♘e2 0-0 8.0-0 d6 9.♘d2 a6 10.♘g3 ♘c6 11.a3 b5 12.♕e2 ♖e8 13.♖ad1 cxd4 14.cxd4 ♖c8 15.♖c1 ♕d7 16.♘b3 ♗d8 17.♕d2 ♗b6 und Schwarz hat vollwertiges Spiel. Sein Plan besteht in ♘c6–e7, um durch den folgenden Abtausch der Türme seine Verteidigung zu erleichtern, Heidrich–Peng Zhao, Bundesliga 2003.

B) 4.d5 ♘f6 5.♗d3

(Oder 5.f3 g6 6.c4 d6 7.♘c3 ♗g7 8.♕c2 0-0 9.♗d3 ♘a6 10.a3 ♘c7 nebst Vorbereitung von Gegenspiel am Damenflügel mittels a7–a6, b6–b5 usw.)

5...c4 6.♗c2

(Oder 6.♗xc4 ♘xe4 7.♘f3 e6 8.0-0 ♗e7 9.♖e1 ♘d6 10.♗b3 0-0 11.♗f4 ♘a6 mit unklarem Spiel.)

6...e6 7.dxe6 dxe6 8.♕e2

(Oder 8.♕xd8+ ♔xd8 9.♘d2 ♘bd7 10.♘gf3 b5 11.0-0 ♗c5 12.b4 ♗b6 13.a4 a6 nebst ♔d8–d7 mit zweischneidigem Spiel)

8...♕c7 9.♘f3 ♘bd7 10.0-0 ♗d6 11.♖e1 ♖c8 12.♘bd2 e5 13.♘f1 0-0 14.♘g3 ♖fe8 und Schwarz hat eine verteidigungsfähige Position, Cassidy–Welling, Saint Vincent 2005.

C) 4.♗d3 ♘f6 5.♕e2 cxd4 6.cxd4 ♘c6 7.d5

(7.♘f3 ♘b4 8.♘c3 ♘xd3+ 9.♕xd3 e6 10.♗g5 ♗e7 11.0-0 0-0 12.♖ac1 d6 mit dem Plan a7–a6, b6–b5 und gutem Spiel für Schwarz.)

7...♘e5 8.♗b5 a6 9.♗a4 e6 10.f4 ♕c7!

Bei dieser sehr wichtigen Feinheit geht es um das Feld c4 für den Springer.

11.♘c3 ♘c4 12.♘f3 ♗b4 13.0-0 0-0 14.dxe6 und nun hätte Schwarz in der Partie Castellano Ojeda–Kurajica, Las Palmas 1994, einfach 14...dxe6∓ spielen sollen.

3.e5

Dieses Vorgehen ist nötig, wenn Weiß Eröffnungsvorteil erzielen will; z.B. 3.d3 ♘c6 4.♘f3

(4.f4 d6 5.♘f3 g6 6.g3 ♗g7 7.♗g2 0-0=)

4...d5 5.♘bd2

(5.e5 ♘d7 6.♕e2 e6 7.g3 g6 8.♗g2 ♗g7 9.♗f4 ♕c7 10.d4 cxd4 11.cxd4 ♕b6 12.♗e3 0-0 13.0-0 f6=)

5...♗g4 6.♗e2 e6 7.0-0 ♗e7 8.♖e1 0-0 9.♕c2 ♕c7 10.♘f1 ♖ad8 mit-vollwertigem Spiel, Hickl–Hracek, Bad Homburg 1997.

3...♘d5 4.d4

Der andere sehr häufig angewandte Entwicklungsplan mit 4.♘f3 ist auch ungefährlich für Schwarz; z.B. 4...♘c6 5.♗c4

(Auf 5.d4 folgt 5...cxd4 6.cxd4 d6 7.♗c4 e6, was in **Partie Nr. 11**: Galego–R. Vera, Ayamonte 2004, analysiert wird.)

5...♘b6 6.♗b3 c4 7.♗c2 ♕c7 8.♕e2 g5 9.e6 dxe6 10.♘xg5 ♕e5 11.d4 cxd3 12.♗xd3 ♕xe2+ 13.♗xe2 h6 14.♘e4

A) 14...f5 15.♘c5

(15.♗h5+ ♔d8 16.♘c5 e5 17.0-0 e6 18.♖d1+ ♔c7 19.♘d3 ♗d7 nebst ♖a8-d8 mit etwa gleichen Chancen.)

15...e5 16.♘d2 e6 17.♘db3 ♘d5 18.0-0 ♗d6 19.♖d1 ♔e7 20.f3 a5 21.♘a4 ♖b8 22.c4 ♘db4 23.♖d2 b6=, Bebel–Holvason, Fermo 2009

B) 14...e5 15.0-0

(– 15.♘a3 ♗f5 16.♘g3 ♗g6 17.♘c4 ♘d5 18.0-0 0-0-0 19.♖e1 h5 20.h4 e6 21.♗f3 f6 22.a4 ♔c7=, Adams–Swidler, Groningen 1997

– 15.♘g3 ♗e6 16.0-0 0-0-0 17.♖e1 f6 18.♘d2 ♘d5 19.♘df1 ♗f7 20.♗h5 ♗xh5 21.♘xh5 f5 22.♘e3 ♘xe3 23.♗xe3 ♖g8=, S. Schigalko–Potapow, Kirishi 2004)

15...♗f5 16.♘bd2 0-0-0=

4...cxd4

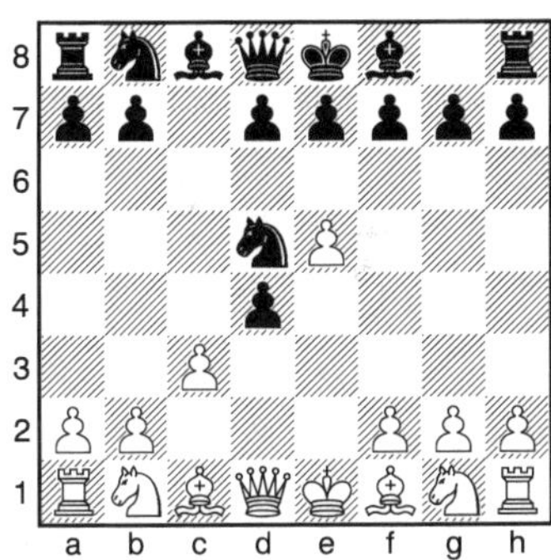

5.♘f3

Dieser Zug ist möglich, weil der Springer d5 ungedeckt und d4xc3 somit unmöglich ist.

– 5.cxd4 bedeutet aber fast immer nur Zugumstellung; z.B. 5...d6 6.♘f3 ♘c6 7.♗c4 ♘b6 usw.

– Eigenständiges Spiel entwickelt sich nach 5.♕xd4 e6 6.♘f3 ♘c6

7.♕e4 f5 8.♕e2 ♕c7 (8...b5!?) 9.g3

A) 9...b5!? 10.♗g2 a5 11.0-0 ♗a6 12.♖e1

(12.♖d1 wird in **Partie Nr. 12**: Kopylow–Rogosenko, Hamburg 2004, vorgestellt.)

12...♗c5 13.♘bd2 a4

(13...0-0 14.♘b3 b4 15.♕c2 ♗a7 16.c4 ♘de7 ½–½, Asylgutschin–Goloschapow, Batumi 2002)

14.♘f1 0-0 15.♘e3 ♘b6 16.b4 ♗e7 17.♘c2 h6 18.♗d2 ♘c4 19.♘cd4 ♘xd4 20.♘xd4 ♖ac8

Schwarz hat alles unter Kontrolle und die Stellung ist etwa gleich, Finkel–Koch, Budapest 1996.

B) 9...d6 10.exd6 ♗xd6 11.♗g2 0 0 12.0-0 ♘f6 13.♘d4 ♘xd4 14.cxd4 ♗d7 15.♘c3 a6

(15...♕b6!? wird auch gespielt.)

16.♗g5 ♖ae8 mit etwa gleichen Chancen, Finkel–Rogosenko, Internet 2001.

5...♘c6

Damit führt Schwarz den Kampf um das Feld e5 fort.

Spielbar ist auch 6...e6, um schnell die Entwicklung des Königsflügels mit ♗f8-e7, 0-0 abzuschließen; z.B. 7.cxd4 d6 8.0-0 ♗e7 9.♕e2

(9.♘c3 ♘xc3 10.bxc3 dxe5 11.dxe5 ♕xd1 12.♖xd1 0-0 13.♗e3 b6 14.♗b5 ♘a5 15.♖d2 ♖d8 16.♖xd8+ ♗xd8 17.♖d1 ♗c7 18.♘g5 h6 19.♘e4 ♗b7 20.♘d6 ♗c6 21.♗xc6 ♘xc6 22.f4 ♖d8∓, Pustowoitowa–Gaponenko, Moskau 2010)

9...0-0 10.♖d1

(10.♘c3 ♘xc3 11.bxc3 dxe5 12.dxe5 ♕a5⇄)

10...♘a5

A) 11.♗xd5 exd5 12.♘c3 ♗e6 13.♗f4 ♘c6

(Infrage kommt 13...a6 Δb7-b5!.)

14.exd6 ♗xd6 15.♗xd6 ♕xd6 16.♘e5 ♘e7 17.♖e1 ♖fe8 18.♖ad1 a6 19.♕d2 f6 20.♘d3 ♗f7 21.♕f4 ♕b6=, Sweschnikow–Mareco, Livigno 2011

B) 11.♗d3 ♘b4 12.♘c3 ♘xd3 13.♖xd3 b6 14.♕e4 ♗a6 15.♖d1 d5 16.♕g4 ♔h8 17.♕h5 ♕e8 18.♘g5 h6 19.♘h3 f5 20.♕xe8 ♖fxe8 21.♘f4 ♗b4 22.♗d2 ♘c4= Glek–Movsesian, Mülheim 2011

C) 11.b3 ♗d7 12.♗xd5 exd5 13.♘c3 ♗e6 14.♗a3 a6 15.h3

(15.♕d3 ♘c6 16.♖e1 h6 17.♖e3 ♖c8 18.h3 ♖e8 19.♖ae1 dxe5 20.♗xe7 ♘xe7 21.dxe5 ♘f5 22.♖3e2 ♕a5 mit Gegenspiel, Pavasovi–Baklan, San Veit 2008.)

15...♖e8 16.♕d3 ♘c6 17.♖e1 h6 18.♖ac1 ♖c8 19.exd6 ♗xd6 20.♗xd6 ♕xd6 21.♘e5 ♘e7 22.♕d2 ♘f5 und die Stellung ist in etwa ausgeglichen, Baklan–Hou Yifan, Reykjavik 2012.

6.♗c4

Um den Springer aus der aktiven Position zu vertreiben.

Anders entwickelt sich das Spiel nach 6.cxd4 d6 7.♗c4 ♘b6 8.♗b5

(8.♗b3 dxe5 9.d5 ♘a5 10.♘c3 ♘xb3 11.♕xb3 e6 12.♘xe5 exd5 13.♗e3 ♗d6 14.♕b5+ ♔f8 15.♘f3 ♗d7 16.♕d3 ♘a4 17.♘xa4 ♗xa4 18.0-0 ♕d7 19.♘d4 f6 20.♖fe1 ♔f7=, Fressinet–Van Wely, Moskau 2003)

8...dxe5 9.♘xe5 ♗d7 10.♘xd7

(10.♗xc6 ♗xc6 11.♘xc6 bxc6 12.0-0 g6 13.♖e1 ♗g7 14.♗g5 0-0 15.♗xe7 ♕xd4=)

10...♕xd7 11.♘c3 ♖d8 12.0-0

(12.♕f3 a6 13.♗xc6 ♕xc6 14.♕xc6+ bxc6 15.♗e3 e6 16.♖c1 ♗e7=)

12...e6 13.♗e3 ♗e7 14.♕g4 0-0 15.♖ad1 ♘d5= mit Blockade des isolierten Bauern d4.

6...♘b6 7.♗b3 d5

Das ist eigentlich präziser als 7...d6. Wenn Weiß nun 8.exd6 spielt, kommen wir in die Hauptvariante, aber nach 8.cxd4 dxe5 9.d5 hat das Spiel ganz anderen Charakter, was nicht jedermanns Sache ist.

Der zu materialistisch gesinnte Ansatz 7...dxc3 8.♘xc3 entwickelt nur den Springer b1, wonach der weiße Entwicklungsvorsprung allmählich beängstigend würde.

8.exd6 ♕xd6

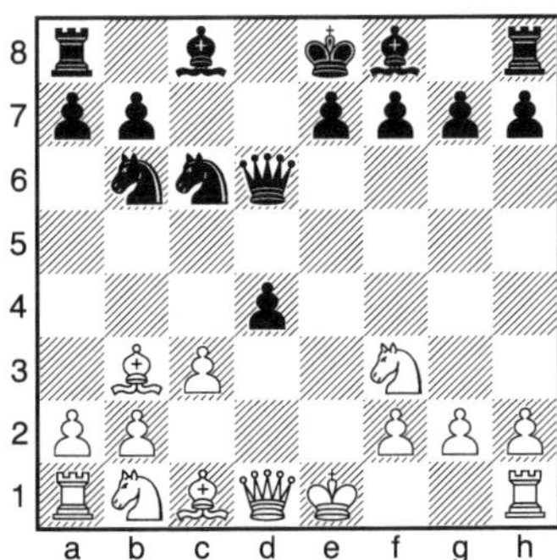

9.0-0

Die Rochade zum Schutz des eigenen König ist normal und wird deshalb hauptsächlich gespielt.

Keinen Vorteil verspricht 9.♘a3 nach 9...dxc3 mit folgenden Abspielen.

A) 10.♕e2 ♗f5 11.♘b5 ♕d7 12.♘e5 ♘xe5 13.♕xe5 ♖c8 14.0-0

(14.♘xa7 f6 15.♕a5 cxb2 16.♗xb2 ♘c4 ist günstiger für Schwarz.)

14...♘c4 15.♗xc4 ♖xc4 16.♘xc3 e6 17.♖e1 ♖c5 18.♕g3 f6 19.♗f4 ♔f7 20.♖ad1 ♕c6 21.♗d6 ♖c4 22.h3 e5 23.♗xf8 ♖xf8 24.♕e3 a6 und Schwarz hat einen Mehrbauern, L. Vajda–Rogosenko, Bukarest 2000.

B) 10.♕xd6 exd6 11.♘b5 ♖b8 12.bxc3 a6 13.♗e3

(13.♘c7+ ♔d8 14.♘d5 ♘xd5 15.♗xd5 ♗e6 ist günstig für Schwarz, S. Lalic–Sakhatowa, Isle of Man 1994.)

13...axb5 14.♗xb6 ♗e7 15.0-0 ♗e6 und das Spiel ist etwa ausgeglichen.

9...♗e6 10.♘a3 dxc3

Ebenfalls infrage kommt natürlich 10...♗xb3 11.♕xb3 ♕d5 12.♘b5 mit folgenden Abspielen:

– 12...♕xb3 13.axb3 ♖d8

(13...♖c8 14.♘fxd4 ♘xd4 15.♘xd4 a6 16.b4 e6 17.b5 ♖a8 18.bxa6 bxa6 19.♖d1 ♗c5 20.♘c6 ♘d5 21.c4 ♘b4 22.♗e3 ♗f8 23.♘xb4 ♗xb4 24.♖d3 ♔e7 25.♖ad1 ♖hd8 26.♗d2 ♗xd2 27.♖1xd2 ♖xd3 28.♖xd3 ♖b8=, Platz–Kalla, Werther 2005)

14.♘fxd4 ♘xd4 15.♘xd4 a6=, Ning Chunhong–Wei La, Wuxi 2005;

– 12...♖c8 13.♘fxd4 ♘xd4 14.♘xd4 e6 15.♖d1 ♗c5 16.♕b5+ ♕d7 17.♕e2 ♕e7 18.b3 0-0 19.c4 ♖fd8 20.♗b2 ♘d7 21.♖d3 ♘f6 22.♖ad1 a6 23.h3 ♘e8 24.♕h5 ♕f6 25.♖3d2 ♕f4 26.♘f3 ♖xd2 27.♖xd2 f6 28.♕g4 ♕xg4 29.hxg4 ♘d6 30.♔f1 ♔f7 31.♔e2 ♔e7=, Blauert–Cramton, playchess 2005.

11.♕e2

Dies ist die sicherste Fortsetzung, mit der Weiß um Vorteil kämpfen kann.

11.♘b5 bringt nicht viel; z.B. 11...♕xd1 12.♖xd1 ♖c8 13.♗xe6 fxe6 14.bxc3 ♘c4

(Auch möglich ist 14...g6 15.♘g5 a6 16.♘d4 ♘xd4 17.cxd4 ♖c6 18.♖e1 e5 19.dxe5 h6 20.♘f3 ♘c4 mit gleichem Endspiel.)

15.♘g5 e5 16.♘e6 ♔f7 17.♘bc7 g6 18.f4 ♗g7 19.fxe5 ♘4xe5 20.♖f1+ ♗f6 21.♗f4

(Schwach ist 21.♗h6? g5 22.♗xg5 ♘d8 23.♘xd8+ ♖hxd8 24.♖ae1 ♖xc7 25.♖xe5 ♖d3 26.♗xf6 exf6 27.♖h5 ♔g6 28.♖h4 ♖dxc3 und Schwarz hat einen Bauern mehr, Bräuning–Jakowitsch, München 1992.)

21...♘d3 22.♗h6 ♘c5 23.♘xc5 ♖xc7 24.♗f4 ♖cc8 25.♘xb7 ♔g7 mit ausgeglichenem Endspiel.

11...♗xb3 12.♘b5

12.axb3 e5 13.♘b5 ♕b8 ist normalerweise nur Zugumstellung.

12...♕b8 13.axb3 e5

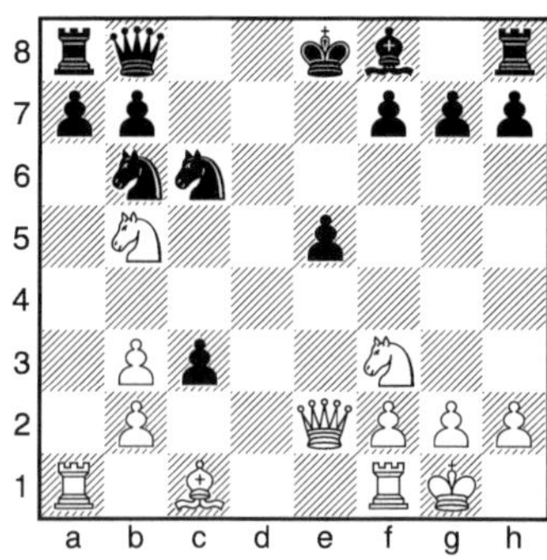

In dieser kritischen Stellung der ganzen Variante hat Schwarz zwar materiellen Vorteil, aber Weiß hat Entwicklungsvorsprung. Das Spiel ist also recht scharf und verlangt von beiden Seiten hohe Aufmerksamkeit. So muss Schwarz speziell aufpassen, dass sein im Zentrum gebliebener König nicht in einen Angriff gerät.

14.♘fd4

Betrachten wir auch andere Möglichkeiten.

I. 14.bxc3 ♗e7 15.♗g5

(Damit will Weiß eine Schwächung der weißen Felder im gegnerischen Lager erreichen.

– Keine Gefahr für Schwarz ist 15.♖e1 ♘d7 16.♘g5 ♗xg5 17.♗xg5 0-0 18.♖ad1 ♘c5 19.♕g4 ♕c8 20.♕h4 ♕f5 und Schwarz hat die besseren Aussichten, A. Hoffman-Gawrikow, Biel 1994.

– Und nach 15.♗e3 ♘c8 16.c4 0-0 17.c5 b6 18.♖fc1 bxc5 19.♗xc5 a6 20.♘a3 ♕xb3 21.♕e4 ♕e6 22.♘b5 ♕g6 ½–½, spielte der Materialvorteil in der Partie Sweschnikow–Judasin, Jaroslaw 1986, keine große Rolle, denn Weiß stand sehr aktiv.)

15...f6 16.♗e3 ♘c8 17.♘h4 0-0 18.♘f5 a6 19.♕g4 g6 20.♘xe7+ ♘6xe7 21.♕e6+ ♔g7 22.♗c5 axb5 23.♗xe7 ♘xe7 24.♕xe7+ ♖f7 25.♕b4 ♖xa1 26.♖xa1 ♕c7 und Schwarz verblieb mit einem Mehrbauern, Siwokho–Worobiow, St. Petersburg 2005.

II. 14.♖e1 f6

(In der Partie Torre–Illescas Cordoba, Moskau 1994, geschah 14...♘d7 15.♗f4 ♗e7 16.♖ad1 exf4 17.♘d6+ ♔f8 18.♘xf7 ♘b6 19.♘xh8 ♔g8 20.♘d4 ♗f6 21.♘xc6 bxc6 22.♘g6 hxg6 23.♕e6+ ♔f8 24.bxc3 ♕c8 25.♕d6+ ♔g8 26.♕xf4 ♗xc3 27.♖e3 ♗f6 28.♕e4 ♘d5 29.♖xd5 cxd5 30.♕xd5+ ♔f8 31.♕d6+ ½–½.)

15.♘fd4 ♘xd4 16.♘xd4 ♔f7 17.bxc3 ♕c8

(Zum Remis führt 17...exd4 18.♕e6+ ♔g6 19.♖e4 h6 20.♖g4+ ♔h7 21.♕f5+ ♔g8 22.♕e6+ mit Dauerschach.)

18.♘f3 ♗d6 (18...♗e7=) 19.♗e3 ♘d5 20.♕d3 ♘xe3 21.♖xe3 ♕c6 22.♕f5 g6 23.♘g5+ ♔g7 24.♘e6+ ♔f7 25.♘g5+ ½–½ , Analyse von Rogozenko

III. 14.♘bd4 ♘xd4 15.♘xd4 f6 16.bxc3 ♔f7 17.♘b5 a6 18.♗e3 axb5 19.♗xb6 ♖xa1 20.♖xa1 ♕e8 21.♖a5 b4 22.c4 ♕c6 23.♖b5 ♗e7 24.♗a5 ♖a8 25.h3 ♔g8 26.♗xb4 ♗xb4 27.♖xb4 ♖d8 und das Schwerfigurenendspiel ist ausgeglichen, Kryworuschko–Sintschenko, Dnipropetrowsk 2004.

14...♘xd4 15.♘xd4 f6 16.bxc3 ♔f7 17.♘b5

17.♘f5 ♕c8 18.♕c2 ♕c6 19.♖d1 g6 20.♘h6+ ♔g7 21.♘g4 h5 22.♘e3 ♗c5∓

17...a6 18.♗e3 axb5 19.♗xb6 ♖xa1 20.♖xa1 ♕e8 21.♖a5 ♕c6

21...b4!? sollte auch Ausgleich garantieren; z.B. 22.cxb4 ♕c6 23.♕c4+ ♕xc4 24.bxc4 ♗xb4 25.♖a7 ♖c8 26.♖xb7+ ♔e6 27.♖xg7 ♗f8 28.♖c7 (28.♖xh7?? ♖b8 29.c5

♗xc5–+) 28...♖b8 29.♖c6+ ♔d7 30.♖c7+ ♔e6 31.♖c6+ ♔d7 ½–½, Luther–Sadler, Gausdal 1994.

22.♕xb5 ♕xc3 23.♕d5+ ♔g6 24.h4 ♕c1+ 25.♔h2 ♕c6 26.♕xc6 bxc6 27.♖a8 ♔f7 28.♖c8 ♖g8 29.♖xc6 ♗e7 und laut Rogozenko ist die Stellung ausgeglichen.

Zusammenfassung:

Die Absicht von Weiß, mit 2.c3 das Zentrum zu beherrschen, wird von Schwarz angemessen gekontert. Zu diesem Zweck stehen ihm verschiedene Wege zur Auswahl (2...♘f6; 2...d5; 2...d6 und sogar 2...b6), die ihm gute Gegenchancen garantieren. Nach Meinung des Autors ist jedoch die solidere Antwort 2...♘f6 am meisten zu empfehlen und wird deshalb als Hauptvariante vorgestellt.

Kapitel 3

Morra-Gambit

1.e4 c5 2.d4 cxd4 3.c3

Weiß bietet ein Bauernopfer an, um damit Entwicklungs- und Raumvorteil zu erreichen. Im weiteren Verlauf versucht Weiß, auf der d- und c-Linie Initiative zu entfalten. Bei genauem Spiel gibt es für Schwarz jedoch ausreichend Verteidigungsmöglichkeiten.

Interessant ist auch 3.♕xd4!?, wonach sich das Spiel beispielsweise wie folgt entwickeln kann.

3...♘c6 4.♕e3 ♘f6 5.♘c3

A) 5...d5 6.exd5 ♘b4 7.♕d2

(7.♗d3 ♘fxd5 8.♘xd5 ♘xd5 9.♕d4 e6 10.♘f3 ♘b4 11.♕xd8+ ♔xd8 12.♘e5 ♘xd3+ 13.♘xd3 ♗d6 14.0-0 ♔e7=)

7...♘bxd5 8.♗b5+ ♗d7 9.♘xd5 ♗xb5 10.♘xf6+ exf6 11.♕xd8+ ♖xd8 und Schwarz hat keine Probleme.

B) 5...e6 6.♘f3 d6 7.♗c4 ♗e7 8.0-0 a6 9.♖d1 ♕c7 10.♗b3 0-0 nebst b7-b5, ♗c8-b7 mit gutem Spiel für Schwarz.

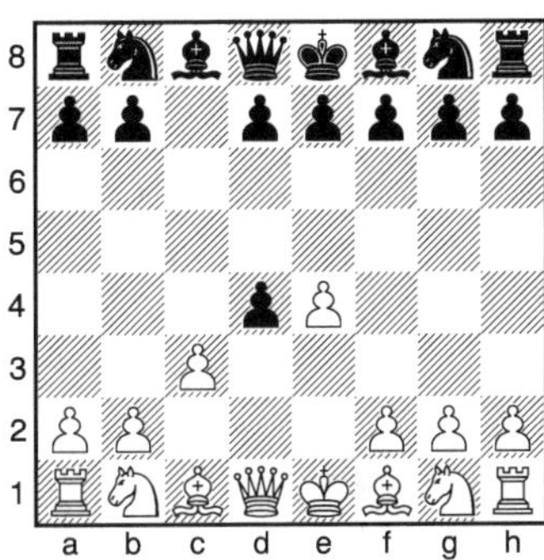

3...dxc3

Die Annahme des Bauernopfers gilt als die beste Antwort und wird entsprechend am meisten gespielt. Natürlich muss dem Schwarzen bewusst sein, dass dies zu scharfem Spiel führen wird. Um das zu vermeiden, kann Schwarz 3...d3 spielen, was dem Weißen jedoch bessere Perspektiven verspricht. Und deshalb werde ich mich nur mit der Annahme des Morra-Gambits beschäftigen.

4.♘xc3

Das ist am besten, denn das Opfer eines zweiten Bauern ist zu riskant, wie die folgenden Beispiele zeigen.

– 4.♘f3 cxb2 5.♗xb2 e6 6.♗c4 ♗b4+ 7.♘bd2 ♘f6 8.0-0

(8.e5 ♘e4 9.0-0 ♘xd2 10.♘xd2 ♘c6∓)

8...0-0 9.e5 ♘e8 10.♘e4 d5 11.exd6 ♘xd6 12.♘xd6 ♕xd6 und Schwarz hat zwei Mehrbauern bei ausreichend stabiler Stellung.

– 4.♗c4 cxb2

(4...e6 5.♘xc3 a6 führt zur Hauptvariante.)

5.♗xb2 e6 6.♘c3 ♗b4 7.♘f3 ♘e7 8.0-0 0-0 mit schwarzem Vorteil.

4...♘c6 5.♘f3 e6 6.♗c4 a6 7.0-0

Weiß plant nun einen Aufbau nach dem Schema ♕d1-e2, ♖f1-d1, ♗c1-f4(e3), ♖a1-c1 mit aktivem Spiel für den Bauern.

7...♘ge7!?

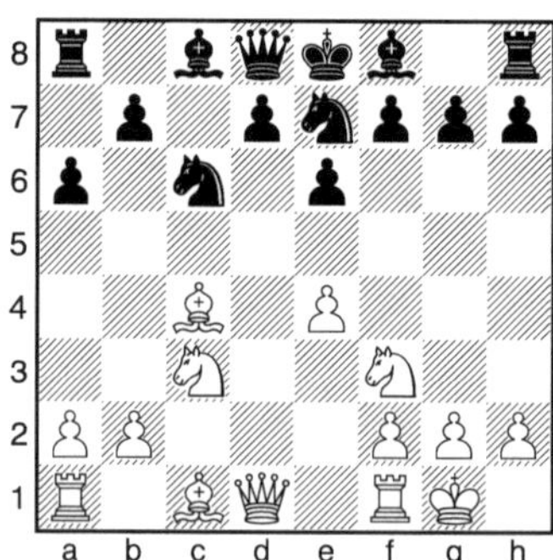

Nach diesem Zug will Schwarz seine Kräfte wie folgt aufstellen: ♘e7–g6, ♗f8–e7, d7–d6, 0-0 und die Dame wird, abhängig von der Lage, nach a5, b6, c7 bzw. e8 entwickelt. Der beste Zug für Weiß ist nun 8.♗g5, um die elastische Entwicklung der gegnerischen Figuren zu stören. Schwarz ist dann gezwungen, den weißen Läufer mit h7–h6 oder f7–f6 sofort zur Klärung zu zwingen. Ein anderer Plan mit der Entwicklung des Springers nach f6 wird genauso oft gespielt, aber damit werde ich mich hier nicht beschäftigen.

8.♗g5

Weiß kann auch anders fortsetzen.

I. 8.♕e2

A) 8...♘g6 9.♗g5

(9.♖d1 ♗e7 10.♗e3 b5 11.♗b3 0-0 12.♘d4 ♗b7 13.♘xc6 ♗xc6 14.f3 ♕b8 15.♕f2 ♗d6 16.g3 f5∓ Necevski–Arsovic, Kragujevac 2013)

9...f6 10.♗e3 b5 11.♗b3 ♗b4 12.♖fd1 ♕e7 13.♖ac1 ♗b7 14.a3 ♗d6 15.♕d3 ♗f4 16.♗xf4 ♘xf4 17.♕d2 ♘g6 18.♘d5 exd5 19.exd5 0-0-0 20.d6 ♕e4 21.♕a5 ♔b8 22.♕c7+ ♔a8 23.♗d5 ♕g4 24.h3 ♕f5 25.♘d4 ♕xd5 26.♘xc6 ♕g5 0-1, Wiander–Szeberenyi, Budapest 2013

B) 8...b5 9.♗b3 ♗b7 10.♖d1 ♘g6 11.♗e3 ♗e7 12.♖ac1 0-0 13.a3 d6 14.h3 ♖c8 15.♘h2 ♘a5 16.♗a2 ♘c4 17.♗xc4 ♖xc4 18.f3 ♕b8 19.♘f1 ♖cc8 20.g3 ♘e5 21.h4 ♘c4 22.♗f2 ♗f6 23.♘e3 ♘xe3 24.♕xe3 ♖c6 25.♕d2 ♖fc8 mit aktivem Spiel für Schwarz, H. Hansen–Partys, Teplice 2013.

II. 8.♗e3 b5

A) 9.♗d3 ♗b7 10.♖e1 d6 11.♕b3 ♘a5

(11...♘g6 12.a4 b4 13.a5 ♗e7 14.♘a4 0-0 15.♘b6 ♖b8∞)

12.♕c2 ♖c8 13.b4 ♘c4 mit zweischneidigem Spiel, Vasquez-Hoeppenstein, FICGS 2009.

B) 9.♗b3 ♘g6 10.♖e1 ♗b4 11.a3 ♗xc3 12.bxc3 ♘a5 13.a4 bxa4 14.♗xa4 ♕c7 15.h4 ♘c4 16.h5 ♘xe3 17.♖xe3 ♘e5 18.♕d4 f6 19.♘h4 0-0 20.♖g3 ♘f7 21.♕e3 ♖b8 und Schwarz hat alles unter Kontrolle, Mosaddeghpour–Darban, Tabriz 2013.

III. 8.a4 ♘g6 9.♕e2 ♗e7 10.♗e3 0-0 11.♖fd1 d6

A) 12.♖ac1 ♗d7 13.♘e1 ♖c8 14.f4 ♘b4

(14...♕e8 15.♗d3 ♘b4 16.b3 ♗f6∓, Alboredo–De Souza, Mogi das Cruzes 2013)

15.♗b3 f5 16.e5 d5 17.♘f3 ♗c5 18.♘xd5 ♗xe3+ 19.♘xe3 ♖xc1 20.♖xc1 ♘xf4 mit schwarzem Vorteil, Krabbe - Rachut-Graf, Dresden 2006.

B) 12.♕d2 ♘ge5 13.♘xe5 dxe5 14.♕e2 ♕a5 15.♕g4 ♖d8 16.♖xd8+ ♕xd8 17.♖d1 ♕e8 18.h4 ♔h8 19.♕h5 ♗d7 20.♗a2 ♗f8 21.♗b6 ♖c8 und mit seinem gesunden Mehrbauern steht Schwarz besser, Fedosejew–Ionow, St. Petersburg 2008.

8...f6

Offensichtlich die beste Antwort, weil Schwarz die Fesselung seines Springers aufhebt, der nach ♘e7–g6 das Feld e5 unter Kontrolle nimmt.

Problematisch ist 8...h6, wie folgende Varianten zeigen.

A) 9.♗e3 ♘g6

(9...b5!? 10.♗b3 ♗b7 11.♕e2 ♖c8 12.♖ad1 d6 13.♖d2 ♘g6 14.♖fd1 ♘a5 15.♘d4 ♘xb3 16.axb3 ♗e7∓, Mayerhofer–A. Horvath, Sankt Veit an der Glan 2014)

10.♘d4

A1) 10...♗b4!? 11.a3

(11.f4 0-0 12.f5 ♘ge5 13.f6 ♘xc4 14.♕g4 g6 15.♗xh6 ♕a5! 16.♗xf8 ♗xf8–+)

11...♗xc3 12.bxc3 0-0 13.f4 d5 14.♗d3 e5 15.♘xc6 bxc6 16.f5 ♘f4 17.♗xf4 exf4 18.♖xf4 ♕f6 19.exd5 cxd5 20.♖d4 ♗xf5 21.♗xf5 ♕xf5 22.♖xd5 ♕e4 mit gleichem Endspiel.

A2) 10...♗e7 11.f4!

(Zu optimistisch ist 11.♘f5?!, wie **Partie Nr. 13**: Morvay–Tompa, Ungarn 1992, zeigt.)

11...0-0 12.♗b3 b5 13.♕h5 ♘xd4 14.♗xd4 ♕c7 15.♖ac1 und Weiß hat starke Initiative, denn es droht f4–f5!.

B) 9.♗h4

– 9...g5 10.♗g3 ♗g7 11.♗d6 0-0 12.♖e1 b5 13.♗d3 ♖e8 14.e5 ♗b7 15.♘e4 ♘d5 16.♘c5 ♖a7 17.♘xb7 ♖xb7 18.g3 ♗f8!? 19.♗xf8 ♖xf8

20.♗e4 ♘ce7 21.♖c1 ♖c7 22.♖xc7 ♕xc7 23.♕d2

(23.♘xg5 hxg5 24.♕h5 f5∓)

23...f5 24.♗xd5 ♘xd5 25.♖c1 ♕b7 26.♘d4 ♘e7 und Schwarz hat einen Mehrbauern, doch muss er immer die Drohung h2–h4 im Auge halten.

– 9...d6 10.♕e2 g5

(10...♕c7 11.♖ac1 ♘g6 12.♗g3 ♗e7 13.♗b3 ♕b8∓)

11.♗g3 ♘g6 12.♖fd1 e5 13.♗d5 ♕f6 14.♘a4 ♗g4 15.♘b6 ♖d8 16.♖ac1 ♗xf3 17.♕xf3 ♕xf3 18.gxf3 ♘ge7 19.b4 ♗g7 mit schwarzem Materialvorteil in gedrückter Stellung.

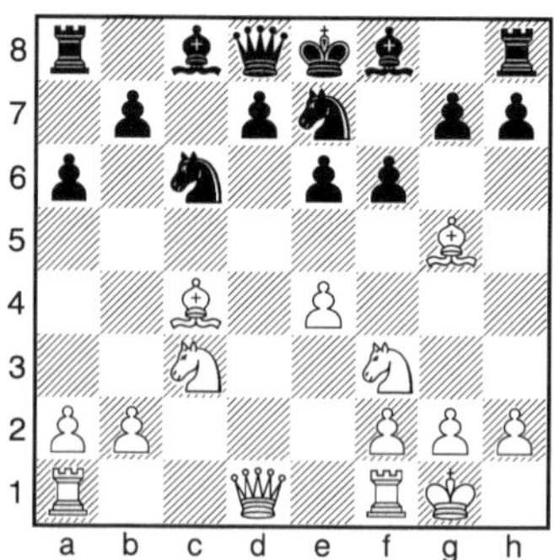

9.♗e3

Weiß wählt den besten Platz für den Läufer und hat jetzt den Angriffsplan ♘f3–d4 nebst f2–f4–f5.

9.♗f4 ist weniger effektiv; z.B. 9...♘g6

A) 10.♗d6 ♗e7

(Oder 10...♗xd6 11.♕xd6 ♕e7 12.♕g3 0-0 mit schwarzem Plus.)

11.♗b3

(– 11.a3 0-0 12.♗xe7 ♕xe7 13.♖c1 b5 14.♗a2 ♗b7 15.♘d4 ♔h8∓

– 11.♗xe7 ♕xe7 12.♖c1 0-0 13.♗b3 ♔h8∓)

11...0-0 12.♖c1 b6

(Zu beachten ist 12...♘h8!? Δ♘h8–f7.)

13.a3 ♗b7 14.♕d2 ♘ce5 15.♘xe5 fxe5 16.♖cd1 ♗c6 und Schwarz steht besser.

B) 10.♗g3 ♗e7

(10...b5!? und 10...♗c5!? sind interessante Alternativen.)

B1) 11.♘d4 ♘xd4 12.♕xd4 ♕a5 13.♗b3 ♕b4 14.♕xb4 ♗xb4 15.♘a4 ♗a5 16.♗d6 ♘e5 17.♖ac1 b5 18.♘c5 ♘f7 19.♗g3 ♔e7 20.f4 d6 21.♘d3 ♗b7 22.e5 ♗b6+ 23.♗f2 ♗xf2+ 24.♖xf2 ♖ac8 25.♖fc2 ♖xc2 26.♖xc2 ♖c8 27.exd6+ ♔xd6 28.♖xc8 ♗xc8 und Schwarz verblieb mit einem Mehrbauern, Sturm–A. Hunt, Hamburg 1999.

B2) 11.a3 b5 12.♗a2 ♕b6 (verhindert 13.♘d4) 13.♔h1 0-0∓

B3) 11.♘h4 ♘xh4 12.♗xh4 0-0 (12...b5!?) 13.♗b3 f5!? 14.♗xe7 ♕xe7 15.exf5 ♖xf5 16.♗c2 ♖f4∓

B4) 11.♕e2 b5 12.♗b3 ♘a5 13.♗c2 0-0 14.♖ad1

(14.♖fd1 ♕e8 15.♖ac1 ♘c6 16.♗b3 ♔h8 17.♕c2 ♘ge5 18.♘xe5 fxe5 19.♘e2 ♗g5 20.♖b1 ♗b7∓, Choo Zhong Zhig–Le Quang Liem, Thailand 2005

14.h4 ♕b6 15.♖fd1 d6 16.♖ac1 ♔h8 17.♘d4 ♗d7 18.♔h1 ♖ac8 19.f4 b4 20.♘b1 e5!? 21.♘f5 ♘c6∓)

14...♕e8 15.♗c7 ♘c4 16.♗b3 ♖a7 17.♗b8 ♖b7 18.♗g3 ♘a5 19.♗c2 d6!? und nun zeigen zwei Varianten, dass Schwarz bessere Chancen hat.

– 20.♗xd6 ♗xd6 21.♖xd6 ♘c4 22.♖xa6 ♘f4 23.♕e1 ♖d7 24.♖a8 ♕h5 25.♗d1 ♘xb2 26.♕e3 ♕g4 27.g3 ♘h3+ 28.♔g2 ♖d3 29.♘e5

(29.♕c5 ♘f4+ 30.♔g1 ♖dd8 31.♘e5 ♕g5–+)

29...♖xe3 30.♗xg4 ♖xc3 31.♖xc8 ♖fxc8 32.♗xe6+ ♔f8 33.♘d7+ ♔e7 34.♗xh3 ♖8c6–+

– 20.♘d4 ♘c6 (20...♖c7!?) 21.♘xc6 ♕xc6 22.♗b3 ♔h8 23.♖c1 ♖c7 24.♕e3 ♕c5∓

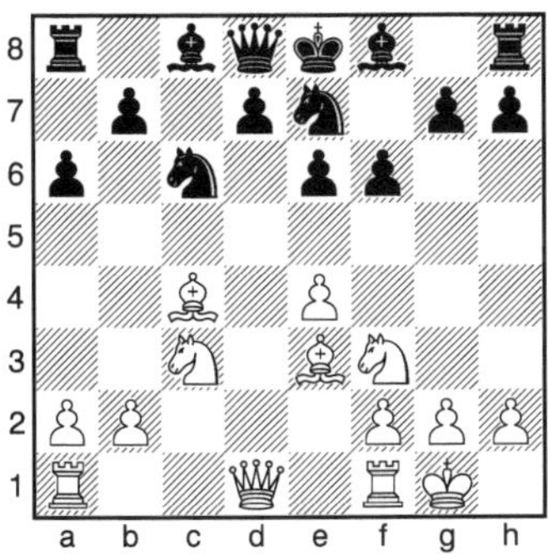

9...b5!?

Dieser Zug ist gegen die Drohung ♘c3–a4 gerichtet und zugleich wird die Flankierung des Läufers c8 vorbereitet.

Ein anderer Plan besteht in 9...♘g6, um das Feld e5 in Besitz zu nehmen.

A) 10.a4 ♗e7 11.♘d4 ♘ge5 12.♗b3 ♘xd4 13.♗xd4 ♘c6 14.♗e3 0-0 15.f4 f5 16.exf5 ♖xf5 17.♕g4 d5 18.♖ad1 ♕e8 19.♗c2 (19.♘e2 ♕h5∓) 19...♖h5 20.♕g3 ♗f6 mit schwierigem Kampf, denn Schwarz hat zwar einen Mehrbauern, aber Weiß dafür aktives Spiel.

B) 10.h4 ♗e7 11.♕e2 0-0 12.♖fd1 ♕a5 13.♘d5 ♗c5 14.♗xc5 ♕xc5 15.♖ac1 ♕a7 16.h5 ♘ge5 17.h6

B1) 17...exd5 18.♗xd5+

(18.exd5 b5 19.♗b3 ♘a5 20.hxg7 ♖f7 21.♘xe5 fxe5 22.♗c2 d6–+)

18...♔h8 19.♘xe5 fxe5 20.hxg7+ ♔xg7 21.♖d3 d6 22.♗xc6 bxc6 23.♖xc6 ♗d7 24.♖cxd6 ♗b5 25.♖g3+ ♔h8 26.♕c2 ♖f4–+

B2) 17...b5 18.hxg7 ♔xg7 19.♗b3 exd5 20.♘h4 d6 21.♖xd5 ♗g4 22.♕d2 ♖ad8 +, Brückner–Schermer, Pinneberg 2002

C) 10.♘d2 b5 11.♗b3 ♗b4 12.f4 ♕e7 13.♕h5 0-0 14.♖f3 ♖f7 15.♘d5 exd5 16.exd5 ♘a5 17.d6 ♗xd6 18.♖h3 ♘f8 19.♗d5 ♗b7 20.♘e4 g6 21.♗xf7+ ♔xf7 22.♘xd6+ ♕xd6 23.♕g4 f5 24.♕g5 ♘c4 25.♗f2

♖e8 +, Hardarson–Miezis, Reykjavik 2002

D) 10.♕e2 b5

(Zu 10...♗d6!? – siehe **Partie Nr. 14**: Carr–Thipsay, Southampton 1986)

11.♗b3

D1) 11...♗e7 12.♖fd1 ♕c7 13.♖ac1 ♕b8 14.h4 ♘a5 15.♗c2

(15.♗d5 exd5 16.♘xd5 ♗d8 17.h5 ♘e5 18.♘xe5 fxe5 19.♕g4 0-0 20.h6 g6 21.♖c3 d6 22.♕g3 ♗e6 23.♘b4 ♗e7–+, Tan–Muhren, Hengelo 2002)

15...♘c4 16.♗b1 ♘xe3 17.♕xe3 0-0 18.♘e2 ♕a7 19.♕c3 ♘e5 20.♘fd4 ♗b7 21.f4 ♘c6 22.♔h1 ♘xd4 23.♖xd4 ♖ac8 und da Weiß keinen Ersatz für den Bauern hat, steht Schwarz besser, Thomas–Beveridge, Cardiff 2005.

D2) 11...♗d6 12.♖fd1 ♕c7 13.♖ac1 ♕b8 14.g3 0-0 15.♘d4 ♘xd4 16.♗xd4 ♘e5 17.f4 ♘c6 18.♗e3 ♘a5 19.♗c2 ♘c4 20.e5 ♘xe3 21.♖xd6 ♕a7 22.♕f2 fxe5 23.♗e4 exf4 24.gxf4 ♘c4 25.♗xa8 ♕xf2+ 26.♔xf2 ♘xd6 +, Rodriguez Martin–Sleisz, Belgien 2005

D3) 11...♘a5 12.♗c2 ♘c4 (12...♗b7!?) 13.e5 ♘xe3 14.♕xe3 f5 15.g4 fxg4 16.♘g5 ♗b7 (16...♗e7 17.♘xh7!) 17.♗xg6+ hxg6 18.♕f4 ♕e7 19.♘ce4 ♗xe4 20.♕xe4 ♕xg5 21.♕xa8+ ♔f7 22.♖ad1 d5 23.♖xd5 exd5 24.♕xd5+ ♔e8 25.♕c6+ ♔f7 26.♕d5+ und Weiß rettet sich durch Dauerschach.

E) 10.♘d4 ♗b4!?

E1) 11.♗b3 ♘a5 12.f4 ♘xb3 13.axb3 0-0 14.♕h5 ♘e7 15.♖f3 ♕e8 (15...g6!?) 16.♕xe8 ♖xe8 17.♘db5 ♖f8 (17...d5 18.♘c7 ♗d7∞) 18.♘c7 ♖b8 19.♗a7 ♘c6 20.♗xb8 ♘xb8 21.♔f1 b5 22.f5 ♗d6 23.♘a8 ♗b7 24.♖d3 ♗e5 25.♘b6 b4 26.♘ca4 ♗xe4 27.♖dd1 ♗xf5 28.♘xd7 ♘xd7 29.♖xd7 ♗xh2∓, Zelcic–Farago, Bled 1994

E2) 11.♖c1 0-0 12.f4 ♘a5 13.♗b3 ♔h8 14.f5 ♘e5 15.fxe6 dxe6 16.♘xe6 ♗xe6 17.♗xe6 ♘ac4 18.♗xc4 ♘xc4 19.♕e2 ♘xe3 20.♕xe3 ♖e8 und wegen des schwachen Bauern e4 steht Schwarz etwas besser.

10.♗b3 ♗b7

10...♘g6!? ist natürlich eine Alternative.

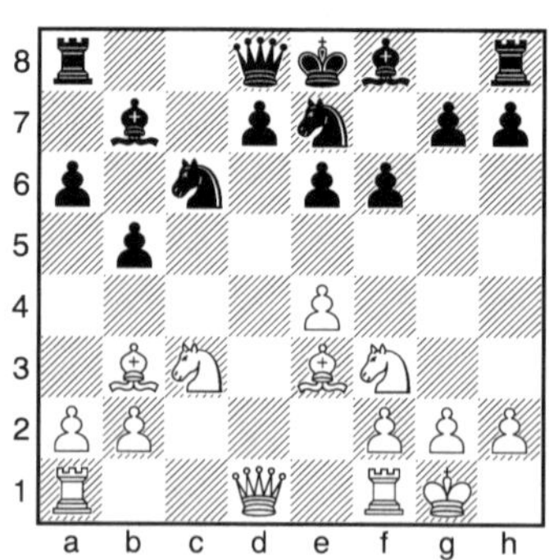

11.♕e2

Mit diesem typischen Zug räumt Weiß das Feld d1 für den Turm.

Hier ein Blick auf einige Alternativen.

I. 11.♘d4 ♘xd4

A) 12.♕xd4 ♘c6 13.♕d3

(Auf 13.♕d1 folgt natürlich auch 13...♘a5.)

13...♘a5 14.♗c2 ♘c4∓.

B) 12.♗xd4 ♘c6 13.♗e3 ♘a5 14.♗c2 ♖c8 15.♖e1 ♘c4 16.♘d5 exd5 (16...♘xb2 17.♕e2 ♘c4∓) 17.exd5 ♔f7 18.♕h5+ ♔g8 19.♗d4 g6 20.♕h4 ♗g7 21.d6 ♘xd6 22.♗b3+ ♘c4 nebst d7–d5 mit schwarzem Vorteil.

II. 11.♘h4 ♘a5 12.f4 ♘xb3

A) 13.♕xb3 b4

(13...♘c6 14.♕d1 ♕e7 15.♖c1 ♖c8=)

14.♕xb4 ♘f5 15.♕xb7 ♘xe3 16.♖fc1 ♗c5 17.♔h1 ♕b8 18.♕xb8+ ♖xb8 19.♘f3 ♗a7 20.b3 ♔e7 nebst ♖h8–c8 mit gutem Spiel für Schwarz.

B) 13.axb3 b4 14.f5 h5!?

Gegen ♕d1-h5 gerichtet.

(– Nach 14...♔f7 15.♘a4 ♗xe4 16.♘b6 ♘d5 17.♘xa8 ♕xa8 18.fxe6+ dxe6 19.♗d4 ♗d6 hat Schwarz ausreichend Kompensation für die Qualität.

– Natürlich nicht spielbar ist 14...bxc3?? 15.♕h5+ g6 16.fxg6 hxg6 17.♕xh8+–.)

15.♘a4 ♗xe4 16.♘b6 ♖b8 17.♖xa6 ♘xf5 18.♘xf5 ♗xf5!

(18...exf5 ist wohl schwächer.)

19.♖f2 ♕c7 20.♘c4 ♗e4 und Schwarz kann mit seiner Stellung vollauf zufrieden sein.

III. 11.♘d5 exd5 12.exd5 ♘e5 13.♘xe5 fxe5 14.♕h5+ ♘g6 15.f4 ♕h4 16.♕xh4 ♘xh4 17.fxe5 g6

A) 18.d6 ♘f5 19.♗g5 h5

(19...♗g7 20.g4 h6 21.gxf5 hxg5 22.fxg6 0-0-0∓)

20.♗f6 ♖h7 21.♗g8 ♖f7 22.♗xf7+ ♔xf7 mit schwarzem Vorteil.

B) 18.♖ac1 ♘f5 19.♗b6 a5 20.♖c7 a4 21.♖xb7 axb3 22.axb3 ♗h6 23.g4 ♗e3+ 24.♔h1 ♗xb6 25.gxf5 ♗d4 26.e6 gxf5 27.♖xd7 ♖d8!?

(27...♖a7 28.♖d1 ♖xd7 29.exd7+ ♔xd7 30.♖xd4 ♔d6 31.♖b4 ½–½, Carrizo–Oortwijn, FICGS 2013)

28.♖xd8+ ♔xd8 29.♖xf5 ♖g8 30.h4 h6 31.d6 ♖e8 32.e7+ ♔d7 33.♖xb5 ♔xd6 mit besserem Endspiel für Schwarz.

IV. 11.♘d2 ♘a5

(– 11...♖b8 12.f4 ♘a5 13.♗c2 g6 14.♕e2 ♗g7 15.♖ad1 0-0 16.♘b3 ♗c6 17.♘d4 ♕c8 18.f5 ♘c4 19.♗b3 gxf5 20.exf5 e5 21.♘xc6 ♕xc6∓, Ohtake–Marti Pericot, ICCF 2008

– Zu beachten ist 11...♖c8!?.)

12.a3 ♖c8

A) 13.♕h5+ g6 14.♕h4 g5

(14...♘ec6!? 15.♗c2 ♘e5 16.f4 ♘ec4∓)

15.♕h5+ ♘g6 16.♗a2 ♗xa3 17.♘xb5 axb5 18.bxa3 ♘c4 19.♘xc4 bxc4 20.e5 0-0 21.exf6 ♕xf6 22.♖ad1

(22.♗xg5 ♕f5 23.♗b1 ♕d5 24.♕g4 ♘e5 25.♕g3 ♘f3+! 26.gxf3 ♖xf3–+)

22...♖f7 23.♕xg5 ♕xg5 24.♗xg5 ♘e5 und Schwarz steht mit seinen starken Bauern im Zentrum klar besser, Compagnone–Polownikow, ICCF 2011.

B) 13.♗a2 ♘g6 14.f4 ♗xa3 (14...♗e7!?) 15.♘xb5 axb5 16.bxa3 ♘c4 17.♘xc4 bxc4 18.♕d4 ♕c7 (18...d5!?) 19.♖ac1 ♗a6 20.♖fd1 e5 21.fxe5 ♘xe5 und Schwarz hat bessere Aussichten, Ohtake–Standke, ICCF Email 2007.

11...♘a5 12.♘d4

Der Zug 12.♗c2 wird in **Partie Nr. 15**: Gueci–Martinovic, Chianciano 1989, analysiert.

12...♘ec6 13.f4 ♘xd4 14.♗xd4 ♘xb3 15.axb3 ♗e7 16.♕h5+ g6 17.♕h6 ♗f8 18.♕h3 ♗g7 19.♗c5 ♔f7 20.f5 ♕c7 21.b4 exf5

Zu testen ist 21...♖ae8!?.

22.♖ad1 ♗f8 23.♗xf8 ♖axf8 24.exf5 ♗c6 25.♘d5 ♕a7+ 26.♔h1 ♔g7 27.♘e7 ♖f7

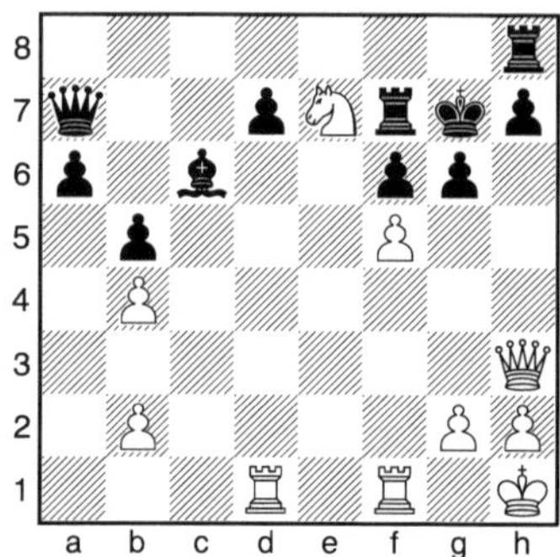

28.♖fe1

Das Schwerfigurenendspiel nach 28.♘xc6 dxc6 29.♖d6 ♖e8 30.♖xc6 ♕f2 31.♖cc1 ♕xb2 ist vorteilhaft für Schwarz.

28...♕f2 29.♘xc6 dxc6 30.♕c3 ♕xf5 31.♕xc6 ♕c8 32.♖d6 ♕xc6 33.♖xc6 ♖d8 34.♖xa6 ♖d4

In diesem Turmendspiel hat Schwarz bessere Perspektiven, Garcia Ramos–Barria, Valencia 2003.

Zusammenfassung: Obwohl die Entwicklung mit ♘g8–f6 als Hauptvariante gilt und von verschiedenen Eröffnungsbüchern empfohlen wird, finde ich den Plan mit 7...♘ge7!? aussichtsreicher. Wie in diesem Kapitel gezeigt, verspricht er gute Chancen, den Gambitbauern mit Vorteil zu behaupten.

Kapitel 4

Grand-Prix-Angriff

1.e4 c5 2.f4

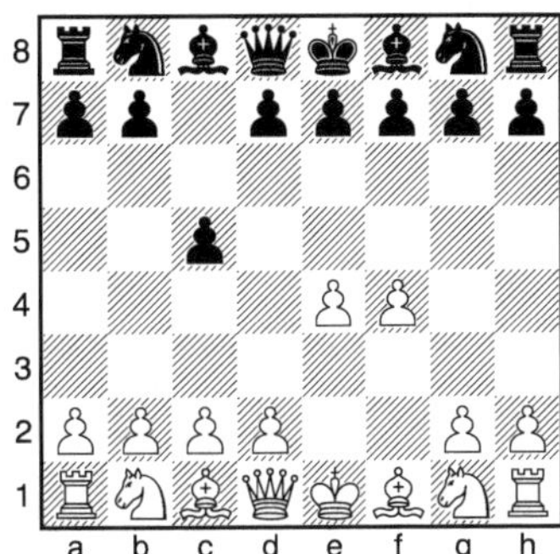

Mit diesem Zug verstärkt Weiß die Kontrolle im Zentrum und plant nach ♗f1-c4 einen schwungvollen Angriff gegen den schwarzen Königsflügel.

Sehr oft wird zuerst 2.♘c3 gespielt, was nach 2...♘c6 3.f4 unter Zugumstellung zur Hauptvariante führen kann.

2...♘c6

Mit diesem üblichen und populärsten Zug nimmt Schwarz das Feld d4 unter Kontrolle und erschwert d2–d4.

Nach der starken Alternative 2...d5!? und der Antwort 3.exd5 kann das Spiel folgenden Verlauf nehmen.

A) 3...♕xd5 4.♘c3 ♕d8 5.♘f3 ♘f6

(Es geht auch sofort 5...g6.)

6.♘e5 g6 7.♗c4 e6 8.d3 ♘bd7 9.♕e2 ♕e7 10.a4 ♗g7 11.0-0 0-0 12.a5 ♘e8 13.♗d2 ♘d6 14.♖ae1 ♘f5 15.♘b5 a6 16.♘a3 ♘xe5 17.fxe5 ♗d7 18.♘b1 ♗c6 19.♘c3 ♘d4 20.♕d1 ♕c7 und Weiß hat Probleme mit seinem Bauern e5, Hebden–Kindermann, Biel 1983.

B) 3...♘f6 4.♗b5+

(Als schwach gilt 4.c4 e6 5.dxe6 ♗xe6 6.♘f3 ♘c6 7.♘c3 ♗d6 8.d4 cxd4 9.♘xd4 0-0 10.♘xe6 fxe6 11.♗e3 ♕e7 12.♕f3 ♗b4 13.♗e2 e5 14.0-0-0 ♗xc3 15.bxc3 exf4 16.♗d4 ♖ae8 17.♗xf6 ♖xf6 18.♖d2 ♔h8 19.♖hd1 ♕a3+ 20.♖b2 ♘e5 21.♕h3 f3 22.gxf3 ♖b6 23.♖dd2 ♘d3+! 24.♗xd3 ♖e1+ 0–1, Rosich–Kasparow, Barcelona Simultan 1988.)

4...♗d7 5.♗xd7+ ♕xd7 6.c4 e6 7.♕e2 ♗d6 8.dxe6 fxe6 9.d3 ♘c6 10.♘f3 0-0 11.0-0 e5 12.f5 ♘d4 13.♘xd4 exd4 14.♗g5 ♖ae8 15.♕f3 ♕c7 16.g3 ♘d7 17.♘d2 ♘e5 18.♕d5+ ♘f7 19.♗f4 ♗xf4 20.♖xf4 ♖e5 21.♕g2 ♖e3 22.♘f1 ♖e5 ½–½, Campora–Schirow, Buenos Aires 1993.

Die Fortsetzung 2...d6 kann mit Zugumstellung zur Hauptvariante führen: 3.♘f3 g6 4.♘c3 ♗g7 5.♗c4 ♘c6 6.d3 e6 7.0-0 ♘ge7 8.♕e1 usw.

Aber häufig spielt Weiß auch 5.♗b5 – siehe **Partie Nr. 16**: Macieja–Gelfand, Bermuda 2005.

3.♘c3 g6 4.♘f3 ♗g7 5.♗c4

Mit dem Ziel, nach der Rochade so schnell wie möglich f4–f5 folgen zu lassen, notfalls sogar auf Kosten eines Bauern. In Verbindung mit dem Damenmanöver ♕d1-e1-h4 organisiert Weiß starken Druck gegen den schwarzen König. In der modernen Eröffnungstheorie wird diese aktive Aufstellung der weißen Kräfte Grand–Prix–Angriff genannt.

5...d6 6.0-0

Konsequent und plangemäß will Weiß so früh wie möglich das erwähnte Manöver ♕d1-e1-h4 folgen lassen.

6...e6

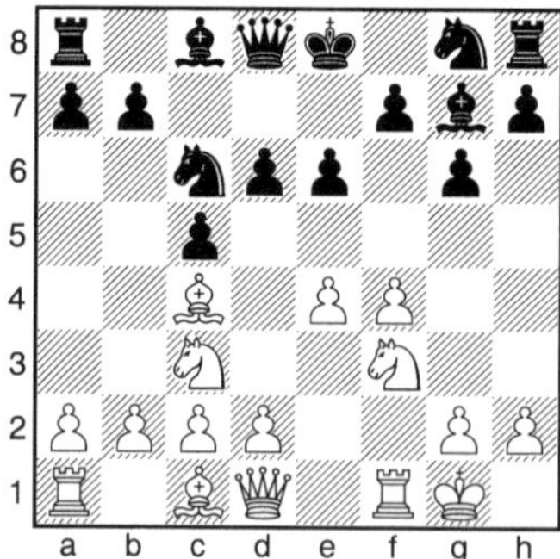

7.d3

Energischer, aber auch riskant ist 7.f5!?

(Gespielt wird auch 7.a3, damit der Läufer bei Bedarf nach a2 ausweichen und somit weiter aktiv auf der Diagonale a2–g8 wirken kann. Dieser Plan wird in **Partie Nr. 17**: Macieja–Gelfand, Bermuda 2004, vorgestellt.)

7...exf5 8.d3

(Nach 8.♕e1 ♘ge7 9.exf5 ♗xf5 10.g4 ♗e6! 11.♗xe6 fxe6 nebst ♕d8–d7 steht der schwarze Vorteil wegen der geschwächten Rochadestellung und des unentwickelten Damenflügels von Weiß außer Frage.)

8...♘ge7 9.♕e1

A) 9...♘e5 10.♗g5

(Nach 10.♗b3 0-0 11.♕h4 ♔h8 12.♘g5 h6 13.♘f3 ♘7c6 14.♕xd8 ♖xd8 15.♗d5 ♖b8 16.a4 ♗e6 17.♘xe5 ♘xe5 18.exf5 ♗xf5 hat Weiß keine Kompensation für den Bauern.)

10...f6

(10...h6 11.♗xe7 ♕xe7 12.♘d5 ♕d8 13.♗b5+ ♔f8 kann für Schwarz unangenehm sein.)

11.♘xe5 dxe5 12.♗e3 b6 13.b4 f4 14.♗f2 cxb4 15.♘d5 ♕d6 16.♕xb4 ♕xb4 17.♘xb4 ♗b7 18.a4 f5 19.♖fe1 fxe4 20.dxe4 ♖c8 mit zweischneidigem Spiel. Der schwarze Mehrbauer hat keine wesentliche Bedeutung, denn Weiß droht unangenehm a4–a5.

B) 9...♘d4 10.♘g5

(10.♕h4 ♗e6 11.♗g5 h6 12.♗d2 d5

13.exd5 ♘xd5 14.♕f2 0-0 15.♘b5 ♘xb5 16.♗xb5 a6 17.♗c4 b5 18.♗b3 ♖c8 19.c4 ♘f6 20.cxb5 ♗xb3 21.axb3 axb5 mit klarem Vorteil für Schwarz, Wafzig-R. Krüger, Deutschland 2004.)

10...0-0 11.♕h4 h6 12.♘xf7

Der Rückzug 12.♘f3 wäre bestimmt besser, denn das Springeropfer bringt nichts.

12...♖xf7 13.♗xf7+ ♔xf7 14.exf5 gxf5 15.♘d5 ♘e2+

(15...♗e6!? 16.♘f4 ♘g6 wäre wahrscheinlich noch besser.)

16.♔h1 ♘xc1 17.♖axc1 ♘c6 (17...♗e6!?) 18.♕h5+ ♔f8 19.♖ce1 ♘e5 20.♖e3 ♕g5 21.♕e2 ♗d7 22.♖g3 ♕d8 23.♕e4 ♔g8 24.♖xf5 ♗xf5 25.♕xf5 ♔h8 26.♘f4 ♕f6 27.♕e4 ♖f8 28.♕xb7 ♖f7 29.♕a8+ ♔h7 30.♕e4+ ♕f5–+, Tofte-De-Mac, Bergen 2005

C) 9...h6 10.♕g3

(– Nach 10.♗f4 g5 sollte der Läufer zurückweichen, denn schwach ist 11.♕g3? ♗xc3 12.bxc3 gxf4 13.♕g7 ♖f8 14.exf5 ♘xf5 15.♖ae1+ ♔d7 16.♗e6+ ♔c7 17.♗xf5 ♗xf5 18.♕xh6 ♕d7–+, Vea-Estremera Panos, Caleta 2005.

– Oder 10.♕h4 ♗e6 11.♘d5 ♕d7 12.♖b1 0-0-0 13.a3 g5 14.♕e1 ♖he8 15.♕d1 fxe4 16.dxe4 f5 –+, Babujian-Ibrahimov, Teheran 2005.)

10...♘e5 11.♘xe5 dxe5 12.♗b5+ ♔f8 13.♗c4 ♗e6 14.♗xe6 fxe6 15.♕f2 b6 16.a4 ♔g8 17.a5 ♔h7 18.axb6 axb6 19.♖xa8 ♕xa8 20.exf5 exf5 und Weiß hat für den Bauern keinen Ersatz, Ferkingstad-Senff, Oslo 2006.

7...♘ge7

Schwarz vergrößert die Kontrolle über das Feld f5 und erschwert somit den Vorstoß f4–f5.

8.♕e1

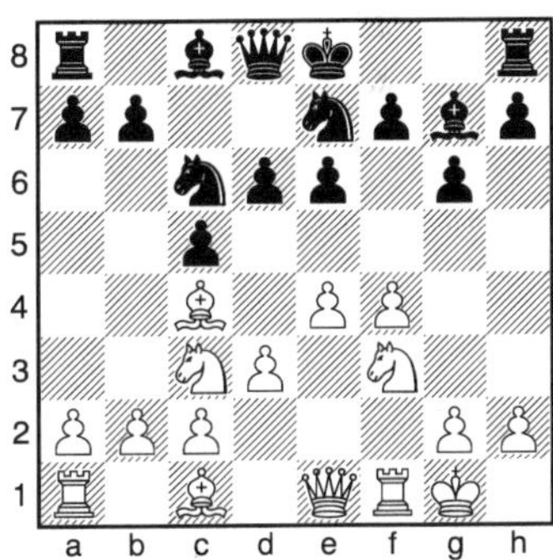

8...0-0

Mit der Rochade kann Schwarz auch noch warten.

I. 8...♘d4 9.♘xd4 cxd4

A) 10.♘e2 0-0 11.♗b3

(– 11.f5 exf5 12.♕h4 d5 13.exd5 ♘xd5 14.♗g5 ♕d7 15.♖f3 b5 16.♗xd5 ♕xd5 17.♗h6 ♗b7 18.♘f4 ♕d8 19.♕xd8 ♖fxd8–+, Hasan-Mertens, Stare Mesto 2005

– 11.♕f2 d5 12.exd5 exd5 13.♗b3 a5 14.a3 a4 15.♗a2 ♘f5 16.♘g3 ♘e3 17.♖e1 ♖a6 18.♖b1 ♖c6 19.♗xe3 dxe3 20.♕xe3 ♖xc2 21.♖e2 ♖xe2 22.♕xe2 ♖e8 23.♕f2

♕a5 24.♖c1 ♕b5 25.d4 ♕d3 26.♔h1 ♗xd4–+, Wuijts–Soerdjan, Hengelo 2005)

11...♘c6 12.♗d2 ♔h8 13.♘g3 f5 14.exf5 exf5 15.♕f2 ♕b6 16.♕f3 a5 17.a4 ♗d7 18.♖fe1 ♗f6 19.♖e2 ♘b4 20.♗xb4 axb4

In dieser komplizierten Stellung muss Weiß immer die Drohung ♕b6–c7 nebst b7–b5 im Auge halten, Stotyn–Juhnke, Deutschland 2005.

B) 10.♘d1 0-0 11.♘f2 d5 12.♗b3 b5 13.e5 a5 14.a4 ♗d7 15.♘g4 ♘f5 16.♗d2 h5 17.♘f6+ ♗xf6 18.exf6 bxa4 19.♗xa4 ♗xa4 20.♖xa4 ♕c7 (20...♕xf6!?) 21.c3 ♕b6 22.cxd4 ♕xb2 23.♗c3 ♕b5 24.♕a1 ♕xd3 25.♖f3 ♕e4 26.♕e1 ♕c2 27.♖a1

(27.♖xa5 ♖xa5 28.♗xa5 ♖b8–+)

27...a4 28.♖f2 ♕d3 29.♕d2 ♕xd2 30.♖xd2 ♖fc8 mit gewonnenem Endspiel, Jankowski–Szelc, Leba 2006.

II. 8...h6

A) 9.♗b3 a6

(Nach 9...♘d4 10.♘xd4 cxd4 11.♘e2 0-0 12.♕f2 ♘c6 13.♗d2 ♔h7 14.c3 bekommt Weiß ein Übergewicht im Zentrum.)

10.a4 ♖b8 11.♗e3 0-0 12.♕h4 ♘d4 13.f5 ♘ec6 14.f6 ♕xf6 15.♕xf6 ♗xf6 16.♗xh6 ♗g7 mit etwa gleichem Spiel, Analyse von Sutovsky.

B) 9.a4 a6 10.♔h1 ♘d4 11.♘xd4 cxd4 12.♘e2 d5 13.♗b3 dxe4 14.dxe4 0-0 15.♘g1 b6 16.♘f3 ♗b7 17.♗d2 a5 18.♗c4 ♖c8 19.♗d3 ♖e8 20.♕h4 f5 21.exf5 exf5 22.♖ae1 ♘d5 23.♕xd8 ♖cxd8 24.b3 ♘e3 mit ausgezeichnetem Spiel für Schwarz, Strand–Chipanga, Hastings 2005.

9.f5!?

Dieses Bauernopfer ist ein Leitmotiv dieser Variante.

– Das ruhigere 9.♗d2 bringt keinen Vorteil; z.B. 9...♘a5 10.♖d1 b6 11.♗b3 a6 12.♘e2 ♘xb3 13.axb3 ♘c6 14.♗c3 e5 15.♕g3 f6 16.h4 ♘d4 17.♘exd4 cxd4 18.♗e1 ♗e6 19.f5

(19.h5!? wäre stellungsgemäß.)

19...gxf5 20.exf5 ♗f7 21.♗d2 ♔h8 22.♗c1 ♖g8 und Schwarz steht klar besser, De Bruyn–Akshat, Istanbul 2005.

– Die Fortsetzung 9.♗b3?! wird in **Partie Nr. 18**: Tiwjakow–Kasparow, Wijk aan Zee 2001, besprochen.

9...gxf5

Schwarz nimmt das Bauernopfer an und will beweisen, dass Weiß dafür keinen Ersatz bekommt.

– Mit welchen Gefahren Schwarz nach 9...exf5 rechnen muss, zeigt die Partie Lachaux–Benderac, Qawra 2002: 10.♕h4 ♕e8? (10...h5!?) 11.♗h6 ♗e6 12.♗xe6 fxe6 13.♗xg7 ♔xg7 14.♘g5 ♘d4 15.♕xh7+ ♔f6 16.e5+! ♔xg5

(16...♔xe5 17.♕g7+ ♖f6 18.♖ae1+ ♘e2+ 19.♖xe2+ ♔d4 20.♘xe6#)

17.h4+ ♔g4 18.♕h6 1-0

– Eine andere Idee besteht in 9...d5, um die Wirkung des Läufers auf der Diagonale a2–g8 zu beschränken; z.B. 10.♗b3

A) 10...c4 11.dxc4

(11.♗a4 exf5 12.♕h4 dxe4 13.dxe4 fxe4 14.♘g5 h6 15.♘gxe4 ♘f5 16.♕xd8 ♖xd8 17.♗xc6 bxc6 18.♗f4 ♗e6∓)

11...d4

(Nach 11...dxe4 ist 12.f6! unangenehm.)

12.♘e2 exf5 13.♕h4 fxe4 14.♘g5 h6 15.♘xe4 ♘f5 16.♕xd8 ♘xd8 17.♘f4 ♖e8 18.♘f2 ♘e6 19.♘d5 b6 20.♘e4 ♖d8 21.♘ef6+ ♔h8 22.♗d2 ♗a6 23.♖f3 ♖ac8 mit hervorragendem Spiel für Schwarz, Perrard–Genzling, Frankreich 2004.

B) 10...gxf5 11.exd5 exd5 12.♕g3 ♗e6 13.♗h6 ♘g6 14.♗xg7 ♔xg7 15.♖ae1 f4 16.♕f2 c4 17.dxc4 dxc4 18.♗a4 ♕b6 19.♕xb6 axb6 20.♗b5

Weiß plant b2–b3.

(Schwach ist 20.♖e4? ♖fd8 21.♗b5 ♘b4 22.♗xc4 ♗f5 23.♖e2 ♘xc2 24.♘e1 ♘d4 25.♖ef2 b5 26.♘xb5 ♘xb5 27.♗xb5 ♖xa2 mit Endspielvorteil, Rivera Kuzawka–M. Röder, Portugal 2001.)

20...♖fd8 mit etwa gleichem Endspiel.

C) 10...dxe4 11.dxe4 exf5 12.♕h4 ♘d4

(12...fxe4 13.♘g5 h6 14.♗xf7+ ♔h8 15.♘gxe4 ♗f5 16.♗xh6 ♖xf7 17.♘d6 ♗d4+ 18.♕xd4+ cxd4 19.♘xf7+ ♔h7 20.♘xd8 ♖xd8 21.♗d2 dxc3 22.♗xc3 ♔g8 ist recht unklar.)

13.♗g5 ♘xf3+ 14.♖xf3 ♕d4+ 15.♔h1 fxe4 16.♘xe4

(Unvorsichtig ist 16.♗e3? wegen 16...exf3! 17.♗xd4 ♘f5 18.♕e4 fxg2+ 19.♔xg2 cxd4 20.♘d5 ♗d7 21.♔g1 ♖ae8 22.♕d3 ♖e5 23.c4 ♘e3 24.h4 ♗f5 25.♕d2 ♖e4 mit entscheidendem Angriff, Gdanski–Nedilko, Warschau 2005.)

16...♘f5 17.♕e1 c4 18.c3 ♕d5 19.♗c2 ♕c6 mit dynamischem Gleichgewicht, denn für den Bauern hat Weiß eine aktive Stellung am Königsflügel.

10.♕h4

Alles nach Plan: Weiß bereitet eine Aktion am Königsflügel vor.

Auch 10.♕g3 stellt keine Gefahr dar.

A) 10...♔h8 11.♕h3 f6 12.♗b3

(12.♘h4? fxe4 13.♗xe6 ♗xe6 14.♕xe6 ♘d4∓)

12...♗d7 und es ist nicht zu sehen, wie Weiß weiter angreifen kann. Schwarz hat gute Perspektiven.

B) 10...fxe4 11.dxe4 ♘g6 12.♗g5 f6 13.♗f4 ♘xf4 14.♕xf4 ♘e5

(14...♔h8!? 15.♖ad1 ♘d4 16.♘e2 e5 17.♕g3 ♘xe2+ 18.♗xe2 f5 ist auch nicht schlecht für Schwarz, Bjornsson–Sigfusson, Reykjavik 2006.)

15.♘xe5 dxe5 16.♕f2 ♕d4 17.♗e2 ♗d7 18.♖ad1 ♕xf2+ 19.♖xf2 ♖ad8 20.♗c4 ♗c8 21.♖fd2 ♖d4 22.b3 ♖fd8 23.♖d3 a6 24.a4 ♔f7 25.♘e2 ♖xd3 26.♖xd3 ♖xd3 27.♗xd3 ♗d7 und Schwarz führte die Partie zum Gewinn, Macieja–Karjakin, playchess 2004.

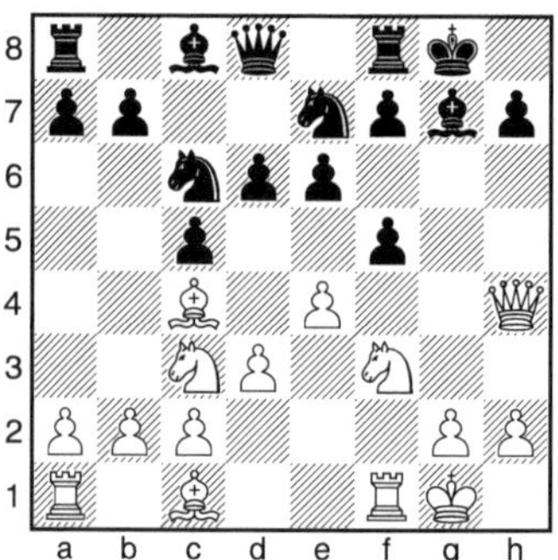

10...fxe4

Das ist praktisch der einzige Zug, wenn Schwarz um Vorteil kämpfen will.

Die Alternative 10...d5 ist zu wenig effektiv, wie die folgenden Varianten zeigen.

11.exd5 exd5 12.♗b3

A) 12...b5 13.♘xb5 ♕b6 14.c4 d4 15.♕g3!

(15.♗h6 ♘g6 16.♕h5 ♘ce5 17.♗xg7 ♔xg7 18.♘h4 a6 19.♘a3 ♘xh4 20.♕xh4 ♕h6 21.♕g3+ ♘g6=)

15...♘g6 16.♘c7 ♖b8 17.♘d5 ♕b7 18.♘h4 mit starkem Angriff.

B) 12...♗e6 13.♗h6 ♘g6 14.♕h5 c4 15.dxc4 dxc4 16.♗a4 ♕b6+ 17.♔h1 ♕xb2 18.♗xg7 ♔xg7 19.♘e2 ♘ce5 20.♖ab1 ♕a3 21.♘xe5 ♘xe5 22.♕g5+ ♘g6 23.♘f4 ♔g8

(23...♕xa4?? 24.♘h5+ ♔g8 25.♕f6+–)

24.♘xe6 fxe6 25.♗d7 ♕a6 26.♖be1 e5 27.♗xf5 ♖ae8 und Schwarz sollte seine Stellung halten können.

11.dxe4

Ein Angriff nach 11.♘g5 ist nur eine Illusion, denn Schwarz hat einen einfachen Widerlegungsplan: 11...h6 12.♘cxe4 ♘f5 13.♕h5 d5 14.g4 dxc4 15.gxf5 exf5 16.♗e3 ♘e5 17.♘f3 fxe4 18.♘xe5 ♕d5 19.♗f4 exd3–+, Salmensuu–Kulaots, Finnland 2004.

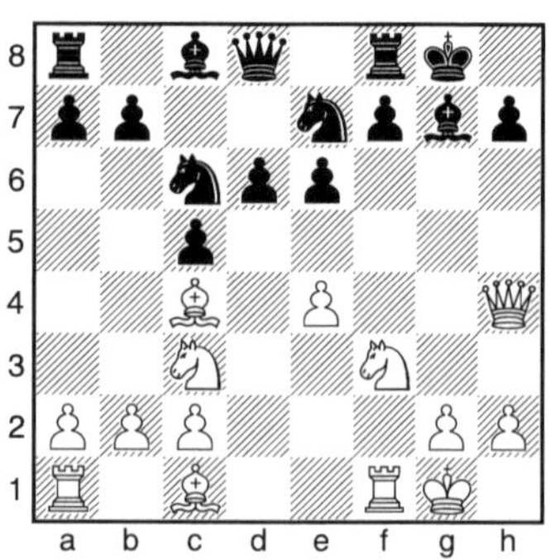

11...♘g6

Die Alternative 11...♘d4 kann zur Hauptvariante führen; z.B. 12.♕h5

(12.♗h6? ♘g6 13.♕h5 ♕f6 14.♘g5 ♕e5∓)

12...♘g6!

(Fehlerhaft ist 12...f6? 13.♘xd4 cxd4 14.♘e2 ♘c6 15.♘f4 ♕e8 16.♕h3 mit weißem Druck.)

13.♘g5! h6 14.♘xf7 ♖xf7 15.♕xg6 ♖xf1+ 16.♗xf1 ♕f6 17.♕xf6 ♗xf6 18.♗d3 usw.

12.♕h5 ♘d4

Möglich ist auch 12...♘ce5!?

A) 13.♗h6 f6 14.♘xe5 ♘xe5 15.♗xg7 ♔xg7 16.♗e2 ♗d7 17.♖ad1 ♗e8 18.♕h3 ♕e7 19.♖f4 ♖d8 20.♗g4 ♘xg4 (20...♗d7!?) 21.♕xg4+ ♔h8 22.♕h4 ♗g6=, Zilberman–Kusnetzowa, Deutschland 2007

B) 13.♘xe5 ♘xe5 14.♗e2 ♗d7 15.♗g5

(15.♗h6 sollte Schwarz am besten mit 15...♗e8! beantworten; z.B. 16.♖ad1 f6 17.♕h3 ♗xh6 18.♕xh6 ♕e7 mit kleinem Vorteil.)

15...f6 16.♗e3 ♕e7 17.♖ad1 ♖ad8 18.♖f4 ♗e8 19.♕h3 ♗g6 20.g4 b6

Weiß hat keinen vollen Ersatz für den Bauern und Schwarz steht etwas besser, Belikow–Kulaots, Cappelle la Grande 2006.

13.♘g5!

Nur so! Nach 13.♗g5 f6 14.♗h6 ♗xh6 15.♕xh6 ♔h8 16.h4 ♕e7 17.h5 ♘xf3+ 18.gxf3 ♘e5 19.♗e2 ♗d7 bekam Schwarz in der Partie Burgess–Karjakin, playchess 2004, die offene g–Linie und gute Angriffsaussichten. Die Partie dauerte nicht lange, denn nach 20.f4?? ♘f7 verlor Weiß seine Dame.

13...h6 14.♘xf7 ♖xf7 15.♕xg6 ♖xf1+ 16.♗xf1 ♕f6 17.♕xf6 ♗xf6 18.♗d3 b5 19.♘xb5 ♘xb5 20.♗xb5 ♖b8 21.♗f1 ♗xb2 22.♗xb2 ♖xb2 23.♖d1 ♖b6

Materiell ist das Endspiel zwar ausgeglichen, doch Schwarz hat positionelle Vorteile. Wenn es ihm gelingt, seinen König auf e5 zu postieren, hat er klaren Vorteil.

Zusammenfassung: Der Grand-Prix-Angriff ist ohne Zweifel eine starke Waffe, doch Schwarz hat ausreichende Möglichkeiten, sich erfolgreich zu verteidigen und im entsprechenden Moment zum Gegenangriff überzugehen. Der hier empfohlene Spielplan für Schwarz ist meiner Meinung nach der beste Weg zum Erfolg.

Kapitel 5

Die Fortsetzung 3.♗b5+

1.e4 c5 2.♘f3 d6 3.♗b5+

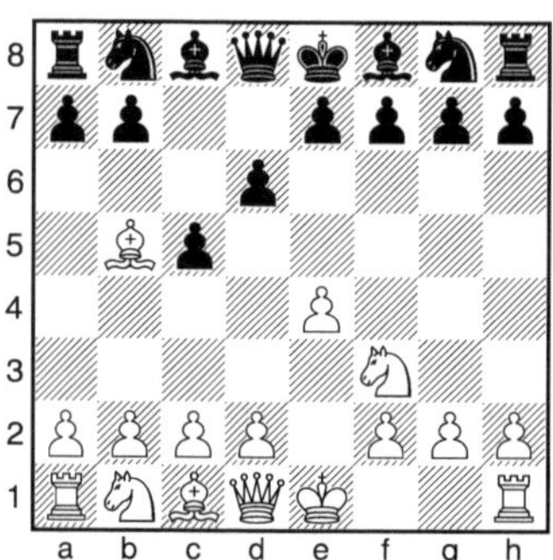

Die Hauptidee dieser Variante, mit der Weiß den weit ausanalysierten Stellungen nach 3.d4 ausweichen will, besteht in der schnellen Entwicklung des Königsflügels.

3...♗d7

Mit dieser natürlichsten Fortsetzung zwingt Schwarz seinen Gegner zu einer sofortigen Entscheidung.

Nach 3...♘d7, um den Tausch der Läufer zu vermeiden, kann das Spiel folgenden Verlauf nehmen.

4.d4 ♘gf6

(Es geht auch 4...cxd4!? 5.♕xd4 a6 6.♗xd7+ ♗xd7 7.c4 ♘f6 8.♗g5 e6 9.♘c3 ♗e7 10.0-0 ♗c6 11.♕d3 0-0 12.♘d4 ♖c8 13.b3 ♕c7 14.♘xc6 ♕xc6=, Carlsen–Anand, Chennai 2013, 10. Matchpartie.)

A) 5.0-0

A1) 5...a6 6.♗xd7+ ♘xd7 7.♘c3 e6 8.♗g5 f6

(Wahrscheinlich ist auch 8...♕c7!? 9.♖e1 cxd4 10.♕xd4 ♘e5 11.♘a4 b5 12.♘b6 ♘xf3+ 13.gxf3 ♖b8 14.♘xc8 ♖xc8 15.a4 ♕c5 spielbar.)

9.♗e3 ♗e7 10.d5 e5 11.♘h4 g6 12.f4 exf4 13.♗xf4 0-0 14.♕g4 ♘e5 15.♕g3 ♖f7 mit zweischneidigem Spiel, Rogers–Sunye, Luzern 1982.

A2) 5...cxd4 6.♕xd4 a6

(6...g6 ist nicht gut wegen 7.e5 dxe5 8.♕xe5 mit aktiverem Spiel für Weiß.)

7.♗xd7+ ♗xd7 8.♗g5 h6 9.♗xf6 gxf6 10.♘c3 e6 11.♖ad1 ♗e7 12.♘d2 b5 13.a4 ♕c7 14.axb5 axb5 15.♘b3 0-0 16.♖d2 ♖fb8 17.♕e3 ♔h7 18.♕f3 b4 19.♘e2 ♖g8 mit leicht günstigerem Spiel für Schwarz (Läuferpaar), Krogius–Smyslow, Leningrad 1960.

B) 5.♘c3 cxd4

(5...a6 ist auch möglich.)

6.♕xd4 e5 7.♕d3 h6 8.♘d2 ♗e7 9.♘c4 0-0 10.♗xd7 ♗xd7 11.♘e3

(11.♘xd6?! gibt Schwarz starke Initiative, wie die **Partie Nr. 19**: Judasin–Kasparow, Ljubljana 1995, zeigte.)

11...♗e6

B1) 12.♘cd5 ♖c8 13.♘xf6+

(13.c3 ♖c5 14.♘xf6+ ♗xf6 15.0-0 ♕c8 16.♖d1 ♖d8 17.♘d5 ♗xd5 18.exd5 ♖c4 nebst b7–b5 gibt Schwarz gutes Gegenspiel am Damenflügel.)

13...♗xf6 14.0-0 ♕b6 15.♖d1 ♖fd8 16.c4 ♗g5 17.b3 a6 18.♘d5 ♗xd5 19.♗xg5 hxg5 20.♕xd5 ♖c5 21.♕d2 f6 22.♕e2 ♕c6 23.♖d3 b5 24.♕g4 ♕d7 25.♕xd7 ♖xd7 26.cxb5 axb5 27.♖ad1 ♔f7 28.f3 ♔e6 mit gleichem Endspiel, Stypka–Szymczak, Polen 1977.

B2) 12.0-0 ♖c8 13.♗d2 ♕b6 14.b3

(14.♖ab1 ♕d4 15.♖fd1 ♕xd3 16.cxd3 ♖fd8 17.♖bc1 ♔f8 18.♔f1 ♖c6 19.♘cd5 ♖dc8 20.♖c3 ♘xd5 21.♘xd5 ♗d8 22.♖dc1 ♔e8 23.♔e2 ♔d7 und Schwarz hat eine feste Stellung, Heidrich–R. Lau, Deutschland 1982.)

14...♕d4 15.♖ac1 ♖c5 16.f3 ♖fc8 17.♘a4 ♕xd3 18.cxd3 ♖xc1 19.♖xc1 ♖xc1+ 20.♗xc1 d5 21.exd5 ♘xd5 22.♘xd5 ♗xd5 und mit dem Läuferpaar steht Schwarz im Endspiel etwas besser, Oechslein–Schuh, Deutschland 1982.

4.♗xd7+

So spielt Weiß, wenn er auch weiterhin keine Zeit verlieren will.

Es gibt allerdings auch Alternativen.

I. 4.a4 ♘f6 5.d3 ♘c6

(5...e6 6.0-0 ♘c6 7.♘bd2 ♗e7 8.♘c4 0-0 9.♗g5 ♕c7=)

6.0-0 g6 7.♖e1 ♗g7 8.♗xc6 ♗xc6 9.e5 dxe5 10.♘xe5 ♖c8 11.♘c3 0-0 12.♘xc6 ♖xc6 13.♕f3 ♕d7 14.a5 ♖d8 15.♗g5 h6 16.♗h4 ♖d6 17.♗g3 ♖d4 18.♗e5 ♖b4 19.b3 ♘g4 20.♗xg7 ♔xg7 21.h3 ♘f6=, Becerra Rivero–K. Georgiew, Jerewan 1996

II. 4.c4 ♘f6 5.♘c3 ♗xb5

(5...a6 6.♗xd7+ ♘bxd7 7.0-0 e6=)

6.cxb5 g6

(6...e6 7.d4 cxd4 8.♕xd4 ♗e7 9.0-0 0-0 10.♖d1 ♘bd7=)

7.d4 cxd4 8.♘xd4 ♗g7 9.0-0 0-0 10.♗e3 ♘bd7 11.f4 ♖c8 12.♕e2

(Infrage kommt 12.♕f3!?, um den Vorstoß d6–d5 zu erschweren.)

12...♘c5

(Beachtlich ist hier das Qualitätsopfer 12...♖xc3!? 13.bxc3 ♘xe4 mit gutem Spiel für Schwarz.)

13.♗f2 d5! 14.e5 ♘fe4 15.♘xe4 ♘xe4 mit aktiver Stellung, Romanischin–Sawon, Wilna 1975.

III. 4.♕e2 ♘f6 5.♗xd7+

(5.e5 dxe5 6.♘xe5 e6=)

5...♘bxd7

(Spielbar ist auch 5...♕xd7 6.e5 dxe5 7.♘xe5 ♕e6 8.♘a3 ♘fd7 9.♘ac4 ♘xe5 10.♘xe5 f6 11.♘c4 ♕xe2+ 12.♔xe2 ♘c6=, Timman–Iwantschuk, Amsterdam 1994.)

6.0-0 e6 7.c3 ♗e7 8.d4 cxd4 9.cxd4 d5 10.e5 ♘e4 11.♘bd2 ♘xd2 12.♗xd2 0-0 13.♖ac1 ♕b6 14.♖c2 ♖ac8 15.♖fc1 ♖xc2 16.♖xc2 ♘b8 nebst ♘b8–c6.

Dieser „Französisch"-Stellungstyp ist günstig für Schwarz, denn Weiß wird immer Probleme mit seinem d-Bauern haben, und zusätzlich ist der verbliebene Läufer dem weißen Exemplar überlegen. Wichtig ist auch, dass Weiß nicht mehr über den weißfeldrigen Angriffsläufer verfügt.

4...♕xd7

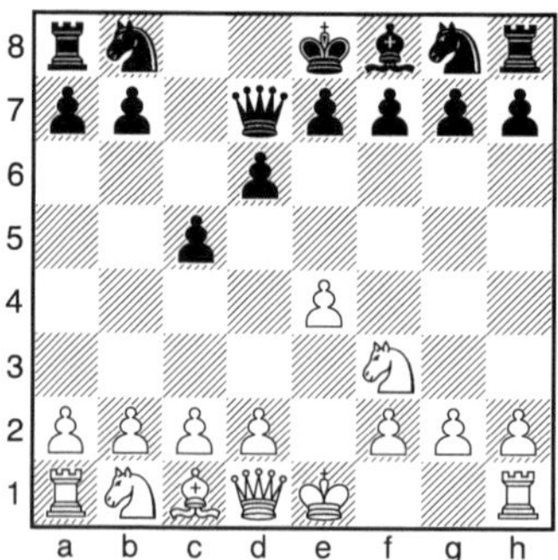

5.0-0

Bevor Weiß den weiteren Spielplan wählt, wird erst der König gesichert.

Hier ein Blick auf die Alternativen.

I. 5.c4 ♘c6 6.0-0 ♘f6 7.♘c3

A) 7...e6 8.d4 cxd4 9.♘xd4 ♗e7 10.b3 0-0 11.♗b2 a6 12.♖c1 ♖fd8 13.♘xc6

(13.h3 ♘xd4 14.♕xd4 b5=)

13...♕xc6 14.♕e2 b6 15.♖fd1 ♕b7 16.e5 dxe5 17.♕xe5 ♘e8 18.h3 ♕c6 mit Remisschluss in ausgeglichener Stellung, Pantschenko–Zeschkowski, Sotschi 1980.

B) 7...g6 8.d4

(Das ruhigere 8.d3 ♗g7 9.h3 0-0 10.♗e3 a6 bringt dem Schwarzen keine Schwierigkeiten; nach ♖a8–b8 und b7–b5 bekommt er aktives Spiel am Damenflügel. Im Fall von a2–a4 kann er diesen Vorstoß doch mittels ♘f6–e8–c7 durchsetzen.)

8...cxd4 9.♘xd4 ♗g7 10.♘de2

(Es drohte ♘f6xe4!.)

10...0-0

(Eine interessante Idee ist 10...♕e6!? 11.♘d5 ♕xe4 12.♘c7+ ♔d7 13.♘xa8 ♕xc4 14.♘c3 ♖xa8 15.♗g5 e6 16.♖e1 ♘d5! 17.♘xd5 ♕xd5 18.♕xd5 exd5 19.♖ad1 h6 20.♗c1 d4∞, Naiditsch–Anand, Baden-Baden 2013.)

11.f3 ♖fc8 12.♗e3 ♕d8 13.b3 a6 14.a4 ♘d7 15.♖b1 ♘c5 16.♘d5 e6 17.♘dc3 ♘b4 18.♖b2 ♕e7 19.♖d2 ♖d8 und Schwarz hat eine feste Stellung, McShane–Nakamura, playchess 2004.

II. 5.d4 cxd4 6.♘xd4 ♘f6 7.♘c3

A) 7...e6 8.0-0 ♗e7 9.♔h1 ♘c6 10.f4 0-0 11.♗e3

(11.b3 a6 12.♗a3 b5 13.e5 dxe5 14.♗xe7 ♘xe7 15.fxe5 ♘fd5 16.♘xd5 ♕xd5 und Schwarz hat eine gute Stellung, Lovric–Maric, Split 2005.)

11...♖ac8 12.♕f3 ♘xd4 13.♗xd4 b5 14.a3 a5 15.♕d3 ♕c6 16.e5 dxe5 17.fxe5 ♘d5 18.♖f3 ♘xc3 19.bxc3 ♗c5 20.♖af1 ♗xd4 21.cxd4 ♕xc2 22.♕xb5 ♕d2 23.h3 ♖c2! 24.♖3f2 ♕xf2 25.♖xf2 ♖xf2

Die Türme sind der Dame klar überlegen, weil der schwarze König sicher ist und viele schwache weiße Bauern eine leichte Beute darstellen, Hamdani–Chokshi, Dubai 2004.

B) 7...g6 8.0-0

(8.♗g5 ♗g7 9.0-0 0-0 10.♕d2 ♘c6 11.♘f3 ♘g4 12.h3 ♘ge5 13.♘xe5 ♘xe5 14.f4 ♘c4 15.♕c1 ♖ac8 16.♖f3 b5∓, Suntharalingam–Urkedal, Bergen 2005)

8...♗g7 9.h3

(9.♖e1 0-0 10.♗g5 ♘c6 11.♖b1 ♖ac8 12.♘f3 ♖fd8 13.h3 h6 14.♗xf6 ♗xf6 15.♘d5 ♗g7 16.c3 e6 17.♘e3 b5 18.♕d2 ♕b7 mit dem Plan a7–a5 und Gegenspiel am Damemflügel, Yuan Jun–Zhang, Wuxi 2005.)

9...♘c6 10.♗e3 0-0 11.f4 ♖ac8 12.♕d2

(12.♕f3 ♘a5 13.♖ad1 ♘c4 14.♗c1 ♕c7 15.♘ce2 ♕b6 16.b3 e5 17.bxc4 exd4 18.♕d3 ♖fe8 19.♘g3 ♕c6 20.e5 dxe5 21.fxe5 ♖xe5 22.♕xd4 ♖c5 23.♗e3 ♖xc4 24.♕xa7 ♖xc2∓, Rapcsak–Gara, Zalakaros 1995)

12...b5 13.♘xc6

(Nach 13.♘dxb5 ♖b8 14.♖ab1 ♘xe4 15.♘xe4 ♖xb5 16.c4 ♖bb8 steht Schwarz ganz gut; z.B. 17.b4 ♕e6 18.♕d5 ♕xd5 19.cxd5 ♘xb4 20.♗xa7 ♖a8 21.♖xb4 ♖xa7 22.♖fb1 ♖xa2 23.♖b7 ♖e8 mit Vorteil.)

13...♕xc6 14.e5 b4 15.exf6 bxc3 16.bxc3 ♗xf6 17.♗d4 ♗xd4+ 18.♕xd4 ♕xc3 19.♕xa7 ♖c7 20.♕f2 ♕xc2 mit schwarzem Vorteil im Endspiel, Gomez Fernandez–Gual Pascual, Barcelona 2001.

5...♘c6 6.c3

Weiß möchte mit d2–d4 ein starkes Bauernzentrum errichten.

6.c4 g6 7.d4 cxd4 8.♘xd4 ♗g7 führt normalerweise zu den Stellungen, die ich nach 5.c4 (statt 5.0-0) vorgestellt habe.

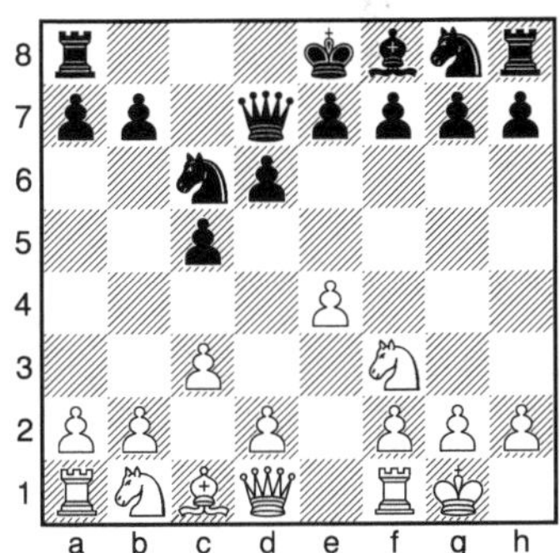

6...♘f6

Das ist die Hauptfortsetzung mit dem Plan, die Entwicklung des Königsflügels schnell zu beenden.

Der Vorstoß im Zentrum 6...d5 wird selten gespielt, obwohl Schwarz auch danach auf Ausgleich rechnen kann; z.B. 7.exd5 ♕xd5 8.d4 e6

A) 9.♗e3 cxd4 10.cxd4

(10.♘xd4 ♘f6 11.♕b3 ♕xb3 12.axb3 ♘xd4 13.♗xd4 a6=, Zsu. Polgar–J. Polgar, Dortmund 1990)

10...♘f6 11.♘c3 ♕a5 12.♕b3 ♕b4 13.♕c2 ♗e7 14.a3 ♕a5 15.♕b3 ♕a6 16.♖ad1 0-0 17.d5 exd5 18.♘xd5 ♘xd5 19.♖xd5 ♖ad8=, Awerbach–L. Kovacs, Polanica Zdroj 1975

B) 9.♕a4 ♘f6 10.♗e3 cxd4 11.♘xd4 ♕d7 12.♘b5 a6 13.♖d1 ♕c8 14.♘d4

(14.♘d6+ ♗xd6 15.♖xd6 0-0=)

14...b5 15.♕c2 ♗e7 16.a4 0-0 17.axb5 ♘xd4 18.♗xd4 axb5 19.♖xa8 ♕xa8=, Romanischin–Jepischin, Tallinn 1988

7.♕e2

Auch in der Gambitvariante 7.d4 ♘xe4 erhält Schwarz vollwertiges Spiel.

(7...cxd4 ist auch möglich, wie die **Partie Nr. 20**: Kraut–Bönsch, Bundesliga 1991, bewies.)

8.d5 ♘e5

A) 9.♘xe5 dxe5 10.♖e1 ♘d6 11.♖xe5 g6 12.♖e1 ♗g7

(12...0-0-0!? 13.♗e3 ♘f5 14.♗xc5 b6 15.♗e3 ♕xd5=)

13.♘a3

(Nichts bringt 13.♗g5 ♘f5 14.g4 h6 und Schwarz verteidigt sich.)

13...0-0 14.♗e3 b6 15.♕d3 ♖ac8 16.♖ad1 b5 mit Gegenspiel, Winants–Riemersma, Dordrecht 1987.

B) 9.♖e1 ♘f6

(9...♘xf3+ 10.♕xf3 ♘f6 11.c4 e5 12.dxe6 fxe6 13.♗g5 ♗e7 14.♘c3 0-0 15.♕h3 h6 16.♗h4 ♔f7 17.f4 ♖ad8 18.♖ad1 ♖g8 19.♕f3 ♖ge8 20.♖d3 ♔f8)

10.♘xe5 dxe5 11.♖xe5 e6 12.c4 0-0-0 13.♘c3 ♗d6 14.♖e1 exd5 15.♘xd5

(15.cxd5 ♕f5 16.h3 ♖he8=)

15...♘xd5 16.cxd5 (16.♕xd5 ♖he8=) 16...♗c7 17.♗e3 ♕xd5 18.♕c2 ♔b8 19.♕xc5 ♕xc5 20.♗xc5 ♖he8=

7...e6 8.d4

Nach dem ruhigeren 8.d3 ♗e7 9.♗g5 h6 10.♗h4 0-0 11.♘bd2 d5 12.e5 ♘h7 13.♗xe7 ♕xe7 14.d4 cxd4 15.cxd4 ♖fc8 ist die Stellung ausgeglichen, Wahls–Gelfand, Dortmund 1990.

8...cxd4 9.cxd4 d5 10.e5 ♘e4 11.♗e3

Nicht zu fürchten sind folgende Alternativen.

– 11.♘bd2 ♘xd2 12.♗xd2 ♗e7 13.♖ac1 0-0 14.♖c2 ♖ac8 15.♖fc1 a6 und nach dem Tausch der Tür–

me auf der c-Linie ist die Stellung völlig gleich, Hort-Hübner, Bundesliga 1982.

– 11.♖d1 ♗e7 12.♘e1 f6 (12...f5!?) 13.f3 ♘g5 14.♘c3 ♘f7 15.f4 f5=, Kusmin-Dementjew, Jerewan 1981.

11...♗e7 12.♘e1

Nun droht 13.f3 ♘g5 14.h4 mit Springerfang.

12...f6

12...f5 ist auch möglich; z.B. 13.f3 ♘g5 14.♘d3

(14.♗xg5 ♗xg5 15.f4 ♗e7 16.♘f3 0-0=, W. Iwanow-Schelnin, Smolensk 1991)

14...0-0 15.♘c3 ♘f7 16.f4 ♖ac8 und die Stellung ist 'remislich'.

13.f3 ♘g5 14.♘d3

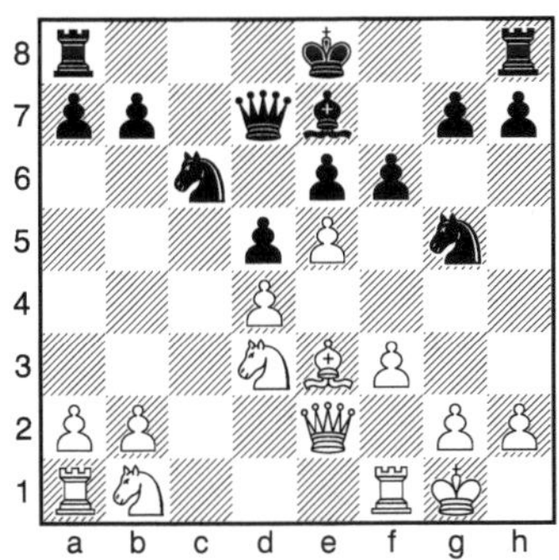

14...0-0

Die Sicherung des König ist sehr wichtig, aber wie die Praxis zeigte, ist auch 14...fxe5 möglich; z.B. 15.♗xg5

(15.dxe5 0-0 16.♘d2 ♖ac8 17.♖ac1 b6=, Fette-Moisejew, Deutschland 1993)

15...♗xg5 16.f4

(16.dxe5 0-0 17.f4 ♗d8∓, Analyse von Kraut)

16...♗xf4 17.♘xf4

(17.dxe5 ♘d4 18.♕d1 ♗e3+ 19.♔h1 ♘f5 20.♘c3 0-0 21.♕g4 ♖ac8–+, Füsthy-Schirow, Budapest 1989)

17...exf4 18.♖xf4 0-0-0 mit schwarzem Vorteil, Analyse von Kraut.

15.♘d2 ♘f7

– Gut ist auch 15...b6 16.♖ad1

(16.exf6 ♗xf6 17.♘e5 ♗xe5 18.dxe5 ♘f7 19.f4 ♘h6 20.♘f3 ♘f5=, Rosentalis-Nowikow, Lwow 1987)

16...f5 17.♖c1 ♖ac8 18.♖c3 ♘a5 19.♖fc1 ♖xc3 20.♖xc3 ♖c8 21.♖xc8+ ♕xc8 22.♕d1 ♘f7=, Rabiega-Ftacnik, Dresden 2003.

– Oder 15...♖ac8 16.♘b3 b6 17.exf6 ♗xf6 18.♖fe1 ♖fe8 19.♘e5 ♗xe5 20.dxe5 ♘f7=, Rosentalis-Hracek, Deutschland 2000.

16.f4 b6

Einen scharfen Verlauf hatte die Partie Delchev-Swetuschkin, Kusadasi 2006: 16...f5 17.♘f3 ♖ac8 18.♖fc1 b6 19.♗d2 ♖c7 20.h3 ♖fc8 und nun realisierte Weiß den typischen Angriff durch 21.g4 ♘h6 22.♕g2 ♕e8 23.g5 ♘f7 24.g6 ♘h8

25.gxh7+ ♔xh7 26.♔h2 ♕h5 27.♖g1 ♘g6 28.♕g3 ♖g8 29.♗e1 ♘d8 30.♖g2 ♘f7 31.a4 a5 32.b3 ♖gc8 33.♖aa2 ♕h6 34.♖af2 ♗h4 35.♘xh4 ♘xh4 36.♖g1 ♖c2 mit ausreichend Gegenspiel.

17.♘f3 f5 18.♖ac1 ♖fc8 19.♖c2 ♖c7 20.♖fc1 ♖ac8

In der Partie, Short–Kasparow, London 1987, stand Schwarz ausgezeichnet, überspielte seinen Gegner und gewann.

Zusammenfassung: Das ruhige System mit 3.♗b5+ gilt als zu wenig aktiv und deshalb sollte Schwarz eigentlich problemlos Ausgleich erreichen. Beide Fortsetzungen 3...♗d7 und 3...♘d7 werden von der Theorie positiv beurteilt und garantieren dem Schwarzen gute praktische Perspektiven.

Kapitel 6

Englischer Angriff mit 6.f3

1.e4 c5 2.♘f3 d6 3.d4 cxd4 4.♘xd4 ♘f6 5.♘c3 a6 6.f3

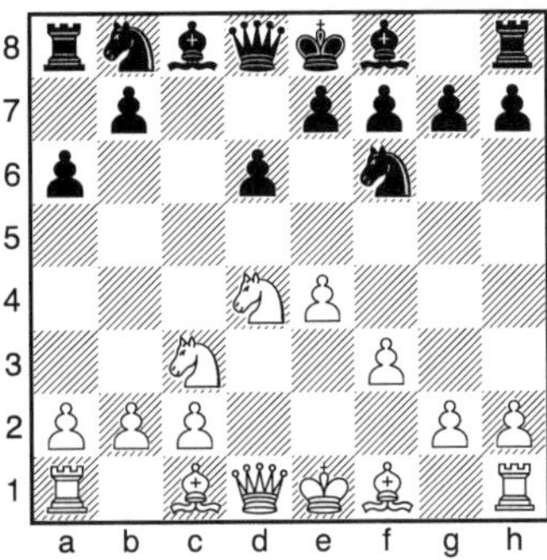

Mit diesem bescheidenen Zug will Weiß das Najdorf-System auf folgende systematische Weise bekämpfen. Er plant, seine Kräfte nach dem Schema ♗c1-e3, ♕d1-d2, 0-0-0, g2-g4 und h2-h4 zu entwickeln, mit dem klaren Ziel, rasch eine Aktion gegen den schwarzen König zu starten. Heutzutage ist dieser Plan, der als Englischer Angriff bekannt ist (weil er durch englische Spieler in die Turnierpraxis eingeführt wurde) sehr populär und wird gegen verschiedene Systeme im Sizilianer angewandt. Der Leser bekommt natürlich die Möglichkeit, all diese Pläne kennenzulernen. Es bleibt anzumerken, dass das Spiel nach 6.♗e3 (siehe Kapitel 7) zu ähnlichen Positionen führen kann wie nach 6.f3 und dass diese beiden Varianten entsprechend eng verwandt sind.

6...e5

Diese populäre Fortsetzung ist wahrscheinlich auch die beste. Ungeachtet der Schwächung des zentralen Feldes d5 bereitet Schwarz aktives Figurenspiel in der Mitte und am Damenflügel vor.

– Auch 6...e6 ist möglich, was ich in **Kapitel 7** (Abspiel 3) nach 6.♗e3 e6 7.f3 analysieren werde.

– Noch nicht genau in der Praxis geprüft wurde das direkte Vorgehen am Damenflügel mit 6...b5!?; z.B. 7.a4 b4 8.♘d5 ♘xd5 9.exd5 ♗b7 10.♗c4 ♘d7 11.a5

(Nach 11.♘f5 g6 12.♘e3 ♗g7 13.a5 0-0 kann Schwarz mit Ausgleich rechnen.)

11...♕c7 12.♗b3

(12.♕e2 ♘f6 13.♘c6 ♗xc6 14.dxc6 ♕xc6 15.♗b3 ♕b7 16.♗g5 e6 17.♗xf6 gxf6 18.♗a4+ ♔e7=)

12...♘c5 13.♗e3 g6 14.0-0 ♗g7 15.♗c4 ♘d7 16.♘c6 ♗xc6 17.dxc6 ♘e5 18.♗b6 ♕c8 19.♗d5 e6 20.♗b3 ♘xc6 21.♕xd6 ♗e5 mit akzeptablem Spiel, Analyse von Sammalvuo.

– Nach der ebenfalls interessanten Fortsetzung 6...♕b6!? kann das Spiel folgenden Verlauf nehmen.

7.♘b3 e6 8.g4

(Die Möglichkeit 8.♕e2 wird in der **Partie Nr. 21**: Grischuk–Kasparow, Linares 2001, untersucht.)

8...♘c6 9.g5 ♘d7 10.h4 ♕c7 11.♗e3 b5 12.h5 ♗b7 (12...b4!?∞) 13.♖h3 ♘b6 14.a3 d5 15.exd5 0-0-0 16.♗xb6 ♕xb6 und laut Acs und Hazai hat Schwarz genug Kompensation für den Bauern.

7.♘b3

Andere Züge bringen Schwarz keine Probleme.

I. 7.♘de2

A) 7...♗e7 8.♗e3

(Oder 8.g4 ♘c6 9.g5 ♘h5 10.♘d5 ♗e6 mit gutem Spiel.)

8...0-0 9.♘g3 ♗e6 10.♗d3 ♘bd7 11.♕d2 b5 12.♕e2 ♘c5 13.b3 b4 14.♗xc5 dxc5 15.♘a4 a5 16.♕f2 ♕c7 und Schwarz steht gut, Lembke–Sabelfeld, Deutschland 2003.

B) 7...♗e6 8.f4

(8.g4 ♘bd7 9.g5 ♘h5 10.♘g3 ♘f4 11.h4 h6∓, Silva Sanchez–Salomon, Dos Hermanas 2003)

8...♘c6 9.♘g3 ♗e7 10.f5 ♗d7 11.♗c4 b5 12.♗b3 ♘d4 13.♗d5 ♖c8 mit der Drohung b5–b4 und aktivem Spiel am Damenflügel, Whitfield–Dunn, Coventry 2004.

II. 7.♘f5 ♗xf5 8.exf5

A) 8...d5 9.♗g5 d4

(Unklar ist 9...♗b4; z.B. 10.♕d3 ♕a5 11.♗xf6 gxf6 12.0-0-0 d4 13.♕c4 ♗xc3 14.♕c8+ ♔e7 15.♕xh8 ♕xa2 16.bxc3 ♕a1+ 17.♔d2 ♕xc3+ 18.♔c1 ♕a1+ mit Dauerschach.)

10.♗xf6 ♕xf6 11.♘d5 ♕c6 12.c4 dxc3!

(12...♗d6 13.♗d3 0-0 14.0-0 ♘d7 15.♖c1±, Gaier–Rafiee, Willingen 2001)

13.♖c1 ♘d7 14.♖xc3 ♗c5 15.♕d3 ♕d6

Die schwarze Stellung verdient den Vorzug, denn Weiß muss noch das Problem seines im Zentrum verbliebenen Königs lösen (der Läufer c5 kontrolliert die Diagonale a7–g1).

B) 8...♗e7 9.♗c4 ♘c6 10.♗e3 ♖c8

(Verfrüht wäre 10...0-0 11.♕d2 ♘e8 12.0-0-0 ♕d7 13.g4 ♘c7 14.h4 mit weißer Initiative am Königsflügel.)

11.♘d5 ♘xd5 12.♗xd5 ♗g5 13.♗xc6+?

(Richtig war 13.♗f2!? mit dem Plan c2–c3, 0-0 usw.)

13...♖xc6 14.f4 exf4 15.♗d4 ♗h4+ 16.♔f1 ♗f6 17.c3 0-0 18.♔f2 ♖c4 19.♗xf6 ♕xf6 20.♕d3 ♖c5 21.♖ad1 ♖xf5–+, Bui Tuan Phong–Doan Van Duc, Phu Dong 2004

7...♗e6

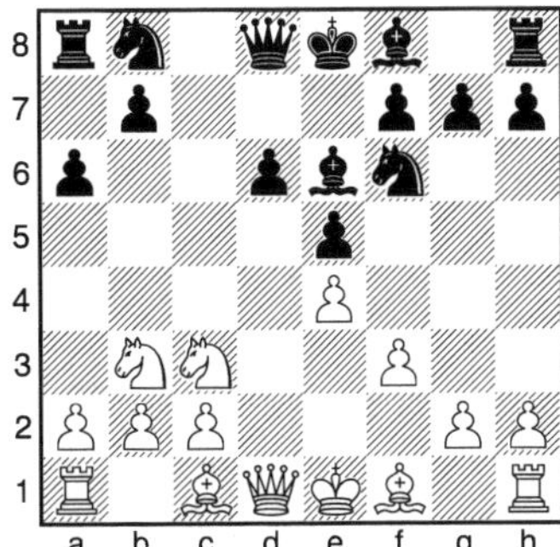

Schwarz entwickelt erst seinen Damenflügel, um im Falle der langen Rochade von Weiß schnell auf dieser Seite anzugreifen.

8.♗g5

Der Kampf geht nun um die Beherrschung des Punktes d5.

– Das meistens gespielte 8.♗e3 führt zu den Varianten von **Kapitel 7**.

– Nicht viel bringt dem Weißen hingegen 8.♘d5 mit der möglichen Folge 8...♘bd7

(Alternativen sind 8...♗xd5 oder 8...♘xd5.)

9.♗e3 ♖c8 10.♗e2 ♗xd5 11.exd5 ♘b6 12.♗xb6 ♕xb6 13.c4 ♗e7 14.♕d2 0-0 mit gutem Spiel für Schwarz, Pradines–Maucci, Villa Ballester 2005.

8...♗e7

8...♘bd7 bedeutet meistens Zugumstellung.

A) 9.♗e2 h6

(9...♗e7 führt zur Hauptvariante.)

10.♗h4 ♕c7 11.0-0 ♗e7 12.f4 0-0 13.f5 ♗c4 14.♘d2 ♗xe2 15.♕xe2 b5 16.a3 ♖ab8 17.♖ac1 a5 18.♘b3 b4 19.axb4 axb4 20.♘b1 ♘b6 21.♘1d2 d5 22.♗xf6 ♗xf6 23.exd5 ♘xd5 24.♘e4 ♗g5 25.♘xg5 hxg5 26.♖cd1 ♘f4 und Schwarz steht gut, Nowikow–Sawyer, Dos Hermanas 2004.

B) 9.♕d2 ♖c8 10.0-0-0 b5 11.♘d5 h6 12.♗xf6 ♘xf6 13.g4 ♘xd5 14.exd5 ♗d7 15.♕a5 ♕xa5 16.♘xa5 ♗e7 17.♗d3 0-0 18.♘b3 f5 und Schwarz ist im Vorteil, Sierra Fuentes–De Souza Gomes, Dos Hermanas 2004.

9.♕d2

Mit 9.♗xf6 will Weiß das Feld d5 erobern, doch ist dieser Plan keine Gefahr für Schwarz; z.B. 9...♗xf6 10.♘d5 ♘d7

(Spielbar ist auch 10...♗xd5 11.♕xd5 ♕c7 12.0-0-0 ♗e7 13.g3 ♘d7 14.♗g2 0-0 15.f4 b5 16.fxe5 ♘xe5 17.♘d4 ♗f6=.)

11.c4 0-0 12.♘xf6+ ♘xf6 13.♕d2 ♕c7 14.♕a5 b6 15.♕b4 ♖fd8 16.♘d2 ♕c5 17.♕xc5 dxc5 18.b3 ♖a7 Δ♖a7–d7 und gutem Spiel für Schwarz, Fejzullahu–Andriska, Kecskemét 2005.

9...♘bd7

Auch nach 9...h6 10.♗e3 ♘bd7 11.0-0-0 ♕c7 12.♘d5 ♗xd5 13.exd5 ♘b6 14.♗xb6 ♕xb6 15.♔b1 a5 16.a4 0-0 17.g4 ♕b4 kann Schwarz mit seiner Stellung zufrieden sein, Milosavljevic–Mihajlovic, Belgrad 2004.

10.0-0-0

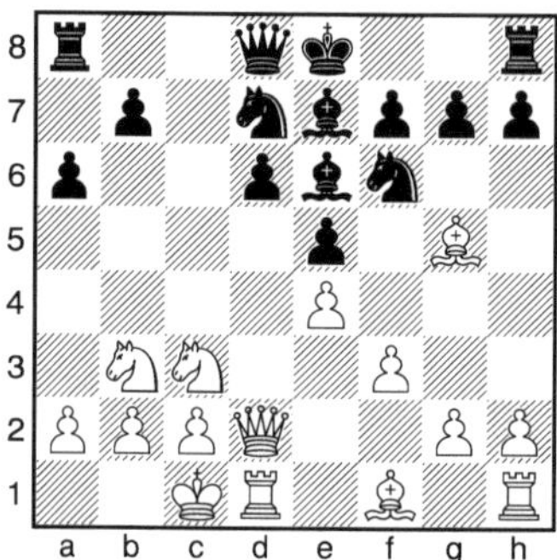

10...0-0

Bevor Schwarz am Damenflügel aktiv wird, bringt er erst den König in Sicherheit.

Auch das sofortige Vorgehen 10...b5!? wurde ausprobiert; z.B. 11.♗xf6

(Oder 11.h4 ♖c8 12.♔b1 h6 13.♗e3 ♘b6 14.g4 ♘fd7 15.♗e2 ♕c7 16.♖c1 ♘c4 17.♗xc4 bxc4 18.♘a1 ♖b8 mit schwarzem Gegenspiel.)

11...♘xf6 12.♔b1 ♖c8 13.g4 ♕c7 14.g5 ♘h5 15.h4 0-0 16.♗h3 ♘f4 17.♗g4 ♕b6 18.♘e2 ♘xe2 19.♕xe2 a5 20.f4 a4 21.♘c1 a3 22.b3 exf4 23.♗xe6 fxe6 24.♕g4 ♔h8 25.♕xe6 ♕f2 mit starkem Angriff, Iza Abete–Astaneh Lopez, Mondariz 2004.

11.♔b1

Auch nach 11.g4 b5 12.h4 b4 13.♘e2 a5 14.♔b1 ♕b8 15.♘g3 a4 16.♘c1 b3 17.cxb3 axb3 18.a3 ♖c8 19.♘f5 ♗f8 hat Schwarz ausreichendes Gegenspiel, wie die Partie Sia Hou You–Le Quang Long, Vung Tau 2004, zeigte. Nach beispielsweise 20.♘xd6 ♖c2 21.♕b4 ♕c7 hätte Schwarz starke Initiative für den Bauern.

11...b5 12.g4

Die normale Reaktion. Weiß hat die Entwicklung fast abgeschlossen (nur der Läufer f1 wartet ab, wo er endgültig postiert wird) und beginnt nun mit dem Angriff am Königsflügel.

Hier ein Blick auf zwei andere Pläne.

– 12.♗e3 b4 13.♘d5 ♗xd5 14.exd5 a5 15.♗d3 ♘b6 16.♗e4 ♘c4 17.♕d3 ♘xe3 18.♕xe3 ♕c7 mit guten Angriffsaussichten am Damenflügel, Pham Duc Tri–Le Nguyen Quoc, Phu Dong 2004.

– 12.h4 b4

(Zu beachten ist auch 12...♕c7!? 13.♘d5 ♗xd5 14.exd5 ♘b6 mit aktivem Spiel.)

13.♘d5 ♗xd5 14.exd5 a5 mit Gegenspiel.

12...b4 13.♘e2 a5 14.♘g3 a4 15.♘c1

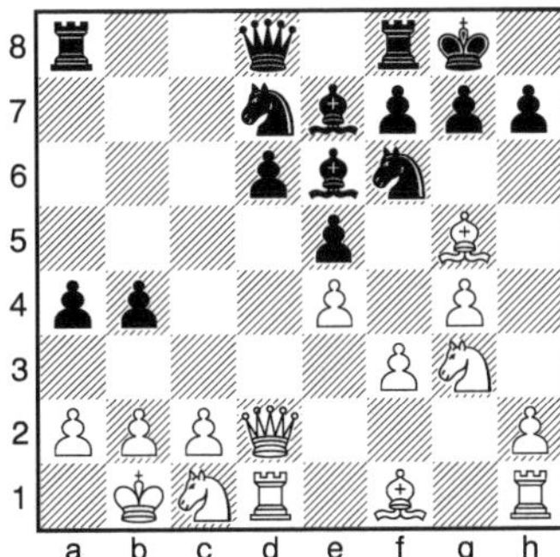

15...b3!

Bei entgegengesetzten Rochaden sind solche Opfer ein ganz übliches Vorgehen. Schwarz will mit Hilfe dieses Rammbocks die Stellung am Damenflügel öffnen und den gegnerischen König angreifen.

16.axb3

16.cxb3 axb3 17.a3 ♕c7 18.♗d3

(18.♘f5? ♗xf5 19.gxf5 ♘xe4! 20.fxe4 ♗xg5 21.♕xg5 ♕c2+ 22.♔a1 ♖xa3+! 23.bxa3 b2+ 24.♔a2 b1♕#)

18...♖fc8 19.♘f5 ♗f8 20.♘e3 d5 21.exd5 ♘xd5 22.♘xd5 ♗xd5 23.♗f5 ♘b6 24.♗xc8 ♖xc8 25.♕d3 ♗xa3 26.bxa3 ♕c2+ 27.♕xc2 bxc2+ 28.♔a1 cxd1♕ 29.♖xd1 ♗xf3 mit gewonnenem Endspiel für Schwarz.

16...axb3 17.♘xb3 ♕c7

Die Dame strebt in die a-Linie und räumt eventuell den Weg für den Königsturm.

Ein anderer Weg ist 17...♗xb3!? 18.cxb3 ♘c5 19.♘f5 ♘xb3 20.♕c3 ♘d4 21.♘xd4 exd4 22.♖xd4 (22.♕xd4 ♕a5−+) 22...♘xe4! 23.fxe4 ♗xg5 24.e5 ♕e7 25.♖xd6 ♗f4 26.♖a6 ♗xe5 27.♕c2 ♖ab8 mit starker Initiative.

18.♘f5 ♗xf5 19.gxf5 ♕a7 20.♕e3

Sofort verliert 20.♗e3 ♕a2+ 21.♔c1 ♕a1+ 22.♘xa1 ♖xa1#.

20...♘c5 21.♗xf6 ♗xf6 22.♗c4 ♕a2+ 23.♔c1 ♘a4 24.♗d5 ♕xb2+ 25.♔d2 ♖ac8−+

Diese Beispielvariante zeigt deutlich die schwarzen Kontermöglichkeiten gegen den weißen Angriff am Königsflügel.

Zusammenfassung: Der Plan mit 6...e5 scheint die beste Wahl für Schwarz. Vor 8.♗g5 braucht er sich nicht zu fürchten, denn er hat ausreichend Konterspiel. Eine starke Alternative für Weiß ist offensichtlich 8.♗e3, was ich in Kapitel 7 genau untersuchen werde.

Kapitel 7

Englischer Angriff mit 6.♗e3

1.e4 c5 2.♘f3 d6 3.d4 cxd4 4.♘xd4 ♘f6 5.♘c3 a6 6.♗e3

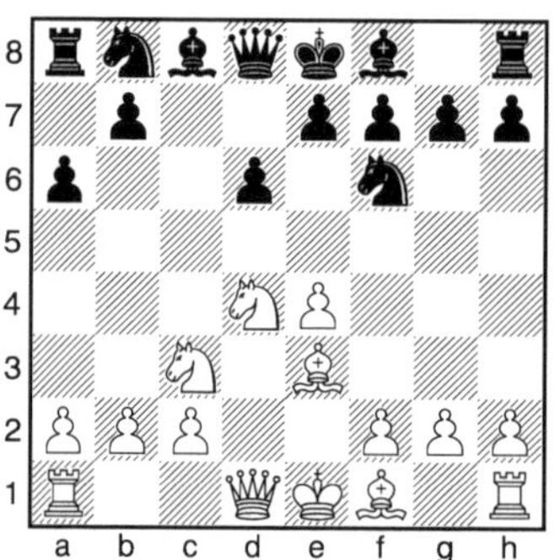

Dieser Zug ist erst in neuerer Zeit in der Praxis beliebt geworden. Weiß plant damit eine Entwicklung nach dem Schema f2–f3, ♕d1-d2, 0-0-0, g2–g4, h2–h4 und g4–g5 mit dem klarem Ziel, die schwarze Königsstellung zu überrumpeln. Diese Zugfolge ist sehr eng mit der Fortsetzung 6.f3 verwandt und gehört auch zum Englischen Angriff (siehe **Kapitel 6**).

Das weitere Spiel kann sich wie folgt entwickeln.

I. 6...e5 **–** siehe **Abspiel 1**

II. 6...♘g4 – siehe **Abspiel 2**

III. 6...e6 – siehe **Abspiel 3**

Zu beachten ist auch **IV.** 6...♘bd7!? mit folgenden Möglichkeiten.

A) 7.♗e2 e6 8.g4 h6 9.f4 g5!? 10.f5 (10.fxg5 hxg5 11.♗xg5 b5⇄)

10...♘e5 11.h3 b5 12.a3 ♕e7 13.fxe6 fxe6 14.♘f3 ♘fd7

(Spielbar ist auch 14...♗b7!? 15.♘xe5 dxe5 16.♗d3 ♕c7 17.h4 ♗c5 18.♕e2 ♗xe3 19.♕xe3 ♘xg4 20.♕g3 h5 21.0-0-0 0-0-0=, Ponomarjow–Topalow, Thessaloniki 2013.)

15.♕d2 ♘xf3+ 16.♗xf3 und nun hätte Schwarz in der Partie Hou Yifan–Uschenina, Taizhou 2013, 16...♗g7! 17.0-0-0 ♗e5⇄ spielen sollen.

B) 7.g4 h6 8.f3

(8.♕e2 b5 9.0-0-0 ♗b7 10.♗g2 ♖c8∞, Sreeves–Burg, La Massana 2013)

8...b5 9.h4 ♗b7 10.♖g1 g6 11.g5 hxg5 12.hxg5 ♘h5 13.♕d2 ♖c8 14.0-0-0 ♗g7 15.a3 ♘e5 16.f4 ♘c4 17.♗xc4 ♖xc4 mit zweischneidigem Spiel, Nowikow–Gagarin, Moskau 2012.

C) 7.f3 e6 8.g4 h6 9.♕d2

(9.♖g1 b5 10.h4 ♘b6 11.g5 ♘fd7 12.f4 hxg5 13.hxg5 ♗b7 14.a3 ♘c5⇄, Sarana–Al Sayed, St. Petersburg 2012)

9...b5 10.h4

(10.0-0-0 b4 11.♘ce2 ♕c7 12.♗g2

d5 13.exd5 ♘xd5 14.♘f4 ♗b7 15.♘xd5 ♗xd5 16.f4 ♗xg2 17.♕xg2 ♖c8 18.♖he1 ♗c5 19.f5 e5 20.♘f3 f6 21.h4 0-0∞, Givon–Korobow, Rhodos 2013)

10...b4 11.♘ce2 d5 12.exd5 ♘xd5 13.♗f2 ♗b7 14.♗g2 ♗e7 15.f4 ♘7b6 16.g5 hxg5 17.hxg5 ♖xh1+ 18.♗xh1 g6 19.♕d3 ♗d6 20.♕h3 ♕d7 21.♕h8+ ♗f8 22.0-0-0 0-0-0 und Schwarz steht ausgezeichnet, Minyeyevtsev–Burg, Belgien 2014.

Abspiel 1

Die Fortsetzung 6...e5

(1.e4 c5 2.♘f3 d6 3.d4 cxd4 4.♘xd4 ♘f6 5.♘c3 a6 6.♗e3)

6...e5

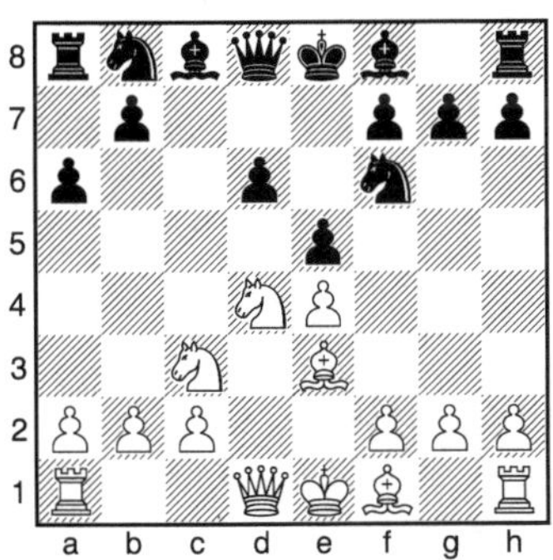

Dies ist die übliche Fortsetzung in vielen Varianten der Najdorf–Variante. Schwarz nimmt die Schwächung des Feldes d5 in Kauf, hofft aber auf eine schnelle Entwicklung seiner Kräfte.

7.♘b3

Dieser Rückzug wird am meisten gespielt. Der Springer wird hier nicht nur den König schützen (nach baldiger langer Rochade), sondern kann auch aktiv am Damenflügel wirken.

Auch folgende Alternativen sind anzutreffen.

I. 7.♘f3

A) 7...♗e7 8.♗c4 0-0 9.0-0 ♗e6 10.♗b3

(10.♗xe6 fxe6 11.♘a4 ♘g4 12.♕d3 b5 13.♘b6 ♘xe3 14.♕xe3 ♖a7=)

10...♕c7

(Mögliche Alternativen sind 10...♘c6!? und 10...b5!?.)

11.♕e2 ♖e8 12.♗g5 ♘bd7 13.♖fd1 ♖ac8 14.♖ac1 ♗c4 15.♗xc4 ♕xc4 16.♕xc4 ♖xc4 17.♘d2 ♖cc8 18.f3 b5 19.♗xf6 ♘xf6 20.♘f1 ♖c6 21.♘e3 ♖ec8 22.a3

(22.♘cd5 ♘xd5 23.♘xd5 ♗g5 ist günstig für Schwarz.)

22...g6 23.♔f1 ♗f8 24.♔e2 ♗h6 25.g3 ♔f8 mit etwa gleicher Stellung, Isupow–Vaulin, Pawlodar 1991.

B) 7...♕c7

(Dies hält man für stärker als 7...♗e7, denn Schwarz verhindert die Entwicklung des weißen Läufers nach c4.)

8.a4

(Nach 8.♗e2 ♗e7 9.0-0 0-0 10.a4

b6 11.♕d3 ♗b7 hat Schwarz keine ernsthaften Probleme.)

8...♗e7 9.♗e2

(Keine Mühe bereitet Schwarz 9.a5 0-0 10.♗e2 ♗e6 11.0-0 h6 12.♘d5 ♘xd5 13.exd5 ♗f5 14.c4 ♘d7 mit dem Plan ♗f5–h7 und f7–f5, Analyse von Polugajewski.)

9...0-0

(Die Alternative ist 9...♘bd7 nebst ♘d7–c5 mit Druck auf den Bauern e4. Von c5 aus kann der Springer c5 auch via e6 zum Königsflügel geführt werden.)

10.0-0 b6 11.♕d3

(Auch nach 11.♗g5 sollte Schwarz 11...♘bd7 spielen.)

11...♘bd7 12.♘h4

(12.♕c4 ♕xc4 13.♗xc4 ♗b7=)

12...g6

(12...♘c5 13.♗xc5 dxc5 14.♘f5 ♗xf5 15.exf5 ♖fd8 16.♕f3 c4 17.♖fd1 ♖ac8 und die Stellung ist etwa gleich.)

13.♗h6 ♘c5 14.♕f3 ♖d8 15.♘f5 ♗xf5 16.exf5 d5 17.b4 e4 18.♕h3 ♘cd7

(Nicht klar ist 18...♘d3 19.♘xd5 ♘xd5 20.cxd3 ♘c3 21.♕e3 ♘xe2+ 22.♕xe2 exd3 23.♕b2 ♗f8 24.♗xf8 ♖xf8, denn der Freibauer kann zum Angriffsobjekt werden.)

19.♖ad1 ♘e5 mit aktivem Spiel für Schwarz. Weiß muss immer die Drohung ♘e5–f3 im Auge halten.

II. 7.♘de2 ♘bd7 8.♘g3

A) 8...♕c7 9.♘h5 b5

(Zum besseren Endspiel für Weiß führt 9...♘xh5 10.♘d5 ♕a5+ 11.b4 ♕d8 12.♕xh5 ♘f6 13.♕h4 ♘xd5 14.♕xd8+ ♔xd8 15.exd5 ♔c7 16.a4 b6 17.a5 b5 18.c4 bxc4 19.♗xc4 ♗d7 20.♔d2±, wie die Partie Nisipeanu–Bologan, Frankreich 2006, zeigte.)

10.♘xf6+ ♘xf6 11.♗g5 b4 12.♘d5 ♘xd5 13.♕xd5 ♗b7 14.♕d3 ♖c8 15.0-0-0 ♗e7 16.♗xe7 ♔xe7 17.♗e2 h5 18.♔b1 ♖h6 19.♖hf1 ♔f8 20.f4 ♕e7 mit komplizierter aber wahrscheinlich spielbarer Stellung für Schwarz.

B) 8...g6 9.a4 ♕c7

(Auf 9...h5 folgt 10.♗c4! mit Festigung der Kontrolle über das Feld d5.)

10.♕d3

(10.♗d3 sieht natürlicher aus.)

10...♘c5

(Nach 10...b6 11.♕c4 ♕xc4 12.♗xc4 ♗b7 13.f3 ♖c8 steht Weiß etwas bequemer. Deshalb sollte Schwarz die Damen behalten, was ihm mehr Spielraum gibt.)

11.♕c4

(11.♕d2 ♗e6 12.♘d5 ♗xd5 13.exd5 h5∞)

11...♗e6 12.♘d5 ♗xd5 13.exd5 ♖c8 14.b4 ♘cd7 15.♕xc7 ♖xc7 16.c4 h5 17.f3 ♗h6!

Meiner Meinung nach ist das der beste Zug.

(In der Partie Nisipeanu–Topalow, Bukarest 2006, geschah 17...a5 18.bxa5 ♗h6 19.♗b6 ♘xb6 20.axb6 ♖c5 und nun hätte Weiß einfach 21.a5! mit guten Chancen im Endspiel wählen sollen.)

18.♗xh6 ♖xh6 19.a5 h4 20.♘e4 ♘xe4 21.fxe4 f5 22.exf5 gxf5 23.♗e2 ♘f6 24.0-0 f4 und in diesem Endspiel hat Schwarz gute Perspektiven.

7...♗e6

So wird üblicherweise gespielt. Schwarz will schnellstmöglich seinen Damenflügel entwickeln, um im Fall der langen Rochade von Weiß sofort zum Gegenangriff auf dieser Seite bereitzustehen.

Manchmal wird erst 7...b5 gezogen. Nach weiterem 8.f3 geht das Spiel dann zur Hauptvariante über.

Aber Weiß kann energischer 8.a4!? spielen.

A) 8...bxa4 9.♘xa4

(9.♖xa4 ♗d7 10.♖a1 ♗e7 11.♗e2 0-0 12.0-0±)

9...♘bd7 10.♘c3 ♗e7 11.♗c4 ♕c7 12.♕d3 0-0 13.0-0 und wegen der Schwäche von d5 steht Weiß positionell besser.

B) 8...b4 9.♘d5 ♘bd7 (9...♘xe4?? 10.♗b6+–) 10.♘xb4 ♗b7 11.f3 d5

(Nichts bringt das Opfer 11...♘xe4 12.fxe4 ♕h4+ 13.♔e2 ♕xe4 14.♘a2 d5 15.♘c3 ♕g4+ 16.♔e1 ♕xd1+ 17.♖xd1 d4 18.♘xd4 exd4 19.♗xd4 mit weißem Vorteil.

Und auch nach 16...♕e6 17.♘a5 steht Weiß klar besser.)

12.♘xd5 ♘xd5 13.exd5 ♘b6 14.♘c5 ♘xd5

(14...♗xc5 15.♗xc5 ♘xd5 16.♕d2±)

15.♘xb7 ♕h4+ 16.♔e2 ♘xe3 17.♔xe3 ♕h6+ 18.♔e2 ♕c6 19.♘a5+–

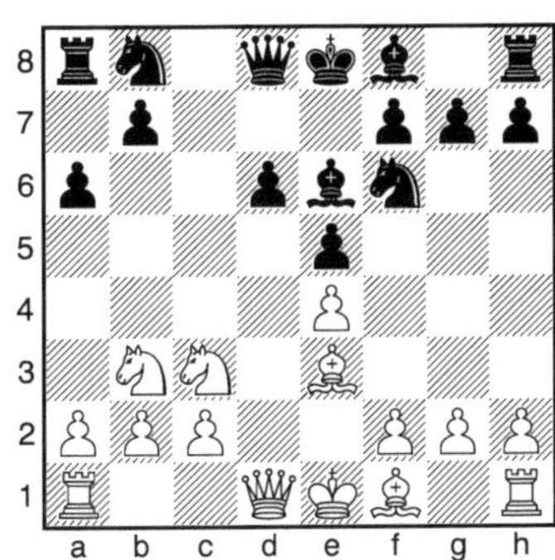

8.f3

Damit strebt Weiß die Entwicklung nach dem Schema „Englischer Angriff“ an.

Natürlich werden auch andere Pläne angewandt.

I. 8.♘d5 ♘bd7 9.f3 ♘xd5 10.exd5 ♗f5

A) 11.g4 ♗g6 12.h4 ♖c8 13.c3 h6 14.♗d3

(14.h5 ♗h7 15.♗d3 ♗xd3 16.♕xd3 ♗e7 17.0-0-0 ♗g5=)

14...♗e7 15.♗f2 ♘f8 16.h5 ♗xd3 17.♕xd3 ♗g5 und Schwarz hat keine Probleme, Analyse von Arizmendi und Moreno.

B) 11.♕d2 ♖c8 12.c4 b6 13.♗e2 ♗e7 14.0-0 ♗g6 15.f4 exf4 16.♗xf4 ♘e5 17.♘d4 0-0

(Es verbietet sich 17...♘xc4? 18.♗xc4 ♖xc4 19.♖ae1 0-0 20.♘c6, denn nun muss Schwarz die Qualität geben.)

18.b3 ♖e8 19.♖ad1 ♗f6 20.♔h1 h6 und die Chancen halten sich ungefähr die Waage, Short–Marjanovic, Thessaloniki 1984.

II. 8.f4 exf4 9.♗xf4 ♘c6

A) 10.♕e2 ♗e7 11.h3

(11.0-0-0? ist wegen 11...♗g4! ein Fehler.)

11...♘d7 12.0-0-0 ♘ce5 13.♘d5 ♗xd5 14.♖xd5 0-0 15.h4 ♖c8 16.g4 ♕c7

(16...♗xh4 17.♕h2 g5 18.♗g3 scheint günstig für Weiß.)

17.g5 ♘b6 18.♖d1

(18.♖d4? a5 19.♖h3 a4 20.♘a1 f6 21.♖c3 ♘c6∓, Schirow–Gelfand, Chalkidiki 1993)

18...♘a4 19.♖h3 b5 und laut Gelfand hat Schwarz gute Gegenchancen am Damenflügel.

B) 10.♕d2 d5 11.0-0-0

(Nach 11.exd5 ♘xd5 12.0-0-0 ♗b4 13.♕e1 ♗xc3 14.bxc3 ♕e7 15.♗d2 0-0-0 erhält Schwarz wegen der schwachen Bauern am Damenflügel die besseren Aussichten.)

11...♗b4 12.♕d3 ♗xc3 13.♕xc3 0-0 14.exd5 ♘xd5 15.♕g3 ♘cb4 16.♗d6 ♕c8 17.♗d3 ♘xd3+ 18.♖xd3 ♖e8 und das Spiel steht ungefähr gleich.

III. 8.h3 ♗e7 9.♕f3 0-0 10.0-0-0 ♕c7 11.g4 ♖c8 12.♔b1 a5 13.a3 a4 14.♘c1 b5!

A) 15.♗xb5 ♕b7 16.g5 ♖xc3 17.gxf6 ♗xf6∓

B) 15.g5 b4 16.gxf6 (16.axb4 a3→) 16...bxc3 17.fxe7 cxb2 18.e8♕+ ♖xe8 19.♔xb2 ♘a6→

C) 15.♘1a2 ♗xa2+ 16.♘xa2

(16.♔xa2 b4 17.axb4 a3–+)

16...♕xc2+ 17.♔a1 ♘c6! 18.♖c1 ♕xe4 19.♕xe4 ♘xe4 20.♗xb5 ♘c5 21.♗xc5 dxc5 22.♖c4 ♘a5

(22...♘d4!? 23.♗xa4 ♗h4∓)

23.♖xa4 und nun hätte Schwarz in der Partie Anand–L'Ami, Wijk aan Zee 2013, 23...♗h4! spielen sollen; z.B. 24.f3 ♘b3+ 25.♔b1 ♖xa4 26.♗xa4 ♘d2+ 27.♔c2 ♘xf3 mit schwarzem Vorteil.

8...♘bd7

Schwarz setzt die Entwicklung des Damenflügels fort und folgt damit seinem Plan, nach eventueller langer Rochade von Weiß schnell mit der Gegenaktion auf dieser Seite zu beginnen.

– Die Fortsetzung 8...♗e7 ist vermutlich auch möglich. Damit plant

Schwarz, zunächst die Entwicklung seines Königsflügels zu beenden und erst nach der Rochade des Gegners ein Gegenspiel zu starten. Nach 9.♕d2 kann das Spiel folgenden Verlauf nehmen.

A) 9...0-0 10.0-0-0 b5

Auch die Fortsetzung 10...a5, die zu unklarem Spiel führt, hat ihre Anhänger. Die Praxis zeigt aber, dass Weiß doch bessere Perspektiven hat. Aus diesem Grund werde ich mich nicht damit befassen.

11.g4 b4 12.♘a4

(12.♘d5 wird in **Partie Nr. 22:** Sax-Gallagher, Baden 1999, besprochen)

12...♘bd7!? ist eine Idee von GM Swidler.

13.♕xb4 d5

A1) 14.♗c5 ♘xc5 15.♘axc5 ♕c8 16.♕b6 dxe4 17.♘xe6 fxe6 18.♕e3 exf3

(18...♕c6!? wurde nach der Partie vorgeschlagen.)

19.♕xf3 ♘d5 20.♕e4 ♖f4 21.♕xe5 ♗f6 22.♕e1 ♘b4 mit zweischneidigem Spiel, Van Wely-Van Blitterswijk, Amsterdam 2002.

A2) 14.♘ac5 d4 15.♘xe6 fxe6 16.♕c4 dxe3

(16...♕b6!? sieht gut aus.)

17.♕xe6+ ♔h8 18.g5 ♖a7 19.gxf6 ♖xf6 und laut GM Gallagher ist die Stellung kompliziert.

B) 9...h5!? Ist eine interessante Idee, um g2–g4 zu verhindern und damit den weißen Angriff am Königsflügel zu erschweren.

B1) 10.0-0-0 ♘bd7 11.♔b1 ♖c8 12.h3

(12.♘d5 ♗xd5 13.exd5 ♘b6∞)

12...b5 13.♗d3 h4 14.f4 ♕c7 15.♖he1 ♘b6 16.♗xb6 ♕xb6 17.♘d5 ♗xd5 18.exd5 ♖h5 und Schwarz hat seine Stellung verteidigt, Kramnik–Anand, Monaco (blind) 2003.

B2) 10.♗e2 ♘bd7 11.0-0

(11.♘d5 ♘xd5 12.exd5 ♗f5∞)

11...♖c8 12.a4 g6 13.a5 h4 14.♘c1 ♕c7 15.♖d1 ♔f8 16.♗f1 ♔g7 17.♗f2 ♖cd8 mit verteilten Chancen, Morosewitsch–Sadler, Reykjavik 1999.

– Infrage kommt auch 8...h5!? zur Verhinderung von g2-g4, wobei jedoch der Königsflügel geschwächt wird.

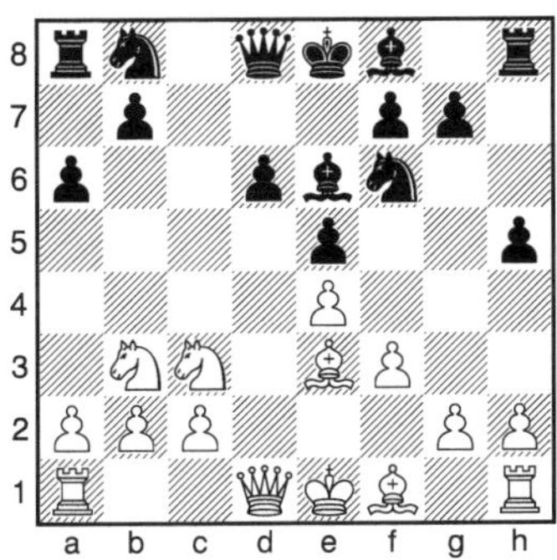

9.♘d5

(9.♕d2 ♘bd7 10.0-0-0 ♗e7 führt zur Hauptvariante.)

9...♗xd5

(Auch in Betracht kommt 9...♘xd5!? 10.exd5 ♗f5 11.♗d3 ♗xd3 12.♕xd3 ♘d7 13.0-0-0 ♗e7 14.♔b1 ♗g5 15.♗f2 ♖c8 16.h4 ♗f4 17.♖he1 0-0 18.g3 ♗h6 19.g4 hxg4 20.fxg4 ♗f4 mit gleichem Spiel, Adams–Swidler, Linares 1999.)

10.exd5 ♘bd7 11.♕d2

A) 11...♕c7 12.c4 g6 13.0-0-0

(Nach 13.♗e2 empfiehlt sich 13...a5!? 14.♖d1 a4 15.♘a1 ♕a5 16.♕xa5 ♖xa5 und Schwarz steht gut.)

13...♘b6! 14.♕a5 ♗h6 15.♗xh6 ♖xh6 16.♔b1 ♘fd7 (16...0-0-0∞) 17.♕d2

(17.f4 exf4! 18.♕d2 ♔f8 19.♕xf4 ♔g7 20.♘d4 ♘e5∞)

17...♖h8 18.♖c1 ♔f8! 19.f4 (19.g3 h4!) 19...exf4 20.♕xf4 ♘a4 mit beiderseitigen Chancen.

B) 11...g6 12.♗e2

(12.0-0-0 ♘b6 13.♕a5 ♗h6 14.♗xh6 ♖xh6 15.♔b1 ♖c8 16.♕b4 ♔f8 17.c4 ♔g7 18.g3 ♖h8 19.♖c1 ♕c7 20.♗h3 ♖ce8∞, Anand–Topalov, Wijk aan Zee 2008)

12...♗g7 13.0-0 0-0 14.♘a5

(14.♖ac1 wird in **Partie Nr. 23**: Caruana–Gelfand, Wijk aan Zee 2014, besprochen.)

14...♖b8 15.c4 e4 16.f4 ♘g4 17.♗xg4 hxg4 18.f5 ♕h4 19.♗g5 ♕h8 20.♖ab1 ♗e5 21.♗f4 ♖fe8 22.fxg6 fxg6 23.♘b3 ♖f8 24.♗xe5 ♘xe5 25.♕e3 ♘xc4 26.♕xe4 ♘e5 27.♘d4 ♕h6 mit dynamischem Gleichgewicht, Leko–Wojtaszek, Istanbul 2012.

9.♕d2

Weiß bereitet die lange Rochade vor.

Auch der Plan 9.g4 b5! 10.g5 b4 mit sofortigem aktivem Vorgehen am Königsflügel wurde in einigen Partien probiert.

A) 11.♘d5 ♘xd5 12.exd5 ♗f5 13.♗d3 ♗xd3 14.♕xd3 ♗e7 15.h4

(15.♖g1 0-0 16.0-0-0 f5 17.gxf6 ♘xf6 18.♘d2 a5 19.♔b1 ♘h5 20.♖g4 ♕d7 21.♖c4 ♕f5⇄, Leko–Kasparow, Linares 1999)

15...0-0 16.0-0-0 a5 17.♘d2 a4 18.♔b1 f5 19.f4 ♕c7 20.♘c4 exf4 21.♗d4 ♘c5 22.♗xc5 ♕xc5 23.♖hf1 ♖fe8 24.♖xf4 g6 25.♕d4 ♕xd4 26.♖fxd4 h6 und Schwarz hat genügend Konterspiel, Leko–Kasparow, Bled 2002.

B) 11.♘e2 ♘h5 12.♕d2 a5 13.♘g3 ♘xg3 14.hxg3 a4 15.♘c1 ♕a5 16.♘d3

(Auf 16.f4 sollte Schwarz mit 16...g6! reagieren, um f4–f5 zu verhindern.)

16...d5 17.exd5 ♕xd5 18.♗g2 ♕b5 19.♗h3

(19.f4 ♖d8 20.♗e4 g6∞)

19...♗xh3 20.♖xh3 ♗e7 21.♖h4 f5 mit ungefährem Ausgleich, Anand–Kasparow, Linares 2002.

9...b5

Mit diesem aggressivsten Plan startet Schwarz sofort eine Aktion am Damenflügel und lässt den König vorerst im Zentrum.

Auch hier gibt es die Alternative, zuerst den Königsflügel zu entwickeln; z.B. 9...♗e7 10.0-0-0 0-0

(Zu scharfem Spiel führt 11...h5!? mit beiderseitigen Chancen.)

11.g4 ♕c7

(Eine Alternative ist 11...♖c8, siehe **Partie Nr. 24**: Varadi–Le Quang Liem, Budapest 2006.)

12.♔b1

(Die Fortsetzung 12.g5 wird in **Partie Nr. 25**: Van Kempen–Van Oosterom, Fernschach 2003–05, analysiert.)

12...b5!? (12...♖fc8!?) 13.g5

(Nach 13.♘d5 ♗xd5 14.exd5 ♘b6 15.♗xb6 ♕xb6 hat Schwarz keine Probleme.)

13...♘h5 14.♘d5 ♗xd5 15.exd5 ♘b6 16.♘a5 ♘xd5 17.♕xd5 ♕xa5 18.c4

(18.f4 ♘xf4 19.♗xf4 exf4 20.♗d3 ♖ae8! 21.h4 ♗d8 22.♕f5 g6 23.♕xf4 ♖e5 24.c3 ♕b6 25.♗c2 ♕c6 ½–½, Schirow–Gelfand, Groningen 1996)

18...♖ab8 19.♗d3 ♕b4

(19...♕a4 20.cxb5 axb5 21.♖c1 ♘f4 22.♗xf4 ♕xf4 23.h4 ♗d8 24.♕xd6 ½–½, Ponomarjow–Sutovsky, Ohrid 2001)

20.♖d2 bxc4 21.♗xc4 a5 22.♔a1 ♖bc8 23.♗a6 ♘f4 und Schwarz hat gutes Spiel. Nach eventuellem 24.♗xf4 folgt erst 24...♖c5 usw., Fressinet–Kuczynski, Bundesliga 2002.

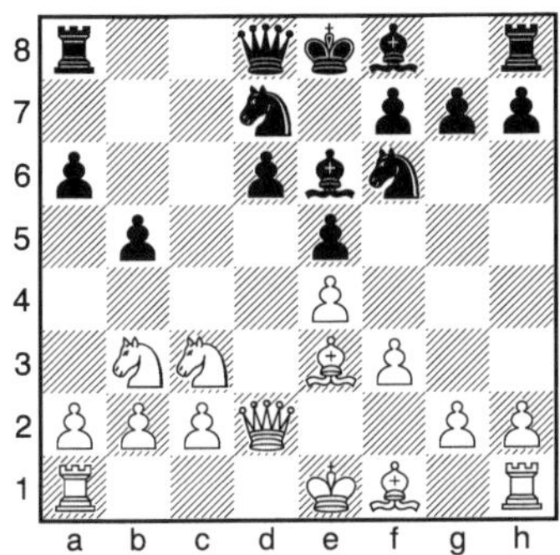

10.0-0-0

Konsequent nach Plan sichert Weiß erst seinen König, um danach aktiv gegen den schwarzen König vorzugehen. Die entgegengesetzten Rochaden garantieren einen scharfen Kampf.

Hier ein Blick auf einige Alternativen.

I. Mit 10.a4 greift Weiß sofort den gegnerischen Damenflügel an; z.B. 10...b4 11.♘d5 ♗xd5 12.exd5 ♘b6 13.♗xb6 ♕xb6 14.a5 ♕b7 15.♗c4 ♗e7

(Die Fortsetzung 15...g6 wird in

Partie Nr. 26: Schirow–Kasparow, Linares 2004, besprochen.)

16.♖a4 ♖b8

A) 17.♕d3 ♖a8 18.♕d2 ♖b8 19.♕d3 ♖a8

(Problematisch ist 19...e4 20.fxe4 ♘g4 21.♕e2 ♕d7 22.♖a2 ♗f6 23.♗xa6, denn Schwarz hat wohl keine Kompensation für die geopferten Bauern.)

20.♕d2 ♖b8 21.♘c1 (21.♕d3 ♖a8=) 21...♗d8 22.b3 0-0 23.0-0 ♗xa5 24.♔h1 ♗c7 25.♘e2 g6 26.♖fa1 ♗b6 27.♖xa6 ♗c5 und das Spiel steht ungefähr gleich.

B) 17.♘c1 0-0 18.♘a2 ♘d7 19.b3

(19.♖xb4 ♕c7 20.♗xa6 ♖a8 21.♗d3 ♖xa5 22.♘c3 ♖a1+ 23.♘d1 ♕a7 mit aktivem Spiel für den Bauern, Leglise–Sakai, Fernpartie 2002.)

19...e4! 20.♖xb4 ♕c7 21.♖xb8 ♖xb8 22.fxe4 ♘e5 23.♗e2 ♖c8 24.c4

(24.♗xa6 ♕xc2 25.♗xc8 ♘d3+ 26.♔e2 ♘f4+ 27.♔e3 ♘xg2+ 28.♔e2 ♕xe4+ 29.♔d1 ♘e3+ 30.♔c1 ♕xh1+ 31.♔b2 ♗g5 scheint vorteilhaft für Schwarz zu sein.)

24...♕c5 25.b4 ♕a7 26.b5 ♕c5 27.b6 h6 28.♖f1 ♕a3 29.c5 ♕xc5 30.♗xa6 ♗g5 31.♕c3 ♕xc3+ 32.♘xc3 ♖xc3 33.♗b5 ♗e3 34.♔e2 ♗xb6 35.axb6 ♖b3 36.♗d3 ♖xb6 mit gleichem Endspiel, Walsh–Sakai, Fernpartie 2001.

II. Bei dem Ansatz 10.g4 geht es um die Eroberung des Feldes d5; z.B. 10...♘b6 11.g5 ♘fd7 12.♘d5

(12.0-0-0 ♘c4 13.♕f2 ♘xe3 14.♕xe3 h6 15.gxh6 g6∓, Faraoni–Kiese, Fernpartie 2000)

12...♖c8

A) 13.h4 ♗xd5 14.exd5 ♘c4 15.♗xc4 bxc4 16.♘c1 c3! 17.bxc3 ♘b6 18.♗xb6

(Oder 18.♕d3 ♘c4 19.♘b3 ♗e7 nebst 0-0 mit gutem Spiel für Schwarz.)

18...♕xb6 19.♘d3 h6 20.g6 ♗e7 21.gxf7+ ♔xf7 22.h5 ♖hf8 23.♘b4 ♔g8 24.♘c6 ♗g5 und Weiß steht kritisch.

B) 13.♘xb6 ♘xb6 14.♕a5 ♘c4 15.♗xc4 bxc4 16.♕xd8+ ♔xd8 17.♘a5 h6 18.gxh6 g6 19.0-0-0 ♔c7 mit Vorteil für Schwarz, Adams–Kasparow, Internet 2000.

C) 13.0-0-0 ♗xd5 14.exd5 ♘c4 15.♕f2 ♗e7 16.h4 ♕c7 17.♗d3 a5 18.♘d2

(18.♕e2? a4 19.♘d2 a3 0-1, Mamonovas–Boger, Fernpartie 2002)

18...a4 19.♘e4 b4 20.♔b1 0-0 21.h5 f5 mit schwarzer Initiative, Analyse von Arizmendi und Moreno.

10...♗e7

Schwarz folgt nun doch dem soliden Plan, zuerst die Entwicklung des Königsflügels zu beenden.

In Betracht kommt auch 10...♖c8!?; z.B. 11.♔b1 ♗e7 12.g4 ♘b6 13.g5 ♘fd7 14.h4 0-0 15.♖g1 f5

(15...b4 16.♘d5 ♘xd5 17.exd5 ♗f5 18.♗d3 ♗xd3 19.♕xd3 a5 20.♘d2 a4∞)

A) 16.g6 h6 17.♗xh6 ♖xc3!

(Es verbietet sich 17...gxh6? 18.♕xh6 ♘f6 19.exf5 ♗xf5 20.♖g5 mit der Drohung ♖g5–h5!.)

18.♗xg7

(Zum Gegenangriff kommt Schwarz nach 18.bxc3 fxe4 19.fxe4 ♘f6 20.♗d3 ♕c7 21.♗g5 ♘a4 usw.)

18...♔xg7 19.♕xc3 ♕c8 20.♕e1 fxe4 21.fxe4 ♘f6 mit sehr komplizierter Stellung, Analyse von Arizmendi und Moreno.

B) 16.gxf6 ♖xf6 17.f4 b4 18.♘d5 ♘xd5 19.exd5 ♗f5 20.♖c1 a5 mit unklarem Spiel, Van Wieringen–Kazocs, Fernpartie 2001.

11.g4

Weiß beabsichtigt g4–g5 mit aktivem Spiel am Königsflügel. Die schwarzen Möglichkeiten liegen selbstverständlich auf der anderen Seite.

Keine Gefahr für Schwarz ist 11.♘d5 ♗xd5 12.exd5 ♘b6 13.♗xb6 ♕xb6 14.♘a5 ♖c8 15.♘c6 ♘xd5 16.♘xe7 ♘xe7 17.♕xd6 ♕xd6 18.♖xd6 ♘c6 19.c3

(19.♖d2 ♔e7 20.a3 ♘d4 21.♔b1 ♖hd8 22.♗d3 f5 23.♖e1 ♔f6 24.♖ed1 ♘e6 25.c3 ♘c5=, Quezada–Colovic, Havanna 2005)

19...♔e7 20.♖d1

(20.♖d2 ♖hd8 21.♖xd8 ♖xd8 22.♗e2 f5 23.a4 bxa4 24.♗xa6 ♘a5 25.♗b5 ♘b3+ 26.♔b1 ♘c5=, Mecking–L. Evans, San Antonio 1972)

20...f5

A) 21.a4 bxa4 22.♗xa6 ♖c7 23.♗d3 (23.♗b5 a3!) 23...g6 mit gleichem Spiel.

B) 21.♗d3 g6 22.♖he1 ♖hd8 23.♗f1 (23.a4 ♖d5 24.♗f1 ♖c5=) 23...♖xd1+ 24.♖xd1 ♘a5 25.a4 bxa4 26.♗xa6 ♖c5 27.♔c2 ♘b3 und das Endspiel ist ausgeglichen.

11...0-0

Endlich bringt Schwarz seinen König in Sicherheit.

Interessant ist auch 11...h6!?, um das Vorrücken des g–Bauern zu stoppen.

A) 12.♔b1 ♘b6 13.♕f2 ♘c4 14.♗xc4 (14.♗c1!?) 14...bxc4 15.♘c5 ♕c7 16.♘5a4 (16.♘xe6 fxe6∞) 16...♖b8 17.h4 ♘d7 18.♘d5 ♗xd5 19.♖xd5 0-0 20.♘c3 (20.g5 h5∞) 20...♖b4 21.♔a1 ♖fb8 22.♖b1 ♕b7 23.b3 ♕c6 24.♕d2 ♖4b7 25.g5 h5 und Schwarz hat gute Gegenchancen am Damenflügel, Spasov–Marjanovic, Kalithea 2003.

B) 12.h4 ♘b6

(12...♖b8!? 13.♖g1 b4 14.♘d5 ♗xd5

15.exd5 a5 16.g5 ♘h5 17.♔b1 hxg5 18.hxg5 g6 19.♖h1 ♔f8 20.♗d3 ♔g8 21.♕g2 ♗f8 22.♕g4 a4 23.♘d2 ♘b6 24.♗e4 ♗g7∞, Wei–Zhao Jun, Xinghua 2013)

13.♕f2 ♘fd7 14.♔b1 ♕c7 15.♘d5 ♗xd5 16.exd5 ♘c4 17.♗c1 a5 18.♗d3 0-0!?

(Nicht ausreichend zum Ausgleich ist 18...a4 19.♘d2 0-0 20.g5 h5 21.♕e2 ♖fc8 22.g6±, Kornejew–A. Fernandez, Mislata 1998.)

19.♘d2 ♘db6 20.g5 h5 21.♕e2 g6 mit verwickeltem Kampf.

12.g5

Die andere Idee 12.♖g1 wird in **Partie Nr. 27**: Anand–Morosewitsch, Monte Carlo 2006, vorgestellt.

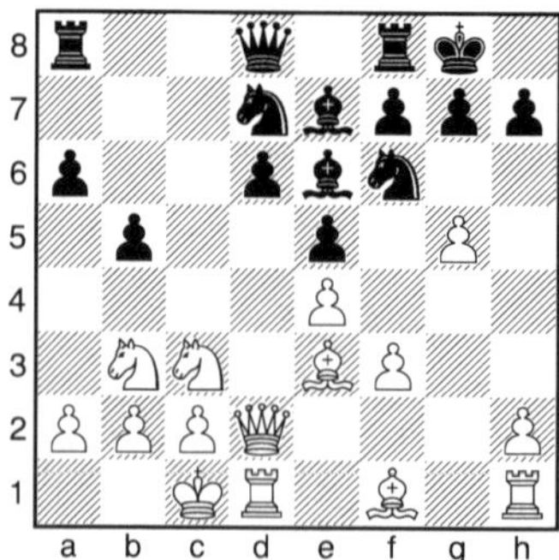

12...♘h5

Noch mehr Komplikationen mit verwickeltem Spiel ergeben sich nach 12...b4!?. Dieser Zug wird gerade in der Praxis geprüft und immer häufiger gespielt.

13.♘e2

(Nach 13.♘d5 ♘xd5 14.exd5 ♗f5 oder 13.♘a4 ♘h5 14.♔b1 ♖b8 hat Schwarz jeweils gute Chancen.)

13...♘e8 14.f4

(14.h4 a5 15.♔b1 ♘b6 16.♘g3 a4 17.♘c1 d5 18.♗xb6 ♕xb6 19.exd5 ♖d8 20.♗c4 ♘c7 21.dxe6 ♖xd2 22.exf7+ ♔h8 23.♖xd2 ♘b5 24.♗xb5 ♕xb5 25.♘f5 ♖xf7 26.♘xe7 ♖xe7 27.♖d8+ ♖e8 28.♖hd1 ♖g8∓, Karjakin–Anand, Wijk aan Zee 2007)

14...a5 15.f5 a4

(15...♗xb3!? ist auch interessant; z.B. 16.cxb3 a4 17.bxa4 ♖xa4 18.b3 ♖a5 19.♘g3 d5! 20.exd5 ♗c5 mit befriedigendem Spiel für Schwarz, Hillarp Persson–Wang Hao, Reykjavik 2008.

Auf 18.♔b1 folgt stark 18... ♖xa2! mit Gegenspiel, Arvola–Huschenbeth, Athen 2012.)

A) 16.fxe6 axb3

A1) 17.cxb3 fxe6 18.♔b1

(18.♗h3 ♖xa2 19.♗xe6+ ♔h8 20.♘g3 ♘c7 21.♗c4 ♕a8 22.♖hf1 ♖xf1 23.♖xf1 ♖a1+ 24.♔c2 ♖xf1 25.♗xf1 d5! mit Gegenspiel, Caruana–Gelfand, Moskau 2013.)

18...♕a5

(18...♖xa2 führt mit Zugumstellung zur Partie Baramidze–P. H. Nielsen, siehe **C2**.)

19.♘c1 ♘c7 20.♗h3 (20.♗c4

♘b6∞) 20...♘c5 und Schwarz kann mit seiner Stellung zufrieden sein.

A2) 17.exf7+ ♖xf7 18.♔b1

(Nach 18.cxb3 ♖xa2 19.♘g3 ♖xf1 20.♖hxf1 ♖a1+ 21.♔c2 ♕c8+ 22.♔d3 ♕a6+ 23.♔c2 ♕c6+ kann sich Schwarz mit Dauerschach zufrieden geben.)

18...bxc2+ 19.♔xc2

(19.♕xc2 ♗xg5 20.♗xg5 ♕xg5 21.♘g3 ♔h8 22.♕b3 ♖f2∓, Erdogdu–Kurmann, Kusadasi 2005)

19...♘b6 20.♘c1 d5 21.exd5 ♘d6 22.♔b1 ♘bc4 23.♗xc4 ♘xc4 24.♕e2 ♘xe3 25.g6 (25.♕xe3 ♗xg5∓) 25...♘xd1 26.gxf7+ ♔xf7 27.♖xd1 ♗d6 28.♕e4 ♔g8 29.♖f1 ♕a5 30.♖f3 ♖c8 31.♕f5 ♕c7 32.♘b3 g6 und die Partie endete friedlich, Zambrana–Vera, Havanna 2005.

B) 16.♘bd4 exd4 17.♘xd4 b3

B1) 18.cxb3 axb3 19.a3

(19.axb3 ♘c5 20.fxe6 ♘xe4 21.♕g2 d5 22.♗d3 ♘8d6∓)

19...♖c8+ 20.♔b1 ♗c4 21.f6 ♘exf6 22.gxf6 ♗xf6 23.♗xc4 ♖xc4 24.♘xb3 ♖xe4 25.♗d4 ♘e5∓, Borriss–Gallagher, Bundesliga 2003

B2) 18.♔b1 bxc2+

(18...bxa2+ 19.♔a1 ♘c5 20.fxe6 fxe6 21.♗c4 ist bequem für Weiß.)

19.♘xc2 ♗b3

(Zur weiteren Analyse empfiehlt sich die Folge 19...♗xa2+ 20.♔xa2 ♘e5 21.♘d4 ♕b8 22.h4 ♕b7 mit scharfem Spiel.)

20.axb3 axb3 21.♘a3 ♘e5 22.h4 ♖a5 23.♕e2

(Zu 23.♕c3? – siehe **Partie Nr. 28**: Karjakin–Anand, Wijk aan Zee 2006.

Zu 23.♕b4! – siehe **Partie Nr. 29**: Najer–W. Popow, Moskau 2006.)

23...d5 24.♖xd5

(Nach 24.♗d2 gibt es die beiden guten Züge 24...♖a4 und 24...♗xa3!?.)

24...♖xd5 25.exd5 ♗xa3 26.bxa3 ♘d6 27.♗c5 ♖e8 28.♗b4 ♘xf5

(28...♕d7!? 29.♗h3 ♘ec4∓ lautet ein Vorschlag von Vallejo.)

29.♕d1 ♘e3 30.♕xb3 ♕xd5

(30...♕b6!? wurde nach der Partie vorgeschlagen.)

31.♕xd5 ♘xd5 mit gleichem Endspiel, Leko–Vallejo, Monaco 2005.

C) 16.♔b1 axb3 17.cxb3 ♖xa2 18.fxe6

(18.♔xa2 ♕a8+ 19.♔b1 ♗xb3–+)

18...fxe6

C1) 19.♔xa2 ♕a8+ 20.♔b1

(20.♗a7 ♕xa7+ 21.♔b1 ♘c5 22.♕e3 ♘c7∓)

20...♕xe4+ 21.♕d3 ♕xh1 22.♗h3 ♕b7 23.♗xe6+ ♔h8∓

C2) 19.♗h3 ♕a5 20.♗xe6+ ♔h8 21.♘g3

(21.♗xd7 ♖a1+ 22.♔c2 ♕c7+

23.♘c3 ♖xd1 24.♕xd1 und nun hätte Schwarz in der Partie Baramidze–Lahno, Pulvermühle 2006, einfach 24...♕xd7 spielen sollen; z.B. 25.♘d5 ♘c7 26.h4 ♘xd5 27.♕xd5 ♕g4 28.♗d2 ♖f2∓.)

21...♘c5 22.♗c4 ♘c7

Schwarz bekam bessere Chancen und gewann später, Baramidze–P. H. Nielsen, Bundesliga 2006.

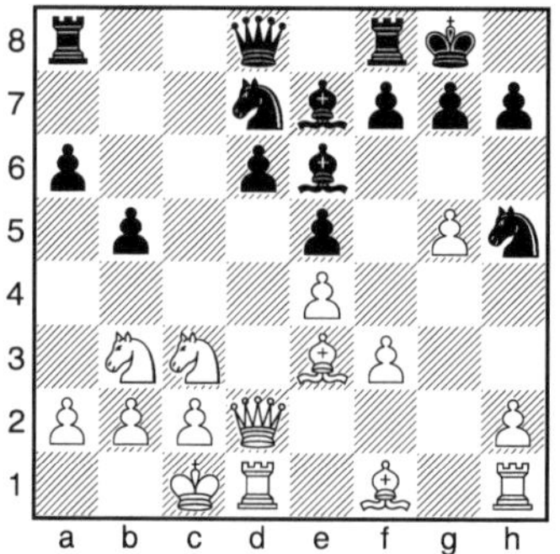

13.♘d5

Nach 13.♔b1 hat Schwarz folgende Möglichkeiten.

A) 13...♕c7 14.♘d5 ♗xd5 15.exd5 ♘b6

A1) 16.♖g1 g6

(Nach 16...♖ac8 17.♘a5 ♘xd5 18.♕xd5 ♕xa5 19.♖g4 ♕c7 20.♗d3 g6 hat Weiß sicherlich Ersatz für den Bauern, aber die schwarze Stellung ist sicher.)

17.♘a5 ♘xd5 18.♕xd5 ♕xa5 19.c4

(19.♖g4 ♕c7 20.a3 ♖ab8 21.♖b4 ♘g7 22.h4 ♘f5 23.♗f2 ♖fc8?, Leko–Aleksejew, Moskau 2007)

19...♖ab8 20.♗d3 ♘g7 21.cxb5 axb5 22.♖c1 ♘e6 mit scharfer Stellung angesichts der entgegengesetzten Rochaden; Schwarz hat gute Gegenchancen, Fressinet–Pelletier, Cap d'Agde 2002.

A2) 16.♘a5 ♘xd5 17.♕xd5 ♕xa5 18.c4 ♖ab8

(18...♕b4 19.♖g1 ♖ab8?, Bologan–Fressinet, Pamplona 2002.)

19.♗d3 ♕a4 20.cxb5 axb5 21.♖c1 ♘f4 22.♗xf4 ♕xf4 23.h4 ♗d8 24.♕xd6 ½–½, Ponomarjow–Sutovsky, Ohrid 2001

B) 13...♘b6

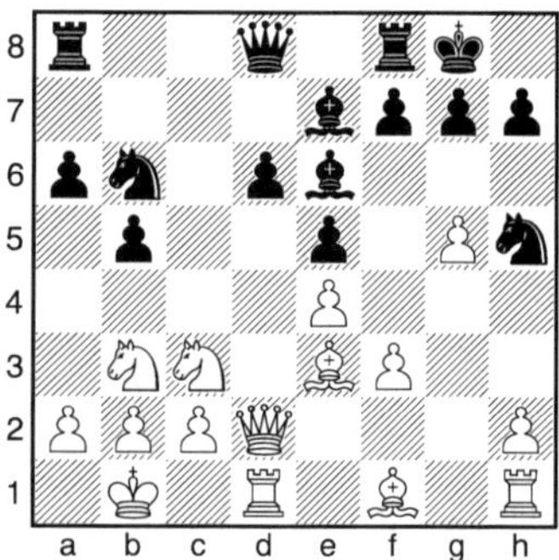

B1) 14.♘d5 ♘xd5 15.exd5 ♗f5

(Auch spielbar ist 15...♗d7 16.♘a5 ♕c7 17.♖g1 g6 18.c4 f6 19.♖c1 ♗f5+ 20.♔a1 ♗d8 21.♘c6 fxg5 22.♘xd8 ♕xd8 23.♗xg5 ♕d7 mit gleichen Chancen.)

16.♘a5 f6 17.♘c6 ♕d7 18.gxf6 ♗xf6 19.♔a1 ♔h8 20.c4 bxc4 21.♗xc4 ♗h4 22.♕a5 ♗h3 23.♗xa6 ♗g2 24.♖hg1 ♗xf3 25.♖df1 ♕h3 und in dieser scharfen Position bekam Schwarz gute Perspektiven, Eggleston–Yu Yangyi, Novi Sad 2016.

B2) 14.♘a5 ♖c8 15.a3

(15.♘d5 ♘xd5 16.exd5 ♗xd5 17.♕xd5 ♕xa5 18.c4 ♘f4 19.♗xf4 exf4 20.cxb5 axb5 21.h4 ♖c5 22.♕b3 d5∞, Leko–Giri, Hersonissos 2017)

15...g6 16.h4 ♕g3 17.♖g1 ♕xf1 18.♖gxf1 ♘a4 19.♘xa4 bxa4 20.h5 ♕d7 21.♖h1 ♖fe8 22.♕h2 ♗f8 mit recht kompliziertem Spiel, Aronjan–Carlsen, Kolkata 2019.

13...♗xd5 14.exd5

14.♕xd5 ist schlechter wegen 14...♗xg5 15.♗xg5 ♕xg5+ 16.♔b1 (16.♕d2 ♘f4 17.♕xd6 ♖fd8∓) 16...♖fd8 17.♕c6 ♘c5 18.♘xc5 dxc5 19.♖xd8+ ♖xd8 mit klarem Vorteil.

14...f5 15.gxf6

– Es ist unklar, ob Weiß nach 15.♘a5 f4 16.♗f2 ♗xg5 17.♘c6 ♕e8 18.♖g1 ♗d8 19.♕b4 ♗c7 20.♗h3 ♘hf6 volle Kompensation für den geopferten Bauern hat, Analyse von Sammalvuo.

– 15.♖g1 f4 16.♗f2 ♗xg5 17.♗h3 ♗e7 18.♘a5 ♕e8 19.♘c6 ♔h8 20.♕a5 ♗d8 21.♕a3 ♗c7 22.♗e6 ♘hf6 23.♖g5 ♘b8 24.♘a7 ♘bd7 25.♖dg1 g6 26.♘c6 ♘b8 27.♘a7 ♘bd7 ½–½, Kasimdschanow–Areschenko, Sotschi 2006

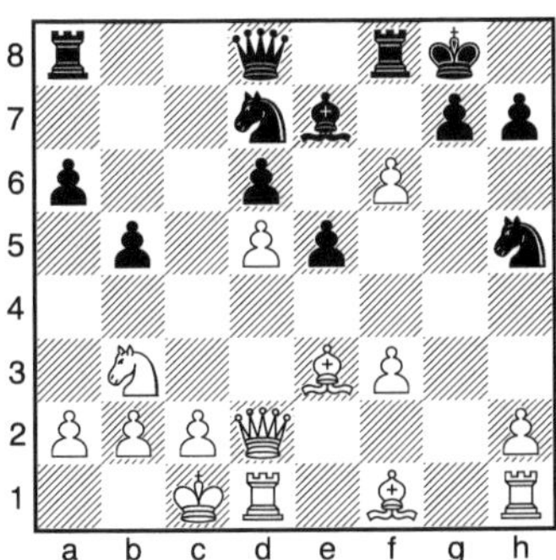

15...♗xf6

Möglich ist auch 15...♖xf6 16.♘a5 ♘f4 17.♖g1 (17.♘c6 ♕f8∞) 17...♕f8 18.♘c6 ♗d8 19.♕f2

(19.♗xf4 ♖xf4 20.♗h3 ♘c5 21.♗e6+ ♔h8=)

19...♕f7 20.♖g3 ♖h6 21.♕g1 ♗h4 22.♖g4 ♘f6 23.♗xf4 ½–½, Ciemniak–Gralka, Lubniewice 1994.

Aber wie eine Analyse von Tyomkin zeigte, hat Schwarz bessere Chancen nach 23...exf4 24.♖xf4 ♖g6 25.♕e3 ♖e8

(25...♘xd5 26.♖xd5 ♕xd5 27.♖xh4 ♕xc6 28.♗d3 ♖e8∓)

26.♘d8 (26.♕d2 ♗g5–+) 26...♘xd5! 27.♖xd5 ♗xd8 28.♖xf7 ♖xe3 mit Vorteil.

16.♘a5 ♕c7

16...♘f4!? ist auch spielbar; z.B. 17.♘c6 ♕c7

A) 18.c4 bxc4 (18...♘b8!?) 19.♗xc4 ♘b6 20.♕a5 ♗d8 21.♗b3 ♘d7 22.♕d2 ♕b7 23.♘xd8 ♖axd8 24.♔b1 ½–½, Szabó–Njepomnjaschi, Plowdiw 2008.

B) 18.♖g1 ♘b6 19.♗xb6 ♕xb6 20.♗d3 ♘xd3+ 21.♕xd3 ♕f2 22.♖df1 ♕xh2 23.f4 e4 24.♕xe4 ♖ae8 25.♕d3 ♕e2 26.♕xe2 ♖xe2 27.♖e1 ♖fe8 28.♖xe2 ♖xe2 29.♘b4 ♗d4 30.♖f1 ♗e3+ 31.♔b1 ♗xf4 32.♘xa6 ♗g3 33.♘c7 b4 34.a4 bxa3 35.bxa3 h5 mit schwarzem Übergewicht, Mazur–Sjugirow, Kazan 2013.

17.♗d3

Oder 17.c4 ♘b6 18.♔b1 bxc4 19.♖c1 ♘f4 20.♗xc4 ♘xc4 21.♘xc4 ♖ab8 22.♗xf4 exf4 23.♖he1 ♕f7 24.♖e6 ♕h5 und laut Sammalvuo hat Schwarz gute Gegenchancen.

17...♘b6 18.♗xb6 ♕xb6 19.♘c6

19.♖hg1 ♘f4 20.♗e4 b4 21.♘c6 a5 22.♔b1 ♖f7 23.♖de1 ♖b7∓, Gaponenko–E. Pähtz, Chisinau 2005

19...♕c5 20.♖hg1 ♘f4 21.♗e4 a5 22.♔b1 b4 23.♖g4 ♖f7

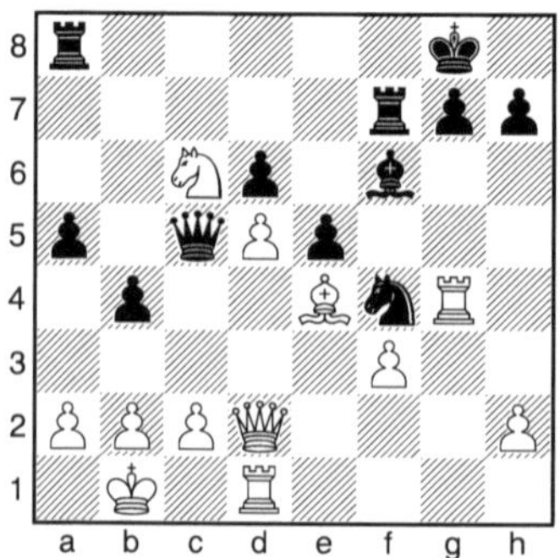

24.h4

Nach 24.♘d4 ♕xd4 25.♕xd4 exd4 26.♖xf4 ♖af8 27.♖g4 ♗e5 28.h4 a4 29.♖d3 ♖a7 30.h5 ♔h8 31.♖g5 a3 32.bxa3 bxa3 ist die Stellung ausgeglichen, Florea–Z. Wozniak, ICCF 2006.

24...♗d8 25.h5 ♗b6

In dieser scharfen Stellung kann Schwarz mit seinen Aussichten zufrieden sein. Weiß kann seinen Angriff am Königsflügel nicht leicht fortsetzen, dagegen besitzt der Nachziehende ausreichende Chancen auf der anderen Seite. Das Spiel kann man als etwa gleich einschätzen, Motylew–Colovic, Panormo ECC 2001.

Zusammenfassung: Die Entwicklung der schwarzen Kräfte nach 6...e5 ist – wie die dargestellten Varianten zeigen – offensichtlich ausreichend, um aktives Spiel zu sichern. Zu weiteren Forschungen empfehle ich die scharfe Idee 12...b4!? (statt 12...♘h5).

Abspiel 2
Die Fortsetzung 6...♘g4

(1.e4 c5 2.♘f3 d6 3.d4 cxd4 4.♘xd4 ♘f6 5.♘c3 a6 6.♗e3)

6...♘g4

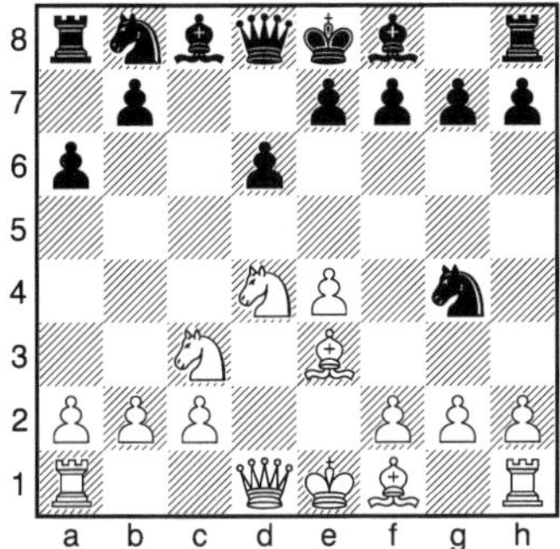

Mit diesem Springerausfall versucht Schwarz, den weißen Läufer von e3 zu vertreiben und stört somit die harmonische Entwicklung des Weißen.

7.♗g5

Laut Theorie der beste Zug, wenn Weiß um Vorteil kämpfen will.

Ferner wurde bislang folgende Alternativen probiert.

I. 7.♗c4

A) 7...♘xe3 8.fxe3 e6 9.0-0

(9.♕h5 g6 10.♕f3 ♕h4+ 11.g3 ♕e7 12.h3 ♘d7 13.♗b3 ♘e5 14.♕g2 ♗d7 15.0-0-0 b5 16.♘f3 ♗g7 17.♖df1 a5∓, Klein–Tessedik, Budapest 2004)

9...♘c6 10.♘xc6 bxc6 11.♕f3 ♕e7 (Interessant ist das Bauernopfer 11...♕f6!? 12.♕xf6 gxf6 13.♖xf6 ♗g7 14.♖f2 ♖b8 15.♖af1 0-0 mit Kompensation.)

12.♖ad1 ♖a7 13.♘e2 g6 14.♘d4 ♖c7 15.♗b3

(Das Endspiel nach 15.e5 d5 16.♗e2 ♗g7 17.♕f4 0-0 18.♘f3 f6 19.♕g3 fxe5 20.♘xe5 ♖xf1+ 21.♖xf1 ♕d6 22.♘d3 ♕xg3 23.hxg3 c5 ist angesichts des Läuferpaars und der besseren Bauernstruktur günstig für Schwarz.)

15...♗g7 nebst 0-0 mit gutem Spiel für Schwarz.

B) 7...♘c6 8.♘xc6

(8.0-0 ♘ce5 9.♗b3 ♘xe3 10.fxe3 e6 11.♘f3 ♘g6=, Eid–Adly, Dubai 2011)

8...bxc6 9.♕f3 ♘e5 10.♕e2 e6 11.0-0-0 ♗e7 12.♗d4 ♕c7

Weiß hat nichts erreicht und Schwarz kann mit seiner Stellung zufrieden sein. Im Fall von ♗d4xe5 bleibt Schwarz mit dem Läuferpaar, was die geschwächte Bauernstruktur völlig kompensiert.

II. 7.♗c1 ♘c6

(7...♘f6 ist auch möglich – siehe **Partie Nr. 30:** Sarana – Vachier-Lagrave, Bundesliga 2020.)

A) 8.♘d5 e6 9.♕xg4

(9.♘xc6 bxc6 10.♘c3 e5 11.h3 ♘f6 12.♗c4 ♗e7 13.0-0 0-0=)

9...exd5 10.♘xc6 bxc6 11.♕e2 d4 (11...♗e7!?) 12.♕f3

(12.♕c4 c5 13.♕b3 ♗e6 14.♗c4 ♗xc4 15.♕xc4 ♗e7 16.0-0 0-0=)

12...♗e6 13.♗d3 ♗e7 14.0-0 0-0 mit gleichem Spiel.

B) 8.h3 ♘ge5 9.♗e2 e6 10.0-0 ♗e7 11.♗e3 0-0 12.f4 ♘g6 13.♘b3 b5 14.g3 ♗b7 15.h4 ♖e8 16.h5 ♘f8 17.♗f3 ♘d7 18.♘d4 ♖c8 19.f5 ♗g5 20.♕d2 ♗xe3+ 21.♕xe3 ♘xd4!

(21...♕b6 22.♖ad1 ♘a5 23.fxe6 fxe6 24.♔h2 ♘c4∓, Wagman–Gruzmann, Lignano Sabbiadoro 2005)

22.♕xd4 exf5 23.exf5 ♗xf3 24.♖xf3 ♘e5 25.♖f2 ♖c4 26.♕d2 ♖g4 27.♔h2 ♘c4–+.

C) 8.♘b3 g6 9.f3 ♘ge5 10.♗e3 ♗g7

(In der Begegnung Sundararajan–Balaji, Dubai 2005, geschah 10...♗e6 11.♘d4 ♗g7 12.♘xe6 fxe6 13.f4 ♘d7 14.♗c4 ♕a5 mit aktivem Spiel.)

11.♗e2 0-0 12.0-0 b5 13.f4 ♘d7 und das Spiel ist etwa ausgeglichen.

D) 8.♘xc6 bxc6 9.f3 ♘e5 10.♗e3

(10.f4 ♘d7 11.♗e3 ♖b8=)

10...g6 11.♗e2

(11.♗d4 f6 12.g4 ♗g7 13.♗e2 ♗e6 14.b3 ♗h6 15.h4 ♗f4 16.♔f2 ♕a5 17.♕e1 c5 18.♗e3 ♗xe3+ 19.♔xe3 c4 20.♘a4 ♕c7 21.♕c3 ♖c8 22.♖ac1 d5 mit Vorteil für Schwarz, Thorgrimsdottir–Dotan, Rethymnon 2003.)

11...♗g7 12.0-0 0-0 13.f4 ♘d7 14.♕d2 ♘f6 15.h3 ♖b8 und Schwarz hat ausreichendes Gegenspiel.

E) 8.♗e2 ♕b6 9.♗xg4 ♗xg4 10.♕xg4 ♘xd4 11.♕d1 ♕b4 12.0-0 e6 13.♖e1 ♗e7 14.♘d5 exd5 15.c3 ♕c4 16.cxd4 0-0 17.b3 ♕b4 18.a3 ♕b6 19.exd5 ♗f6 20.♗b2 ♖ae8

Der weiße Mehrbauer hat keine Bedeutung und die Stellung ist ausgeglichen, Olofson–Aldrete Lobo, Fernpartie 2002.

7...h6 8.♗h4

– Vorgekommen ist auch 8.♗c1 ♘f6 9.♗e2

(9.♗c4 e6 10.♗b3 ♘c6 11.♗e3 ♗e7 12.f4 0-0 mit Vorbereitung von b7–b5, ♗c8–b7 ergibt gute Gegenchancen.)

9...e5 10.♘b3 ♗e7 11.0-0 0-0 mit ähnlichen Stellungen wie die in **Kapitel 10** besprochenen.

– Oder 8...♘c6 9.♘xc6 bxc6 10.♗c4 e5 11.h3 ♘f6 12.f4 ♗e7 13.0-0 0-0 14.fxe5 dxe5=, Timman–Sammalvuo, Eksjö 2002–03.

8...g5 9.♗g3 ♗g7

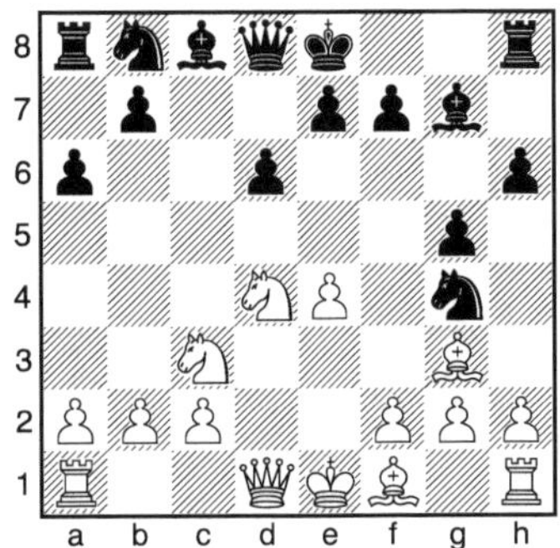

10.h3

Mit dieser Fortsetzung möchte Weiß den gegnerischen Springer aus der aktiven Position vertreiben.

Hier ein Blick auf andere Möglichkeiten.

I. 10.♗c4 ♘c6 11.♘xc6 bxc6

A) 12.♕f3 ♖f8

(Zu gefährlich wäre 12...0-0 wegen 13.0-0-0 und Weiß kommt am Königsflügel schneller zum Zuge als Schwarz auf der anderen Seite.)

13.♗b3 ♘e5 14.♕e3 ♖b8 15.0-0 ♕b6 16.♕e2 ♖h8 17.♔h1 h5 18.f4 gxf4 19.♗xf4 ♗g4 20.♕d2 ♗e6 21.♖ad1 ♕a5 22.♕e1 h4 23.h3 ♘c4 24.♗c1 ♔d7

Schwarz hat eine feste Stellung aufgebaut und die Partie endete bald mit Remis, Anand–Topalow, Monte Carlo 1998.

B) 12.h4 ♕b6 13.♗b3 ♖f8 14.hxg5 hxg5 15.♕d2 a5 16.a4

(Es geht nicht 16.♕xg5? ♗e5 17.♗h4 ♗f6 18.♕d2 ♖h8 19.g3 ♗xc3 20.bxc3 ♘e5 und Weiß hat schon große Probleme, Van den Doel–Lutz, Bad Zwesten 2000.)

16...♕c5 17.f3 ♕e3+ 18.♕xe3 ♘xe3 19.♔d2 ♘xg2 20.♖ag1 ♘f4 21.♗xf4 ♗xc3+ 22.♔xc3 gxf4 23.♖g7 e5 24.♖hh7 ♖a7 25.♖h6 ♖d7 und Schwarz hat einen Mehrbauern.

II. 10.♕d2 ♘c6 11.♘b3

A) 11...♗e6 12.h4 ♖g8 13.hxg5 hxg5 14.f3 ♗xc3 15.♕xc3 ♘ge5 16.0-0-0 ♖c8 17.♕d2 ♕b6 18.♗f2 ♕b4 19.♔b1 ♕a4 20.♘c1 ♘c4 mit zweischneidigem Spiel, Henao–Ftacnik, Philadelphia 1993.

B) 11...♘ge5 12.f3 b5 13.♗f2 ♖b8 14.♘d5

(14.♘d4 b4 15.♘d1 ♘xd4 16.♗xd4 d5! ist gut für Schwarz, wie die Partie Iwantschuk–Kasparow, Linares 1999, zeigte.)

14...e6 15.♘e3 a5 16.a4 bxa4 17.♖xa4 0-0 18.♗e2 d5 und nach einer Analyse von GM Ftacnik hat Schwarz gute Gegenchancen.

C) 11...f5 12.exf5 ♗xf5 13.♗d3 ♕d7 14.0-0

(Zu scharfem Spiel führt 14.0-0-0 ♘ge5 15.♗xf5 ♕xf5 usw.)

14...0-0 15.♖ad1

(15.♘d5 ♗xd3 16.♕xd3 ♕f5=)

15...♖ad8 16.♕e2 ♘ge5 17.♗xf5 ♕xf5 18.♘d5 e6 19.♘e3 ♕g6 und laut GM Ftacnik ist die Stellung spielbar für Schwarz.

D) 11...b5 12.f3

(– 12.0-0-0 ♘ge5 13.h4 g4 14.f4 gxf3 15.gxf3 ♘xf3 16.♕d5 ♗d7 17.♗h3 ♗xh3 18.♖xh3 ♘fe5 19.♗xe5 ♘xe5 20.♖g3 ♗f6 21.♖dg1 ♔f8∓, Beukema–Andriasijan, Groningen 2012

– 12.h4 gxh4 13.♗xh4 ♘ge5 14.f3 ♘c4 15.♗xc4 bxc4 16.♘c1 ♖b8 17.♖b1 ♕a5 18.♘1e2 ♖g8 19.♗f2 h5 20.♔f1 ♗e6 21.♗e3 ♗f6 22.♘d5 ♗xd5 23.♕xa5 ♘xa5 24.exd5 c3 25.b3 ♘c4 26.♗f4 h4 27.♔f2 ♘a3 28.♖bc1 ♔d7∞, Fernandez–Dastan, Istanbul 2012)

12...♘ge5 13.♗f2

(13.0-0-0 ♗d7 14.♔b1 ♘c4⇄)

13...♖b8 14.a4 ♘c4 15.♗xc4 bxc4 16.♘d4 ♘e5 17.♖b1 ♕a5 18.0-0 ♗d7 19.b4 cxb3 20.cxb3 0-0 mit zweischneidigem Spiel, Uifelean–Even, ICCF 2013.

III. 10.♗e2 h5!

Schwarz will konsequent aktiv am Königsflügel vorgehen.

A) 11.♘f5 ♗xf5 12.exf5 h4 13.♗xh4 ♕a5 14.♗xg4 ♗xc3+ 15.bxc3 ♕xc3+ 16.♔f1 ♖xh4 17.♖b1 ♘d7 mit guten Gegenchancen, Shamugia–Jobava, Tiflis 2000.

B) 11.♗xg4 hxg4!?

(Auch die Antwort 11...♗xg4 hat ihre Anhänger; z.B. 12.f3 ♗d7 13.♕d2 ♘c6 14.♗f2 ♕a5 15.0-0-0 ♖c8 16.♔b1 ♗e6 17.♘xc6 bxc6 18.♗d4 f6 19.b3 g4 20.♖he1 c5 21.♗f2 ♗h6 22.♗e3 ♗g7 23.♗f2 ♗h6 24.♗e3 ½–½, Adams–Topalow, Linares 1999.

– Statt 13.♕d2 wurde in Smirin–Kasparow, Jerewan 1996, 13.♗f2 gespielt, was in **Partie Nr. 31** untersucht wird.

– In Schirow–Kasparow, Linares 1997, wählte Weiß hingegen 13.0-0, was in **Partie Nr. 32** analysiert wird.)

12.♘d5

(Zu 12.0-0 – siehe **Partie Nr. 33,** Ye Jiangchuan–Sutovsky, Shenyang 1999.)

12...♘c6 13.♘f5 ♗xf5 14.exf5 ♗xb2 15.♖b1 ♕a5+ 16.♕d2 ♗d4

(16...♗f6!? 17.♖xb7 0-0 18.♕xa5 ♘xa5 19.♖b4 ♖ab8 20.♖xb8 ♖xb8 21.♘xf6+ ♔g7 22.♘h5+ ♔h6 23.♔d2 ♔xh5 24.♖e1 ♘c6 25.♖e4 ♖b5 26.♖c4 ♘a5 27.♖c7 ♖xf5 28.♖xe7 ♖d5+ 29.♔e1 f5∓, Kamsky – Vachier-Lagrave, Peking 2013)

17.♕xa5 ♘xa5

B1) 18.♖b4 ♘c6 19.♖xb7 ♖a7 20.♖xa7 ♗xa7 21.♔d2 ♔d7 mit gleichem Endspiel, Jenni–Lutz, Zürich 1999.

B2) 18.0-0 ♖c8 19.♖fe1 ♖c5 20.♘xe7 ♗e5 21.f6 ♔d7

(Spielbar ist auch 21...♗xg3 22.fxg3 ♔d7 23.♖bd1 ♖e8 24.♖e4 ♘c6 25.♖de1 ♖e5 26.♖xe5 ♘xe5 mit der Drohung ♔d7–e6, Garcia Car–

bo–Perez Mauricio, Padron 2002.) 22.♘f5 ♔e6 23.♘e3 ♗xg3 24.fxg3 ♔xf6 25.♘xg4+ ♔g6 26.♖bd1 ♘c4 mit annähernd ausgeglichenem Endspiel, Paragua–Wong Zi Jing, Ho Chi Minh City 2003.

B3) 18.♘c7+ ♔d7 19.♘xa8 ♖xa8 20.♔d1

(20.0-0 ♖c8 21.♖b4 ♗f6 22.♖xg4 ♖xc2 23.f4 ♘c4 24.fxg5 ♘e3 25.gxf6 ♘xg4 26.fxe7 ♔xe7 27.a4 ♖a2=, Agdestein–Van Beers, Deutschland 2002)

20...♗c3 21.h4 gxh3 22.♖xh3 ♖c8 23.f4 gxf4 24.♗xf4 b5 25.♖f3 ♖c4 26.♗d2 ♗xd2 27.♔xd2 ♖a4 28.♖a1 f6 29.g3 ♘c4+ 30.♔e2 d5

Schwarz hat trotz Qualitätsverlusts eine verteidigungsfähige Stellung behalten, Anand–Topalow, Dortmund 1999.

C) 11.h4 gxh4 12.♗xh4

(Die Fortsetzung 12.♖xh4 wird in **Partie Nr. 34**: De la Villa Garcia–Hodgson, Zaragoza 1993, analysiert.)

12...♘c6 13.♘b3 ♗e6 14.♕d2 ♕b6 15.♘d5 ♗xd5 16.exd5 ♘ce5 17.♕a5 ♕xa5+ 18.♘xa5 ♘g6 19.c3 ♘f4 20.♗g3 ♘xe2 21.♔xe2 ♖c8 mit sicherer Stellung, J. Polgar–Polugajewski, Hastings 1992–93.

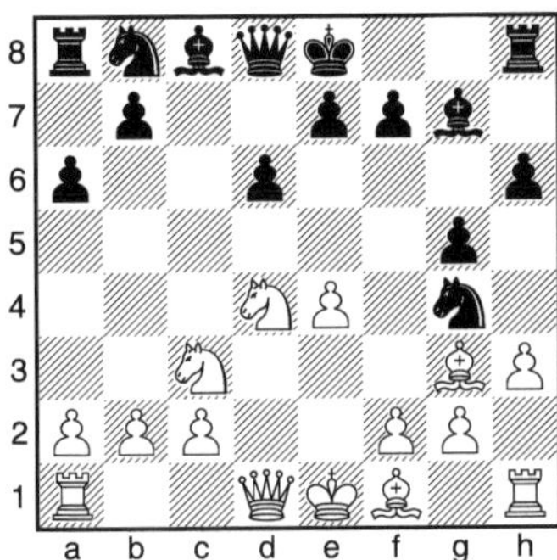

10...♘e5

Die zentrale Postierung gilt als stärkste Fortsetzung.

Aber die Alternative 10...♘f6 wurde bis jetzt auch noch nicht widerlegt.

A) 11.♗e2 wird in **Partie Nr. 35**: Lutz–Kempinski, Bundesliga 2004, vorgestellt.

B) 11.♕f3 ♕b6 12.0-0-0 ♘c6 13.♘xc6 ♕xc6 14.♗e2

(Nicht viel bringt 14.e5 ♕xf3 15.gxf3 dxe5 16.♗xe5 ♗d7 17.♘d5 ♘xd5 18.♗xg7 ♖h7 19.♗e5 f6 20.♖xd5 ♗c6 21.♖d3 fxe5=, Schirow–Kasparow, Sarajevo 2000.)

14...♕c5 15.♖he1 ♗e6 16.e5 dxe5 17.♗d3

(Nach 17.♕xb7 0-0 bekommt Schwarz starke Initiative am Damenflügel.)

17...e4 18.♘xe4 ♘xe4 19.♕xe4 0-0-0 und Schwarz hat gleiche Aussichten, Lutz–J. Polgar, Budapest 2003.

C) 11.♗c4 ♕b6 12.0-0

(12.♘b3 ♘c6 13.0-0 0-0=)

12...0-0!

(12...♕xb2 ist sehr riskant, wie die Turnierpraxis zeigte.)

13.♘de2 ♕xb2 14.♗b3 ♕a3

(Laut Kasparow ist die Stellung nach 14...♘c6 15.a3 ♘xe4 16.♘xe4 ♕xa1 unklar.)

15.♔h1

(15.f4 ♘c6! ist gut für Schwarz.)

15...♕a5 (15...♘c6!?) 16.f4 gxf4 17.♗xf4 ♕h5 18.♕d2 ♘c6 19.♘g3 ♕g6 und Schwarz sollte mit dem Ergebnis der Eröffnungsphase zufrieden sein, Tscheparinow–Bruned, Andorra 2004.

D) 11.♕e2 ♘c6 12.♘xc6 bxc6 13.e5 dxe5 14.♗xe5 0-0 15.h4 g4 16.g3 a5 17.♗g2 ♗a6 18.♕e3 ♕d7!

(Schwach ist 18...♖c8? wegen 19.♖d1 ♕e8 20.♔d2 nebst 21.♔c1 und Schwarz hat eine passive Stellung.)

19.♕d4

(Günstig für Schwarz ist 19.♖d1 ♕f5! 20.♗xc6 ♖ac8 21.♗g2 ♕xc2 22.♕a7 ♗c4, denn Weiß kann mit seinem noch unrochierten König Probleme bekommen.)

19...♕xd4 20.♗xd4 e5 21.♗e3

(21.♗c5 ♖fd8 22.♗e7 ♖d4∞)

21...♖fd8 22.♖d1 ♖xd1+ 23.♔xd1 ♘d5 und Schwarz steht gut, M. Hoffmann–Kulaots, Budapest 2004.

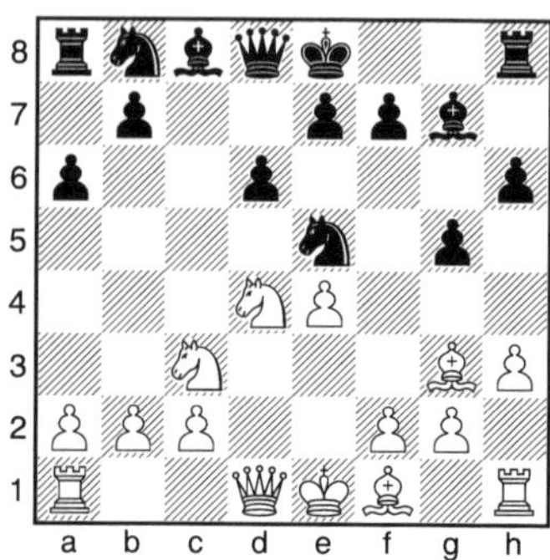

11.f3

Der Sinn dieses Zuges ist klar: Vorbeugung gegen g5–g4 und Räumung des Feldes f2 für den Läufer.

Die Alternative besteht in 11.♘f5!? ♗xf5 12.exf5 ♘bc6 13.♘d5 e6 mit folgenden Abspielen.

A) 14.fxe6 fxe6 15.♘e3 0-0 16.♗e2

A1) 16...♕e7!? 17.0-0 ♖ad8 18.♗h5

(Oder 18.c4 ♘g6 19.♕d2 ♘f4 20.♖ab1 ♕f7 und in dieser dynamischen Stellung wurde Remis vereinbart, Dolmatow–Sakajew, Moskau 2003.)

18...d5!

(In der Partie Kasimdschanow–Anand, Saint Louis 2005, behandelte Schwarz die Eröffnungsprobleme falsch: 18...♔h8 19.♖e1 d5 20.a4 ♘c4 21.♘xc4 dxc4 22.♕g4 ♕b4 23.♕xe6 ♖d2 24.♖ad1 ♘d4 25.♕e4 ♘f5 26.♗e5 ♖xf2 27.♗f3 ♖d2 28.♗xg7+ ♔xg7 29.♕e5+ ♖f6 30.a5 ♘h4 31.♕c7+ ♖f7 32.♕e5+ ♖f6 33.♗h5+–.)

19.♖e1

(19.a4 ♘d7 20.c3 ♗e5 21.♗xe5 ♘dxe5=)

19...b5 20.c3 d4 21.cxd4 ♘xd4 22.♗xe5 ♗xe5 23.♕b1 ♗g7 24.♘g4 ♕c5 25.♕g6 ♔h8 26.♔h1 ♕f5=, Analyse von Kasimdschanow.

A2) 16...d5 17.0-0 ♘g6

(Die Fortsetzung 17...♕b6 wird in **Partie Nr. 36**: Schirow–J. Polgar, EuroTel Trophy 1999, vorgestellt.)

18.c4 d4

Dies ist ein Versuch, das schwarze Spiel zu verbessern.

(In der Partie Schirow–Gelfand, Monaco 2000, geschah 18...♘d4 19.cxd5 exd5 20.♗g4 ♘f4 21.♗xf4 ♖xf4 22.♕d3 ♕d6 23.♖ad1 mit etwas besseren Chancen für Weiß.)

19.♘g4 ♘f4 20.♗xf4 ♖xf4 21.♗d3 ♘b4 22.♖e1 h5 23.♘h2 ♘xd3 24.♕xd3 ♕f6 und Schwarz bekam eine aktive Stellung, Carlsen–Adly, Reykjavik 2006.

B) 14.♘e3 ♕e7

(– Beachtung verdient 14...♕a5+!? – siehe **Partie Nr. 37:** Swidler–Topalow, Saint Louis 2005.

– Noch nicht genau untersucht wurde 14...♕b6!?.)

15.♗e2 0-0 16.0-0 d5 17.c3 ♖ad8 18.fxe6 ♕xe6 19.♘c2 d4 20.cxd4 ♘xd4 21.♘xd4 ♖xd4 22.♕c1

(Schwach wäre natürlich 22.♕xd4? wegen 22...♘f3+ mit Damengewinn.)

22...♖c8 23.♕e3 ♖c2 24.♖ad1 ♘c6 25.♗g4 ♕xe3 26.fxe3 ♖dd2 27.♖xd2 ♖xd2 28.♗h5 ♖d7=, Spasow–Elsness, Göteborg 2005.

11...♘bc6 12.♗f2

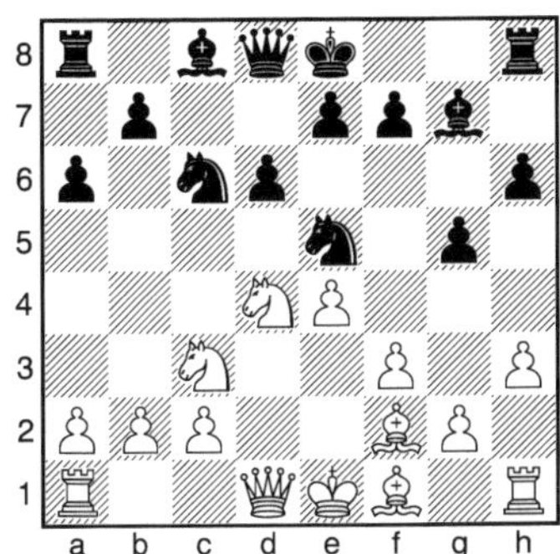

12...♘g6!?

Eine interessante und noch nicht weit verbreitete Idee. Schwarz räumt einfach die Diagonale a1-h8 für den Läufer, und der Springer nimmt die Punkte h4 und f4 unter Kontrolle.

Ein anderer Entwicklungsplan besteht in 12...♗e6 13.♕d2

(Nach 13.♘xe6 fxe6 bekommt Schwarz ein solides Zentrum.)

13...♕a5

(– 13...♘xd4 wird in **Partie Nr. 38**: Akopian–Kramnik, Wijk aan Zee 2004, besprochen.

– Zu beachten ist 13...♖c8!? 14.0-0-0 ♘xd4 15.♗xd4 ♕a5 16.a3 0-0 17.h4 g4 18.♕f2 ♖c6 19.f4 ♖fc8! und da Schwarz nach 20.fxe5? dxe5 21.♗e3 ♖xc3!

22.bxc3 ♕xa3+ 23.♔d2 ♕xc3+ starken Angriff erhält, ist 20.f5! mit zweischneidigem Spiel richtig.)

A) 14.h4 ♖c8 15.♘xe6 fxe6 16.hxg5 hxg5 17.♖xh8+ ♗xh8 18.♘d1

(Nach 18.0-0-0? ♘b4! steht Weiß kritisch.)

18...♕a4

(Am einfachsten ist 18...♕xd2+! 19.♔xd2 ♔d7=.)

19.b3 ♕a5 20.c3 ♔d7 21.♖b1 ♕d8 22.♕xg5 ♗f6 23.♕e3 ♕h8 und nun konnte Weiß mit 24.♔d2! bessere Chancen erhalten, Sadwakasow–Sutovsky, Calvia 2004.

B) 14.♘b3 ♗xb3 15.cxb3 ♘b4 16.a3 ♘g6 17.♖d1 ♘c6 18.♘d5 ♕xd2+ 19.♖xd2 0-0 20.b4 b5 21.♘c7 ♖ab8 22.♘xa6 ♖b7 23.♖d5 ♘a7 24.♗xa7 ♖xa7 25.♗xb5 ♗xb2 26.0-0 ♗xa3 27.♖b1 ♖c8 und die Partie endete schließlich mit Remis, Leko–Kasparow, Linares 2000.

13.♕d2 ♕a5 14.0-0-0 ♗e6

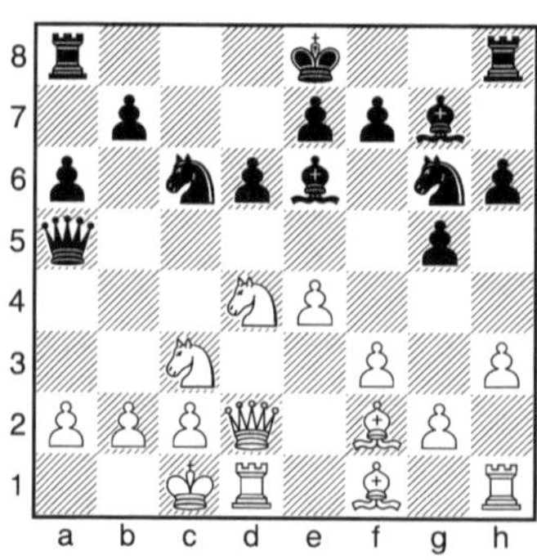

15.♔b1

– Nach 15.♘xe6 fxe6 bleibt die schwarze Stellung stabil; z.B. 16.♗c4 ♗xc3 17.bxc3

(Nach 17.♕xc3 ♕xc3 18.bxc3= kann Schwarz seinen König auf f7 oder d7 platzieren.)

17...♘ce5 18.♗xe6 ♘f4 19.♗d5 ♘xg2 20.♗d4 ♘f4 21.♗xe5 dxe5 22.♗b3 ♖d8 23.♕e3 e6 24.♖xd8+ ♔xd8 25.♔b2 ♔c7 26.h4 gxh4 27.♖xh4 ♔b8 mit ausgeglichenen Chancen.

– Oder 15.a3 ♗e5 16.♘d5 ♕xd2+ 17.♖xd2 ♗xd5 18.exd5 ♘xd4 19.♗xd4 f5 20.♗xe5 ♘xe5 21.♗d3 f4 22.♗f5 0-0 23.♗e6+ ♔g7=, Cacciola–Ninov, Lugano 2013.

15...♖c8 16.♘d5

Oder 16.♘b3 ♗xc3 17.♘xa5 ♗xd2 18.♘xc6 ♖xc6 19.♖xd2 und in der Partie Tiwjakow–Dominguez, Wijk aan Zee 2004, hätte Schwarz nun am besten 19...♗c4!= spielen sollen.

16...♕xd2 17.♖xd2 ♘xd4 18.♗xd4 ♗xd4 19.♖xd4 ♗d7

Mit der Idee, den Läufer nach c6 zu überführen und dann mit e7–e6 den Springer aus der starken Position zu vertreiben.

In der Begegnung Kobalia–Gelfand, playchess 2004, geschah stattdessen 19...h5 20.♖b4 ♗xd5 21.exd5 ♖c7 22.♗d3 ♖h6 23.c3 ♘f4 24.♗e4 h4 25.♖g1 ♔f8 26.a4

♔g7 27.♔c2 ♖h8 28.a5 ♖f8 und Schwarz stand gut.

20.g3 ♗c6

Schwarz hat keine Probleme und das Spiel ist etwa ausgeglichen, Gormally–Rowson, Scarborough 2004.

Zusammenfassung: Der Springerausfall 6...♘g4 hat viele Sympathisanten, zu denen auch Garry Kasparow gehört. Dies ist ein überzeugendes Argument dafür, dass diese Idee spielbar ist und dem Schwarzen gute Ausgleichschancen gibt, was die vorgestellte Analyse bestätigt. Aus diesem Grund vermeidet Weiß diese Variante oft und spielt erst 6.f3 (statt 6.♗e3), um mit Zugumstellung zu den gewünschten Stellungen nach dem Schema ♗c1-e3, ♕d1-d2, 0-0-0, g2-g4 und h2-h4 zu kommen.

Abspiel 3

Die Fortsetzung 6...e6

(1.e4 c5 2.♘f3 d6 3.d4 cxd4 4.♘xd4 ♘f6 5.♘c3 a6 6.♗e3)

6...e6

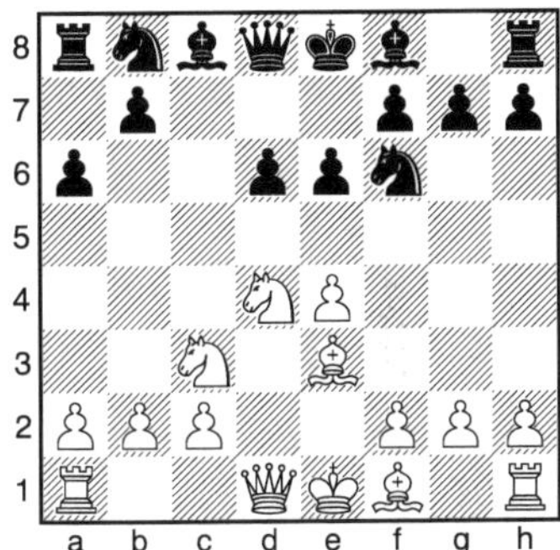

Damit will Schwarz ganz normal die Entwicklung fortsetzen. Dieser Zug kann auch zu verschiedenen Variationen des Scheveninger- bzw. Paulsen-Systems führen, die allerdings in diesem Buch nicht berücksichtigt werden.

7.f3

Dies ist im Sinne des Englischen Angriffs gespielt.

Scharfes Spiel kann sich auch nach 7.g4!? entwickeln. Dieser Plan wird (nach dem ungarischen IM Bela Perényi) Perenyi-Angriff genannt.

A) 7...h5!? 8.gxh5

(Oder 8.g5 ♘g4 9.♗c1 ♕b6 10.h3 ♘e5 11.♗e2 ♘bc6 12.♘b3 g6 13.♗e3 ♕c7 14.f4 ♘d7 15.♕d2 b5 16.0-0-0 ♗b7 17.♖hf1 ♖c8 18.♗d3

♗e7 19.♔b1 0-0 20.♘e2 ♘b6 21.f5 ♘e5 22.♗xb6 ♕xb6 23.♘bd4 ♘xd3 24.cxd3 e5 25.♘f3 b4 26.♖c1 a5 mit Gegenspiel, Almasi–J. Polgar, Tilburg 1996.)

8...b5

(Spielbar ist auch 8...♕a5 9.♗g2 ♕xh5 10.♗f3 ♕h3 11.♕e2 e5 12.♘f5 ♗xf5 13.exf5 ♘c6 14.0-0-0 ♕xf5 15.♘d5 ♘xd5 16.♗xd5 ♗e7 17.♖hg1 ♔f8 18.♖g3 ♕d7 19.♕f3 ♗f6 ½–½, Malanjuk–Gofshtein, Kiew 1989.)

9.a3 ♗b7 10.♗g2 ♘bd7 11.♕e2 ♖c8 mit guten Gegenchancen am Damenflügel.

B) 7...h6 8.f4

(Ein schneller Friedensschluss folgte in der Partie Hracek–Ftacnik, Bundesliga 2001: 8.♗g2 ♘c6 9.h3 ♘e5 10.♕e2 g5 11.0-0-0 ♗d7 12.f4 gxf4 13.♗xf4 ♖c8 14.♕e1 ♕b6 15.♘b3 ♗e7 ½-½.)

8...♘c6 9.h3 ♕c7 10.♗g2 ♗e7 11.♕d2 ♘a5 12.b3 ♘c6 13.0-0-0 ♘xd4 14.♗xd4 e5 15.♗e3 exf4 16.♗xf4 ♗e6 17.♖he1 0-0 18.♘e2 ♘e8 19.♘d4 ♗f6 20.g5

(20.♘xe6?? fxe6 21.♗xd6 ♘xd6 22.♕xd6 ♕c3 23.e5 ♖ad8 24.♕xe6+ ♔h8 25.♔b1 ♗xe5–+)

20...hxg5 21.♗xg5 ♗e5 mit sehr kompliziertem Spiel, Swidler–A. Sokolow, Bundesliga 2005.

C) Mit 7...e5 provoziert Schwarz den Gegner, sich auf unübersehbare Verwicklungen einzulassen.

8.♘f5 g6 9.g5 gxf5 10.exf5!

Nur so kann Weiß den Angriff am Leben halten, denn nach 10.gxf6 f4 ist nichts mehr drin.

10...d5! 11.gxf6

(11.♕f3 d4 12.0-0-0 ♘bd7 13.♗xd4 exd4 14.♖xd4 ♗c5∞)

11...d4 12.♗c4 ♕c7

(12...dxe3?? 13.♗xf7+ ♔xf7 14.♕xd8+–)

13.♕d3 dxe3

(13...dxc3!? führt zu großen Komplikationen.)

14.0-0-0 exf2 15.♗xf7+ ♔xf7 16.♕d5+ ♔xf6

(Zu 6...♔e8 – siehe **Partie Nr. 39**: Schirow–J. Polgar, Dortmund 1996.)

17.♘e4+ ♔e7!

(17...♔xf5? scheint gefährlich zu sein; z.B. 18.♖hf1 ♗h6+ 19.♔b1 ♗f4 20.♖xf2 ♕e7 21.♖xf4+! ♔xf4 22.♖f1+ ♔g4 23.♘f6+ ♔g5 24.♕f3 ♔g6 25.♕h5+ ♔g7 26.♕g5+ +–.)

18.f6+

(18.♘d6 ♗h6+ 19.♔b1 ♔f6 20.♘e4+ ♔g7 21.f6+ ♔f8 22.♕d8+ ♕xd8 23.♖xd8+ ♔f7 24.♖xh8 ♘d7 25.♖xh7+ ♔g6 26.♖h8 ♘xf6 27.♘xf6 ♗h3 28.♖xa8 ♔xf6 scheint günstig für Schwarz zu sein.)

18...♔e8 19.f7+ ♔e7 20.♕d2 ♕b6 21.♕g5+ ♔xf7 22.♖hf1 ♗h6 23.♖xf2+ ♔e8 24.♖d8+ ♕xd8 25.♕xh6 ♕e7 26.♘f6+ ♔d8 27.♘d5 ♕e6 28.♕g5+ ♔d7

29.♕g7+ ♔c6 30.♖f6 ♔xd5 31.♖xe6 ♔xe6 32.♕xh8 ♘d7 33.♕xh7 ♘f6 34.♕h3+!

(In der Partie Z. Almasi–Swidler, Polanica Zdroj 2000, erreichte Schwarz nach 34.♕c7? ♔f5 35.h4 ♗e6 36.♕xb7 ♗d5 Vorteil.)

34...♔d6 35.♕a3+ ♔d7 36.♕g3 und Weiß hält remis.

Diese scharfe Variante muss noch weiter genau untersucht werden, um eine objektive Beurteilung zu erhalten.

Es wurden auch andere Pläne angewandt.

I. 7.♕f3 ♘bd7 8.0-0-0 ♕c7 9.♕h3 ♘c5 10.f3 b5 11.a3 ♖b8 12.g4 ♘fd7

(Eine aussichtsreiche Stellung bekommt Schwarz nach 12...b4!? 13.axb4 ♖xb4 14.g5 ♘fd7 15.g6 ♘f6 16.gxf7+ ♔xf7 17.♖g1 ♗d7 mit guten Gegenchancen.)

13.g5

(Oder 13.f4 b4 14.axb4 ♖xb4 15.g5 ♘b6 16.f5 ♘ba4 mit Gegenspiel, Meijers–Bruzon, Linares 2001.)

13...♘e5 14.f4 ♘c4 15.f5 ♘xe3 16.♕xe3 ♗d7 17.♗h3 b4 18.fxe6 fxe6 19.axb4 ♖xb4 20.♖hf1 ♗e7 mit sehr scharfem Kampf. Schwarz muss versuchen, mit ♖h8–f8 das Problem seines Königsflügels zu lösen.

II. 7.♕d2 b5 8.f3 ♗b7 9.0-0-0 ♘bd7 10.g4 h6

(10...♘b6 wird in **Partie Nr. 40**: Campora–Judasin, Moskau 1989, besprochen.)

11.♗d3 ♘e5 12.♖he1 ♘fd7

(Nicht schlecht ist 12...b4 13.♘a4 d5 14.exd5 ♘xd5 usw.)

13.f4 ♘xg4 14.♗g1 e5 15.♘f5 g6 16.♘xd6+ ♗xd6 17.♗e2 ♗b4! 18.♗xg4 ♘f6 19.♕e2 ♕e7 20.fxe5 ♘xg4 21.♕xg4 ♗xc3 22.bxc3 ♗c8

In dieser scharfen Stellung hat Schwarz gute Chancen, Cs. Horvath–Van Wely, Arnheim 1988–89.

7...b5

Mit diesem aktivsten Plan wird sofort ein Gegenangriff am Damenflügel vorbereitet.

Anzutreffen ist auch die Alternative 7...♗e7; z.B. 8.♕d2 ♘c6 9.g4 0-0 10.0-0-0 ♘xd4 11.♗xd4 b5 12.g5 ♘d7 13.h4 b4 14.♘e2 a5 und Schwarz verfügt über gute Chancen am Damenflügel.

8.♕d2

Weiß kann sofort aktiv mit 8.g4 vorgehen; z.B. 8...h6

(Es wird auch 8...b4 gespielt, siehe **Partie Nr. 41**: Lutz–Anand, Bundesliga 2003.)

A) 9.♕d2 b4

(Schwarz kann natürlich zunächst auf diesen Zug verzichten und die Entwicklung mittels 9...♘bd7 fortsetzen – siehe **Partie Nr. 42**: Topalow–Kasparow, Linares 1999.)

10.♘a4

(Nach 10.♘ce2 e5 11.♘b3 ♘c6 12.0-0-0 a5 13.♔b1 a4 14.♘bc1 ♗e6 15.♘g3 ♕a5 16.h4 d5 hat Schwarz ausreichend Gegenspiel, Schirow–Kasimdschanow, Leon 2005.)

10...♘bd7 11.0 0 0 ♘e5

A1) 12.♘b3 ♘xf3 13.♕xb4 ♗d7 14.♘b6 ♖b8 15.h3 ♗e7∓, Motylew–Palac, Göteborg 2005

A2) 12.♕xb4 ♗d7 13.♘b3?

(Besser ist 13.♘c3!? und nach 13...♕c7 entsteht eine komplizierte Stellung. Schwarz hat ausreichend Kompensation für den Bauern.)

13...♖b8 14.♕a3

(14.♘b6 ♘c6 15.♕a3 ♖xb6 16.♗xb6 ♕xb6 17.♕xa6 ♕xa6 18.♗xa6 ♘b4 ist günstig für Schwarz.)

14...♘xf3 15.♗e2

(15.h3? ♘xe4 16.♗e2 ♘e5–+, Kramnik–Topalow, Wijk aan Zee 2005)

15...♘e5 16.♘c3 ♘fxg4 mit schwarzem Vorteil, Analyse von Nikitin.

A3) 12.b3 ♗d7

(Der Gegenschlag 12...d5 wird in **Partie Nr. 43**: Anand–Topalow, Linares 2005, besprochen.)

13.♘b2

(Auf 13.♕xb4 kann Schwarz mit 13...d5 bzw. 13...♖b8 reagieren.)

13...d5 14.♗f4 ♘xf3 15.♘xf3 ♘xe4 16.♕d4 ♕a5 17.♗d3 ♘c3 18.♖de1 ♕xa2 19.♘d1 ♕a1+ 20.♔d2 ♘b1+ 21.♔c1 ♘c3+ und die Partie endete bald mit Remis durch Dauerschach, E. Rodriguez–Tscheparinow, Dos Hermanas 2005.

B) 9.h4 b4 10.♘ce2 e5 11.♘b3

B1) 11...d5 12.♘g3

(12.exd5 ♘xd5 13.♕d2 ♗e7 14.0-0-0 ♘xe3 15.♕xe3 ♘d7∞, Socko–Raschkowski, Polen 2001)

12...d4 13.♗f2 ♗e6 14.♗d3 ♘bd7 15.♖g1 (15.♕e2 a5!) 15...♗e7 16.g5 hxg5 17.hxg5 ♘h7 18.f4 exf4 19.♘h5 und die Chancen sind verteilt, Fedorowicz–Browne, Chicago 1989.

B2) 11...♗e6 12.♘g3 d5 13.♗d3 ♘bd7 14.♕e2 a5 15.♖g1

(15.exd5 ♘xd5 16.♗b5 ♘xe3 17.♕xe3 ♕c7 18.0-0-0 a4 19.♕e4 ♖a7 20.♗xd7+ ♗xd7 21.♘d4 ♗c5∓, Analyse von Nikitin)

15...a4 16.♘d2 ♕c7

(Es geht auch 16...a3!? 17.b3 ♕c7 18.g5 hxg5 19.hxg5 dxe4 20.♘gxe4 ♘d5 21.♘c4 ♘c5 mit schwarzem Gegenspiel, Wedberg–Agrest, Osterkar 1994.)

17.g5 hxg5 18.hxg5 d4 19.gxf6

(19.♗xd4 exd4 20.gxf6 ♘xf6 21.♗b5+ ♘d7∓)

19...dxe3 20.♕xe3 ♘xf6 mit der

Drohung ♗f8–c5 und guten Chancen für Schwarz.

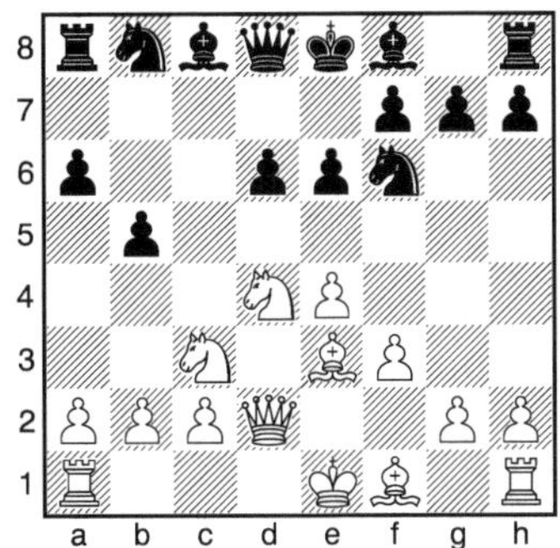

8...♘bd7

Mit dem klaren Ziel, die Entwicklung des Damenflügels fortzusetzen.

Eine Spezialität Topalows ist 8...b4!?, was jedoch zu riskant scheint, wie die folgenden Beispiele zeigen

A) 9.♘ce2 e5 10.♘b3

A1) 10...♘c6 11.c4

(– 11.0-0-0 ♗e6 12.g4 a5 13.♔b1 ♗e7 14.h4 ♘d7 15.g5 a4 16.♘bc1 ♖a5 17.f4 exf4 18.♗xf4 ♘de5 19.♘d4 ♘xd4 20.♕xd4 ♕b8 21.♗h3 ♗xh3 22.♖xh3 0-0 23.h5 ♖c5 24.h6 g6 25.♘d3 ♖b5 26.♖g3 ♖c8 27.♖g2 ♖c4 28.♕f2 ♖xe4–+, Brunello–Muhren, Turin 2006

– 11.♘g3 ♗e6 12.0-0-0 ♕c7 13.f4 h5 14.h4 a5 15.f5 ♗d7 16.♔b1 ♖b8 17.♗e2 ♘a7 18.♗xa7 ♕xa7 19.♕d3 ♗b5 20.♕f3 ♗c6 21.♘d2 ♕c5 22.♘b3 ♕b6 23.♘d2 ♗e7 24.♘c4 ♕c5 25.♘e3 a4 26.♗c4 ♗d8 27.b3 ♗b6 28.♖d3 axb3 29.cxb3 ♖a8 30.♖c1 ♕a5 31.♖c2 ♔e7 32.♘d5+ ♗xd5 33.♗xd5 ♖ac8 mit scharfer Stellung und beiderseitigen Chancen, Swidler–Topalow, Sofia 2006.)

11...♗e7 12.♘g3 g6 13.♗d3 ♘d7 14.♖d1 (14.♗h6 a5∞) 14...0-0 15.♕f2 a5 16.0-0 a4 17.♘c1 ♘c5 18.♗b1 ♕c7 19.♘ce2 ♗e6 20.♗h6 ♖fe8 21.♘f5 ♗xc4 22.♘e3 ♗a6 23.f4 exf4 24.♗xf4 ♘e5 25.♘d5 ♕a7 26.♗xe5 dxe5 27.♔h1

(27.♕xf7+ ♔h8 28.♘xe7 ♖xe7 29.♕f6+ ♔g8∓)

27...♗g5 28.♘xb4 ♗c4 29.♖fe1 ♕b7 mit zweischneidigem Spiel, Kramnik–Topalow, Sofia 2005.

A2) 10...a5 11.♘g3

(11.a3 bxa3 12.♖xa3 d5 13.♖xa5 ♖xa5 14.♕xa5 ♕xa5+ 15.♘xa5 dxe4 16.♘c4 ♘c6 17.fxe4 ♘xe4 18.g3 ♘b4 19.♔d1 f6 20.♗g2 ♗f5 21.♖f1 ♗g6 mit etwa gleicher Stellung, Balogh–Tscheparinow, Polen 2005.)

11...a4 12.♘c1 d5 13.exd5 ♖a5 14.♘d3 ♖xd5 15.♘e4 ♘c6 16.♕f2 ♗f5 17.♘xf6+ ♕xf6 18.g4 ♗xd3 19.♗xd3 a3 20.♗e4 axb2 21.♖b1 ♖d7 22.♖xb2 ♗e7 23.0-0 ½–½, Anand–Gelfand, Turin 2006

B) Nach dem besten Zug 9.♘a4! kann es wie folgt weitergehen: 9...♘bd7 10.0-0-0

(Zu 10.c4 – siehe **Partie Nr. 44**: Anand–Topalow, Sofia 2006.)

B1) 10...♕a5!? scheint am stärksten zu sein; z.B. 11.b3 ♗b7 12.a3

(Das scharfe 12.g4 wird in **Partie Nr. 45**: Andrejew–Sasikiran, Cappelle la Grande 2006, besprochen.)

12...d5 13.e5 ♘g8!

(13...♘xe5? 14.♘xe6! d4 15.♘xd4 ♘d5 16.♘f5 ♕c7 17.f4 mit weißem Vorteil, Analyse von Nikitin.)

14.♔b1 ♕c7 15.axb4 ♘xe5 mit scharfem Spiel. Schwarz muss schnellstmöglich seinen Königsflügel entwickeln und seinen König in Sicherheit bringen.

B2) 10...d5 11.exd5 ♘xd5 12.♗c4 ♘7f6

(12...♗b7 13.♖he1 ♘7f6 14.♗g5 ♗e7 15.♗xf6 ♘xf6 16.♕g5 ♘e4 17.♕xg7 ♗f6 18.♘xe6 gibt Weiß starken Angriff.)

13.♗g5 ♕c7 14.♗xd5 ♘xd5 15.♖he1 ♗b7 16.♕e2 ♕d6 17.♔b1

(17.f4!? wäre energischer; z.B. 17...h6 18.♘xe6! fxe6 19.♕h5+ ♔d7 20.♕f7+ ♔c8 21.♖xe6 ♕d7 22.♗e7! ♗xe7 23.♖xd5 ♗xd5 24.♘b6+ ♔c7 25.♘xd7+–.)

17...h6 18.♗h4 ♘f4 19.♕f2 ♕c7 20.♘f5

(Nach 20.♘b6! wäre die schwarze Stellung schwer zu verteidigen.)

20...g5 21.♗g3 ♖c8 mit sehr komplizierter Stellung, Leko–Topalow, Saint Louis 2005.

9.g4

Einen anderen Verlauf nahm die Partie Movsesian–Kasparow, Sarajewo 2000: 9.0-0-0 ♗b7 10.g4 ♘b6 11.♕f2 ♘fd7 12.♔b1 ♖c8 13.♗d3 (13.♘ce2 ♘c4∞) 13...♖xc3!? 14.bxc3 ♕c7 15.♘e2 ♗e7 16.g5 0-0 17.h4 ♘a4 18.♗c1?

(Zu passiv. Weiß sollte aktiv mit 18.h5 vorgehen.)

18...♘e5 19.h5 d5 20.♕h2 ♗d6 21.♕h3

(21.♗f4 ♘xc3+ 22.♘xc3 ♕xc3 23.♕d2 ♕xd2 24.♗xd2 ♘xf3∓)

21...♘xd3 22.cxd3 b4 23.cxb4 ♖c8 24.♔a1 dxe4 (24...♗xb4!?) 25.fxe4 ♗xe4! 26.g6

(26.dxe4 ♗e5+ 27.♘d4 ♗xd4+ 28.♖xd4 ♕xc1+ 29.♖xc1 ♖xc1#)

26...♗xh1 27.♕xh1 ♗xb4 28.gxf7+ ♔f8–+

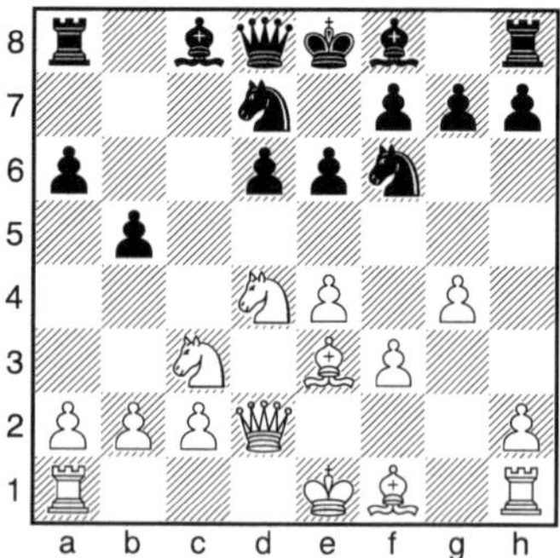

9...♘b6

Schwarz richtet sich auf g4–g5 ein, indem er das Feld d7 für den Springer f6 freimacht.

Zu diesem Zweck kann auch 9...h6 geschehen, wonach das Spiel folgenden Verlauf nehmen kann.

A) 10.0-0-0 ♗b7 11.h4 b4 12.♘a4 ♕a5 13.b3 ♗e7 14.♔b1 ♘c5 15.♘xc5

(Nach 15.a3 ♘xa4 16.axb4 ♕c7 17.bxa4 d5 18.e5 ♘d7 19.f4 ♘b6 bekommt Schwarz aktives Spiel für den Bauern.)

15...dxc5 16.♘e2 ♖d8 17.♕c1 ♖xd1 18.♕xd1 c4 mit Gegenspiel, Analyse von Van Wely und Cifuentes.

B) 10.0-0-0 b4

(10...♘e5 11.♕f2 b4 12.♘ce2 ♘c4 13.♘g3 ♕c7 14.♗xc4 ♕xc4 15.♔b1 g6 16.h4 e5 17.♘b3 ♗e6 18.h5 g5 19.♘f5 ♗xf5 20.gxf5 ♖c8 mit unklarem Spiel, Caruana–Negi, Neu Delhi 2011.)

11.♘ce2 ♕c7 12.h4 d5 13.♗h3 ♘b6 14.b3 dxe4 15.g5 ♘fd5 16.fxe4 ♘xe3 17.♕xe3 hxg5 18.hxg5 g6 19.♔b1 ♗g7 20.♖hf1 ♕e5 und Schwarz steht besser, Karjakin–Tscheparinow, Porto Carras 2011.

C) 10.a3 ♗b7 11.0-0-0 ♖c8 12.h4 d5!? 13.♖g1

(– 13.exd5 ♘xd5 14.♘xd5 ♗xd5 15.♖g1 g6 16.♔b1 ♗g7 17.h5 g5 18.♘f5 ♗e5 19.♗e2 ♕c7 mit unklarer Stellung, Leko–Topalow, Dubai 2002.

– 13.g5 hxg5 14.♗xb5 axb5 15.hxg5 ♖xh1 16.♖xh1 dxe4 17.gxf6 ♘xf6 18.♖h8 exf3 19.♘cxb5 mit sehr scharfem Spiel, Kudriaschow–Karasew, Tscheljabinsk 1972.)

13...dxe4

(In Betracht kommt auch 13...e5!? 14.g5 hxg5 15.hxg5 exd4 16.♗xd4 ♘h5 17.♖h1 mit unklarer Lage, denn Weiß hat für die geopferte Figur gefährliche Initiative, Analyse von Barlov.)

14.g5 hxg5 15.hxg5 ♘d5 16.♘xd5 (16.♘xe4 ♘c5!) 16...♗xd5 17.g6 f5 18.fxe4 fxe4

(18...♗xe4!? 19.♘xe6 ♗xc2 20.♘xd8 ♗e4+ 21.♕c3 ♖xc3+ 22.bxc3 ♗xa3+ 23.♔d2 ♔xd8∞)

19.♔b1 ♘e5 20.♘xb5 ♘f3 21.♕f2 und nun hätte Schwarz im Duell Morosewitsch–Nakamura, Thessaloniki 2013, 21...♖h2! wählen sollen; z.B. 22.♖g2 ♖xg2 23.♕xg2 ♗a2+ 24.♔c1

(24.♔xa2 ♕xd1 25.♘c3 ♖xc3! 26.bxc3 ♗c5!∓)

24...♕a5 mit Gegenspiel.

10.0-0-0

Ein anderer Plan besteht in dem Bauernvorstoß am Damenflügel 10.a4!?; z.B. 10...♘c4 11.♗xc4 bxc4

A) 12.0-0 ♗b7 13.g5 ♘d7 14.f4 ♘c5 15.♕g2 g6 16.♖ad1 ♕c7 17.♕g4 h6 18.f5 gxf5 19.exf5 e5 20.♘e6?

(Zu optimistisch. Richtig war 20.g6 exd4 21.♗xd4 ♖g8 22.♖fe1+ ♔d7 23.f6+ ♘e6 24.g7 ♖e8 mit beiderseitigen Chancen, Analyse von Nikitin.)

20...fxe6 21.♕h5+ ♔d8 22.f6 ♕c6 23.♖d2 ♔c7 24.g6 ♖g8 25.g7 ♗xg7 26.♕f7+ ♕d7 27.♕xd7+ ♘xd7 28.fxg7 ♖xg7+ –+, Anand–Kasparow, Kopavogur (Blitz) 2000

B) 12.a5 ♗b7 13.♘a4 ♖c8 14.♕c3 ♘d7 15.0-0-0 ♗e7 16.h4 ♗xh4 17.♘e2 ♗f6 18.♗d4 e5 19.♗e3 ♗e7 20.♔b1 ♕c7 21.♘b6 ♘xb6 22.axb6 ♕d7 23.♖h5

(Infrage käme 23.♕d2!? Δ♘e2-c3-d5 usw.)

23...f6 24.♘g3 g6 25.♖h2 0-0 26.♖hd2 ½–½, Leko–Kasparow, Linares 2005.

10...♗b7

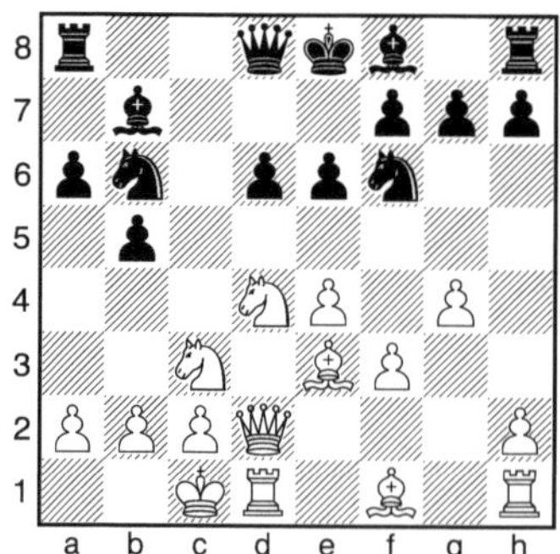

11.♕f2

Nun droht offenbar ♘d4xb5 bzw. ♘d4xe6.

Nicht fürchten muss Schwarz folgende Alternativen.

– 11.g5 ♘fd7 12.♗d3 ♖c8 13.h4 ♘e5 14.h5 b4 15.♘ce2 ♘ec4 16.♗xc4 ♘xc4 17.♕d3 e5 18.♘f5 g6 19.hxg6 fxg6 20.♘h6 ♗e7 21.♖hg1 ♖f8 22.♖g3 d5 mit Gegenspiel, Liss–Psachis, Herzliya 1998.

– 11.♘b3 ♖c8 12.♘a5 ♗a8 13.a4 ♘bd7

(13...♘c4? 14.♘xc4 bxc4 15.♕d4 ♕c7 16.g5 ♘d7 17.f4 und Weiß bekam starke Initiative, Nakamura–Nowikow, New York 2002. Noch besser war 17.h4!.)

14.♘b3 ♘e5 15.axb5 ♘xf3 16.♕e2 ♘xe4 17.♗g2 ♘xc3 18.bxc3 ♘e5 19.♗xa8 ♖xa8 20.b6 ♕c8 21.♗d4 ♖b8 22.♘a5 ♗e7 23.b7

(23.h4 0-0 24.g5 ♘c6 25.♘xc6 ♕xc6 26.♖h3 ♗d8 27.♖hd3 a5∓)

23...♖xb7! 24.♘xb7 ♕xb7 25.♗xe5 dxe5 26.♕xe5 0-0 und Schwarz erhält für die Qualität ausreichend Kompensation.

11...♘fd7 12.♗d3

Oder 12.♔b1 ♖c8 13.♗d3 ♖xc3!? 14.bxc3 ♕c7 15.♘e2 ♗e7 16.g5 0-0 17.h4 ♘a4 18.h5 ♘e5 19.f4 ♘c4 20.g6 fxg6 21.hxg6 h6 und laut Ftacnik hat Schwarz ausreichend Kompensation für die Qualität.

12...♖c8 13.♘ce2 ♕c7

Ein idealer Platz für die Dame.

Unklar ist 13...e5 14.♘f5 g6 15.♘fg3 (15.♘h6 d5∞) 15...d5 16.♔b1 ♕c7 17.exd5 ♘xd5 18.♘e4 ♘xe3 19.♕xe3 ♗e7 20.h4 h5 mit kompliziertem Spiel und beiderseitigen Chancen, Kornejew-Dobrow, Neiva 2005.

14.♔b1

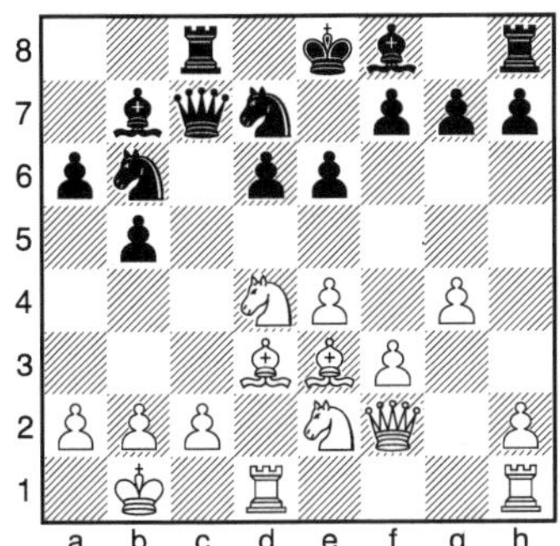

14...d5!

Ein Hauptmotiv in der sizilianischen Verteidigung: Der Vorstoß d6-d5 garantiert Schwarz in der Regel gutes Spiel, so auch in diesem Fall.

Zu kompliziertem Spiel führt hingegen 14...♘a4 15.h4 ♘dc5 16.b3 ♘xd3 17.cxd3 ♘c5 18.♘g3 b4∞, Nedev-Kulaots, Calvia 2004.

15.♘g3 ♘c4 16.♗xc4 bxc4 17.f4 ♗e7 18.♘h5 0-0 19.e5 g6 20.♘g3 ♘c5 21.h4 ♘a4 22.c3 ♖b8 23.♔a1 ♗a8 24.♗c1 ♕a5 mit aktivem Spiel am Damenflügel, G. Gonzalez-Dominguez, Merida 2002.

Zusammenfassung: Wenn sich Schwarz für 6...e6 entscheidet, muss er vor allem mit unüberschaubaren Verwicklungen nach 7.g4!? rechnen, aber auch 7.f3 führt zu scharfen Stellungen. Doch nach heutigen Analysen und praktischen Erfahrungen kann man feststellen, dass Schwarz auch in diesem Abspiel gute Gegenchancen hat.

Kapitel 8

Die Fortsetzung 6.f4

1.e4 c5 2.♘f3 d6 3.d4 cxd4 4.♘xd4 ♘f6 5.♘c3 a6 6.f4

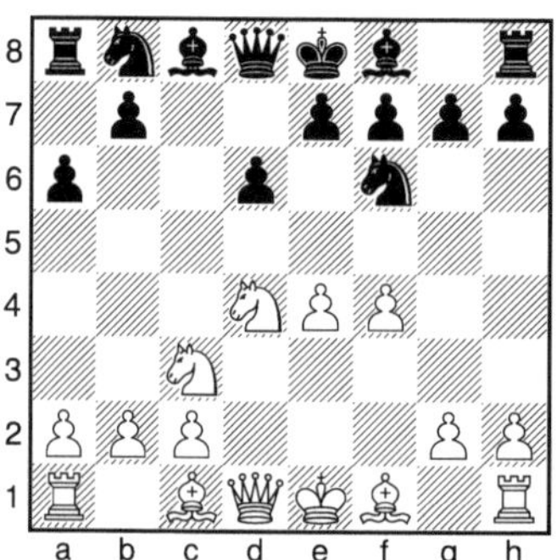

Mit diesem aggressiven Zug plant Weiß eine schnelle Entwicklung seines Königsflügels, um danach gegen den schwarzen König vorzugehen. Da Schwarz jedoch ausreichend Gegenchancen hat, ist diese Fortsetzung fast völlig aus der Turnierpraxis verschwunden.

6...e5

Diese Reaktion erfreut sich großer Popularität und wird als sehr solide angesehen.

– Möglich ist auch 6...e6 mit Positionen, die sehr eng mit dem 'Scheveninger System' verwandt sind.

– Nach der Alternative 6...♘bd7 kann das Spiel folgenden Verlauf nehmen.

7.♗e2

(7.a4 g6 8.♗c4 ♗g7 9.♘f3 0-0 10.♕e2 e6 11.0-0 ♕c7 12.♔h1 d5 13.exd5 ♘b6 14.♗b3 ♘bxd5 15.♘xd5 exd5=, Sax–Gelfand, Manila 1990)

7...e5

A) 8.fxe5 dxe5 9.♘f5 ♕c7

(9...♕b6 10.♘d5 ♘xd5 11.♕xd5 ♕c5 12.♕b3 ♘f6 13.♗c4 ♕b4+ 14.♕xb4 ♗xb4+ 15.c3 ♗f8 16.♗d3 ♗e6=, Kasparow–Gelfand, Horgen 1994)

10.0-0 ♘c5 11.♘g3 ♗e6 12.♗g5 ♘cd7 13.♘h5 ♘xh5 14.♗xh5 ♗c5+ 15.♔h1 ♘b6 16.♗g4 0-0 17.♗xe6 fxe6 18.♕g4 ♕d7 19.♘e2 ♘c4 20.b3 ♘e3 21.♗xe3 ♗xe3 22.♘g1 ♖f4 23.♖ad1 ♕c6 24.♕e2 ♗b6 25.♖xf4 exf4 26.♘f3 ♖d8 und Schwarz hat Ausgleich gehalten, Wahls–Gelfand, München 1991.

B) 8.♘f5 ♘c5 9.♘g3 ♕b6 10.♖b1 ♗d7 11.fxe5 dxe5 12.♗e3 ♕c6 13.♗f3!?

(13.0-0 wird in **Partie Nr. 46**: Short–Gelfand, Tilburg 1990, dargestellt.)

13...♖d8 14.♘d5 ♗e6 15.c4 ♘cxe4 16.♕b3±, Vogt–Barczay, Warschau 1979

7.♘f3

– 7.♘f5 ist nicht gefährlich wegen 7...♘xe4 8.♘xg7+ ♗xg7 9.♘xe4 d5 10.♘g3 exf4 11.♘h5 0-0 12.♘xg7

(12.♘xf4 ♘c6 13.♗e2 ♕a5+ 14.♗d2 ♕c5 15.♘d3 ♕b6 16.♖f1 ♖e8∓)

12...♕h4+ 13.♔d2 ♔xg7 14.♕e1 ♕f6 und Schwarz steht klar besser.

– Und nach 7.♘b3 ♘bd7 8.♗d3 ♗e7 9.♕e2 0-0 10.♗d2 exf4 11.♗xf4 ♘e5 12.h3 b5 entsteht eine scharfe Stellung mit guten Gegenchancen für Schwarz; z.B. 13.0-0-0 ♘g6 14.♗h2 b4 15.♘b1 ♕c7 16.♘1d2 ♖e8 usw.

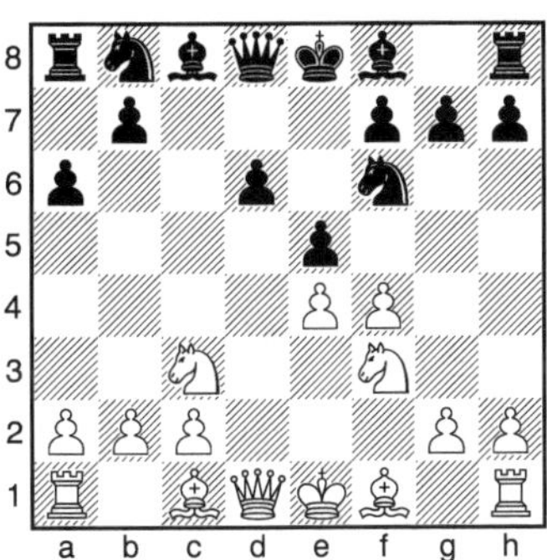

7...♘bd7

Eine starke Fortsetzung ist 7...♕c7!?; z.B. 8.a4 ♘bd7 9.♗d3 ♗e7 10.0-0 exf4

A) 11.♗xf4 0-0 12.♔h1 (12.♕d2 ♘e5∞) 12...♘e5 13.♗e2 ♗e6 14.♘d4 ♖fe8 15.♗g3 ♘fd7 16.♕d2 ♗f8 17.♖ad1 ♖ac8 18.♘xe6 fxe6 19.♕d4 ♕c5 20.h3 ♖c7 mit beiderseitigen Chancen, Nijboer-Janssen, Haarlem 1999.

B) 11.♔h1 ♘e5 12.♗xf4 ♗e6 13.♘d4 0-0 14.♕d2 (14.a5 ♖ac8∞) 14...♖ac8 15.a5 ♖fe8 16.♗g5 ♘fg4 17.h3 ♗xg5 18.♕xg5 ♕c5 19.♘xe6 (19.hxg4 ♕xd4∓) 19...fxe6 20.hxg4 ♘xd3 21.♕xc5 ♘xc5 22.♖ad1 ♖c6 23.♖d4 b5 24.axb6 ♖b8 25.♘e2 ♖cxb6 26.b3 e5 27.♖c4 ♖b4 28.♖xb4 ♖xb4 mit besserem Endspiel für Schwarz, Ponomarjow-Naiditsch, Porto Caras 2011.

8.a4

In der Partie Sachariew-Deltschew, Bankia 1992, ließ Weiß mit 8.♗d3 den Vorstoß 8...b5 zu; es folgte 9.0-0 ♗e7 10.♔h1 0-0 11.a3 ♖e8 12.♕e1 ♗b7 13.fxe5 dxe5 14.♗g5 ♕b6 15.♘h4 g6 16.♖d1 ♘h5 17.♘f3 f6 18.♗e3 ♗c5 19.♗xc5 ♘xc5 20.♕f2 ♕c7 mit bequemem Spiel für Schwarz.

8...♗e7 9.♗c4

Im Kampf um den Punkt d5 nimmt der Läufer die Diagonale a2-g8 in Besitz.

Eine Alternative ist 9.♗d3 0-0 10.0-0 exf4 11.♔h1

(Nach 11.♗xf4 ♕b6+ 12.♔h1 ♕xb2 13.♕e1 ♕b6 14.♘d5 ♘xd5 15.exd5 ♕d8 hat Schwarz einen Mehrbauern.)

11...♘c5 12.♗xf4 ♗g4

A) 13.♕e1 ♖c8 14.♕g3 ♗h5 15.♗e3 ♗g6 16.♗d4 d5 17.♗xf6 ♗xf6 18.e5 ♘xd3 19.cxd3 (19.exf6 ♘xb2∓) 19...♗e7 und Schwarz hat keine

Schwierigkeiten, Analyse von Arizmendi und Moreno.

B) 13.♗e3 ♖c8 14.♕d2 ♖e8 15.♘d4 ♘xd3 16.♕xd3 ♘d7 17.♘f5 ♗xf5 18.♖xf5 ♗f6 19.♗d4 ♗xd4 20.♕xd4 ♕b6 21.♕xb6 ♘xb6 22.♖f3 ♘c4 23.b3 ♘e5 24.♖g3 ♔f8 mit guten Endspielchancen für Schwarz, Niemi–Njepomnjaschi, Heraklion 2004.

C) 13.♕d2 ♖c8 14.♘d4 (14.♖ae1 ♖e8 15.♘d4 ♕b6=) 14...♘e6 15.♗e3 ♘xd4 16.♗xd4 ♗e6 17.a5 ♘d7 18.♘a4 ♗f6 19.♗xf6 ♘xf6 20.♘b6 ♖c6 21.♖ad1 ♘d7 22.♘xd7 ♕xd7 mit etwa gleichen Aussichten, Arnason–Anand, Kopavogur 2000.

9...♕a5

Mit der Drohung ♘f6xe4.

10.♕e2 0-0 11.0-0 exf4

Macht das Feld e5 für den Springer frei.

Zu beachten ist auch der sofortige Vorstoß 11...b5!? 12.♗b3

(12.♗a2 b4 13.♘d5 ♘xd5 14.♗xd5 ♗b7 15.♗xb7 ♕b6+ 16.♘d4 ♕xb7 17.♘f5 ♗f6 18.♔h1 ♕c6 19.♖d1 ♘c5 ist gut für Schwarz.)

12...b4 13.♘d5 ♘xd5 14.♗xd5 ♗b7! und das Spiel steht ungefähr gleich.

12.♗xf4 ♘e5

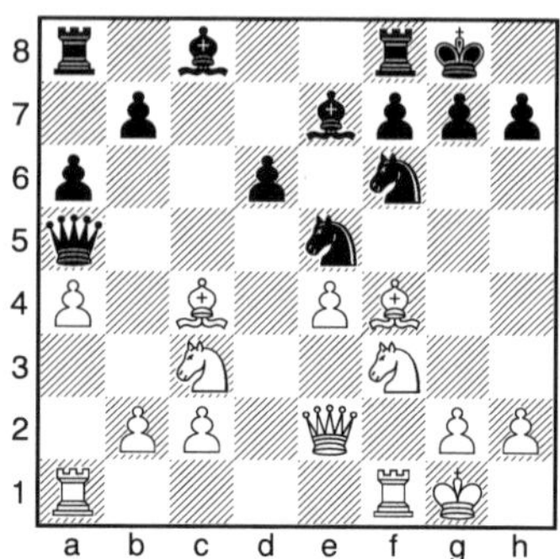

13.♘d5

Weiß besetzt logischerweise das strategisch wichtige Feld d5.

Andere Versuche sind keine Gefahr für Schwarz.

I. 13.♗b3

A) 13...♗g4 14.♔h1 ♖ac8 15.♗d2

(15.♖ad1 ♔h8 16.♕e1 ♘c4∞, Rantanen–Bouaziz, Luzern 1982)

15...♕c7 16.♗g5 ♘xf3 17.gxf3 ♗e6 18.♖g1 ♔h8∞, Mertens–Tscheparinow, Reykjavik 2012

B) 13...♘xf3+ 14.♕xf3 ♗e6 15.♘d5

(– 15.♔h1 ♗xb3 16.cxb3 ♖ae8 17.♖ad1 ♕b6 18.♘d5 ½–½, Ehlvest– Gelfand, Cap D'Agde 1996.

– 15.♗xe6 fxe6 16.♕h3 ♕c5+ 17.♔h1 ♕c4 mit verteilten Chancen, Beljawski–Marin, Szirak 1987.)

15...♘xd5 16.exd5 ♗f5 17.♖ae1 ♕c7 18.♗e3 ♗g6 19.♗d4 ♗g5 20.♕f2 ♗h6 21.♖e2 ♖ae8 22.♖fe1 ♕d8=, Pina Fernandez–Hernaez Fernandez, ICCF Email 2011

II. 13.♗d5

A) 13...♕b6+ 14.♗e3 ♕c7

(Gefährlich ist 14...♕xb2? 15.♕d2 ♘xf3+ 16.gxf3 mit Vorteil für Weiß.)

15.♘d4 ♖e8 16.h3 ♗d8 17.♖ad1 ♗e6 18.♘f5 ♗xf5 19.♖xf5 ♖c8 20.♗b3 ♕c6 21.♗d4 ♗b6 22.♕f2 ♗xd4 23.♖xd4 ♕c5 24.♖xf6 gxf6 25.♘d5 ♖e6 mit dynamischem Gleichgewicht, Barth–Schwarte, Internet 2006.

B) 13...♗e6 14.♘xe5 dxe5 15.♗xe5 ♗xd5 16.exd5 ♖ae8 17.♕d3 ♗c5+ 18.♗d4 ♕b6 19.♗xc5 ♕xc5+ 20.♔h1 ♖e3 21.♕f5 ♖fe8 22.♖ad1 b5 23.axb5 axb5 24.d6 ♕xf5 25.♖xf5 b4 26.♘a2 b3 27.cxb3 ♖xb3 28.♖f2 ♖b6 29.♖fd2 ♘e4 30.d7 ♖d8 31.♖c2 ♔f8 32.♔g1 ♔e7 mit ausgeglichenem Endspiel, Solleveld–De Jong, Hilversum 2006.

III. 13.♘xe5 dxe5 14.♗e3

(14.♗g3 ♗e6 15.♔h1 ♖ac8 16.♗b3 ♗xb3 17.cxb3 ♕b6 18.♗xe5 ♕xb3 19.♘d5 ♘xd5 20.exd5 ♗g5 ½–½, Dubuc–Zidu, ICCF 2008)

14...♗g4 15.♕e1

(15.♕d3 ♗e6 16.♘d5 ♗xd5 17.♗xd5 ♘g4 18.♔h1 ♗c5 19.♗xc5 ♕xc5 20.♗xf7+ ♔h8 21.♕e2 ♘e3 22.♖f3 ♘xc2 23.♖c1 ♕e7 24.♕xc2 ½–½, Andrearczyk–Bugalski, Gdansk 2007)

15...♖ac8 16.♗b3 ♔h8 17.♔h1 ♗e6 18.♗g5 ♗xb3 19.♗xf6 ♗xf6 20.cxb3 ♗g5 ½–½, Poutiainen–Portisch, Budapest 1975

IV. 13.♗xe5 dxe5 14.♔h1 ♗g4

(14...♕c7 15.♘d5 ♘xd5 16.♗xd5 ♗e6 17.♗xe6 fxe6 18.♖fd1 ♖ad8 19.♖d3 ♖xd3 20.♕xd3 ♖d8 21.♕b3 ♖d6=, Stellwagen–Nunn, Amsterdam 2006)

15.♘d5 ♘xd5 16.♗xd5 ♕c7 17.♕d3 ♖ab8 18.♕b3 ♗f6 19.h3 ♗d7 20.♘h2 ♔h8 21.♘g4 ♗xg4 22.hxg4 b5 ½–½, Dvorak–Stodola, Fernpartie 1988.

13...♘xd5 14.♗xd5 ♗e6

Es ist am logischsten, schnell die Entwicklung zu beenden.

15.♗xe6

Zum Ausgleich führt auch 15.♘xe5 dxe5 16.♗xe5 ♗xd5=.

15...♘xf3+

Es geht auch 15...fxe6 16.♗xe5 dxe5 17.c3 ♕c5+ 18.♔h1 ♖ad8 19.g3 ♗f6 20.♔g2 ♕c6=, Schuster–Bokar, Email 2009.

16.♕xf3 fxe6 17.♕b3 ♕c5+ 18.♔h1 ♕c8 19.♖ad1 b5!

Schwarz hat programmgemäß den typischen Vorstoß durchgesetzt.

20.axb5 axb5 21.♕xb5 ♖b8 22.♕d3 ♖xb2 mit ausgeglichener Stellung, Leko–Kasparow, Sarajevo 1999.

Zusammenfassung: Obwohl Schwarz dem Gegner nach 6...e5 den Punkt d5 überlässt, bekommt er als Gegenleistung aktives Figurenspiel, was ihm gute Gegenchancen verspricht. Zu ganz anderen Kampfbildern führt die Alternative 6...e6. Sie kann Stellungen ergeben, die in **Kapitel 7** (Abspiel C) untersucht wurden.

Kapitel 9

Die Fortsetzung 6.g3

1.e4 c5 2.♘f3 d6 3.d4 cxd4 4.♘xd4 ♘f6 5.♘c3 a6 6.g3

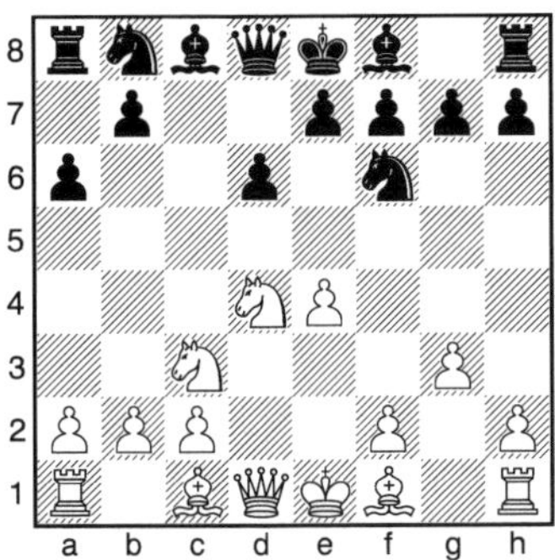

Durch das Fianchetto des Läufers f1 verstärkt Weiß die Kontrolle über die Punkte e4 und d5. Doch bei dieser positionellen Behandlung erhält Schwarz ausreichend Gegenspiel.

6...e5

Dieser aktive Zug erfreut sich in der modernen Turnierpraxis großer Beliebtheit. Schwarz schwächt zwar den Punkt d5, vertreibt aber den Springer aus der zentralen Position und bekommt aktives Spiel.

In Betracht kommt 6...e6 7.♗g2 ♗e7 8.0-0 ♕c7 9.f4

A) 9...0-0 10.g4 ♘c6 11.♘b3

(– 11.♗e3 ♘xd4 12.♗xd4 e5∓ – 11.♘xc6 bxc6 12.g5 ♘e8 13.f5 exf5 14.exf5 d5∓)

11...b5 12.g5 ♘d7 13.a3 ♗b7 14.♕h5 (Δ♖f1-f3-h3!) 14...b4 15.axb4

(15.♖f3? bxc3 16.♖h3 h6 17.gxh6 g6–+)

15...♘xb4⇄

B) 9...♘c6 10.♘xc6 bxc6 11.e5 dxe5 12.fxe5 ♘d7

(Schwach ist 12...♘d5 wegen 13.♘e4! 0-0 14.c4 ♕a7+ 15.♔h1 ♘e3 16.♗xe3 ♕xe3 17.♘f6+! ♔h8 18.♕h5 und Schwarz ist einem starken Angriff ausgesetzt, Horvath–Jaracz, Zalakaros 2006.)

13.♗f4 0-0 14.♘e4 ♘xe5! (14...♗b7 15.♘d6±) 15.♕d4 f6 16.♗xe5 fxe5

(16...♕xe5 17.♕xe5 fxe5 18.♖ad1 ♖xf1+ 19.♗xf1 ♔f8∞)

17.♖xf8+ ♗xf8 18.♕c4 ♕b6+

(18...♖b8!? 19.b3 ♖b4 20.♕e2 ♖d4⇄)

19.♔h1 ♕xb2 20.♖f1 und jetzt hätte Schwarz in der Partie Naiditsch–Grandelius, Wijk aan Zee 2013, 20...♕b5! spielen sollen.

7.♘de2

Dies wird von der Theorie empfohlen, um am Königsflügel einen aktiven Aufbau nach dem Schema h2–h3, g3–g4 und ♘e2–g3 anzustreben.

– Oft geschieht auch 7.♘b3 ♘bd7

(7...♗e7 wird in **Partie Nr. 47**: Socko–Karjakin, Calvia 2004, besprochen.)

8.♗g2

(Nach 8.a4 sollte Schwarz am besten 8...b6 spielen; z.B. 9.♗g2 ♗b7 10.0-0 ♖c8 11.♖e1 ♗e7 12.♘d2 0-0 13.♘f1 ♖e8 14.♘e3 g6 mit beiderseitigen Chancen, Smirin–Lerner, Jerusalem 2005.)

8...b5 9.0-0 ♗e7

(7...♗b7!? 10.a4 b4 11.♘d5 ♘xd5 12.exd5 a5∞)

A) 10.a4 b4 11.♘d5

(11.♘a2 a5 12.c3 bxc3 13.♘xc3 ♘b6 14.♘b5 0-0 15.♗d2 ♘c4 16.♗c3 ♗e6 17.♖e1 ♕b8 18.♘d2 ♖c8 19.b3 ♘xd2 20.♕xd2 ♘d7 21.♖eb1 ♘c5 mit ausreichendem Gegenspiel, Adams–Topalow, Sofia 2005.)

11...♘xd5 12.♕xd5 ♖b8 13.♗e3 0-0 14.♖fd1 ♕c7

Schwarz kann mit seiner Stellung zufrieden sein und plant ♘d7–f6, ♗c8–e6 usw.

B) 10.♗d2 0-0 11.♖e1 ♘b6 12.a4 (12.♘a5!?) 12...♗g4 13.♕c1 b4 14.♘d5

(14.♘d1 a5 15.♘e3 ♗e6∓)

14...♘fxd5 15.exd5 a5 16.c3 ♕d7 17.cxb4 ♖fc8 18.♕b1 axb4 und laut Gelfand steht Schwarz bereits etwas besser.

C) 10.♘d5 ♘xd5 11.exd5 a5 12.a4 b4 13.♗d2 ♗g5 14.f4 (14.♗e1? ♗a6∓) 14...♗f6 15.c3 bxc3 16.♗xc3 0-0

In dieser komplizierten Stellung sind die Aussichten von Schwarz keineswegs schlechter, Movsesian–Kasparow, Prag 2001.

– Nach 7.♘f3 sollte Schwarz seine Kräfte nach dem üblichen Schema entwickeln; z.B. 7...♗e7 8.♗g2

(8.♗g5 ♘bd7 9.♗g2 0-0=)

8...0-0 9.♗g5 h6 10.♗xf6 ♗xf6 11.0-0 ♗e6 12.♘d5 ♘d7 13.♕d2 ♖c8 14.c3 ♘b6 15.♘xf6+

(15.♘xb6 ♕xb6 16.♖fd1 ♖fd8∓)

15...♕xf6 16.♕xd6 ♘c4 mit genügend Gegenspiel für den Bauern.

7...♘bd7

Somit spielt Schwarz auf beiden Seiten und wartet ab, welchen Plan Weiß wählt.

Andere Möglichkeiten sind auch nicht schlecht.

– 7...b5 8.♗g2

(Oder 8.a4 ♗b7! mit Gegenspiel.)

8...♗b7 9.0-0 ♗e7 10.h3 0-0 11.g4 ♘bd7 12.♘g3 b4 13.♘d5 ♘xd5 14.exd5 g6 15.♗h6

(15.a3 a5 16.♗h6 ♖e8 17.♕d2 ♕b6∞)

15...♖e8 16.♕d2 a5 17.f4 ♗a6 18.♖f3 exf4 19.♕xf4 ♘e5 mit gutem Spiel für Schwarz, Analyse von Kallai.

– 7...♗e7 8.♗g2 0-0 9.0-0 ♘bd7 10.a4

(10.h3 b5 11.a4 ♗b7 12.axb5 axb5 13.♖xa8 ♕xa8 14.♘xb5 und sowohl 14...♘xe4 als auch ♗xe4 garantieren gute Perspektiven.)

10...b6 11.h3 ♗b7 12.g4 b5 13.♘g3

(13.axb5 axb5 14.♖xa8 ♕xa8 15.♘xb5 ♗xe4 ist gut für Schwarz.)

13...b4 14.♘d5 ♘xd5 15.exd5 ♗g5 16.♗xg5 ♕xg5 17.a5 ♖ab8 18.♘f5 ♕f6 19.♕d2 ♘c5 20.b3 ♗c8 21.♘e3 h5 22.f3 ♗d7 und Schwarz ist im Vorteil, Ong-Akesson, Göteborg 2005.

8.♗g2 b5

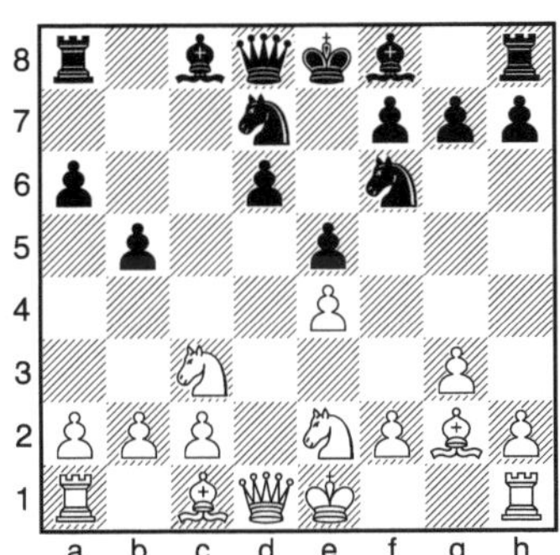

9.h3

Weiß bereitet seinen aktiven Plan mit g3-g4 und ♘e2-g3 vor.

Auf der anderen Seite aktiv zu werden bringt nichts; z.B. 9.a4 b4 10.♘d5 ♘xd5

A) 11.exd5 ♗e7 12.0-0 0-0 13.c3

(13.a5 ♖b8 14.♗e3 ♕c7 15.♕d2 ♘c5 16.♘c1 ♖b5 17.c3 bxc3 18.♕xc3 ♕b8∓, Hort-Zhu Chen, Roquebrune 1998)

13...♖b8 14.cxb4 ♖xb4 15.♕c2 ♗g5 16.f4 exf4 17.♘xf4 ♘e5 mit aktivem Spiel für Schwarz.

B) 11.♕xd5 ♕c7 12.a5 (12.♕xa8? ♘b6–+) 12...♖b8 13.♕d1 ♗b7 14.0-0 ♘c5 15.f3 ♗e7 16.c3 bxc3 17.♘xc3 ♗c6 18.♖a3 0-0 19.♖f2 ♖b4 20.♗e3 ♖fb8 mit ausgezeichnetem Spiel, Kholmow-Zeschkowski, UdSSR 1978.

9...♗b7 10.g4 ♘c5

Eine andere Idee ist 10...♘b6!? mit dem Plan, d6-d5 anzustreben; z.B.

– 11.g5 ♘fd7 12.♘g3 h6 13.gxh6

(13.h4 hxg5 14.hxg5 ♖xh1+ 15.♗xh1 g6 nebst ♕d8-c7 und 0-0-0)

13...g6 14.h4 ♗xh6 15.♗xh6 ♖xh6 16.♕xd6 ♘c4 17.♕b4 ♖xh4 18.b3 ♖xh1+ 19.♗xh1 ♕a5 20.♕xa5 ♘xa5 21.♘d5 ♗xd5 22.exd5 f5

Nun kann Schwarz entweder lang rochieren oder seinen Turm auf c8 postieren und den König via f7-f6 zum Zentrum bringen.

– Oder 11.♘d5 ♘fxd5 12.exd5 ♗e7

(12...h5!? 13.g5 g6 ist auszuprobieren.)

13.0-0 0-0 14.b3 ♖c8 15.♗e3 ♗g5 mit etwa gleichen Chancen, Movsesian-Palac, Kroatien 2003.

11.♘g3 g6

Um den Springer nicht nach f5 zu lassen.

12.0-0

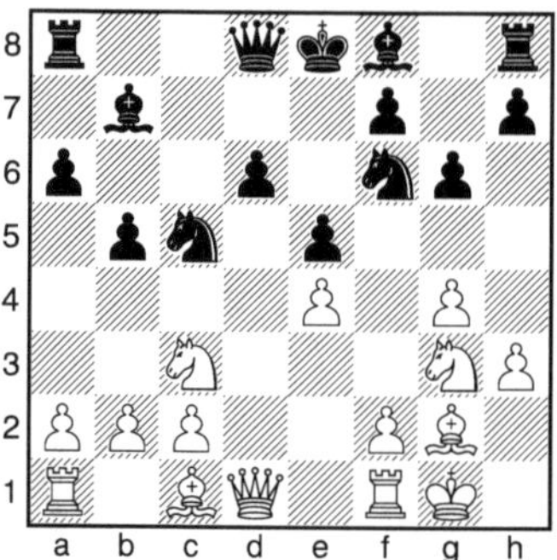

12...♘e6!

Dieser Vorschlag von Arizmendi und Moreno scheint der beste Weg zu sein.

Unklar ist 12...h5 13.g5 ♘fd7 und nun hätte Weiß in der Partie Masserey–Gallagher, Schweiz 1999, 14.♘d5! spielen sollen; z.B. 14...♗e7 (14...♗g7 15.♗e3±) 15.h4 mit besseren Aussichten.

13.a4 b4 14.♘d5 a5 15.f4

Weil der schwarze König noch nicht rochiert hat, ist dieser aktive Zug eine logische Maßnahme.

Andere Fortsetzungen sind keine Gefahr für Schwarz, denn weder nach 15.♗e3 ♗g7 noch nach 15.c3 bxc3 16.bxc3 ♗g7 17.♘xf6+ ♗xf6 18.♗a3 ♘c5 braucht er sich um seine Zukunft zu sorgen.

15...exf4 16.♘xf4 ♗g7 17.♘xe6 fxe6 18.g5 ♕b6+ 19.♔h1 ♘d7 20.♕g4 ♘c5

In dieser dynamischen Stellung hat Schwarz gute Chancen, obwohl der König immer noch in der Mitte steht. Der Plan besteht darin, die Entwicklung mit ♔e8–e7 und ♖a8–f8 zu beenden. Eventuell kommt auch die lange Rochade infrage.

Zusammenfassung: In dieser Variante kann Schwarz seine Kräfte harmonisch entwickeln und gute Kontermöglichkeiten schaffen. Nach h2–h3, g3–g4 und ♘e2–g3 sollte er jedoch stets die weißen Angriffsmöglichkeiten am Königsflügel im Auge behalten.

Kapitel 10

Die Fortsetzung 6.♗e2

1.e4 c5 2.♘f3 d6 3.d4 cxd4 4.♘xd4 ♘f6 5.♘c3 a6 6.♗e2

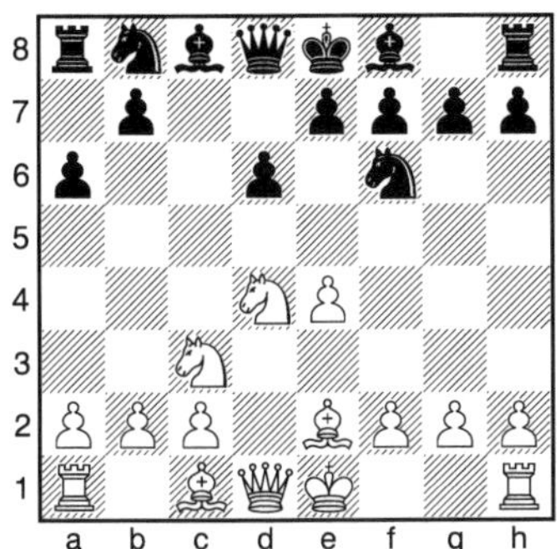

Dieser positionelle Zug gilt normalerweise als ruhig, aber das kann täuschen. Weiß entwickelt seinen Königsläufer, um 0 0, ♗c1-e3 und f2–f4 folgen zu lassen. Bei Gelegenheit folgt auch der Vorstoß g2–g4 mit aktivem Spiel. Schwarz hat jedoch ausreichendes Gegenspiel.

6...e5

Schwarz hat hier natürlich die Möglichkeit, mit 6...e6 ins Scheveninger- bzw. Paulsen-System überzugehen, was jedoch in diesem Buch nicht behandelt wird.

7.♘b3

Statt dieser üblicher Erwiderung kann Weiß auch andere Züge wählen.

I. 7.♘f5

A) 7...d5 8.♗g5 d4 9.♗xf6 gxf6

(Auch nach 9...♕xf6 10.♘d5 ♕d8 11.c4 g6 12.♘g3 ♗g7 13.0-0 0-0 hat Schwarz keinerlei Schwierigkeiten.)

10.♘b1 ♕b6 11.♕c1

(11.♘d2? ♕xb2 12.♖b1 ♕c3 13.♗c4 ♗xf5 14.♖xb7 ♗xe4! 15.♕h5 ♗xb7 16.♕xf7+ ♔d8 17.♕xb7 ♗d6 18.♔e2 e4 19.♕xa8 e3 20.fxe3 dxe3–+)

11...♕c6 12.f3 ♗xf5 13.exf5 h5 14.0-0 ♘d7 und Schwarz hat keine Probleme.

B) 7...♗xf5 8.exf5 d5 9.♗g5 d4 10.♗xf6

(10.♘e4 ♗e7 11.♗xf6 ♗xf6 12.♗d3 ♕a5+ 13.♕d2 ♕xd2+ 14.♔xd2 ♗e7 15.♖ae1 ♘c6=)

10...♕xf6 11.♘d5 ♕d8 12.c4 dxc3 13.♕a4+

(13.♘xc3 ♘c6 14.0-0 ♕xd1 15.♖fxd1 ♘d4 16.♗d3 ♗d6 17.♘e4 ♔e7=)

13...♘c6 14.♘xc3 ♕d4 mit gutem Spiel für Schwarz.

II. 7.♘f3 h6

(Statt dieser Vorsichtsmaßnahme gegen ♗c1-g5 ist auch 7...♗e7!? möglich.)

8.0-0

(In der Partie Drimer–Bronstein, Budapest 1961, geschah 8.♗c4 ♗e7 9.h3 ♗e6 10.♕e2 ♘c6 11.0-0 ♖c8 12.♗b3 ♘a5 13.♗xe6 fxe6 14.♖d1 ♕c7 15.♖d3 ♘c6 16.♘h4 ♔f7 17.♖g3 ♘d4 18.♕d1 g5 19.♘f3 ♘xf3+ 20.♕xf3 b5 21.a3 ♕c6 22.h4 gxh4 23.♖h3 ♖cg8 24.♖xh4 h5 25.♕e2 ♖g6 26.f3 ♖hg8 mit aktivem Spiel am Königsflügel.)

8...♗e6 9.♖e1 ♗e7

A) 10.h3 0-0 11.♗f1 ♘bd7 12.b3 b5 13.♗b2 ♕c7 14.a3 ♖fc8 15.♕d2 ♕c6 16.♖ad1 ♖ab8 17.♖e2 ♗f8 18.♕e3

(18.♘d5? ♘xe4 19.♖xe4 ♗xd5 20.♕xd5 ♕xd5 21.♖xd5 ♘f6–+)

18...a5 19.a4 bxa4 20.♘xa4 ♗c4 21.♖ee1 ♗xf1 22.♔xf1 ♕b5+ 23.♔g1 ♖xc2–+, Gaschimow–Bologan, Minsk 2000

B) 10.♗f1 0-0 11.a4

(11.b3 ♘bd7 12.a4 ♕c7 13.♗b2 ♕c6 14.♕d2 ♖fc8 15.♖ad1 ♖ab8 mit Vorbereitung von b7–b5 und gutem Spiel.)

11...♕c7 12.a5 ♖c8 13.♗e3 ♘bd7 14.♖a4 ♘c5 15.♗xc5 ♕xc5 16.♘d2 ♘g4 17.♕f3 ♗g5 18.♘b3 ♕c6 19.h3 ♘f6 20.♖d1 ♖e8 21.♖b4 ♖ad8 22.♖b6 ♕c7 23.g3 h5 und Schwarz hat die chancenreichere Position, Zapata–Milos, Yopal 1997.

7...♗e7

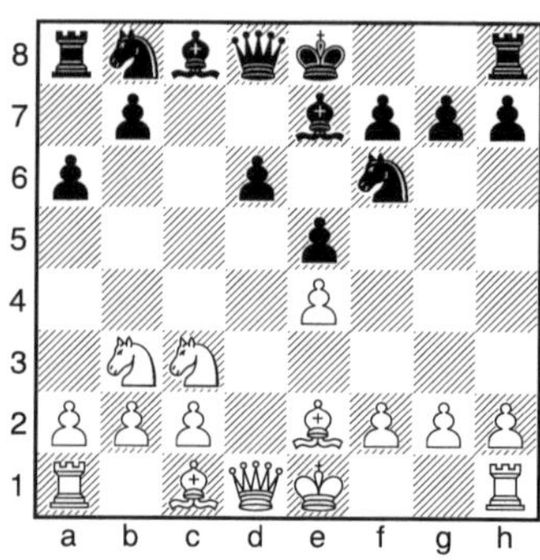

8.0-0

Bei dieser am häufigsten gewählten Fortsetzung will Weiß zunächst einen König sichern und erst danach einen konkreten Plan wählen.

Relativ selten sind folgende Alternativen.

I. 8.♗g5 ♗e6 9.♗xf6 ♗xf6 10.♕d3 ♘c6 11.0-0-0 ♗e7 12.♔b1 0-0 13.♘d5 a5!?

Das ist eine Empfehlung von Arizmendi und Moreno.

(Nach 13...♗g5 14.h4 ♗xh4 15.g3 ♗f6 16.♕f3 ♗g5 17.♕h5 h6 18.f4 ♗f6 19.♘d2 ♘d4 20.♗c4 ♖c8 entstand in der Partie Kramnik–Anand, Wijk aan Zee 2004, eine sehr komplizierte Stellung.)

A) 14.a4 ♘b4 15.♘xe7+ ♕xe7 16.♕xd6 ♕f6 mit Initiative für den Bauern.

B) 14.a3 a4 15.♘d2 ♗xd5

(15...♘d4!? 16.c3 ♘xe2 17.♕xe2 ♗xd5 18.exd5 ♗g5 19.♘e4 f5 20.♘xg5 ♕xg5 21.g3 f4∓)

16.♕xd5 ♖a5 17.♕d3 d5 mit beiderseitigen Chancen.

C) 14.c3 a4 15.♘d2 ♗xd5 16.♕xd5

(16.exd5 ♘b8 17.♕b5 ♕c7 18.♘c4 ♘d7=)

16...♖a5 17.♕d3 d5 und Schwarz verfügt über genügend Gegenspiel.

D) 14.♘xe7+ 14...♕xe7 15.♕xd6 ♕f6 16.f3

(16.♘c5 ♖fd8 17.♕c7 ♖dc8 18.♕d6 ♕xf2∓)

16...♘d4 17.♖xd4 ♖fd8 mit guten Aussichten für Schwarz, Analyse von Arizmendi und Moreno.

II. 8.♗e3 ♗e6

A) 9.♕d2 ♘bd7 10.f4 b5 11.0-0-0 (11.f5 ♗c4!) 11...♖c8 12.♔b1 0-0 13.h3 ♕c7 14.♖he1 ♘b6 15.f5 ♗d7 16.g4 ♗c6 17.♗xb6 ♕xb6 18.♗f3 b4 19.♘d5 ♘xd5 20.exd5 ♗d7 21.♗e4 ♗h4 22.♖f1 f6

Der weiße Angriff am Königsflügel wurde pariert. Schwarz bekommt nach a6–a5–a4 Gegenspiel auf der anderen Seite und steht daher besser, Arizmendi–Andersson, Pamplona 1997–98.

B) 9.♘d5 ♘bd7 10.♕d3 0-0 11.c4 b5 12.cxb5 axb5 13.0-0 (13.♕xb5 ♘xe4∓) 13...♗xd5 14.exd5 ♘b6 15.♗xb6

(15.♕xb5 ♘bxd5 16.♗d2 ♖b8 17.♕a4 ♖a8 18.♕c6 ♖c8=)

15...♕xb6 16.♕xb5 ♕a7 17.a4 ♖fb8

(17...♖ab8 18.♕a5 ♕b7 19.♖a3 ♕xd5 20.♕xd5 ♘xd5=)

18.♕c4 ♖c8 19.♕d3 ♖ab8 20.a5 ♖b4 21.a6 ♗d8 22.♘a5 ♗xa5 23.♖xa5 ♖xb2 mit etwa gleichen Chancen, Swidler–Gelfand, Haifa 2000.

8...0-0

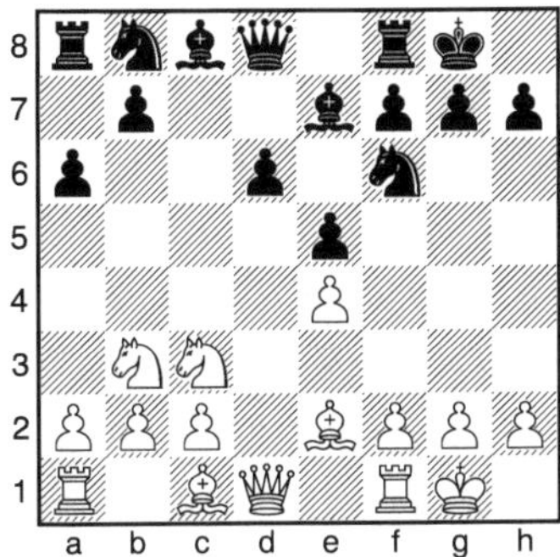

9.♗e3

Dieser Zug leitet den 'Karpow-Plan' ein, bei dem Weiß beabsichtigt, seine Kräfte nach dem Schema ♕d1-d2, a2–a4–a5 zu postieren. Der Turm von f1 kann nach d1 oder c1 gestellt werden. Das Hauptziel besteht darin, den Punkt d5 in einem günstigen Moment mit dem Springer zu besetzen. Weiß kann z.B. mit dem Manöver ♘b3-c1-a2–b4 seinen Zugriff auf d5 verstärken. Obwohl die Idee von Karpow sehr stark ist, hat Schwarz gute Möglichkeiten zum Gegenspiel.

Hier ein Blick auf andere Möglichkeiten.

I. 9.f4 b5

A) 10.a4 b4 11.♘d5 ♘bd7

(Nach 11...♘xd5? 12.exd5 exf4 13.a5 ♘d7 14.♖xf4 ♖b8 15.♖a4 verliert Schwarz ohne Kompensation einen Bauern.)

12.a5 ♗b7 13.♗f3 ♗xd5 14.exd5 ♕c7 15.♖e1 ♖fc8 mit beiderseitigen Chancen.

B) 10.♗f3 ♗b7 11.fxe5

(Nach 11.a3 ♘bd7 12.♔h1 ♖c8 13.♕e1 ♖e8 14.f5 d5 erhält Schwarz aktives Spiel.)

11...dxe5 12.♕xd8 ♖xd8 13.♘a5 ♗c8 14.♘d5 ♘xd5 15.exd5 ♗c5+ 16.♔h1 ♗b6 17.♗d2 ♗f5 18.c4 ♗d3 19.♖fe1 ♘d7 20.♖ac1 ♖e8 und wegen der Drohung e5–e4–e3 hat Schwarz gute Perspektiven, Jurtajew–Carlsen, Moskau 2004.

C) 10.a3 ♗b7 11.♗f3

(Nach 11.♗d3 ♘bd7 12.♔h1 ♖c8 13.fxe5 ♘xe5 14.♗f4 ♘c4 15.♗xc4 ♖xc4 erhielt Schwarz in der Partie Klovans–Saitschik, UdSSR 1978, ausgezeichnetes Spiel.)

11...♘bd7 12.♔h1 ♖c8 13.♕e2 ♕c7 14.♗e3 ♖fe8 15.♕f2 ♗f8 16.f5 d5 17.exd5 e4 18.♗e2 ♘xd5 19.♘xd5 ♗xd5 20.♘d4 ♗d6 21.♕h4 ♗c4 22.♖f2 ♘f6 und Schwarz hat bequemes Spiel, Lewtschenkow–Malishauskas, Polen 1993.

II. 9.♔h1 b6

A) 10.♗e3 ♗b7 11.f3 b5!? (11...♘bd7 12.a4!) 12.a4 b4 13.♘d5 ♘xd5 14.exd5 ♘d7 15.c3 bxc3 16.bxc3 ♗g5 17.♗f2 ♕c7 18.c4 ♖fb8

(18...♖ab8!? ist auch nicht schlecht.)

19.a5 ♗c8 20.♕c2 ♖b4 21.♗d3 g6 22.♖fb1 ♖ab8 23.♗e1 ♖4b7 24.♘d2 (24.♗f2!?) 24...♗e3 25.♖xb7 ♖xb7 26.g4 ♗d4 27.♖a2 ♘c5 28.♘e4 ♘xe4 29.♗xe4 ♗d7

Schwarz hat die b–Linie erobert und steht bereits besser, Netzer–de Firmian, Stockholm 2003.

B) 10.f4 ♗b7 11.♗d3 ♘bd7 12.a4 b5! 13.axb5 axb5 14.♖xa8 ♕xa8 15.♗xb5 ♘xe4 16.♘xe4

(16.♗xd7 ♘xc3 17.♕g4 ♕a6 18.♖e1 ♘e4∓)

16...♗xe4 17.♕e2

(17.♗xd7? ♗xg2+ 18.♔g1 ♗xf1 19.♔xf1 ♕h1+ 20.♔e2 ♕xh2+ und die Bauern am Königsflügel sind eine Großmacht; Schwarz steht besser.)

17...♘f6 18.fxe5 dxe5 19.♗g5 ♖d8 20.♗xf6 ♗xf6 21.♘c5 ♗c6 22.♗xc6 ♕xc6 23.♘e4 ♗e7 mit zweischneidigem Spiel. Der schwarze Plan besteht in der Vorbereitung von g7–g6 und f7–f5.

C) 10.♘d5 ♗b7 11.♘xf6+ (11.♘xe7+ ♕xe7 12.f3 d5∓) 11...♗xf6 12.f3 d5 13.exd5 ♕xd5 14.♕xd5 ♗xd5 15.♗e3 ♘d7 16.♖fd1 ♗e6 17.♘d2 ♖fc8 ½–½, Smirin–Gelfand, Haifa 1998

D) 10.f3 ♗b7 11.a4

(11.♗e3 b5 12.a4 b4 13.♘d5 ♘xd5 14.exd5 ♘d7 15.c4 bxc3 16.bxc3 ♗g5 17.♗f2 ♖c8∓)

11...♘c6 12.♗g5 ♖c8 13.♗xf6 ♗xf6 14.♘d5 ♗g5 15.♗d3 ♘e7 16.♘xe7+ ♕xe7 17.♕e2 a5 18.♖fd1 ♖fd8 19.c3 ♕e6 20.♘d2 d5 21.exd5 ♗xd5 22.♗e4 f5 23.♗xd5 ♖xd5 mit gutem Spiel für Schwarz, Asrian–Moreno Carnero, Ohrid 2001.

E) 10.♗g5 ♘bd7

(Ungenau wäre 10...♗b7 11.♗xf6 ♗xf6 12.♗c4 mit Eroberung des Punktes d5.)

11.♘d5 ♘xd5 12.♕xd5 ♖b8 13.♗xe7 ♕xe7 14.♖ad1 ♘f6 15.♕xd6 ♕xd6 16.♖xd6 ♘xe4 17.♖d5 f6 18.f3 ♘g5 19.♖fd1 ♘f7 20.♖5d2 ♗e6 21.a3 a5 22.♗b5 ♖fc8

Schwarz steht befriedigend, denn nun droht das Schlagen auf c2, Sutowski–Gelfand, Israel 1999.

III. 9.a4 ♗e6 10.f4 ♕c7 11.♔h1 ♘bd7

A) 12.♗e3 exf4 13.♖xf4 ♘e5 14.a5 ♖ac8 15.♘d4 ♖fe8 16.♘f5 ♗f8

(Ausgleich erreicht Schwarz auch nach 16...♗xf5 17.♖xf5 ♕c6 18.♖a4 ♗d8 19.h3 ♘fd7 20.♗d3 ♘c5 21.♖a1 ♕d7 22.♘d5 ♕e6 23.b4 ♘cd7 24.♖b1 ♘f6=, Reshevsky–Tatai, Amsterdam 1977.)

17.♕d2 ♘fd7 18.♖f2 ♔h8 19.h3 g6 20.♘h6 ♗g7 und die entstandene Stellung ist ausreichend solide, um Ausgleich zu halten.

B) 12.f5 ♗c4 13.a5 b5 14.axb6 ♘xb6 15.♗e3 ♖fc8 16.♗xb6 ♕xb6 17.♗xc4 ♖xc4 18.♕e2 ♖ac8 19.♖a2 ♗d8 20.♖fa1 ♕b7 21.♖a4 ♖xa4 22.♖xa4 a5 (22...♖c6!?) 23.♖c4

(Oder 23.h3 g6 24.fxg6 hxg6 25.♕d3 ♕b6 26.♖xa5 ♕f2 27.♖a1 ♘h5 mit gutem Spiel.)

23...♖xc4 24.♕xc4 g6 25.fxg6 hxg6 26.g3 ♔g7 und in der Partie Baikow–Silberstein, UdSSR 1974, bekam Schwarz genügend Gegenspiel.

IV. 9.♖e1 ♗e6 10.♗f3

(10.♗f1 b5 11.a4 b4 12.♘d5 a5 13.♗b5 ♘xd5 14.exd5 ♗d7 15.♗f1 ♗g5 16.♘d2 ♕c7 17.♘e4 ♗xc1 18.♕xc1 ♘a6 19.f4 f6 20.♕e3 ♘c5 21.b3 ♖ae8=, Gonzalez Vidal–Quesada Perez, Avila 2010)

10...♘bd7 11.a4 ♖c8 12.♘d2 ♕a5 13.♘f1 b5 14.♘e3 b4

(14...g6!? 15.♗d2 ♕b6 16.axb5 axb5 17.b4 ♗d8 18.♖a3 ♕b7 19.♕e2 ♗c4 20.♘xc4 ♖xc4 21.♖b1 ♕c6 22.♕e1 ♗b6 23.♘d5 ♘xd5 24.exd5 ♕b7⇄, Thipsay–Gopal, Atul 2006)

A) 15.♘cd5 ♗xd5 16.exd5 ♗d8

(16...g6 17.♗d2 e4 18.♗e2 ♘b6 19.c4 bxc3 20.♗xc3 ♖xc3 21.bxc3 ♘bxd5 22.♘xd5 ♘xd5 23.c4 ♘f4 24.♗f1 f5 25.♕b3 ♕c5 26.♖ad1±,

Movsesian–Heinemann, Heidelberg 2010)

17.♗d2 ♕c5 18.♖c1 ♗a5 19.h3 ♘b6 20.c4 ♘bd7 21.g4 g6 22.g5 ♘e8 23.♗g4 f5 24.gxf6 ♘exf6 25.♗e6+ ♔h8 26.♕e2 ♗b6 mit ausreichendem Gegenspiel, Short-Navara, Prag 2007.

B) 15.♘b1 ♘c5 16.♘d2 b3

(16...♕c7!? 17.b3 ♕b7 18.♗b2 ♘fxe4! 19.♘xe4 ♘xe4 20.♕d3 f5 21.♘xf5 ♗xf5 22.♗xe4 ♗xe4 23.♖xe4 ♖c5=, Analyse von Barlov)

17.♘xb3 und nun hätte Schwarz im Duell Areschenko–Sutowski, Rogaska Slatina 2011, 17...♘xb3! spielen sollen. Nach der weiteren Folge 18.cxb3 ♗xb3 19.♕e2 g6 20.♗d2 ♕b6 21.a5 ♕b7 hätte er nicht die geringste Mühe auszugleichen, Analyse von Barlov.

9...♗e6 10.♕d2

Oft werden an dieser Stelle auch andere Züge angewandt.

I. 10.f4 exf4

A) 11.♗xf4 ♘c6 12.♔h1 d5 13.e5

(13.exd5 ♘xd5 14.♘xd5 ♗xd5 15.♗f3 ♗xf3 16.♕xf3 ♕d7 17.♖ad1 ♕f5 18.c3 ♖ad8=)

13...♘d7 14.♘xd5 ♘dxe5 15.c4 a5

(Alternativen sind 15...♗g5!? und 15...♖e8!?.)

16.♖c1 f6 17.a3 a4 18.♘xe7+ ♕xe7 19.♘d4 ♖fd8 20.♘xc6 bxc6 21.♕c2 ♗f7 22.♖fd1 ♗g6 23.♖xd8+ ♕xd8 24.♕c3 ♘d3 25.♗xd3 ♕xd3 26.♕xd3 ♗xd3 mit minimal besserem Endspiel für Schwarz, Arnason–R. Byrne, Reykjavik 1980.

B) 11.♖xf4 ♘bd7 12.♘d4

(Oder 12.♔h1 ♕c7 13.a4 ♘e5 14.♘d4 ♖ad8 15.♘f5 ♗xf5 16.♖xf5 ♕c8 17.♕f1 ♕e6 18.♖d1 ♖c8=, Analyse von Sawon.)

12...♘e5 13.a4

(13.♘f5 ♗xf5 14.♖xf5 ♖c8 mit dem Plan ♕d8–d7–e6 und gutem Spiel für Schwarz.)

13...♕c7 14.♔h1 ♖ad8 15.♕g1

(15.♘f5 ♘g6 16.♖f1 d5 17.♘xe7+ ♘xe7=)

5...♖d7 16.♖d1 ♖e8 17.♘f5 ♗d8 18.♘d4 ♘g6 19.♖ff1 ♘e5

Schwarz steht etwas beengt, hat aber genug Verteidigungsmöglichkeiten, Karpow–Polugajewski, Moskau 1974.

II. 10.♘d5 ♘bd7

(10...♘xe4? 11.♗b6 ♕d7 12.♘c7±)

11.♕d3 ♗xd5 12.exd5 ♘c5

A) 13.♘xc5 dxc5 14.♖ad1 e4 15.♕b3

(15.♕d2 ♗d6 16.♗g5 ♖e8 17.c4 ♗e5=)

15...♕c7 16.♗g5 ♘e8 17.♗xe7 ♕xe7 18.f3 ♘d6 19.fxe4 ♕xe4 20.♖fe1 ♖fe8 mit vollwertigem Spiel.

B) 13.♕d2 ♘fe4 14.♕b4 a5 15.♕b5

♕c7 16.♖fd1 b6 17.♕c4 f5 18.♗d3 ♕d8 19.♘xc5 ♘xc5 20.a3 ♖c8 mit etwa gleichen Chancen, Swidler–J. Polgar, Dos Hermanas 1999.

10...♘bd7 11.a4 ♖c8

Neben dieser modernen Behandlung der Variante sind auch folgende Spielweisen möglich.

– 11...♕c7 12.a5 ♕c6 13.♗f3 ♖ac8 14.♖fd1 h6 15.h3 ♖fe8 16.♕e1 ♗f8 17.♖d2 ♕c7 18.♖a4 ♗c4 19.♗e2 ♗e6 20.♗f3 ♖ed8 21.♘c1 b5 22.axb6 ♘xb6 23.♗xb6

(23.♖xa6? ♘c4 24.♖a7 ♕b8∓)

23...♕xb6 24.♘d3 ♗d7 25.♖a1 ♖c4 26.♘d1 ♖d4 27.c3 ♖a4 28.♖xa4 ♗xa4 29.♘e3 a5 mit beiderseitigen Möglichkeiten, Ponomarjow–Jandemirow, Woronesch 2004.

– 11...♘b6 12.a5 ♘c4 13.♗xc4 ♗xc4 14.♖fd1 ♖c8 15.♘c1

Weiß plant die typische Umsetzung des Springers nach d5 via a2–b4.

15...d5! 16.♗b6 ♕e8! (16...♕d7? 17.b3±) 17.exd5

(17.b3? ♗b4! 18.bxc4 ♘xe4 ist klar besser für Schwarz.)

17...♗b4 18.d6 ♕d7 19.♘d3 ♕xd6 20.♘xb4 ♕xb4 21.♘e4 ♕xd2 22.♘xf6+ gxf6 23.♖xd2 ♗e6=, Leko–Schirow, Dortmund 2002

12.a5

Mit dem Ziel, den Gegner am Damenflügel einzuengen.

Nach 12.♖fd1 kann Schwarz zwei Wege wählen.

– 12...♘b6 13.a5 ♘c4 14.♗xc4 ♖xc4 15.f3 ♕c7 16.♘c1 (16.♖ac1 ♖c8!∓) 16...d5 17.exd5 ♖d8 18.♘d3 ♘xd5 19.♘xd5 ♖xd5 und Schwarz steht hervorragend, Sznapik–Székely, Athen 1992.

– 12...h6 13.a5 ♕c7 14.f3 ♖fd8 15.♕e1 ♕c6 16.♕d2 ♘f8 17.♗b6 ♖d7 18.♕e1 d5 und nach diesem typischen Vorstoß steht Schwarz ausgezeichnet, Brodsky–Van Wely, Warschau 1999.

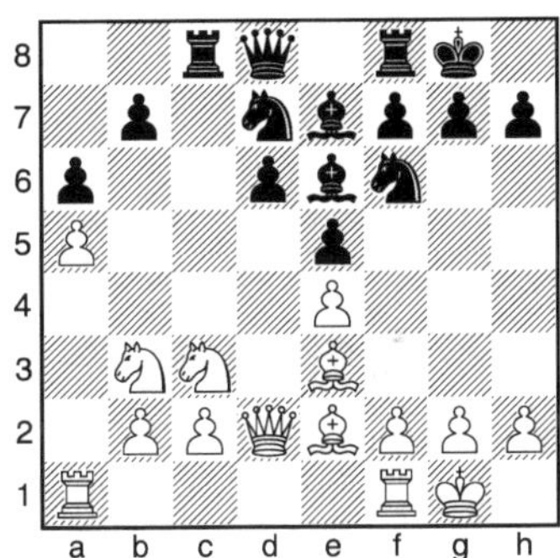

12...♕c7

Das ist der Hauptzug: Schwarz macht dem Turm das Feld d8 frei, und die Dame wird auf c6 postiert, wo sie die Kontrolle über den Punkt d5 verstärkt.

Betrachten wir aber auch andere Ideen.

I. 12...♖e8 13.♖fd1 h6 14.♘c1 ♕c7

A) 15.♕e1 ♕c6 16.♗f3

(16.♘d3 d5 17.exd5 ♗xd5 18.♘xd5

♕xd5 19.♘c5 ♕c6 20.♘xd7 ♘xd7 21.c3 ♘f6=)

16...♕c7 17.♘d3 d5 18.exd5 ♗f5 19.♗e2 e4 20.♘c1 ♘g4 21.♗xg4 ♗xg4 22.♘1e2 ♗d6 23.h3 ♗h5 24.♖d2 f5 25.♘d4 f4 26.♘e6 fxe3 27.♘xc7 exd2 28.♕xd2 ♖xc7 mit besseren Aussichten für Schwarz, Asrian–Kotsur, Dubai 2000.

B) 15.♗f3 b5 16.axb6

(16.♘d3 d5 17.exd5 ♗f5 18.♗e2 ♕b7=)

16...♘xb6 17.♗e2 ♘c4 18.♗xc4 ♗xc4 19.♕e1 ♕b7 20.b3 ♗e6 21.f3 d5 22.exd5 ♗xd5 mit ausgezeichnetem Spiel für Schwarz, Newostrujew–Efimenko, St. Petersburg 2004.

II. 12...♘c5!? 13.♘xc5 dxc5 14.♕xd8

(14.♕e1 c4 15.♘a4 ♘xe4 16.♗f3 f5 17.♗xe4 fxe4 18.♗b6 ♕d5 19.♘c3 ♕c6 20.♕xe4 ♕xe4 21.♘xe4 ♗f5 22.♖fe1 ♗xe4 23.♖xe4 ♗c5 24.♗xc5 ♖xc5=, Leko–Anand, Köln 2001)

14... ♖fxd8 15.f3 c4

A) 16.♘a4 ♘d7 17.♖fd1 ♗b4 18.♗d2

(18.♘c3 ♗c5 19.♔f2 ♔f8 20.♘d5 ♗xe3+ 21.♔xe3 ♖c5=)

18...♗xd2 19.♖xd2 ♘b8 20.♖xd8+ ♖xd8 21.♔f1 ♘d7 22.♖a3 ♖c8 23.♖c3 ♖c6 24.♔e1 ♔f8 25.♔d2 ♔e7= Hracek–Ponomarjow, Bled 2002

B) 16.♔f2 ♔f8 17.♘a4 ♘d7 18.♖fd1 ♖c6 19.♘c3 ♘f6 20.♖xd8+ ♗xd8 21.♖a4 ♘e8 22.♘d5 ♘d6 mit vollem Ausgleich, Leko–Topalow, Wijk aan Zee 2004.

13.♖fd1

Weiß tut natürlich alles, um den Vorstoß d6–d5 zu verhindern. Sein Plan ist das Springermanöver c1-a2–b4, um die Kontrolle von d5 zu verstärken.

Karpows Idee 13.♖fc1 sollte dem Schwarzen keine größeren Schwierigkeiten bereiten; z.B. 13...♘c5

(Auch nach 13...♕c6!? 14.♗f3 ♗c4 15.♖a4 ♖fe8 hat Schwarz gute Ausgleichschancen.)

14.♘xc5 dxc5 15.f3

A) 15...c4 16.♘a4 ♘d7 17.♗f1

(17.♔h1 ♕c6 18.♕e1 f5=)

17...♖fd8 18.♕e1 ♕c6 19.♔h1 h6 20.♖d1 ♔f8 21.♗d2 ♕b5 22.b4 ♕c6 23.c3 ♗g5 24.♗xg5 hxg5 25.h3 f6 26.♕e3 ♔e7 27.♔h2 ♗f7 und Schwarz konnte remisieren, Iwantschuk–Kramnik, Monaco 2004.

B) 15...♖cd8 16.♕e1 ♘h5

(Die ebenso interessante wie riskante Idee 16...♖d4!? wird in **Partie Nr. 48**: Cernousek–Jakubiec, Ostrava 2005, analysiert.)

17.♘a4

(17.♗f1 ♘f4 18.g3 ♘g6 ist unklar.)

17...♘f4 18.♗f1 f5 19.♘c3 ♔h8 20.♗f2 ♖f6 21.exf5 ♗xf5 22.♘e4 ♖g6 23.♔h1 ♖f8 mit Chancen für beide Seiten, Abramovic–Chandler, Belgrad 1982.

13...♕c6

Außerdem wurden auch folgende Pläne versucht.

I. 13...♖fd8 14.♕e1

(14.f3 d5! 15.exd5 ♘xd5 16.♘xd5 ♗xd5 17.♕xd5 ♘f6 18.♕c4 ♕xc4 19.♖xd8+ ♗xd8 20.♗xc4 ♖xc4 21.♖d1 ♗e7=)

A) 14...h6 15.♘c1 ♕b8 16.♘1a2 ♘g4 17.♗xg4 ♗xg4 18.♖d2 ♘f6 19.f3 ♗e6 20.♕d1 ♖c4 21.b3 ♖cc8 22.♖d3 ♖d7 23.♕d2 d5 24.♗f2 (24.exd5?? ♗f5–+) 24...dxe4 25.♖xd7 ♗xd7 26.♘xe4 ♘xe4 27.fxe4 ♗c6 28.♕e2 ♕d6 29.♖d1 ♕a3 30.♘c3 ♕xa5 mit schwarzem Vorteil, Koskela–Carlsen, Kopenhagen 2004.

B) 14...♕c6 15.♗f3 h6 16.♘c1 ♕c7 (16...♘c5!?) 17.♘d3 d5 18.exd5 ♗f5 19.♗e2

(Nicht zu fürchten ist 19.♗b6 ♘xb6 20.axb6 ♕xb6 21.♕xe5 ♗xd3 usw.)

19...e4 20.♘c1 ♗b4 21.♖a4 ♗xc3 22.♕xc3 ♕xc3 23.bxc3 ♖xc3 24.♖c4 ♖xc4 25.♗xc4 ♖c8 26.♗b3 ♘g4 27.♗d4 ♘ge5 und Weiß hat nur geringen Vorteil. Ich meine, dass die schwarze Stellung zu halten ist.

II. 13...♖fe8 14.♕e1

A) 14...♗f8 15.♘c1 h6 16.♗f3

(16.h3 d5 17.exd5 ♗f5 18.♗d3 e4 19.♗e2 ♗b4 20.♘b3 ♕e5 21.♗d4 ♕d6 22.♕f1 e3 mit der Drohung ♗f5xc2.)

16...d5!? 17.exd5 ♗f5 18.♕d2 ♗d6 19.h3 e4 20.♗e2 ♘e5 mit ausreichendem Spiel für den Bauern, Barbulescu–de Firmian, Dubai 1986.

B) 14...h6 15.h3 ♗f8 16.♖d2 ♘c5 17.♘xc5 dxc5 18.♗f3 ♖cd8 mit etwa gleichen Chancen.

14.f3

14.♗f3 ♖fe8 15.♕e1 h6

(Zu beachten ist sofort 15...♖a8!? mit der Idee b7–b5.)

16.♘c1 ♖a8 17.♘d3 b5

(Nunn empfiehlt hier die Variante 17...b6!? 18.♘b4 ♕b7 19.♘bd5 ♗xd5 20.♘xd5 ♘xd5 21.♖xd5 ♘f6 nebst b6xa5 und der Druck auf b2 bzw. e4 gibt Schwarz Kompensation für seinen rückständigen d-Bauern.)

18.♘b4 ♕b7 19.♘cd5 ♘xd5 20.exd5 ♗f5 und laut Nunn ist die schwarze Stellung zu halten.

14...♖fd8

Schwarz muss konsequent den Vorstoß d6–d5 vorbereiten, um nicht in die Defensive gedrängt zu werden.

Unklar ist das Bauernopfer 14...♕c7 15.♖ac1 b5 16.axb6 ♘xb6

17.♗xa6 ♖a8 18.♗d3 d5 19.♘b5 ♕b8 20.♗c5 usw.

15.♖ac1 ♗c4 16.♗xc4 ♕xc4 17.♘d5

Keine Angst sollte Schwarz vor 17.♕d3 haben; z.B. 17...h6 18.♔h1 ♕c6 19.♕e2 ♘f8 20.♘d5 ♘xd5 21.exd5

(21.♖xd5 ♗g5 22.♗xg5 hxg5 23.c4 ♘e6 ist gut für Schwarz.)

21...♕a4 22.♖a1 ♕c4 usw.

17...♘xd5 18.♕xd5

18.exd5 f5 19.♕d3 ♕xd3 20.♖xd3 ♖c4 21.c3 ♖dc8 22.♖a1

(22.♘d2? ♖a4 23.♘b3 ♗d8∓)

22...♔f7 23.♘d2 ♖4c7 24.c4 ♗f6 25.♖e1 g5 26.b4 h5

Zwar steht Schwarz am Damenflügel sehr beengt, doch am anderen Flügel hat er ausreichend Gegenspiel.

18...♕xd5 19.♖xd5 ♘f6 20.♖d2

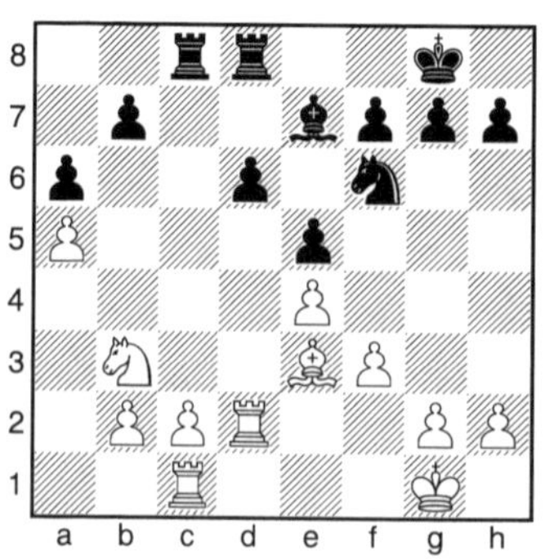

20...d5!

Endlich hat Schwarz den wichtigen Vorstoß im Zentrum durchgeführt und somit seinen Hauptplan umgesetzt.

21.♗b6

21.exd5 ♘xd5 22.♖e1 (22.♗f2?? ♗g5–+) 22...♘xe3 23.♖xd8+ ♗xd8 24.♖xe3 ♖xc2 25.♖xe5 ♔f8 ist günstig für Schwarz; z.B. 26.♘c5 f6 27.♘e6+ ♔e7 28.♖c5

(28.♖e3 ♖c1+ 29.♔f2 ♗xa5 30.♔g3 ♔f7–+)

28...♖xc5 29.♘xc5 ♗xa5 30.♔f1

(30.♘xb7 ♗b6+ 31.♔f1 ♔d7 32.b4 ♔c6 33.♘a5+ ♗xa5 34.bxa5 ♔b5–+)

30...♗b4 und Schwarz bleibt mit einem Mehrbauern, denn das Schlagen auf b7 kostet den Springer.

21...♖d7 22.exd5 ♖xd5 23.♖cd1

Auch im Fall von 23.♖xd5 ♘xd5 24.c4 ♘xb6 25.axb6 f5 26.♔f1 ♔f7 27.c5 ♖c6 hat Schwarz keine Schwierigkeiten; z.B. kann er nach 28.♔e2 ♔e6 29.♖c3 ♔d5 30.♖d3+ ♔e6 31.♖c3 ♔d5 Zugwiederholung erzwingen.

23...♖xd2 24.♖xd2 ♔f8 nebst ♔f8–e8, ♘f6–d7=

Zusammenfassung: Die Turnierpraxis hat eindeutig bewiesen, dass die aktive Antwort 6...e5 Schwarz die besten Gegenchancen verspricht, und die vorgestellten Varianten bzw. Analysen bestätigen diese Beurteilung. Wenn jemand sich mit dem Zug 6...e6 befassen möchte, muss er zu anderen Büchern greifen, denn hier wird diese Folge nicht analysiert.

Kapitel 11

Die Fortsetzung 6.♗c4

1.e4 c5 2.♘f3 d6 3.d4 cxd4 4.♘xd4 ♘f6 5.♘c3 a6 6.♗c4

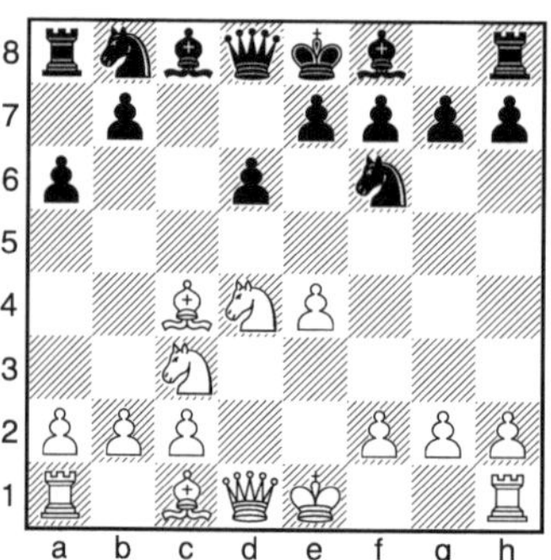

Der Läufer nimmt auf der Diagonale a2–g8 wichtige weiße Felder unter Beschuss. Der weiße Aufbau bietet gute Voraussetzungen für aktives Figurenspiel im Zentrum und am Königsflügel. In der Folge können sich viele taktische Möglichkeiten ergeben, die meistens mit Opfern auf e6 oder f7 verbunden sind. Das Ziel von Schwarz ist also, die aktiven Pläne des Gegners zu neutralisieren, was bei genauem Spiel problemlos zu erreichen sein sollte. Da die Läuferentwicklung nach c4 ein Lieblingskind von Ex-Weltmeister Robert Fischer war, wird sie in der Schachliteratur sehr oft als „Fischer-Angriff" bezeichnet.

6...e6

Das ist die beste Fortsetzung, nach der Schwarz ♗f8–e7 nebst rascher Entwicklung des Königsflügels plant. Es ist wichtig in diesem Abspiel, den König rechtzeitig zu sichern, da er im Zentrum sehr oft in Gefahr gerät.

7.♗b3

Mit diesem präventiven Rückzug, der schwarzen Attacken mit b7-b5 oder ♘f6xe4 nebst d6–d5 zuvorkommt, behält der Läufer seine aktive Wirkung auf der Diagonale a2–g8.

Hier ein Blick auf einige Alternativen.

I. 7.a3 ♗e7 8.0-0 0-0 9.♗a2 b5 10.f4 ♗b7 11.♕e2

(– 11.f5 e5 12.♘de2 ♘bd7 13.♘g3 ♖c8 und nach 14.♘h5 ♘xh5 15.♕xh5 ♖xc3! 16.bxc3 ♘f6 bekommt Schwarz für die geopferte Qualität schönes Gegenspiel.

– Und auch nach 11.e5 dxe5 12.fxe5 ♗c5 13.♗e3 ♘fd7 hat er gute Chancen.)

11...♘c6 12.♘f3 b4 13.axb4 ♘xb4 14.♗b3 a5

(Möglich ist auch 14...d5!? 15.e5 ♘e4 mit guten Gegenchancen.)

15.♖d1 ♗a6 16.♕e1 ♕c7 17.♔h1 ♘d7 18.♗e3 ♘c5 19.♗xc5 dxc5

20.e5 ♖ad8 21.♘e4 c4 22.♗a4 ♗b7 und Schwarz hat seine Eröffnungsprobleme weitgehend gelöst, Seeman–Morovic, Tallinn 1998.

II. 7.a4 ♗e7 8.0-0 0-0 9.♗e3

(9.♗a2 ♘c6 10.♗e3 ♗d7 11.f4 ♘xd4 12.♗xd4 ♗c6 13.♕d3 b5 14.axb5 axb5=)

9...♘xe4!

Ein typisches Motiv gegen den weißen Figurenaufbau.

10.♘xe4 d5 11.♗d3

(11.♗xd5 ♕xd5 12.♘c3 ♕c4=)

11...dxe4 12.♗xe4 ♘d7 13.c3 ♕c7 14.♗c2 g6 mit der Idee e6–e5 und gutem Spiel für Schwarz.

III. 7.0-0 ♗e7

(7...b5 8.♗b3 ♗e7 9.f4 0-0 bedeutet praktisch nur Zugumstellung.)

8.♗b3 0-0 9.f4

(Gar nichts erreicht Weiß mit 9.♕f3 ♘bd7 10.♕g3 ♘c5 11.♗h6 ♘e8, denn die schwarze Stellung ist ausreichend verteidigt. Schwarz droht mit ♘c5xb3 den starken Läufer zu liquidieren und hat gutes Spiel.)

9...b5 10.e5

Dieser aggressive Zug ist keine Gefahr für Schwarz.

(Auch die Alternative 10.♗e3 bringt keinen Vorteil. Nach 10...b4 11.♘a4 ♗b7! 12.e5 ♘d5 13.♗xd5 ♗xd5 14.♘f5 ♘d7 15.♘xd6 f6 16.c3 bxc3 17.♘xc3 fxe5 18.♘xd5 ♗xd6 entsteht eine ausgeglichene Stellung.)

10...dxe5 11.fxe5 ♘fd7 12.♗e3

(Nach 12.♕h5 ♗c5 13.♗e3 ♗xd4 14.♗xd4 ♘c6 15.♗e3 ♘cxe5 16.♖ad1 ♗b7 17.♖d4 ♘g6 18.♘e2 ♕e7 19.♘f4 ♘c5 steht Schwarz laut Golubiew bereits besser.)

12...♘xe5 13.♕h5 ♘bc6 14.♘xc6 ♘xc6 15.♖f3 ♕d6 16.♖h3 h6 17.♖g3

(17.♗xh6 ♕c5+ 18.♗e3 ♕xh5 19.♖xh5 ♘a5=)

17...♕e5 18.♕xe5

(18.♕f3? ♗c5 19.♗xc5 ♕xc5+ 20.♔h1 f5∓, Kulaots–Nisipeanu, Meddelin 1996)

18...♘xe5 19.♗xh6 ♘g6 mit gleichem Spiel, Leyva–Herrera, Las Tunas 2001.

IV. 7.♕e2

Dieser Zug verrät die Absicht, lang zu rochieren.

7...b5 8.♗b3 ♗e7 9.♗e3

(Nach 9.g4? b4 10.♘a4 ♗b7 11.f3 ♘c6 steht Schwarz bereits besser.)

9...0-0 10.0-0-0 b4 11.♘a4 ♕a5 12.g4

(12.♘f3? ♘bd7 13.♘d2 ♗b7 14.f3 ♗c6 15.♘c4 ♕c7∓, Ljubojevic–Polugajewski, Amsterdam 1972)

12...♗d7

(12...♖e8!? ist zu probieren.)

13.♘b6 ♕xb6 14.g5

(Oder 14.♘xe6 ♕b5 15.♗c4 ♗xe6! 16.♗xb5 axb5 17.f3 ♖xa2 18.♕xb5 ♘bd7 mit guten Gegenchancen.)

14...♘xe4 15.♘xe6 ♕b5 16.♗c4 ♗xe6 17.♗xb5 axb5 18.f3 ♘c5 19.h4 ♖c8 20.♕xb5 ♗xa2 und Schwarz hat gute Angriffsmöglichkeiten am Damenflügel, Sznapik–Adamski, Polanica Zdroj 1972.

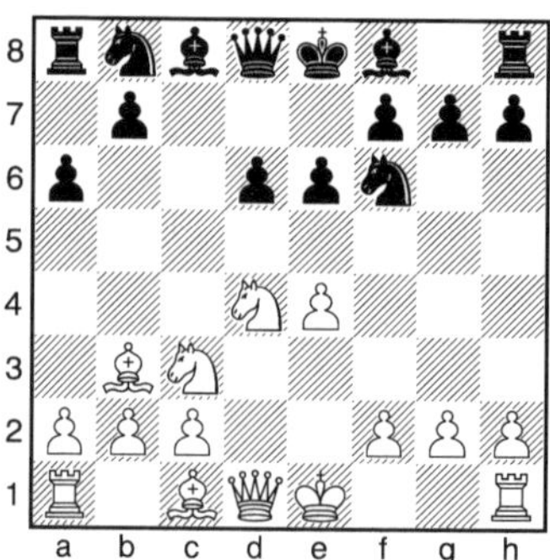

7...♘bd7

Schwarz beabsichtigt, mit ♘d7–c5 den Angriffsläufer auf b3 unschädlich zu machen. Dieser Plan ist in letzter Zeit populär geworden, denn er gibt dem Schwarzen ganz gute Chancen.

Die Hauptvariante entsteht nach 7...b5, womit Schwarz eine direkte Gegenaktion am Damenflügel startet. Dies führt allerdings zu sehr scharfen Komplikationen, in denen Weiß doch die besseren Aussichten behält. Aus diesem Grund empfehle ich den Textzug mit guten Gegenchancen für Schwarz.

8.f4

Mit diesem aggressiven Herangehen plant Weiß die Schläge im Zentrum f4–f5 bzw. e4–e5.

Betrachten wir auch einige Alternativen.

I. 8.0-0 ♘c5

A) 9.f4 ♘fxe4 10.♘xe4 ♘xe4 11.f5 e5 12.♕h5

(Nach der scharfen Variante 12.♘e6 ♕b6+ 13.♔h1 fxe6 14.♕h5+ ♔d8 15.♗g5+ ♔c7 16.fxe6 ♘f2+ 17.♖xf2 ♕xf2 18.♕e8 ♕f5 19.♗d8+ ♔b8 20.e7 ♕f6 21.♗c7+ ♔a7! 22.♗b6+ ♔xb6 23.♕d8+ ♔a7 24.e8♕ ♗e7 25.♕dxe7 ♖xe8 26.♕xe8 ♗g4 behält Schwarz ein Plus.)

12...d5 13.♖e1 ♗c5 14.♖xe4 0-0 15.♖g4 ♗xd4+ 16.♔h1 e4 17.c3 ♗f6 18.♗h6 ♔h8 mit sehr komplizierter Stellung.

B) 9.♖e1 ♗e7 10.♕f3 (10.f4 0-0 11.♕f3 ♕c7∞) 10...0-0 11.♕g3 ♔h8 12.♗g5 h6 13.♗d2 ♗d7 14.♖ad1 b5 15.a3 ♕b6 16.♘f3 ♘xb3 17.cxb3 e5 und Schwarz steht gut, De Firmian–Iwantschuk, Luzern 1989.

II. 8.♗g5

A) 8...♕a5!?

A1) 9.♗xf6 ♘xf6 10.0-0 ♗e7

(Die neue Idee 10...♘d7!? wurde erfolgreich in der **Partie Nr. 49**:

Nisipeanu–Naiditsch, Sarajewo 2006, ausprobiert.)

11.f4 0-0 12.f5 e5 13.♘de2 ♗d7 14.♘g3 ♗c6 15.♘h5

Weiß erobert das Feld d5 und bekommt bessere Perspektiven.

A2) Zu 9.♕d2 – siehe **Partie Nr. 50**: Naiditsch–Anand, Dortmund 2003.

B) 8...h6 9.♗h4 ♕a5 10.0-0 ♕h5 11.♕xh5 ♘xh5 12.f3

B1) 12...b6 13.♖fd1 ♗b7 14.♗c4 ♗e7 15.♗f2

(15.♗xe7 ♔xe7 16.♖d2 ♖hd8 17.♖ad1 ♖ac8=)

15...♖c8 16.♗f1 0-0 17.♘b3 ♖c6 18.a4 ♘hf6 19.♖d2 ♖fc8 20.♘d4 ♖6c7 mit ungefähr ausgeglichener Stellung, Ehlvest–Kasparow, Skelleftea 1989.

B2) 12...♘c5 13.♘a4 ♘xa4 14.♗xa4+ ♗d7 15.♗b3 ♗e7= Hracek–Wojtkiewicz, Stara Zagora 1990

III, 8.♕e2 ♘c5 9.♗g5 ♗e7 10.f4

(10.0-0-0 ♘fxe4 11.♗xe7 ♘xc3 12.♗xd8 ♘xe2+ 13.♘xe2 ♔xd8 14.♖xd6+ ♔e7 15.♖hd1 ♗d7 16.♗c4 ♖hd8 und Schwarz hat das etwas bessere Endspiel.)

10...h6 11.♗xf6 ♗xf6 12.0-0-0 ♕c7 13.♖he1 0-0 14.g4

(14.e5 dxe5 15.fxe5 ♗g5+ 16.♔b1 b5∓, Golubiew–Serebjanik, Novy Becej 1991)

14...b5 15.g5 hxg5 16.e5 dxe5 17.fxe5 ♗e7 18.♕h5 ♖d8

A) 19.♖e3 g6 20.♕h6 g4 21.h3 b4 22.♘ce2 (22.♘e4 ♕xe5–+) 22...♗f8 23.♕h4 ♘xb3+ 24.axb3 ♗g7 25.hxg4 ♗b7 und Weiß hat Schwierigkeiten mit seinem Bauern auf e5.

B) 19.♘e4 ♘xb3+

(19...♘xe4 20.♖xe4 g6 21.♕h6 a5 22.♖d3 ♗f8)

20.axb3 ♕a5

(Zu erwägen ist 20...♖xd4!? 21.♖xd4 ♕xe5 22.♖d3 ♗b7 23.♖de3 ♕f4 24.♔b1 ♕h4 mit Kompensation für die Qualität.)

21.c3 ♗b7 22.♘xg5 ♗xg5+ 23.♕xg5 b4 24.♖e3 bxc3 25.bxc3 ♕a3+ 26.♔d2

(Auf 26.♔b1 folgt 26...♖ab8 27.♖g1 g6 mit der Drohung ♗b7–d5 und starkem Angriff.)

26...♕xb3 27.♖g3 ♕b2+ 28.♔e1 g6 29.h4 ♕h2 30.h5 ♖d5 und in dieser äußerst komplizierten Stellung würde 31.hxg6? f6!–+ zum Verlust führen.

8...♘c5

Nicht gut ist 8...b5? 9.f5 e5 10.♘c6 ♕c7 11.♘b4 mit weißem Vorteil, Analyse von Fischer.

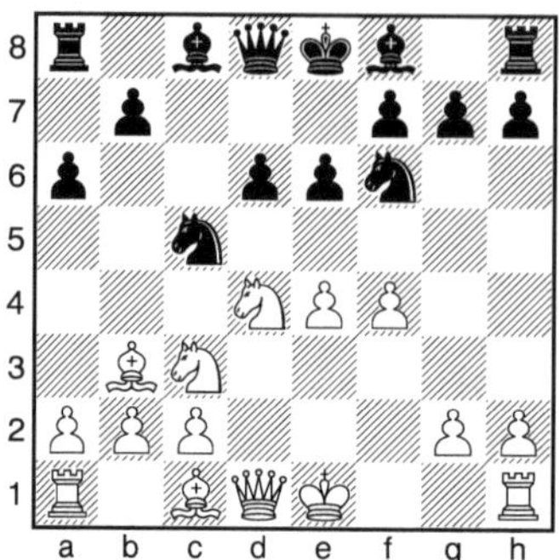

9.0-0

Die Rochade gehört zum normalen Plan, um dem König vor aktiven Unternehmungen einen sicheren Platz zu garantieren.

Es gibt natürlich auch direktere Alternativen.

I. 9.♕f3 b5

(Möglich ist auch 9...♗e7, was später in der Hauptvariante analysiert wird – siehe **II.** und dort 10.♕f3 statt des Hauptzuges 10.e5.)

10.f5 ♗d7 11.♗g5 ♗e7 12.0-0-0

(12.e5 dxe5 13.♘c6 ♗xc6 14.♕xc6+ ♔f8! 15.fxe6 b4 16.♘e2 ♖c8 17.♕f3 ♘xe6∓)

12...0-0

A) 13.a3 ♘xb3+

(13...♕b6!? 14.♗a2 b4 15.axb4 ♕xb4∓)

14.♘xb3 ♕c7∓, Analyse von Arizmendi und Moreno

B) 13.e5 dxe5 14.♘c6 ♗xc6 15.♕xc6 ♕a5 16.fxe6 ♖ac8 17.exf7+ ♔h8 18.♕f3 ♘xb3+ 19.axb3 b4 20.♘a4 e4–+, Tschuprow–Swidler, Smolensk 2000

II. 9.f5

A) 9...♗e7 10.♕f3

(10.0-0 0-0 11.♕f3 ♗d7 12.♗e3 b5 13.♖ad1 b4 14.fxe6 fxe6 15.♘b1 ♔h8 16.e5 ♘d5 17.♕h3 dxe5 18.♖xf8+ ♗xf8 19.♘e2 ♘xb3 20.axb3 ♘xe3 21.♕xe3 ♕c7 mit schwarzem Vorteil, Plenca–Bodrozic, Kroatien 2012.)

10...0-0 11.♗e3 e5 12.♘de2 ♘xb3 (12...b5 13.♗d5±) 13.axb3 b5 14.g4

(Zu gefährlich ist 14.♘xb5? d5 15.exd5 ♘xd5 mit schwarzer Initiative.)

14...b4 15.♘a4 ♗b7 16.♘g3 d5 17.0-0-0 d4

(Spielbar ist auch 17...♕c7!?; z.B. 18.♘b6 d4 19.♘xa8 ♖xa8 nebst ♖a8–c8 mit starker Initiative.)

18.♗d2 ♖c8 19.♔b1 ♘d7 mit der Idee ♗b7–c6 und guten Gegenchancen am Damenflügel.

B) 9...b5 10.fxe6 fxe6 11.♕f3 ♗d7 12.♗e3

(12.0-0 ♗e7 13.♕g3 ♘xb3 14.axb3 b4 15.♘ce2 0-0 und Schwarz steht gut.)

12...♕c8 13.g4

(13.a3 ♘xb3 14.cxb3 ♗e7 15.♖c1 ♕b7∓, Macieja)

13...h5 14.h3

(14.gxh5 ♖xh5 15.♕g2 ♔d8 16.0-0-0 ♔c7∞)

14...hxg4 15.hxg4 ♖xh1+ 16.♕xh1 b4 mit kompliziertem Spiel, Gonzalez–Vera, Matanzas 1997.

C) 9...♗d7!? 10.0-0 b5 11.♕f3 ♗e7 12.fxe6 fxe6 13.e5 dxe5 14.♘c6 ♗xc6 15.♕xc6+ ♔f7 16.♗e3 ♕c8 17.♕f3 ♘xb3 18.axb3 ♖f8 19.♔h1 ♔g8 20.♕e2 ♕c6 mit chancenreichem Spiel für Schwarz, Istratescu–Short, Jerewan 1996.

III. 9.e5 ♘fd7

(Zu 9...dxe5 – siehe **Partie Nr. 51**: Short–Kasparow, London 1993.)

10.exd6 ♘f6 11.♗e3 ♗xd6 12.♕f3 0-0 13.0-0-0 ♕c7

A) 14.g4 b5! 15.♖hf1

(– 15.♕xa8 ♗b7 16.♕a7 ♖a8∓

– 15.♘dxb5 axb5 16.♘xb5 ♘xb3+ 17.axb3 ♖a1+ 18.♔d2 ♕a5+ –+)

15...♗b7 16.♕h3 ♖fc8 mit schwarzem Vorteil, Bjesgodow–Solodownitschenko, Aluschta 1999.

B) 14.♔b1 ♗d7 15.g4 ♘xb3 16.axb3

(16.cxb3 ♖ae8 17.g5 ♘d5 18.♘xd5 exd5 19.f5 ♖e4 20.♖d3 ♖fe8 21.♖f1 ♗c5∓, Saulin–Schipow, Moskau 1995)

16...♖fe8 17.g5 ♘d5 18.♘xd5 exd5 19.f5 ♖e4 20.♖hf1 ♖ae8

Schwarz hat die e–Linie erobert und steht bereits besser, Analyse von Arizmendi und Moreno.

9...♗e7

Schwarz muss vorsichtig handeln, denn 9...♘cxe4 10.♘xe4 ♘xe4 ist ziemlich riskant; z.B. 11.f5 e5 12.♕h5

(12.♕e2 ♘f6∓ bzw. 12.♘e6 ♕b6+ 13.♔h1 fxe6 14.♕h5+ ♔d8 15.♗g5+ ♔c7 16.fxe6 ♘f2+ 17.♖xf2 ♕xf2 18.♕e8 ♕f5–+)

12...d5 13.♖e1 ♗c5 14.♖xe4 ♗xd4+

(Nach 14...0-0 15.♖g4 ♗xd4+ 16.♔h1 hat Weiß laut Golubiew starke Initiative für den Bauern.)

I. 15.♔h1 ♕f6 16.♖e1 ♕xf5 17.♕xf5 ♗xf5 18.c3 ♗c5 19.♖xe5+ ♗e6 20.♗xd5 ♖d8 21.c4 ♗e7 22.♗g5 ♗xg5 23.♖xg5 ♗xd5 24.cxd5 0-0=

II. 15.♖xd4 ♕b6!

(15...exd4? 16.♗g5 ♕d6 17.♖e1+ ♔d7 18.♕xf7+ ♔c6 19.♗e7+–)

16.c3 exd4 17.♕e2+ ♔d8

(Nach 17...♔f8 18.♕e5! hat Weiß volle Kompensation für die Qualität.)

18.♕e5 dxc3+ 19.♗e3 ♕c6 20.♗xd5 ♖e8 21.♕d4 ♕f6 22.♗g5 ♕xg5 23.♗c6+ ♔c7 24.♗xe8 cxb2 25.♕e5+ ♔b6 26.♕xb2+ ♔a7 27.♗xf7 ♗xf5 28.♗d5 ♕e3+ 29.♔h1 ♕b6 30.♕xg7 ♖d8 mit gleichem Endspiel.

III. 15.♗e3 0-0 16.♖xd4 exd4 17.♗xd4 f6

(17...♖e8!? 18.f6 ♖e4 19.c3 ♖xd4 20.cxd4 ♕xf6 21.♖d1 ♗f5 22.♗xd5 ♖d8=)

18.♗c5 ♖e8 19.♖d1 und Weiß hat für das geopferte Material starke

Initiative, Topalow–Short, Amsterdam 1996.

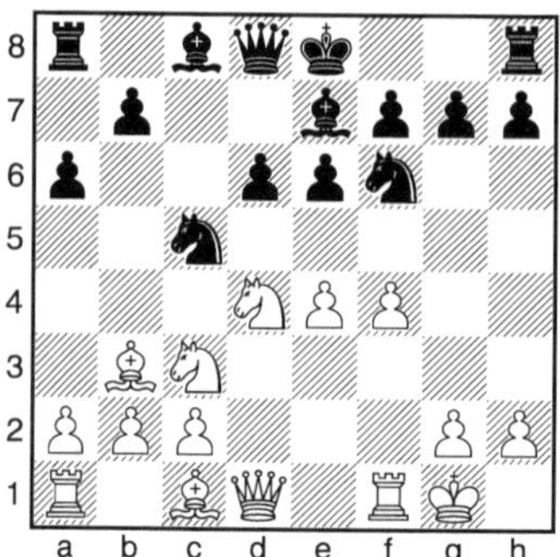

10.e5

Ein Versuch, den Sinn des Manövers ♘d7–c5 infrage zu stellen.

Andere Züge sind ungefährlich.

I. 10.♕f3

(Zu 10.f5 – siehe 9.f5.)

10...0-0 11.♗e3 ♘fd7 12.g4 ♖e8 13.g5 ♗f8 14.♕h5 g6 15.♕h3 ♗g7 16.♖ad1 b5 17.f5 ♘xb3 18.axb3 exf5 19.exf5 ♗b7 20.f6 ♗f8 21.♘de2 ♕c8

Schwarz hat eine chancenreiche Stellung, denn Weiß muss immer die starke Drohung ♕c8–c6 im Auge halten, Frolow–Dwoiris, Samara 2000.

II. 10.♗e3 ♕c7 11.♕f3 b5 12.e5 ♗b7 13.♕g3 dxe5 14.fxe5 ♘h5 15.♕f2 0-0 16.g4 b4!

Dieser Vorschlag von Schipow zeigt nach meiner weiteren Analyse die Ressourcen von Schwarz.

A) 17.♘a4 ♕xe5 18.gxh5

(18.♘xc5 ♗xc5 19.gxh5 ♗xd4 20.♗xd4 ♕e4 21.♕d2 ♖ad8 22.c3 ♕g4+ 23.♔f2 bxc3 24.bxc3 e5–+)

18...♘e4 19.♕f4 ♕xh5↑

B) 17.gxh5 bxc3 18.bxc3 ♘e4–+

C) 17.♘d1 ♘xb3 18.cxb3 (18.♘xb3 ♕c6–+) 18...♕xe5 19.gxh5 ♕xh5 20.♘f3 ♗d6 21.♕g2 f5 mit der Drohung ♖f8–f6–g6 und starkem Angriff.

10...dxe5 11.fxe5 ♘fd7

Eine sichere Lösung im Kampf um den Ausgleich.

Eine beachtliche Alternative ist 11...♘xb3!? 12.axb3 ♗c5 13.♗e3 ♘d5 14.♗f2

(14.♕f3 0-0 15.♘xd5 ♕xd5 16.♕xd5 exd5=, Kunze–Stohl, München 1992)

14...♘xc3 15.bxc3 ♕c7

(15...0-0 wurde auch gespielt; z.B. 16.♕h5 ♗e7 17.♖ad1 ♕c7 18.♖d3 g6 19.♕e2 ♗d7 20.♖h3 f6 mit verteidigungsfähiger Stellung.)

A) 16.♕g4 0-0 17.♗h4

(17.♖ae1!? ist laut Golubiew besser.)

17...♕xe5 18.♖ae1 ♗xd4+ 19.cxd4 f5

Schwarz hat einen Bauern mehr, obwohl bei den ungleichen Läufern der Vorteil gering ist, Velimirovic–Aleksic, Jugoslawien 1992.

B) 16.♕h5 0-0 17.♖ae1 (17.♗h4!? Golubiew) 17...♗d7 18.♖e4 f5 und

Schwarz verteidigt seine Königsstellung, Arakhamia–Ftacnik, Sydney 1991.

12.♕h5

Das Turmopfer 12.♖xf7? ist nicht korrekt: 12...♔xf7 13.♘xe6 ♘xe6 14.♗xe6+ ♔e8!

(14...♔xe6? 15.♕d5+ ♔f5 16.♕f7+ ♘f6 17.exf6 ♗xf6 18.♗e3+–)

15.♗e3 ♘f8! 16.♗d5 ♕c7 17.♕h5+

(17.♕d4 ♘e6 18.♕e4 ♗c5 19.♗xc5 ♕xc5+ 20.♔h1 ♕d4 21.♗xb7 ♕xe4 22.♗xe4 ♖b8 23.b3 ♘c5 24.♗f3 ♗b7–+)

17...g6 18.♕f3 ♘e6 19.♗h6 ♕xe5 20.♖f1 ♗d6 21.g3 ♔d8 22.♗xb7 ♗xb7 23.♕xb7 ♖a7 24.♕f3 ♔c8 25.♘e4 ♖d8 und der materielle Vorteil ist entscheidend, denn Weiß hat keine Chancen auf einen Mattangriff.

12...♘f6!

Nur so, denn die Alternativen sind zweifelhaft.

I. 12...g6? 13.♕e2 ♕c7 14.♗h6 ♗f8

(14...♕xe5 15.♕xe5 ♘xe5 16.♗g7+–)

15.♘d5!

A) 15...exd5 16.e6 ♘xe6 17.♘xe6 fxe6

(17...♕b6+ 18.♘d4+ ♔d8 19.♗e3+–)

18.♕xe6+ ♗e7 19.♖ae1 ♕c5+ 20.♔h1 ♔d8 21.♗xd5 ♘f6 22.♕e5 und die Lage von Schwarz ist hoffnungslos.

B) 15...♕d8 16.♕f2 f5 17.exf6

(17.♗g5!? ♕a5 18.♘f6+ ♘xf6 19.♗xf6 ♖g8 20.♖ad1 ist auch nicht schlecht.)

17...♗xh6 18.♕h4 ♘e5 19.♕xh6 ♘f7 20.♕e3+–

II. 12...0-0?

A) 13.♗f4 ♘xb3 14.axb3 ♘f6 15.exf6 ♕xd4+ 16.♔h1 ♗xf6 17.♖ad1 ♕b4

(17...♕b6 18.♗d6 ♖d8 19.♖xf6! gxf6 20.♘e4 ♔g7 21.♘g5! fxg5 22.♕xg5+ +–)

18.♗d6 ♕h4 19.♕xh4 ♗xh4 20.♗xf8 ♔xf8 21.♘e4 mit klarem Vorteil.

B) 13.♔h1 g6 14.♕e2 ♕c7 15.♗f4 b5 16.♗d5! ♗b7 (16...exd5 17.♘xd5+–) 17.♗xb7 ♕xb7 18.b4 ♘a4 19.♘xa4 bxa4 20.a3 und Schwarz steht vor unüberwindlichen Schwierigkeiten.

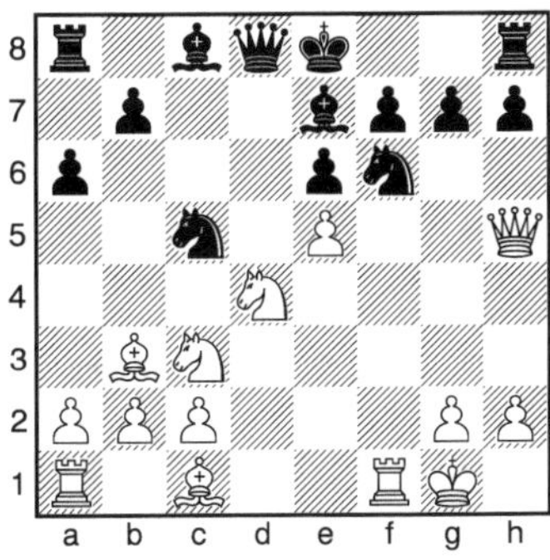

13.exf6

Nur auf diese Weise kann Weiß versuchen, aus seiner Stellung Kapital zu schlagen, denn die Alternativen garantieren keinen Vorteil.

I. 13.♕d1 ♘fd7 14.♕h5 ♘f6 15.♕d1 und wegen Zugwiederholung wurde Remis vereinbart, Sandler–Danailow, Adelaide 1990.

II. 13.♖xf6 gxf6 14.♗e3 ♘xb3

(14...f5?? 15.♘xf5 ♘xb3 16.♘g7+ ♔f8 17.♖f1+–)

15.axb3 f5 16.♘db5 ♗d7 17.♘d6+ ♗xd6 18.exd6 ♕f6 und in dieser komplizierten Stellung hat Schwarz ganz gute Chancen.

III. 13.♕h4 ♘fe4 14.♕f4 0-0 15.♘de2 ♗g5 16.♕f3 ♗xc1 17.♘xe4 ♘xe4 18.♕xe4 ♗xb2 19.♖ad1 ♕c7 20.♘d4 ♗d7 und Schwarz hat einen Bauern mehr sowie die bessere Stellung.

13...♕xd4+ 14.♔h1 gxf6!

14...♗xf6? 15.♗f4 ♘xb3 16.axb3 0-0 17.♖ad1±

15.♗f4 ♘xb3 16.axb3 ♗d7 17.♖ad1 ♕c5 18.♕e2

18.♕g4 0-0-0! ist gut für Schwarz.

18...f5 mit dem Ziel, lang zu rochieren und dann mittels ♖h8–g8 und ♗d7–c6 Gegenspiel zu organisieren. Die Chancen von Schwarz in dieser Variante sehen gut aus.

Zusammenfassung: Der Plan mit 7...♘bd7 gibt dem Nachziehenden nicht nur gute Ausgleichschancen, sondern auch aktives Gegenspiel. Das Ziel des Manövers ♘d7–c5 ist klar, nämlich den starken weißfeldrigen Läufer und somit die Angriffsmotive in Verbindung mit taktischen Schlägen auf e6 oder f7 zu beseitigen.

Kapitel 12

Bauernraub-Variante 7...♕b6

1.e4 c5 2.♘f3 d6 3.d4 cxd4 4.♘xd4 ♘f6 5.♘c3 a6 6.♗g5 e6 7.f4 ♕b6

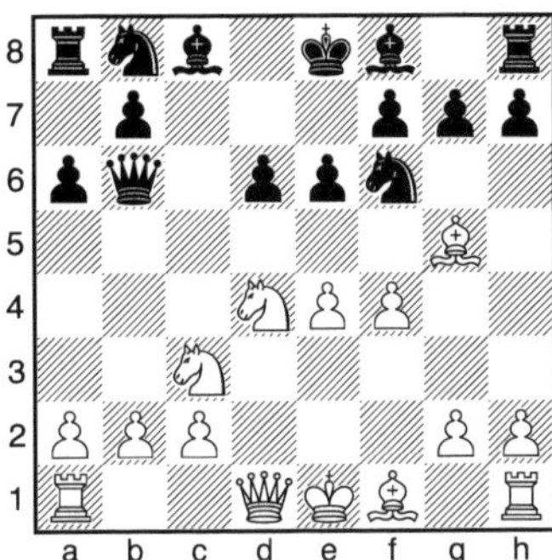

Diese scharfe und komplizierte Variante erreichte besondere Popularität dank Ex-Weltmeister Robert Fischer, der eine Reihe von wichtigen Verstärkungen und neuen Ideen fand. Heutzutage wird sie relativ selten gespielt, aber wahrscheinlich zu Unrecht, denn der frühzeitige Bauernraub scheint vertretbar und wurde zumindest nicht widerlegt. Zu seinen treuesten Anhängern gehören Ex-Weltmeister Garri Kasparow und FIDE-Weltmeister Wesselin Topalow.

8.♕d2

Dies gilt als der beste Zug. Weiß will keine Zeit verlieren und opfert den Bauern für Entwicklungsvorsprung.

Hier ein Blick auf andere Fortsetzungen.

I. 8.a3 ♘c6

(8...♕xb2?? verbietet sich wegen 9.♘a4 mit Damengewinn.)

9.♘b3

(Zu 9.♘xc6 – siehe **Partie Nr. 52**: Z. Almasi–Kasparow, Lyon 1994.)

9...♗e7 10.♕f3 ♕c7 11.0-0-0 ♗d7 12.g4 h6 13.♗xf6 ♗xf6 14.h4 0-0-0 und Schwarz steht gut, Kolving–Najdorf, Warna 1962.

II. 8.♘b3 ♘bd7

(– Nicht zu empfehlen ist 8...♕e3+ 9.♕e2 ♕xe2+ 10.♗xe2 ♘c6 11.♗f3 ♗d7 12.0-0-0 mit etwas besserem Endspiel für Weiß aufgrund seines Raumvorteils.

– Spielbar ist jedoch der Entwicklungszug 8...♗e7 – siehe **Partie Nr. 53**: Kamsky–Topalow, Sofia 2006.)

9.♕f3

(9.♗e2 ♗e7 10.♕d3 ♕c7 11.♗f3 ♖b8 12.0-0-0 b5 13.♗xf6 ♘xf6 14.g4 b4 15.♘e2 e5 16.f5 ♘d7 17.♔b1 a5 18.h4 a4 19.♘bc1 ♘c5∓, Groszpeter–Ki. Georgiev, Odorheiu 1995)

9...♕c7

(Spielbar ist auch 9...♗e7 10.0-0-0 ♕c7 11.♗d3 b5 12.a3 ♖b8 mit Konterchancen am Damenflügel.)

10.a4 ♗e7 11.♗d3 h6 12.♕h3 ♖g8 13.♗h4 g5 14.fxg5 hxg5 15.♗f2 g4 16.♕e3 ♘e5=, Kuprejanow-Gligoric, Jugoslawien 1962

III. 8.♗xf6 gxf6 9.♗e2 ♕xb2 10.♘a4 ♕a3 11.c3 ♘d7 12.0-0 b5 13.♗h5 bxa4 14.♗xf7+ ♔e7

(14...♔xf7? 15.♕h5+ ♔g8 16.♕g4+ ♗g7 17.♘xe6+-)

15.♘c6+ ♔xf7 16.♕h5+ ♔g7 17.♕g4+

(17.♘d4? ♖g8-+, Hector-Olafsson, Reykjavik 1995)

17...♔f7 18.♕h5+ mit ewigem Schach.

IV. 8.♕d3 ♕xb2 9.♖b1 ♕a3 10.f5 ♗e7 11.♗e2 ♕a5 12.♗d2 ♕c7 13.fxe6 fxe6 14.g4

(– 14.0-0 0-0 15.♕c4 ♕d7=

– 14.♕h3 ♘c6 15.♘xc6 ♕xc6 16.♗h5+ ♘xh5 17.♕xh5+ g6 18.♕h6 ♗f6 19.♘e2 ♗d7 20.0-0 ♖f8=)

14...h6 15.♕h3

(15.e5 dxe5 16.♕g6+ ♔d8 17.♘f3 ♘c6 18.g5 ♘e8 19.0-0 ♘d4 20.gxh6 ♘xe2+ 21.♘xe2 gxh6 22.♗c3 ♗d6 23.♖bd1 ♗d7 24.♖xd6 ♕xd6 25.♗xe5 ♕f8 26.♗xh8 ♕xh8 27.♘fd4 ♕g7 ½-½, Mamedow-Safarli, Baku 2009)

15...0-0

(Zu sehr scharfem Spiel führt 15...♖h7!? 16.♖f1 ♘c6 17.♘xc6 ♕xc6 18.e5 dxe5 19.♗d3 e4 20.♘xe4 ♘xe4 21.♕h5+ ♔d7 22.♖d1 ♖h8 23.♗f4 ♗b4+ 24.c3 ♘xc3 25.♗d2 ♕d5 26.♖f7+ ♔c6 27.♖c1 ♔b6 28.♗e3+ ♔a5 29.a3 ♔a4 30.axb4 ♕xd3 0-1, Gaschimow-Grischuk, Bursa 2010.)

16.g5 hxg5 17.♘xe6 ♕c6

A) 18.♕f5 ♖e8

(18...b5!? 19.♖g1 ♖f7 20.♖f1 ♕e8 21.♘d5 ♗d8 22.♘xg7 ♘xe4 23.♕xc8 ♖xf1+ 24.♗xf1 ♔xg7=)

19.♘d5 ♗d8 20.♘xd8 ♗xf5 21.♘xf6+ gxf6 22.♘xc6 ♘xc6 23.exf5 ♘d4 24.♔d1 ♘xe2 25.♖xb7 ♖e5 und Schwarz steht gut.

B) 18.0-0 d5 19.exd5 ♘xd5 20.♖xf8+ ♗xf8 21.♗f3 ♗xe6 22.♕xe6+ ♕xe6 23.♗xd5 ♕xd5 24.♘xd5 b5 25.♗xg5 ♘c6 mit gleichem Endspiel.

C) 18.♖f1 ♖e8 19.♘d5

(19.♗xg5? ♘xe4 20.♘xe4 ♕xe4 21.♗xe7 ♗xe6∓)

19...♗d8 20.♘xd8 ♕xd5 21.♕xc8

(21.exd5 ♗xh3 22.♘xb7 ♗xf1 23.♔xf1 ♘e4∓)

21...♕xe4 22.♖f2 ♕h1+ 23.♖f1 ♕e4=

8...♕xb2

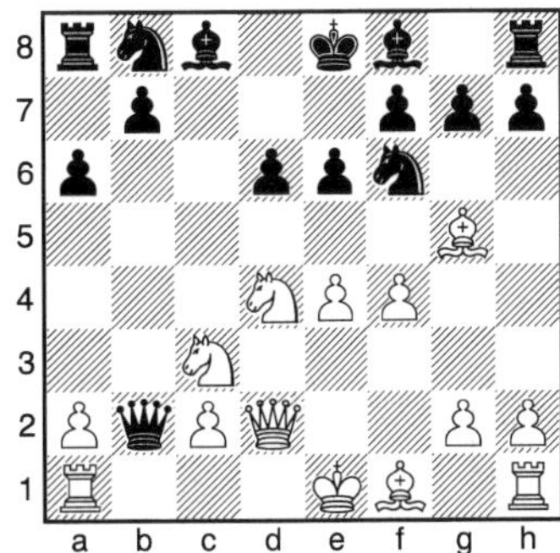

9.♖b1

So wird am meisten gespielt.

Die Alternative ist 9.♘b3 mit der Drohung a2–a3 nebst ♖a1-a2 mit Eroberung der Dame; z.B. 9...♕a3

(Selten gespielt wird 9...♘c6 mit der möglichen Fortsetzung 10.♗xf6 gxf6 11.♘a4 ♕a3 12.♘b6 ♖b8 13.♘c4 ♕a4 14.a3 b5 15.♘xd6+ ♗xd6 16.♕xd6 ♕xe4+ 17.♗e2 ♕d5 18.♕xd5 exd5 19.0-0-0 ♘e7 und der Nachziehende muss noch um Ausgleich kämpfen.

Und nach 10.a3 sollte Schwarz 10...♘a5! spielen.)

10.♗xf6 gxf6 11.♗e2

A) 11...♘c6 12.0-0

(12.f5 ♗g7 13.fxe6 ♗xe6 14.♘d5 f5 15.♘c7+ ♔d7 16.♘xa8 ♖xa8 17.♖d1 fxe4∓, Dang Tat Thang–Marte, Novi Sad 1990)

12...♗d7 13.♔h1 h5 (13...♖c8!?) 14.♘d1 ♖c8 15.♘e3 ♕b4 16.c3 ♕xe4 17.♗d3 ♕a4 18.♘c4 ♖c7 19.♘b6 ♕a3 20.♖ae1

(Weiß kann hier nach 20.♘c4 ♕a4 21.♘b6 ♕a3 22.♘c4 remis halten.)

20...♘e7 21.♘c4 ♖xc4! 22.♗xc4 h4 23.♗d3 f5 24.♗e2 ♗g7 25.c4 h3 26.g3 d5 und Schwarz hat für die Qualität ausreichendes Gegenspiel, Short–Kasparow, London 1993.

B) Die noch wenig erforschte Fortsetzung 11...h5!? ist womöglich die beste; z.B. 12.0-0 ♘d7 13.♔h1 h4 14.h3

(Nach 14.♗g4 h3 15.♗xh3 folgt 15...♖xh3! 16.gxh3 b5 mit Kompensation für die Qualität.)

14...♗e7 15.♖ad1 b6 (15...b5!?) 16.♕e3 ♗b7 17.f5 ♖c8 18.fxe6 fxe6 19.♗g4

B1) 19...♕b2? 20.♖d3 f5 21.♖b1?

(21.exf5! ist deutlich stärker und stellt die Idee 19...♕b2? infrage; z.B. 21...♘e5 22.f6! ♕xc2 23.f7+ ♘xf7 24.♖f2 ♕xd3 25.♕xd3 ♘e5 26.♕d4 ♘xg4 27.hxg4 ♔d7 28.♖f7 e5 29.♕xb6 ♖b8 30.♘c5+ dxc5 31.♕xc5 ♖he8 32.♘d5 1-0, Luther–Quezada, Merida 2003.)

21...♕xb1+ 22.♘xb1 fxg4 23.hxg4 und nun hätte Schwarz in der Partie Short–Kasparow, Riga 1995, 23...♖xc2! mit guten Gewinnchancen spielen sollen.

B2) 19...♘c5!? 20.♖f3

(20.♕d4? ♘xb3 21.cxb3 ♕c5 22.♘a4 ♕xd4 23.♖xd4 ♔f7 24.♘xb6 ♖c2∓)

20...b5!?

(Das ist der einzige Zug, denn nach 20...f5? 21.exf5 ♗xf3 22.gxf3 ♖c6 23.f6! ♗xf6 24.♗xe6 hat Weiß klaren Vorteil.)

21.♘xc5 ♕xc5 22.♗xe6 ♕xe3 23.♖xe3 ♖c5 mit zweischneidigem Spiel. Die Variante muss allerdings in der Praxis geprüft werden.

9...♕a3

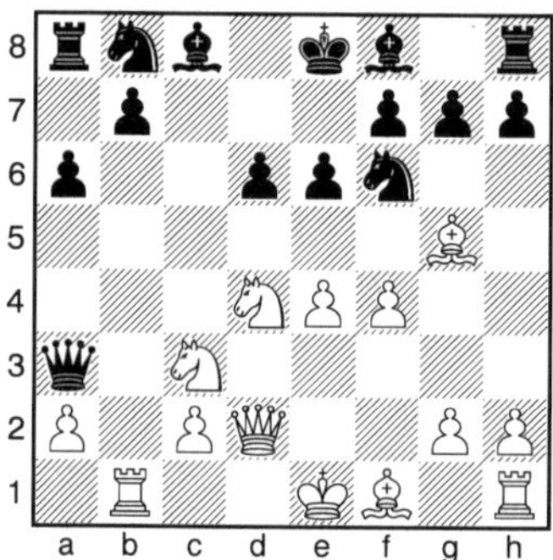

Für den geopferten Bauern bekam Weiß aktives Spiel (bessere Entwicklung!). Die weitere Folge kann sich in diverse Richtungen entwickeln.

10.f5

Mit diesem energischen Schlag versucht Weiß das Spiel in der Mitte zu öffnen, um mehr Raum für seine Figuren zu schaffen.

Natürlich hat Weiß auch andere Pläne zur Verfügung.

I. 10.e5 dxe5

(Zu der starken Alternative 10...h6!? – siehe **Partie Nr. 54**: Schirow–Hou Yifan, Gibraltar 2012.)

11.fxe5 ♘fd7

A) 12.♘e4 h6

(Zu versuchen ist 12...♕xa2!? 13.♖b3 ♕a4 14.♗e2 ♘c6 mit guten Perspektiven für Schwarz.)

A1) 13.♖b3 ♕a4 14.♗e3 ♘c6 15.♗e2 ♘cxe5 16.0-0 ♗e7 17.♖c3 ♘f6 18.♘xf6+ gxf6 19.♘b3 ♕d7 20.♕e1 ♖g8 21.♖f4 b5 22.♖d4 ♕b7 mit guten Gegenchancen (Druck auf den Bauern g2).

A2) 13.♗b5 hxg5

(Infrage kommt 13...axb5!? 14.♘xb5 hxg5 15.♘xa3 ♖xa3 16.0-0 ♘c6 17.♖b5 ♖a4 18.♘xg5 ♘dxe5 19.♖xe5 ♘xe5 20.♕c3 ♘c6 21.♖xf7 ♖a5 22.♖xg7 ♗c5+ 23.♔h1 ♗d4 24.♕d3 ♗xg7 25.♕g6+ ♔d8 26.♕xg7 ♖e8 mit dynamischem Gleichgewicht.)

14.♖b3 ♕xa2 15.♕c3 ♘c6 16.♗xc6 bxc6 17.0-0 c5 18.♘c6

(Zu scharfem Spiel führt 18.♘xe6, wonach Schwarz den Springer schlagen oder 18...♕a4 versuchen kann.)

18...♖h4 19.♕d3 ♖xe4 20.♕xe4 ♕xb3!

(20...c4? 21.♖bf3 ♘c5 22.♕h7 ♘d3 23.♖xf7 ♘f4 24.♕g8 ♕a3 25.♖xg7 1-0, Trkaljanow–Berlinsky, Linares 2003)

21.cxb3 ♗b7 (es droht ♖a8–c8) 22.♕a4 ♘b6 23.♕a5 ♘d5 24.♕a4 ♘b6 und Remis durch Zugwiederholung.

A3) 13.♗h4 ♕xa2 14.♖d1 ♘c6 (14...♕d5!?) 15.♘xc6 bxc6 16.♗e2 ♕a4 17.♕f4 ♕a5+ 18.c3 g5 19.♖xd7 ♗xd7 20.♘f6+ ♔d8 21.♕d4 ♕c7 22.♗f2 ♔c8 23.0-0 c5 24.♕e3 ♗c6 25.♖a1 a5 mit guten Gewinnaussichten.

B) 12.♗e2

B1) 12...♕a5 13.♘b3

(13.0-0 ♗c5 14.♔h1 ♗xd4 15.♕xd4 ♘c6 16.♕f2 0-0 17.♘e4 ♕xe5∓)

13...♕c7 14.0-0 ♘c6 15.♖be1 ♗b4 und es ist nicht zu sehen, wie Weiß weiter angreifen kann. Schwarz steht besser, Santaella Amate–Herrera, Malaga 2002.

B2) 12...♗b4 13.♖b3 ♕a5 14.0-0 ♗c5 15.♔h1 ♘xe5 16.♘f3 ♘xf3 17.♗xf3 0-0 18.♗xb7 ♗xb7 19.♖xb7 ♗b4 20.♖f3 ♘c6 21.♖g3 ♘e5 und Schwarz gewann schnell, Potebnia–Samsonkin, Tschernigow 2005.

C) 12.♗c4

C1) 12...♕a5!? 13.0-0

(13.♘xe6 fxe6 14.♗xe6 ♕xe5+ 15.♕e3 ♕xe3+ 16.♗xe3 ♘c6 17.♘d5 ♗d6 18.0-0 ♘f6 19.♘xf6+ gxf6 20.♖xf6 ♔e7 21.♗xc8 ♔xf6 22.♗xb7 ♘e5 23.♗xa8 ♖xa8–+, Mazzoni–Fischer, Monte Carlo 1967)

13...♘xe5 14.♖be1 ♘xc4 15.♕f4 ♘d6 16.♘e4 ♕c7 17.c4 ♘b5 18.cxb5 ♕xf4 19.♗xf4 f6

Der Entwicklungsvorteil von Weiß ist bedeutungslos, denn er bietet keine ausreichende Kompensation für den materiellen Nachteil.

C2) 12...♗b4 13.♖b3 ♕a5 14.0-0 0-0 15.♗f6 ♘xf6 16.exf6 ♖d8 17.♖xb4 ♕xb4 18.♕g5 g6 19.♖f4 ♕f8 20.♖h4 b5 21.♗d3 b4 22.♗xg6 hxg6 23.♖h6 ♖xd4 24.♖xg6+ ½–½, Hartston–Mecking, Hastings 1966

II. 10.♗xf6 gxf6 11.♗e2

A) 11...♗g7 12.0-0 f5 13.♖fd1

A1) 13...0-0!? 14.exf5

(14.♔h1? fxe4 15.f5 exf5 16.♘d5 e3 17.♕e1 ♘c6 18.♕g3 ♔h8 19.♕h4 ♘xd4 20.♖xd4 ♕c5 21.c3 ♗e6 22.♘xe3 ♕xc3–+, Ivanovic–Portisch, Niksic 1983)

14...exf5 15.♘d5 ♘c6 16.♘xc6 bxc6 17.♘e7+ ♔h8 18.♘xc8 ♖fxc8 19.♕xd6 ♕xa2 mit etwa gleichem Spiel.

A2) 13...♘c6 14.♘xc6 ♗xc3 15.♕e3 bxc6 16.♖b3 ♕c5 17.♖xc3

(17.♕xc5 dxc5 18.♖xc3 fxe4 19.♖xc5 ♗d7 20.♖e5 f5 21.g4 ♖g8 22.♔f2 fxg4 23.♖xe4 h5 24.♔g3 ♔e7 25.♖e5 h4+ 26.♔xh4 ♖h8+ 27.♖h5 ♖xh5+ 28.♔xh5 ♖h8+ 29.♔xg4 ♖xh2=, Parma–Fischer, Havanna 1965)

17...♕xe3+ 18.♖xe3 fxe4 19.♖xd6 ♗b7 20.♖xe4 ♔e7 21.♖ed4 ♖ad8

22.♖xd8 ♖xd8 23.♖xd8 ♔xd8 24.♗f3 ♔e7 25.♔f2 ♔d6 26.♔e3 f5 27.a4 a5 mit Tendenz zum Remis.

B) 11...♘c6 12.♘xc6 bxc6 13.0-0 ♕a5 14.♔h1 ♗e7 15.f5 h5 16.♕d3 h4 17.♕h3 exf5 18.exf5 d5 19.♖b3

B1) 19...♗d6 20.♕g4 ♔f8 21.♘a4 ♖b8 22.♕d4 ♗e5 23.♕c5+ ♕xc5 24.♘xc5 a5 25.♖xb8 ♗xb8 26.♖b1 ♗c7

(26...♗d6!? 27.♖b6 ♗xf5 28.♖xc6 ♔e7 29.♘b7 ♗e5 30.♘xa5 h3–+)

27.♗d3 ♔e7 28.♘a6 ♔d6 29.♘xc7 ♔xc7 mit gewonnenem Endspiel, Grosar–Nunn, Lugano 1987.

B2) 19...♔f8 20.♖f4 ♗d6 21.♖xh4 ♖xh4 22.♕xh4 ♔e7 23.♘d1 ♗d7 24.♖e3+ ♔d8 25.♕xf6+ ♔c7 26.c3 ♕xa2 27.♗f3 ♕d2 28.♕xf7 ♖b8 29.♕f6 ♖b1 30.♕d4 ♕xd4 31.cxd4 ♗xf5 32.♖e1 a5–+, Wedberg–Portisch, Amsterdam 1984

III. 10.♗e2 ♗e7 11.0-0

A) 11...h6 12.♗h4

A1) 12...♘c6 13.♗f2 ♘d7 14.f5 ♗g5 15.♕d3

(15.♕e1 ♘xd4 16.♗xd4 ♗f6 17.e5 ♗xe5 18.♗xe5 ♘xe5 19.♕g3 ♔f8∓)

15...♘c5 16.♕g3 ♘xd4 17.♗xd4 e5 18.♗f2 0-0 19.♖bd1 b5 20.♖xd6 ♘e6 21.♖fd1 ♘f4 mit der Drohung ♕a3xc3 nebst ♘f4xe2+.

A2) 12...♘bd7 13.e5 dxe5 14.fxe5 ♘xe5 15.♗xf6 ♗xf6 16.♘e4 ♗e7

(Zu beachten ist 16...♗d8!? 17.♗b5+ axb5 18.♘xb5 ♕a5 19.♘bd6+ ♔f8 20.♕f2 ♕a7 21.♕xa7 ♖xa7 22.♘xc8 ♖a8 23.♘cd6 b6 usw.)

17.♖b3 ♕a4 18.♖g3 ♘g6 und in dieser scharfen Stellung sollte Schwarz bessere Chancen haben.

B) 11...♕a5

B1) 12.e5 dxe5

(12...♘d5!? ist zu versuchen.)

13.fxe5 ♕xe5 14.♗f4 ♕a5 15.♗f3 ♘bd7 16.♔h1 ♗b4 17.♘b3 (17.♘de2 0-0∓) 17...♗xc3 18.♘xa5 ♗xd2 19.♗xd2 ♘e5 20.♗xb7 ♗xb7 21.♖xb7 0-0 und Schwarz bleibt mit einem Mehrbauern.

B2) 12.f5 ♘c6!?

(Das ist wohl besser als 12...e5 13.♘b3 ♕b6+ 14.♔h1±.)

13.♘xc6 bxc6 14.♔h1 ♕d8

Schwarz hat einen Mehrbauern, muss aber noch das Problem lösen, die Figurenentwicklung zu beenden.

C) 11...♘bd7 12.e5

(12.f5 ♘e5 13.♔h1 0-0 14.♖b3 ♕c5 15.♗xf6 ♗xf6 16.♘a4 ♘c4–+, Matov–Fischer, Vinkovci 1968)

12...dxe5 13.fxe5 ♘xe5 14.♗xf6 gxf6 15.♘e4 f5 16.♖b3 ♕a4 17.♘xf5!?

Dieser Zug wird von einigen Theoretikern empfohlen.

(Nach 17.♕c3 ♖g8! bekommt Schwarz gute Gegenchancen; z.B. 18.♘c5 ♗xc5 19.♕xc5 ♘c6 20.♗b5 axb5 21.Sxb5 Da5 22.Dd6 f6 23.Txf5 exf5 24.Te3+ Kf7 25.Dd5+ Kf8 26.Dd6+ Kg7, 0-1 Pontecorvo-van der Heijden, Fernpartie 1985.)

17...exf5 18.Sd6+ Lxd6 19.Dxd6 De4 20.Te1 Ld7!?

Wahrscheinlich der einzige Zug.

(Schwach ist 20...Sc6? 21.Kf1! Le6 22.Lh5 Dc4+ 23.Td3 Sd8 24.Txe6+! Dxe6 25.Dd4 Tf8 26.Te3 Tc8 27.Txe6+ Sxe6 28.Db6 Tc6 29.Dxb7 Txc2 30.Lf3 Kd8 31.Dxa6 und der a-Bauer kann sehr gefährlich sein.)

C1) 21.Tb4 De3+ 22.Kf1 0-0-0 23.Ld3 (23.Lxa6 Lb5+!) 23...Lb5 24.Dxd8+ Txd8 25.Txe3 Sxd3 26.cxd3 Lxd3+ 27.Ke1 Le4 28.g4 mit kompliziertem Endspiel. Schwarz hat hier reale Rettungschancen.

C2) 21.Tbb1 Tg8 22.Lf1

(22.Lg4? Txg4 23.Txe4 Txe4 24.Txb7 Tc8 mit schwarzem Vorteil.)

22...Sf3+ 23.Kf2 Sxe1 24.Txe1 Dxe1+ 25.Kxe1 Tg6 und Weiß muss um Ausgleich kämpfen.

C3) 21.Dd2 Dh4 22.Txb7 0-0–+

10...Sc6 11.fxe6 fxe6 12.Sxc6 bxc6

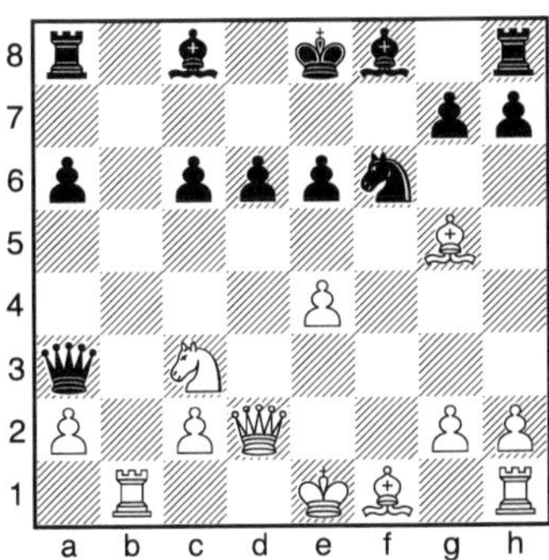

13.Le2

Nach diesem positionellen Zug will Weiß erst in Ruhe seine Kräfte mobilisieren, um danach das Spiel mittels e4–e5 zu verschärfen.

Das sofortige 13.e5 führt zu Komplikationen; z.B. 13...dxe5 14.Lxf6 gxf6 15.Se4

A) 15...Dxa2!? 16.Td1 Le7 17.Le2

(17.Ld3 f5!; 17.Sd6+ Lxd6 18.Dxd6 Da5+ 19.Td2 Ta7 20.Ld3 f5–+, Agrest–Troff, St. Louis 2013.)

17...0-0 18.0-0 Ta7

(Zu beachten ist 18...f5!? 19.Tf3 fxe4 20.Tg3+ Kh8 21.Dh6 Tg8 22.Txg8+ Kxg8 23.Lh5 Da5 24.Lf7+ Kh8 25.h3 Lb7 26.Kh2 Dc7 27.Lxe6 Lc8 28.Lf7 Lf5–+, Danin–Antipow, Zalakaros 2011.)

19.Tf3 Td7

(19...Kh8 20.Tg3 Td7 21.Dh6 Txd1+ 22.Lxd1 Tf7 23.Dh5 Da5 24.Kf1 Dd8 25.Dxf7 Dxd1+ 26.Kf2 Dxc2+ 27.Ke3 Lc5+ und

Remis durch Dauerschach, Azarow–Kasparow, Izmir 2004.)

20.♗d3 f5 21.♕h6 ♖f7 22.♖g3+ ♔h8 23.♘g5 ♖g7 24.♘xe6 ♖f7 25.♔f1 (25.♔h1 ♕c4!) 25...♗h4! mit schwarzem Vorteil.

B) 15...♗e7 16.♗e2 h5 17.♖f1 f5 18.♖f3 ♕xa2 19.♖fb3 ♕a4 20.♘d6+ ♗xd6 21.♕xd6 ♕a5+ 22.♔f1 ♖a7 23.♖b6 ♕d5 24.♕b8 ♕d7 ½–½, Lupulescu–Parligras, Baile Olanesti 2013

13...♗e7 14.0-0

Konsequent möchte Weiß erst seine Entwicklung beenden.

– 14.♖b3 ♕a5 15.♗h5+

(Oder 15.0-0 ♖a7! und Schwarz steht gut.)

15...g6 16.0-0 ♕c5+ 17.♔h1 gxh5 18.♗xf6 ♖f8 19.♕h6 ♕c4 20.♖bb1 ♖b8 21.♖bd1 ♖xf6 22.♖xf6 ♕xc3 23.♕xh5+ ♔d8 24.♖f7 ♖b7

(24...♕xc2 25.♖xe7 ♔xe7 26.♕xh7+ mit Dauerschach)

25.♖df1 ♖d7 und in dieser komplizierten Stellung hat Schwarz zumindest optisch die besseren Chancen.

– Keine Gefahr für Schwarz ist auch 14.e5 dxe5 15.♗xf6 ♗xf6 16.♗h5+ g6 17.0-0 0-0 18.♘e4 ♗g7 19.♖xf8+ ♕xf8 20.♗f3 ♕e7 21.♕a5

(21.c4 a5 22.c5 ♗a6 23.♕xa5 ♕f8 24.♕b6 ♗c4 25.♕xc6 ♗d5 26.♕d6 ♕f4 27.♖b8+ ♖xb8 28.♕xb8+ ♗f8 29.♕b1 ♗xc5+ 30.♘xc5 ♕e3+ 31.♔h1 ♕xc5∓, Hennings–Bobozow, Leipzig 1965)

21...♕a7+ 22.♔h1 ♗d7 23.♕b6 ♕xb6 24.♖xb6 a5 25.♖b7 ♖d8 26.g4 ♗c8 27.♖c7 ♗a6 28.♖a7 ♗c4 29.♖xa5 ♗d5 30.♔g2 ♖f8 und Schwarz steht etwas besser, Carbonnel–Fröhlich, Deutschland 2000.

14...0-0 15.♖b3 ♕c5+ 16.♗e3 ♕e5 17.♗f4

Weiß kann mittels 17.♗d4 ♕a5 18.♗b6 ♕e5 19.♗d4 ♕a5 20.♗b6 ♕e5 21.♗d4 Remis machen, Aleksejew–Areschenko, Legnica 2013. Der Textzug ist allerdings ehrgeiziger und führt zu scharfem Spiel.

17...♕c5+ 18.♔h1

Wieder könnte Weiß nach 18.♗e3 ♕e5 19.♗f4 ♕c5+ 20.♗e3 remisieren.

18...♘g4

Spielbar ist auch 18...d5!? 19.e5 ♘d7 20.♘a4 ♕a7 21.♕c3 ♘c5 22.♘xc5 ♗xc5 23.♕h3 a5 24.♖bf3 ♗a6 25.♗xa6 ♕xa6 26.♕xe6+ ♔h8 27.h4 ♕c8

(27...♖ae8 28.♕d7 ½–½, Lecha Gonzalez–Romm, ICCF 2011)

28.♕xc8 ♖axc8 29.g3 ♔g8 30.♔g2 ½–½, Schulz–Pepene, ICCF 2013

19.h3

Die Stellung nach 19.♗xg4 e5 20.♗xc8 ♖axc8 ist besser für Schwarz.

19...e5 20.♘a4 ♕a7 21.♗c4+

Oder 21.hxg4 exf4 22.♘b6 ♗e6 23.♘xa8 ♗xb3 24.axb3 ♕xa8 25.♖a1 ♗f6 26.♖xa6 ♕d8 27.♖xc6 ♗e5 mit Gegenspiel, Iwantschuk–Grischuk, Nizza 2010.

21...♔h8 22.hxg4 exf4

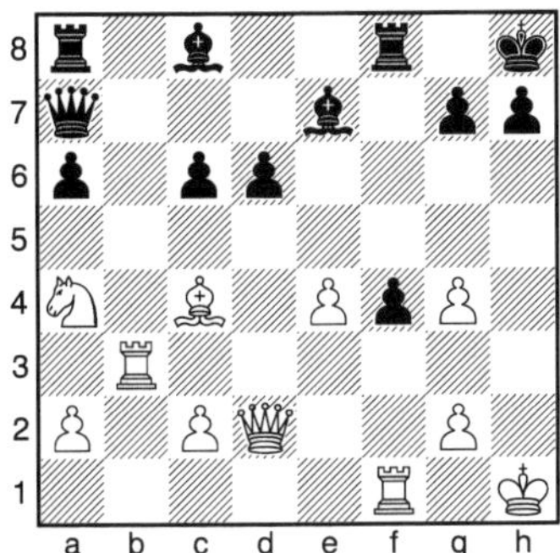

23.♘b6

Damit verfolgt Weiß den Plan, auf Gewinn zu spielen.

Forciert zu gleichem Spiel führt 23.♖xf4 ♗d7 24.♘b6 ♖xf4 25.♕xf4 ♖f8 26.♕g3 a5 27.♘xd7 ♕xd7 28.♖f3 ♕d8=, Balaschow–Pigusow, Swerdlowsk 1987.

23...d5

Diese Idee von Kasparow führt zu kompliziertem Spiel mit beiderseitigen Chancen.

Wahrscheinlich spielbar ist auch 23...♖b8; z.B. 24.♖xf4 ♗d7

(– 24...♖xb6? 25.♖xf8+ ♗xf8 26.♕f2+–

– 24...♖xf4? 25.♕xf4 ♖xb6 26.♕f7+–)

25.♘xd7 ♕xd7 26.♖f5 ♕a7 27.♖xb8 ♕xb8 28.♕f2 a5 29.g5 ♕d8 30.g6 hxg6 31.♖f3 ♖xf3 32.♕xf3 ♗g5=, Konowalow–Zablocki, Fernpartie 1989

24.exd5 cxd5 25.♗xd5

Auf 25.♕xd5 folgt natürlich 25...♗b7! und angesichts seines Läuferpaars kann Schwarz zufrieden sein.

♖b8 26.♘xc8

Es ist klar, dass 26.♖xf4? ♖xb6 27.♖xf8+ ♗xf8 28.♕f2 ♖h6+ nun nicht mehr funktioniert.

26...♖bxc8 27.♖h3

Nach 27.♖xf4 ♖xf4 28.♕xf4 ♖f8 29.♖b7 (29.♕c1 ♕d4!) 29...♕c5 30.♖b8 ♗d8 wäre die Stellung im dynamischen Gleichgewicht. Deshalb versucht Weiß auf andere Weise um Vorteil zu kämpfen.

27...♕b6 28.♗e4

Weiß muss genau spielen.

– Zu Ungemach führt 28.♖xf4? ♕b1+ 29.♔h2 ♗d6 30.♖xh7+ ♔xh7 31.♗e4+ ♔h8 32.♕xd6 ♖xf4 33.♕xf4 ♕b8 und nach dem Damentausch bekommt Schwarz Vorteil im Endspiel.

– Hingegen wurde nach 28.c4 ♗g5 29.♕e1 ♕d6 30.♕e6 ♕xe6 31.♗xe6 ♖c5 Remis vereinbart, Romm–Nefedow, ICCF 2012.

– Und zu 28.♖e1 – siehe **Partie Nr. 55**: Iwantschuk–Kasparow, Linares 1990.

28...h6 29.♗f5 ♖c6 30.♕xf4 ♖xc2 31.♗xc2 ♖xf4 32.♖xf4 ♕e6 33.♗d3 ♕xa2 34.♖hf3 g6 35.♗c4 ♕a4 36.♖f1 ♗c5 37.♖f8+ mit Dauerschach, Schulz–Lichtenberg, Fernpartie 2013.

Zusammenfassung: Nach der Eroberung des Bauern b2 wird Schwarz unter Druck gesetzt und Weiß bekommt starke Initiative. Doch bei genauem Spiel kann der Nachziehende alle gegnerischen Drohungen parieren und dann entscheidet der materielle Vorteil. Die Bauernraub–Variante ist eine interessante Waffe für Schwarz und bietet gute Gewinnchancen.

Kapitel 13

Polugajewski–Variante 7...b5

1.e4 c5 2.♘f3 d6 3.d4 cxd4 4.♘xd4 ♘f6 5.♘c3 a6 6.♗g5 e6 7.f4 b5

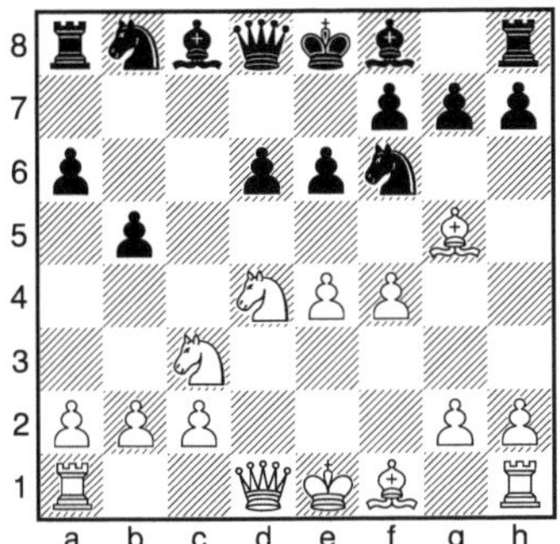

Diese scharfe und komplizierte Idee wurde von dem russischen Großmeister Lew Polugajewski (1934–1995) ausgearbeitet und trägt deshalb seinen Namen. Schwarz plant unverzügliches Gegenspiel am Damenflügel, wo der weiße König normalerweise Zuflucht sucht. Andererseits wird oft die elastische Entwicklung der Kräfte auf der anderen Seite verzögert und der König bleibt in der Mitte. Obwohl Weiß auf vielerlei Art eine Widerlegung des riskanten schwarzen Bauernvorstoßes versuchen kann, hat die Polugajewski–Variante viele Anhänger.

8.e5

Mit diesem energischen Vorstoß versucht Weiß das gegnerische Spiel infrage zu stellen.

Andere Züge sind weniger gefährlich.

I. 8.♕f3 ♗b7

A) 9.0-0-0 ♘bd7

(Schlecht ist 9...b4? wegen 10.♘d5! exd5 11.e5 h6 12.♗xf6 gxf6 13.e6 fxe6 14.♘xe6 ♕b6 15.♗d3 mit klarem Vorteil, Rogalewicz–Kaleta, Fernpartie 1975.)

10.♗d3 ♗e7 11.♖he1 ♕b6 12.♕e3 h6

(12...b4!? 13.♘ce2 ♘c5 mit Gegenspiel)

13.♗h4 g5! 14.fxg5 ♘g4 15.♕f4 ♘ge5 und laut einer Analyse von Polugajewski hat Schwarz gute Gegenchancen.

B) 9.a3 ♘bd7 10.0-0-0

(– Oder 10.♗d3 ♕b6 11.♘b3 ♖c8 12.♕g3 ♖xc3! 13.bxc3 ♘xe4 14.♗xe4 ♗xe4 15.0-0-0 d5 16.♔b2 ♕d6 17.♖a1 ♘b6 18.♘d2 ♗f5 19.♕e3 f6 20.♗h4 ♔f7 21.♗f2 ♘a4+ 22.♔b3 ♗e7 23.♘f3 ♖c8 mit starkem Angriff, Behncke–Held, Hamburg 2005.

– Und zu 10.f5 – siehe **Partie Nr. 56**: Nikitin–Polugajewski, Tiflis 1959.)

10...♖c8

(10...♕b6 11.♗xf6 ♘xf6 12.g4 ♗e7

13.g5 ♘d7 14.h4 b4 15.axb4 ♕xb4 16.♗h3 ♘c5 17.♖hf1 ♖b8 18.b3 ♖c8 und Schwarz behält die Initiative am Damenflügel, Laugier-Gaudino, Provence 2002.)

11.♗d3 ♗e7 12.g4 ♖xc3! 13.bxc3 ♕a5 14.♔d2 h6 15.♗h4 d5 16.e5 ♘e4+ 17.♗xe4 dxe4 18.♕f2 e3+ 19.♔xe3 ♗xh4 20.♕xh4 ♗xh1 21.♔d2

(21.♖xh1 ♕xc3+ 22.♔e2 ♕xd4–+)

21...♗d5 22.g5 ♘c5–+, Vatter-Van Wely, Kuppenheim 2004

II. 8.♗d3 ♘bd7

A) 9.f5 e5 10.♘c6 ♕b6 11.♘b4 ♗b7 12.♕e2 ♗e7 13.0-0-0 ♖c8

(Beachtung verdient auch 13...a5!?.)

14.♗xf6 ♘xf6 15.g4 ♕a5 16.a3 ♖xc3! 17.bxc3 d5 18.exd5 0-0! und für die Qualität bekam Schwarz starke Initiative, Spasski-Polugajewski, UdSSR 1960.

B) 9.♕e2 ♕b6 10.♘f3 ♗b7 11.f5

(11.♗h4 b4 12.♘b1 d5 13.e5 ♘e4 ist gut für Schwarz.)

11...e5 12.♘d2 ♗e7 13.♗e3 ♕c7 14.g4 b4 15.♘a4 d5 16.g5 ♘xe4 17.♘xe4 dxe4 18.♗c4 ♗c6 und Schwarz steht ausgezeichnet.

8...dxe5 9.fxe5 ♕c7

Auf dieser taktischen Finesse beruht die Idee von Schwarz. Der Springer wurde entfesselt und es droht ♕c7xe5+.

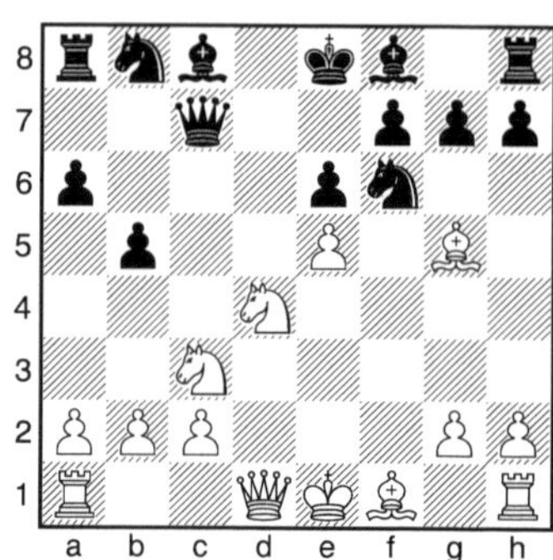

10.exf6!?

So versucht Weiß die Idee des schwarzen Spiels unverzüglich zu widerlegen.

Eine andere Fortsetzung ist 10.♕e2, um den Bauern e5 zu decken und die lange Rochade vorzubereiten. Nach 10...♘fd7 11.0-0-0 kann das Spiel folgenden Verlauf nehmen.

A) 11...♘c6 12.♘xc6

(Schlecht ist 12.♘d5? exd5 13.e6 ♘f6 14.♗xf6 gxf6 15.exf7+ ♔xf7 16.♕h5+ ♔g7 17.♖d3 ♗d6 18.♖c3 ♗f4+ 19.♔b1 ♕e5 20.♕xe5 ♗xe5 21.♘xc6 ♗xc3 22.bxc3 ♗f5–+.)

12...♕xc6 13.♕d3 h6 14.♗f4 ♗b7 15.♗e2 ♘c5 16.♕e3 ♕b6 17.♕d2 ♗e7 18.♗f3 0-0 19.♗xb7 ♕xb7 20.♕f2 b4 21.♘e2 ♖fc8 22.♔b1 a5 und Schwarz hat starkes Gegenspiel am Damenflügel, wo sich der weiße König befindet, Kuerten-Di Marino, ICCF Email 2000.

B) 11...♗b7

B1) 12.♘xe6 fxe6 13.♕h5+ g6 14.♕g4 ♕xe5 15.♗d3 ♘c5 16.♕h4

(Nach 16.♖he1 ♘xd3+ 17.cxd3 ♕f5 18.♖xe6+ ♔d7 kann Schwarz seine Stellung verteidigen.)

16...♘bd7 17.♖he1 ♕g7 18.♗e4 h6 19.♗xb7 hxg5 20.♕g4

(20.♕g3 ♖a7 21.♗c6 ♔f7 mit schwarzem Vorteil, Schabanow-Krimerman, Fernpartie 1986.)

20...♖d8 21.♗xa6 ♖h4 22.♕f3 b4 23.♘d5 ♗d6 24.♗b5 ♕f7 25.♗xd7+ ♖xd7 26.♘f6+ ♔e7 27.♘xd7 ♕xf3 28.gxf3 ♘xd7 mit Vorteil für Schwarz.

B2) 12.♘f5 exf5 13.e6 ♘f6 14.♗xf6 gxf6 15.♕h5 ♗b4 16.♗xb5+ axb5 17.exf7+ ♔f8!

(17...♕xf7 18.♖d8+ ♔e7 19.♖e1+ ♗e4 20.♖xe4+ fxe4 21.♘d5+ ♔e6 22.♘f4+ ♔e7 23.♘d5+ mit Dauerschach.)

18.♖he1 ♘d7 19.♖e8+ ♔g7 20.♖d3 ♕f4+ 21.♔b1 ♘e5 22.♖g3+ ♘g4 Δ♖h8-f8-+

B3) 12.♕g4 ♕xe5 13.♗xb5

Weiß will ♖h1-e1 spielen, ohne ein Tempo zu verlieren.

13...axb5 14.♖he1 h5 15.♕h4 ♕c5 16.♘cxb5

(16.♕g3 sollte Schwarz am besten mit 16...h4! beantworten.)

16...♖xa2!? (16...♗d5∞) 17.♔b1 ♗d5 18.♖e3 f6 mit schwarzem Übergewicht; z.B. 19.♘xe6 ♗xe6 20.♖xe6+ ♔f7 21.♘d6+ ♔xe6 und es ist nicht zu sehen, wie Weiß weiter angreifen soll.

B4) 12.♕h5 g6 13.♕h4 ♗g7 14.♗e7

(Auf 14.♗xb5 ist 14...0-0! die beste Reaktion; z.B. 15.♗xd7 ♘xd7 16.♗e7 ♘xe5! 17.♗xf8 ♖xf8 18.♕g3 ♕b6 19.♘b3 ♘c4 20.♔b1 ♖c8 21.♖d3 ♗e5 22.♕g5 ♕f2 23.♖hd1 ♗f6 24.♕h6 ♗e4-+, Kokarew-Worobiow, St. Petersburg 2000.)

14...♕xe5 15.♗xb5 axb5

(Unklar ist 15...♕h5 wegen 16.♗c4!?.)

16.♘dxb5 ♖a4

(Zu der unklaren Alternative 16...g5!? - siehe **Partie Nr. 57**: Kusmin-Polugajewski, Riga 1975.)

17.♕xa4

(17.♘xa4 ♕xb5 18.♖d2 ♗d5∓)

17...♔xe7 18.♖he1 ♕c5 und Schwarz hat eine günstige Stellung erreicht.

10...♕e5+ 11.♗e2

Oder 11.♘e4 ♕xe4+ 12.♘e2 ♘c6 13.♕d2 h6 14.♗e3 ♗b7 15.♘g3 ♕e5 16.fxg7 ♗xg7 17.♗d3 ♘b4 18.0-0 ♘xd3 19.♕xd3 ♖d8 20.♕e2 h5 mit guten Perspektiven am Königsflügel, Neschmetdinow-Polugajewski, UdSSR 1961.

11...♕xg5 12.0-0

Statt dieser sofortigen Königssicherung kann Weiß auch einen Plan mit der langen Rochade wählen; z.B. 12.♕d3 ♕xf6 (12...♖a7!?∞) 13.♖f1

(13.0-0-0 ♖a7 14.♘e4 ♕f4+ 15.♔b1 ♖d7 16.♖hf1 ♕e5 17.♘f3 ♖xd3 18.♘xe5 ♖xd1+ 19.♖xd1 ♗e7 ist günstig für Schwarz.)

13...♕e5

A) 14.♖d1 ♖a7 15.♘f3

(Keinen klaren Vorteil erhält Weiß nach 15.♘dxb5 ♖d7 16.♕c4 ♗c5 17.♘e4 0-0 18.♕xc5 ♕xe4 19.♘d6 ♕h4+ 20.g3 ♕e7 21.♖f4 ♗b7 22.♘xb7 ♖xd1+ 23.♔xd1 ♕xb7 und Schwarz kann mit seiner Lage zufrieden sein.)

15...♕c7 16.♘g5 f5 17.♕d4 ♕e7 (17...h5∞) 18.♘ge4

(Nach 18.♗h5+ g6 19.♕xh8 ♕xg5 sollte Schwarz ausreichend Kompensation für die Qualität erhalten.)

18...h5 19.♘d6+ ♕xd6 20.♕xa7 ♕e5 21.♕d4 ♘d7 22.♕xe5 ♘xe5 23.♔d2 ♗d6 24.♔c1 ♔e7 und für die Qualität hat Schwarz gute Perspektiven, Am. Rodriguez–Polugajewski, Biel 1985.

B) 14.0-0-0 ♖a7 15.♘f3

(Nicht gefährlich für Schwarz ist 15.♘dxb5 ♕g5+ 16.♔b1 axb5 17.♘xb5 ♖d7 18.♕b3 ♕e5 19.♖de1 ♗e7 20.♘a7 0-0 21.♗b5 ♕xh2 22.♘xc8 ♖xc8 23.♗xd7 ♘xd7 24.♖xf7 ♘c5 25.♕f3 ♗f6 26.♖xf6 ♕h4 27.♖fxe6 ♘xe6 28.g3 ♕c4–+, Sprenger–Bromberger, Goa 2002.)

15...♕f4+ 16.♘d2 ♕c7

(16...♕xh2 ist riskant, aber zu prüfen.)

17.♗h5 g6 18.♕d4 e5 19.♕f2 (19.♖de1 ♗e6!) 19...♗c5 20.♕f6 0-0 21.♘d5 ♗e7!

Der Angriff wird abgewehrt und Schwarz erhält die besseren Aussichten, Gheorghiu–Ljubojevic, Amsterdam 1975.

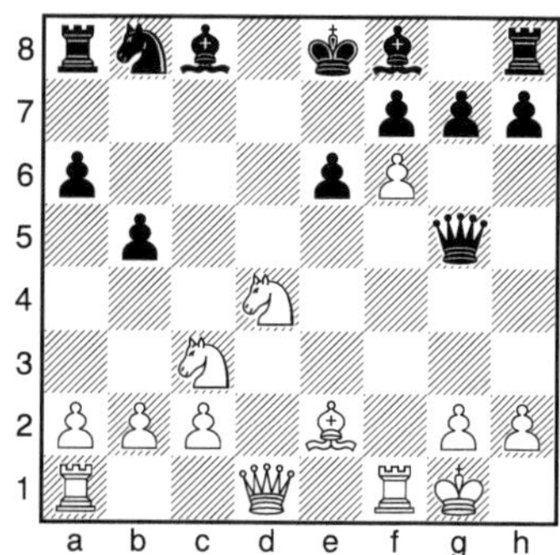

12...♕e5

Der beste Plan für Schwarz, aber 12...♖a7!? ist wahrscheinlich auch spielbar; z.B. 13.♕d3 ♖d7 14.♘e4 ♕e5 15.♘f3

(Nach 15.c3 ♗b7 16.♗f3 ♗xe4 17.♗xe4 gxf6 18.♖ae1 ♗c5 ist für Schwarz alles in Ordnung.)

A) 15...♕xb2!? 16.♕e3 ♗b7 17.c4

(17.♖ab1 ♕xa2 18.c4 ♗xe4 19.fxg7 ♗xg7 20.♕xe4 ♖d6 21.♘g5 ♖d4 22.♕b7 0-0∓, Negi–Schomojew, Moskau 2012)

17...♗xe4 18.♕xe4 gxf6 19.cxb5 ♗g7 20.♕c4

(Oder 20.bxa6 ♕b6+ 21.♔h1 f5 22.♕b1 ♕a7 23.♗b5 ♗xa1 24.♕xa1 0-0 25.♗xd7 ♕xd7 und der Bauer a6 wird erobert.)

20...f5 21.♖ab1 ♕a3 22.bxa6 0-0 23.♖b3 ♕a5 24.♖fb1 ♖dd8 25.♖b7 ♖c8 26.♕b5 ♕xa2 27.a7 ♘c6 28.♗c4 ♕c2

(Zu versuchen ist 28...♕a3!?.)

29.♗d3 ♕a2 30.♗c4 ♕a3∓, Siwiec–Zokhowski, Rewal 2011

B) 15...♕c7 16.♕e3 ♗b7!

Schwarz muss seine Kräfte schnell aktivieren.

(Schwach ist 16...♖d5? 17.c4 ♖f5 18.cxb5 gxf6 19.♖ac1 ♕b7 20.♘d4 ♖xf1+ 21.♗xf1 ♗e7 22.♘f5! 1-0, Duran Vega–Bonilla, Panama City 2011.)

17.♘fg5

(Oder 17.c4 bxc4 18.♖ac1 ♗xe4 19.fxg7 ♗xg7 20.♕xe4 0-0 mit guten Chancen, die Stellung zu halten.)

17...h6 18.♕h3

(Nicht gut ist 18.♘xe6 fxe6 19.♗h5+ ♔d8 20.♔h1 ♕e5 21.♕b6+ ♔c8 22.fxg7 ♗xg7 23.♘g3 ♖d2 24.♗f3 ♗xf3 25.♖xf3 ♕d5 26.♘f1 ♗d4 27.♕a5 ♖xc2–+, Pegoraro–Gulijew, Villa San Giovanni 2005.)

18...g6

(Zu prüfen ist 18...♖g8!? 19.fxg7 ♖xg7 20.♘f6+ ♔d8 21.♘ge4 ♗xe4 22.♘xe4 ♕e5 usw.)

19.♗d3 ♘c6 20.♔h1 ♘e5 21.♖ae1 ♗b4 22.♖e3 ♗d5 23.♗e2

(Auf 23.c3 folgt 23...♗a5!.)

23...♘c4 (23...♕xc2!?) 24.♖d3 ♕e5 25.a3 ♗a5 26.♗g4 ♘xb2! 27.♖e3 ♘c4 mit guten Aussichten für Schwarz.

13.♘f3

– Noch nicht in der Praxis geprüft wurde 13.♔h1!?; z.B. 13...♖a7 14.fxg7 ♗xg7 15.♘f3 ♕c7 usw.

– Es gibt jedoch noch die Alternative 13.♗f3 ♖a7 14.♘c6 ♘xc6 15.♗xc6+ ♗d7 16.♗xd7+ ♖xd7 17.♕f3 ♗d6 18.g3 ♕xf6 19.♕a8+ ♕d8 20.♕xa6 b4 21.♘e4 0-0 und nun sollte Weiß laut Polugajewski die Remischancen nach 22.♘xd6 ♖xd6 23.♕b5 suchen.

13...♕e3+

Auch 13...♗c5+ führt zu zweischneidigem Spiel; z.B. 14.♔h1 ♕xf6 15.♘e4 ♕e7 16.♘e5 f5

A) 17.♗h5+ g6 18.♘xg6 hxg6 19.♗xg6+ ♔f8 20.♘xc5 ♖h6

(20...♕xc5?? 21.♕d8+ ♔g7 22.♕g5+–)

21.♘xe6+ ♗xe6 22.♗xf5 ♗f7 23.♕f3 ♘c6 24.♗e4 ♘e5 25.♕f4 ♖h4 26.♕f5 ♖e8 27.♗d5 ♔g7 28.♗xf7 ♘xf7 mit sehr kompliziertem Spiel, J. Diaz-Vera, Havanna 1986.

B) 17.♗d3 0-0 18.♘xc5 ♕xc5 19.♕e2 ♘c6 20.♘xc6 ♕xc6 21.♖ae1 ♖f6 22.♕d2 ♗b7 mit schwarzem Vorteil, Brinck-Claussen – P. Larsen, Kopenhagen 1999.

C) 17.♗xb5+ axb5

C1) 18.♕h5+ g6 19.♘xg6 ♕f7 20.♘f6+ ♕xf6 21.♘xh8+ ♔d8

(21...♔f8 22.♕xh7 ♕g7 23.♘g6+ ♔f7 24.♘e5+ ♔f8 25.♘g6+ ♔f7=)

22.♖ad1+ ♘d7 23.♕xh7 ♖a4 24.♘g6 ♖g4 25.♘f4 ♗e3 26.♘h5 ♕e5 und in dieser komplizierten Stellung hat Schwarz gute Chancen, Muniz–Larrea, Montevideo 2004.

C2) 18.♘xc5 ♕xc5

(Unklar ist 18...0-0 19.b4 ♘a6 usw.)

19.♕h5+ g6 20.♘xg6 hxg6 21.♕xh8+ ♕f8 22.♕h7 (22.♕e5 ♗d7∞) 22...♕f7 23.♕h8+ ♕f8 ½–½

14.♔h1 ♘d7 15.♖e1 ♕a7

Die interessante Idee 15...♕f4!? muss noch genau überprüft werden; z.B. 16.♘d5! ♕d6 17.♘d4

A) 17...♘xf6 18.♘xf6+ gxf6 19.♗h5 ♗e7

(19...e5 20.♕f3 ♖a7 21.♖ad1+–)

20.♘xe6 (20.♕f3!?) 20...♕xd1 21.♖axd1 ♗xe6 22.♖xe6 ♔f8 23.♖c6 ♔g7 24.♖d7 und Weiß steht aktiver.

B) 17...♗b7 18.♗f3 ♘e5 19.♘f5 exf5 20.♘c7+ ♕xc7 21.♗xb7 ♖d8 22.♖xe5+ +–

C) 17...♖a7 18.♗f3 ♘xf6 19.♘f5 ♕d8 20.♘xf6+ ♕xf6 21.♗c6+ ♗d7 22.♘d6+ ♗xd6 (22...♔d8 23.♖f1+–) 23.♕xd6 ♕d8

(23...♗xc6 24.♕b8+ ♕d8 25.♕xa7 0-0 26.♖ad1±)

24.♖ad1 ♕c8 25.♕d4 ♗xc6 26.♕xa7 0-0 27.♖d2

Weiß steht besser, aber der aktive Läufer auf der Diagonale a8–h1 gibt Schwarz gute Überlebenschancen.

16.fxg7 ♗xg7 17.♕d6 ♕b6 18.♕g3 0-0 19.♖ad1 ♖a7 20.♘e4 ♕c7 21.♘d6 ♗b7 22.♘g5

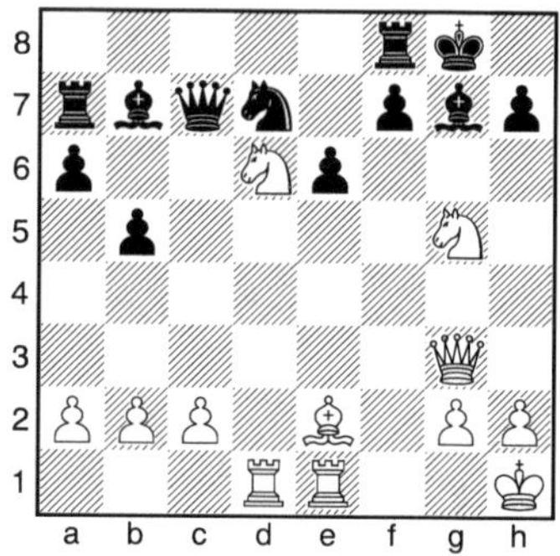

In dieser kritischen Stellung hätte Schwarz in der Partie Leko–Iwantschuk, Monaco 2001, **22...♘f6!?** spielen sollen. Sehen wir uns dazu ein paar Varianten an.

23.♗f3 ♗a8

Diese Empfehlung des ungarischen Meisters Károlyi sieht am sichersten aus.

– Zu prüfen ist auch 23...h6 24.♘xe6

(24.♗xb7 hxg5 25.♗f3 g4 26.♗xg4 ♕xc2 27.♗f3 ♖d7 ist gut für Schwarz.)

24...fxe6 25.♘xb7 ♖xb7 26.♗xb7 ♕xb7 27.♕d6 ♔h8 28.♕xe6 a5 mit komplizierter Stellung und beiderseitigen Chancen.

- Schwach ist hingegen 23...♗xf3? wegen 24.gxf3! mit der Drohung ♖e1-g1 und starkem Angriff.

24.c3 h6 25.♘ge4!?

Die Folgen von 25.♘gxf7 ♖xf7 26.♘xf7 ♕xg3 27.♘xh6+ ♗xh6 28.hxg3 ♗d5 29.♗xd5 exd5 30.♖d4 ♔f7∞ sind nicht einfach einzuschätzen.

25...♗xe4

Der Versuch 25...♘d5 trifft auf die starke Antwort 26.♖xd5! mit der Folge 26...♗xd5 27.♘f6+ ♔h8 28.♘h5!

(Nichts bringt 28.♘xd5 exd5 29.♗xd5 ♕d8 usw.)

28...♖g8 29.♗xd5 exd5 30.♕f4 f6 31.♕f2 ♖aa8 32.♖e6 mit starkem Angriff.

26.♗xe4 ♘e8 27.♗c2 ♘xd6 28.♖xd6 ♖d8

28...b4? 29.♕d3 ♖c8 30.♖f1 bxc3 31.bxc3 ♕xc3 32.♕h7+ ♔f8 33.♗b3±

29.♖ed1 ♖xd6 30.♖xd6 b4 31.c4

31.♕d3 ♖a8=

31...♔f8

Diese Stellung mit ungleichen Läufern befindet sich im Gleichgewicht.

Zusammenfassung: Ohne Zweifel führt die Polugajewski-Variante zu sehr komplizierten und immer noch undurchschaubaren Stellungen. Obwohl die Chancen von Weiß allgemein besser eingeschätzt werden, hat Schwarz doch gutes Gegenspiel. Es gibt immer noch viele unklare Stellen, die noch tiefer untersucht werden sollten, um die Korrektheit der Polugajewski-Variante zu überprüfen. Den Zug 7...b5 empfehle ich vor allem Spielern mit hohem taktischem Vermögen und Nerven aus Stahl, die in der Lage sind, während der Partie die Spannung des scharfen Kampfes im Griff zu halten. Die vorgestellte Idee ist auch ein Gebiet für weitere Analysen und praktische Erprobungen.

Kapitel 14

Die Fortsetzung 7...♕c7

1.e4 c5 2.♘f3 d6 3.d4 cxd4 4.♘xd4 ♘f6 5.♘c3 a6 6.♗g5 e6 7.f4 ♕c7

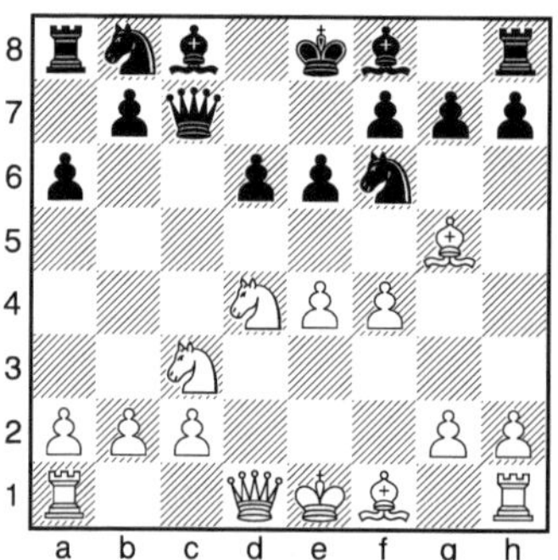

Schwarz nimmt e5 weiter unter Kontrolle und beabsichtigt b7–b5 mit Gegenspiel am Damenflügel, wohin der weiße König gewöhnlich rochiert. Dass diese Variante durchaus spielbar ist, geht unter anderem daraus hervor, dass auch Kasparow sie in seinem Eröffnungsrepertoire hatte.

8.♗xf6

Mit dieser prinzipiellen Antwort zerstört Weiß die gegnerische Bauernformation, solange er die Möglichkeit dazu hat.

Hier ein Blick auf die Alternativen.

I. 8.♕f3 b5!

(Dies macht den Sinn des Zuges 7...♕c7 deutlich, denn nach 9.e5 folgt nun ♗c8–b7.)

A) 9.♗xf6 gxf6

A1) 10.e5 ♗b7 (10...d5!?∞) 11.♕h5 dxe5 12.♘xe6 ♕b6 13.♘xf8 ♕e3+ 14.♕e2 ♕xf4 15.♘xh7 ♖xh7 mit annähernd ausgeglichenen Chancen.

A2) 10.0-0-0 b4

(Auf 10...♗b7 ist 11.♕h5! stark.)

11.♘d5

(11.♘ce2 ♗b7 12.♘g3 ♘d7 13.♔b1 ♘c5 14.f5 e5 15.♘b3 ♖c8 16.♘xc5 ♕xc5 17.♗d3 a5∞)

11...exd5 12.exd5 ♕c5 13.♘b3

(Günstig für Schwarz ist 13.♗d3 ♔d8 14.♗f5 ♖a7 15.♗xc8 ♔xc8 16.♕g4+ ♔b7 17.♖he1 ♔a8 18.♖e8 f5 19.♘xf5 ♗g7 20.♘xg7 ♖xe8 21.♘xe8 ♕e3+ 22.♔b1 ♕xe8 usw.)

13...♕b6 14.♗d3 ♖a7 15.♖he1+ ♔d8

In dieser sehr komplizierten Stellung hat Schwarz eine Figur mehr, aber Weiß dafür Entwicklungsvorsprung. Nur weitere Analysen und Erfahrungen aus der Praxis können ein klares Bild ergeben.

B) 9.f5 b4 10.♘cb5

(10.fxe6? bxc3 11.♗xf6 cxb2 12.♖b1 gxf6 13.♕xf6 ♕c3+ 14.♔f2 fxe6 15.♕xh8 ♘c6–+)

10...axb5 11.♗xb5+ ♗d7 12.fxe6

♗xb5 13.♘xb5 ♕c5 14.♗xf6

B1) 14...♕xb5 15.♗xg7 ♗xg7 16.♕xf7+ ♔d8 17.♕xg7 ♖e8 18.♖f1

(Unklar ist 18.0-0-0 ♖xe6 19.♕g8+ ♕e8 20.♕xh7 ♖xa2 usw.)

18...b3 19.cxb3 ♕b4+ 20.♔f2 ♕c5+ 21.♔g3

(Auf 21.♔e2 empfiehlt der englische Großmeister Nunn 21...♖a7!.)

21...♖a7 22.♕f6+ ♖ae7 23.♖ad1 und in dieser scharfen Stellung einigte man sich auf Remis, Velimirovic–Gaprindaschwili, Bela Crvka 1984.

B2) 14...fxe6 scheint sicherer als 14...♕xb5 zu sein; z.B. 15.♘d4

(Nach 15.♖f1 ♕xb5 16.♗xg7 ♗xg7 17.♕f7+ ♔d8 18.♕xg7 ♖e8 19.0-0-0 ♖xa2 20.♖xd6+ ♔c8 hat Schwarz genug Gegenchancen.)

15...gxf6 16.♘xe6

(16.♕xf6 ♕e5! ist gut für Schwarz.)

16...♕c4 17.♕xf6

(Schwach ist 17.♘f4? ♘d7 18.♘d5 ♔d8 19.b3 ♕c5 20.c3 bxc3 21.b4 ♕c4 22.♘e3 ♕d4 23.♖d1 ♕xb4 24.0-0 ♗h6–+, Ramon Perez-Castellanos, Balaguer 2005.)

17...♘d7 18.♘c7+ ♕xc7 19.♕xh8 ♕c5 20.♕xh7 ♕e3+ 21.♔f1 und nun kann Schwarz nach 21...♕f4+ Dauerschach geben.

C) 9.♗d3 b4 10.♘ce2 ♘bd7 11.0-0-0 ♗b7 12.♔b1 ♗e7

C1) 13.♖he1 ♘c5

(Nicht schlecht ist 13...h6!? 14.♗xf6 ♗xf6 15.f5 e5 16.♘b3 a5 17.♗b5 a4 18.♗xd7+ ♔xd7 19.♘a1 ♖hc8 mit guten Angriffschancen am Damenflügel.)

14.♘g3

(Nach 14.♗xf6 ♗xf6 15.g4 h6 wird der weiße Bauernsturm am Königsflügel vorerst gestoppt. Schwarz kann dann seinen König im Zentrum lassen oder lang rochieren. Seine Chancen sind besser.)

14...h6 15.♗h4 0-0-0 16.♕e2 ♔b8 17.♘b3 g5 18.fxg5 ♘fd7 19.♘f1 hxg5 20.♗g3 a5 und Schwarz hat die besseren Aussichten, Leiber-Wojtkiewicz, Bad Wörishofen 1991.

C2) 13.♗xf6 ♗xf6 14.g4 ♕b6 15.♘b3 g5 (15...a5!?) 16.♘d2 gxf4 17.♕xf4 ♕c5 18.♖hf1 ♕e5 19.♘c4 ♕xf4 20.♘xf4 ♗e5 21.♗e2 ♔e7 und wegen des schwachen Bauern e4 erhält Schwarz die besseren Perspektiven im Endspiel, Nadig–Kadziolka, Istanbul 2005.

D) 9.0-0-0 b4

D1) 10.♘ce2 ♘bd7 11.e5

(Zu 11.g4 – siehe **Partie Nr. 58**: Naiditsch – Vachier-Lagrave, Moskau 2006.)

11...♗b7 12.♕h3 dxe5 13.♘xe6 fxe6 14.♕xe6+ ♗e7 15.♗xf6 ♘xf6 16.fxe5 ♖c8 17.♘d4 ♗d5 18.♕h3 ♘e4 und Schwarz wehrt den Angriff ab.

D2) 10.e5 ♗b7 11.♕h3

(11.♕e2 dxe5 12.fxe5 ♘fd7∓)

11...dxe5 12.♘cb5

(Keine Gefahr ist 12.♘xe6 fxe6 13.♕xe6+ ♕e7 14.♕b6 bxc3 15.fxe5 ♘d5–+.)

12...axb5

(Das empfiehlt die Theorie, aber auch 12...♕b6!? sieht gut aus; z.B. 13.fxe5 ♘d5 14.♘d6+ ♗xd6 15.exd6 ♕xd6 16.♗c4 0-0 17.♖he1 ♘d7 18.♗d3 g6 19.♖e4 ♘c3 20.bxc3 bxc3 21.♖de1 ♗xe4 22.♖xe4 ♕d5 23.♕h6 f6 24.♘xe6 ♖f7–+, Todorovic–Aagaard, Budapest 2003.)

13.♗xb5+

(Nach 13.fxe5 ist 13...b3!? 14.♕xb3 ♗d5 15.♕xb5+ ♘fd7 16.a3 ♗c5 mit schwarzem Übergewicht sehr interessant.)

13...♗c6 14.fxe5 ♗xb5 15.exf6 ♗d7 16.♘f5 gxf6 17.♗xf6 ♖g8 18.♕xh7 b3 19.♘d6+ ♗xd6 20.♖xd6

(20.♕xg8+ ♗f8 21.axb3 ♖a1+ 22.♔d2 ♕f4+ 23.♔e2 ♖xd1 24.♖xd1 ♕xf6–+)

20...♖f8 0–1, Psakhis–Tukmakow, UdSSR 1979.

II. 8.♕e2 ♘c6

(Möglich ist auch 8...♘bd7!?.)

9.0-0-0

A) 9...♗e7 10.♘f3 0-0 11.♕e1 b5 nebst ♗c8–b7, ♖a8–c8 mit Gegenspiel am Damenflügel.

B) 9...♘xd4 10.♖xd4 ♗e7 11.♕d3

(– 11.e5 dxe5 12.fxe5 ♘d5 13.♗xe7 ♘xe7 14.♘e4 0-0=, Iwantschuk–Kasparow, Tilburg 1989

– Zu 11.g3 – siehe **Partie Nr. 59**: Ljubojevic–Kasparow, Belgrad 1989.)

11...b5 12.♗e2 ♗b7 13.♖d1 ♖c8 14.♗xf6 ♗xf6 15.♖xd6 ♗e7 16.e5

(16.♖d7 ♕xf4+ 17.♔b1 ♗c6∓)

16...♗xd6 17.exd6 ♕d7 18.f5 exf5!

(Unvorsichtig wäre 18...0-0? wegen 19.f6!.)

19.♕e3+ ♔f8 20.g4 20.♗d3 h5! 21.♗d3 (21.gxh5 ♖h6!) 21...hxg4 22.♗xf5 ♕xf5 23.♕e7+ ♔g8 24.d7 ♖xh2! 25.dxc8♕+ ♗xc8 26.♘e4 ♗e6–+, B. Grabarczyk–Wojtkiewicz, Warschau 1995.

III. 8.♗d3

A) 8...♗e7 9.♘f3

(9.♕e2 h6 10.♗h4 ♘xe4 11.♕xe4 ♗xh4+ 12.g3 ♗e7 13.f5 d5 14.♕e2 ♗f6 ist günstig für Schwarz.)

9...♘bd7 10.♕e2 h6 11.♗h4 e5 12.g3 0-0 13.0-0-0 ♖e8 14.f5 b5 15.g4 ♗b7 16.g5 hxg5 17.♘xg5 d5 und mit diesem starken Gegenschlag im Zentrum bekommt Schwarz gute Konterchancen, Clement–Florea, Fernpartie 1979.

B) 8...b5 9.♕e2

(9.♗xf6 gxf6 10.0-0 ♘d7 11.♔h1 ♗b7∞)

9...b4 10.♘d1 ♘bd7 11.♘f2 ♗e7

12.0-0 ♕b6 13.♘b3 ♗b7 14.f5 ♘e5 15.♗e3 ♕c7 16.♘d4 ♕d7 17.fxe6 fxe6 18.♘h3 ♘xd3 19.cxd3 0-0 mit komplizierter Stellung, in der Weiß etwas günstigere Aussichten hat, Geller–Balaschow, UdSSR 1975.

8...gxf6 9.♗e2

Das ist laut Theorie die beste Methode gegen 7...♕c7. Weiß will die Entwicklung voranbringen und den König sichern.

Hier ein Blick auf einige Alternativen.

I. 9.f5 ♘c6 10.♗e2 ♕b6 11.♘b3 ♕e3

A) 12.♖f1 ♖g8

(Möglich ist auch 12...♗e7 zur Vorbereitung der Rochade.)

13.fxe6 fxe6 14.♖f3 ♕g1+ 15.♗f1 ♘e5 16.♖h3 ♖xg2 17.♕h5+ ♖g6 18.♖g3 ♕b6 19.0-0-0 ♗d7 20.♖xg6 hxg6 21.♕h8 ♘g4 (21...♕f2!?) 22.♗e2 ♕e3+ 23.♔b1 ♕h6 24.♕g8 ♘e5 nebst 0-0-0 und klarem schwarzem Vorteil, Medwegy–Xu Yuhua, Szeged 1994.

B) 12.♘d2 ♘e5 13.♘f1 ♕b6 14.fxe6 fxe6 15.♗h5+ ♔d8 16.♕d2 ♗d7 17.♘d1 ♖g8 18.♘g3 ♖c8 19.b3 ♕c5 20.c3 ♖g5 21.♗e2 ♗h6

(Möglich ist auch 21...♔c7!? nebst ♔c7–b8 mit gutem Spiel für Schwarz.)

22.♕f4 ♖g6 23.♕f2 ♕xf2+ 24.♔xf2 ♗d2 25.c4 b5 und der schwarze Vorteil ist offensichtlich, Kotkow–Balaschow, Moskau 1970.

C) 12.♕d3 ♕h6

(Günstig für Weiß ist 12...♕xd3 13.cxd3 ♗e7 14.0-0 ♗d7 15.d4±.)

13.♕f3 ♗d7 14.0-0 ♗e7 15.♕h5 ♕xh5 16.♗xh5 ♔f8 17.♖ad1 ♘e5 18.♘d4 ♘c4 mit ausreichend Gegenspiel, B. Lengyel–Dao, Budapest 1993.

II. 9.♕h5 ♕c5 10.♕xc5 dxc5 11.♘f3 b5 12.e5

(Oder 12.a4 b4 13.♘b1 ♗b7 14.♘bd2 ♘d7 15.g3 ♗d6 16.0-0-0 ♗c7 17.♗h3 ♔e7 und Schwarz steht gut.)

12...♗b7 13.exf6 ♘d7 14.f5 ♘xf6 15.fxe6 fxe6 16.a4 b4 17.♘d1 ♖g8 18.♘e3 ♗h6 19.♘c4 ♗f4 20.♖d1 ♔e7 und dank Läuferpaar und Entwicklungsvorsprung steht Schwarz besser, Crawley–Wojtkiewicz, Kona 1998.

III. 9.♕d2 b5

(9...♘c6!? 10.0-0-0 ♗d7 11.♔b1 0-0-0 12.♗c4 ♖g8 13.♘xc6 ♕xc6 14.♗b3 f5 15.exf5 ♖xg2 16.♕d3 ♖f2 17.fxe6 fxe6 18.♘e4 ♖xf4 19.♘xd6+ ♗xd6 20.♕xd6 ♕xd6 21.♖xd6 ♔c7 ½–½, Andrasian – Vachier-Lagrave, Moskau 2010)

10.♗d3

(Unklar ist 10.a3 ♗b7 11.0-0-0 ♘c6 12.f5 ♘xd4 13.♕xd4 ♗e7 14.♗e2 ♕c5 usw.)

10...♗b7 11.0-0!?

Dies ist eine neue Idee statt der bis dahin bekannten Folge 11.0-0-0 ♘d7 12.♖he1 0-0-0 13.f5 ♘c5 14.a3 ♔b8 15.♔b1 h5 16.♕e3 ♗h6 17.♕h3 ♕e7 18.♕f3 und in dieser recht komplizierten Stellung einigte man sich auf Remis, Khalifman–Lautier, Moskau 2001.)

11...♘c6 12.♘b3 h5 13.♔h1 h4 14.h3 ♗e7 15.♖ae1

Der Turm gehört auf eine offene Linie.

(Ein anderer Plan ist 15.a4 b4 16.♘e2 0-0-0 mit zweischneidigem Spiel.)

15...b4 16.♘d5!? exd5 17.exd5 ♘a7 18.♘d4 ♗xd5 19.♘f5 ♘c6 20.♗e4

(20.♗b5 axb5 21.♕xd5 ♖d8 22.♖e3 ♔f8 23.♖fe1 ♖h5∞)

20...♗xe4 21.♖xe4 ♔f8 22.♖fe1 ♖e8 23.♕e2 ♖h7 24.♕g4 und nun hätte Schwarz in der Partie Iwantschuk – Vachier-Lagrave, Istanbul 2012, 24...♕d7! spielen sollen; z.B. 25.g3 ♘d8 26.♘xe7 ♕xg4 27.hxg4 hxg3+ 28.♔g2 ♘e6 29.♘d5 ♔g7 30.♖1e2

(30.f5 ♖h2+ 31.♔xg3 ♖eh8⇄)

30...♖eh8 31.♖xb4 ♖h2+ 32.♔f3 ♖xe2 33.♔xe2 ♖h2+ 34.♔f3 g2 35.♔f2 g1♕+ 36.♔xg1 ♖xc2 mit etwa gleichem Endspiel, Analyse von Barlov.

9...♘c6 10.♘b3

Damit vermeidet Weiß die Abtauschaktion ♘c6xd4 nebst ♕c7-c5 usw.

– Nach 10.♕d2 nahm die Partie Timman–Kasparow, Niksic 1983, folgenden Verlauf: 10...♗d7

(10...♘xd4 11.♕xd4 ♕c5 ist auch möglich.)

11.0-0-0 h5

(Schlecht ist nun 11...♘xd4 12.♕xd4 ♕c5 13.♕xf6 und Weiß ist im Vorteil.)

12.♔b1 ♗e7 13.♗f3 ♘xd4 14.♕xd4 0-0-0 15.f5 ♔b8 16.♕d2 h4 17.♘e2 ♗c8 18.fxe6 fxe6 19.♘f4 ♖hg8 20.♕e3 ♖g5 mit unklarem Spiel.

– Oder 10.♕d3 ♘xd4 11.♕xd4 ♕c5 12.♕d2 (12.♕xf6 ♖g8⇄) 12...♗d7 13.♖f1 ♖c8 14.0-0-0 b5 mit Gegenspiel, Tal–Tukmakow, UdSSR 1978.

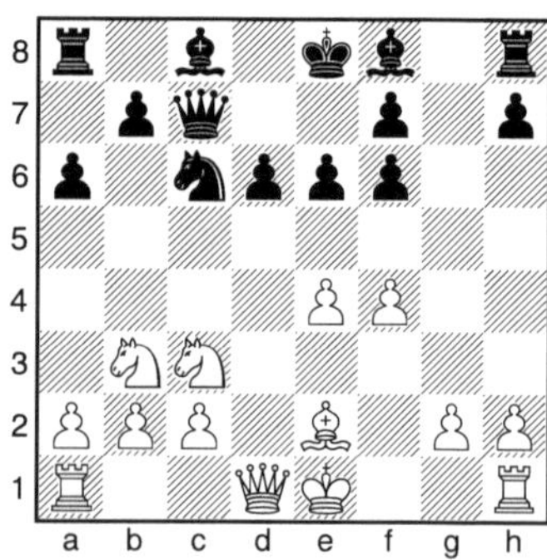

10...♕b6

Laut Theorie ist dies der sicherste Weg zum Ausgleich.

Sehr scharf ist 10...b5. Es ist klar, dass Schwarz wegen des ramponierten Königsflügels die lange Rochade anstreben sollte, aber der Vorstoß 10...b5 schwächt eben die Seite, auf der der König Zuflucht suchen wird. Das führt zu sehr kompliziertem Spiel.

A) 11.a3 ♕b6

(Unklar ist 11...♗b7 12.♗d3 h5 13.0-0 ♗e7 14.♕f3 h4, denn nach langer Rochade und ♖c8-g8 entsteht eine sehr scharfe Stellung.)

12.♕d2 h5 13.h4 ♗d7 14.♗f3 ♖c8 15.♘e2 b4 16.a4 ♘a5 17.♘xa5 ♕xa5 18.b3 f5 19.♖d1 fxe4 20.♗xe4 f5 21.♕d4 ♖h6 22.♗d3 ♗c6⇄, Mazi–Holzke, Rijeka 2010

B) 11.♗h5 ♗g7

(11...b4!? 12.♘e2 ♕b6 13.♕d2 a5 wird von GM Nunn vorgeschlagen.)

12.♕g4 0-0 13.0-0-0 ♘e7 14.♘d4 b4 15.♘ce2 f5 16.exf5 e5 17.fxe5 dxe5 18.♕g5 h6 19.♕g3 ♘xf5 20.♘xf5 ♗xf5 21.♖d2 ♖ac8 und Schwarz hat starke Initiative gegen den weißen König, Judasin–Kasparow, Frunze 1981.

C) 11.♕d2 ♗b7

(11...h5 12.a3 h4 13.0-0-0 ♗b7 14.♕e3 0-0-0 15.♔b1 ♗h6⇄, Gerasimow–Golowin, St. Petersburg 2012)

12.0-0 h5 13.♗f3 h4 14.h3 ♗h6 15.♖ad1 ♘e5 16.♘e2 ♘c4 17.♕c3 e5 18.♔h1 ♕b6 19.♖b1 ♖c8 und Schwarz steht ausgezeichnet, Bauschmann–Loewe, Rothenburg 2009.

11.♕d2

11.♕d3 ♕c7 (11...h5∞) 12.0-0-0 ♗d7 13.♕h3 b5 14.♗h5 b4 15.♘e2 a5 16.f5 e5 17.♕d3 ♖g8 18.g3 a4 19.♘d2 ♖c8⇄, Blanco Gramajo–Miraglia, Fernpartie 2000

11...h5

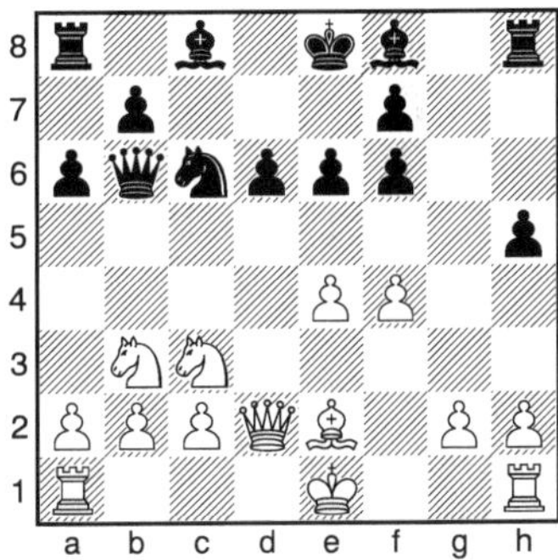

12.♗f3

Weiss hat folgende Alternativen.

I. 12.a4 ♘a5 13.♘xa5 ♕xa5 14.0-0 ♗d7 15.♔h1 ♖c8 16.♕d4 ♗e7 17.♗f3 ♕c5 18.♕d2 ♗c6 mit komplizierter Stellung und beiderseitigen Möglichkeiten, Tal–Baschow, Leningrad 1977.

II. 12.0-0-0 ♗d7 13.♔b1 0-0-0 14.♗f3 h4 15.♖hf1 ♔b8 16.♕e2 ♕c7 17.♕f2 ♘a5 18.♖d3 ♗e7 19.♖fd1 ♘c4 20.♕e2 b5 21.a3 ♖c8⇄, Spraggett–Kowaljow, Figueira da Foz 2007

12...♗d7 13.♘e2 h4 14.c3 0-0-0 15.♘bd4 ♗h6 16.0-0-0 ♘e5

17.♔b1 ♘xf3 18.gxf3 f5 19.♕d3 fxe4 20.fxe4 ♔b8 und die Stellung ist günstig für Schwarz, Piesina-Malisauskas, Nemenine 2010.

Zusammenfassung: Die Fortsetzung 7...♕c7 führt zu einem sehr scharfen Kampf. Die Theorie beurteilt diese Variante zwar allgemein als günstiger für Weiß, allerdings zeigt die Praxis, dass Schwarz doch sehr gute Konterchancen hat. Die Variante ist vor allem Spielern mit guten taktischen Fähigkeiten zu empfehlen.

Kapitel 15

Die Fortsetzung 7...♘bd7

1.e4 c5 2.♘f3 d6 3.d4 cxd4 4.♘xd4 ♘f6 5.♘c3 a6 6.♗g5 e6 7.f4 ♘bd7

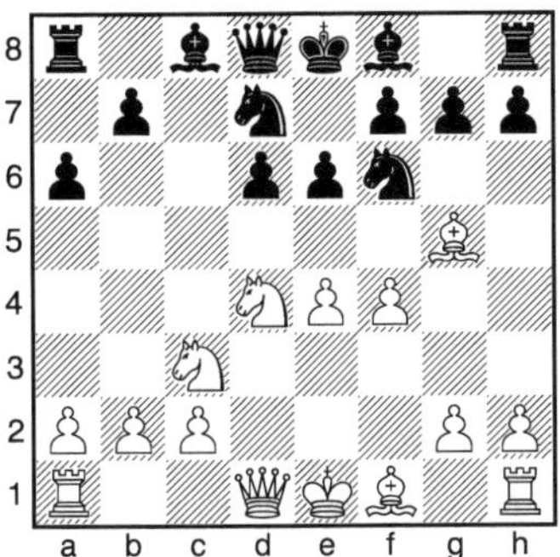

Der Springer unterstützt seinen Kollegen und macht ihn nach eventuellem ♗g5xf6 durch einen Springer ersetzbar. Ansonsten plant Schwarz die unverzügliche Entwicklung seines Damenflügels, um schnell ein Gegenspiel auf dieser Seite zu organisieren. Diese Idee führt zu zweischneidigem Spiel mit beiderseitigen Chancen. Ein treuer Anhänger und großer Spezialist der Fortsetzung 7...♘bd7 ist der israelische Großmeister Boris Gelfand.

8.♕f3

Mit diesem Zug plant Weiß natürlich die lange Rochade und dann aktives Vorgehen mit g2–g4 oder e4–e5.

Es gibt auch einige Alternativen.

I. 8.♕e2 ♕c7 9.0-0-0 b5!?

Mit dieser energischsten Antwort startet Schwarz sofort sein Gegenspiel am Damenflügel.

(Wie die Turnierpraxis zeigte, ist 9...♗e7?! schwächer und deshalb wird diese Fortsetzung nicht behandelt.)

A) 10.g3 b4 11.♘d5 exd5 12.exd5+

(12.♗g2 wird in **Partie Nr. 60**: Schirow–Gelfand, Dos Hermanas 1995, vorgestellt.)

12...♗e7 13.♘f5 ♘c5 14.♘xg7+ ♔d8 15.♖e1 ♖g8 16.♗g2 ♘fe4 17.♗xe4 ♖xg7 ½–½, Judasin-Gelfand, Manila 1990.

B) 10.a3 ♗b7 11.g4

(Ein anderer Plan besteht darin, mittels 11.f5 im Zentrum aktiv zu werden; z.B. 11...e5 12.♘b3 ♗e7 13.♔b1 0-0 14.h4 h5 15.g4 hxg4 16.♗g2 ♕c4 17.♕e1 b4 18.axb4 d5 19.♘xd5 ♗xd5 20.exd5 ♖ac8∞, Ginsburg–Karpman, Simferopol 1991.)

11...0-0-0 12.♗g2 ♔b8 13.e5 dxe5 14.♘dxb5 axb5 15.♘xb5 ♕b6 16.♗xb7 ♕xb7 17.fxe5 h6 18.♗xf6 gxf6 19.exf6 ♖g8 20.♖hf1 ♖g5 mit unklarem Spiel, Karasew–Balaschow, UdSSR 1970.

C) 10.g4 ♗b7 11.♗g2 ♘b6

(In der Begegnung Schamkowitsch–Weinstein, USA 1976, probierte Schwarz eine andere Idee: 11...♖c8!? 12.♖he1 ♗e7 13.e5 dxe5 14.♗xb7 ♕xb7 15.fxe5 b4 16.♘cb5 axb5 17.exf6 ♘xf6 18.♗xf6 ♗xf6 19.♘f5 0-0! mit hervorragenden Konterchancen.)

12.♖he1 ♗e7 13.a3 0-0-0 14.♖d3 ♔b8 15.♗h4 ♖c8 16.♗f2 ♘fd7 und Schwarz hält seine Stellung, Nunn–Britton, Nottingham 1979.

D) 10.f5 b4

(Zu zweischneidigem Spiel führt 10...e5 11.♘d5 ♘xd5 12.exd5 ♘c5 13.♕h5 ♗e7 14.♘c6 ♗xg5+ 15.♕xg5 f6 16.♕h5+ ♕f7 17.♕f3 ♗b7 18.♔b1 0-0 19.g4 ♖ac8∞, Tukmakow–Browne, Madrid 1973.)

11.fxe6 bxc3 12.exd7+ ♘xd7 13.♕c4 cxb2+ 14.♔b1 ♕xc4 15.♗xc4 ♘e5 16.♗d5 ♖b8 mit etwa gleichen Chancen, denn der schwarze Mehrbauer hat keine Bedeutung. Schwarz muss versuchen, seinen schwarzfeldrigen Läufer über e7 und d8 ins Spiel zu bringen, Tukmakow–Polugajewski, UdSSR 1973.

E) 10.♘d5 exd5 11.exd5+ ♗e7 12.♖e1

(Im Fall von 12.♘c6 ♘b8 13.♗xf6 ♘xc6 14.dxc6 gxf6 15.g4 f5 bleibt Schwarz mit einer Mehrfigur.)

12...0-0 13.♕xe7 ♖e8 14.♕xe8+ ♘xe8 15.♖xe8+ ♘f8 16.♗d3 f6 17.♗h4 ♗b7 18.♖e2 ♘g6 19.♗g3 ♗xd5 und Schwarz hat den Angriff abgewehrt, Bryzgalin–Kurnosow, Woronesch 2004.

II. 8.♗c4 ♕b6

(Auf 8...b5 kann 9.♗xe6!? mit starkem Angriff folgen.)

A) 9.♗b3 ♗e7 10.f5 ♘c5 11.fxe6 fxe6 12.♘a4

(Nach 12.♗e3 ♕c7 13.0-0 b5 14.a3 ♘xb3 15.cxb3 0-0 16.♕f3 ♕b7 braucht sich Schwarz um seine Zukunft nicht zu sorgen.)

12...♕c7 13.♘xc5 dxc5

(Das ist stärker als 13...♕xc5 14.♗e3 ♕e5 15.0-0 und Weiß ist besser entwickelt. Dann scheitert z.B. 15...0-0 an 16.♘xe6! ♗xe6 17.♗d4 ♕xe4 18.♖e1+–.)

14.♘xe6

(14.♗xf6 ♗xf6 15.♘xe6 ♕e5 16.♕d5 ♕xe6 17.♕xe6+ ♗xe6 18.♗xe6 ♗xb2=)

14...♗xe6 15.♗xe6 ♕e5 16.♗xf6

(16.♗f5 ♖d8 17.♕f3 g6 18.♗f4 ♕xb2–+)

16...♕xe4+ 17.♕e2

(Nach 17.♔f2 rettet sich Schwarz mit einem Trick: 17...♕xe6! 18.♗xe7 ♕xe7 19.♖e1 0-0+ mit gleichem Spiel.)

17...♕xe2+ 18.♔xe2 ♗xf6 19.♖ad1 ♖d8 20.♗d5 ♖d7 21.c3 ♔e7 mit gleichem Endspiel, Radjabow–Gelfand, Merida 2005.

B) 9.♗xf6 ♘xf6 10.♗b3 e5

(10...♕c5=; 10...♗e7=)

11.♘de2 exf4

(Einfacher ist 11...♗e7=.)

12.♘xf4 ♕e3+ 13.♘fe2 ♗e7 14.♕d4 ♕xd4 15.♘xd4 g6 16.0-0 0-0 17.♖ad1 ♘g4 18.h3 ♘e3 19.♘d5 ♘xd5 20.♗xd5 ♔g7 21.♖f3 ♗f6 22.a4 ♖b8 23.a5 mit kleinem Positionsvorteil, Beljawski–Gelfand, Linares 1994.

C) 9.♕d2 ♕xb2

(Einen scharfen Verlauf nahm die Partie Borocz–Pinter, Ungarn 1996: 9...h6!? 10.♗h4 ♕xb2 11.0-0 ♕b4 12.♗xe6 fxe6 13.♘xe6 ♔f7 14.e5 ♔xe6 15.exf6 ♘xf6 16.♗xf6 gxf6 17.♕d5+ ♔d7 18.♕f7+ ♔c6 19.♖f3 ♗g4 20.♖d3 ♕c5+ 21.♔h1 ♖h7 22.♕b3 b5 23.a4 ♔b7 24.axb5 a5 25.♘e4 ♕f5 26.♖a4 ♕e6 27.♕c3 ♖c7 28.♕d4 f5 29.b6 ♖c6–+.)

10.♖b1 ♕a3 11.♗xe6?

Ein typisches sizilianisches Opfer, aber in diesem Fall bringt es keinen Vorteil.

(Besser ist 11.f5 e5 12.♘b3 und Weiß hat für den Bauern Kompensation, weil die schwarze Dame passiv steht.)

11...fxe6 12.♘xe6 ♕a5

(Die starke Alternative 12...♔f7 wird in der **Partie Nr. 61**: Radjabow–Gelfand, Göteborg 2005, analysiert.)

13.0-0 h6 14.♗h4 ♔f7 15.f5 ♗e7 16.♕d3 ♘e5 17.♕h3 b5 18.♗xf6 ♗xf6 19.♕h5+ ♔g8 20.♘d5 ♗xe6 21.♘xf6+ gxf6 22.fxe6 ♕xa2 23.♖b3 ♖h7 und Weiß hat wohl keine Kompensation für die Figur.

8...♕c7 9.0-0-0 b5

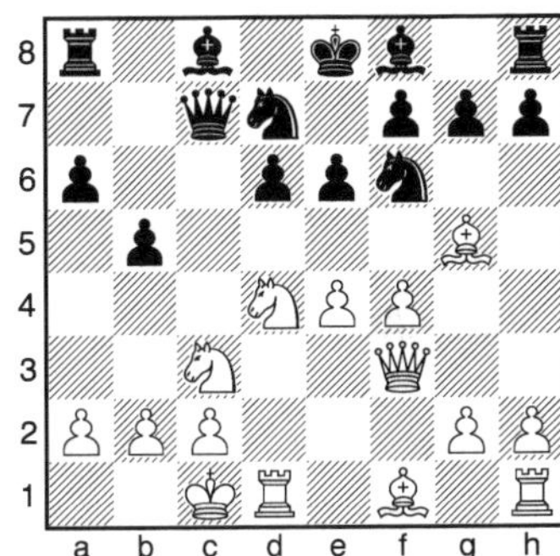

Konsequent nach Plan. Natürlich kann Schwarz auch 9...♗e7 spielen, was zur Hauptvariante führt. Nach dem Textzug entsteht die eigenständige Variante dieses Kapitels. Für Weiß gibt es einige Pläne zum weiteren Spiel.

I. 10.e5 – **Abspiel 1**

II. 10.♗d3 – **Abspiel 2**

III. 10.♗xb5 – **Abspiel 3**

IV. 10.a3

Dieser natürliche Zug ist gegen b5–b4 gerichtet, um den Springer auf c3 zu behaupten. Andererseits wird die Bauernstruktur geschwächt, was dem Schwarzen gute Gegenchancen am Damenflügel gibt.

A) 10...♖b8

A1) 11.f5 e5 12.♘b3 b4 13.axb4 ♖xb4 14.♗d3 ♗b7 15.♗xf6 ♘xf6 16.g4 d5

(Beachtung verdient 16...h6!?, um den weiteren Marsch des g-Bauern zu stoppen.)

17.exd5 ♖xg4 18.♘e4 ♖f4 19.♘xf6+ gxf6 20.♕g2 h5

(Hier bietet sich die Idee 20...♖b4!? 21.♔b1 a5 mit Spiel am Damenflügel an.)

21.♖hf1 ♖g4 22.♕e2 ♗xd5 23.♗xa6 ♗h6+ 24.♔b1 ♗xb3 25.♕b5+ ♔f8 26.♕xb3 ♔g7 mit etwa gleichen Chancen, Zurakhow–Spasski, Leningrad 1956.

A2) 11.♗xf6 ♘xf6 12.e5

(Nach 12.g4 b4 13.axb4 ♖xb4 14.g5 ♘d7 15.f5 ♘e5 16.♕h3 ♕b6 17.♘b3 ♗e7 18.g6 fxg6 19.fxe6 ♖xb3 20.cxb3 ♕xb3 21.♕g3 ♗xe6 22.♘e2 0-0 23.♕xb3 ♗xb3 übernahm Schwarz die Initiative, Bronstein–Polugajewski, Moskau 1967.)

12...♗b7 13.♕h3

(Die Stellung nach 13.♕e3 dxe5 14.♘cxb5 ♕b6 15.fxe5 ♘d7 16.♘d6+ ♗xd6 17.exd6 0-0 befindet sich etwa in dynamischem Gleichgewicht, denn Schwarz hat für den Bauern volle Kompensation.)

13...dxe5

(13...♘d5!? wird von GM Nunn vorgeschlagen.)

14.♘cxb5 ♕b6 15.fxe5 ♘d5 16.♘c3 ♘xc3 17.♕xc3 ♗e7 gefolgt von 0-0 mit Kompensation für den geopferten Bauern, Analyse von Nunn.

B) 10...♗b7

B1) 11.♔b1 ♗e7 12.g4 ♖c8 13.♗xf6 gxf6

(Zu gefährlich wäre 13...♗xf6 14.♗xb5 axb5 15.♘dxb5 ♕c6 16.♖xd6 ♕c4 17.♖hd1 ♗xc3 18.♘xc3 ♗c6 19.f5 mit weißer Initiative.)

14.♗g2 ♘b6 15.♗f1 d5 16.♗d3 ♗c5 17.♘de2

(Ein bekannter Fehler ist 17.♘b3? ♗xa3! mit schwarzem Vorteil.)

17...b4 18.axb4 ♗xb4 19.exd5? (⌓19.g5) 19...♘xd5 20.♗e4 ♗xc3 21.♘xc3 ♘xc3+ 22.bxc3 ♗xe4 23.♕xe4 ♕xc3 24.♕a4+ ♔f8 mit gewonnenem Endspiel, J. Rodriguez–Topalow, Oviedo 1992.

B2) 11.g4 ♗e7 12.♗xf6 ♗xf6

Eine sehr riskante Entscheidung.

(Normal wäre 12...♘xf6, was nach 13.g5 ♘d7 usw. zur Hauptvariante führt.)

13.g5

Dieser Zug gibt dem Schwarzen gute Chancen.

(Nur mittels 13.♗xb5!? axb5 14.♘dxb5 ♕b8 15.♘xd6+ ♔e7 16.g5 ♗xc3 17.♕xc3 kann Weiß den schwarzen Plan widerlegen.)

13...♗xd4 14.♖xd4 0-0 15.♗e2 e5 16.♖d2 f5 17.gxf6 ♘xf6 18.f5 ♖ac8

Schwarz hat gutes Spiel und bereitet Gegenspiel am Damenflügel mit a6–a5 und b5–b4 vor, Leko-Gelfand, Monte Carlo 2001.

V. 10.♗xf6

Um den Vorstoß e4–e5 schnell durchzuführen, ist Weiß bereit, sein Läuferpaar aufzugeben.

10...♘xf6

(Nach 10...gxf6 erhält Weiß durch 11.f5! starken Angriff.)

11.e5 ♗b7

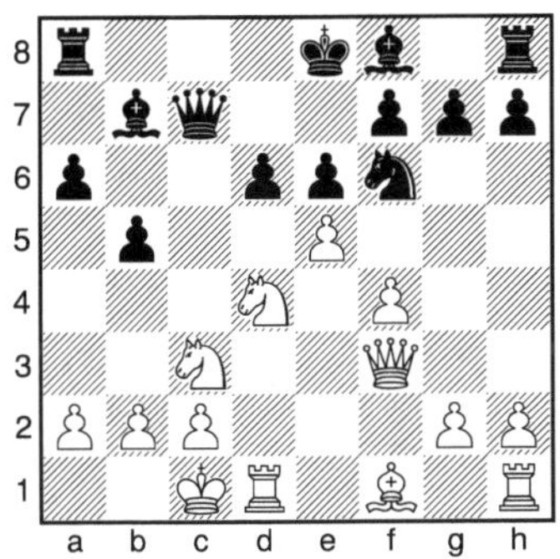

A) 12.♕h3 dxe5 13.♘cxb5

(Die scharfe Variante 13.♘xe6 fxe6 14.♕xe6+ ♕e7 15.♕b6 ♖c8 16.fxe5 ♘e4 17.♘xb5 ♕c5 18.♕e6+ ♕e7 19.♕b6 ♕c5 20.♕e6+ ♕e7 endet friedlich.)

13...♕b6 14.fxe5 ♘e4 15.♗c4

(Eine komplizierte Stellung mit beiderseitigen Möglichkeiten ergibt 15.♕b3 ♗c5 16.♘d6+ ♘xd6 17.♕xb6 ♗xb6 18.exd6 0-0-0∞. Schwarz muss versuchen, den d-Bauern zu erobern und seine f- und e-Bauern in Bewegung zu setzen. Weiß dagegen spielt auf der anderen Seite, wo er die Bauernmehrheit hat.)

15...♘f2 16.♕b3 0-0-0 17.♘d6+ ♖xd6 18.exd6 ♕xb3 19.♘xb3 ♘xh1 20.♘c5 ♗xg2 21.♗xe6+ ♔d8! 22.♗xf7 g6 23.♔b1 ♗c6 24.♘e6+ ♔d7 25.♘c5+ ♔d8 26.♘e6+ ½–½, Carlsen–Gelfand, Biel 2005

B) 12.♕e3 dxe5

(Spielbar ist offensichtlich auch 12...♘d5!? 13.♘xd5 ♗xd5 14.♘xe6 ♗xe6 15.f5 ♖c8 16.♗d3 ♕c5 17.♕xc5 ♖xc5 18.fxe6 ♖xe5 19.exf7+ ♔xf7 20.♖hf1+ ♔e6 21.♖f3 ♗e7 22.♖df1 ♗f6 und mit den ungleichen Läufern ist das Endspiel etwa ausgeglichen.)

13.♘cxb5 ♕b6!

(Aber nicht 13...axb5?? 14.♗xb5+ +–.)

14.fxe5 ♘d5 15.♕f2

(Auf 15.♕g3 folgt auch 15...0-0-0 mit beiderseitigen Chancen.)

15...0-0-0 16.♘d6+ ♗xd6 17.exd6 ♖xd6 18.♗c4 ♖hd8 19.♖d2

(19.♕xf7 ♘e3 20.♗xe6+ ♔b8 21.c3 ♘xd1 22.♖xd1 ♖xd4 23.♖xd4 ♖xd4 24.cxd4 ♕xd4=)

19...♘f4 und Schwarz hält den Ausgleich, Radulski–Zdebskaja, Cappelle la Grande 2006.

Zusammenfassung: Viele Spieler haben eine Variante in ihrem Eröffnungsrepertoire, die sie mit besonderer Vorliebe spielen. Für Boris Gelfand ist es der Zug 7...♘bd7 in der Najdorf-Variante. Obwohl hier sehr komplizierte Verwicklungen entstehen, in denen Schwarz hohes taktisches Niveau zeigen muss, wurde die ♘bd7-Variante noch nicht widerlegt. Und so wird sie weiterhin in der Turnierpraxis angewandt und findet sogar immer neue Sympathisanten.

Abspiel 1

Die Fortsetzung 10.e5

(1.e4 c5 2.♘f3 d6 3.d4 cxd4 4.♘xd4 ♘f6 5.♘c3 a6 6.♗g5 e6 7.f4 ♘bd7 8.♕f3 ♕c7 9.0-0-0 b5)

10.e5

Diese energische Fortsetzung führt ungeachtet vieler taktischer Möglichkeiten nur zum Remis.

10...♗b7 11.♕h3 dxe5 12.♘xe6 fxe6 13.♕xe6+ ♗e7

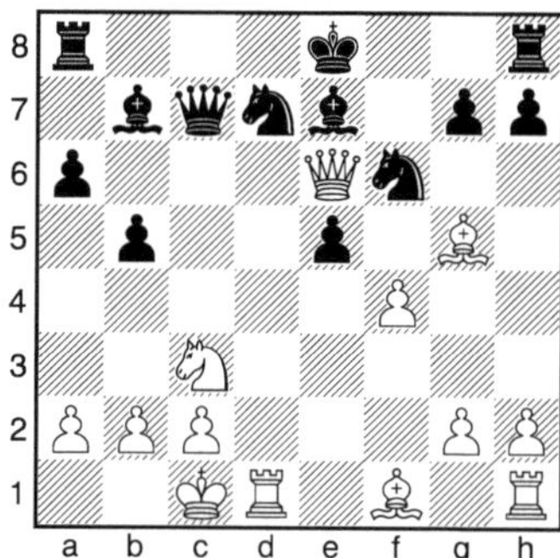

Bis jetzt war alles forciert und nun muss Weiß den weiteren Plan wählen.

14.♗xb5

I. 14.♗xf6 gxf6

A) 15.♗xb5 axb5 16.♘xb5 ♕c6 17.♘d6+ ♔d8

(17...♕xd6 18.♖xd6 ♘c5 19.♕f5 ♗e4 20.♕h5+ ♗g6∞, Zejtlin–Gutman, UdSSR 1971)

18.♘xb7+ ♕xb7 19.♖xd7+ ♕xd7 20.♖d1 ♕xd1+ 21.♔xd1 exf4 22.♕d5+ ♔c7 23.♕c4+ ♔d7

24.♕d5+ und Weiß rettet sich durch Dauerschach.

B) 15.♘xb5 axb5 16.♗xb5 ♗e4 17.♗xd7+ ♔f8 18.♖d2 ♗g6 19.♗c6 ♗f7 20.♖d7 ♗xe6 21.♖xc7 ♖xa2 22.♔b1 ♖a5 23.fxe5 ♖xe5 24.♖d1 ♔f7 25.♗d7 h5 26.♗xe6+ ♔xe6 27.♖c6+ ♔f5 28.♖f1+ ♔g5 29.♖f2 f5 30.c3 ♗c5 31.♖d2 ♗e3 32.♖dd6 ♖g8 –+, Herbrechtsmeier–Raschkowski, Biel 2003

C) 15.♗e2

Nach diesem Hauptzug droht ♗e2-h5+ +–, so dass Schwarz keine Wahl hat.

15...h5 16.♘d5

Das ist laut Theorie am besten.

Andere Antworten sind klar besser für Schwarz.

– 16.♘xb5 axb5 17.♗xb5 0-0-0 18.♕xe7 exf4

– 16.fxe5 ♘f8 17.♕b3 ♖d8 18.exf6 ♕f4+ 19.♔b1 ♖xd1+ 20.♖xd1 ♕xf6 21.♘xb5 axb5 22.♖f1 ♕e5 23.♗xb5+ ♔d8 und Weiß hat keinen Ersatz für das geopferte Material, Kuindsi–Zeitlin, UdSSR 1971.

– 16.♗d3 ♘f8 17.♕h3 exf4 18.♖he1 ♖d8 19.a4 b4 20.♘e4 ♔f7 21.g3 b3 22.♕f1 ♖d4 23.♘c3 bxc2 24.♗g6+ ♘xg6 25.♖xd4 f3 26.♕d3 f2 27.♖f1 ♘e5 28.♕xc2 ♗c5 29.♘e4 ♗xe4 30.♖xe4 ♖c8 –+, Tringow–Polugajewski, Skopje 1971)

16...♗xd5 17.♖xd5 ♘c5

(17...♘b6 18.♗xh5+ ♖xh5 19.♕g8+ ♗f8 20.♕e6+ ♗e7 21.♕g8+ ♗f8 22.♕e6+ ½–½, Tschiburdanidse–Brunner, Graz 1991)

18.♕f5 ♕c6

Ein sicherer Weg zum Ausgleich.

(Zu riskant ist 18...♕c8 19.♕g6+ ♔f8 20.fxe5 ♕e6 21.♖f1 ♕f7 22.♕xf7+ ♔xf7 23.exf6 ♗f8 24.♗xh5+ ♔e6 25.♖ff5 und Weiß hat ziemlich viele Bauern für die Figur; seine Chancen sehen besser aus, Neubauer–Negi, Port Erin 2005.)

19.♕g6+ ♔f8 20.♖hd1 ♕e8 21.♕f5 ♕c8 22.♕g6 ♕e6 23.♗xh5 ♕g8 24.♖d8+ ♖xd8 und da Schwarz Dauerschach nicht vermeiden kann, einigte man sich auf Remis, Van der Wiel–Kasparow, Amsterdam 1991.

II. 14.♘xb5 axb5 15.♗xb5 ♗e4! Das gilt als die stärkste Antwort.

A) 16.c3 0-0-0

(16...♖d8 17.fxe5 ♗d5 18.♖xd5 ♘xd5 19.♖d1 ♕b6 20.♗c6 ♕xc6 21.♕xc6 ♗xg5+ 22.♔b1 ♘e3 23.♕e6+ ♗e7 24.♖d3 ♖f8! 25.a3 ♖f1+ 26.♔a2 ♘xg2∞)

17.♕xe7 ♕b6 18.♕b4 ♕e3+ 19.♖d2 und nun hätte Schwarz in der Partie Van der Wiel–Gutman, Amsterdam 1984, 19...♘b8! mit besseren Aussichten spielen sollen.

B) 16.c4 0-0-0 17.♕xe7 h6 18.♗xf6 gxf6 19.♖xd7 ♖xd7 20.♗xd7+

♕xd7 21.♕c5+ ♕c7 22.♕xc7+ ♔xc7 23.fxe5 f5 24.♖f1 ♖a8 und Schwarz hat etwas bessere Chancen, Scheljadinow–Gutman, Sewastopol 1970.

C) 16.♗xd7+ ♔f8 17.♖d2 ♗g6!

(Meiner Meinung nach ist dies stärker als die von Polugajewski vorgeschlagene Abwicklung 17...♗xc2 18.♕c6 ♕xc6 19.♗xc6 ♗e4 20.♗xa8 ♗xa8, die nicht ganz überzeugend ist.)

18.♗c6 ♗f7 19.♖d7 ♕xd7

(19...♗xe6 20.♖xc7 ♖xa2 ist auch zu prüfen.)

20.♕xd7 ♘xd7 21.♗xa8 h6 22.♗xe7+ ♔xe7 mit gutem Endspiel.

D) 16.♖d2 wird in **Partie Nr. 62**: Kamsky–Gelfand, Linares 1993, vorgestellt.

14...axb5 15.♘xb5 ♕c6 16.♘d6+ ♔d8

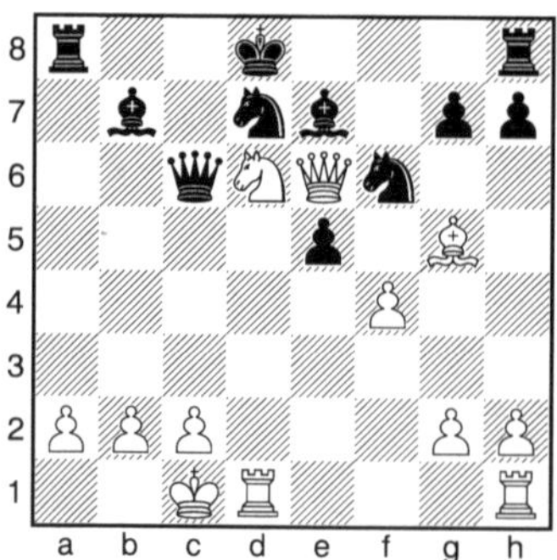

17.fxe5

Das ist der einzige Versuch, um Vorteil zu kämpfen.

Nach dem harmlosen 17.♘xb7+ führt 17...♔c7 zum forcierten Remis.

(In Berg–Aagaard, Stockholm 2005, geschah 17...♕xb7 18.♗xf6 ♗xf6 19.♖xd7+ ♕xd7 20.♖d1 ♕xd1+ 21.♔xd1 exf4 22.c4 ♔c7 23.♕f7+ ♔b6 24.♕e6+ ♔c7 25.♕f7+ ♔b6 26.♕e6+ ½–½.)

18.♕xe7

(Es verbietet sich 18.♕xc6+?? ♔xc6 19.fxe5 ♘xe5 20.♖he1 ♘g6 –+.)

18...♖xa2 19.♗xf6 ♖a1+ 20.♔d2 ♕d5+ 21.♔e2 ♕e4+ mit Dauerschach.

17...♔c7 18.♕xe7

– Sicher zum Remis führt 18.♗xf6 gxf6 19.♕xe7

(Weiß muss genau spielen, denn in dieser scharfen Variante sind leicht Fehler möglich; z.B. 19.♖d3?? ♗xd6 20.exd6+ ♔b8 21.♖c3 ♕b5 22.♖c7 ♕g5+ 23.♔b1 ♗d5 24.♕e1 ♗xa2+ 25.♔a1 ♕b5–+.)

19...♖xa2 20.♘xb7 ♖a1+ 21.♔d2 ♕d5+ 22.♔e2 ♕xg2+ 23.♔e3 ♕g5+ 24.♔d3 ♕f5+ 25.♔e2 ½–½, Winsnes–Svensson, Schweden 1991

– Problematisch ist hingegen 18.♔b1 ♗f8

A) 19.♕f7 ♘d5 20.♘xb7 ♘c3+ 21.bxc3

(21.♔c1 ♘xa2+ 22.♔b1 ♘c3+ 23.♔c1 ♘xd1–+)

21...♖b8 22.♕f3 ♖xb7+ 23.♔a1 ♕xf3 24.gxf3 ♗a3 25.e6 ♗b2+ 26.♔b1 ♘e5 27.♗f4 ♗xc3+ 28.♔c1 ♔c6 29.♗xe5 ♗xe5 mit Gewinnperspektiven.

B) 19.♖hf1 ♘e4 20.♘b5+ ♔b6! 21.♗e3+ ♗c5 22.♘d6

(22.♗xc5+ ♘exc5 23.♕xc6+ ♗xc6 24.♘d4 ♘xe5–+)

22...♗xe3 23.♖f7 ♘ec5 24.♘c4+ ♔a6 25.♕xc6+ ♗xc6 26.♘xe3 ♘xe5 27.♖xg7 ♖ag8 28.♖c7 ♘e6 29.♖e7 ♖e8 mit guten Gewinnchancen für Schwarz.

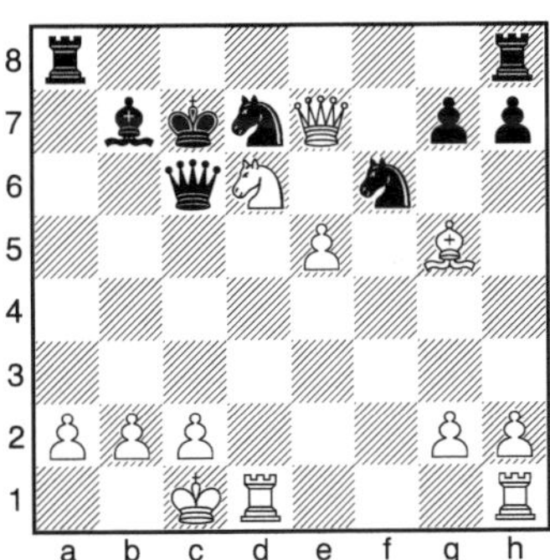

18...♖xa2

Da dieser Zug forciert zum Remis führt, verdient 18...♘d5!? 19.♖xd5 ♕xd5 20.♖d1 (20.♘xb7 ♖xa2–+) 20...♕xe5 Aufmerksamkeit und weitere Prüfung.

A) 21.♘xb7 ♕xe7 22.♗xe7 ♖xa2 23.♘d6

(– 23.♔b1 ♖ha8 24.♗a3 ♖2xa3 25.bxa3 ♖b8 mit Springergewinn

– oder 23.♖d3 ♖a1+ 24.♔d2 ♖g1 mit Bauerngewinn.)

23...♖a1+ 24.♔d2 ♖xd1+ 25.♔xd1 ♘e5 26.♘f5 ♔d7 27.♗b4 g6 28.♘e3 ♔c6

Schwarz hat die Qualität mehr, aber Weiß hat zwei Freibauern am Damenflügel. Gelingt es dem Schwarzen, die gegnerischen Bauern am Königsflügel zu liquidieren und seine eigenen zur Umwandlung zu bringen? Das können nur weitere Analysen und die Praxis beweisen.

B) 21.♘e8+ ♖axe8 (21...♖hxe8!?) 22.♖xd7+ (22.♕xd7+ ♔b8–+) 22...♔c6 23.♕xe5 ♖xe5 und Schwarz hat einen Turm mehr.

19.exf6

Auf 19.♗xf6 folgt 19...♖a1+ 20.♔d2 ♕d5+ 21.♔e2 ♕xg2+ 22.♔e3 ♕f3+ und Schwarz hat nichts Besseres als Dauerschach, Ajanski–Commons, Plowdiw 1976.

19...♖a1+ 20.♔d2 ♕d5+ 21.♔e2

Oder 21.♔c3 ♕a5+ 22.♔d3 ♕d5+ ½–½, Witolinsch–Juferow, Moskau 1972.

21...♕xg2+ 22.♔d3 ♕f3+ 23.♔d2 ♕d5+ mit Dauerschach.

Zusammenfassung: Dieses Abspiel illustriert die Schärfe des Zuges 10.e5, obwohl am Ende nur ein Remis durch ewiges Schach entsteht. Ich vermute jedoch, dass es hier noch einige Unklarheiten gibt, die durch weitere Analysen geklärt werden müssen, z.B. 18...♘d5!?. Zu empfehlen ist die genaue Analyse der **Beispielpartie Nr. 62**: Kamsky–Gelfand, die sehr charakteristisch für das Najdorf–System ist. Weiß opfert eine Figur und bekommt dafür drei Freibauern am Damenflügel. Schwarz muss seine Endspieltechnik zeigen, um den weiteren Vormarsch der gefährlichen Bauern zu stoppen und sie schließlich zu vernichten.

Abspiel 2

Die Fortsetzung 10.♗d3

(1.e4 c5 2.♘f3 d6 3.d4 cxd4 4.♘xd4 ♘f6 5.♘c3 a6 6.♗g5 e6 7.f4 ♘bd7 8.♕f3 ♕c7 9.0-0-0 b5)

10.♗d3

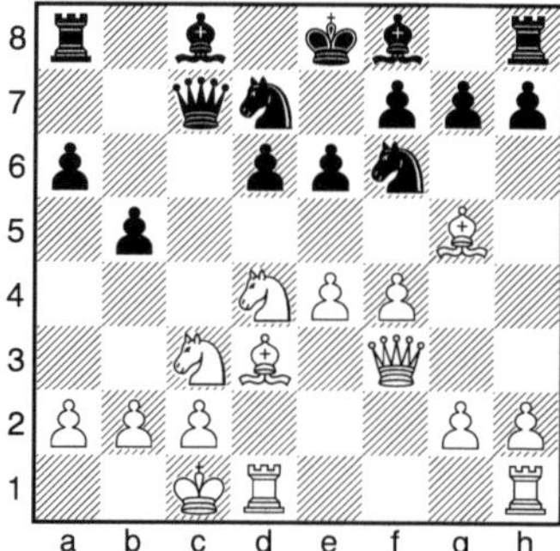

Weiß entwickelt seinen Läufer und will den Königsturm nach e1 stellen, um ein aktives Vorgehen im Zentrum mit e4–e5 vorzubereiten.

10...♗b7

Das Läuferfianchetto gehört zu dieser Variante, aber möglich ist auch erst 10...♗e7; z.B. 11.♖he1 ♗b7

A) 12.♕g3

A1) Nach der riskanten Erwiderung12...b4 erhält Weiß starken Angriff; z.B. 13.♘d5! exd5 14.e5?

(Dies bringt allerdings keinen Vorteil. Richtig ist 14.exd5! ♔d8 15.♘c6+ mit starkem Angriff – siehe **Partie Nr. 63**: Kotronias–Lesiège, Montreal 2002.)

14...dxe5 15.fxe5 ♘h5 16.e6 ♘xg3 17.exf7+ ♔xf7 18.♖xe7+ ♔g8 19.hxg3 ♕xg3 20.♘e6 ♕e5 21.♖f1 ♘f8 22.♗f5 g6!

(22...♗c8 23.♖e8 ♔f7 24.♖e7+ ♔g8 25.♖e8=)

23.♘xf8 ♕xe7 24.♗xe7 gxf5 25.♖xf5 ♖e8 26.♗xb4 ♗c8 27.♖f4 h5 28.♘g6 ♖h7 29.♖d4 ♗f5 30.♘h4 ♗e4–+, Jovanovic–Ribeiro, IECG-Email 2001

A2) 12...♘h5! ist wohl die beste Lösung; z.B. 13.♕g4

(Auch nach 13.♕f3 ♘hf6 muss Weiß eine neue Idee finden oder die Züge wiederholen.)

3...♘hf6 und mit einer Zugwiederholung kann Schwarz durchaus zufrieden sein.

B) 12.♘d5

B1) 12...♘xd5 13.exd5 ♗xg5 14.♖xe6+ fxe6 15.♘xe6 ♕b6 16.♕h5+ g6 17.♕xg5

(Nichts bringt 17.♗xg6+ ♔e7 18.♕xg5+ ♘f6 19.♖e1 ♕f2 20.♔d1 hxg6–+, Analyse von Nunn.)

17...♕e3+ 18.♔b1 ♔f7 19.♕h6 ♖ag8 20.♘g5+ ♔e8 21.♕h4 ♔d8 22.♖e1 ♕b6 23.♘f7+ ♔c8 24.♘xh8 ♖xh8 und in dieser scharfen Stellung sind die schwarzen Chancen höher zu bewerten.

B2) 12...exd5 13.♘f5!

(Nach 13.exd5? ♔f8 14.♘c6 ♖e8 15.♘xe7 ♖xe7 16.♖xe7 ♔xe7 17.♖e1+ ♔d8 18.♗f5 h6 19.♗h4 ♖e8 hat Schwarz nichts für die Figur, Belokopyt–Standal, Lignano Sabbiadoro 2005.)

13...♔f8 14.♕g3 dxe4 15.♗xe4 ♗xe4 16.♖xe4 ♕c5 17.♗h6 ♘xe4 18.♕xg7+ ♔e8 19.♕xh8+ ♘f8 und laut Nunn sieht die Stellung gut für Schwarz aus.

11.♖he1 ♕b6

Das ist die beste Fortsetzung, weil durch den Angriff auf den Springer die aktive Aufstellung der weißen Kräfte gestört wird.

Fraglich ist dagegen 11...0-0-0 wegen 12.f5 e5 13.♘b3 ♗e7 14.a4! mit besseren Chancen am Damenflügel.

12.♘d5

Dieses Springeropfer, das zu undurchschaubaren Komplikationen führt, gilt laut Theorie immer noch als die beste Chance für Weiß.

– Zurückhaltender ist 12.♘b3 b4 13.♘e2

(Das Spiel nach 13.♘a4 ♕c7 14.♘d4 ♗e7 15.♕h3 0-0-0 16.f5 e5 ist unklar.)

13...♗e7 14.♔b1 ♖c8

(Dies ist der am häufigsten gespielte Zug, obwohl auch 14...h6!? interessant ist; z.B. 15.♗h4 ♖c8 16.♗f2 ♕c7 17.♖c1 d5 18.♘g3 dxe4 19.♘xe4 0-0 20.g3 a5 21.♗d4 a4 22.♘bd2 ♖fd8 mit guten Gegenchancen.)

15.♘ed4 ♘c5 mit sehr komplizierter Stellung und beiderseitigen Chancen, Azarow–Kusubow, Moskau 2006.

– Und 12.♘xe6 fxe6 13.♕h3 e5! 14.♘d5 ♗xd5 15.exd5 0-0-0 führte in der Partie Geller–Polugajewski, Portoroz 1973, zu einem Schwarzsieg.

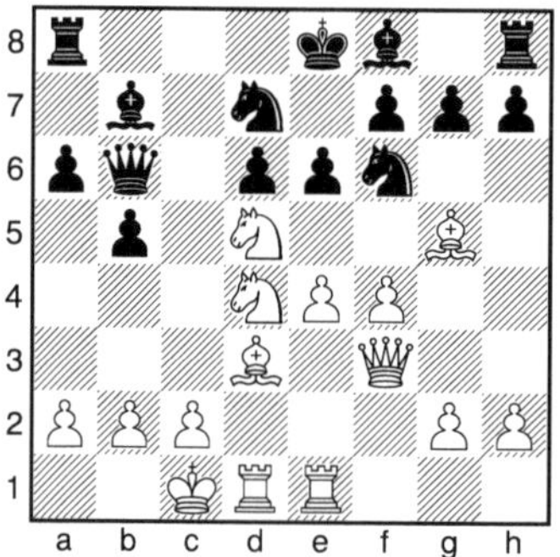

12...♕xd4!

Nach bisherigen Erfahrungen ist das die beste Entscheidung.

Die Fortsetzung 12...exd5!? wurde in der Praxis noch nicht genau unter die Lupe genommen; z.B. 13.♘c6 dxe4!

(Schlecht ist 13...♗xc6? wegen 14.exd5+ ♗e7 15.dxc6 ♘c5 16.♗xf6 gxf6 17.♗f5 mit Angriff, Tschiburdanidse–Dwoiris, Tallinn 1980.)

14.♗xe4 ♘c5

A) 15.♗f5+ ♘e6 16.♗xe6 ♗xc6 17.♗d5+ ♔d7 18.♗xf6 gxf6

A1) 19.♖d3 ♕b7 20.♕g4+

(20.♕h3+ ♔d8 21.♗xc6 ♕xc6 22.♖c3 ♕d7 23.♕h4 ♗e7 24.♖ce3 ♖e8 25.♕xh7 ♖c8∓, Isaacson–Konstantinow, Internet 2012)

20...♔d8 21.♕f5 ♗xd5 22.♕xf6+ ♔c7 23.♕xh8 ♗e4

(23...♗xg2!? 24.♕xh7 ♔b6 25.♕h4 ♗e4 26.♕f2+ ♔c7 27.♖c3+ ♔d7 28.♕d4 ♖e8 29.a3 ♖e6 30.♖ce3 f5 31.♖g1 d5 32.♖h3 ♕c7 0-1, Hansen–Kinchant, ICCF Email 2009)

24.♖c3+ ♔d7 25.g4 d5 26.♕f6 ♗e7 27.♕d4 b4 28.♖h3 ♗d6 29.♕f6 ♖e8 30.♖d3 ♕c6 31.♖d2 ♕c4 32.b3 ♕c3 33.♕xc3 bxc3 34.♖f2 ♗a3+ 35.♔d1 ♗c5–+, Canamas Soler–Aguiar Garcia, ICCF Email 2008.

A2) 19.♕h5 ♗xd5 20.♕xd5 ♖d8 21.♖d3

(21.♕xf7+ ♔c8 22.♕xf6 ♕c7! 23.♕xh8 ♗g7∓)

21...♔c8 22.♕a8+ ♔d7 23.♕d5 ♔c7 24.♖c3+ ♔b8 25.♖c6 ♕b7 26.a4 ♗h6 27.a5 ♗xf4+ 28.♔b1 ♔a7 29.♕d4+ ♔a8 ½–½, Reis–Ermolajew, ICCF 2013

B) 15.♗xf6 gxf6

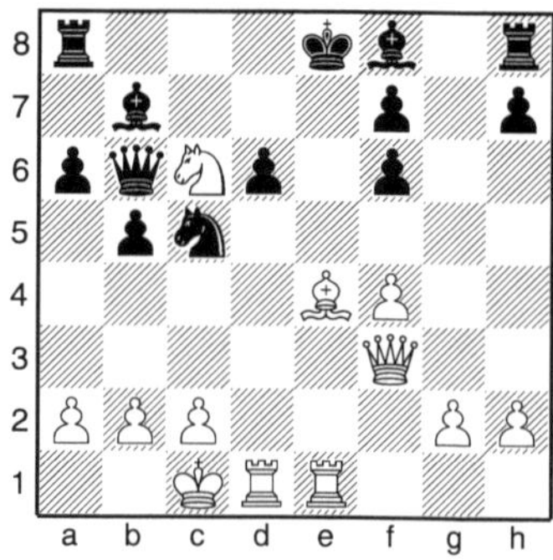

B1) 16.♗d5+ ♔d7 17.♕h5 ♔c7 18.♕xf7+ ♘d7 19.♖d3

(19.♘b4 ♖d8 20.♔b1 a5 21.♗xb7 ♕xb7 22.♘d5+ ♔b8 23.♖e8 ♗h6 24.♖xd8+ ♖xd8 25.♕e7 ♖c8 26.♕xd6+ ♔a7 27.♕a3 a4∞, De Waele–Kal, FICGS 2009)

19...♗xc6 20.♖c3 ♗h6 21.♗xc6 ♗xf4+ 22.♔b1 ♕xc6 23.♖e7 ♖hd8 24.♖xc6+ ♔xc6 25.c4 ♔c7

(25...♖ab8 26.♕d5+ ♔c7 27.♖xh7 ♗e5 28.c5 dxc5 29.♕xc5+ ♔b7 30.h4 ♗c7 31.♕d5+ ♔c8 32.♖g7 ♘e5∞ Majorow–Podwoiski, ICCF 2012)

26.cxb5

(26.♕xh7 ♗e5 27.♕c2 ♔b6 28.♕f5 ♖a7 29.♕f2+ ♔b7 30.cxb5 axb5 31.h4 ♖a4 32.h5 ♖b4 33.b3 ♖f4 34.♕g1 ♖d4 35.♕c1 ♔b6 36.h6 ♘c5 37.h7 ♖c8∞, Moreno Carretero–Aguiar Garcia, ICCF 2010)

26...axb5 27.♕b3 ♖a7 28.g3 ♗e5 29.♕xb5 h5 30.♖h7 ♔c8 31.b4 h4 32.♖xh4 ♖b7 33.♖c4+ ♔b8 34.♕a5 ♖h8 35.♖c6 ♖a7 36.♖a6 ♖xa6 37.♕xa6 ♖xh2 38.♕c6 ♖h7 mit kompliziertem Spiel, Sawraschnow–Costa Trillo, ICCF 2012.

B2) 16.♗f5+ ♘e6 17.♕h5 ♗xc6 18.♗xe6 ♖a7 19.♗d7+ ♔xd7 20.♕f5+ ♔c7 21.♕xf6 ♕f2 22.♕xh8 ♕xf4+ 23.♔b1 ♕h6 24.♕d4 ♖b7 25.♖d3 ♗g7 26.♕b4 ♕f6 mit schwarzem Vorteil, Blomqvist–Grandelius, Kungsor 2009.

B3) 16.♕h3 ♘e6 17.♗g6

(Nach 17.♗d5 ♗xc6 18.♗xe6 hätte Schwarz in der Partie Mardell–Nilsson, Schweden 2009, 18...♔d8! spielen sollen.)

17...♔d7 18.♗xf7 ♔xc6 19.♕xe6 ♕d8 20.♕e3 ♕d7 21.♕c3+ ♔b6 22.♕xf6 h5 23.♗e6 ♗g7 24.♗xd7 ♗xf6 25.♖xd6+ ♔c7 26.♖xf6 ♔xd7 27.♖f7+ ♔c6 28.♖e6+ ♔d5 29.♖e5+

(29.♖ef6 ♖ab8 30.g3 ♔e4 31.♖b6 ♗d5 32.♖e7+ ♔f3 33.♖xa6 ♖he8 34.♖xe8 ♖xe8∓, Ferreira–Pessoa, ICCF Email 2010)

29...♔c6 30.♖ee7 ♖ab8 31.♖e6+ ♔d5 32.♖b6 ♗a8 33.♖xa6 ♔d4

33...h4 34.♖e7 ♖be8 35.♖xe8 ♖xe8 36.♔d2 ♔d4 37.c3+ ♔e4∞, Grobler–Cintins, ICCF Email 2011)

34.g3

(34.♖e6 ♗d5 35.♖d7 ♖bd8 36.c3+ ♔d3 37.♖ed6 ♖xd7 38.♖xd7 ♔e4 39.b3 h4∞, Silva–Gerola, ICCF Email 2010)

34...♔e3 35.f5 ♖bf8 36.♖e7+ ♔f2 37.♖e5 ♔g2 38.♔d2 ♗f3 39.♔e3 ♗g4 40.♔f4 ♖h7 41.♖d6 ♖hf7 42.♖dd5 ♔xh2 43.♖xb5 ♖g7 mit guten Perspektiven für Schwarz, denn es droht ♗g4-d1, ♖g7-g4+ mit Eroberung des Bauern g3, W. Fischer–Acevedo Villalba, ICCF 2011.

13.♗xf6 gxf6

13...♕c5 scheint besser für Weiß zu sein.

14.♗xb5 ♕c5 15.b4

Eine Alternative stellt 15.♘xf6+ dar; z.B. 15...♔d8 16.♘xd7

(Forciert zum Remis führen kann 16.♗xd7 ♗e7 17.♕b3 ♗xf6 18.♗xe6 fxe6 19.♕xb7 ♖c8 20.c3 ♖c7 21.♕xa6 ♗xc3 22.bxc3 ♕xc3+ 23.♔b1 ♕c2+ 24.♔a1 ♕c3+ usw.)

16...♕xb5 17.♘xf8

(17.♕c3 ♔xd7 18.♕xh8 ♕h5∞)

17...♖xf8 18.♕a3

(18.♖xd6+ ♔c7 19.♖ed1 ♖ac8∞)

A) 18...♖c8 19.♕xd6+ ♔e8 20.♖e3

(Zu 20.c3 – siehe **Partie Nr. 64**: Nakamura–Gelfand, Biel 2005.)

20...♕c6 21.♕d2 ♔e7 22.♕b4+ ♔f6 und Weiß hat ausreichende Kompensation für die Figur, Hanley–Gormally, Halifax 2005.

B) 18...♔e8 19.♕xd6

(Oder 19.♖xd6 ♖c8 20.f5 ♕c5 21.♕xc5 ♖xc5 22.fxe6 fxe6 23.♖xe6+ ½–½, Rytschagow–Kanep, Tallinn 2005.)

19...♕c6

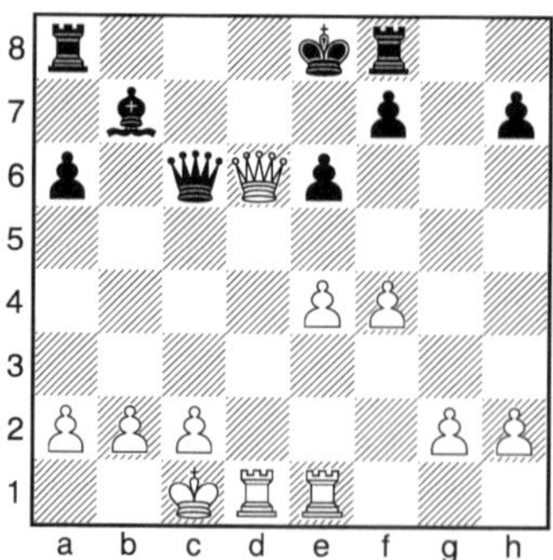

B1) 20.♕d4 ♕c7

(20...♖c8 21.c3 f6 22.♖e3 ♕c7 23.♕a4+ ♗c6 24.♕xa6 ♔f7 25.f5 exf5 26.♕c4+ ♔g7 27.exf5 ♔h8 28.g3 ♕a7∞, Solodownitschenko–Borowikow, Senden 2008)

21.f5

(21.g3 ♖c8 22.♖d2 ♖d8 23.♕a4+ ♕c6 24.♕a5 ♖xd2 25.♕xd2 f6 26.♖d1 ♔e7 27.♕b4+ ♔f7 28.♖d6 ♕c7 29.♕d4 ♔e7 30.e5 fxe5 31.fxe5 ♗c8 32.b3 ♖f5 33.♕h4+ ♔e8=, Padmini–Nadig, Neu-Delhi 2008)

21...♖g8 22.fxe6 fxe6 23.♕a4+ ♗c6 24.♕c4 ♖g6 25.♖e3 ♖d8 26.♖xd8+ ♔xd8 27.♖f3 ♕b6 28.♕d3+ ♔c8 29.♖f8+ ♔b7 30.♖f7+ ♔a8 31.g3 ♖g8 32.b3 ♖d8 33.♕c4 ♔b8 34.♔b2 ♕d4+ 35.♕xd4 ♖xd4 36.♖xh7 ♖xe4 ½–½, Balabajew–Robson, LSS 2007

B2) 20.♕d2 ♕c7 21.g3

(21.f5 ♖g8 22.g3 ♖c8 23.c3 ♖d8 24.♕h6 ♖xd1+ 25.♖xd1 ♕e7 26.fxe6 fxe6 27.♕h5+ ♖g6∓, Safarli–Rodshtein, Gaziantep 2008)

21...f6 22.e5 f5 23.♕d6 ♕xd6 24.♖xd6 ♔e7 25.♖ed1 ♗d5 26.b3 ♖fc8 27.♔b2 a5 28.♖b6 ♖cb8 29.♖xb8 ♖xb8 30.♖d4 h5 31.c4 ♗e4 32.♖d6 h4 33.♖a6 ♖d8 34.gxh4 ♖d2+ 35.♔a3 ♖f2 36.♖xa5 ♖xf4 37.♖a7+ ♔f8 38.♖a6 ♔f7 39.♖a7+ ♔g6 40.♖e7 ♖xh4 41.♖xe6+ ♔g5 42.♖f6 f4 43.c5 f3 44.c6 ♗f5 45.♖f8 ♖h7 46.♖d8 ♖c7 47.♖d4 ♖xc6–+, Luther–Sasikiran, Moskau 2007

15...♕xb5 16.♘c7+ ♔e7!

Nicht gut ist 16...♔d8? 17.♘xb5 axb5, weil Weiß mit 18.♕h5! die Schwäche f7 ins Visier nimmt.

17.♘xb5 axb5 18.♕d3

Die Theorie bewertet 18.♕h5 als weniger gut; siehe dazu **Partie Nr. 65**: Schabalow–Gelfand, Bermuda 2004.

18...♖a6 19.♕xb5 ♖b6

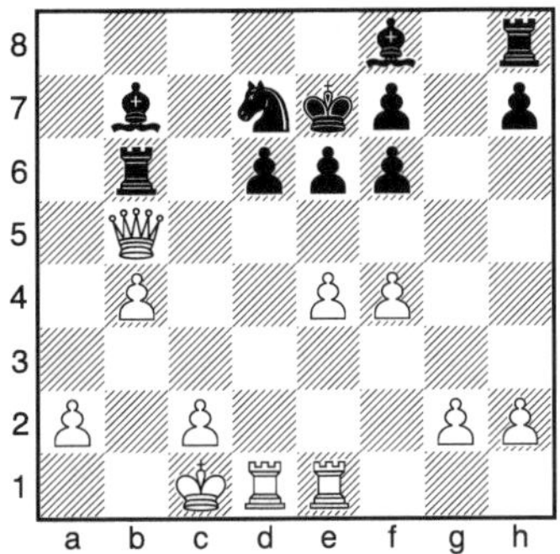

20.♕d3

Nach anderen Antworten erhält Schwarz gute Chancen.

- 20.♕h5 20...♖xb4 21.e5 d5 22.exf6+ ♘xf6 23.♕e5 ♗g7 24.♕c3 ♖c4 25.♕a3+ ♔d7 26.♕b3 ♖c7 27.♖d4 ♖hc8 28.♔d1 und nun hätte Schwarz in der Partie Mirkovic–Tadic, Belgrad 2004, einfach ♘f6-g4–+ spielen sollen.

- 20.♕c4 ♗h6 21.g3 ♖c8

A) 22.♕b3 ♖bc6 23.b5 ♖c3 24.♕a4 (24.♕b4 ♖xc2+ 25.♔b1 ♖2c5 26.♖c1 f5=, Tscheparinow–K. Georgiew, Sofia 2003)

24...♖8c4 25.♕a7 ♗xe4

(25...♖xc2+? 26.♔b1 ♖c7 27.b6 ♘xb6 28.♕xb6 ist günstig für Weiß.)

26.♖xe4 ♖xe4 27.b6=

B) 22.♕d3 ♗a6 23.♕d2 ♘e5 24.♕d4 ♘c4 25.c3 ♗b5 26.♔b1 ♖a6 27.♕f2 ♗g7 28.g4 ♘a3+ 29.♔a1 ♗c4 30.♖d2 ♘b5 31.♖c1 ♖a3 mit Gegenspiel, Potapow–Gerhards, ICCF 2012.

20...♗h6 21.g3

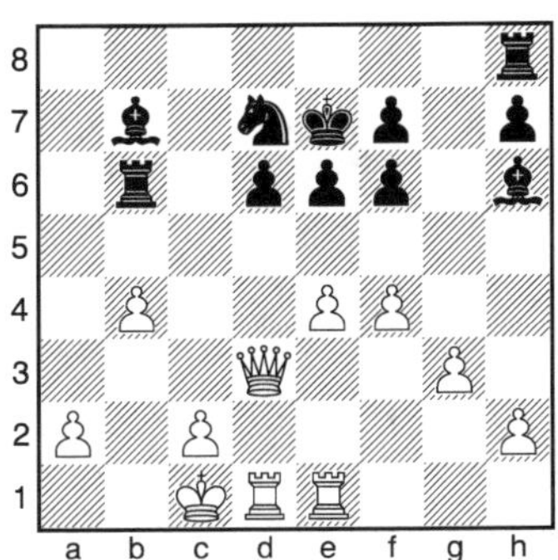

21...♖a8!?

Eine relativ neue Idee, mit der Schwarz auf Gleichgewicht hoffen kann.

Auch die Alternative 21...♖c8!? sieht gut aus.

A) 22.e5 ♘xe5 23.♕xh7 ♖xb4 24.♕xh6 ♘f3 25.♖e2

(25.f5 ♘xe1 26.♖xe1 ♗e4 27.♖xe4 ♖xe4 28.fxe6 ♔xe6 29.♕d2 f5=, Llorente–Zolendowski, LSS 2009)

25...♗e4 26.a3 ♖bc4 27.♖xe4 ♖xe4

28.♕h7 d5 29.h4 f5 30.♕g7 d4 31.♖d3 ♖e2 32.♖xf3 ♖cxc2+ ½–½, Vugt–Ingersol, IECG 2008

B) 22.a4 ♔e8 23.♕a3 ♖bc6 24.a5 ♖xc2+ 25.♔b1 ♖2c3 26.♕b2 ♗g7 27.b5 f5 28.e5 ½–½, Jandek–Avotins, ICCF Email 2009

C) 22.a3 ♘e5

(22...♗a6 23.♕b3 ♗b5 24.♖d2 ♖a6 25.♕f3 ♗g7 26.♖e3 ♖ac6 27.♕h5 ♗a4 28.♖ee2 ♘b6 29.♕xh7 ♔f8 30.h4 ♘c4⇄, Wilczek–Buessing, ICCF 2011)

C1) 23.♕b3 ♖bc6 24.♔b1 ♖c3 25.♕b2 ♘d7

(25...♘f3 26.♖e2 e5 27.♖d3 ♖xd3 28.cxd3 ♘d4 29.a4 ♘xe2 30.♕xe2 exf4 31.♕h5 ♗g5 32.h4 fxg3 33.hxg5 ♖g8=, Schulz–Dzenis, ICCF Email 2010)

26.♖d3 ♖3c4 27.♖d4 ♖4c7 28.♖ed1 e5 29.♖xd6 ♗xe4 30.♔a1 ♖xc2 31.♖xd7+ ½–½, Jensen–Trembecki, ICCF Email 2010

C2) 23.♕d4 ♘c4 24.♖d3 e5 25.♕f2 ♖a6 26.♕f3 ♖ca8 27.♖ee3 ♘xe3 28.♕xe3 ♖c6 29.♔b2 ♖ac8 30.c3 ♖8c7 31.a4 ♗f8 32.♔b3 ♖c4 33.♕b6 ♔d7 mit etwa gleichen Chancen, Ootes–Van Kampen, Enschede 2010.

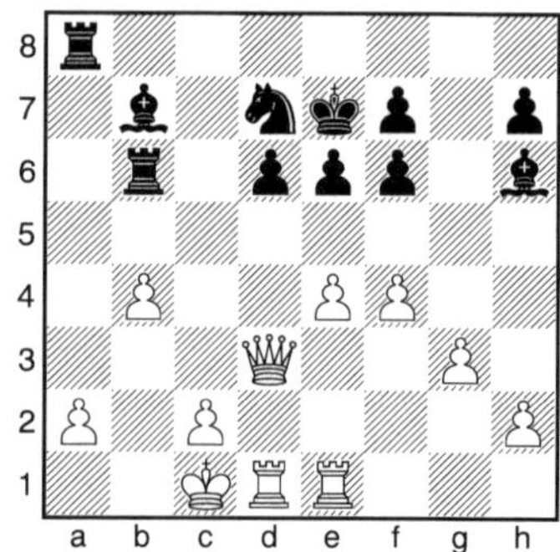

22.a3

Nicht zu befürchten ist 22.e5 ♘xe5.

(Infrage kommt 22...d5!? 23.♕xh7 ♗f8 24.c3 ♖xa2 25.♔b1 ♖ba6 26.exf6+ ♘xf6 27.♕h4 ♗c6 28.♔c1 ♖6a3 29.♖e3 ♗g7 30.h3 ♗a4 31.♖de1 ♖a1+ 32.♔d2 ♖3a2+ 33.♔d3 ♗b5+ 34.♔d4 ♔d6–+, Dorn–Welle, Internet 2008.)

A) 23.♖xe5 fxe5 24.♕xh7 ♖xa2 25.♕xh6 ♗e4 26.♖d2

(26.♔d2 ♗xc2 27.♖c1 ♗g6+ 28.♔c3 exf4 29.♕xf4 ♖ba6 30.♕g5+ ♔d7 ½–½, Pedro–Konstantinow, Internet 2011)

26...♖xb4 27.♔d1 ♖b1+ 28.♔e2 ♖aa1 29.fxe5 d5 30.♕h4+ ♔e8 31.g4 ♖g1 32.♔e3 ♖a3+ 33.♔d4 ♖a4+ 34.♔c5 ♖b1 35.♖d4 ♖a5+ 36.♔c6 ♖a6+ 37.♔c7 ♖a7+ 38.♔c6 ♖a6+ ½–½, Videnova–Tzouganakis, Rethymno 2012

B) 23.♕xh7 ♖xa2 24.♔b1 (24.♕xh6 ♘c4!) 24...♖a3 25.c3 ♘c4 26.♖xe6+

(– 26.♔c2 ♗f8 27.♖a1 ♖ba6 28.♖xa3 ♖xa3 mit guten Chancen.

– Aber nicht 26.♕xh6?? ♖xc3–+.)

26...♔xe6 27.♖e1+ ♘e5 28.♕xh6

(28.fxe5? ♗d2 29.♖e2 ♗xc3 30.♕h3+ ♔d5 31.♕g2+ ♔c4 32.♖e4+ ♗xe4+ 33.♕xe4+ ♗d4 34.♔c2 d5 35.♕f5 ♖xb4 0-1, Van Assendelft–Popilsky, Enschede 2010)

28...♖xc3=

22...e5

Schwarz muss konsequent aktiv spielen.

Interessante Komplikationen entstehen auch nach den beiden Alternativen:

– 22...♗a6 23.♕f3 ♖c8 24.♖d2 ♗g7 25.♖e3 ♗b7 26.♕g4 ♔f8 27.♕d1 ♔e7 28.♕g4 ♔f8∞, Wang Yue–Zhao Jun, Qinhuangdao 2011;

– 22...♖c8 23.e5 f5 24.exd6+ ♔f8 25.♕b3 ♗g7 26.♖e3 ♗e4 27.♖d2 ♖bc6 28.♔b1 ♖c4 29.h3 ♘b6 30.♖ed3 ♖d8 31.♔c1 ♗d5∞, Novikovas–Hacker, ICCF 2011.

23.♕f3

Hier ein Blick auf andere Versuche.

I. 23.♕e3 ♖c6 24.♕f3 exf4 25.♕h5 ♖xa3 26.♕xh6

(26.b5 ♖c5 27.♕xh6 ½–½, Szczepankiewicz–Matyukhin, ICCF 2010)

26...♘e5 27.b5 ♘c4 28.♔b1 ♖c5 29.♖d5 ♘d2+ 30.♔c1 ♘c4=

II. 23.♔b2 exf4 24.e5 fxe5 25.gxf4 ♗g7

(25...♗xf4 26.♕f5 ♗h6 27.♖f1 ♖f8∞, Kasperek–Dwoinikow, Internet 2010)

26.♕xh7

(26.c3 h5 27.♕g3 ♗f6 28.fxe5 ♘xe5 29.♕f4 ♗g7 30.♕d4 ♔f8 31.♖xe5 ♖c6 32.b5 ♗xe5 33.bxc6 ♗xd4 34.cxb7 ♖b8∞, Jensen–Pugh, ICCF 2011)

26...♗f6 27.fxe5 ♘xe5 28.♖e3 ♖h8 29.♕f5 ♗c8 30.♕f2 ♗e6 31.♔b1 ♘d7

(31...♖a6 32.♖f1 ♘d7 33.♕g3 ♖aa8 34.♕g2 ♖ag8 35.♖g3 ♖f8 36.♖d3 ♗e5 37.♖h1 ♖fg8 38.♕f2 f5 39.♔c1 ♖c8∞, Olano Aizpurua–Rocco, ICCF 2012)

32.♕g2 ♗e5

(32...♖bb8 33.♖de1 ♗e5 34.♕g5+ ♗f6 35.♕f5 ♗e5 36.♕g5+ ½–½, Martin–Bergmann, Internet 2011)

33.h4 ♖h5 34.♕h1 ♖b8 35.♖e4 f5 36.♖ee1 ♖c8 37.♕b7 ♖c4 mit unklarem Spiel, Gooshchin–Dothan, ICCF 2009.

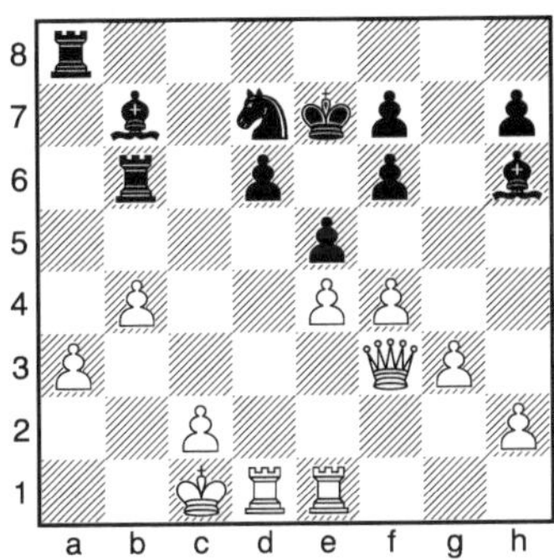

23...exf4!

Ich meine, dass nur diese Fortsetzung richtig ist, denn die Alternative 23...♖ba6? reicht nicht zum Ausgleich; z.B. 24.♖d3

(Stärker ist 24.♕h5! mit Vorteil.)

24...f5?

(Nötig war 24...exf4! und nach 25.♕h5 ♘e5 mit etwa gleichen Chancen.)

25.♕h5 ♗xe4 26.♕h4+ ♔e8 27.♕xh6 ♗xd3 28.cxd3 ♖xa3 29.♔d2 mit weißem Übergewicht, Bogner–Borowikow, Neustadt 2009.

24.gxf4

24.♕h5 ist ungefährlich wegen 24...♘e5 mit folgenden Möglichkeiten.

A) 25.♕xh6 ♖xa3 26.♔d2

Der König flüchtet aus der gefährlichen Zone.

(Nach 26.gxf4 ♘c4 ist die Lage von Weiß hoffnungslos; z.B. 27.c3 ♖xc3+ 28.♔b1 ♖xb4+ nebst Matt.)

26...♘f3+

(Zu prüfen ist allerdings 26...♗a6!?.)

27.♔e2 ♘xe1 28.♔xe1 ♖xb4 29.♔f2 ♖xe4 30.gxf4 ♖aa4 31.♖e1 ♖xe1 32.♔xe1 ♗e4 mit gleichem Endspiel.

B) 25.♖d5 ♖xa3

(25...fxg3+ 26.♕xh6 ♗xd5 27.exd5 ♖xa3 28.hxg3 ♖xb4 29.♕xh7 ♖xg3=)

26.♖a5 ♖a6 27.♔b1 ♖6xa5

(27...♖3xa5 28.bxa5 ♗f8 29.gxf4 ♘c4∞)

28.bxa5 ♗g7 29.gxf4 ♘c4 30.♕xh7 ♗f8 31.e5 ♘d2+ 32.♔c1 ♘c4 ½–½, Titzhoff–Schilcher, ICCF 2008

24...♘e5

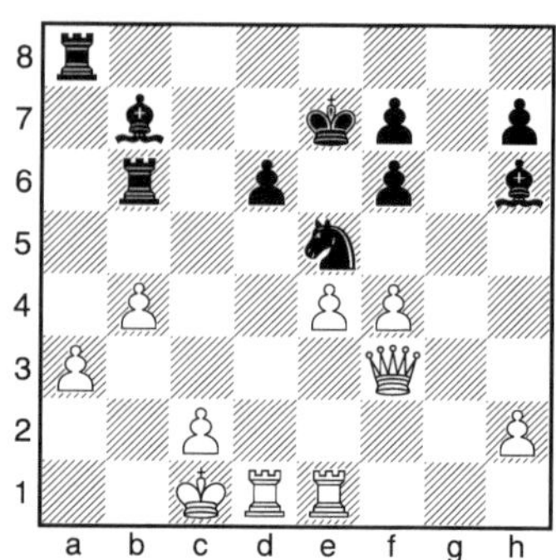

25.♕f2

25.♕g3 bringt Schwarz nicht in Gefahr; z.B. 25...♘g6 26.♖f1 ♖ba6 27.♕c3 ♔f8

(Spielbar ist auch 27...♗c6 28.♔b2 ♗d7 29.♕g3 ♗b5 30.♖f2 ♖xa3 31.♕xa3 ♖xa3 32.♔xa3 ♗xf4 33.♖d5 ♗c6 34.♖h5 ♗e5 35.♖xh7 ♗xe4 36.♔b3 f5 37.b5 ♗d4 38.♖d2 ♗b6 39.♖e2 ♘f4 40.♖e1 ♘e6∓, Daurelle–Dwoinikow, Internet.)

28.♔b2 ♖xa3 29.♕xa3 ♖xa3 30.♔xa3 ♗xf4 31.b5 ♗e5 32.♖de1 ♔e7 33.♔b4 ♔d7 34.♖f3 ♘f4 35.♖a3 ♘e6 36.c4 ♘c5 37.♖g1 ♗xe4 38.♖a7+ ♗b7 39.♖g7 ♔e6 40.♖xh7 f5∓, Meissner–Marquardt, BdF 2009

25...♖ba6 26.♖d2

26.♔b2 ♖xa3 27.fxe5 ♖a2+ 28.♔c3 ♖8a3+ 29.♔c4

(29.♔d4 fxe5+ 30.♔c4 ♗a6+ 31.b5 ♖a4+ 32.♔c3 ♖2a3+=)

29...♗a6+ 30.♔d4 fxe5+ 31.♔d5 ♗b7+ mit Dauerschach.

26...♘g6 27.b5

27.e5 fxe5=

27...♖6a7

27...♖xa3 28.♕b6 ♖a1+ 29.♔b2 ♖1a2+ =

28.e5

28.♕b6 ♗xf4 29.e5 fxe5 30.♕xd6+ ♔e8 31.♕d7+ ♔f8 32.b6 ♖xa3 33.♕xb7 ♖a1+ 34.♔b2 ♖1a2+ =

28...fxe5 29.f5

29.♕d4 ♗xf4 30.♕xd6+ ♔e8 31.♕d7+ ♔f8 32.b6 ♖xa3 33.♕xb7 ♖a1+ =

29...♗xd2+ 30.♕xd2 ♖xa3 31.fxg6 hxg6 32.♕g5+ ♔d7 33.♕g4+

33.♖e3 ♖a1+ 34.♔d2 ♖8a4 35.♖d3 ♗e4 36.♕f6 ♗xd3 37.♕xf7+ ♔d8=

33...♔e8 34.♕b4 ♔d7 35.♕c4 ♖f3 36.b6 ♗c6=, Kasas–Bergmann, IECG 2009

Zusammenfassung: Der Zug 10.♗d3 stellt dem Schwarzen zweifellos große Probleme und er muss viele kritische Situationen vermeiden, die ihn in Gefahr bringen könnten. Um die Schärfe des Spiels nach 10...♗b7 zu vermeiden, kann er die Alternative 10...♗e7 wählen, die jedoch weiterer Untersuchungen bedarf. Die Fortsetzung 12...exd5!? (statt 12...♕xd4!) führt zu zweischneidigem Spiel mit jedoch gutem Konterspiel für Schwarz. Allerdings können nur weitere Prüfungen ein endgültiges Urteil ermöglichen, ob diese Idee wirklich zu empfehlen ist.

Abspiel 3
Die Fortsetzung 10.♗xb5

(1.e4 c5 2.♘f3 d6 3.d4 cxd4 4.♘xd4 ♘f6 5.♘c3 a6 6.♗g5 e6 7.f4 ♘bd7 8.♕f3 ♕c7 9.0-0-0 b5)

10.♗xb5

Dieses Läuferopfer gibt dem Weißen starke Initiative und führt zu großen Verwicklungen. Schwarz muss sich auch hier davor hüten, schon in der Eröffnungsphase in große Schwierigkeiten zu geraten.

10...axb5

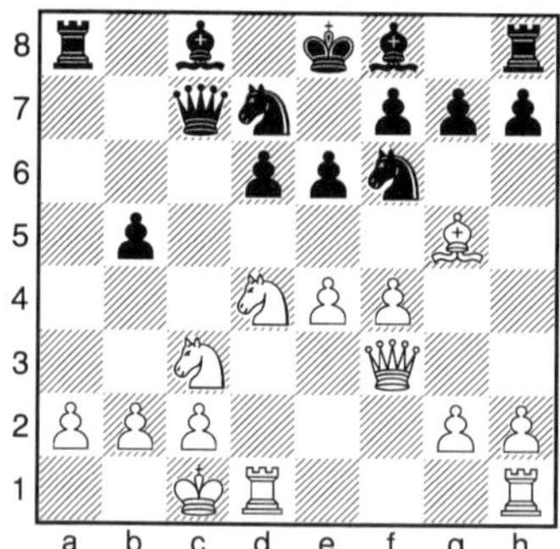

11.♘dxb5

Nach 11.e5 ♗b7 12.♘dxb5 ♕b8 geht das Spiel in die Variante 11.♘dxb5 ♕b8 12.e5 ♗b7 über.

11...♕b8

Noch nicht genau erforscht wurde 11...♕b6; siehe **Partie Nr. 66**: Lintschewski–Negi, Kirishi 2005.

12.e5 ♖a5

Dieser Zug gilt als stärkste Waffe in diesem Abspiel.

Allerdings muss auch 12...♗b7!? noch genauer untersucht werden; z.B. 13.♕e2 dxe5 14.♕c4 ♗e7

(Verdächtig ist 14...♗c5 15.♗xf6 gxf6 16.♖xd7 ♗e3+ 17.♔b1 ♔xd7 18.♖d1+ ♗d4 19.fxe5 fxe5 20.♘xd4 exd4 21.♕xd4+ ♔e7 22.♕c5+ ♔f6 23.♖f1+ ♔g6 24.♕e7 mit starkem Angriff.)

15.♘c7+ ♔f8 16.♖xd7 ♘xd7

A) 17.♖d1

A1) 17...♗xg5 18.fxg5 ♔e7

(Schwach ist 18...♗c8? 19.♘3b5 g6 20.♕b4+ ♔g8 21.♕e7 mit der tödlichen Doppeldrohung ♘b5–d6 und ♖d1-f1.)

19.♕b4+ ♔d8 20.♘xa8 ♕xa8 21.♕d6 ♗d5 22.♘xd5 exd5 23.♖xd5 ♕b7 24.♕xe5 ♖e8 25.♕d4 ♖e1+ 26.♔d2 ♖g1 27.♕e4 ♖a1, und da Schwarz einen Bauern am Damenflügel erobert, sehen seine Chancen gut aus.

A2) 17...♗d5 18.♘3xd5 exd5 19.♕xd5 ♗xg5 20.fxg5 ♖xa2 21.♕xa2 ♕xc7 22.♕a3+ ♔e8 23.♖d3

(Nach 23.♕a8+ ♕d8 24.♕b7 ist 24...♖f8! Δf7–f5 mit schwarzem Vorteil stark.)

23...♔d8

(Zu beachten war 23...♖f8!? Δf7–f6 nebst ♖f8–f7 usw.)

24.♕a8+ ♕c8 25.♕a5+ ♕c7 26.♕a8+ ♕c8 27.♕a5+ ½–½, Naiditsch–Gelfand, Dortmund 2006

A3) 17...♘f6 18.fxe5 ♘d5 19.♗xe7+ ♘xe7 20.♕c5 ♗c6 21.♕d6 ♗e8 22.♖f1 ♕b7 23.♘xe6+

(Der Versuch 23.♘xa8 ♕xa8 24.♖f2 ♕a7 25.♖f1 h5 26.♕xe6 ♖h6 27.♕h3 ♕d4 bringt Schwarz ein etwas günstigeres Endspiel.)

23...♔g8 Δ♖h8–h6 usw. Diese Variante bedarf natürlich weiterer Untersuchung.

B) 17.♗xe7+ ♔xe7 18.♖d1 ♗d5

(18...♖a5!? ist eine interessante Alternative.)

19.♘3xd5+ exd5 20.♘xd5+ ♔d8

(Auf 20...♔f8 folgt stark 21.♘c7!.)

21.♘b4 ♕c7 22.♕xf7 ♖a5 23.♘d5 ♖xd5 24.♖xd5 ♖e8 25.♕xg7 exf4 26.♕f6+ ♔c8 27.♕a6+ ♔d8 28.♕f6+ ♔c8 29.♕g7 ♔d8 30.♕xh7 ½–½, Van der Wiel–Renet, Cannes 1992

13.exf6 gxf6 14.♗h6 ♗xh6 15.♘xd6+ ♔e7 16.♔b1 ♖d8 17.♘ce4

Hier ein Blick auf andere Möglichkeiten.

I. 17.♖he1 – siehe **Partie Nr. 67**: Timman–Gelfand, Wijk aan Zee 2002.

II. 17.♖d4 – siehe **Partie Nr. 68**: Sulskis–Kanep, Tallinn 2006.

III. 17.♕e4 f5 18.♕d4 ♗a6!?

(Es ist die Frage, ob dies genauer ist als 18...♖g8 19.♘xc8+ ♕xc8 20.♕b4+ ♕c5 21.♖xd7+ ♔xd7 22.♕b7+ ♕c7 23.♖d1+ ♖d5 24.♕xc7+ ♔xc7 25.♘xd5+ exd5 26.♖xd5 ♖xg2 27.a4 ♖g1+ 28.♔a2 ♖f1 usw.)

19.♖he1 ♘f8 20.♖e5 ♖xd6 21.♕xd6+ ♕xd6 22.♖xd6 ♖xe5 23.fxe5 ♗b7 24.g3 f4 mit guten Gewinnchancen.

IV. 17.♘d5+ exd5 18.♘f5+ ♔f8 19.♘xh6 ♘c5 20.♖he1 ♘a4 21.b3 ♕b4 22.♖e3 ♖e8–+, Kengis–Shneider, Wilna 1984

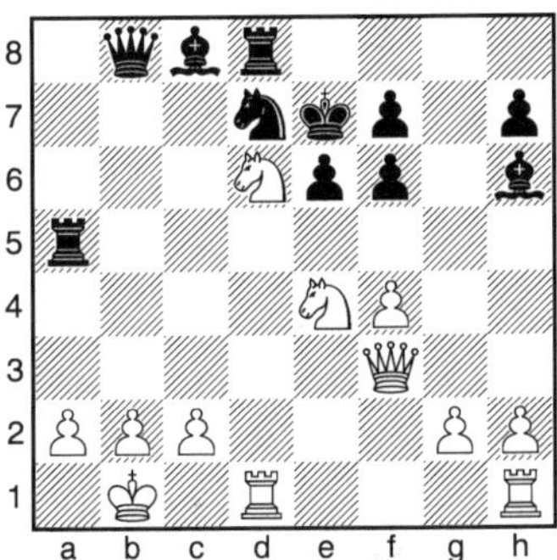

17...♕a8

Dieser Zug garantiert dem Schwarzen gleiches Spiel.

– Weiter zu erforschen ist 17...♗g7 mir möglichen Folge 18.♕c3 ♖a6 19.f5 ♔f8 20.♖hf1

(Die Abenteuervariante 20.♘xc8 ♖xc8 21.♕d3 ♕a8! 22.♕xd7?? ♖xa2 23.♕xc8+ ♕xc8 24.♔xa2 ♕c4+ würde Weiß Material kosten.)

20...♘e5 mit etwa gleichen Perspektiven, Kengis–Dwoiris, Wilna 1984.

– Oder auch 17...♗b7 18.♕c3 ♖a4 19.♘xb7 ♕xb7 20.♖xd7+ ♖xd7 21.♕xf6+ ♔e8 22.♕h8+ ♗f8

(Nach 22...♔e7 kann Schwarz remis halten: 23.♕f6+ ♔e8 24.♕h8+ usw.)

23.♘f6+ ♔e7 24.♘xh7 ♖d8 25.♕f6+ ♔e8 26.♕h8 ♕b4 27.a3 ♕d6 28.♘f6+ ♔e7 29.♕h4 und Kengis hält diese Stellung für unklar.

18.♕b3 ♗xf4

Zu probieren ist 18...♖d5 19.♘f5+ ♖xf5 20.♕b4+ ♘c5 21.♘xc5 ♖xd1+ 22.♖xd1 ♖d5 23.♘b7+ ♔e8 24.♖xd5 ♗xb7 25.♖h5 ♗f8∞.

19.♘xc8+ ♖xc8 20.♕b4+ ♘c5 21.♘xc5 ♖axc5 22.♕xf4 ♖xc2 mit dynamischem Endspiel und gleichen Chancen.

Zusammenfassung: Als Alternative zu 12...♖a5 sollte das weitere Interesse der Analytiker in Richtung 12...♗b7!? gehen. Meiner Meinung nach gibt diese Fortsetzung dem Schwarzen viele gute Möglichkeiten.

Kapitel 16

Die Fortsetzung 7... ♘c6

1.e4 c5 2.♘f3 d6 3.d4 cxd4 4.♘xd4 ♘f6 5.♘c3 a6 6.♗g5 e6 7.f4 ♘c6

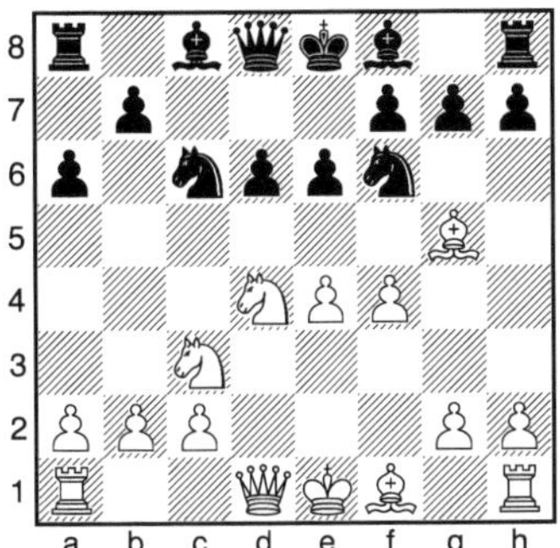

Dieser Springerzug führt in ein noch wenig erforschtes Gebiet. Er unterscheidet sich von den anderen Fortsetzungen deutlich im Charakter des Spiels. Es entstehen andere taktische Situationen und Bauernstrukturen. Diese interessante Variante ist immer noch in der Anfangsphase der Forschungen. Sogar so starke Großmeister wie Anand, Leko, Schirow, Gelfand und Iwantschuk haben diese Idee in ihrer Praxis ausprobiert.

8.e5

Mit dieser populärsten Fortsetzung will Weiß unverzüglich sein Druckspiel im Zentrum ausnutzen.

Es gibt natürlich allerlei Alternativen.

I. 8.♘f3 ♕b6

(Weniger aktiv ist 8...♕c7 9.♗d3 ♗e7 10.♕e2 h6 11.♗h4 b5 mit dem Plan ♗c8–b7 nebst 0-0-0 bzw. 0-0 mit komplizierter Stellung.)

9.♗xf6 gxf6

A) 10.♕c1 ♗g7

(Zu analysieren wäre 10...♗h6!?.)

11.♗e2 0-0 12.♘d2 ♘d4 13.♗d3 f5 14.♘c4

(Nach 14.exf5 ♘xf5 15.♗xf5 exf5 hat die geschwächte Bauernstruktur keine große Bedeutung, denn Schwarz besitzt mit seinem Läuferpaar die Initiative. Der weiße König in der Mitte kann sich nicht ganz wohl fühlen.)

14...♕c5 15.♘e3 b5 16.a3 ♗b7 mit aktivem Spiel.

B) 10.♕d2 ♕xb2 11.♖b1 ♕a3 12.♗e2 b5 13.0-0 ♕c5+ 14.♔h1 ♗h6

(14...♗e7!? sieht gut aus.)

15.e5 f5 16.exd6 ♗d7 17.a4 b4 18.♘a2 a5 19.c3 0-0 20.♗b5 ♖fd8 21.cxb4 ♘xb4 22.♖fc1 ♕d5 23.♘xb4 ♕xd2 24.♘xd2 ♗xf4 25.♘d3 ♗xd2 26.♖d1 ♗b4 27.♘xb4 axb4 28.♔g1 ♖ab8 29.♖xb4 ♖b6 30.♔f2 ♔g7 31.♖dd4 ♗xb5 32.axb5 ♔f6 33.♖d2 e5 mit günstigerem Endspiel für Schwarz, Hector–Olafsson, Kopenhagen 1992.

II. 8.♕d3

A) 8...♗d7 9.0-0-0 ♖c8

(9...♗e7!? Δ♕d8–c7 und 0-0-0 kommt auch infrage.)

10.f5

(10.♔b1 ♗e7 11.♗e2 0-0 12.♗f3 ♕c7 13.♘xc6 ♗xc6 14.♗xf6 ♗xf6 15.♕xd6 ♗xc3 16.♕xc7 ♖xc7 17.bxc3 f5=, Tolnai–Asejew, Kecskemét 1992)

10...♘b4 11.♕h3 ♕a5 12.♗xf6 gxf6 13.a3 ♖xc3 14.bxc3 ♕xa3+ 15.♔d2 ♘a2 16.fxe6 fxe6 17.♘xe6

(Beachtung verdient sowohl 17.♖b1!? als auch 17.♘b3!?.)

17...♔e7 18.♗c4 ♗h6+! 19.♔e1

(– 19.♕xh6 ♕xc3+ 20.♔e2 ♕xc4+ 21.♔f3 ♔xe6–+

– 19.♔e2 ♘xc3+ 20.♔e1 ♕b4–+)

19...♕xc3+ 20.♕xc3 ♘xc3 21.♖d3 ♖c8! 22.♖xc3 ♗xe6 23.♗xe6

(23.♖b3 ♖xc4 24.♖xb7+ ♗d7–+)

23...♖xc3 24.♗b3 ♖e3+ 25.♔f2 ♖xe4 und Schwarz führte das Endspiel zum Sieg, Kasimdschanow–Schirow, Deutschland 2001.

B) 8...h6 9.♗h4 ♗d7 10.0-0-0 g5 11.fxg5 ♘g4 12.♘f3 ♗e7 13.♗e2 hxg5 14.♗g3 ♘ge5 15.♘xe5 ♘xe5 16.♕e3 ♕c7 17.♖hf1 ♖c8 18.♕f2 ♕c5 19.♖d4 0-0 20.♗h5 b5 21.♖d2 b4 22.♕xc5 ♖xc5 23.♘d1 ♗b5 und die Stellung ist etwa ausgeglichen, Van Mechelen–Bosboom, Gent 1996.

III. 8.♗c4 ♕b6

A) 9.♘xc6 ♕xb2

(9...bxc6 10.♗b3 h6 11.♗xf6 ♕e3+ 12.♕e2 ♕xe2+ 13.♔xe2 gxf6 mit etwa gleichem Endspiel.)

10.♗xf6 gxf6 11.♘a4 ♕a3 12.♗b3 bxc6 13.0-0 ♕b4

Schwarz hat in dieser dynamischen Stellung zwar einen Mehrbauern, aber die Situation ist unklar.

B) 9.♘b3 ♕e3+ 10.♕e2 ♘g4

(10...♕xe2+ 11.♗xe2 ♗e7=)

11.♘d1 ♕xe2+ 12.♗xe2 h6 13.♗h4 ♘f6 14.♗f3 ♗e7 15.0-0 g5 16.fxg5 ♘d7 17.♗g3 hxg5 18.♘e3 ♘ce5 19.♖ad1 b6 20.♘g4 ♗b7 21.♘xe5 ♘xe5 22.♗xe5 dxe5 23.h3 ♖c8 24.c3 a5 25.a3 g4 26.♗xg4

(26.hxg4? a4 27.♘c1 ♗c5+ mit Qualitätsgewinn.)

26...♗xe4 27.♖d2 f5 28.♗e2 ♔f7 29.♗f3 ♗xf3 30.♖xf3 a4 31.♘c1 e4 32.♖f1 ♖hd8 33.♖fd1 ♖xd2 34.♖xd2 e5 und Schwarz steht mit seinen starken Bauern im Zentrum klar besser, Suri–Groszpeter, Brocco 1990.

IV. 8.f5 ♕b6 9.♘b3 ♗e7 10.fxe6

A) 10...fxe6 11.♗xf6 ♕e3+

(Nach 11...♗xf6 12.♕xd6 ♗h4+ 13.g3 ♗e7 14.♕d2 0-0 15.0-0-0 ♘e5 16.♕d4 ♕c7 17.♗e2 ♗d7 18.♖hf1 ♖xf1 19.♖xf1 ♖c8 hat Schwarz für den geopferten Bauern ausreichend Kompensation.)

12.♗e2 ♗xf6 (12...gxf6∞) 13.♕xd6 ♗xc3+ 14.bxc3 ♕xc3+ 15.♕d2 ♕xd2+ 16.♘xd2 ♔e7=

B) 10...♗xe6 11.♕d2 0-0 12.0-0-0 h6 13.♗e3 ♕c7 14.♔b1 ♖ac8 15.♗d3 ♘e5 16.♖hf1 b5 17.♘d4 b4 18.♘d5 ♗xd5 19.exd5 ♘fg4

(Zu prüfen ist 19...♘xd5!? 20.♗xa6 ♘xe3 21.♕xe3 ♖a8 22.♗e2 ♖a5 mit dem Plan ♖f8–a8 und Gegenspiel am Damenflügel.)

20.♗g1

(20.♗f4!? ist wohl aktiver.)

20...♘xd3 21.♕xd3 ♗f6 22.♕e2 ♗xd4 23.♖xd4 ♖fe8 24.♕d2 ♘f6 25.♖xb4 ♖e5 26.♖bf4 ♖ce8 27.♗d4 ♖e2 28.♕d1 ♘xd5 29.♖g4 f6 30.a3 ♕a5 mit schwarzem Gegenspiel, Dwoiris–Danner, Oberwart 1999.

V. 8.♗e2 ♗e7

A) 9.♘b3 h6 10.♗h4 b5 11.a3 ♗b7 12.♗f2 0-0

(Eine interessante Idee wurde in der Partie Kruppa-Yermolinsky, Frunze 1988, ausprobiert: 12...♘a5!? 13.♘d2 ♖c8 14.0-0 0-0 15.♗d3 e5 16.a4 b4 17.♘e2 d5 18.fxe5 ♘xe4 19.♗d4 ♘c4 20.♘f3 ♗c5 21.♗xc5 ♘xc5 mit gutem Spiel für Schwarz.)

13.0-0 ♖c8 14.♗f3 ♕c7 15.♕e2 ♖fe8 16.♖ad1 ♘d7 17.♘d4 ♘xd4 18.♗xd4 ♗f6 19.♗xf6 ♘xf6 20.e5 ♗xf3 21.♖xf3 ♕c5+ 22.♔h1 dxe5 23.fxe5 ♘h7 24.♕e3 ♕xe3 25.♖xe3 ♘f8 26.♖d6 a5 27.♖b6 ♖ed8 28.♔g1 ♖d2 29.♖xb5 ♖xc2 mit dynamischem Gleichgewicht, Kavcic–Plaskan, Sentjur 2005.

B) 9.♗f3 ♗d7 (9...♕c7!?) 10.♘xc6 ♗xc6 11.♕d4 0-0 12.0-0 ♕c7 13.♔h1 ♖ad8 14.♕e3 h6 15.♗h4 ♘g4 16.♗xg4 ♗xh4 17.f5 exf5 18.♗xf5 ♗f6 und Schwarz hat keine Probleme, Wittmann–Groszpeter, Leibnitz 1990.

VI. 8.♘b3 h6 9.♗h4 ♗e7

A) 10.♕f3 g5 11.♗g3

(Oder 11.fxg5 ♘e5 12.♕e2 ♘fg4 13.0-0-0 hxg5 14.♗g3 ♕b6 mit beiderseitigen Chancen.)

11...gxf4 12.♗xf4 ♘e5 13.♗xe5 dxe5 14.♗d3 ♗d7 15.0-0-0 ♕c7 16.♖hf1 ♖g8 17.♘e2 0-0-0 18.♘g3 ♗c6 19.♔b1 ♖g6 20.♕e3 ♖dg8 21.♗e2 ♔b8 und Schwarz steht ganz gut. Infrage kommt es nun, mit h6–h5–h4 Druck auf den Bauern g2 auszuüben, Martin del Campo–Browne, Linares 1992.

B) 10.♕d2 b5 11.a3 ♗b7

(11...♘xe4 12.♘xe4 ♗xh4+ 13.g3 ♗e7 14.♕c3 ♕b6 15.♕xg7 ♕e3+ 16.♗e2 ♖f8 17.♘f6+ ♗xf6 18.♕xf6 ♗b7∞)

12.0-0-0 ♖c8

(In Betracht kommt 12...♕c7 Δ0-0-0 usw.)

13.♔b1 b4 14.axb4 ♘xb4 15.e5? (⌓15.♗xf6!?) 15...♘e4 16.♘xe4 ♗xe4 17.♕xb4 ♗xc2+ 18.♔a2 ♗xd1 19.♗xe7 ♔xe7 mit schwar–

zem Vorteil, Abdel Fadil–Kosten, Kairo 2003.

VII. 8.♘xc6 bxc6 9.♕f3

(9.e5 h6 10.♗h4 g5 11.fxg5 ♘d5 wird in **Abspiel 2** analysiert.)

9...♕b6

(9...♗e7 10.e5 dxe5 11.fxe5 ♘d5 12.♗xe7 ♕xe7∞, Pavlovic–Lalic, Plowdiw 2003)

10.♖b1

(Besser ist wohl 10.0-0-0!?.)

10...d5 11.e5 ♘d7 12.♗h4 ♗c5 13.♗d3 (13.♗f2=) 13...♗d4 14.♔d2? (△14.♔e2!?) 14...c5 15.♘e2 ♗xe5! 16.fxe5 ♕b4+ 17.c3 ♕xh4–+, Spencer–Kahn, Florida 2004

8...h6

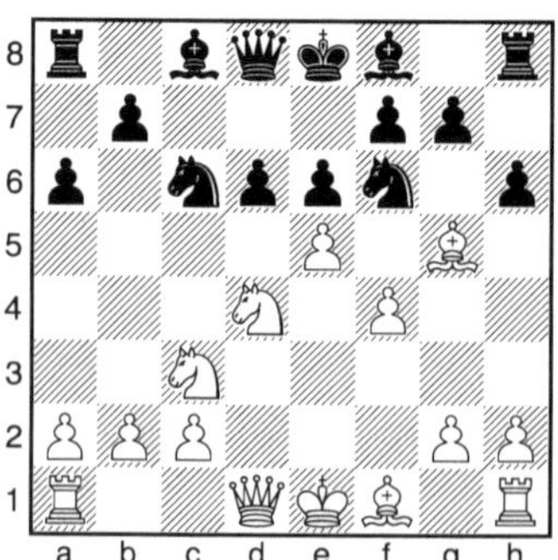

Von dieser Stellung aus kann sich das Spiel in zwei Richtungen weiterentwickeln.

Zu 9.♗h4 – siehe **Abspiel 1.**

Zu 9.♘xc6 – siehe **Abspiel 2.**

Zusammenfassung: Die vorgestellten Nebenvarianten zeigen keine Gefahr für Schwarz nach 7...♘c6. Mehr Spannung erwartet Schwarz ohne Zweifel in den Hauptvarianten nach 9.♗h4 und 9.♘xc6.

Abspiel 1
Die Fortsetzung 9.♗h4

(1.e4 c5 2.♘f3 d6 3.d4 cxd4 4.♘xd4 ♘f6 5.♘c3 a6 6.♗g5 e6 7.f4 8.e5 h6)

9.♗h4

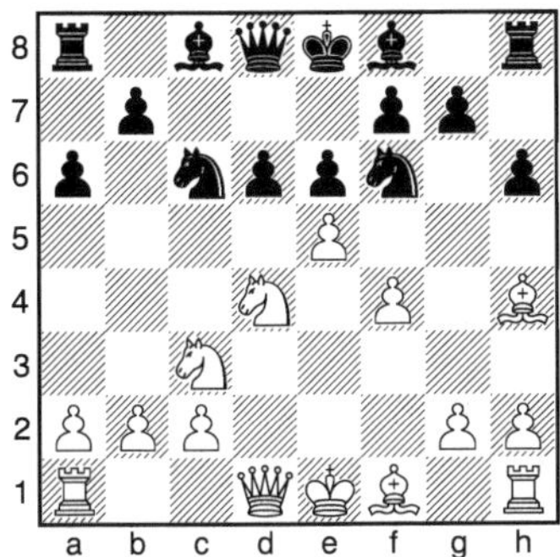

Damit hält Weiß die Spannung des Kampfes im Zentrum noch aufrecht. Mit 9.♘xc6 werde ich mich in **Abspiel 2** beschäftigen.

9...g5

Laut Theorie kann Schwarz nur mit diesem energischen Angriff auf das weiße Zentrum erfolgreich um Vorteil kämpfen.

Da 9...dxe5 erst wenig erforscht ist, kann man noch nicht verlässlich beurteilen, ob dieser Zug spielbar ist; z.B. 10.♘xc6 ♕xd1+ 11.♖xd1 bxc6 12.fxe5 ♘d5

(12...♘d7 13.♘e4 g5 14.♗g3 ♗g7 15.♘d6+ ♔e7 16.♘c4 ist bequemer für Weiß, denn Schwarz hat Probleme mit der weiteren Entwicklung seiner Kräfte.)

13.♘e4 ♖b8 14.b3

(Sehr unklar ist 14.c4 ♖xb2! 15.cxd5 ♗b4+ 16.♘d2 exd5 und Schwarz hat Initiative für die Figur, denn für Weiß ist es nicht so einfach, seinen Springer zu entfesseln. Die Stellung ist echt kompliziert.)

Zu 14...♗e7 – siehe **Partie Nr. 69**: Adams–Anand, Linares 1997.

10.fxg5

Oder 10.♗g3 ♘xd4

(Zu prüfen ist 10...♘d5!? 11.♘xd5 exd5 12.e6 ♗g7 13.exf7+ ♔xf7 14.♕h5+ ♔g8 15.♘xc6 bxc6∞.)

11.♕xd4 dxe5 12.♕xd8+ ♔xd8 13.fxe5 ♘d7 14.0-0-0 ♗g7 15.♖e1

(Stärker ist wohl 15.♗e2!? Δ♖hf1 und Druck auf den Bauern f7.)

15...♔e7 16.♗d3 b5 17.♖hf1 ♗b7 18.♗e4 ♗xe4 19.♖xe4 ♖ac8 20.♖d1 ♖c5

Da Weiß Probleme mit seinem Bauern hat, steht Schwarz besser, Sternik–Konikowski, Thematurnier (Email) 2001.

10...♘d5 11.♘xd5

Das gilt als das Beste. Weiß sollte zuerst auf d5 und erst dann auf c6 schlagen, so dass Schwarz nicht mit einem Bauern auf d5 zurücknehmen kann, wie etwa hier: 11.♘xc6 bxc6 12.♘xd5 cxd5 13.♕h5 ♕b6 14.♗e2 ♗g7 15.g6 0-0 16.♗f6 ♖a7 17.♗xg7 ♔xg7 18.gxf7 ♖axf7 19.♕g4+ ♔h8

20.0-0-0 ♕e3+ 21.♔b1 dxe5 und Schwarz übernahm bald die Initiative und errangt den Sieg, Makic–Maksimenko, Jugoslawien 1994.

11...exd5

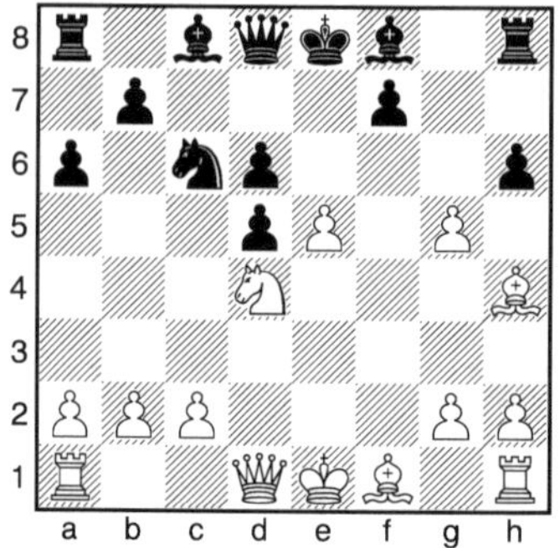

12.exd6

Es wurden auch andere Züge versucht.

I. 12.e6 ♗xe6

A) 13.♘xe6 fxe6 14.♕h5+ ♔d7 15.♕f7+ ♗e7 16.gxh6

(16.g6? ♘e5 17.♕xe7+ ♕xe7 18.♗xe7 ♔xe7 19.♗d3 ♖hg8 20.♔d2 ♖af8 21.♖af1 ♘xd3 22.♔xd3 ♖xf1 23.♖xf1 ♖xg6–+, Lambson–Browne, USA 1994)

16...♖xh6 17.♗xe7 ♕xe7 18.♕xe7+ ♔xe7 19.0-0-0 ♖g8

Schwarz hat Druck auf den halboffenen Linien am Königsflügel und somit aktives Spiel.

B) 13.♘xc6 bxc6 14.♕d4 ♕a5+

B1) 15.c3 ♖g8 16.gxh6 ♗xh6 17.♕f6 (17.g3 ♕c5∓) 17...♗f8 18.♕f2 ♗g7 19.♗f6 ♗xf6 20.♕xf6 ♖b8 21.♕f2

(21.b4 ♕a3 22.♖d1 ♔d7∓)

21...d4! 22.♕d2 dxc3 23.bxc3 (23.♕xc3 ♖g5!–+) 23...♖g5 24.♔f2 ♕b6+ 25.♔f3 ♖f5+ 0-1, Sternik–Konikowski, Thematurnier (Email) 2001

B2) 15.b4 ♕a3 16.g6

(– 16.♕xh8?? ♕e3+ 17.♗e2 ♗g4–+

– 16.♗d3 c5 17.bxc5 dxc5 18.♕xh8 ♕b4+ 19.♔f1 ♕xh4 20.♕e5 ♗g7 21.♕xg7 ♕f4+ 22.♔g1 ½–½, denn Weiß kann Dauerschach nicht vermeiden, Nunn–Gormally, Bunratty 1989.)

16...c5 17.bxc5 dxc5 18.♕f6

(18.♕xh8?? ♕e3+ 19.♗e2 ♗g4 20.gxf7+ ♔d7–+)

18...♔d7 19.♗e2 ♖g8 20.gxf7 ♖xg2 21.♖b1 ♕e3 22.♗f2 ♕e4 mit recht komplizierter Stellung.

II. 12.♘xc6 bxc6

A) 13.♕e2 hxg5 14.♗g3

(14.exd6+ siehe **Variante B**.)

14...♕a5+ 15.♕d2 ♕xd2+ 16.♔xd2 ♗e6!=, Yermolinsky–Browne, USA 1992

B) 13.exd6 hxg5 14.♕e2+ ♗e6 15.♗g3 ♗xd6 16.♗xd6

(16.♗e5?? ♖h4–+, Papenin–Dolukhanowa, St. Petersburg 2005)

16...♕xd6 17.g3 ♖b8 18.0-0-0 a5 19.♕e3 g4 20.♕c3 ♔d7 mit beiderseitigen Chancen, Kristjansson–Lagowski, Warschau 2005.

12...♗xd6

Das ist die beste Reaktion.

Fragwürdig ist 12...♕xd6 13.♕e2+ ♗e7 14.♘xc6 bxc6 15.♗g3 (15.gxh6? ♕b4+ –+) 15...♕g6

A) 16.♕e5! ♖g8 17.gxh6 ♕xc2 18.♗e2 ♖g5 19.♕h8+ ♔d7 20.♕c3

(20.♕d4!? ist auch eine starke Alternative.)

20...♕xc3+ 21.bxc3 mit vorteilhaftem Endspiel für Weiß, Schabalow–Browne, Las Vegas 1997.

B) 16.gxh6 ♗g4 17.♕e5 (17.♕e3!?) 17...♕xc2! 18.♗h4

(18.♕xh8+? ♔d7 19.♕c3 ♗b4 20.♕xb4 ♖e8+ –+)

18...f6 19.♗xf6 ♖h7 20.♕e3

(20.♕c3 ♕e4+ 21.♔f2 ♕f4+)

20...♔d7 21.♗d3 ♕xg2 22.♖g1

(22.♗xh7 ♗b4+ 23.♗c3 ♖e8–+)

22...♗b4+ 23.♗c3 ♕xb2 24.♗xb4 ♕xb4+ 25.♔f2 ♖f7+ 26.♔g2 ♕b2+, 0-1 Brodsky–Schabalow, Moskau 1991

13.♘xc6

Der Damentausch nach 13.♕e2+ ♕e7 sollte Schwarz keine größeren Schwierigkeiten bereiten; z.B. 14.gxh6 ♕xe2+ 15.♘xe2 ♖xh6 16.♗g3

(16.♗g5 ♖xh2 17.♖xh2 ♗xh2 18.g3 wäre allerdings für Schwarz doch noch gefährlich gewesen.)

16...♗xg3+ 17.♘xg3 ♗e6 18.♔d2 ♔d7 19.♘e2 ♖g8 20.h3 ♔d6 21.♖e1 ♖h4 22.a3 ♘e5 23.c3

A) 23...♘c4+ 24.♔c1 ♖e4

(24...♘e3 25.♖g1 b5 26.g3±)

25.g4 f5 26.♗g2 ♖e3 27.♘f4 und Weiß hat bessere Chancen im Endspiel.

B) 23...♗f5! 24.♘d4 ♗e4 25.g3 ♗xh1 (25...♖xg3?? 26.♖xe4!+–) 26.gxh4 ♗e4 27.h5 ♘f3+ 28.♘xf3 ♗xf3 29.♗e2 ♗xe2 30.♔xe2

(30.♖xe2 ♖g5 31.h6 ♖h5 32.♖f2 ♔e6=)

30...♖h8 31.♔f3 f5 32.♔f4 ♖xh5 und Schwarz konnte Ausgleich halten, Wozniak–Konikowski, Thematurnier (Email) 2000.

13...bxc6 14.♕d4

Angesichts der Drohung g5–g6 muss Schwarz nun genau spielen.

14...♕e7+ 15.♗e2

Oder 15.♔d2 ♗e5 16.♕a4 ♕d6 17.♗g3 0-0

(Schlecht ist 17...♔d7? 18.♕g4+ ♔c7 19.♗xe5 ♕xe5 20.♕g3 ♕d6 21.gxh6 ♖xh6 22.♕xd6+ ♔xd6 23.h4 und Weiß bekam bessere Chancen, Wozniak–Konikowski, Thematurnier, Email 2000.)

18.♗d3 hxg5 19.♖ae1 ♗xg3 20.hxg3 ♕xg3 21.♕d4 ♕f4+ 22.♕xf4 gxf4 23.♖ef1 ♗e6 24.♖xf4 c5 25.g4 ♖fb8 26.b3 ♖b4 27.♔e3 ♖xf4 28.♔xf4 c4 29.♗f5 ♗xf5 30.♔xf5 ♖e8 31.♖d1 ♖e2 32.♖xd5

½–½, Wozniak–Konikowski, Thematurnier (Email) 2000.

15...♗e5 16.♕a4 ♖b8

Das ist am besten, denn Schwarz drückt nicht nur auf den Punkt b2 und verhindert die lange Rochade, sondern plant auch den Damenabtausch.

Schwach ist 16...♕d6? 17.0-0-0

(Zu überlegen ist 17.♗g3!? ♗xg3+ 18.hxg3 ♕xg3+ 19.♔f1, denn die schwarze Stellung wäre nicht einfach zu verteidigen.)

17...♖b8 18.c3 ♗f5 19.♗g3 0-0 20.♗d3 ♗xg3 21.♗xf5 ♗f4+ 22.♔c2 ♗xg5 23.♗d3 ♗f6 24.♕g4+ ♗g7 25.♕f5??

(Der Verlustzug; 25.♖hf1!? war richtig.)

25...♖xb2+!! 26.♔xb2 ♕b4+ 27.♔c1 ♕xc3+ 28.♗c2 ♖b8 und Weiß kann aufgeben, Cremer–Kovchan, Hamburg 2005.

17.g6

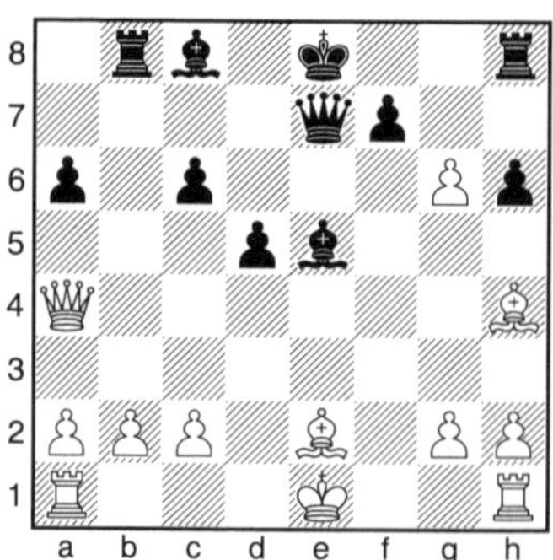

17...♕b4+!

In dieser scharfen und offenen Stellung ist Damentausch die richtige Entscheidung.

In der Begegnung McDonald–Danner, Budapest 1996, geschah: 17...♕d6 18.gxf7+ ♔f8?

(Nur nach 18...♔xf7 19.0-0+ ♔g7 hätte Schwarz vielleicht einige Chancen, seine Stellung zu verteidigen. Nun geht es schnell bergab.)

19.♗f2 ♖xb2 20.0-0 ♖h7 21.♔h1 ♖xf7 22.♗d4 ♗f5 23.♗xb2 ♗xb2 24.♖ab1 ♗e5 25.♕xa6 ♗xc2 26.♕c8+ ♔g7 27.♖xf7+ ♔xf7 28.♗h5+ ♔f6 29.♖f1+ ♗f4 30.♕g4 und Schwarz ist verloren.

18.♕xb4 ♖xb4 19.gxf7+ ♔xf7 20.0-0+ ♔e6!

Meines Erachtens kann Schwarz nur mit diesem Zug Ausgleich erhalten. Es geht darum, dass der König zur Verteidigung seiner Bauern kommt.

Problematisch ist 20...♔g7 21.♗f2 ♖xb2

– 22.♗d3 ♖f8 23.♖ae1 ♗c3 24.♖e7+ ♔g8 25.♗e3 (25.♗c5!?) 25...♖xf1+ 26.♔xf1 ♗g4 27.♗xh6 mit klarem Endspielvorteil für Weiß.

– Besser ist 22...♖b4!? 23.♖ab1

(23.♖ae1 ♖e8 24.♔h1 ♖f4 25.♗c5 ♖xf1+ 26.♖xf1 a5 27.♖e1 ♔f6=)

23...♖xb1 24.♖xb1 ♖f8 25.♗c5 ♖f6 26.♖b6 a5 mit Rettungschancen.

21.♗f2

Oder 21.c4 ♖xb2 22.cxd5+ cxd5 23.♖ae1 ♖b4 24.♗f2 ♖e4 25.♗d3 ♖xe1 26.♖xe1 ♔d6=.

21...♔d6 22.♗d3 ♖xb2 und in dem entstandenen Endspiel sind die Chancen beider Seiten etwa gleich.

Zusammenfassung: Mit 9...g5 greift Schwarz den Bauern f4 an und versucht damit, das gegnerische Bauernzentrum zu schwächen. Das scheint tatsächlich der beste Ansatz zu sein, wie die vorgestellten Varianten und Partiefragmente zeigen. Nicht ganz klar ist hingegen die Fortsetzung 9...dxe5, denn wie die **Beispielpartie Nr. 69**: Adams–Anand, Linares 1997 zeigt, hat der Nachziehende einige Hindernisse zu überwinden.

Abspiel 2

Die Fortsetzung 9.♘xc6

(1.e4 c5 2.♘f3 d6 3.d4 cxd4 4.♘xd4 ♘f6 5.♘c3 a6 6.♗g5 e6 7.f4 ♘c6 8.e5 h6)

9.♘xc6 bxc6

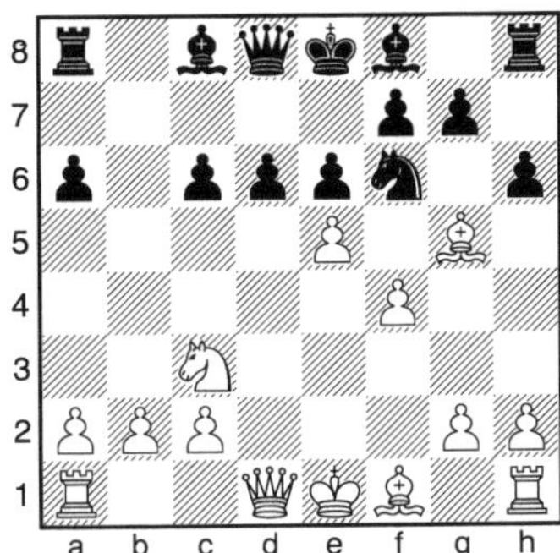

10.♗h4

Weiß hält die Fesselung des Springers aufrecht.

I. 10.♗xf6 sollte Schwarz keine Schwierigkeiten bereiten; z.B. 10...gxf6 11.exd6

A) 11...♗xd6 12.♕f3 ♕c7 13.g3 ♗b7

(13...f5 14.0-0-0 ♗b7 15.♗g2 0-0-0 16.♕e2 h5∞, Castaner Halster-Iglesias, Sitges 2001)

14.♗g2 h5 15.0-0-0 0-0-0 16.♖d2 f5 17.♖hd1 h4 18.♘a4 hxg3 19.hxg3 ♖hg8 20.♕b3 ♔b8 21.♘b6 ♔a7 22.♘c4 ♗c5 23.♖xd8 ♖xd8 24.♖xd8 ♕xd8=, Sintoro–De Souza Gomes, Dos Hermanas 2004

B) 11...♕xd6 12.♕f3 ♖b8 13.♖d1 ♕c5 14.b3 ♗e7 15.♗c4 f5 16.♖d3 ♗b7 17.♔e2 ♕b6 18.♖hd1 c5 19.♕f2 ♗c6 20.a4 h5 und in dieser scharfen Stellung sind die Chancen etwa gleich. Schwarz kann mittels ♗e7-f6-d4 seinen Läufer aktivieren, Mazi–Pavasovi, Maribor 1998.

II. 10.exf6 hxg5 11.fxg5 gxf6 12.♕f3

A) 12...fxg5 13.♕xc6+ (13.0-0-0 d5∓) 13...♗d7 14.♕f3 ♖b8 15.♘e4 f5 16.♕c3 e5 17.♘d2 ♕c8 18.♕xc8+ ♗xc8 und Schwarz steht besser.

B) 12...d5 13.0-0-0 fxg5 14.♗c4 g4! 15.♕f2 (15.♕xg4 ♖h4−+) 15...♗g7 16.♗b3 ♖b8 17.h3 ♖b4 18.a3 ♕b6 19.♕g3 ♕b8 20.♕e1 ♖f4 mit klarem Vorteil für Schwarz, Hector–Oll, Debrecen 1989.

10...g5 11.fxg5

Die Aufhebung der Zentrumsspannung in diesem Moment gilt als die beste Lösung.

Andere Fortsetzungen sind nicht gefährlich für Schwarz.

I. 11.♗f2 ♘d5 12.♘e4 gxf4 13.♘xd6+ ♗xd6 14.exd6 ♕xd6 15.♗d4 e5 16.♕e2 f6 17.0-0-0 h5 18.♕e4 ♔f7 19.♗f2 ♗g4 20.♗e2 ♖ab8 21.♗xg4 hxg4 22.♖d2 ♖xb2

(Das ist effektvoll, doch stärker und viel einfacher ist 22...♕b4! 23.♕xb4 ♘xb4 24.♔b1 g3 mit leicht gewonnenem Endspiel.)

23.♔xb2 ♖b8+ 24.♔a1 ♕a3 25.♗d4 ♘c3??

Dieser Zug verliert! Schwarz sollte einfach den Läufer schlagen. Nun kam es in der Partie Reutski–Aweschulow, Kharkow 2005, zu einem Kuriosum: Weiß gab auf, obwohl er mit 26.♕h7+! gewinnen konnte, wie folgende Varianten zeigen:

– 26...♔e8 27.♕g6+ ♔e7 28.♗c5+ ♕xc5 29.♕h7+ ♔e8 30.♖d7+−;

– 26...♔e6 27.♕d7+! ♔xd7 28.♗c5+ ♔e6 29.♗xa3+−.

II. 11.♗g3 ♘d5 12.♘xd5

(12.fxg5 hxg5 13.♗d3 ♘xc3 14.bxc3 ♗g7 15.♕f3 ♕b6∞)

12...cxd5 13.♗d3 ♕b6

(13...gxf4 14.♗xf4 ♗g7=)

14.fxg5 hxg5 15.♕e2 ♕xb2 16.0-0 ♗g7 mit zweischneidiger Stellung. So hat Weiß nach beispielsweise 17.exd6 ♕b6+ 18.♔h1 ♗xa1 19.♖xa1 ♖h6 20.♖f1 f6 21.c4 dxc4 22.♗xc4 ♔f7 23.♕e4 ♖a7 24.♖e1 ♔g7 25.♗xe6 ♗xe6 26.♕xe6 ♖f7 ohne Zweifel Kompensation für die geopferte Qualität, aber Schwarz hat wohl genug Verteidigungsressourcen.

II. 11.exf6 gxh4 12.♕f3 d5 13.0-0-0 ♕xf6 14.♗e2 ♖b8 15.♖he1 ♗g7 16.g3 ♕e7 17.♘a4 hxg3 18.hxg3 0-0 19.c3 c5 20.♗d3 ♗b7 21.♕f2 ♖fc8 22.♗c2 d4 23.c4 ♗c6 24.♖d3 ♖b4 25.b3 ♗xa4 26.bxa4 ♖xc4−+,

Dalimeg–Maksimenko, Mailand 2001

11...♘d5

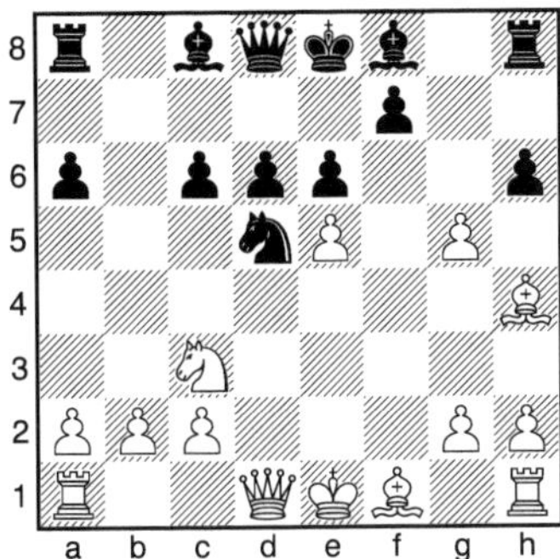

12.♘e4

Dieser Zug gestattet es Weiß, aktive Operationen im Zentrum einzuleiten, denn der Springer nimmt die wichtigen Felder g5, f6 und d6 unter Kontrolle.

Hier ein Blick au andere Varianten.

I. 12.exd6 hxg5 13.♗f2

A) 13...♗xd6 14.♕d4

(Zu versuchen ist 14.♘e4!?.)

14...f6 15.0-0-0 ♗f4+ 16.♔b1 ♗e5 17.♕d3 ♘xc3+ 18.bxc3 ♖b8+ mit schwarzem Vorteil, Meyers–Sawtschenko, Bern 1993.

B) 13...♕xd6 14.♕d2 ♗g7 15.♗d4 e5 16.♗e3 ♖b8 17.♗c4 (17.0-0-0 ♕b4–+) 17...♗e6 18.♘e4 ♕b4 19.♗c5 ♕xd2+ 20.♔xd2 ♖h4 21.♘d6+ ♔d7 22.g3 ♖h3 23.♖af1 f6 24.♗a3 ♖bh8 und Schwarz hat ausreichend Gegenspiel, Aweschkulow–Efimenko, Kiew 2001.

II. 12.♘xd5 cxd5

A) 13.♕d4 hxg5 14.♗g3 ♗g7 15.♕c3

A1) Mit 15...♖b8!? kann Schwarz sofort Druck auf b2 ausüben; z.B. 16.♕c6+

(Oder 16.0-0-0 f5 17.♗xa6 ♗xa6 18.♕c6+ ♕d7 19.♕xa6 dxe5 mit guten Chancen für Schwarz.)

16...♗d7 17.♕xd6 ♕a5+ 18.♔d1 ♖xb2 19.♕xa6 ♕c7 20.♗d3 ♗xe5 21.♗xe5 ♕xe5 22.♖e1 ♕b8 23.h3 g4 24.hxg4 ♖h2 mit starkem Angriff.

A2) 15...♗d7 16.0-0-0 g4 17.♕e3 ♖h5 18.exd6 ♖b8 mit Angriffsmöglichkeiten auf die weiße Rochade, Barisic–Hvistendahl, Brisbane 2006.

B) 13.♕h5 ♕b6 14.♗e2 ♗g7 15.g6

(Oder 15.♖f1 ♖a7 16.♗f2 d4 17.0-0-0 dxe5∓, Sakharow–Odejew, Fernpartie 1989.)

15...0-0 16.♖f1

(16.♗f6 ♖a7 17.♗xg7 ♔xg7 18.gxf7 ♖axf7 19.♕g4+ ♔h8 20.0-0-0 ♕e3+ 21.♔b1 dxe5 22.♖he1 ♖g7∓, Makic–Maksimenko, Jugoslawien 1994)

16...♖a7 17.♗f2 d4 18.0-0-0 dxe5 19.gxf7+ ♖axf7 20.♗g3 ♖f5 21.♕g6 ♖8f6 22.♕e8+ ♖f8 23.♕g6 ♖8f6 24.♕e8+ ♖f8 ½–½, Greevenbosch–Moratto, Arco 2005

C) 13.♗g3 hxg5

C1) 14.♕d2 ♗g7

(Spielbar ist auch 14...dxe5!? 15.♗xe5 f6 16.♗g3 ♗d6 17.♗xd6 ♕xd6 18.0-0-0 ♖xh2 19.♖xh2 ♕xh2 und Weiß hat wahrscheinlich keinen ausreichenden Ersatz für den Bauern, Driamin–Odejew, Moskau 1997.)

15.exd6

(Nach 15.♕e3 ♖b8 16.0-0-0 ♕b6 17.♕xb6 ♖xb6 18.♖e1 dxe5 19.♗xe5 ♗xe5 20.♖xe5 f6 21.♖e1 e5 hat Schwarz mit seinem starken Bauernzentrum die besseren Perspektiven.)

15...♗xb2 16.♖b1 ♕f6 17.♖xb2!?

(17.♔d1? ♗c3∓, Aldrovandi–Bartolini, Rimini 1993)

17...♕xb2 18.♕xg5 ♖a7 19.♗e5 ♕b4+ 20.♔d1 ♖f8 mit sehr komplizierter Stellung, in der Weiß trotz Minusqualität die Initiative behält, da Schwarz immer die Drohung h2–h4–h5 im Auge halten muss.

C2) 14.♗e2 ♕b6 (14...♗g7!?) 15.♖b1 dxe5 16.♗xe5 ♖h6 und Schwarz hat eine vielversprechende Stellung.

C3) Zu 14.♗d3 – siehe **Partie Nr. 70**: Luldaschew–Zagrebelny, Doha 2003.

D) 13.♕g4

D1) 13...♗e7 14.exd6 ♗xg5 15.♗g3 ♕f6

(15...♕b6 16.♗e5 f6 17.♕d4 ♕xd4 18.♗xd4 ♔d7 19.h4 ♗f4 20.♗xf6 ♖g8 21.♗e7 ♗g3+ 22.♔d2 ♖b8∞)

16.c3 h5 17.♕e2 ♗f4 18.♕f3 ♗xg3+ 19.♕xg3 h4 20.♕e3 ♖b8 21.b3 ♖h5 22.♗e2 ♖g5 23.♖f1 ♕g7 24.♖g1 ♗d7 25.g3 ♖c8 mit zweischneidigem Spiel, Badut–Mosnegutu, Eforie Nord 2000.

D2) 13...hxg5 14.♗xg5 ♖g8 15.h4 ♕a5+ 16.c3 dxe5 17.a3 ♖b8 (17...e4!?) 18.b4 ♕c7 19.♖h3 ♗e7

(Nach 19...e4 20.♗d8 ♕xc3+ 21.♖xc3 ♖xg4 22.♗f6 ♗d6 23.h5 kann der freie h–Bauer gefährlich werden.)

20.0-0-0 a5 21.♔b2 ♗d7 und in dieser scharfen Stellung hat Schwarz gute Chancen.

12...♕b6 13.♗d3

Mit dem Ziel, rasch die Entwicklung zu beenden und den König zu sichern.

Sehen wir uns auch andere Pläne an.

I. 13.c3 dxe5

A) 14.♕f3 hxg5 15.♗xg5 ♕xb2 16.♖d1 f5 17.♗d3 (17.♘f6+ ♔f7∓) 17...♗e7

(17...fxe4 ist auch zu prüfen.)

18.♗xe7 ♔xe7

(18...fxe4 19.♗xe4 ♔xe7 20.0-0 ♗d7 21.♕f7+ ♔d6 22.c4 ♖af8 23.♕g6 ♖xf1+ 24.♔xf1 ♖xh2 25.♔g1 ♖h4 26.cxd5 ♕e2 27.♖f1 ♖xe4 müsste auch funktionieren.)

19.♘d2 ♕xc3 20.0-0 ♗d7 21.♘c4 ♖ag8 22.♕e2 ♕d4+ 0-1, Simacék–Lagowski, Olomouc 2004

B) 14.g6 fxg6 (14...f5? 15.♕h5±) 15.♕g4 ♕e3+ 16.♗e2 ♘f4 17.♕f3 ♕xe2+ 18.♕xe2 ♘xe2 19.♔xe2 g5 20.♗g3 ♗g7

Der schwarze Mehrbauer hat keine große Bedeutung und die Stellung ist ausgeglichen, Ziatdinow–Loginow, Taschkent 1987.

C) 14.♗c4 ♕e3+

(Nach 14...hxg5 15.♗xg5 f5 16.♘f6+ ♔f7 steht Schwarz besser, jedoch ist 15.♗f2 stärker.)

15.♕e2 ♕xe2+ 16.♗xe2 hxg5 17.♗xg5 f5 18.♘d2 ♖a7 19.c4 ♘f4 20.♗f3 ♘d3+ 21.♔e2 e4 22.♘xe4 fxe4 23.♗xe4 ♘e5 24.♗f6 ♗g7 25.♗xe5 ♗xe5 26.♗xc6+ ♔e7–+, Van Veen–Visser, Amsterdam 2004

D) 14.♗g3 hxg5 15.♗xe5 ♖h4 16.♗d3

(– 16.♕f3 f5! 17.♘f6+ ♔f7∓

– 16.♕e2 f5 17.♘xg5 ♗e7 18.g3 ♖g4 19.h4 ♗xg5 20.hxg5 ♖e4 21.♖h8+ ♔d7 22.♖h7+ mit Dauerschach)

16...f5 17.♘d2

(17.♘d6+ ♗xd6 18.♗xd6 ♕xb2∓)

17...♗c5 (17...♕xb2!?) 18.♕e2 ♕xb2 19.♖b1 ♕xa2 20.g3

D1) 20...♖h6!? 21.c4 ♘b4 22.♖b2

(22.♗xf5? exf5 23.♗d6+ ♖e6–+)

22...♘xd3+ 23.♕xd3 ♕a1+ (23...♕a5∓) 24.♕b1 ♕xb1+ 25.♖xb1 g4 mit vorteilhaftem Endspiel für Schwarz.

D2) 20...♖h7 21.c4 ♘e3 22.♕f3 ♗d7 23.♔e2 ♕a3 24.♖a1 ♕b4 25.♖ab1 ♕a3 26.h4 (26.♗b2!?) 26...♘g4 27.♗b2 ♕a5 28.hxg5 ♖xh1 29.♕xh1 0-0-0 30.♘b3 ♕b6 31.♘xc5 ♕xc5 32.♕g1 ½–½, Oll–Gelfand, Debrecen 1989

II. 13.c4

A) 13...♕xb2

A1) 14.cxd5 ♕b4+ 15.♘d2 ♕xh4+ 16.g3 ♕d4 17.dxc6 dxe5 18.♖c1 hxg5 19.c7 ♗b4 (19...♗b7!?) 20.♖c4 ♕e3+!? 21.♗e2 a5–+; 21.♕e2 ♗xd2+ –+

A2) 14.exd6 hxg5!?

(14...♘e3 15.d7+ ♗xd7 16.♘f6+ ♕xf6 17.gxf6 ♘xd1 18.♖xd1 ♖g8 19.♗e2 ♖xg2 20.♔f1 ♖g8 21.♗f3 0-0-0 22.♗g3 e5 23.♔g2 ♗c5 24.♖he1 ♗d4 25.♖d3 ♔b7 26.♔h1 ♖de8 27.♖b1+ ♔a7∞, Enders–King, Deutschland 1995)

15.♗f2 ♗g7 16.cxd5

(Zu 16.♖b1 – siehe **Partie Nr. 71**: Przybylski–Konikowski, Fernschach 2005–06.)

16...cxd5 17.♖c1 ♕e5 18.♗d3 dxe4 19.♖c5 ♕b2 20.♗e2 ♗d7 in dieser unklaren Stellung hat Schwarz zwar ein Plus, doch es fällt ihm schwer, alle Kräfte ins Spiel zu bringen.

B) 13...dxe5 14.cxd5 (14.a3!?) 14...♕b4+ 15.♘c3 ♕xh4+ 16.g3 ♕xg5 17.dxc6 ♗c5 18.♕f3 f5 19.♗e2 h5∓, Bauer–Stangl, Deutschland 1990

13...hxg5 14.♗xg5

Der Bauer wird geschlagen, um nach c2–c4 den Punkt f6 zu erobern.

Weniger giftig ist 14.♗g3 dxe5

(Noch nicht genau erforscht wurde 14...♕xb2 15.♖b1 ♕d4 usw.)

15.♗xe5 ♖h6!?

(15...♖h4 ist wahrscheinlich schlechter.)

16.♕f3 g4 17.♕e2 f6 18.♗g3 e5 19.♗f2 ♕a5+ 20.♘d2 ♘f4 21.♕f1 ♖b8 mit aktivem Spiel, Can–Ziska, Kusadasi 2006.

14...♕xb2

Die Praxis hat gezeigt, dass Schwarz nur nach diesem Zug auf Gegenspiel hoffen kann.

Die Alternative 14...dxe5 ist ungenügend; z.B. 15.♘f6+ ♘xf6 16.♗xf6 ♖h6 17.♕f3! ♗b7 18.0-0-0 e4

(18...c5 19.♕f2 e4 20.♗c4 ♕b4 21.♗g5 ♖g6 22.♖hf1 f5 23.♗xe6!+–)

19.♗xe4 ♖xf6 20.♕xf6 ♕e3+ 21.♔b1 ♕xe4 22.♖hf1 mit weißem Vorteil.

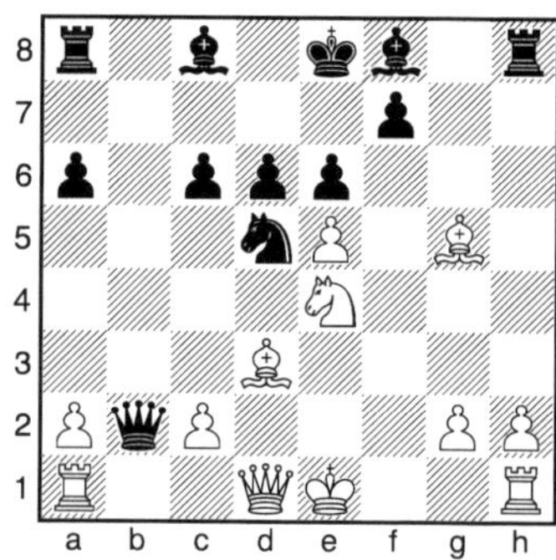

15.c4

Statt dieses Versuchs, den Springer aus seiner dominanten Position zu vertreiben, hat Weiß auch andere Möglichkeiten.

I. 15.0-0 ♕xe5

A) 16.h3 f5 17.♕f3 ♖a7

(17...♗e7!? ist auch gut.)

18.♘g3 ♖g7 19.♖ae1 ♕d4+ 20.♗e3 ♘xe3 21.♖xe3 ♗e7 22.♕xc6+ ♗d7 23.♕a8+ ♔f7 24.♘xf5 exf5 25.♕xh8 ♕xe3+ 26.♔h1 ♕g5–+, L'Ami–De Vilder, Amsterdam 2000

B) 16.h4 f5 17.♕f3 ♖a7 18.♘f2 ♗e7 19.♖ae1 ♕d4 20.c3 ♕xc3 21.♖c1 ♕g7 22.♗xe7 ♘xe7 23.♖fe1 e5–+ Hersvik–Szelag, Verdun 1995

II. 15.♘f6+ ♘xf6 16.♗xf6 ♕c3+

A) 17.♔f1 ♖h6 18.♖b1

(18.♕e1 ♖xf6+!? 19.exf6 ♕xf6+ 20.♔e2 ♕e5+ 21.♔f1 ♕f6+ 22.♔e2 e5 23.♕g3 ♕e6 24.♖he1 d5 und die Bauernphalanx gibt dem Schwarzen genügend Kompensa–

tion für die geopferte Qualität, Papin–Lanin, Dagomys 2004.)

18...dxe5

(18...d5 19.♕f3 a5 20.h4 ♗e7 21.♕f4 ist günstiger für Weiß, Luther–Leyva, Havanna 1992.)

19.♕f3 ♗d7 20.♖e1

(Weiß kann mittels 20.♗g5 ♖h8 21.♗f6 ♖h6 22.♗g5 remis machen.)

20...e4

(Zu prüfen ist 20...♗b4!?.)

21.♗xc3 exf3 22.gxf3 c5 23.h4 c4 24.♗e4 (24.♗xc4?? ♖c8–+) 24...♖b8 25.♔g2 ♗e7 26.♗g7 ♖h5 27.f4 f5 28.♗f3 ♖h7 29.♗e5 ♖d8 und nach ♔e8–f7 sollte die schwarze Stellung zu halten sein.

B) 17.♔e2 ♖g8

(17...♖h5!? ist eine mögliche Alternative.)

18.g3

(18.♕f1 ♗e7 19.♖b1 ♗xf6 20.exf6 ♕e5+ 21.♔d1 ♕d5 22.c4 ♕d4 23.♔c2 e5 24.♕e2 d5 und Weiß ist verloren, L. Vogt–Pahud, Lenk 2003.)

18...♗e7 19.♕d2 ♕xd2+ 20.♔xd2 ♗xf6 21.exf6 e5 22.♖ab1 ♔d8 23.h3 ♔c7 24.g4 d5 mit sehr dynamischer Stellung und beiderseitigen Chancen, Rechel–Leskiewicz, Groningen 1999.

15...♕xe5

Gut ist auch 15...♕xg2!? 16.♖f1 dxe5 17.cxd5 ♗b4+ 18.♗d2 ♗xd2+ 19.♕xd2 ♕xd2+ 20.♘xd2 exd5 21.♖c1 und man einigte sich auf Remis, obwohl Schwarz mit seinen Freibauern gute Gewinnchancen hätte, Sprenger–Senff, Barlinek 2002.

16.cxd5 ♗g7 17.0-0 ♕xh2+ 18.♔f2 f5

18...♗xa1? verbietet sich wegen 19.♕xa1+–.

19.♕a4 0-0 20.♘f6+

Zum Verlust führt 20.♘g3? f4! 21.♘f5 exf5 22.♗xf4 ♕h4+ 23.♔g1 c5 24.g3 ♕h3 0-1, Hartwig–Rensch, Boston 2001.

20...♗xf6 21.♗xf6 ♖xf6 22.♖h1 ♕e5 23.♖ae1 ♕b2+ 24.♖e2 ♕b6+ 25.♔f1 f4 26.dxe6 ♗xe6

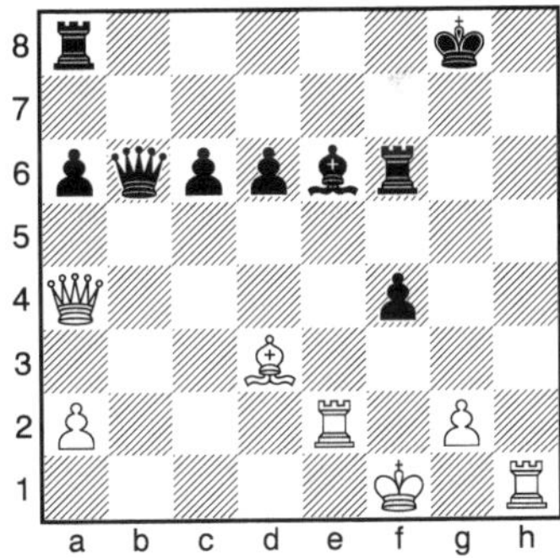

Schwarz hat materiellen Vorteil, doch angesichts der unsicheren Königsstellung hat Weiß ausreichend Kompensation. Die Stellung befindet sich in dynamischem Gleichgewicht.

27.♖xe6 ♖xe6 28.♕xf4 ♖e7

29.♕g3+

Nach 29.♕f6 ♖e1+! 30.♔xe1 ♕e3+ 31.♔f1 ♕xd3+ 32.♔f2 ♕d2+ rettet Schwarz sich durch Dauerschach.

29...♖g7 30.♗h7+ ♔f7 31.♗g6+ ♔g8!

Aber nicht 31...♖xg6?? 32.♖h7+ ♔f6 33.♕f4+ mit schnellem Matt.

32.♖h8+ ♔xh8 33.♕h3+ ♔g8 34.♕e6+ mit Dauerschach.

Zusammenfassung: Die gezeigten Partiefragmente aus der Praxis und die Analysen zeigen deutlich, welche Gefahren Schwarz in diesem Abspiel zu erwarten hat. Aber bei genauem Spiel hat er meines Erachtens genug Ausgleichschancen. Als Fazit kann man feststellen: Die Fortsetzung 7...♘c6 ist offensichtlich spielbar, aber sie verlangt weitere analytische Forschungen und praktische Erprobung.

Kapitel 17

Die Fortsetzung 8...h6

1.e4 c5 2.♘f3 d6 3.d4 cxd4 4.♘xd4 ♘f6 5.♘c3 a6 6.♗g5 e6 7.f4 ♗e7 8.♕f3 h6

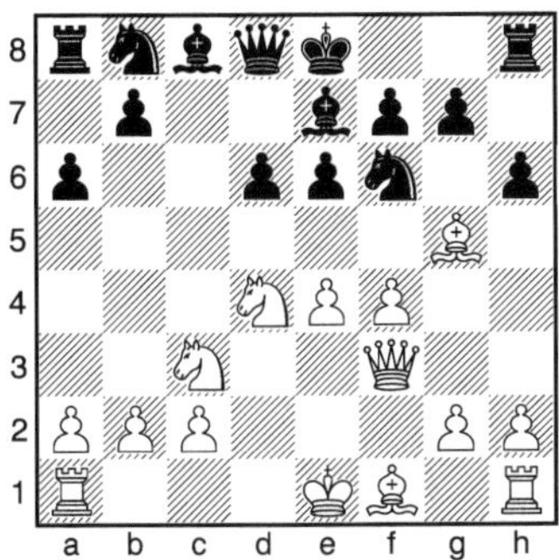

Dieser Zug ist (im Falle des Läuferrückzugs) mit dem Plan g7–g5 verbunden, um das Feld e5 für den Springer freizukämpfen. Der Nachteil dieser Idee liegt jedoch in der Schwächung des Königsflügels, was dem Weißen einen starken Angriff gegen den schwarzen König ermöglicht. Das Spiel wird sehr scharf und kompliziert und bietet Schwarz gute Konterchancen.

9.♗h4

Die Devise lautet, die Spannung aufrechtzuerhalten.

Andere Züge bereiten Schwarz keine Eröffnungsprobleme.

I. 9.♕h3 0-0 10.e5 hxg5 11.exf6 ♗xf6 12.0-0-0 gxf4 13.g3 ♕b6 14.♗d3 g6 15.♘f3 ♕e3+ 16.♘d2 ♗xc3 17.bxc3 f3 18.♖de1 ♕g5 19.g4 ♘c6 20.♕xf3 ♘e5∓, Sandberg–Naroditsky, Berkeley 2011

II. 9.♗xf6 ♗xf6 10.0-0-0 ♕c7 11.g4 (11.♔b1 ♘c6 12.♘ce2 b5 13.♘xc6 ♕xc6 14.♘d4 ♕b7 15.g4 ♕b6 16.♘e2 ♗b7 17.h4 0-0-0 18.♗g2 ♔b8 19.g5 ♗e7 20.♘d4 ♖c8 21.♕d3 ♖c4 22.c3 ♖hc8 23.♘c2 a5 24.♘e3 ♖4c5 25.♖d2 b4 26.c4 a4 27.g6 fxg6 28.♗h3 ♕c6 29.♗xe6 ♕xe4–+, Meertens–Wertjanz, St. Veit 2010)

11...♘c6 12.♘b3 ♗d7 13.h4 0-0-0 mit beiderseitigen Chancen.

9...g5

Dieser Zug leitet die sogenannte ‘Göteborger Variante’ ein. Diese wurde erstmals 1955 in der 14. Runde des Interzonenturniers in Göteborg gespielt – und zwar gleichzeitig von drei(!) argentinischen Spielern (Najdorf, Pilnik und Panno) gegen ihre sowjetischen Kontrahenten (Spasski, Keres und Geller). Das Ziel dieser Fortsetzung ist wie gesagt die Eroberung des Feldes e5 für den Springer.

10.fxg5 ♘fd7 11.♘xe6

Nach diesem energischen Zug will Weiß den schwarzen König offenbar mattsetzen.

Aber man muss nicht unbedingt

eine Figur opfern, sondern kann auch ruhiger fortsetzen.

I. 11.♗g3

A) 11...hxg5 12.0-0-0 ♕a5

(Nicht zu empfehlen ist 12...♕c7 wegen 13.♗b5! mit Angriff.)

13.♗e2 ♘e5 14.♕f2 ♘bd7 15.♖hf1 ♕c5 und Schwarz hat noch Sorgen, wie er seine Entwicklung beendet.

B) 11...♘e5 12.♗xe5

(12.♕h5 ♗xg5 13.♗e2 ♕b6 14.♗xe5 dxe5 15.♘f3 ♕xb2 16.♘d1 ♕b4+ 17.c3 ♕e7 18.0-0 ♖f8 19.♘f2 ♘d7 20.♘g4 ♘f6 21.♘xf6+ ♕xf6 und in dieser recht komplizierten Stellung muss Schwarz noch das Problem mit seinem Damenflügel lösen.)

12...dxe5 13.♘b3 hxg5 14.♗d3 ♕c7 15.0-0-0 ♘d7 16.♖df1 ♘f6 17.h4 g4 18.♕g3 ♗d7 19.♘d1 0-0-0 20.♕e3 ♔b8 21.g3 ♖hf8 22.♖f2 ♘h5 23.♖hf1 f6 und Schwarz hat eine feste Stellung, Cabrera–Marin Pinchera, Bogota 2004.

II. 11.0-0-0 ♘e5

A) 12.♕f2 hxg5!

(12...♗xg5+? 13.♗xg5 hxg5 14.♗e2 ♘bc6 15.♘xc6 bxc6 16.♕d4±, Moraza–Sharif, Dubai 1986)

13.♗g3 ♘bd7 14.♗e2

(14.♘f3 ♕a5⇄, Perfiliew–Sedykh, Nowosibirsk 2010)

14...♕a5

(14...b5!? 15.a3 ♕b6 16.♘f3 ♕xf2 17.♗xf2 ♗b7 18.h3 ♖c8 ½–½, Lanneau–Schut, Belgien 2011)

15.h3 b5 16.♘b3 ♕c7 17.♕d4 ♗b7 18.a4

(18.♗xb5 axb5 19.♘xb5 ♕c6 20.♘xd6+ ♗xd6 21.♕xd6 ♕xd6 22.♖xd6 ♖xa2 23.♖hd1 ♔e7∓, Seger–Weller, Hassloch 1999)

18...bxa4 19.♕xa4 ♔f8 20.♘a5 ♔g7 mit zweischneidigem Spiel.

B) 12.♕h5 ♗xg5+

(12...♘g6 13.♗g3 hxg5 14.♕f3 ♘d7 15.♗e2 ♘de5 16.♕f2 b5 17.a3 ♗b7 18.♔b1 ♖c8 19.♖hf1 0-0 20.♗h5 ♖xc3!? 21.bxc3 ♗xe4 22.♗xg6 ♘xg6 23.♕e2 ♕a8 24.♕h5 d5⩱, Anageldyjew–Atabajew, Budapest 2012)

13.♗xg5 ♕xg5+ 14.♕xg5 hxg5 15.♗e2 ♔e7 16.♘f3 ♘xf3 17.♗xf3 ♘c6

(17...♘d7 18.♘e2 ♘e5 19.♘d4 ♗d7 20.♗e2 ♖h4∓, Luft–Zemella, Wolfsberg 2004)

18.♘a4 b5 19.♘b6 ♖b8 20.♘xc8+ ♖bxc8 21.h3 ♘e5 22.♗e2 ♖h4 und Schwarz hat mit seinem starken Springer auf e5 gute Chancen im Endspiel, Huisman–Vokac, Pilsen 2003.

III. 11.♕h5 ♘e5

A) 12.♗f2 ♗xg5 13.h4 ♗e7 14.g3

(14.0-0-0 ♕a5 15.♔b1 ♘bd7 16.♗d3 b5 17.♖df1 ♘f6 18.♕e2

♖g8 19.♘b3 ♕c7 20.♗d4 ♘fg4 21.♘d1 ♘c6 22.♗g1 ♗b7 mit Vorbereitung von 0-0-0 und beiderseitigen Chancen, De la Paz–Sadwakasow, Elista 1998.)

14...♕a5

(14...♘bc6 15.♗h3 ♘xd4 16.♗xd4 ♕c7 17.♖f1 ♖h7 18.0-0-0 ♗d7 19.♗xe5 dxe5 20.♖xf7 ♖xf7 21.♖f1 0-0-0 22.♕xf7±, Folkowa–Houska, Klatowy 2001)

15.♗e2 ♘bd7 16.♘b3 ♕c7 17.♗d3 (17.0-0-0?? ♘f6–+) 17...b5 18.a3 ♗b7 19.0-0-0 0-0-0 nebst ♔c8–b8, ♖d8–c8 mit guten Gegenchancen.

B) 12.♗g3 ♗xg5

B1) 13.♘f3 ♘xf3+!? 14.gxf3

(14.♕xf3 ♘c6 15.h4 ♗e7 16.0-0-0 ♕c7 17.♗e2 ♗d7 18.♖hf1 ♖h7 nebst 0-0-0 mit beiderseitigen Möglichkeiten.

Übrigens geht auch 15...♗f6!? 16.0-0-0 ♗e5 usw.)

14...♕b6 15.f4 ♕xb2 16.♔d2 ♗f6 17.e5 dxe5 18.♖b1 ♕a3 19.♘e4 ♕a5+ 20.♔e2 ♗e7 21.♕xe5 ♕xe5 22.fxe5 ♗d7 23.♘d6+ ♗xd6 24.exd6 ♗c6 25.♖g1 ♘d7 26.♗g2 ♗xg2 27.♖xg2 0-0-0 und die schwarze Stellung ist in Ordnung, Van der Bij–Lesman, Fernpartie 1993.

B2) 13.h4 ♗e3!

Der Läufer muss auf der Diagonale c1-h6 bleiben, um die lange Rochade des Gegners so lange wie möglich zu erschweren.

14.♖d1

(14.♘f3 ♘bc6 15.♘xe5 ♘xe5 16.♗xe5 dxe5 17.♖d1 ♕f6 18.♖d3 ♗d4 19.♖f3 ♕g6 20.♕xg6 fxg6 21.♖f6 ♖g8 und Schwarz verteidigt seine Stellung.)

14...♗xd4 15.♖xd4 ♘bc6 und Schwarz steht gut.

B3) 13.♗e2 ♕b6 14.♗xe5

(Oder 14.♖d1 ♘bd7 15.♘xe6 ♘f6 16.♘d5 ♕a5+ 17.b4 ♘xh5 18.♘ec7+ ♔f8 19.bxa5 ♘xg3 20.hxg3 ♖b8 und Schwarz sollte es gelingen, Ausgleich zu halten.)

14...dxe5 15.♘f3

(15.♘b3 ♘c6 16.♖f1 ♖f8 ergibt keinen Vorteil, Analyse von Euwe.)

15...♕xb2 16.♘d1 ♕b4+ 17.c3 ♕e7 18.0-0 ♖h7 19.♘f2

(– Die Stellung nach 19.h4 ♗f4 20.♔h1 ♘d7 21.♘g1 ♘f6 22.♕f3 ♖g7 ist für Schwarz gewonnen, Lorenz–Visonik, Fernpartie 1969.

– Hingegen führt 19.♘xg5 ♕xg5 20.♕h3 ♘d7 21.♘e3 ♘c5 22.♘g4 ♘xe4 23.♗d3 ♖g7∞ zu sehr scharfem Spiel.)

19...♘d7 20.♖ad1

(– 20.♘xg5 ♕xg5 21.♕xg5 hxg5 22.♘g4 b6 23.a4 ♔e7∓, Mazza–Calgaro, Email 1998

– 20.♘g4 ♘f6 21.♘xf6+ ♗xf6=)

20...♘f6 21.♕h3 ♗f4 22.g3 ♗e3 23.♘xe5 ♘xe4 24.♕g4 ♘g5 25.h4 ♕c7 26.hxg5 ♕xe5 27.gxh6 ♔e7 und in dieser scharfen Stellung steht Schwarz befriedigend.

IV. 11.♗d3

A) 11...♘e5 12.♕e2 ♗xg5 (12...hxg5!?) 13.♗xg5 ♕xg5 14.♘f3 ♘xf3+ 15.♕xf3 ♘c6 16.h4 ♕g7 17.0-0-0 ♘e5 18.♕e2 h5 19.♘a4 b5 20.♘b6 ♖b8 21.♘xc8 ♖xc8 22.♔b1 ♖c6 mit etwa gleichem Spiel.

B) 11...hxg5 12.♗g3 ♘e5 13.♕e2 b5 14.a4 b4 15.♘a2 ♕b6 16.♗f2 ♕b7 17.♘c1 ♘bd7 18.♘cb3 ♘f6 19.♘f3 ♘xf3+ 20.gxf3 e5 21.♘a5 ♕c7 22.♘c4 ♗e6 23.♘b6 ♖b8 24.a5 g4 25.fxg4 ♗xg4 26.♕e3 ♕c6 und Schwarz hat gute Chancen, E. Pähtz–Ding, Batumi 2012.

11...fxe6 12.♕h5+ ♔f8

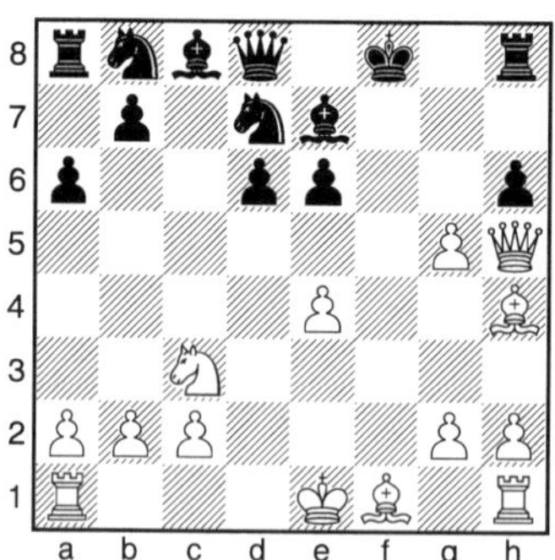

13.♗b5!?

Gerade dieser effektvolle Zug wurde von dem sowjetischen Trio in Göteborg vorbereitet.

Andere Abspiele bringen nichts.

I. 13.♗c4 ♘e5 14.♗g3

(14.0-0+ ♔g7 15.♖f6 ♗xf6 16.gxf6+ ♔f8 17.f7 ♕c7 18.♖f1 ♖h7 19.♗g5 ♘f3+ 20.♕xf3 hxg5 21.♕f6 ♕c5+ 22.♔h1 ♘c6 23.♕g6 ♖h8 24.♖f5 ♕xc4 25.♕f6 ♕d4 26.e5 ♕h4 27.h3 ♕h6 0-1, Srba–Schtyrenkow, Pardubice 2007)

14...♘bc6

(14...♘xc4?? 15.0-0+ ♗f6 16.♖xf6+ ♕xf6 17.gxf6+–)

15.gxh6 ♖h7 16.0-0+ ♔g8 17.♗b3 ♔h8 18.♕h3 ♗g5 19.♗f4 ♖xh6 20.♕e3 ♖g6 21.♖ad1 ♗e7 22.♘e2 ♕g8 23.♗g3 ♕g7 24.♘f4 ♖h6 25.♖d2 b5 26.c3 ♖b8 27.♕e2 ♗d7 28.♘d3 ♖g8–+, Pruess–Lapshun, Seattle 2003

II. 13.♗d3 ♘e5 14.0-0+

(14.♗g3 ♘bc6 15.gxh6 ♗d7 16.0-0+ ♔g8 17.♗xe5 ♘xe5 18.♖f7 ♖h7 19.♖xh7 ♔xh7 20.♖f1 ♕b6+ 21.♔h1 ♖f8–+, Casares Ripoll–Ortiz Herranz, Madrid 2011)

14...♔g7

(14...♔g8 15.♖f6 ♗xf6 16.gxf6 ♕f8 17.f7+ ♕xf7 18.♕e2 ♖h7 19.♖f1 ♕e8 20.♕e3 ♕h5 21.♗f6 ♘bd7 22.♘e2 ♘xf6 23.♖xf6 ♕g5 24.♕f2 ♖f7 25.♖xf7 ♘xf7–+, Proebster–Bunk, Nürnberg 2001)

15.♖f6 ♕e8

(15...♗xf6 16.gxf6+ ♔f8 17.♗g5 ♘f7 18.♕g6 ♖g8 19.♗xh6+ ♘xh6 20.♕xh6+ ♔e8 21.f7+ ♔xf7 22.♖f1+ ♔e8 23.♕h7 ♕g5 24.♕f7+

♔d8 25.g3 ♕g7 26.♕f2 ♘c6–+, Pettersson–Constantin, Dos Hermanas 2004)

16.gxh6+ ♔h7 17.♕e2 ♗xf6 18.♗xf6 ♖g8 19.♗g7 b5 20.♖f1 ♖a7 21.♖f6 ♖axg7 22.hxg7 ♖xg7 23.♕e3 ♘g4 24.♕h3+ ♔g8 25.♖f1 ♕e7 26.a4 ♕a7+ 0-1, Mehdi – Al-Modiahki, Dubai 2005

13...♖h7!

Die beste Fortsetzung.

Schwächer wurde in den erwähnten drei Partien in Göteborg 1955 gespielt.

I. 13...♘e5? 14.♗g3

(14.0-0+? ♔g8 15.♖f6 ♗xf6 16.gxf6 ♕f8–+)

14...♗xg5 15.0-0+

(15.♗xe5!? dxe5 16.0-0+ ♗f6 17.♕g6+–)

15...♔e7 16.♗xe5 ♕b6+ 17.♔h1 dxe5 18.♕f7+ ♔d6 19.♖ad1+ ♕d4 20.♖xd4+ exd4 21.e5+ ♔c5 22.♕c7+ ♘c6 23.♗xc6 1-0, Geller–Panno

II. 13...♔g7? 14.0-0 ♘e5 15.♗g3

(15.♖f6?? ♗xf6 16.gxf6+ ♔h7 17.f7 ♕f8 18.♗e8 ♗d7 0-1, Tisdall–Agdestein, Asker 1988)

15...♘g6 16.gxh6+ ♖xh6 17.♖f7+ ♔xf7 18.♕xh6 axb5 19.♖f1+ ♔e8 20.♕xg6+ ♔d7 21.♖f7 ♘c6 22.♘d5! ♖xa2

(22...exd5 23.♕xd6+ ♔e8 24.♕g6+–)

23.h4

(23.h3 ♕h8 24.♘xe7 ♘xe7 25.♕g5 ♖a1+ 26.♔h2 ♕d8 27.♕xb5+ ♔c7 28.♕c5+ ♔b8 29.♗xd6+ ♔a8 30.♗xe7+–, Spasski–Pilnik)

23...♕h8 24.♘xe7 ♘xe7 25.♕g5 1-0, Keres–Najdorf. Und so war der „Hattrick" von Göteborg perfekt.

14.0-0+

14.♕g6 führt zu halbwegs ausgeglichenen Stellungen, wie folgende Varianten zeigen: 14...♖f7 15.♕xh6+ ♔g8

A) 16.♖f1 ♖xf1+ 17.♗xf1 ♘e5 18.♗c4 ♘xc4, Timman–Stean, London 1973, mit Remis im Hinblick auf die Folge 19.♕g6+ ♔h8

(Aber nicht 19...♔f8?? wegen 20.♔e2! mit der tödlichen Drohung ♖a1-f1+.)

20.♕h6+ ♔g8 21.♕g6+ mit Dauerschach.

B) 16.♕g6+ ♖g7 17.♕xe6+ ♔h8 18.♗xd7 ♘xd7 19.0-0-0 ♘e5 20.♕d5 ♗g4 21.♖df1 ♗xg5+ 22.♗xg5 ♕xg5+ 23.♔b1 ♕e7 24.♕d2 ♗e6 25.g3 ♖d8 und Schwarz hält das Gleichgewicht, Gligoric–Fischer, Portoroz 1958.

Schwach ist dagegen 14.♘d5? exd5 15.0-0+ ♔g8 16.g6 ♖g7 17.♕xd5+ ♔h8 18.♖f7 ♕b6+ 19.♔h1 ♕xb5 20.♕d2 ♕h5 21.♗xe7 ♕xg6 22.♖xg7 ♕xg7 23.♖f1 ♘c6–+, Kleijn–L'Ami, Amsterdam 2010.

14...♔g8 15.g6 ♖g7

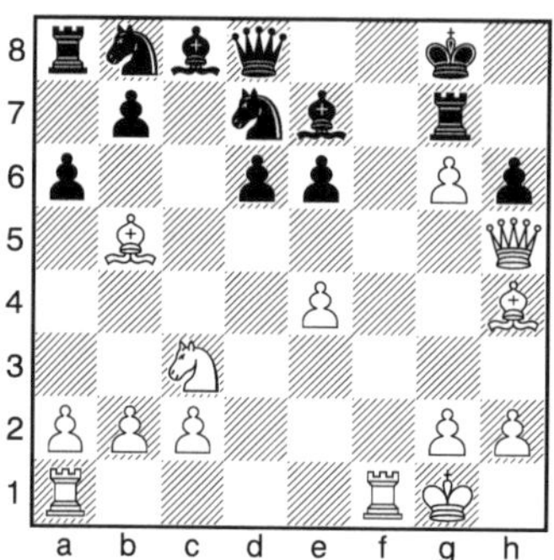

16.♖f7

Keine Gefahr für Schwarz sollte die Variante nach 16.♗xd7 darstellen; z.B. 16...♘xd7 17.♖f7 (17.♕xh6 ♘e5∓) 17...♗xh4 18.♕xh6 ♖xf7 19.gxf7+ ♔xf7 20.♖f1+

(Mit 20.♕h7+! kann Weiß sofort Remis forcieren.)

20...♗f6

A) 21.e5? ♘xe5 22.♘e4 ♘g4 23.♕h5+

(23.♕h4 e5 24.h3 ♔g6 25.♕g3 ♕b6+ 26.♔h1 ♗e7 27.hxg4 ♗e6–+)

23...♔e7 24.♕xg4 ♕b6+ 25.♔h1 ♗e5 26.♘g5 d5 und Weiß hat keine volle Kompensation für die Figur.

B) 21.♕h7+! ♔e8 22.♕g6+ ♔e7 23.♕h7+ mit ewigem Schach.

16...♗xh4

Schwarz muss präzise vorgehen, denn folgende Alternativen führen zum Verlust.

I. 16...♗g5? 17.♗xd7 ♘xd7 18.♖af1 ♔h8

(18...b5 19.e5 d5 20.♘e2 ♕b6+ 21.♔h1 ♕e3 22.♘d4 ♕xe5 23.♗xg5 hxg5 24.♘c6 ♕f6 25.♖1xf6 1-0, Pawlowitschew-Grusmann, Moskau 1965)

19.♔h1 ♖xf7 20.gxf7 ♔g7 21.♗xg5 hxg5 22.f8♕+ ♘xf8 23.♕f7+ ♔h8 24.♕xf8+ +–, Nedeljkovic–Velimirovic, Belgrad 1963

II. 16...♖xf7? 17.gxf7+ ♔g7

(17...♔h7 18.f8♕ ♕xf8 19.♖f1 ♘f6 20.♗xf6 ♗xf6 21.e5 dxe5 22.♘e4 axb5 23.♘xf6+ ♔h8 24.♕g6+–)

18.f8♕+ ♘xf8 19.♗e8 ♘c6 20.♖f1 ♘e5 21.♖f7+ ♔g8 22.♖xe7 ♕b6+ 23.♔h1+–, Georgiev–Spasov, Fernpartie 1993

III. 16...♘e5? 17.♗xe7 ♕b6+ 18.♔h1 ♘xf7 19.♖f1 ♘d7 20.gxf7+ ♔h7 21.f8♕ ♘xf8 22.♗xf8 ♕c7 23.♗xg7 1-0, Marks–Asvang, Tromsø 2008

17.♕xh6 ♖xf7

Nur dieser Zug hält das Gleichgewicht.

Zu gefährlich ist 17...♕f6?; z.B. 18.♖xf6 ♗xf6 19.e5! ♗xe5 (19...♘xe5 20.♘e4↑) 20.♗d3

A) 20...♘f8 21.♖f1 ♘bd7 22.♕h4 ♘xg6 23.♗xg6 ♖xg6 24.♕d8+ ♔h7 25.♘e4 b5 26.♖f3 ♗g7 27.♘g5+ ♖xg5 28.♕xg5 ♘e5 29.♕h5+ ♔g8 30.♕e8+ ♔h7 31.♖h3+ ♗h6 32.♕h5 1-0, Kirton–Gentes, Kanada 1999

B) 20...♘f6 21.♖f1 ♘bd7 22.♕g5 b5 23.♘e4 ♘e8 24.h4 ♗b7

(24...d5 25.♘g3 ♗f6 26.♕e3 ♖e7 27.♘h5 e5 28.♗f5 ♗g7 29.♘xg7 ♘xg7 30.♕g5+–)

25.h5 mit der Drohung h5–h6.

C) 20...♘c6 21.♖f1 ♗d4+ 22.♔h1 ♘c5 23.♘e4 ♘xd3 24.cxd3 ♗d7 25.♖f7 ♖xf7 26.gxf7+ ♔xf7 27.♘g5+ ♔e7 28.♕h7+ ♔d8 29.♕g8+ ♗e8 30.♘xe6+ ♔d7 31.♘xd4 ♘xd4 32.♕g7+ ♔e6 33.♕xd4+–

D) 20...♘c5 21.♖f1 ♗d7 22.h4 ♘c6 23.h5 ♘xd3 24.cxd3 ♖f8 25.♖xf8+ ♔xf8 26.♘e4 ♘e7 27.g4 mit schnellem Gewinn, Schabalow–Sadwakasow, Los Angeles 2000.

18.gxf7+ ♔xf7 19.♖f1+!?

Das ist offenbar ein Gewinnversuch.

Den Remishafen kann man einfach erreichen, nämlich nach 19.♕h7+ ♔e8 20.♕g8+ ♔e7 21.♕g7+ ♔e8 22.♕g8+ ♔e7, Garcia Blanco–Alvarado Diaz, Vecindario 2013.

19...♗f6 20.♕h7+

20.e5 wird in **Partie Nr. 72**: Naiditsch–Enders, Höckendorf 2004, analysiert.

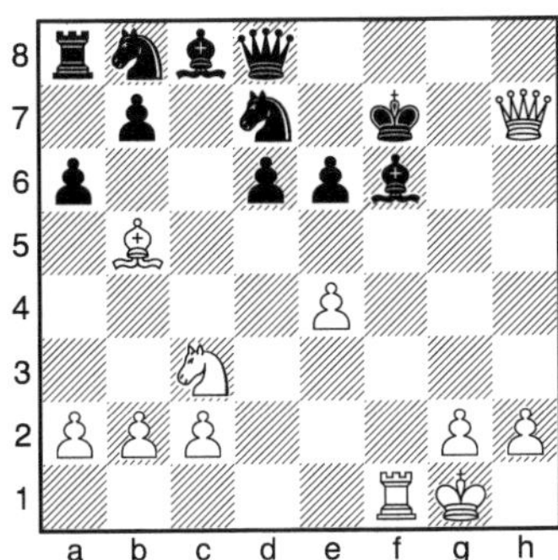

20...♔e8

So ist es richtig, denn nach 20...♔f8? 21.e5! bekommt Weiß starke Initiative; z.B. 21...dxe5

(21...♘xe5 22.♕h8+ ♔f7 23.♕xd8+–)

22.♗e2! ♕b6+ 23.♔h1 ♔e8 24.♕g8+ ♔e7 25.♖d1! ♘f8

(– 25...♕d8 26.♕h7+ ♔f8 27.♖f1+–
– 25...♘c6 26.♗h5 ♘d4 27.♘e4 ♘f8 28.♕f7+ ♔d8 29.♕xf6+ ♔d7 30.♕xe5+–)

26.♘e4 ♘bd7 27.♘xf6 ♔xf6 28.h4!

A) 28...♘g6 29.h5

A1) 29...♘e7 30.♕h8+ ♔f7 31.h6+–

A2) 29...♘gf8 30.h6 ♘g6 31.♕g7+ ♔f5

(31...♔g5 32.h7 ♕d8 33. ♗d3+)

32.♗d3+ e4 33.♗xe4+ ♔xe4 34.♕xg6+ ♔f4 35.g3+ ♔e5 36.♕g5+ ♔e4 37.♕f4#

A3) 29...♘f4 30.h6 ♕f2 31.♕g7+ ♔f5 32.♗g4+ ♔e4 33.♗f3+ ♔e3 34.♕g5 e4 (34...♕xc2 35.♕g3+–) 35.h7 exf3 36.♖d3+ ♔e2 37.♖xf3+–

A4) 29...♘df8 30.♖f1+ ♔e7 31.hxg6 ♘xg6 32.♕f7+ ♔d6 33.♖d1+ ♔c6 (33...♔c5 34.b4+!+–) 34.♗f3+ ♔b5 35.♖d3 ♕a5 36.♖b3+ ♔c5 37.♖c3+ ♔d6 38.b4 ♕b6 39.♖d3+ ♕d4 40.♕xg6 und Schwarz kann aufgeben.

B) 28...♕e3 29.♗h5 ♔e7 30.♕f7+ ♔d8 31.♕xf8+ ♔c7 32.♕d6+ ♔d8 33.♖f1 ♕h6 34.g4

B1) 34...b5 35.g5 ♕h8

(35...♕xh5 36.♖f8+ ♕e8 37.♖xe8+ ♔xe8 38.♕xe6+ ♔d8 39.g6 ♗b7+ 40.♔h2+–)

36.g6 ♗b7+ 37.♔g1 ♕h6

(37...♖c8 38.♖f7 ♕e8 39.g7 ♖c6 40.♖xd7+ ♔c8 41.♗xe8+–)

38.♖f7 ♕c1+ 39.♗d1 ♕e3+ 40.♔h2+–

B2) 34...a5 35.g5 ♕h8 36.g6 ♖a6 37.♖f8+ ♕xf8 38.♕xf8+ ♘xf8 39.g7 und der g-Bauer wird zur Dame.

21.♕g6+ ♔f8

Aber nicht 21...♔e7? 22.♖xf6! ♕b6+ (22...♘xf6 23.♕g7#) 23.♖f2 axb5 24.♕f7+ ♔d8 25.♕xe6

A) 25...♘f8 26.♕f6+ ♔d7 27.♘d5 ♕d8

(27...♕xf2+ 28.♔xf2 ♘a6 29.♘b6+ ♔c6 30.♘xa8+–)

28.♕g7+ ♔c6 29.♕c3+ ♔d7 30.♖f7+ ♔e8 31.♕g7+–

B) 25...♘e5 26.♕g8+ ♔d7 27.♘d5 ♕a5 28.b4 ♕xa2

(28...♕d8 29.♖f8 ♘bc6 30.♖xd8+ ♘xd8 31.♘b6+)

29.♕g7+ ♔c6 30.♕c7#

22.e5 dxe5 23.♘e4

Die Initiative scheint sehr bedrohlich zu sein, doch Schwarz hat ausreichende Verteidigungsressourcen.

23...♕b6+!

Nur so und nicht anders!

Schwächer ist 23...axb5? 24.♕h6+ ♔g8 25.♘xf6+ ♘xf6 26.♖xf6 ♕d4+

(26...♕d1+ 27.♖f1 ♕d4+ 28.♔h1 ♕d8 29.♕g6+ ♔h8 30.♕h5+ ♔g8 31.♕g4+ ♔h7 32.♖f7+ ♔h6 33.♕g7+ ♔h5 34.♕h7+ ♔g4 35.h3+ ♔g5 36.h4+ ♔g4 37.♕e4+ ♔g3 38.♖f3#)

27.♔f1 ♕d1+ 28.♔f2 ♕xc2+ 29.♔g3 ♘d7 30.♕g5+ ♔h8 31.♖h6+ ♕h7 32.h4 ♕xh6 33.♕xh6+ ♔g8 34.♕g6+ ♔f8 35.h5 ♔e7 36.h6 ♘f8 37.♕g7+ ♔e8 38.a3 ♗d7

(38...♖a4 39.♕g8 ♔e7 40.h7 ♘xh7 41.♕xc8 ♘f6 42.♕xb7+ ♘d7 43.♕xb5+–)

39.♕g8 ♔e7 40.h7 und Weiß gewinnt Material.

24.♔h1 axb5

24...♔e7? 25.♖xf6 axb5 26.♖f7+ ♔d8 27.♕g5+ ♔c7 28.♕xe5+ ♔d8 29.♕g5+ ♔c7 30.♕g3+ ♔d8 31.♖g7 e5

(31...♕d4 32.♖g8+ ♔e7 33.♕g5+ +–)

32.♕g5+ ♔c7 33.♕xe5+ ♔d8 34.♖g8+ +–

25.♘xf6 ♔e7 26.♕e8+

Das ist die kritische Stellung dieser Variante. Weiß kann hier mit 26.♕g7+ das Remis sichern: 26...♔d8 27.♕g8+ ♔c7 28.♘e8+ ♔d8 29.♘g7+ ♔c7 30.♘e8+ ♔d8 31.♘g7+ ♔c7 32.♘e8+ ½–½, Balogh–Negi, Dubai 2011.

26...♔d6 27.♕xc8

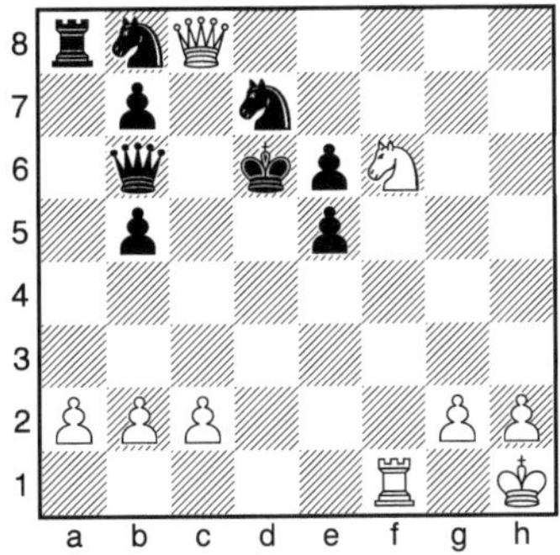

Es ist eine scharfe und recht komplizierte Stellung entstanden, in der Schwarz nun die richtige Entscheidung treffen muss.

27...♖a4!

Dieser Zug hebt die Fesselung des Springers b8 auf, der Turm wird ins Spiel eingeschaltet und die Drohung ♘f6–e4+ somit verhindert.

Leichtsinnig ist 27...♘xf6? 28.♖xf6 ♔d5 29.♖f1 und die Lage von Schwarz ist sehr ernst.

28.b4!

Aber nicht 28.c3? ♘xf6 29.♕xb8+ ♔e7 30.♕xe5 ♘d7 31.♕g5+ ♔d6 32.h4

(Oder 32.♕g3+ e5 33.a3 ♔c7 und Schwarz hat seinen König in Sicherheit gebracht und es gibt keine Gefahr mehr.)

32...♔c7

(Nach dem unvorsichtigen 32...♖xa2? 33.♕f4+ ♔e7 34.h5 ♕c5 35.♕f7+ ♔d8 36.h6 ♕g5 37.♖d1! ♕xh6+ 38.♔g1 ♕e3+ 39.♔f1 erobert Weiß den Springer.)

33.h5 ♕d6 34.h6 ♕d5

(Eine starke Alternative ist 34...♕e5!?.)

35.♕g3+ ♔c6 36.b4

(Es verliert auch 36.♕h3 ♖a8 37.♖f7 ♖h8 38.h7 ♕xa2 39.c4 ♕xc4 40.b3 ♕c1+ 41.♔h2 ♕d2 42.♕xe6+ ♕d6+ 43.♕xd6+ ♔xd6–+, Ferre Perez–Cranbourne, Fernpartie 2002.)

36...♕h5+ 37.♕h2 ♕e2 38.♖g1

(38.♔g1 ♕e3+ 39.♔h1 ♖a8–+)

38...♖a8 39.g4 ♕e3 40.♕g2+ ♔b6 41.g5 ♘e5 42.♖f1 ♕xc3 43.g6

(43.h7 ♖h8 44.g6 ♘xg6! 45.♕xg6 ♕h3+ 46.♔g1 ♖xh7–+)

43...♖h8 44.h7 ♘xg6! 45.♕xg6 ♕h3+ 46.♔g1 ♖xh7 47.♕g2 ♕h6 48.♖e1 e5 49.♔f1 ♕h1+ 50.♕g1+ ♔a6 0-1, Seveek–Cranbourne, ICCF Email 2001

28...♕d4

Zum Remis führt die Variante 28...♖xb4 29.♘xd7 ♘xd7 30.c3 ♖c4 31.♖d1+ ♕d4 32.♖xd4+ exd4 33.♕xb7 dxc3 34.♕xb5 ♘e5 und Weiß rettet sich durch Dauerschach: 35.♕b8+ ♔d5 36.♕d8+ ♔e4 37.♕h4+ usw.

29.h3 b6

Um bei Bedarf mit ♖a4–a7 den König zu verteidigen.

Nach 29...♖xb4 30.♘xd7 ♘xd7 31.♖f7 müsste sich Schwarz ins Dauerschach retten: 31...♖b1+ 32.♔h2 ♕g1+ 33.♔g3 ♕e3+ usw.

30.♕d8!

Aber nicht 30.♘xd7? ♘xd7 31.♖f7 ♖a7!–+.

30...♔c6 31.♕c8+ ♔d6 mit Zugwiederholung in ausgeglichener Stellung.

Zusammenfassung: Diese Variante bietet dem Weißen gute Angriffschancen und Schwarz muss wirklich sehr genau vorgehen, um die Eröffnungsphase zu überleben. Aber er schafft es, obwohl er viele Hindernisse zu überwinden hat. Wichtige Voraussetzung sind gute theoretische Kenntnisse. Aber auch Weiß muss bis zum Ende exakt spielen, denn der Gegner kann ebenfalls viele Fallen stellen. Um diese Verwicklungen zu vermeiden, kann Weiß statt 19.♖f1+!? sofort Dauerschach nach 19.♕h7+ geben.

Kapitel 18

Die Fortsetzung 13.f5

1.e4 c5 2.♘f3 d6 3.d4 cxd4 4.♘xd4 ♘f6 5.♘c3 a6 6.♗g5 e6 7.f4 ♗e7 8.♕f3 ♕c7 9.0-0-0 ♘bd7 10.g4 b5 11.♗xf6 ♘xf6 12.g5 ♘d7 13.f5

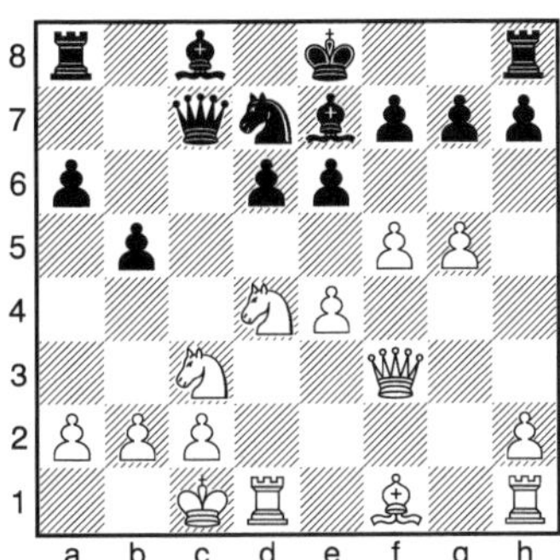

Mit diesem geradlinigen Ansatz greift Weiß einen der schwächsten Punkte im schwarzen Lager an, um so die exponierte Lage des in der Mitte verbliebenen Königs auszunutzen.

Die andere Möglichkeit 13.a3 wurde in der **Einleitung** analysiert.

13...♗xg5+

Den Bauern mit Schachgebot zu verspeisen sieht ebenso verführerisch wie gefährlich aus, doch darf Schwarz sich offensichtlich auf diese weniger erforschte Variante einlassen, denn in den resultierenden Komplikationen erhält er genügend aktive Spielanteile.

Auch 13...0-0!? ist sehr interessant.

(13...♘c5 führt zu scharfem Spiel mit besseren Chancen für Weiß – siehe **Partie Nr. 73**: Lobron-Chandler, Bundesliga 1986.)

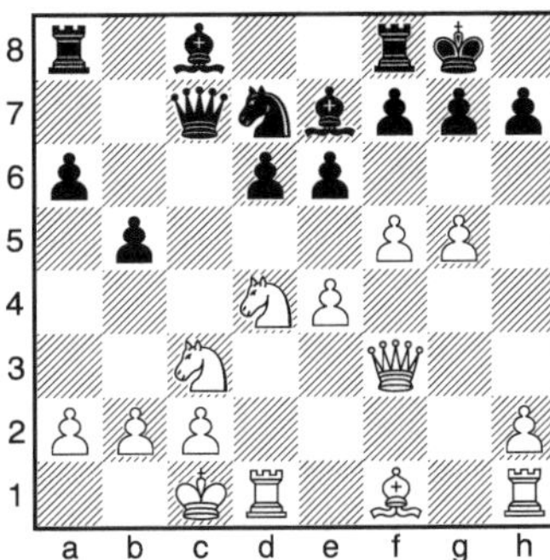

Im Prinzip galt dieser Zug lange Zeit als unspielbar, denn man hielt es für geradezu selbstmörderisch, in einen bereits fortgeschrittenen Königsangriff hineinzurochieren? Jedoch zeigen sowohl neuere Analysen als auch die Turnierpraxis, dass diese mutige Idee durchaus spielbar ist.

A) 14.♕g3 b4 15.♘ce2

A1) 15...♗b7 16.f6 ♖fe8

(Das Springeropfer 16...♘xf6!? 17.gxf6 ♗xf6 ist eine Überlegung wert.)

17.fxe7 e5 18.♗g2 (18.♘b3?

♗xe4–+) 18...exd4 19.♘xd4 g6 20.♖he1

(20.♕b3 ♖xe7 21.♕xb4 ♗xe4 22.♗xe4 ♖xe4 23.♖he1 ♖xe1 24.♕xe1 ♘e5=, Ruiz-Hevia Alejano, Bogota 2012)

20...♖xe7 21.♖e2 ♖ae8 22.♘b3 ♘e5 23.♔b1 a5 24.h4 a4 25.♘c1 ♗c8 26.♖f2 ♗e6 und Schwarz steht ausgezeichnet, H. Müller-Schubert, Internet 2011.

A2) 15...♘c5 16.f6 ♗d8

(Zu erwägen ist 16...♘xe4!? 17.♕e3 ♘xf6 18.gxf6 ♗xf6 mit Kompensation für die Figur.)

17.♕h4 ♗b7 18.fxg7 ♖e8 19.♘g3 d5 20.♘h5 ♘xe4 21.♖g1 ♕e5 22.♘f3 ♕f5 23.♗e2 ♖c8 24.♘d4

(Erst 24.♔b1!? ist wohl besser.)

24...♗xg5+ 25.♖xg5 ♕xg5+ 26.♕xg5 ♘xg5 27.♖g1 ♘e4 28.♗d3 f5 29.♗xe4 dxe4 30.♘f6+ ♔f7 31.♘xe8 ♖xe8 32.♘xe6 e3 33.♘d4 ♗e4 und die Partie endete remis, Kanarek-Golischenko, Khotowa 2010.

B) 14.♕h5 b4 15.♖d3! bxc3 16.♖xc3 ♕b6 17.♘c6

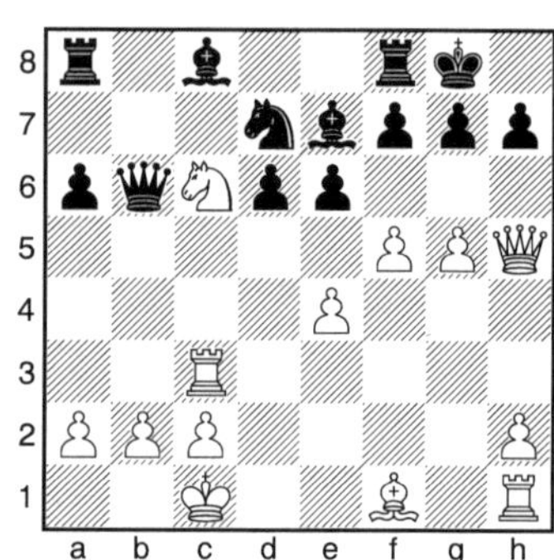

B1) 17...♗f6! 18.e5

(18.gxf6 ♘xf6 19.♕h4 ♔h8=)

18...g6 19.♕h4!

(19.♕h6? ♕f2 20.♔d1 ♗g7 21.♘e7+ ♔h8 22.♕xh7+ ♔xh7 23.♖h3+ ♗h6 24.♖xh6+ ♔g7 25.f6+ ♘xf6 26.exf6+ ♕xf6 27.gxf6+ ♔xh6–+, Konguvel-Srinath, Kalkutta 2012)

19...♗xe5 20.♘e7+ ♔h8!

(20...♔g7?? 21.f6+ ♗xf6 22.♕h6+ ♔h8 23.gxf6+–)

21.fxg6 fxg6 22.♘xg6+ ♔g8 23.♘e7+ ♔h8 24.♘g6+ mit Dauerschach

B2) 17...♖e8? 18.fxe6 ♘e5

(18...♗xg5+ 19.♕xg5 ♖xe6 20.♘e7+ ♖xe7 21.♕xe7 ♘f8 22.♗c4+–)

19.exf7+ ♘xf7 20.♗c4 ♗e6 21.♗xe6 ♗xg5+ 22.♕xg5 ♖xe6 23.♘e7+ ♔f8 24.♕d5!+–, Kosinzewa-Ju Wenjun, Ankara 2012

C) 14.fxe6 fxe6 15.♘xe6

(In der Partie Kosinzewa–Ju Wenjun, Naltschik 2011, geschah 15.♕e3 ♕c5 16.h4 ♘b6 mit Komplikationen.) 15...♖xf3 16.♘xc7 ♗xg5+ 17.♔b1 ♖b8

C1) 18.♗e2 ♖f2 19.♗g4? (19.a3!?) 19...♘c5 20.♗xc8 ♖xc8 21.♘7d5 ♖e8 22.h4 ♗d2 23.♖h3 ♗xc3 24.♘xc3 b4 25.♘d5 ♖xe4 mit Vorteil für Schwarz, Braun–Navara, Plowdiw 2012.

C2) 18.♘e6 ♗f6 19.♖xd6 ♖b6 20.♖xb6 ♘xb6 21.♘d5 ♗xe6 22.♘xb6 ♗e5 23.a4 ♖e3 24.♗d3 ♖h3 25.axb5 axb5 26.♗xb5 ♖xh2 mit ausreichend Gegenspiel, Huschenbeth–Hamitevici, Khotowa 2010.

C3) 18.h4 ♗f6 19.♘3d5 ♗b7 20.♗h3 ♘c5 mit gleichen Chancen, Istratescu–Salgado Lopez, Porto Carras 2011.

D) 14.♖g1 b4 15.♘ce2 e5 16.f6 exd4 17.fxe7 ♖e8

D1) 18.♖xd4 ♘e5 19.♕g3 ♕c5 (19...a5!?) 20.♗h3 ♗xh3 21.♕xh3 ♖ac8 22.♕b3 ♖xe7 23.♖gd1 ♘c4 24.♖d5 ♕e3+ 25.♕xe3 ♘xe3 26.♖xd6 ♘xd1 27.♔xd1 ♖xe4 mit schwarzem Übergewicht, Pijpers–Rasnikow, Dieren 2012.

D2) 18.♘xd4 ♘e5 19.♕f4 ♗e6

(19...g6 20.♔b1 ♖a7 21.h4 ♕xe7 22.h5 ♖c7 23.b3 ♖c5∞, Betker–Adelseck, ICCF 2013)

20.♘xe6

(20.♔b1 ♖xe7 21.♘f5 ♖d7 22.♖g2 ♖ad8 23.♘e3 d5 24.exd5 ♗xd5 25.♘xd5 ♖xd5 26.♖gd2 ♖xd2 27.♖xd2 ♖xd2 28.♕xd2 a5=, Kostenjuk–Ju Wenjun, Peking 2011)

20...fxe6 21.♖g3 ♖ab8 22.g6

(22.a4 bxa3 23.♖xa3 a5 24.♕d2 ♕xe7=, Fuller–Leal, ICCF 2013)

22...h6 23.♔b1 a5 24.a4 ♕xe7 25.♗b5 ♖f8 26.♕d2 ♖bd8 mit etwa gleichen Chancen, Groszpeter–Idani, Kecskemét 2012.

E) 14.h4 b4 15.♘ce2

E1) 15...♗b7 16.fxe6 ♘c5 17.♘g3 fxe6 18.♕g4

(Zu beachten ist 18.♕e3!? d5 19.e5 usw.)

18...d5 19.♘xe6 ♘xe6 20.♕xe6+ ♔h8 21.exd5 ♖ae8 mit Initiative, O'Brien–Wood, ICCF Email 2012.

E2) 15...e5 16.♘b3 f6

(16...a5 17.f6! mit Initiative)

17.g6 h6 18.c3 a5 19.♔b1 ♘b6 20.♖c1 ♕a7 21.c4 ♗b7 mit ausgezeichneten Perspektiven, Sawtschenko–Ju Wenjun, Moskau 2012.

F) 14.g6

F1) 14...hxg6 15.fxe6 fxe6 16.♘xe6 ♖xf3 17.♘xc7 ♖a7

(17...♖b8 18.♗e2 ♖f2 19.♖df1 ♖xf1+ 20.♖xf1 ♗g5+ 21.♔b1 ♗b7 22.♘3d5 ♘c5⇄, Juarez de Vena–Uberos Fernandez, ICCF Email 2009)

18.♘7d5 ♗g5+ 19.♔b1 ♘e5 und Schwarz steht gut, Blom–Barnett, IECG 2006.

F2) 14...♘e5 15.gxf7+ ♖xf7 16.♕h5 ♕c5 17.♗e2 g6 (17...exf5!?) 18.♖hg1 ♔h8 19.fxg6 ♘xg6 20.♖g3 ♗f6 21.♘b3 ♕e5 22.♖dg1 ♗d7 23.♔b1 b4 24.♘d1 ♗c6 25.♘d2 ♖c7 26.♕g4 ♗b5 27.♘f1 d5 und Schwarz steht ausgezeichnet, Folkowa–Schadrina, Belgrad 2013.

G) 14.f6 gxf6 15.gxf6

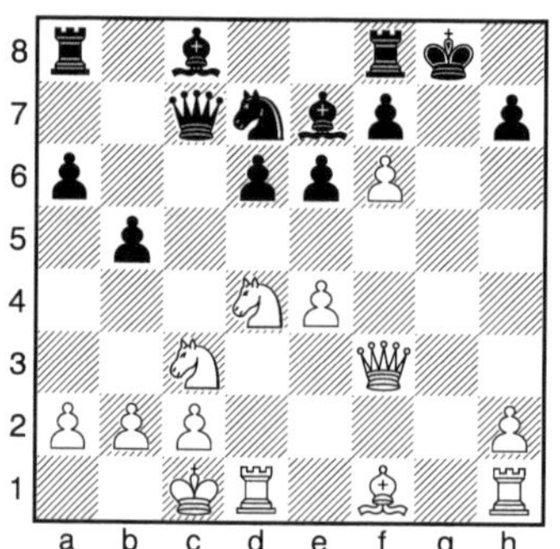

15...♘xf6!

(Nur so, denn 15...♗xf6? verliert wegen 16.e5!.)

16.e5 dxe5 17.♘c6

(Schwach ist 17.♘dxb5? axb5 18.♕xa8 ♗b7 19.♖g1+ ♔h8 20.♘xb5 ♕b6 21.♕a7 ♕xa7 22.♘xa7 ♗c5 23.♖g3 ♗xa7 mit Materialvorteil.)

17...♗b7!

(Zu 17...♔h8? – siehe **Partie Nr. 74**: Schirow–Huschenbeth, Bundesliga 2012.)

18.♕g3+ ♔h8 19.♘xe5

(19.♖g1? ♖g8 20.♕xe5 ♕xc6–+)

19...♗d6

(19...♗d8 20.♖xd8 ♖axd8 21.♖g1 ♘e8 22.♕g5 ♖d7 23.♗xb5 f6 24.♕h6 ♖g7 25.♖xg7 ♕xg7 26.♘g6+ ♔g8 27.♕xg7+ ♘xg7 28.♘xf8 axb5 29.♘d7 ♔f7=, Walka–Ristea, ICCF 2013)

20.♖xd6 ♗xh1

(Aber nicht 20...♕xd6?? wegen 21.♖g1+–.)

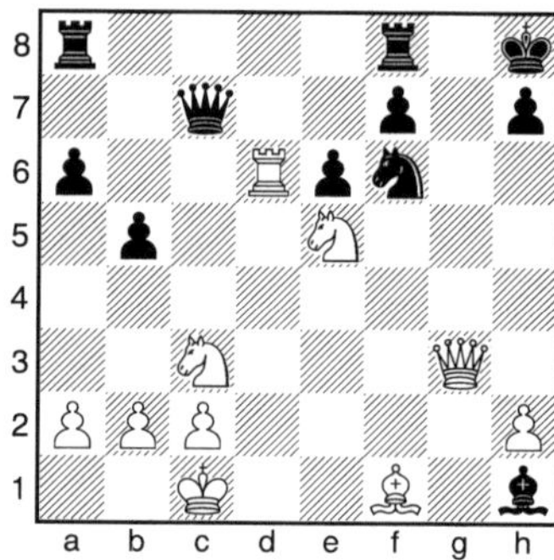

G1) 21.♕g5 ♘e4

(21...♘g4!? 22.♘xg4 f5 23.♘e5 ♕xd6 24.♘g6+ mit Dauerschach)

22.♘xe4 ♗xe4 23.♕f6+ ♔g8 24.♗d3 ♕c5! (24...♕xd6?? 25.♘g4+–) 25.♗xe4 ♕e3+ 26.♔d1 ♕xe4 27.♕g5+ ♔h8 28.♕f6+ mit Dauerschach

G2) 21.♖d1 ♖ac8

(21...♖a7 22.♗d3 ♖g8 23.♕f2 ♕xe5 24.♕xa7 b4 25.♘e2 ♗f3 26.♕f2 ♗xe2 27.♗xe2 a5 28.♗d3 ♖g4

29.♖e1 ♕g5+ 30.♔b1 ♔g7 31.h3 ♕f4 32.♕xf4 ♖xf4∓, Bujdak–Khan, Internet 2012)

22.♗d3 ♗b7 23.♕g5 ♘g8 24.♗xh7 ♕e7 25.♕h5 ♘f6 26.♕h4 ♘g8 27.♕h5 ♘f6 28.♕h4 ♘g8 29.♕h5 ♘f6 30.♕h4 ½–½, Solak–Ju Wenjun, Moskau 2012

14.♔b1 ♘e5

Das ist die beliebteste Erwiderung.

Die noch nicht genau untersuchte Fortsetzung 14...0-0!? 15.fxe6 ♘b6 16.♘d5 ♘xd5 17.exd5 fxe6 18.♕g4 e5 19.♕xg5 exd4 20.♗d3 g6 kann zu folgenden Möglichkeiten führen.

A) 21.h4 ♗f5 22.h5 ♗xd3 23.♖xd3

(23.cxd3 ♖f2 24.♖c1 ♕f7 25.♖cg1 ♕f5 26.♕xf5 ♖xf5 27.hxg6 h5 28.♖e1 ♖xd5 29.♖e7 ♖f8 30.♖h7 ♖f6 31.♖1xh5 ♖xh5 32.♖xh5 ♖xg6 33.♖d5 ♔f7 34.♖xd4 ½–½, Radjabow–Tscheparinow, Kreta 2007)

23...♖f5 24.♕g4 ♖c8 25.♖d2 ♕d7 26.♖xd4 g5 27.a3 ♖e8 28.h6 ♖ee5 und Schwarz steht ausgezeichnet, O'Brien–Burg, ICCF 2013.

B) 21.♖hf1 ♕g7 22.♖xf8+ ♕xf8 23.♗xg6

(23.♖f1 ♕e8 24.♕h4 ♖a7=)

23...hxg6 24.♕xg6+ ♕g7 25.♕e8+ ♔h7 26.♖f1 ♔h6 27.♕e1 ♕g5 28.♖f8 b4 29.♕f1 ♕e7 30.♖h8+ ♔g7 31.♖h5 ♔g6 32.♖h8 ♔g7 33.♖h5 ♕e3 34.♕g2+ ♔f6 35.♕f1+ ♔g7 36.♕g2+ ♔f6 37.♕f1+ ♔g7 38.♕g2+ ♔f6 39.♕f1+ ½–½, Motylew–Sjugirow, Rijeka 2010

15.♕h5

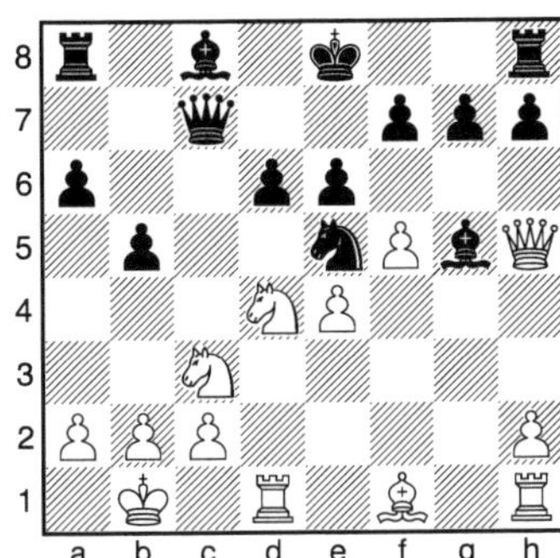

15...♕e7!?

Das scheint das Beste zu sein. Die Dame verteidigt das Feld e6, was in vielen Varianten sehr nützlich ist.

Nicht ganz klar ist die Alternative 15...♕d8, um nach eventuell ♘c3–d5 kein Tempo verlieren zu müssen.

A) 16.fxe6 g6 17.exf7+ ♔xf7 18.♕e2 ♗g4 19.♘c6 ♗xe2 20.♘xd8+ ♖axd8 21.♗xe2 ♔g7 22.♘d5 ♖d7 23.♘b6 ♖e7 24.♖hf1 ♖d8 25.♘d5 ♖b7 26.a4 ♖a8

(26...bxa4 27.♗xa6 ♖a7 ist auch interessant.)

27.axb5 axb5 28.♘b4 ♗e7 29.c3 ♘d7 30.♗g4 ♘c5 31.♗f3 ♖ba7 32.e5 ♖a1+ 33.♔c2 ♖xd1 34.♖xd1 ♖f8 35.exd6 ♗xd6 36.♖xd6 ♖xf3 mit schwarzem Gegenspiel, Ca–

merini–Passerotti, Montecatini Terme 2003.

B) 16.♘xe6 ♗xe6 17.fxe6 g6

(17...0-0 18.h4! ♗f6 19.♗h3 g6 20.♕e2 mit weißer Initiative.)

18.exf7+ ♔xf7 19.♕h3

(Nach 19.♕e2 ♔g7 20.♘d5 ♖a7 21.♕f2 ♖f7 22.♕d4 ♖hf8 23.c4 bxc4 24.♗xc4 a5 25.♘c3 ♖f2 hat Schwarz ausreichend Konterspiel am Damenflügel, Wang–Obregon, Bogota 2004.)

19...♖a7 20.♗e2 ♔g7 und in dieser recht komplizierten Stellung haben beide Seiten etwa gleiche Chancen, Krege–A. Fuchs, Halle 2005.

C) 16.♖g1 h6!?

(Das ist wahrscheinlich der beste Zug, denn nach 16...♗f6 17.fxe6 0-0 18.♗h3 g6 19.♘d5 ♔h8 20.♕e2 fxe6 21.♗xe6 bekommt Weiß gute Chancen.)

17.♘xe6

(Oder 17.fxe6 g6 18.exf7+ ♔xf7 19.♕e2 ♔g7 20.♘d5 ♖f8 21.♕g2 ♖a7 22.♕g3 ♔h7 23.♗h3 ♗h4 24.♕c3 ♗f2 25.♖gf1 ♗xh3 26.♕xh3 ♗xd4 27.♖xf8 ♕xf8 28.♖xd4 ♕f2 mit gutem Spiel für Schwarz, Wolff–Browne, USA 1989.)

17...♗xe6

(In der Partie Kleiser–Alvir, Wien 1999, erreichte Weiß nach 17...g6 18.♕xg5 ♕xg5 19.♘xg5 hxg5 20.fxg6 fxg6 21.♖xg5 ♗g4 22.♖xd6 ♘f7 23.♖xa6 ♖xa6 24.♖xg4 ♖xh2 25.♗xb5+ ♔d8 26.a4 ein vorteilhaftes Endspiel.)

18.fxe6 0-0 19.♗h3 g6 20.exf7+ ♔g7 21.♕e2 ♖xf7 22.♘d5 ♖aa7 23.a3 ♖f8 24.♖gf1 ♖af7 25.♖xf7+ ♖xf7 und in dieser scharfen Position sollte Schwarz Ausgleich halten.

D) 16.h4 ♗f6 17.fxe6 0-0 18.♗h3 ♔h8

(18...fxe6 19.♗xe6+ ♔h8 20.♘d5±)

19.♘d5 fxe6 20.♗xe6 g6 21.♕e2 ♘f3 22.♘c6 ♕e8 23.♗xc8 ♖xc8 24.♕xf3 ♗g7 25.♕g4 ♖xc6 26.h5 ♖f2 27.♖c1 ♕e5 mit unklarem Spiel, Dziedzina–Truyens, IECG 2001.

16.♘xe6

Andere Möglichkeiten sind ungefährlich für Schwarz.

I. 16.fxe6 g6 17.exf7+ ♔xf7 18.♕e2 ♗g4

(Weiter zu prüfen ist auch 18...♔g7!? 19.♘d5 ♕a7 20.♕g2 ♗h4 21.♘f5+ ♗xf5 22.exf5 ♖hf8 mit kompliziertem Spiel, Ostrava–Wolgograd, Fernpartie 1971.)

19.♕f2+ ♕f6

(Spielbar ist auch 19...♔g7!? nebst ♖h8–f8 usw.)

20.♕xf6+ ♗xf6 21.♗e2 ♗h3

(21...♗c8!? 22.♖hf1 ♔g7 23.♘d5 ♗d8 24.♖f4 ♖a7=, Schabalow–Hellers, New York 1993)

22.♘d5 ♗d8 23.♘f4 ♗d7 24.♖hf1 ♔e8 25.♘f3 ♘g4

(25...♖f8 26.♘xe5 dxe5 27.♘d5 ♖xf1 28.♖xf1 ♗c6=)

26.♘d5 ♖f8 27.h3 ♘h6 28.♘d4 ♖a7 29.c4 bxc4 30.♗xc4 ♘f7 31.♘f4 ♘e5 und Schwarz hat nichts zu befürchten, Ratuschny-Bragin, Wladimir 2004.

II. 16.♖g1 h6

(Es geht auch 16...♗f6 17.fxe6 g6! 18.exf7+ ♕xf7 19.♕e2 0-0 20.♘d5 ♗d8 21.♘f5 ♗xf5 22.exf5 ♕xf5=, Maslak–Golitschenko, Pardubice 2009.)

17.fxe6 g6 18.exf7+ ♕xf7 19.♕e2 0-0 20.♘d5 ♖b8

(Sofort 20...♕f2!? kommt infrage.)

21.♕g2 ♕f2 mit etwa gleichen Chancen.

III. 16.h4 ♗f6 17.fxe6 g6 18.exf7+ ♕xf7 19.♕h6 ♗g7 20.♕d2 0-0

(20...♗g4!? 21.♖e1 0-0 22.♘d1 ♖ae8 23.♗e2 ♗xe2 24.♖xe2 ♘c4 25.♕d3 ♕f4 26.♘b3 ♕e5 27.c3 ♖f4 28.♘d2 d5∓, Nguyen Ngoc Hiep–Tran Manh Tien, Vietnam 2005)

21.♗e2 ♕f4 22.a3 ♕xd2 23.♖xd2 ♗g4 24.♗xg4 ♘xg4 25.h5 ♖f2 26.♖d3 ♖af8 27.hxg6 hxg6 28.♘e6 ♖f1+ 29.♖xf1 ♖xf1+ 30.♔a2 ♗e5

Die entstandene Stellung ist etwa ausgeglichen, doch gelang es Schwarz, seinen g-Freibauern in Bewegung zu setzen, was zum Sieg reichte, Klein–Kiese, Griesheim 2003.

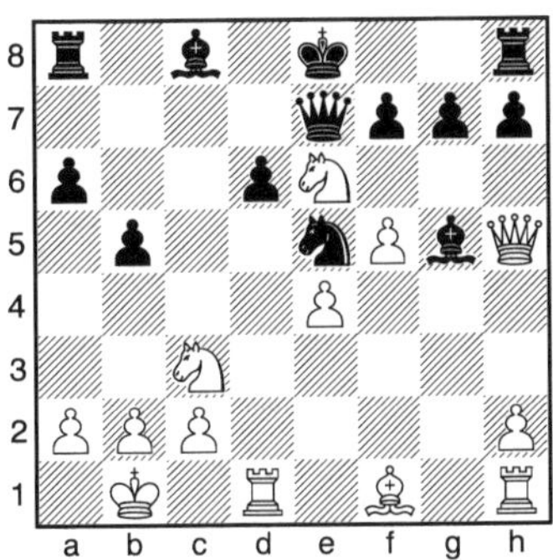

16...♗xe6

Die Empfehlung der Theorie.

Die Antwort 16...g6 gilt allgemein als schwach. Ich meine jedoch, dass diese Beurteilung ziemlich oberflächlich ist; z.B. 17.♕xg5 fxe6 18.f6

(Nach 18.♕h6 b4 19.♘e2 exf5 scheint Schwarz gute Chancen zu haben, obwohl die Stellung weiterer praktischer Erprobung bedarf.)

18...♕d8

A) 19.♗g2 ♖a7 20.♖hf1 ♖f7 (20... 0-0!?) 21.♖f2 b4 22.♘e2 0-0 23.♖df1 a5 24.♗h3 a4 25.♕d2 ♕b6 26.♕d4 ♕c5 27.c3 ♖b7 28.♖d1 ♔f7 und da sich der König auf f7 wohlfühlt, hat Schwarz die besseren Chancen, Piculjan–Ludwig, Fernpartie 2002.

B) 19.♗h3 ♖a7 20.♖hf1 ♖f7 21.♕h6 ♖xf6 22.♕g7 ♖hf8 23.♖xf6 ♕xf6 24.♕c7 ♕d8 25.♕xh7 b4 26.♘e2 ♕e7 27.♕h6 ♖f2 28.♗f1

(28.♘d4!? sieht logischer aus.)

28...♕f8 29.♕h3 ♘c4 mit der Drohung ♖f2xf1 und Vorteil für

Schwarz, Abdelmoumen–A. Lopez, IECG 2003.

17.fxe6 g6 18.exf7+ ♔xf7 19.♕e2

Diesen Zug hält man für stärker als 19.♕h3 ♔g7 20.♘d5 ♕d8, wonach folgende Verzweigungen möglich sind.

A) 21.♕c3 ♖a7 22.♕a3 ♕b8 23.h4 ♗h6 24.h5 a5 25.♗e2 b4 26.♕g3 ♖f7 27.hxg6 hxg6 28.♗h5 ♕f8 29.♖hg1 ♗f4 30.♘xf4 ♖xf4 31.♗xg6 ♖g4 32.♕xe5+ dxe5 33.♖xg4 ♖h2!? 34.♗f5+ ♔h6 35.♖g6+ ♔h5 36.♖c6 ♕d8! 37.♖c1 (37.♖xd8?? ♖h1+ 38.♖d1 ♖xd1#) 37...♕h4 38.♖c7 ♔g5 39.a4 ♖h1 40.♖xh1 ♕xh1+ 41.♔a2 ♔f4 42.♖c4 ♕d1 43.♗e6 ♔e3 44.♗d5 ♔d2 und nun hätte Weiß in der Partie Vukovic–Nakamura, Bermuda 2002, 45.b3! spielen sollen; z.B. 45...♔c1 46.♗c6 mit einer Festung! Pendelzüge mit dem König (a2–a1-a2) sind ebenso möglich wie solche mit dem Läufer (c6–d5–c6).

B) 21.♕g3 ♗h4 22.♕c3 ♖a7 23.♕d4 ♖f7 24.♘b4 ♗f2 25.♕xd6 ♕xd6 26.♖xd6 ♗c5 27.♖d5 ♖hf8 28.♗e2 ♗xb4 29.♖xe5 ♖f2 30.♗d3 ♗d6 31.♖e6 ♖2f6 32.♖xf6 ♔xf6

Bei ungleichen Läufern spielt das weiße Bauernplus keine Rolle. Das Endspiel ist ausgeglichen und die Partie endete schnell remis, Astrom–Hellers, Schweden 1998.

C) 21.♗e2 ♖f8 22.♖hf1 ♖xf1 23.♖xf1 ♖a7 24.♕c3 h6 25.♕h3 ♖f7 26.♖xf7+ ♘xf7 und in diesem verwickelten Kampf hat Schwarz einiges Gegenspiel, Lyew–Basel, IECG 2001.

19...♔g7 20.♘d5

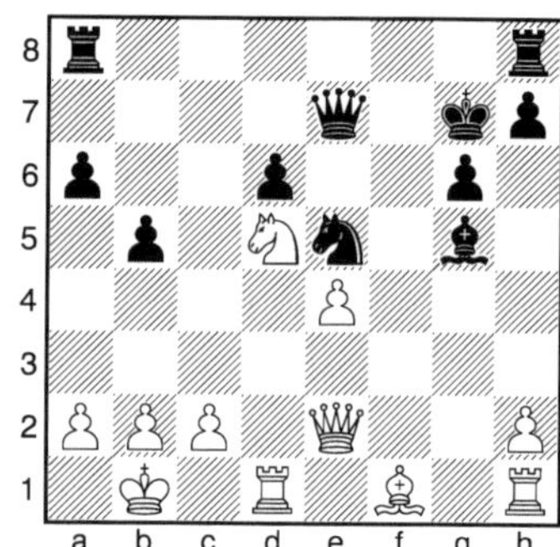

20...♕d8

Die Alternative 20...♕a7!? verdient weitere Untersuchungen; z.B. 21.h4

(21.♕g2 ♗h6 22.♗e2 ♖hf8 23.♖hf1 ♔h8 24.♕h3 ♗g7 25.♘f4 ♖f6⇄)

21...♗h6

A) 22.♗h3 ♖hf8

A1) 23.♖hf1 ♖xf1 24.♖xf1 ♘c4 25.♕f2 ♘d2+ 26.♔a1 ♕xf2 27.♖xf2 ♖e8 28.♖e2 ♘f3 29.h5 ♘d4 30.♖f2 ♖xe4 mit schwarzem Vorteil, Perpinya Rofes–Gual Pascual, Barcelona 2000.

A2) 23.h5 ♖f2 24.♕e1 ♕c5 25.♕c3 ♕xc3 26.♘xc3 ♘c4 27.♗e6 ♘d2+ 28.♔a1 ♖e8 29.♗d5 ♖c8

(Stark ist 29...b4!?.)

30.a3 ♗f4 31.hxg6 hxg6 32.♗b7

♖b8 33.♗xa6 ♗e5 mit gutem Spiel für Schwarz, Licina–Stevanec, Maribor 1998.

A3) 23.♕e1 ♕c5 24.♕c3 ♖a7 25.h5 ♖f3 26.♕xc5 dxc5 27.hxg6 hxg6 28.♖df1 a5 29.a3 b4 mit Gegenspiel, Jensen–Henrichsen, Helsingor 2008.

B) 22.h5 ♖af8

B1) 23.♖h2 ♖f7 24.hxg6 hxg6 25.♗h3 ♗f4 26.♖f2 (26.♖hh1 ♗g3!) 26...♖xh3 27.♘xf4 ♖h4 28.♘e6+ ♔g8 29.♖g2 ♖f6 30.♘g5 ♕c5 31.b3 ♕c3 32.♖f1 ♖xf1+ 33.♕xf1 ♕e3 34.♘e6 ♘f3 35.♖xg6+ ½–½, Ward–Marchisotti, ICCF 2007

B2) 23.hxg6 hxg6 24.♖h2

(24.♗g2?? ♖f2 25.♕e1 ♖xg2–+, Woldmo–Rakay, ICCF 1996)

24...♗g5 mit etwa gleichen Chancen.

B3) 23.♕e1 ♕c5

(23...♖f7 24.♗d3 ♕c5 25.b4 ♕a7 26.hxg6 hxg6 27.♕c3 ♖f2 28.a3 ♖g2 29.♔a2 ♖f2∞, Kuerten–Morley, ICCF 2010)

24.hxg6 hxg6 25.♗e2 ♖f2 mit Gegenspiel, Mendoza–Bruzon Batista, Cali 2001.

C) 22.♖h2 ♖af8 23.♗h3 ♖f3 24.h5 (24.♗g4 ♖g3!) 24...♖hf8 25.♖dh1 ♖f2 26.♕d1 ♘c4 27.hxg6 hxg6 28.a3

C1) 28...♖xh2 29.♖xh2 ♖f2 30.♖xf2 ♕xf2 31.♗c8

(31.♗e6 ½–½, Zielinski–Martello, LSS 2005)

31...a5 32.♔a2 ♕c5 und Schwarz hat keine Probleme.

C2) 28...♖d2 29.♖xd2 ♘xd2+ 30.♔a1 ♘xe4 31.♖g1 ♕c5 32.♗g2 ♘f2 33.♕b1 ♖f5 34.c3 ♗g5 35.♖f1 a5 36.♕e1 ♘g4 ½–½, Gilles–Tritt, IECG 2004

D) 22.♕e1

D1) 22...♖hf8 23.h5

(Oder 23.♗e2 ♖f7 nebst ♖a8-f8 mit aktivem Spiel.)

23...♖ac8 24.hxg6 ♕f2 (24...hxg6?? 25.♕h4+–) 25.♕xf2 ♖xf2 26.♘c3 hxg6 27.♖xd6 ♗f4 28.♗d3 g5 29.♖xa6 ♘xd3 30.cxd3 g4 31.♖a7+ ♔g6 32.♘d5 ♗g5 33.♖a6+ ♔g7 34.a4 ♖cc2 mit Gegenspiel, Khayrullin–Gluschenkow, ICCF Email 2009.

D2) 22...♖af8 23.♕a5 ♖f2 24.♗h3 ♕c5 25.♕c7+ ♕xc7 26.♘xc7 ♘c4 27.♘xa6 ♘d2+ 28.♔a1 ♘xe4=, Korbela–Mrazik, Slowakei 1999

D3) 22...♕c5 23.♖h3 ♖hf8 24.♖c3 ♕f2 25.♖c7+ ♔h8 26.♕xf2 ♖xf2 27.a4 ♖af8 und Schwarz hat aktives Spiel, Todorovic–Urosevic, Vrnjacka Banja 2012.

D4) 22...♖ac8 23.♕b4 ♕c5 24.♕xc5 dxc5 25.a4 bxa4 26.♖h3 ♘g4 27.♘b6 ♖c7 28.♖hd3 ♖f8 ½–½, Simacek–Golischenko, Wroclaw 2010

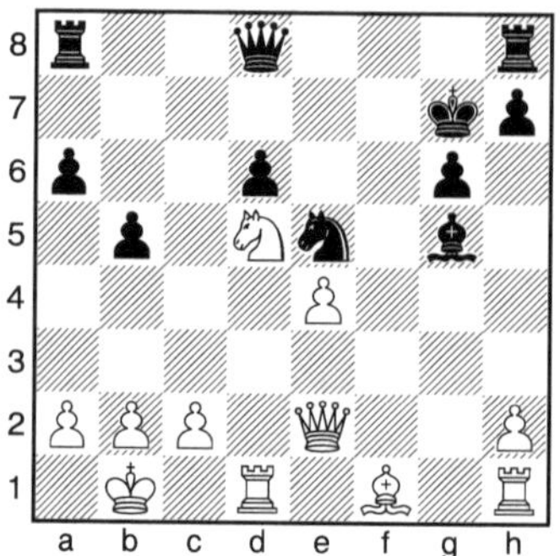

21.♗h3

Der Läufer nimmt allerlei weiße Felder unter Kontrolle und verhindert vor allem ♖a8–c8.

Auch andere Züge wurden ausprobiert.

I. 21.♕e1 ♗h4

Schwarz muss aufpassen, dass es dem Gegner nicht gelingt, den Bauernmarsch h2-h4-h5 durchzusetzen, denn dann wäre seine Lage kritisch.

(Zu prüfen ist auch 21...h5!? 22.♗e2 ♖f8 23.♖g1 ♔h7 24.♖g2 ♗h6⇄, Simacek–Berezjuk, Tschechische Republik 2003.)

22.♕c3

(22.♕e3 ♖f8 23.♕b6 ♕xb6 24.♘xb6 ♖ad8⇄)

22...♖a7 23.♕a3

(23.♘f4 ♕f6 24.♘d5 ♕d8⇄, Schutrow–Sawon, UdSSR 1971)

23...♗f2 24.♘f4 ♕f6 25.♘d5 ♕d8 26.♘f4 ½–½, Hellers–Howell, Groningen 1984

II. 21.♕f2 ♖f8 22.♕d4 ♗h4 23.♗e2 ♗f2 24.♕d2 ♖c8 25.h4 ♗xh4 26.♘f4 ♕f6 27.♘e6+ ♕xe6 28.♖xh4 ♖f7⇄, Charbonneau–Lesiège, Montreal 1998

III. 21.♕g2 ♖a7 22.♗e2 ♖f8 23.♖hf1 ♖af7 24.♖xf7+ ♖xf7 25.♖f1 ♖xf1+ 26.♕xf1 ♕a5 und Schwarz hat alles im Griff, E. Garcia–Stevanec, Bled 2002.

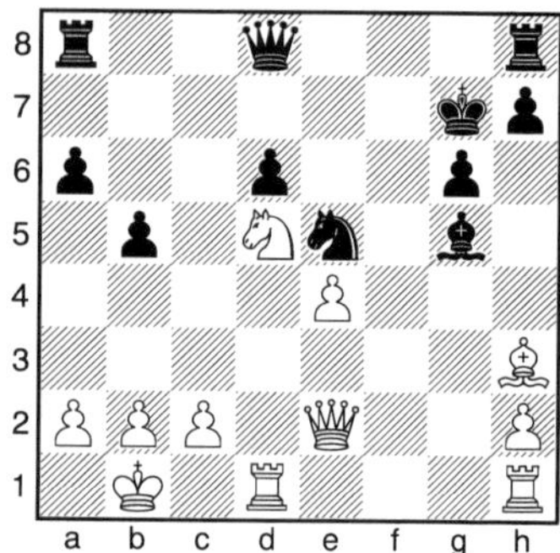

21...♖a7

Mit dem Plan, die Türme auf der f-Linie zu postieren.

Zu diesem Zweck ist auch 21...♖f8!? möglich; z.B. 22.♖hf1

(22.♖df1 ♕a5 23.♖hg1 ♖xf1+ 24.♖xf1 ♘c4⇄)

22...♖a7

(22...♖xf1 23.♗xf1 ♕a5 24.♕g2 h6 25.♗e2 ♖f8 26.♕g1 ♗h4 27.♕a7+ ♖f7=, Agulnick–Broyles, IECC Email 2007)

A) 23.♖xf8 ♕xf8

A1) 24.♗e6 ♕f3 25.♕f1 ♕xf1 26.♖xf1 ♘c4 27.♖e1 ♘d2+ 28.♔a1

♘f3 29.♖h1 ♘d4 30.♗c8 ♘xc2+ 31.♔b1 ♘e3 32.♘xe3 ♗xe3 33.♖d1 ♗f4 34.h3 ♔f6 mit besserem Endspiel für Schwarz, Ghvamberia-Xu, Moskau 2013.

A2) 24.♖f1 ♖f7 25.♘c7 ♖xf1+ 26.♕xf1 (26.♗xf1!?) 26...♕xf1+ 27.♗xf1 ♘f3 28.♗g2 ♘xh2 29.♘xa6 ♗d8 30.♘b8 ♔f6 31.♘c6 ♗b6 32.c4 bxc4 33.a4 ♘g4 34.a5 ♗c5 35.a6 ♘e3 36.♗h1 g5 37.♔c1 g4 38.♔d2 g3 39.a7 ♗xa7 40.♘xa7 g2 41.♗xg2 ♘xg2 42.♘c8 ♔e5 43.♔c3 h5 mit gewonnenem Springerendspiel, Tessedik-Rendi, Budapest 2002.

A3) 24.♕g2 ♗h6 25.♕g1 ♖f7 26.♕b6 ♖f3 27.♘c7 ♗e3 28.♘e6+ ♔h6 29.♕xe3+ ♖xe3 30.♘xf8 ♖xh3 31.b3 ♘f7 32.♖d2 ♖e3 33.♖d4 ♖e2 34.h3 ♖e3 35.a4 ♖xh3 mit schwarzem Vorteil, Langer-Wang, Vancouver 2012.

B) 23.♗e6 ♖e8

(Nach 23...♘c4 24.♖xf8 ♕xf8 25.b3 ♘e5 kontrolliert der Springer auf e5 einige wichtige Punkte und die Chancen sind gleich, Ervin-Gligoric, USA 1972.)

B1) 24.♕f2 ♖b7 25.♗h3 a5 (25...♖f8 26.♕d4 ♕e8∞) 26.♕d4 b4 27.c3 bxc3 28.♕xc3 ♕b8⇄, El Taher-Mohamed, Abu Dhabi 2008

B2) 24.h4 ♗xh4 25.♕e3 ♖a8 26.♕h3 ♗g5 27.a3 ♖f8 28.♖xf8 ♕xf8 29.♖f1 ♕d8 30.♕c3 h5 31.♖g1 ♔h6 32.♕g3 h4 33.♕f2 ♖b8 34.♕g2 a5 35.♗g4 b4 mit Gegenspiel, Somogyi-Mancuso, Internet 2008.

B3) 24.♗h3 ♖f7 25.♖xf7+ ♘xf7 26.♕e1 ♘e5 27.♕c3 ♔h8∞, Radovanovic-Gormally, Hastings 2008

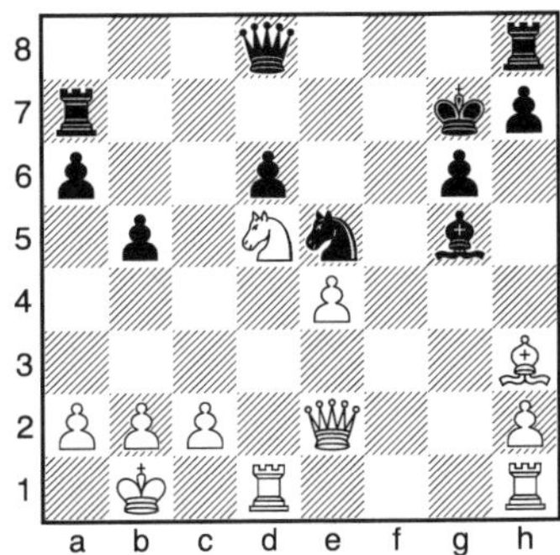

22.♖hg1

In der Turnierpraxis wurden auch andere Ideen ausprobiert.

I. 22.♖hf1 ♖e8 23.♕f2

(23.♖d4 ♖f8 24.♖dd1 ♖af7 25.♖xf7+ ♖xf7 26.♗e6 ♖f3 27.♗g4 ♖f8 28.♗h3 h5 29.b3 ♗h6 30.♖f1 ♕g5 31.♘c7 ♔h7 mit besseren Perspektiven für Schwarz, Browne-Najdorf, Mar del Plata 1971.)

23...♖b7 24.♕d4 ♔h6 25.♘f4 ♗xf4 26.♖xf4 ♖f8 27.♖xf8 ♕xf8 28.♕xd6 ♕xd6 29.♖xd6 ♖f7 30.b3 ♖f2 31.♖xa6 ♖xh2 32.♗c8 ♔g5 33.a4 bxa4 34.bxa4 ♔f4 35.a5 ♘c4 36.♗e6 ♘a3+ 37.♔b2 ♘xc2=, Hellers-Astrom, Schweden 1999

II. 22.♕g2 ♖f8 23.♗e6 ♗h4 24.♖hf1 ♕g5 25.♕h3 ♖xf1 26.♕xf1 ♘c4

27.♕d3 ♕e5 28.♕d4 ♕xd4 29.♖xd4 ♗g5 30.h3 ♘d2+ 31.♔a1 ♘f3 32.♖d3 ♘d2 mit gleichen Chancen, Shmuter–Gruenfeld, Rishon LeZion 1994.

III. 22.♖df1 ♖e8 23.♗g2 h6 24.♕e1 ♗h4 25.♕e3 ♖b7 26.♖hg1 ♗g5 27.♕g3 a5 28.♗f3 ♖f7 29.♗e2 b4 30.♖xf7+ ♔xf7

(30...♘xf7?? 31.h4 ♗xh4 32.♕xg6+ ♔f8 33.♕g7#)

31.♖f1+ ♔g8∞, Nielsen–Einarsson, ICCF Email 2006

IV. 22.♗e6 ♖f8 23.h4 ♗xh4 24.♕h2 ♘f3 25.♕h3 ♔h8 26.♖hf1 ♘g5 27.♕xh4 ♘xe6∞, Rosas–Ferreira, ICCF Email 2006

22...♖f7 23.♗e6 ♖f3 24.♗g4 ♖f7 25.♗e6 ♖f3 mit scharfem und kompliziertem Spiel, Pliester–L'Ami, Wijk aan Zee 2005.

Zusammenfassung: Nach 13.f5 sollte Schwarz einfach die Augen schließen und den Bauern auf g5 schlagen, denn im Kampf um den Ausgleich hat er gar keine andere Wahl. Wie die **Beispielpartie Nr. 70**: Lobron–Chandler sowie die zusätzlichen Partiefragmente und Analysen zeigen, erhält Weiß nach 13...♘c5 14.f6!? gefährliche Initiative, die Schwarz nicht überstehen kann. Allerdings ist die 'verrückt' wirkende Fortsetzung 13... 0-0!? weitere Analysen wert.

Kapitel 19

Beispielpartien

Partie Nr. 1
Swidler – Kasparow
Linares 1999

1.e4 c5 2.♘f3 d6 3.d4 cxd4 4.♕xd4 ♘c6 5.♗b5 ♗d7 6.♗xc6 ♗xc6 7.♘c3 ♘f6 8.♗g5 e6 9.0-0-0 ♗e7 10.♖he1 0-0 11.♔b1

Zu 11.♕d2 – siehe **Einleitung**.

11...h6 12.♗h4

Die Alternativen sind nicht gefährlich für Schwarz.

– 12.♗c1 ♕c7 (12...b5!?) 13.♕d3 d5!

(Nach 13...♖fc8 14.♘d4 a6 15.f4 b5 16.e5 ♘e8 17.♘xc6 ♕xc6 18.g4 ist Weiß am Königsflügel schneller.)

14.exd5 (14.e5 ♘e4!) 14...♘xd5 und Schwarz kann zufrieden mit seiner Stellung sein.

– 12.♗xf6 ♗xf6 13.♕xd6 ♗xc3 14.bxc3

(Das Endspiel nach 14.♕xd8 ♖axd8 15.♖xd8 ♗xe1 16.♖xf8+ ♔xf8 17.♘xe1 ♗xe4 ist günstig für Schwarz, denn der Läufer ist in dieser Stellung aktiver als der gegnerische Springer.)

14...♕a5 und die geschwächte weiße Königsstellung bietet Schwarz ausreichend Kompensation für den Bauern.

12...♖e8!?

Statt dieser interessanten Idee wurde sonst 12...♕c7 gespielt; z.B. 13.♕d2

(13.g4 ♘xg4 14.♖g1 f5 15.♕c4 ♗xh4 16.♘xh4 ♔h7 17.♕xe6 ♖f6 18.♕c4 ♘e5 19.♕e2 f4 20.f3 g6 ½–½, Pichler–Mescheder, Fernpartie 1976)

13...♖fd8 14.♘d4 ♖ab8 15.f3 ♘xe4 16.♖xe4 ♗xe4 17.♗xe7 ♗xc2+ 18.♕xc2 ♕xe7 19.f4 d5 20.g4 ♖bc8 21.♕f2 ♖c4 22.h4 ♖dc8 23.g5 h5 ½–½, Tringow–Groszpeter, Plowdiw 1982

13.♗g3 d5!?

Das läuft in der Folge auf ein Bauernopfer nebst allerlei Komplikationen hinaus, aber Kasparow fühlt sich in solchen Situationen wie ein Fisch im Wasser.

14.e5

Oder 14.exd5 ♘xd5 15.♗e5 ♘f6 und Schwarz steht gut.

14...♘e4 15.♘xe4 dxe4 16.♕xd8 ♖exd8 17.♘d4 ♗e8! 18.c3

18.♖xe4 ♗c6 19.♖e2 ♗xg2 wäre angesichts des Läuferpaars günstig für Schwarz.

18...♖ac8 19.♔c2

Weiß nähert seinen König der Mitte an, weil 19.♖xe4 ♗c6 20.♖e2

♗xg2 usw. gut für den Gegner wäre.

19...b5!

Da der Bauer nicht mehr zu halten ist, versucht Kasparow, Gegenspiel am Damenflügel zu schaffen.

20.♖xe4 b4 21.♖e3

Nach 21.♖d3 f6 22.exf6 ♗xf6 23.♔d2 ♗g6 24.♖xe6 ♗xd3 25.♔xd3 hätte Weiß genug Ersatz für die Qualität. Das Endspiel wäre etwa ausgeglichen.

21...a5

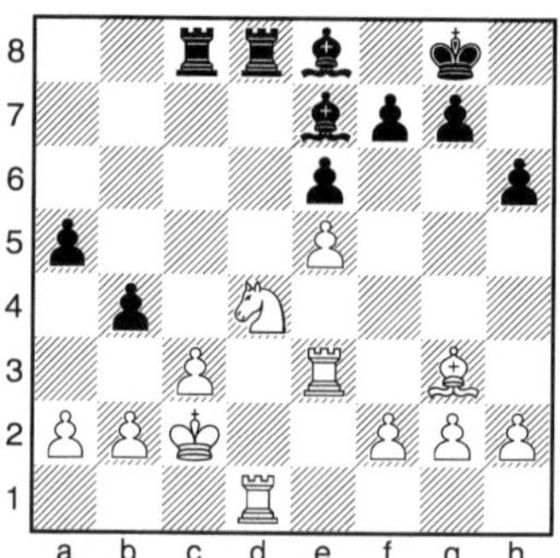

22.♘e2?

Dieser Zug erweist sich als Fehler.

Richtig war 22.♖ed3! mit guten Perspektiven für Weiß. Schwarz müsste dann zeigen, dass seine Initiative einen Bauern wert ist.

22...♗c6! 23.f3?

Weiß verzichtet zu Unrecht auf die Variante 23.♖xd8+ ♗xd8 24.f3 ♗b6 25.♖d3 ♗b5 26.♖d6 ♗c5 27.♖d2 ♗e3 28.♖d1 ♗xe2 29.♖e1 bxc3 30.♖xe2 cxb2+ 31.♔xb2 ♗d4+ 32.♔b3 ♔f8 33.♗e1 ♗b6 mit gleichem Endspiel.

23...♖xd1 24.♔xd1 ♗c5 25.♖d3 ♗b5 26.♖d2 ♗e3 27.♖d6 bxc3 28.♘xc3 ♗f1 29.♗h4?

In diesem komplizierten Endspiel macht Weiß noch einen Fehler.

Vorzuziehen war 29.h4! ♗xg2 30.♖d3 mit Rettungschancen.

29...g5 30.♗e1 ♗xg2 31.♔e2 ♗f4 32.♗g3 ♗c1 33.♘a4 h5!

Mit der klaren Absicht h5–h4, ♗c1-f4 nebst Eroberung des h-Bauern.

34.♖d1

Wie ernst die Lage von Weiß ist, zeigen folgende Varianten:

– 34.♗e1 ♗f4 35.♗g3 ♖c2+ 36.♔d3 ♖d2+ 37.♔c3 ♖e2;

– 34.h4 gxh4 35.♗xh4 ♖c4 36.♗f6 ♖xa4 37.♖d8+ ♔h7 38.♖h8+ ♔g6 39.♖g8+ ♔f5 40.♖xg2 ♖xa2, in beiden Fällen mit klarem schwarzem Vorteil.

34...h4 35.♗e1 ♗f4 36.♗c3 ♔g7 37.♘b6 ♖h8 38.♔f2

Auch das Endspiel nach 38.♗xa5 ♗xh2 39.♘c4 h3 40.♘e3 ♗xe5 41.♘xg2 hxg2 42.♖g1 ♗xb2 wäre schwer zu verteidigen.

38...h3 39.♗d2?

Dies führt endgültig zum Verlust. Die Analyse nach der Partie zeigte, dass nur 39.♘c4!? noch einige Rettungschancen ergab.

39...♗xh2 40.♘d7

40.♗xg5 ♗xe5 41.♘c4 ♗c7–+

40...♔g6 41.♗e3 g4! 42.fxg4 ♗c6

Weiß gab auf wegen 43.♘c5 ♗xe5 44.♘d3 f6 45.♗f4 ♗xf4 46.♘xf4+ ♔f7–+.

Partie Nr. 2
Fischer – Najdorf
Warna 1962

1.e4 c5 2.♘f3 d6 3.d4 cxd4 4.♘xd4 ♘f6 5.♘c3 a6 6.h3

Diese Variante spielte Fischer selten, doch errang er mit ihr einige Siege.

6...b5

Da dieser Zug nur den Damenflügel schwächt, ist er an dieser Stelle nicht zu empfehlen.

Am besten ist hier 6...e6!? – siehe **Einleitung**.

Wie Fischer selbst zeigte, sind andere Züge auch nicht besser für Schwarz.

– 6...♘c6 7.g4 ♘xd4 8.♕xd4 e5 9.♕d3 ♗e7 10.g5 ♘d7 11.♗e3 (11.h4! ist stärker.) 11...♘c5 (11...♗xg5!?) 12.♕d2 ♗e6 13.0-0-0 0-0? (13...♕a5!?) 14.f3 ♖c8 15.♔b1 ♘d7 16.h4 b5 17.♗h3 ♗xh3 18.♖xh3 ♘b6 19.♗xb6 ♕xb6 20.♘d5 mit strategischer Gewinnstellung, Fischer–Bolbochan, Stockholm 1962.

– 6...g6 7.g4 ♗g7 8.g5 ♘h5 9.♗e2 (9.♗e3!? e5 10.♘de2 ♗e6 11.♕d2 0-0 12.0-0-0±)

9...e5 10.♘b3 ♘f4 11.♘d5 ♘xd5 12.♕xd5 ♘c6 13.♗g4 ♗xg4 14.hxg4 ♕c8 15.♕d1 ♘d4 16.c3 ♘xb3 17.axb3 ♕e6 18.♖a5 f6 19.♕d5 ♕xd5 20.♖xd5 ♔d7 21.gxf6 ♗xf6 22.g5 ♗e7 23.♔e2 mit klarem Endspielvorteil, Fischer–Reshevsky, New York 1962/63.

7.♘d5!?

Mit diesem Springerausfall will Fischer das durch b7–b5 geschwächte Feld c6 ausnutzen; z.B. 7...♘xd5 8.exd5, und das Loch auf c6 wäre dauerhaft markiert.

Zu 7.g4 – siehe **Einleitung**.

7...♗b7

Fischer selbst bezeichnete 7...♘xe4! als stärkste Fortsetzung; z.B. 8.♕f3 ♘c5 9.b4 e6 (9...♘b7? 10.♕c3!+–) 10.bxc5 exd5 11.♕xd5 ♖a7=.

8.♘xf6+ gxf6 9.c4 bxc4

– Es kann sein, dass 9...b4 stärker war.

– Fischer selbst verwies auf die Variante 9...♗xe4 10.cxb5 ♗g7 11.♕g4 ♗g6 12.♘f5 0-0 mit unklarer Stellung.

10.♗xc4 ♗xe4 11.0-0 d5 12.♖e1!

Weiß bereitet nun einen Angriff auf den im Zentrum gebliebenen schwarzen König vor.

12...e5?

Das führt schnell zum Verlust.

Notwendig war 12...dxc4 13.♖xe4 ♕d5 14.♕f3 e6, obwohl Schwarz auch dann mit seinem unrochierten König Probleme zu erwarten hätte.

13.♕a4+ ♘d7

13...♕d7 scheitert an 14.♗b5! axb5 15.♕xa8 ♗d6 16.♖xe4! dxe4 17.♕xe4 nebst ♘f5 usw.

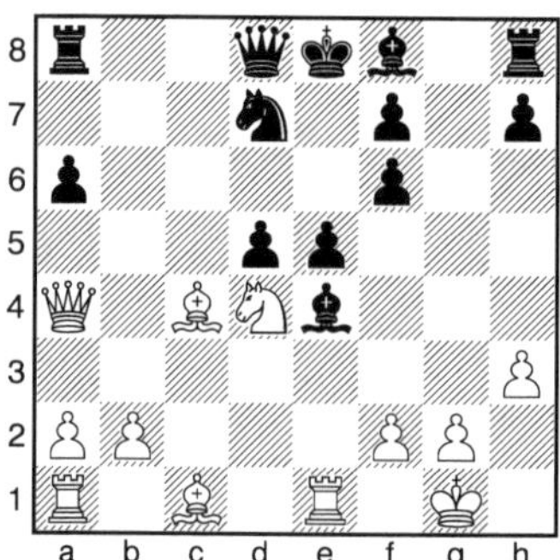

14.♖xe4!!

Nach diesem effektvollen Zug wird die Lage von Schwarz hoffnungslos.

14...dxe4

Oder 14...dxc4 15.♘f5 mit entscheidendem Angriff.

15.♘f5! ♗c5 16.♘g7+ ♔e7

16...♔f8 wird mit 17.♗h6 ♔g8 18.♕b3+– beantwortet.

17.♘f5+ ♔e8 18.♗e3

18.♗h6!? war eine starke Alternative.

18...♗xe3 19.fxe3 ♕b6 20.♖d1 ♖a7 21.♖d6 ♕d8

Noch die beste Verteidigung.

21...♕xb2 verliert wegen 22.♗xf7+! ♔d8

(22...♔xf7 23.♖xd7+ ♖xd7 24.♕xd7+ ♔g6 25.♕g7+ ♔xf5 26.♕g4#)

23.♕a5+ ♔c8 (23...♖c7 24.♗e6+–) 24.♘e7+ ♔b8 25.♘c6+ ♔a8 26.♘xa7+–.

22.♕b3 ♕c7

22...♖f8 23.♘g7+ ♔e7 24.♕a3!+–

23.♗xf7+ ♔d8

Oder 23...♔f8 24.♗h5 Δ♕f7#.

24.♗e6

Schwarz gab auf wegen 24...♖b7 25.♕a4 ♕c8 26.♕a5+ ♔e8 27.♕xa6 ♔d8 28.♗xd7 ♖xd7 29.♖xd7+ ♕xd7 (29...♔xd7 30.♕d6+ ♔e8 31.♕e7#) 30.♕xf6+ ♔c7 31.♕xe5+ ♔b6 32.♕xh8 ♕xf5 33.♕d4+ mit hoffnungslosem Damenendspiel.

Partie Nr. 3

Sprenger–Hou Yifan

Bundesliga 2020

1.e4 c5 2.♘f3 d6 3.d4 cxd4 4.♘xd4 ♘f6 5.♘c3 a6 6.h3 e6 7.g4 ♘fd7 8.♗g2 ♘c6

Zu 8...♗e7 – siehe **Einleitung.**

9.♗e3 ♕c7 10.♘e2 b5 11.0-0-0 ♗b7 12.♖he1 ♗e7

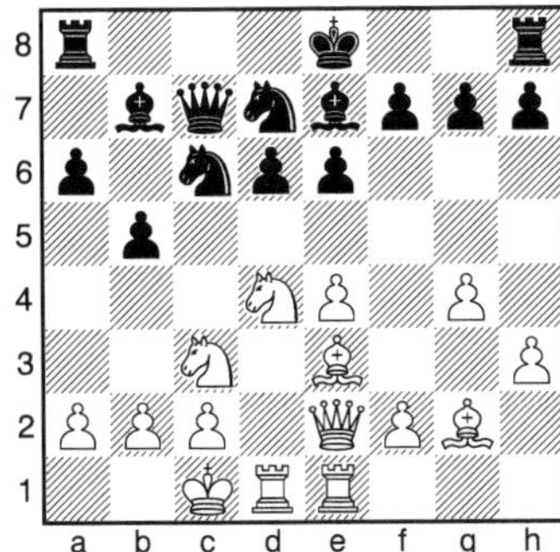

Beide Seiten haben ihre Figuren entwickelt, aber der schwarze König steht noch in der Mitte. Weiß nutzt nun die Gunst des Augenblicks, weil seine Kräfte bereits besser zentralisiert sind.

13.♘d5! exd5

Nach 13...♕d8 14.♘xc6 ♗xc6 15.♘xe7 ♕xe7 16.♕d2 würde der Bauer d6 verloren gehen.

14.exd5 ♘xd4

Nach 14...♘ce5 15.♘f5! hätte Weiß bessere Perspektiven.

A) 15...♘g6 16.♘xe7 ♘xe7 17.♗d4 ♘f6 18.g5 ♘fxd5 19.♗xg7 0-0-0

(Das Endspiel nach 19...♖g8 20.♗f6 0-0-0 21.♗xe7 ♘xe7 22.♗xb7+ ♕xb7 23.♕xe7 ♕xe7 24.♖xe7 wäre wohl vorteilhafter für Weiß.)

20.♗xh8 ♖xh8 21.♕h5 ♘b4 22.♕g4+ ♔b8 23.♕xb4 ♗xg2 24.♕xd6 ♘c6 25.♖e3 mit weißem Vorteil.

B) 15...♕c4 16.♕xc4 bxc4 17.f4 ♘g6 18.♗d2 ♔f8 (18...♔d8 19.♗a5++–) 19.♗b4 ♗h4 (19...♘c5 20.♖xe7! ♘xe7 21.♘xd6+–) 20.♗xd6+ ♔g8 21.♘xh4 ♘xh4 22.♖e7 ♖d8 (22...♘xg2 23.♖xd7+–) 23.♗e4 ♗c8 24.♗c7 ♖f8 25.d6 ♘g6 26.♗c6 ♘xe7 27.dxe7 ♖e8 28.♗d8+–

15.♗xd4 ♕d8

Vielleicht wäre 15...♘e5!? auch spielbar; z.B. 16.♗xe5 dxe5 17.d6 ♗xd6 18.♗xb7 ♖a7 (18...♕xb7? 19.♖xd6 0-0 20.♕xe5±) 19.♗e4 0-0 20.♗xh7+

(Zu beachten wäre 20.h4!? mit aktivem Spiel gegen den schwarzen König.)

20...♔xh7 21.♕d3+ f5 22.♕xd6 ♕xd6 23.♖xd6 fxg4 24.hxg4 ♖xf2 25.♖xe5 ♖c7 mit schwarzem Gegenspiel.

16.♗xg7 ♖g8 17.♗h6 ♖g6 18.g5 ♖xh6!? 19.gxh6 ♔f8 20.f4 ♗f6 21.♕g4

21.♗e4!? mit Aktivierung des Läufers käme auch in Frage.

21...♘c5

Danach hätte Schwarz in große Schwierigkeiten geraten können.

Stärker war 21...♗h8! und nach der eventuellen Folge 22.♕g5 ♕xg5 23.fxg5 ♗e5 wäre die schwarze Position völlig verteidigungsfähig.

22.♗e4 ♗c8

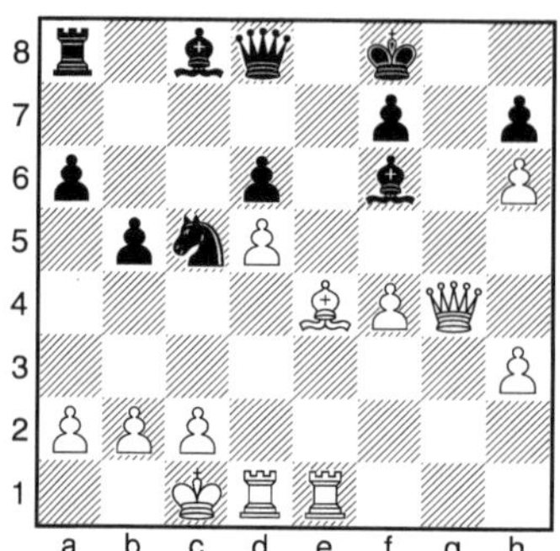

23.♗f5??

Ein schrecklicher Fehler, der sofort zur Niederlage führt.

Stattdessen hätte 23.♕g3! dem Weißen gute Gewinnchancen gegeben; z.B. 23...♘xe4 24.♖xe4 ♗f5 25.♖e2 ♗g6 26.♖de1 ♗h8 27.f5! ♗xf5 28.♖e8+ ♘xe8 29.♕xd6+ ♔g8 30.♖xe8+ ♖xe8 31.♕xa6 ♖c8 32.♕xb5 ♖xc2+ 33.♔d1 ♖c8 34.d6+–.

23...♗xb2+!

Das hatte Weiß offensichtlich übersehen.

24.♔b1

Zum Verlust führte auch 24.♔xb2 wegen 24...♕f6+!

24...♗xf5 25.♕xf5 ♗c3 26.♖e3 ♕a5 27.♖xc3 ♕xc3 28.♕xh7 ♖e8 29.♖g1 ♖e1+ 30.♖xe1 ♕xe1+ 31.♔b2 ♘a4+ 32.♔b3 ♕c3#

Partie Nr. 4
Demchenko–Gelfand
Moskau 2016

1.e4 c5 2.♘f3 d6 3.d4 cxd4 4.♘xd4 ♘f6 5.♘c3 a6 6.h3 e6 7.g4 ♗e7 8.g5 ♘fd7 9.h4 b5 10.a3 ♗b7 11.♗e3 ♘c6 12.♕d2 ♖c8 13.♖h3 b4 14.axb4 ♘xb4 15.♘ce2

Zu 15.♘b1 – siehe **Einleitung**.

15...a5 16.c3 ♘c6 17.♘b5 ♘c5 18.♗xc5 dxc5 19.♖d3

Jetzt zeigt sich der Sinn des Zuges 13.♖h3.

19...♕b6 20.♘d6+ ♗xd6 21.♖xd6 0-0

Schwarz hat seinen König gesichert, ist in der Entwicklung weit voraus und steht gut. Im Visier ist nun der Bauer b2.

22.f4 ♖cd8

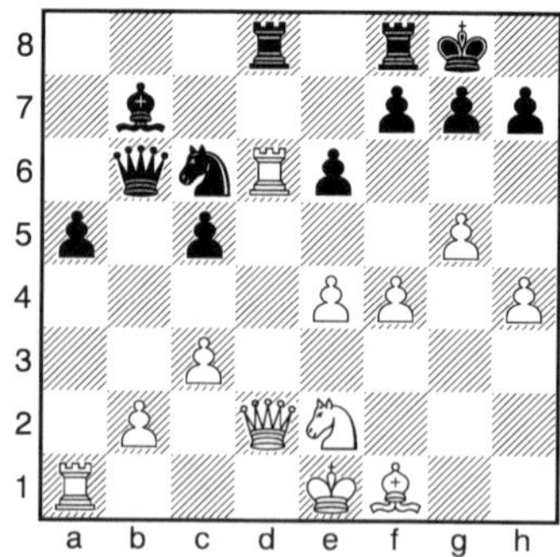

23.♖xd8?

Nach diesem Fehler erobert Schwarz die d–Linie.

Richtig war 23.e5! nebst 0–0–0.

23...♖xd8 24.♕c2 c4! 25.♖d1 ♖xd1+ 26.♕xd1 ♕xb2

Weiß hat einen Bauern verloren und steht bereits schlechter.

27.♕d7 ♔f8! 28.♕c7 a4

Der Freibauer marschiert zum Umwandlungsfeld.

29.f5?

Nach dieser Verzweiflungstat ist Weiß nicht mehr zu retten.

Nur mit 29.♔d1 nebst ♘e2-c1 hätte er im Spiel bleiben können.

29...exf5 30.exf5 a3 31.♕d6+ ♔e8 32.♗g2 ♕b1+ 33.♔f2 ♕xf5+ 34.♔e1 ♕b1+ 35.♔f2 ♕b6+ 36.♘d4 a2 37.♗xc6+ ♗xc6 38.♕a3 ♕c7! 39.♘xc6 ♕f4+ 40.♔e2 ♕e4+ 41.♔f2 ♕xh4+ 42.♔f3 ♕h1+ 43.♔f4 ♕xc6 44.♕xa2 h6 45.gxh6 ♕xh6+ 46.♔e4 ♕e6+ 47.♔d4 g5

Weiß gab auf.

Partie Nr. 5

Carlsen – Vachier-Lagrave

London 2019

1.e4 c5 2.♘f3 d6 3.d4 cxd4 4.♘xd4 ♘f6 5.♘c3 a6 6.♗g5 e6 7.f3 h6 8.♗e3 b5 9.a3 ♘bd7 10.♕d2 ♗b7 11.0-0-0 h5 12.♔b1 ♗e7 13.♕e1

Zu 13.♖g1 siehe **Einleitung.**

13...♖c8

Vorbereitung zum Gegenangriff am Damenflügel.

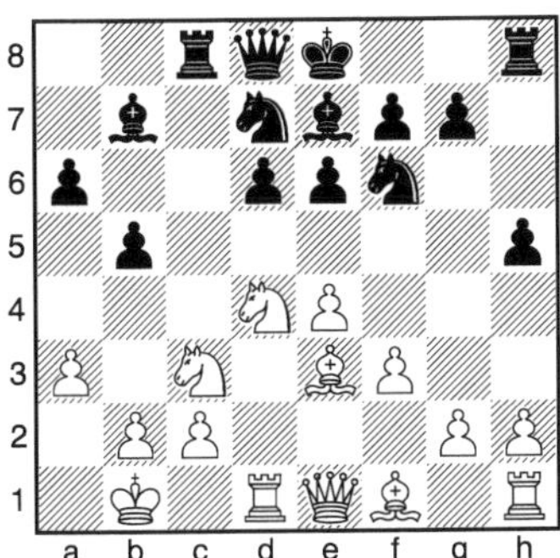

14.♖g1

Weiß will den Königsturm über die zweite Reihe zentralisieren.

Hier ein Blick auf andere Versuche.

– 14.h3 h4 15.♗g5 ♘h5 16.♗xe7 ♕xe7 17.♖g1 ♘e5 18.♕e3 ♘g6 19.♗d3 0-0 und in dieser komplizierten Stellung sollte Schwarz mit ♖f8-d8 den Vorstoß d6-d5 vorbereiten, Efremow–Rozenberg, ICCF 2011.

– 14.♗e2 g6 15.♘b3 d5 16.exd5 ♘xd5 17.♗d4 0-0 18.♘xd5 ♗xd5 19.♗d3 ♗f6 20.♗e4 ♕c7 21.♕g3 ♕xg3 22.hxg3 ♗xe4 23.fxe4 ♗xd4 24.♖xd4 ♘f6 25.♖e1 ♖fd8 mit besseren Aussichten für Schwarz angesichts der schwachen weißen Bauern am Königsflügel, Aryan–Arribas Lopez, Madrid 2015.

14...♕c7

Schwarz folgt seinem Standardplan, in einem günstigen Moment d6-d5 durchzusetzen.

15.g3 ♘e5 16.♖g2 0-0

Nach Sicherung des Königs ist die Mobilisierung der Kräfte beendet.

Übrigens war 16...d5? an dieser Stelle nicht gut wegen 17.exd5 ♘xd5 18.♘xd5 ♗xd5 19.♗f4 f6 (19...♗d6 20.♗xb5+! axb5 21.♘xb5+–) 20.♖e2 ♗d6 21.♘f5 exf5 22.♖xd5 ♔f7 23.♗xe5 fxe5 24.f4 usw.

17.h3 d5!

Jetzt hingegen erfolgt dieser Zentrumsvorstoß im richtigen Moment.

Die zögerliche Alternative 17...♖fd8? wäre schlecht wegen 18.g4 d5 19.g5 ♘e8 20.g6 ♘xg6 21.♖xg6! fxg6 22.♘xe6 ♕e5 23.♘xd8 ♖xd8 24.♗d4 ♕e6 25.♘xd5 ♗xd5 26.exd5 ♕xe1 27.♖xe1 ♗h4 28.♗b6 mit klarem Vorteil.

18.f4 ♘c4 19.e5 ♘xe3 20.♕xe3 ♘e4 21.♘xe4 dxe4 22.♖e2 ♗d5 23.♗g2 ♕c4 24.♘b3 ♗c5 25.♘xc5 ♕a2+!?

Ein Versuch, den Kampf zu verschärfen.

Nach 25...♖xc5 26.b3 ♕c3 27.♗xe4 ♕xe3 28.♖xe3 ♗xe4 29.♖xe4 ♖c3 30.♖g1 h4 31.gxh4 ♖xh3 wäre das Endspiel etwa ausgeglichen.

26.♔c1 ♖fd8

Nun droht das tödliche Schach auf a1 nebst ♗d5-b3+.

27.c4 bxc4

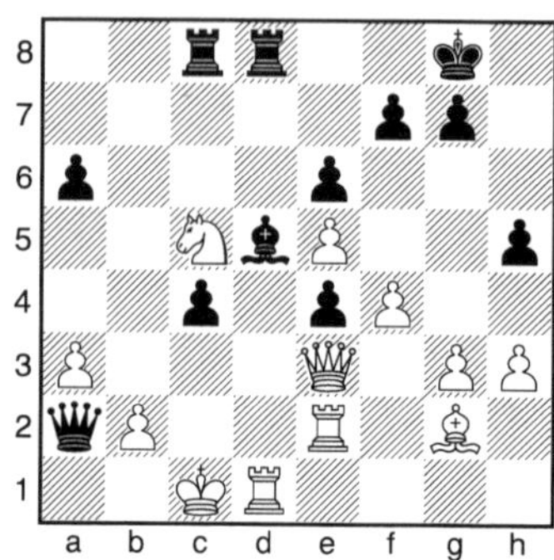

28.♖ed2

Damit lässt Weiß eine Zugwiederholung zu.

Mehr Probleme hätte Schwarz nach 28.♘a4! gehabt. So lautet z.B. eine Computeranalyse 28...♗c6 29.♖xd8+ ♖xd8 30.♘c3 ♕a1+ 31.♘b1 (31.♔c2?? ♗a4+! 32.♘xa4 ♕d1+ 33.♔c3 ♕b3#) 31...♖d3 32.♕g1 ♗a4 33.♗xe4 ♗b3 34.♗xd3 cxd3 35.♖e1 ♗a2 36.♕d4 ♕xb1+ 37.♔d2 ♕c2+ 38.♔e3 ♗d5 39.♕xd3 ♕h2 40.♔d4 ♕xb2+ 41.♕c3 ♕f2+ 42.♕e3 ♕b2+ mit ewigem Schach.

28...♕a1+ 29.♔c2 ♕a2 30.♔c1 ♕a1+ 31.♔c2 ♕a2 32.♔c1 ½–½

Partie Nr. 6

Burg – Bekker-Jensen

Bremen 2013

1.e4 c5 2.♘f3 d6 3.d4 ♘f6 4.♘c3 cxd4 5.♘xd4 a6 6.♗g5 e6 7.f4 h6 8.♗h4 ♕b6 9.♕d2

Zu 9.♕d3 – siehe **Einleitung.**

9...♕xb2 10.♘b3

Es wird auch 10.♖b1 ♕a3 gespielt, wonach sich folgende Varianten ergeben können.

A) 11.e5 dxe5 12.fxe5 g5 13.exf6 gxh4 14.♗e2 ♕a5 15.0-0 ♘d7 16.♔h1 ♕g5 mit guten Aussichten für Schwarz; z.B. 17.♖f4 e5 18.♘d5 exd4 19.♕xd4 ♔d8 20.♗g4?

(Stärker ist sowohl 20.♘e7! als auch 20.♖d1!.)

20...♗c5 21.♕d2 ♗d6 22.♕a5+ b6 23.♖xb6 ♗c7 24.♗xd7 ♕e5 25.♔g1 ♖b8 26.♕b4 ♗xb6+ 27.♘xb6 ♕e3+ 0-1, Duda–Wojtaszek, Warschau 2014

B) 11.♗xf6 gxf6 12.♗e2

(12.f5 ♘c6 13.fxe6 fxe6 14.♗c4 ♘xd4 15.♕xd4 ♗e7 16.♕d3 b5 17.♗b3 ♕c5 18.♘e2∓, Szwarc-Gajek, Krakau 2012)

12...♘c6 13.♘xc6 bxc6 14.0-0 ♗e7

(14...♗g7 15.♔h1 0-0 16.♖b3 ♕a5 17.♕xd6 ♖d8 18.♕a3 ♕xa3 19.♖xa3 ♖b8⇄, Grischuk – Vachier-Lagrave, Peking 2013)

15.♔h1 ♕a5 16.f5

(– 16.♕e3 ♕c7 17.♕g3 ♔f8∞, Sandvik–Henseler, Groningen 2013

– 16.♖f3 ♖a7 17.♕e3 ♖b7∞)

16...h5 17.♕e3 h4 18.♗g4 e5 19.♖b3 ♗d8 20.♖fb1 ♗c7 21.♗e2 ♔e7 mit zweischneidigem Spiel, Najer–Wojtaszek, Tschechische Republik 2014.

C) 11.f5 ♗e7 12.fxe6 fxe6 13.♗c4 ♘xe4! 14.♘xe4 ♗xh4+ 15.g3 ♗g5 16.♘xg5 hxg5 17.♘xe6 ♗xe6 18.♗xe6 ♕xg3+! 19.hxg3 ♖xh1+ 20.♔e2 ♖h2+ 21.♔e1 ♖xd2 22.♔xd2 ♖a7 und Schwarz steht gut.

10...♗e7

Oder 10...♕a3 11.♗d3 ♗e7⇄.

11.♗xf6

– Nicht zu fürchten ist 11.e5 dxe5 12.a3

(12.♖b1 ♘e4!–+; 12.♗xf6 ♗xf6 13.♘a4 ♕a3 14.♘b6 0-0!?⇄)

12...exf4 13.♗f2

(13.♖a2? ♘e4! 14.♖xb2 ♗xh4+! 15.g3 ♘xd2–+)

13...♗xa3! 14.♖a2 ♘e4! 15.♖xb2 ♘xd2∓.

– Und auf 11.♗f2 kann Schwarz 11...♕a3 oder 11...♘c6 wählen.

– Nach 11.a3 folgt hingegen 11...♘xe4! 12.♘xe4 ♗xh4+ 13.g3 ♗f6 14.♘xd6+ ♔e7 15.♘e4 ♖d8∓.

11...♗xf6 12.e5

Wahrscheinlich eine neue Idee.

Bekannt ist 12.♘a4 ♕a3 13.♘b6 ♗xa1 14.♘xa1

(14.♘xa8 ♗f6 15.♘b6 0-0 16.♗d3 ♕b2 17.0-0 ♗d4+ 18.♘xd4 ♕xd4+ 19.♕f2 ♕xf2+ 20.♖xf2 ♖d8∓, Garcia Playa–Jimenez Ortiz, Cerdanyola del Valles 2011)

14...♕c5 15.♘xa8 b5 16.♘b3 ♕c6 und Schwarz gewinnt die Figur zurück.

12...dxe5 13.♘a4 ♕a3 14.♘b6 exf4 15.♖d1

15.♘xa8 ♗xa1 16.♘xa1 0-0=∞

15...♗h4+ 16.g3

16.♔e2 0-0 17.♕xf4 (17.♘xa8 e5–+) 17...♗g5 18.♕c4 ♕b2! 19.♘xc8 ♕e5+ 20.♔f3 ♕e3+ 21.♔g4 h5+ 22.♔xh5 g6+ 23.♔g4 f5#

16...fxg3 17.hxg3 ♗xg3+ 18.♔e2 0-0 19.♖h3 ♗e5 20.♘xa8 ♕a4

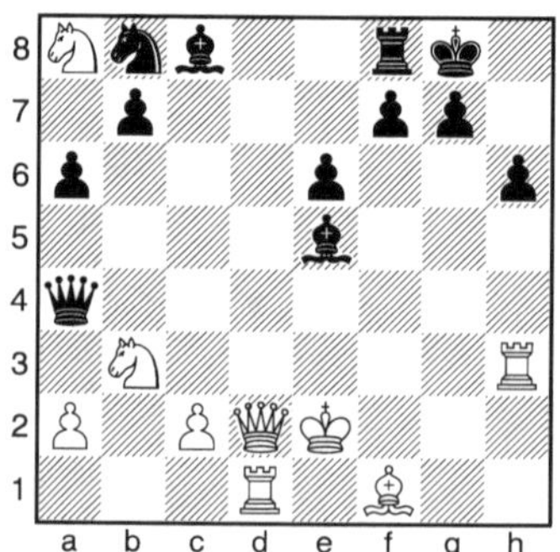

21.♕e3?

Dieser Zug führt schnell zur Katastrophe.

Weiß sollte mittels 21.♔f2!? mit der Absicht ♘a8-b6 das Feld b5 unter Kontrolle nehmen.

21...♗f4 22.♖h4 e5 23.♕d3 ♕c6 24.♕f3 ♕xc2+ 25.♔e1 ♕g6 26.♖xf4 exf4 27.♕xf4 ♗g4 28.♖d6 ♕b1+ 29.♔f2 ♕xa2+ 30.♘d2 ♗e6

Fünf Bauern sind natürlich stärker als ein Springer. Schwarz steht auf Gewinn.

31.♔g1 ♕a5 32.♘b6 ♘c6 33.♕e3 ♕b4 34.♘bc4 ♘a5 35.♖b6 ♘xc4 36.♘xc4 ♕e7 37.♘a5 ♖d8 38.♖xb7 ♕f6 39.♘b3 ♖d5 40.♗d3 ♖g5+ 41.♔h2 g6 42.♘c5 ♖h5+ 43.♔g1 ♕g5+

Weiß gab auf.

Partie Nr. 7
Keres – Fischer
Jugoslawien 1959

1.e4 c5 2.♘f3 d6 3.d4 cxd4 4.♘xd4 ♘f6 5.♘c3 a6 6.♗g5 e6 7.f4 ♗e7 8.♕f3 ♕c7 9.0-0-0 ♘bd7 10.♗e2 b5 11.♗xf6 ♘xf6 12.e5 ♗b7 13.exf6!? ♗xf3 14.♗xf3 ♗xf6 15.♗xa8 d5 16.♗xd5 ♗xd4 17.♖xd4 exd5 18.♘xd5

In der **Einleitung** wurde 18.♖e1+ analysiert.

18...♕c5 19.♖e1+ ♔f8 20.c3 h5!?

Schwarz versucht offenbar, auf Gewinn zu spielen.

Keres erwartete wohl die Variante 20...g6 21.g4 ♔g7 22.g5 h6

(22...♖d8 23.♘f6 ♖xd4 24.♖e8 ♖d8!

25.♖xd8 ♕e3+ mit Remis durch Dauerschach)

23.h4 hxg5 24.fxg5 ♖d8 25.♘f6 ♖xd4 26.♖e8 ♖d8! 27.♖xd8 ♕e3+ und Remis durch Dauerschach.

21.f5?

Einige Kommentatoren empfahlen 21.♖e5!? mit guten Angriffschancen für Weiß; z.B. 21...g6 22.f5 ♔g7 (22...♕d6!?) 23.f6+ ♔h6 24.g4 hxg4!

(Aber nicht 24...g5?? wegen 25.h4! ♖g8 26.♖f5+–.)

25.♖xg4 ♕f2 mit ausreichenden Verteidigungsmöglichkeiten. Auf jeden Fall wäre dieser Vorschlag stärker als der Partiezug.

21...♖h6! 22.f6

Ein Bauernopfer, um den schwarzen Turm nicht ins Spiel zu lassen.

22...gxf6 23.♘f4 h4 24.♖d8+ ♔g7 25.♖ee8 ♕g1+ 26.♔d2 ♕f2+ 27.♘e2 ♖g6 28.g3

Mit 28.♖g8+ ♔h6 29.♖h8+ ♔g5 erreicht Weiß nichts.

28...f5! 29.♖g8+ ♔f6 30.♖xg6+

Das Endspiel nach 30.♖d6+ ♔e7 31.♖dxg6 fxg6 32.♖xg6 h3 wäre hoffnungslos für Weiß.

30...fxg6 31.gxh4

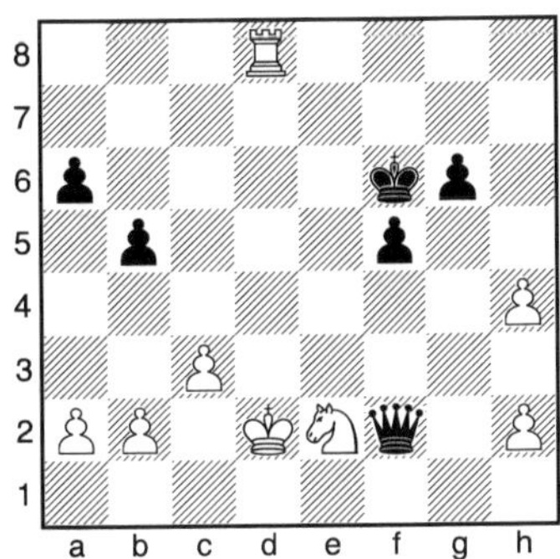

31...♕xh2?

Statt dieser Ungenauigkeit würde 31...♕xh4! schneller zum Ziel führen: 32.♖d6+ ♔f7 33.h3 ♕h6+

(Aber nicht 33...♕xh3? wegen 34.♖xg6!.)

34.♔d1

(– 34.♔e1 ♕xh3 35.♖xg6 ♕h4+! 36.♖g3 f4–+

– 34.♔c2 ♕xh3 35.♖xg6 ♕h2–+)

34...♕xh3 35.♖xg6 ♕f1+ –+

32.♖d4!

So wird der Bauer h4 verteidigt.

32...♕h1 33.♔c2 ♔e5 34.a4?

– Schade, dass Keres die starke Verteidigungsmöglichkeit 34.♘c1! gefolgt von ♘d3+ übersehen hat.

– Dagegen wäre das Bauernendspiel nach 34.♘f4? ♕h2+! für Weiß verloren; z.B. 35.♔d1 ♕xf4! 36.♖xf4 ♔xf4 37.♔e2

(37.b3 ♔e3! 38.c4 bxc4 39.bxc4 ♔d4–+)

37...♔g3 38.b3 ♔xh4 39.c4 bxc4 40.bxc4 ♔g5 und der schwarze

König befindet sich im Quadrat des weißen c-Bauern.

34...♕f1 35.♘c1 ♕g2+ 36.♔b3?

Die Analysen nach der Partie zeigten, dass Weiß mit 36.♔d1! bxa4 37.♘d3+ ♔f6 38.♖xa4 a5 39.♖d4 bessere Chancen auf eine erfolgreiche Verteidigung hätte.

36...bxa4+ 37.♔a3

Andere Züge verlieren auch.

– 37.♖xa4 ♕d2! 38.♘a2 f4–+

– 37.♔xa4 ♕c2+ 38.♘b3 ♕xb2–+

37...♕c2 38.♘d3+ ♔f6 39.♘c5 ♕c1 40.♖xa4 ♕e3 41.♘xa6

Dieser Zug wurde ins Kuvert gegeben. Spätere Analysen bewiesen, dass 41.♖d4!? besser war.

41...f4 42.♖d4 ♔f5!

Nur so! Nach 42...f3? 43.♘c5 f2 44.♘e4+ ♕xe4 45.♖xe4 f1♕ 46.♖d4 wäre das Endspiel remislich.

43.♘b4 ♕e7 44.♔b3 ♕xh4 45.♘d3 g5 46.c4 ♕g3 47.c5 f3 48.♔c4 f2 49.♘xf2 ♕xf2 50.c6 ♕xb2 51.♔c5 ♕c3+ 52.♔d5

Nach 52.♖c4 ♕a5+ 53.♔d4 ♕c7–+ würde der Marsch des g-Bauern entscheiden.

52...g4 53.♖c4 ♕e5#

Partie Nr. 8

Schirow – Dominguez

Sofia 2009

1.e4 c5 2.♘f3 d6 3.d4 cxd4 4.♘xd4 ♘f6 5.♘c3 a6 6.♗g5 e6 7.f4 ♗e7 8.♕f3 ♕c7 9.0-0-0 ♘bd7 10.g4 h6!?

Die Fortsetzung 10...b5 wurde in der **Einleitung** analysiert.

11.♗xf6 ♗xf6 12.h4 ♕b6!?

Bevor Schwarz seine Entwicklung vollendet, versucht er, die weiße Zentrumskontrolle zu erschüttern (Schirow).

13.♘b3

Auf 13.♘de2 ♘c5 bekommt Schwarz aktives Gegenspiel; z.B. 14.g5 ♗e7 15.♔b1

(15.♕h5 g6 16.♕f3 hxg5 17.hxg5 ♖xh1 18.♕xh1 ♗d7 19.♕h8+ ♗f8 20.♔b1 ♗c6∞, Betker-Schoen, ICCF 2013)

15...♗d7 16.f5 hxg5 17.hxg5 0-0-0 18.♖h5 g6 19.fxg6 fxg6 20.♖xh8 ♖xh8 21.♘f4 ♗xg5 22.♘xg6 ♖e8 und Schwarz steht gut, Nosdratschew-Kokarew, Jekaterinburg 2013.

13...♕c7 14.e5!?

Ein Bauernopfer, um das Spiel zu verschärfen.

14...dxe5 15.f5 ♘b6 16.♘e4 exf5 17.gxf5 ♗d7 18.♘a5

Auf 18.♘d6+ folgt 18...♔f8 19.♘a5 e4 20.♘xe4 ♗xb2+ 21.♔xb2 ♕e5+ 22.♔c1 ♕xa5 mit Gegenspiel.

18...0-0-0! 19.♘d6+ ♔b8 20.♕xb7+

20.♘dxb7? geht nicht wegen 20...e4! 21.♕xe4 ♘a4–+.

20...♕xb7 21.♘dxb7

21.♘axb7 ♗c6 22.♘xd8 ♗xh1 23.♘8xf7 ♖f8∞

21...♖c8 22.♘d6 ♖c7 23.♖h3 ♔a7 24.♖a3

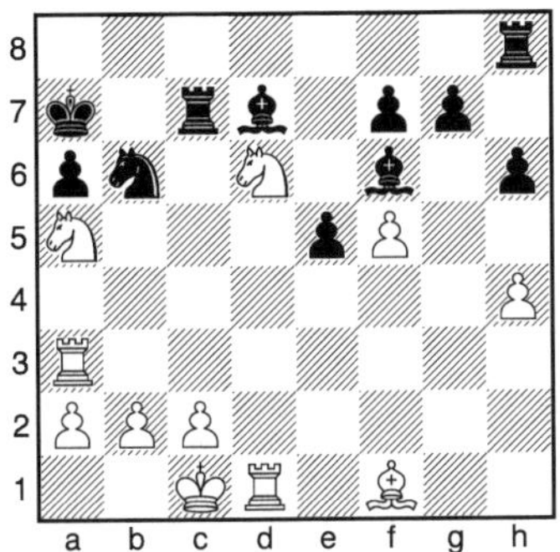

24...♖a8?

Falsch gespielt. Die richtige Gangart bestand in 24...♗xh4! 25.♗xa6 ♗g5+ 26.♔b1 ♔xa6 27.♘c6+ ♘a4 28.♘xe5 ♖d8 29.♘xd7 ♖cxd7 30.♖xa4+ ♔b6 31.♖b4+ ♔c6 32.♖c4+ mit Dauerschach, Analyse von Schirow.

25.♗xa6 ♔b8 26.♗b7?

Mit diesem Fehler vergibt Weiß seine Gewinnchancen. Nach 26.♘ac4! hätte Schwarz schlechte Karten. Nun rettet er die Partie.

26...♖xa5! 27.♖xa5 ♖xb7 28.♘xb7 ♔xb7 29.♖xd7+ ♘xd7 30.h5 ♗d8 31.♖d5 ♔c6 32.c4 ♗g5+ 33.♔c2 ♘b6 34.♖xe5 ♘xc4 35.♖e8 ♘d6 36.♖g8 ♘xf5 37.b4 ♗f6 38.a4 ♘g3 39.b5+ ♔b6 40.♖b8+ ♔a7 41.♖f8 ♔b6 42.♖b8+ ♔a7 43.♖f8 ♔b6 ½–½

Partie Nr. 9
Kramnik – Leko
Linares 2003

1.e4 c5 2.♘f3 ♘c6 3.♘c3 e5 4.♗c4 d6 5.d3 ♗e7 6.0-0 ♘f6 7.♘g5 0-0 8.f4 exf4 9.♗xf4 h6 10.♘f3 ♗e6 11.♘d5!?

Kramnik wählt die aggressivste Fortsetzung.

11.♕d2 wurde in **Kapitel 1** vorgestellt.

11...♗xd5 12.exd5

Das ist der einzige Weg, um Vorteil zu kämpfen. Danach hat Schwarz einige Schwierigkeiten, die weiße Initiative zu neutralisieren.

Nach hingegen 12.♗xd5 ♘xd5 13.exd5 gleicht 13...♘e5! aus.

– 14.♕d2 ♘g6 15.♗g3 ♗f6 16.♖ae1 (16.c4 ♖e8 17.♖ae1 ♕d7 18.d4 cxd4 19.♘xd4 ♖xe1 20.♖xe1 ♗e5=, Al-Modiahki–Schariasdanow, Dubai 2000)

16...♕d7 17.c4 b5 18.b3 a5 19.d4 bxc4 20.bxc4 cxd4 21.♘xd4 ♗xd4+ 22.♕xd4 ♖ac8 23.h3 f6 24.♕e4 ♘e5 25.♗xe5 fxe5 26.♖xf8+ ♖xf8 27.c5 ♕a7=, Vouldis–Krasenkow, Kavala 2001

– Und auch nach 14.♘xe5 dxe5 15.♗xe5 ♕xd5 16.♗c3 ♖ae8 ist die Stellung absolut gleich, Podlesnik–Sweschnikow, Ljubljana 2002.

12...♘a5

Nach 12...♘b4 ist 13.♗d2! die beste Antwort – mit der möglichen Folge 13...♘bxd5 14.♘h4 ♘c7

(Oder 14...♘b6 15.♘f5 d5 16.♕e1 ♗d6 17.♕h4 ♘e8 18.♕g4 mit starker Initiative.)

15.♘f5 d5 16.♗b3 ♔h7 17.c3 ♘g8 18.♕f3 ♗g5 19.♗e1 ♘e7 20.h4 ♘xf5 21.♕xf5+ g6 22.♕h3 ♗e7 23.h5 a5 24.♗d2 g5 25.d4±, Macieja–Bobras, Warschau 2002.

13.♘h4!

Der Springer strebt den idealen Vorposten f5 an.

13...♘xc4

Die Fortsetzung 13...g5 wurde wahrscheinlich bisher noch nicht gespielt. Es könnte folgen 14.♘f5 gxf4 15.♘xh6+ ♔h7 16.♘f5 ♖g8 17.♕e1

(Unklar ist 17.♖xf4 ♖g6 18.♕f3 ♘xc4 19.dxc4 ♗f8 20.♖f1 ♗g7, denn es ist nicht zu sehen, wie Weiß seine Initiative weiterentwickeln sollte.)

17...♖g5 18.♘xe7 ♖e5 19.♕h4+ ♔g7 20.♖xf4 ♕xe7 21.♖af1 ♘h5! 22.♕g4+ ♕g5 23.♖xf7+ ♔h6 mit unklarer Stellung; z.B. 24.♕d7 ♕e3+ 25.♖1f2 (25.♔h1?? ♘g3+! +) 25...♕e1+ 26.♖f1 ♕e3+ mit Dauerschach.

14.dxc4

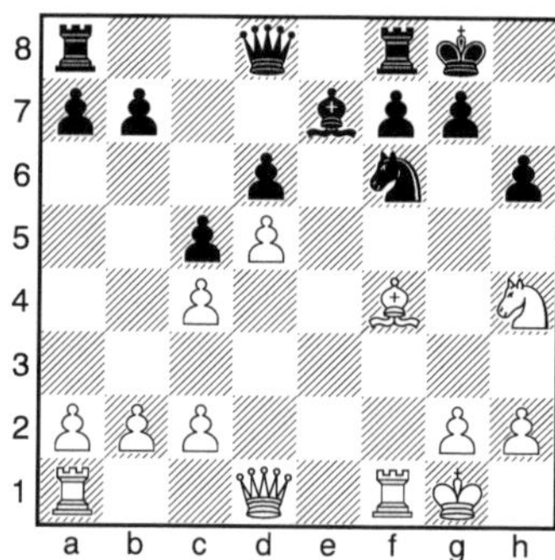

14...♘xd5!?

Das ist eine Verstärkung dieser Variante.

Das vormals gespielte 14...♕d7? reicht nicht aus wegen 15.♗d2! ♕g4

(Noch schwächer ist 15...♘g4? 16.♘f5 ♘e5 17.♕h5 mit starkem Angriff.)

16.♘f5 ♖fe8 17.♗xh6! mit sehr gefährlicher Initiative.

15.♕xd5

Nichts bringt 15.♘g6 fxg6 16.♕xd5+ ♔h7 17.♖ad1

(Nach 17.♖ae1 ♕d7 18.♖e6 ♖f5 19.♕e4 ♗f6 geht nicht 20.♖xd6?? wegen 20...♕xd6 21.♗xd6 ♗d4+ –+.)

17...♕b6 18.b3 ♗f6 19.♔h1 ♗d4 20.♕xd6 ♖f6 21.♕xb6 axb6 mit der Doppeldrohung ♖a8xa2 und ♖a8–f8.

15...♗xh4 16.♖ad1

Oder 16.♗xd6 ♗e7 17.♗e5 ♕xd5 18.cxd5 ♖ad8 19.c4 ♖fe8 20.♖fe1 ♔f8 21.♔f2 ♗d6 22.♗xd6+ ♖xd6 und Schwarz sollte das Endspiel halten können.

16...b6 17.♗xd6 ♗e7 18.♗e5 ♗g5 19.♗d6 ♗e7 20.♗f4 ♗f6! 21.c3

Zu beachten war 21.♕f3!?, um Damentausch zu vermeiden. Danach hätte Schwarz wohl mehr Probleme, seine Stellung zu verteidigen. Das Verschwinden der Damen erleichtert hingegen sein Spiel.

21...♕xd5 22.cxd5 ♖ad8 23.♗xh6 ♗xc3 24.bxc3 gxh6 25.♖fe1

Nach 25.c4 ♖fe8 26.♖fe1 ♔f8 oder 25.♖f6 ♔g7 26.♖c6 ♖d7 sollte der Nachziehende das Endspiel retten.

25...♖d7 26.c4 a6! 27.a4 b5! 28.axb5 axb5 29.cxb5 ♖b8 30.d6 ♖xb5 31.♖e7 ♖bb7 32.♖xd7 ♖xd7 33.♔f2 ♔g7 34.♔f3 ♔f6 35.♖d5 ½–½

Partie Nr. 10
Spasski – Portisch
Toluca 1982

1.e4 c5 2.♘c3 d6 3.g3 ♘c6 4.♗g2 g6 5.d3 ♗g7 6.f4 e6 7.♘f3 ♘ge7 8.0-0 0-0 9.♗e3 ♘d4 10.♖b1 ♖b8 11.♘e2 ♘xf3+ 12.♗xf3 b6 13.g4?!

13.c3 bietet mehr Aussichten, siehe **Kapitel 1**.

13...f5!

Das ist die richtige Reaktion auf den aggressiven Plan von Weiß.

14.♘g3

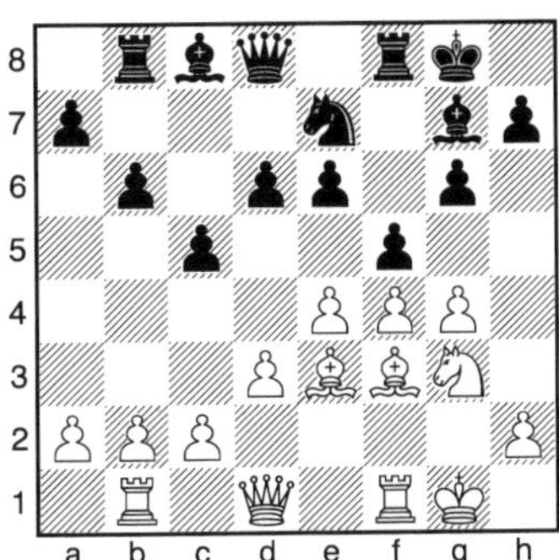

14...♗b7

In der Partie Hempel–Berning, Deutschland 2004, wählte Schwarz einen anderen Plan: 14...d5!? 15.♕e2 ♕d7 16.gxf5 exf5 17.e5 d4 18.♗d2 ♗a6 (18...♗b7!?) 19.b4 ♕a4 20.c4 b5

(Interessant wäre 20...dxc3!? 21.♗xc3 ♖bd8 22.♖fd1 ♘d5 23.♗xd5+ ♖xd5 24.e6 ♗xc3 25.e7 ♕d7 26.exf8♕+ ♔xf8 mit Kompensation für die Qualität.)

21.cxb5 ♕xb5 22.♖b3 c4 23.dxc4 ♕xc4 24.♖fb1 ♕xb3 25.♖xb3 ♗xe2 26.♘xe2 ♖fd8 27.♔f2 ♖bc8 28.♖d3 ♖c2 mit aktivem Spiel.

15.gxf5

Der Verlauf nach 15.c3 ♕d7 16.♕e2 ♖be8 17.♖be1 ♗a6 18.♖f2 d5 19.e5 d4 20.cxd4 cxd4 21.♗c1 ♖c8 22.gxf5 exf5 23.♕d1 ♕b5 24.b3 ♖fd8 25.♗a3 ♘d5 26.♗xd5+ ♕xd5

27.e6 ♗b7 28.♕e2 ♖e8 29.e7 ♔f7 ist günstig für Schwarz, Nievski–Bukic, Borovo 1981.

15...exf5 16.c4

Der Angriff mit 16.h4 ist zu riskant, denn Weiß schwächt seine Königsstellung; z.B. 16...fxe4 17.dxe4 d5 18.e5 ♘f5 19.♘xf5 ♖xf5 20.♕e1 d4 21.♗d2 ♗xf3 22.♖xf3 ♗xe5 23.♖a3 ♗xf4 24.♕e6+ ♔g7 25.♖xa7+ ♔h6 26.♖f1 ♕xh4 27.♖xf4 ♖xf4 28.♗xf4+ ♕xf4 29.♕h3+ ♔g5 30.♕xh7 ♕g3+ mit gewonnenem Endspiel, M. Lopez–Khenkin, Philadelphia 1994.

16...♕d7 17.♕d2 ♖be8 18.♖be1 ♘c6 19.♗g2 ♘d4 20.♔h1 fxe4 21.dxe4 h5!

Ein Versuch, Gegenspiel am Königsflügel aufzuziehen.

22.♕d3 h4 23.♗xd4 cxd4

Schwarz besitzt das Läuferpaar, das in dieser dynamischen Stellung große Bedeutung hat.

24.♘e2 h3 25.♗f3

25.♗xh3 ♖xe4! 26.♗xd7 ♖e3+ 27.♔g1 ♖xd3∓

25...♕e7 26.♕d2 g5!

Damit wird die weiße Bauernstruktur am Königsflügel zerstört.

27.♔g1

Andere Züge verlieren noch schneller.

– 27.fxg5 ♖xf3 28.♖xf3 ♕xe4 29.♖ef1 ♕xe2–+

– 27.f5 g4 28.♗xg4 ♗xe4+ 29.♔g1 ♕h4 30.♗f3 ♗xf3 31.♖xf3 ♗h6 32.♕d1 ♖xf5 33.♖g3+

(33.♖xf5 ♗e3+ 34.♔f1 ♕e4 35.♖f2 ♗xf2 36.♔xf2 ♕g2#)

33...♔h8–+

27...gxf4

Schade, dass Schwarz die Gewinnmöglichkeit 27...d3! 28.♕xd3 ♗xe4 29.♗xe4 ♕xe4 30.♕xh3 ♖xf4–+ übersehen hat.

28.♘xd4 ♕f6 29.♘b5 ♖d8 30.♘xa7 ♖a8 31.♘b5 ♖xa2 32.♕xd6 ♖xb2 33.♕xf6 ♖xf6 34.e5?

Beschleunigt nur die Niederlage. Beachtenswert war 34.♖f2!?.

34...♖g6+ 35.♔h1 ♗xf3+ 36.♖xf3 ♗xe5! 37.♖xh3

37.♘c3 ♖gg2 38.♖xh3 ♗xc3 39.♖xc3 ♖xh2+ 40.♔g1 ♖bg2+ 41.♔f1 ♖a2∓

37...f3 38.♖f1 ♖bg2 39.♖d1 ♗f4

39...f2! ginge schneller: 40.♖g3 ♖xh2+ 41.♔xh2 ♖xg3 42.♔h1 ♗f4

(Es droht ♗f4–e3!.)

43.♘d4 ♖d3! und Weiß kann aufgeben.

40.♘d4 f2 41.♘f3

41.♘e2 f1♕+! 42.♖xf1 ♖xe2–+

41...♗e3 42.♖d8+ ♔g7 43.♖d7+ ♔f6

Weiß gab auf.

Partie Nr. 11
Galego – R. Vera
Ayamonte 2004

1.e4 c5 2.c3 ♘f6 3.e5 ♘d5 4.♘f3 ♘c6 5.d4

5.♗c4 wurde in **Kapitel 2** erörtert.

5...cxd4 6.cxd4 d6 7.♗c4 e6 8.0-0 ♗e7 9.♕e2 0-0 10.♖d1 ♘a5 11.♗d3

Den starken Läufer sollte Weiß behalten.

Nach 11.♗xd5 exd5 12.♘c3 ♗e6 hat Schwarz keine Eröffnungsprobleme.

11...♘b4 12.exd6 ♕xd6 13.♗e4 f5

Schwarz tauscht doch den Läufer, aber als Gegenleistung bekommt Weiß das Feld e5 für seinen Springer.

14.♗d3 ♘xd3 15.♕xd3 ♘c6 16.♘c3 ♖d8!?

Schwarz versucht die weitere Entwicklung der weißen Kräfte durch Druck auf den Isolani d4 zu erschweren.

Nach 16...♗f6 17.♘b5 ♕b8 18.♗g5 ♗d7 19.♗xf6 ♖xf6 20.♖ac1 ♗e8 21.♖e1 a6 22.♘a3 ♕a7 23.♘c2 ♖d8 24.♕b3 h6 25.♘e5 ♔h7 26.♖cd1 steht Weiß positionell besser, Timman–Zapata, Willemstad 2001.

17.♘b5 ♕d7

Der Nachziehende hat nur optisch eine gedrückte Stellung. Er plant, seine Figuren mit ♘c6–b4, b7–b6 und ♗c8–b7 aktiv zu platzieren.

18.♗f4 ♘b4 19.♕e2 ♘d5 20.♗e5

Sieht stark aus, doch dieser Platz war für den Springer reserviert.

Besser war deshalb 20.♗g3!? b6 21.♘e5 ♕e8 22.♘c3 ♗b7 23.♖ac1 ♖ac8 mit etwa gleichen Chancen.

20...b6 21.♘c3 ♗b7 22.♖ac1 ♖ac8 23.♖c2 ♘xc3 24.bxc3

Zwar hat Weiß nun Hängebauern auf c3 und d4, aber nach 24.♖xc3 ♗d5 stünde Schwarz etwas besser.

24...♗e4 25.♖cd2 ♗d5

Der Läufer blockiert das Feld d5, um den Vorstoß d4–d5 auszuschalten.

Nach 25...♖xc3 26.d5 ♖cc8 27.d6 ♗f8 28.♗g3 ♗d5 29.♘e5 hätte Weiß für den Bauern starke Initiative.

26.♕e3 ♕c6 27.♕f4?

Statt dieses wohl unzureichenden Bauernopfers kam 27.♖c1! stark in Betracht.

27...♕xc3 28.♖d3 ♕b4?

Laut Vera war 28...♕c2! stärker, und nach 29.♗xg7 ♔xg7 30.♘e5 ♖c3 31.♕g3+ ♔f8 hätte Weiß für die Figur keine Kompensation. Nach dem Partiezug bekommt er hingegen einige Chancen.

29.a3 ♕a5 30.♗xg7!?

Nur auf taktische Weise kann Weiß dem Gegner Probleme stellen, denn positionell steht Schwarz besser.

30...♗xf3

Schwarz eliminiert den Springer, weil die Drohung ♘f3–e5 unangenehm sein könnte.

Die Folgen von 30...♔xg7 31.♘e5 ♗f6 32.♖h3 ♔f8 33.♕h6+ ♔e7 34.♕xh7+ ♔d6 35.♘f7+ ♔c6 36.♘xd8+ ♖xd8 37.♕f7 ♗xd4 38.♖h7 konnte man während der Partie nicht genau berechnen.

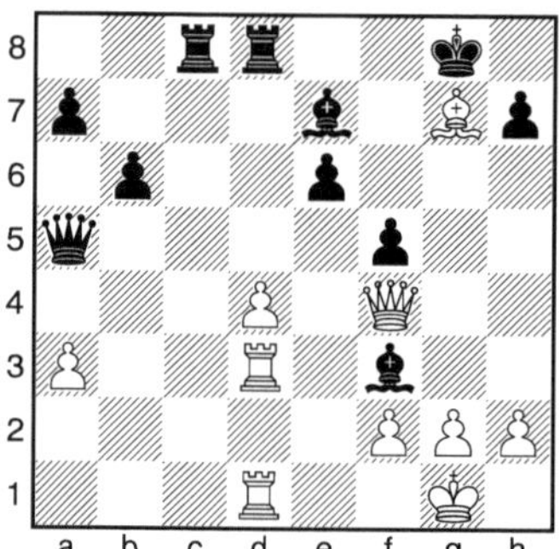

31.♖xf3??

Nun kann Weiß alle Träume begraben.

Nur mit 31.♕h6! konnte er noch auf Rettung hoffen: 31...♗xd1 32.♕xe6+ ♔xg7 33.♕xe7+ ♔g6 34.♕e6+ ♔g7 35.♕e7+ und Schwarz kann das Dauerschach nicht vermeiden.

31...♔xg7 32.♖g3+

32.♖h3 h5 33.♖xh5 ♖h8–+

32...♔h8 33.♕h6 ♕e5!

Weiß steht völlig auf Verlust.

34.♖h3 ♕g7 35.♕xe6 f4 36.d5 ♗d6 37.g3 ♖c7

Weiß gab auf.

Partie Nr. 12
Kopylow – Rogosenko
Hamburg 2004

1.e4 c5 2.c3 ♘f6 3.e5 ♘d5 4.d4 cxd4 5.♕xd4 e6 6.♘f3 ♘c6 7.♕e4 f5 8.♕e2 ♕c7 9.g3 b5 10.♗g2 a5 11.0-0 ♗a6 12.♖d1

Zu 12.♖e1 – siehe **Kapitel 2**.

12...♗e7

Die Theorie hat noch nicht das letzte Wort über den Zug 12...♗c5!? gesprochen, nach dem sich folgende Abspiele ergeben.

– 13.♘bd2 a4 14.♕e1 0-0 15.b4 ♗b6 16.♗b2 (16.♘b1!?) 16...f4 17.g4 a3! 18.♗xa3 ♗b7 (18...♘e3!?) 19.♘b1 ♘e3! 20.fxe3 fxe3 21.c4 ♘xe5 22.c5 ♘xf3+ 23.♗xf3 ♖xf3 24.♘c3 (24.cxb6 ♕c6–+) 24...♖f2 0-1, Lundin–Supavski, Novi Sad 2006

– 13.♘h4 ♘de7! (13...0-0?? 14.♖xd5!+–) 14.♗e3 ♗xe3 15.♕xe3 ♖d8 16.f4 g5 17.♘f3 gxf4 18.♕xf4 ♘g6 19.♕h6 ♘cxe5 20.♘xe5 ♘xe5 21.♖d4 ♘f7 22.♕f6 ♖g8 23.♕h4 ♗b7 24.♗xb7 ♕xb7 25.♘d2 ♘g5 26.♖f1 ♖g6∓, Andrejkin–Jakowitsch, Woronesch 2006

13.♘h4

Mit der Drohung ♕e2–h5+.

Hier ein Blick auf andere Versuche.

– 13.♘d4 ♘xd4 14.♖xd4 0-0 15.♘d2 ♖ac8 16.♘f3 ♕b6 17.♗g5 b4 18.♕d2 bxc3 19.bxc3 ♗c5

20.♖xd5 exd5 21.♕xd5+ ♔h8 22.♘d4 ♕b2 23.♖d1 ♕xc3 24.♕xd7 ♗xd4 25.♕xd4 ♕xd4 26.♖xd4 h6 27.♗d2 ♖fd8 und das Endspiel sieht besser für Schwarz aus, Boe Olsen–A. Horvath, Chalkidiki 2002.

– 13.♗g5 0-0 14.♗xe7 ♘cxe7 15.♘bd2 ♖fc8 16.♖ac1 ♕b6 17.♕e1 ♖a7 18.♗f1 ♕b8 19.♗d3 ♘b6 20.♗f1 ♘c4 21.♖c2 ♗b7 22.♗g2 ♘g6 23.♘xc4 bxc4 24.♕e3 ♗xf3 25.♗xf3 ♘xe5 mit schwarzem Plus, Boe Olsen–Henrichs, Deutschland 2000.

13...0-0

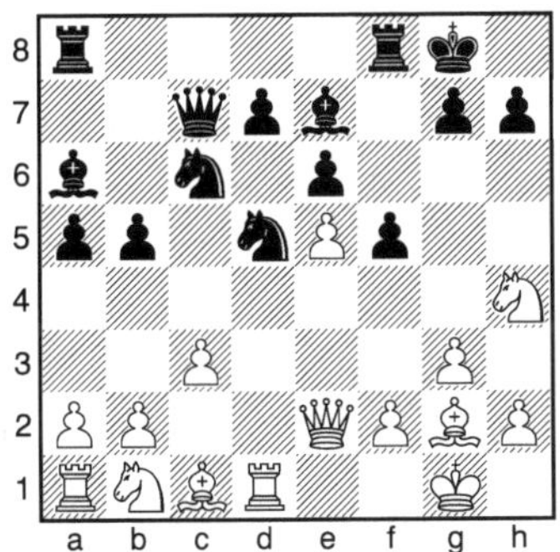

14.♖xd5

So versucht Weiß seine Eröffnungsprobleme auf taktische Weise zu lösen. Wie jedoch der Verlauf der Partie zeigt, kann Schwarz diesen Plan einfach kontern.

Eine andere Idee wäre 14.♗xd5 exd5 15.♖xd5

(15.♘f3 b4 16.♕d2 ♘xe5 17.♕xd5+ ♘f7 18.♕xd7 ♖ad8! 19.♕xc7 ♖xd1+ 20.♔g2 ♗f1+ 21.♔h1 ♗d6 22.♕xa5 ♖xc1 23.cxb4 ♗h3+ 24.♘g1 ♖e8–+)

15...b4 16.c4

(16.♕e1 ♗c4 17.♖d1 ♗xh4 18.gxh4 ♘xe5 19.♘d2 ♘g4–+)

16...♗xh4 17.gxh4 ♘e7 18.♖d6 ♗xc4 19.♕c2 ♖ac8 und Schwarz bekommt für den Bauern volle Kompensation; z.B. 20.b3 ♗e6 21.♕xc7 ♖xc7 22.♖d1 ♖c5 23.f4 ♘d5 und Weiß hat Probleme mit seinem Damenflügel.

14...exd5 15.♗xd5+ ♔h8 16.♘g6+ hxg6 17.♕f1 ♗h4 18.♕h3 ♕d8 19.♘d2?

Den wichtigen Zentralbauern durfte Weiß auf keinen Fall abgeben. Beachtenswert war deshalb 19.f4!?.

19...♘xe5 20.♘b3

– 20.♘f3 ♘xf3+ 21.♗xf3 d5 22.gxh4 f4–+

– 20.♗xa8 ♕xa8 21.♕xh4+ ♔g8–+

20...g5

Natürlich kam 20...♖c8!? infrage.

21.gxh4 g4 22.♕g3 ♘f3+!

Stellt den Vorteil klar.

23.♗xf3 gxf3 24.♘d4 ♕f6 25.♗g5 ♕f7 26.♕c7 ♖ae8 27.♕b6?

Besser war zweifellos 27.♕xa5!?.

27...♕xa2!

Wegen der schwachen ersten Reihe ist dieser Zug möglich.

28.♖d1

Natürlich war die Dame tabu wegen Matt auf der ersten Reihe.

28...♖a8

Zu beachten war die taktische Variante 28...♕xb2!? 29.♕xa6 ♕xc3 30.♕xb5 ♖e1+ 31.♖xe1 ♕xe1+ 32.♕f1 ♕e4 33.♘b3 a4 34.♘d2 ♕g4+ 35.♔h1 ♖b8 36.h3 ♕g2+ 37.♕xg2 fxg2+ 38.♔xg2 a3 39.♗e3 ♖b2 40.♘c4 a2 und der Bauer wird verwandelt.

29.♘xf3 ♕e6 30.♖d6!?

Damit verschärft Weiß das Spiel.

Nach 30.♕xe6 dxe6 31.♘d4 ♖fe8 32.♖e1 b4 33.cxb4 axb4 wäre das Endspiel für Schwarz leicht gewonnen.

30...♕e4 31.♖h6+ ♔g8 32.♕g6 ♕g4+!

32...♕xf3?? verliert wegen 33.♕h7+ ♔f7 34.♖f6+ ♔e8 35.♕g6+ ♔d8 36.♖xf5+ ♔c7 37.♖xf3 ♖xf3 38.♗e7+–.

33.♔f1 b4+

Der Springer war weiterhin nicht zu nehmen: 33...♕xf3?? 34.♕h7+ ♔f7 35.♖f6+ ♔e8 36.♕g6+ ♔d8 37.♖xf5+ und weiter wie in der Variante nach dem 32. Zug.

34.♔e1 ♕e4+ 35.♗e3 ♕b1+

35...♕xf3? wäre hingegen schwach, denn nach 36.♕h7+ ♔f7 37.♕g6+ remisiert Weiß durch Dauerschach.

36.♔d2 bxc3+ 37.bxc3 ♕d3+ 38.♔c1 ♕xc3+ 39.♔d1 ♕d3+ 40.♘d2 ♕e2+ 41.♔c1 ♖fc8+ 42.♔b2 ♖ab8+

Weiß gab auf, da das Matt unvermeidbar ist.

Partie Nr. 13
Morvay – Tompa
Ungarn 1992

1.e4 c5 2.d4 cxd4 3.c3 dxc3 4.♘xc3 ♘c6 5.♗c4 e6 6.♘f3 a6 7.0-0 ♘ge7 8.♗g5 h6 9.♗e3 ♘g6 10.♘d4 ♗e7 11.♘f5?!

11.f4! ist energischer; siehe im theoretischen Teil von **Kapitel 3**.

11...b5!

11...exf5? ist zu gefährlich: 12.♘d5 (Es droht ♗e3-b6 mit Damenfang.) 12...♗b4 13.♗b6 mit weißem Vorteil.

12.♘xe7 ♕xe7 13.♗b3 ♗b7 14.f4 ♘a5 15.f5 ♘e5 16.fxe6

Nach 16.♕d4 ♘xb3 17.axb3 d6 18.fxe6 ♕xe6 19.♘d5 0-0! 20.♘c7 ♕g6 21.♘xa8 ♗xe4 22.g3 ♗xa8 bekommt Schwarz für die Qualität ausreichend Kompensation.

16...dxe6 17.♕h5 ♘ac4 18.♗d4

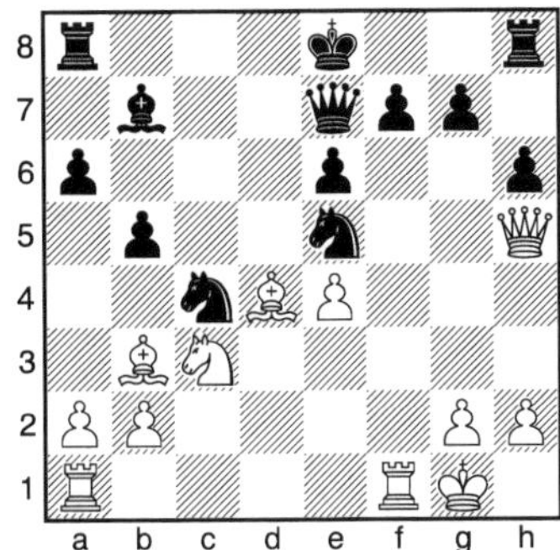

18...g6!

Nach 18...♕g5 19.♕xg5 hxg5 20.♗xc4 ♘xc4 21.♗xg7 ♖g8 22.♗f6 ♘xb2 23.♘xb5 axb5 24.♗xb2 ♗xe4 hat Schwarz einen Mehrbauern, aber im Endspiel mit ungleichen Läufern ist die Umsetzung dieses Vorteils kaum möglich.

19.♕e2 ♖d8 20.♖ad1 0-0 21.♔h1 f6 22.h3

22.♕f2!? war zu beachten.

22...♘c6 23.♗g1 ♖xd1 24.♖xd1 ♘6a5 25.♕g4 ♔g7 26.♗c2

26.♗xc4 ♘xc4 27.b3 ♘e5 28.♕f4 ♘f7∓

26...♘e5

Warum hat Schwarz nicht 26...♘xb2! gespielt?

27.♕g3 ♖d8

Zu überlegen war 27...♘ac4!?.

28.♖f1 ♘ac4 29.♗h2 ♖d2

29...♘xb2!? kam auch hier infrage.

30.♗b3 ♘xb2 31.♕e1 ♘ec4 32.♗f4

32.♘b1 ♖d7 33.♗c2 f5–+

32...♘d3 33.♕g3 ♘xf4 34.♕xf4 ♖d4 35.♕b8 ♘e5 36.♗xe6 ♖d8 37.♕a7 ♕xe6 38.♕xb7+ ♖d7 39.♕b8 ♕c4 40.♖c1

40.♖xf6 ♔xf6 41.♘d5+ ♖xd5 42.♕b6+ ♕c6–+

40...b4 41.♘e2 ♕xe2 42.♖c8 ♕e1+ 43.♔h2 ♘f3+!

Es verbietet sich 43...♕xe4?? wegen 44.♖g8+ ♔h7 45.♖h8+ ♔g7 46.♕f8#.

44.gxf3 ♖d2#

Partie Nr. 14
Carr – Thipsay
Southampton 1986

1.e4 c5 2.d4 cxd4 3.c3 dxc3 4.♘xc3 ♘c6 5.♘f3 e6 6.♗c4 a6 7.0-0 ♘ge7 8.♗g5 f6 9.♗e3 ♘g6 10.♕e2 ♗d6!?

10...b5 siehe im theoretischen Teil von **Kapitel 3**.

11.♖fd1 ♕e7 12.a4 0-0 13.♖ac1 ♔h8 14.g3 ♗c5! 15.♖c2 b6 16.♖cd2 ♘ge5 17.♗a2 ♗xe3 18.♕xe3 ♕c5 19.♘d4 ♗b7

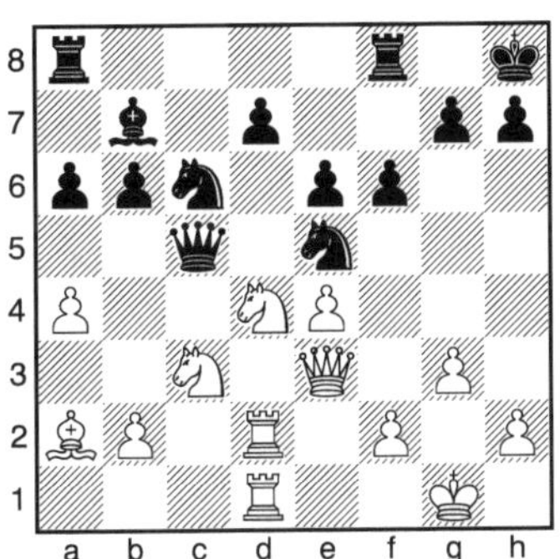

20.♘ce2?

Besser war 20.h3, um dem schwarzen Springer das Feld g4 zu nehmen.

20...♘xd4

Schwarz nutzt es nicht aus, dass Weiß auf 20.h3 verzichtet hat. Stark war nämlich 20...♘g4!; z.B. 21.♕f4 ♕h5 22.h4 f5

(22...♘ge5 23.♕e3 g5 wäre auch nicht schlecht.)

23.♘xc6 ♗xc6 24.e5 ♘xe5! 25.♕xe5 ♕f3 26.♗d5 ♗xd5 27.♖xd5 exd5 28.♖d2 ♖ae8 29.♕f4 ♕e4–+

21.♖xd4 ♗c6

Wiederum war 21...♘g4!? 22.♕f3 f5 mit starkem Angriff gut.

22.♖c1 ♕e7 23.h3 ♖ac8 24.f4 ♘f7 25.♖dc4 ♘d6 26.♖4c3 ♗xa4 27.♕xb6 ♖b8 28.♕c5

28.♕xa6 ♗b5–+

28...♖xb2 29.♖a3 ♗c6 30.♘c3 f5 31.♖xa6

31.e5 ♘c8 32.♕xe7 ♘xe7–+

31...fxe4 32.♗b1 e3 33.♗e4 ♘f5 34.♘a4 ♕xc5 35.♖xc5 ♗xa4 36.♖xa4 ♘xg3 37.♖g5 ♘xe4 38.♖xe4 ♖a8 39.♖g2 ♖a1+ 40.♔h2 ♖aa2

Weiß kapitulierte.

Partie Nr. 15
Gueci – Martinovic
Chianciano 1989

1.e4 c5 2.d4 cxd4 3.c3 dxc3 4.♘xc3 ♘c6 5.♘f3 e6 6.♗c4 a6 7.0-0 ♘ge7 8.♗g5 f6 9.♗e3 b5 10.♗b3 ♗b7 11.♕e2 ♘a5 12.♗c2

12.♘d4 wurde in **Kapitel 3** besprochen.

12...♘c4

Stark ist 12...♘g6!? 13.h4 ♗d6 14.♖fd1 ♕e7 15.e5 ♘xe5 16.♘xe5 ♗xe5 17.♕h5+ ♔f8 18.♘e2 ♖c8 19.♗d3 ♕f7–+, Denisow–Neyman, Deutschland 2014.

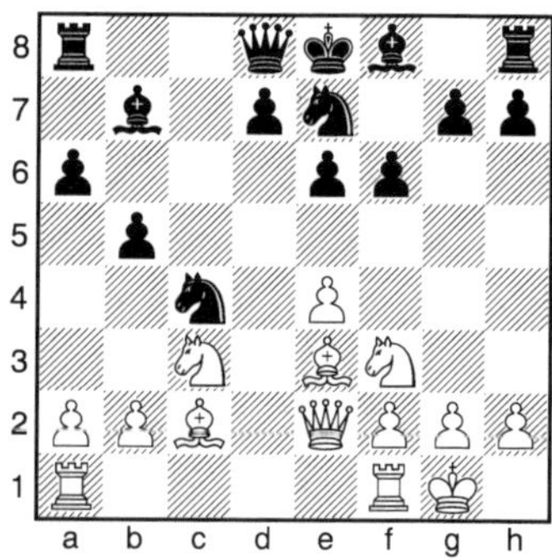

13.♗c1?

Dies ist zu passiv.

Schwach wären auch folgende Alternativen.

– 13.b3 ♘xe3 14.♕xe3 ♖c8 15.♖fc1 ♘g6∓

– 13.♖fc1 ♖c8 (13...♘xb2? 14.♘xb5 axb5 15.♕xb5±) 14.♗b3 ♘xe3 15.♕xe3 ♘g6∓

– 13.♖ac1 ♖c8 14.♗b3 ♘xe3 15.♕xe3 ♘g6 16.♖fd1 ♗c5 17.♕d2 ♘e5∓

– Aber 13.♗b3!? war zu beachten.

13...♖c8 14.♖d1 ♘g6 15.♘d4 ♕b6 16.a4 b4 17.a5 ♘xa5 18.♘d5 exd5 19.exd5+ ♘e5 20.f4

20.♗f4 ♘ac4 21.♗d3 ♔f7–+

20...♗c5 21.♗e3 ♘ec4 22.♗f2+ ♔f7 23.b3

23.♕g4 ♖cd8–+

23...♖ce8

23...♘a3!? war eine gute Alternative.

24.♕f3 ♘d6 25.♖d2 h5

Stark war 25...g6–+.

26.h3 g6 27.♘e2 ♗xf2+

Noch besser war 27...♘xb3! 28.♗xb3 ♖e3 29.♗xe3 ♗xe3+ 30.♔h2 ♗xd2–+.

28.♕xf2 ♕xf2+ 29.♔xf2 ♘xb3 30.♗xb3 ♘e4+ 31.♔e1 ♘xd2 32.♔xd2 ♖c8 33.♖a4 ♖c5 34.d6+ ♗d5 35.♖xb4 ♗xb3 36.♖xb3 ♖d5+ 37.♖d3 ♖xd3+ 38.♔xd3 ♔e6 39.♘c3 f5

Weiß gab auf.

Partie Nr. 16

Macieja – Gelfand

Bermuda 2005

1.e4 c5 2.♘c3 d6 3.f4 g6 4.♘f3 ♗g7 5.♗b5+

In **Kapitel 4** wird die Entwicklung mit 5.♗c4 besprochen. Wie diese Partie zeigt, verspricht auch der Textzug keinen Vorteil.

5...♗d7 6.♗c4

Die Alternative ist natürlich 6.♗xd7+ mit der möglichen Folge 6...♕xd7 7.0-0 ♘c6 8.d3 ♘d4 9.♔h1 e6 10.♘xd4 cxd4 11.♘e2 ♘e7 12.♗d2 0-0 13.♗e1 f5 14.♗h4 ♖ac8 und gutem Spiel für Schwarz, Morosewitsch–A. Shneider, Podolsk 1993.

6...♘c6 7.0-0 ♘a5

Zur Erhaltung des Läufers muss dieser nun die Diagonale a2–g8 verlassen.

8.♗e2 ♘f6 9.d4 cxd4 10.♘xd4 0-0 11.♔h1 ♖c8 12.♗f3 ♘c4

Nach farblosem Spiel von Weiß hat Schwarz schon völligen Ausgleich erzielt.

13.b3 ♕a5 14.♘b1 e5! 15.♘e2 ♘b6 16.c3

Nach 16.♕xd6 folgt 16...♖xc2 17.fxe5 ♘xe4 18.♕d1 (18.♗xe4 ♖xe2–+) 18...♖xc1 19.♕xc1 ♕xe5 20.♗xe4

(20.♘d2 ♘g5 21.♘g1 ♘xf3 22.♘gxf3 ♕xa1 23.♕xa1 ♗xa1 24.♖xa1 ♖c8∓)

20...♕xa1 mit schwarzem Vorteil.

16...d5!

Der Nachziehende hat die Entwicklung seiner Kräfte beendet und schlägt nun energisch in der Mitte los.

17.fxe5 ♘xe4 18.♗f4?

Dieser Ansatz ist zu passiv.

Ernsthaft infrage käme 18.♗a3!? ♖fe8 19.♗b4 ♕a6 20.♘d4 mit der Drohung 21.♗e2 und Damenfang.

18...♖fe8 19.♕d4 g5 20.♗xe4 dxe4 21.♗xg5 ♕xe5 22.♕xe5 ♗xe5 23.♗f6 ♗xf6 24.♖xf6 ♗g4 25.♘d4 ♘d5 26.♖f1 ♘xc3 27.♘xc3 ♖xc3

Schwarz hat einen Bauern gewonnen und nun folgt die Umsetzung des materiellen Vorteils.

28.♖ae1 ♖d3 29.♘c2 e3 30.♔g1 ♖c3 31.♘d4 ♖e4 32.♘f5?

Damit verkürzt Weiß sein Leiden.

Hartnäckiger war 32.♘e2 ♖c2 33.♖f4 ♖xf4 34.♘xf4 ♖xa2 35.♖xe3 und Schwarz müsste noch viel für den Sieg arbeiten.

32...e2 33.♖f2

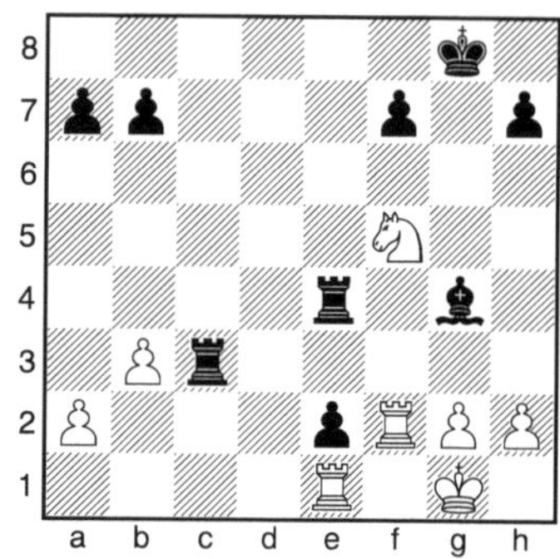

33...♖c1!

Dieser Zug ist ebenso einfach wie sehenswert.

34.♘h6+

34.♖xc1 e1♕+ 35.♖xe1 ♖xe1+ 36.♖f1 ♖xf1+ 37.♔xf1 ♗xf5–+

34...♔g7 35.♖xf7+ ♔xh6 36.♖xc1 e1♖+ 37.♖xe1 ♖xe1+ 38.♔f2 ♖e2+ 39.♔g3 ♗e6 40.♖e7

40.♖xb7 ♖xg2+!–+

40...♗c4 41.♖xb7 ♖xg2+! 42.♔f4

42.♔xg2 ♗d5+ –+

42...♖f2+ 43.♔e3 ♖f7

Somit wurde der Bauer a7 gerettet und der Rest ist einfach.

44.♖b8 ♗d5 45.♖d8 ♗b7 46.♖d4 ♔g5 47.♖a4 ♗c8 48.b4 ♗g4 49.b5 h5 50.♖a6 ♔h4 51.a4 ♔h3 52.a5 ♔xh2 53.b6 axb6 54.♖xb6 ♔g3 55.a6 ♖f3+

Weiß kapitulierte.

Partie Nr. 17
Macieja – Gelfand
Bermuda 2004

1.e4 c5 2.♘c3 d6 3.f4 g6 4.♘f3 ♗g7 5.♗c4 ♘c6 6.d3 e6 7.a3

Andere Züge wurden in **Kapitel 4** analysiert.

7...♘ge7 8.♗a2

Das ist die Idee des Zuges 7.a3: Der Läufer findet einen sicheren Platz, um auf der Diagonale a2–g8 aktiv zu bleiben.

8...d5!

Mit dieser einfachen und logischen Maßnahme wird der besagte Läufer a2 vom Spiel ausgeschlossen.

9.♗d2 b6 10.0-0 0-0 11.♕e1 ♘d4 12.♘xd4 cxd4 13.♘d1 dxe4 14.dxe4

Nach 14.♕xe4 folgt 14...♗d7 nebst ♖a8–c8.

14...♗a6 15.♖f3 ♖c8 16.♖c1 ♗c4 17.♗b1?

Dies ist zweifellos unlogisch, denn was soll der Läufer auf diesem Feld leisten?

Notwendig war selbstredend 17.♗xc4 ♖xc4 18.c3 mit Chancen auf gleiches Spiel.

17...♕d7

Interessant wäre 17...f5 18.e5 g5 19.fxg5 ♘g6 usw.

18.e5 f6 19.exf6 ♖xf6 20.♘f2 e5 21.♘e4?

Beschleunigt nur die Niederlage.

Zu versuchen war 21.fxe5!? ♖xf3 22.gxf3 mit passiver, aber wahrscheinlich spielbarer Stellung.

21...♖ff8 22.c3 exf4 23.♖xf4 ♘d5 24.♖xf8+ ♖xf8 25.♕h4 ♕f7 26.h3 ♗e5 27.♕e1 ♘f4 28.♘g3

Es verliert auch 28.♘g5 ♕d5 29.♗e4 ♕d6 30.♗f3 dxc3 31.♗xf4 (31.♗xc3 ♘d3–+) 31...♗xf4 32.♕xc3 ♕c5+ 33.♔h1 ♗xc1–+.

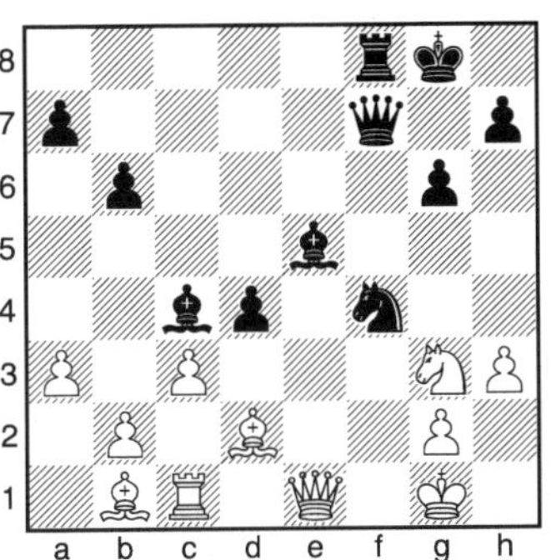

28...♘xg2!

Zum Schluss ein elegantes Springeropfer.

29.♕xe5

Oder 29.♔xg2 ♕f3+ 30.♔h2 ♗d5+.

29...♕f2+ 30.♔h1 ♘h4 31.♗e4 ♘f3 32.♗d5+ ♗xd5 33.♕xd5+ ♔h8

Weiß gab sich geschlagen.

Partie Nr. 18
Tiwjakow – Kasparow
Wijk aan Zee 2001

1.e4 c5 2.♘c3 d6 3.f4 g6 4.♘f3 ♗g7 5.♗c4 ♘c6 6.0-0 e6 7.d3 ♘ge7 8.♕e1 0-0 9.♗b3?!

Statt dieser zu passiven Wahl ist natürlich 9.f5!? energischer, was im theoretischen Teil von **Kapitel 4** analysiert wurde.

9...♘a5

Mit dem klaren Ziel, den aktiven Läufer zu eliminieren.

10.♗e3

Beachtenswert ist 10.♗d2!?, um den Läufer nach ♘c3–d1 auf c3 zu postieren.

10...b6 11.♗f2 ♗b7 12.♗h4 ♘xb3 13.axb3 ♕d7 14.♕g3 f5 15.♖ae1 ♘c6 16.exf5?

Dieser Tausch ist nur für Schwarz angenehm, wie der weitere Partieverlauf zeigt. Es geht darum, dass die g–Linie von Schwarz zum Angriff genutzt wird.

Zu überlegen war deshalb 16.e5!? dxe5 17.♘xe5 ♘xe5 18.fxe5 ♕d4+ 19.♔h1 f4 20.♕h3, obwohl Schwarz mit dem Läuferpaar aktiver stünde.

16...gxf5 17.♖e2 ♖ae8 18.♖fe1 ♔h8 19.♕h3 ♘d4 20.♘xd4 ♗xd4+ 21.♔h1

Nach 21.♗f2 ♖g8 22.♗xd4+ cxd4 23.♘b1 ♖g4 wäre der weiße Vorteil offensichtlich.

21...♖g8 22.♘d1 ♖g6 23.c3 ♗g7 24.♘e3 ♖f8 25.♗g5 h6 26.♗h4 b5!

Es geht um die Kontrolle über den Punkt d4.

27.♘f1 b4 28.cxb4 cxb4 29.♘e3 ♖g8 30.♗g3 ♗d4 31.♘c4 ♖8g7 32.♕h5 ♔h7 33.♘e3 ♕b5 34.♖d2 a6 35.♕h3

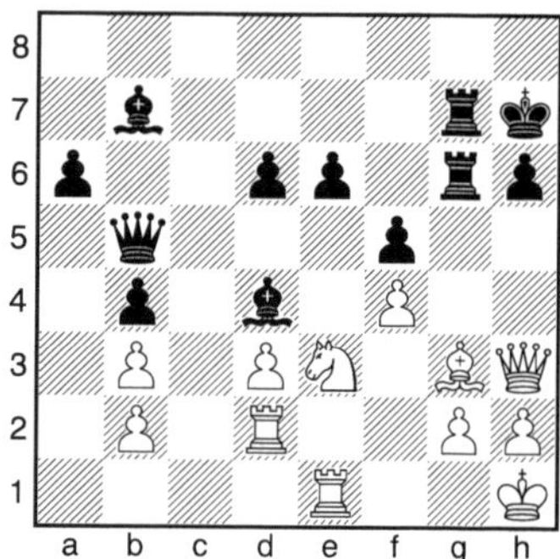

35...h5!

Schwarz nutzt die Passivität der gegnerischen Figuren und beginnt eine Aktion am Königsflügel.

36.♖ee2

Es geht nicht 36.♕xh5+ ♖h6, denn Weiß verliert seinen Läufer.

36...h4!

Kasparow in seinem Element!

37.♗e1

Nach 37.♗xh4 ♖h6 ist die weiße Stellung völlig gelähmt.

37...♗xe3 38.♕xe3 ♕c6 39.♕h3 ♕c1 40.♕xh4+

Auch nach 40.♖e3 ♖g4 wäre die weiße Stellung hoffnungslos.

40...♖h6 41.♖c2 ♕d1 42.♖cd2 ♕b1 43.♕f2

Es gibt nichts Besseres; z.B. 43.♕d8 ♖xg2–+.

43...♖xg2 44.♕xg2 ♗xg2+ 45.♔xg2 ♕a2 46.♖c2 ♖g6+ 47.♗g3 ♕xb3 48.♖ed2 a5 49.♔f2 a4 50.♖c6 a3 51.bxa3 bxa3 52.♔e2 e5 53.fxe5 f4

Weiß gab auf. Es könnte noch folgen: 54.♗xf4 ♖g2+ 55.♔e3 ♖xd2 56.♔xd2 a2–+.

Partie Nr. 19

Judasin – Kasparow

Ljubljana 1995

1.e4 c5 2.♘f3 d6 3.♗b5+ ♘d7 4.d4 ♘gf6 5.♘c3 cxd4 6.♕xd4 e5 7.♕d3 h6 8.♘d2 ♗e7 9.♘c4 0-0 10.♗xd7 ♗xd7 11.♘xd6?!

Laut Theorie ist dies schlechter als 11.♘e3 (siehe **Kapitel 5**).

11...♕c7 12.♘f5 ♗xf5 13.exf5 e4 14.♘xe4

Ein Versuch, diese Variante zu verbessern.

Es ist nämlich bekannt, dass 14.♕e2 nicht einmal vollen Ausgleich bietet; z.B. 14...♖fe8 15.♗d2 ♖ac8

(15...♕e5 16.g4 b5 17.f4 ♕c7 18.0-0-0 b4 19.♘xe4 ♖ac8 20.♘xf6+ ♗xf6 21.♕d3 a5 22.g5 ♖ed8 23.♕b3 hxg5 24.♗e3 gxf4∓, Vezzosi–Nunn, Lugano 1989)

16.a3 ♗c5 17.♗e3 ♕e5 18.♗xc5 ♖xc5 19.0-0 ♕xf5 mit positionellem Vorteil, Mednis–Csom, Cleveland 1975.

14...♕e5 15.f3

Der Springer muss gedeckt werden, denn 15.0-0 scheitert taktisch an 15...♘xe4! 16.♖e1 ♖ad8 17.♕f3 ♗d6 18.♖xe4 (18.♕xe4 ♕xh2+ 19.♔f1 ♖de8–+) 18...♕xh2+ 19.♔f1 ♕h1+ 20.♔e2 ♗c5–+.

15...♖ad8 16.♕c3

Damit möchte Weiß sich ein bisschen Luft verschaffen, um zu rochieren. Der im Zentrum gebliebene König ist nämlich großen Gefahren ausgesetzt; z.B. 16.♕e2 ♘xe4 17.fxe4

(Oder 17.♕xe4 ♗b4+ 18.c3 ♗xc3+ 19.♔f2 ♗d4+ 20.♔f1 ♕b5+ 21.♕e2 ♕c5 mit der Drohung ♖f8–e8 und schwarzer Gewinnstellung.)

17...♗b4+! 18.♔f2 ♖d4 19.♔f3 g5! 20.g3 g4+ 21.♔g2 ♖xe4–+.

16...♕xf5 17.0-0 ♘xe4 18.fxe4 ♕xe4

Die Stellung ist materiell gleich, Schwarz steht jedoch etwas besser. Es droht nun ♖d8–c8 mit Bauerngewinn. Wir werden weiter sehen, wie Kasparow seinen kleinen positionellen Vorteil in einen Gewinn ummünzt.

19.♗e3

Weiß will endlich seine Entwicklung beenden.

19.♖e1 ♗c5+ 20.♔h1

(Das Endspiel nach 20.♗e3 ♗b4 21.♗c5 ♕xe1+ 22.♕xe1 ♗xe1 23.♗xf8 ♔xf8 24.♖xe1 ♖d2 25.♖c1 ♔e7 wäre für Weiß wegen des aktiven schwarzen Turms nicht einfach zu verteidigen.)

20...♕h4 mit deutlicher Initiative.

19...a6 20.♖f4

Zu überlegen war 20.♕b3!?.

20...♕g6 21.♖f2

Erzwungen, denn nach 21.♖af1? ♗g5 22.♖4f2 ♖c8 23.♕b3 ♗xe3 24.♕xe3 ♖xc2 gewinnt Schwarz einen Bauern.

21...♗h4!

Um eine Schwächung der Königsstellung zu erzwingen.

22.g3

Oder 22.♖d2 ♗f6 23.♕b3 ♖xd2 24.♗xd2 ♖e8 mit der Absicht ♖e8–e2 und schwarzer Initiative.

22...♗f6 23.♕b4?

Nach der Partie wurde festgestellt, dass 23.♕b3!? besser war, um den g3–Bauern im Auge zu halten.

23...♖fe8 24.♗b6 ♖d5 25.a4

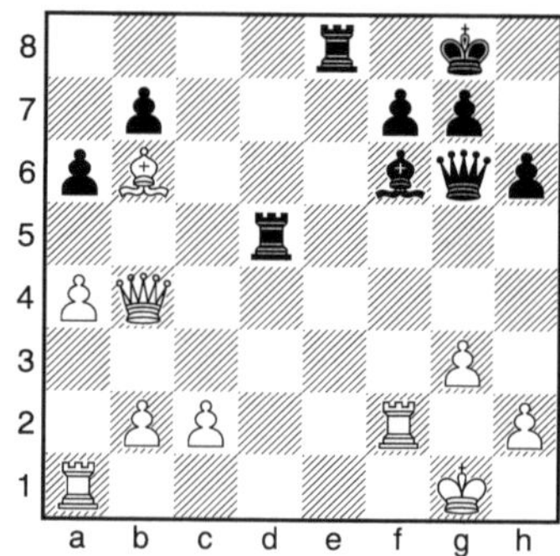

25...h5!

Schwarz nutzt die Tatsache, dass der Königsflügel schwach ist, um seinen Angriff zu beginnen.

26.♕b3

Das Eingeständnis, dass 23.♕b4? schwach war.

Nach 26.♖g2 ♖de5 27.♖f1 ♖e2 28.♕b3 h4 wäre die weiße Stellung nicht leicht zu verteidigen.

26...♖de5 27.♖af1 h4 28.♔h1

Wie ernst die weiße Lage ist, zeigt die Variante 28.♗d4 hxg3 29.hxg3 ♖g5 30.♗xf6 ♖xg3+ 31.♕xg3 ♕xg3+ 32.♖g2 ♕e3+ 33.♔h1 ♖e6 34.♖xg7+ ♔f8 35.♖xf7+ ♔e8! 36.♖f8+ ♔d7 37.♖d8+ ♔c7 38.♖f8 ♖d6–+.

28...♖e1 29.a5 h3! 30.♕f3 ♖xf1+ 31.♖xf1 ♕xc2 32.♕xb7 ♖e4!

Verfrüht wäre 32...♖e2 wegen 33.♗g1!.

33.♖g1

Nach 33.♗f2 gewinnt einfach 33...♗d4!–+.

33...♖e2

Weiß kapitulierte.

Partie Nr. 20
Kraut – Bönsch
Bundesliga 1991

1.e4 c5 2.♘f3 d6 3.♗b5+ ♗d7 4.♗xd7+ ♕xd7 5.0-0 ♘c6 6.c3 ♘f6 7.d4 cxd4

7...♘xe4 wurde in **Kapitel 5** erörtert.

8.cxd4 d5

Nun entsteht eine für Französisch typische Bauernstruktur, allerdings mit dem Unterschied, dass die weißfeldrigen Läufer verschwunden sind, was für Schwarz von Vorteil ist.

9.e5 ♘g8

Eine seltene Reaktion, doch wohl eine vollwertige Alternative zu dem Normalzug 9...♘e4!?.

10.b3

Mit dem Ziel, den schlechten Läufer c1 abzutauschen.

Besser ist jedoch laut Theorie 10.a3 e6 11.b4 ♘ge7 12.♘bd2 ♘g6 (Möglich ist auch 12...♘c8!? mit der Absicht ♘c8–b6 und Kontrolle über den Punkt c4.)

13.♘b3 ♗e7 14.b5 ♘b8 15.a4 a6 mit gleichen Chancen, Kraut–Bordas, Budapest 1989.

10...e6 11.♗a3 ♗xa3 12.♘xa3 ♘ge7 13.♘c2 0-0 14.♕d2 ♖ac8 15.♖fe1 ♕c7 16.♖ac1 ♕a5!

Der Übergang ins Endspiel ist natürlich vorteilhaft für Schwarz, denn Weiß bleibt mit einem Sorgenkind auf d4 zurück.

17.♕xa5 ♘xa5 18.♘b4 ♘ac6 19.♘xc6 ♘xc6 20.a3 h6

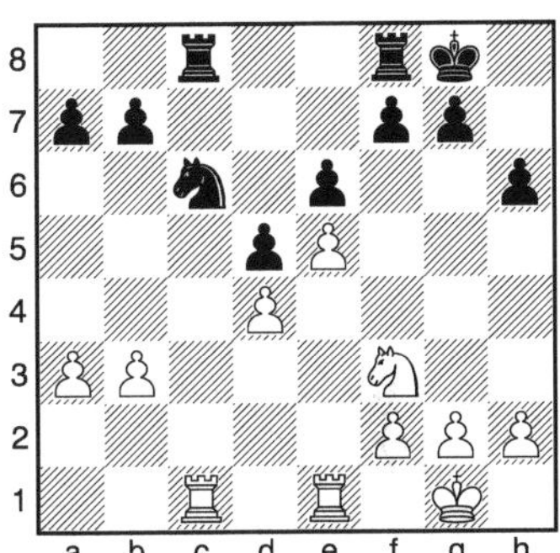

21.b4?

Eine erhebliche Schwächung des Damenflügels (Punkt c4).

Weiß sollte schnellstmöglich mit 21.♔f1 seinen König ins Zentrum bringen, um den Springer von der Verteidigung des schwachen Bauern d4 zu entbinden.

21...a5! 22.bxa5

Nicht besser war 22.b5 ♘a7 23.a4 ♖xc1 24.♖xc1 ♖c8 25.♖xc8+ ♘xc8 26.♘d2 ♘b6 27.♘b3 ♘xa4 28.♘xa5 b6 29.♘c6 ♘c3 30.♘e7+ ♔f8 31.♘c8 ♘xb5 32.♘xb6 ♘xd4 mit schwarzem Mehrbauern.

22...♘xa5 23.♔f1 ♘c4 24.♖b1 ♖c7 25.a4 ♖a8 26.♖b4 ♘a5 27.♖eb1 g5

Sofort gewann 27...♘c6! 28.♖xb7 ♖xb7 29.♖xb7 ♖xa4 und der d-Bauer geht verloren.

28.h3 ♘c6 29.♖xb7 ♖xb7 30.♖xb7 ♖xa4 31.♔e2 ♘xd4+

Der Bauer ist weg und das Endspiel ist für Weiß nicht zu retten.

32.♘xd4 ♖xd4 33.f3 h5 34.g4

Vorsichtiger war 34.♔e3!?.

34...♖a4 35.♖b2 ♖a1 36.♔f2 ♖h1 37.♖b8+

37.♔g2 ♖e1–+

37...♔g7 38.♔g3 hxg4 39.♔xg4

Nach 39.hxg4 ♖e1 geht der e-Bauer verloren.

39...♖f1 40.♖d8 ♖g1+ 41.♔h5 ♖g3

Weiß gab auf.

Partie Nr. 21
Grischuk – Kasparow
Linares 2001

1.e4 c5 2.♘f3 d6 3.d4 cxd4 4.♘xd4 ♘f6 5.♘c3 a6 6.f3 ♕b6 7.♘b3 e6 8.♕e2

Das sofortige 8.g4 wird in **Kapitel 6** erörtert.

8...♕c7 9.g4 b5 10.♗e3 b4!?

Kasparow kämpft in seinem charakteristischen Stil schon frühzeitig um die Initiative.

Normalerweise wird hier 10...♘c6 gespielt; z.B. 11.g5 ♘d7 12.♕f2 ♘ce5 13.0-0-0 b4 14.♘b1 ♘c4 15.♗xc4 ♕xc4 16.♘1d2 ♕c7 17.♔b1 ♗b7 18.♖c1 a5 19.c4 ♘c5 20.♘xc5 dxc5 21.h4 a4 mit zweischneidigem Spiel, Prasad–Ruck, Istanbul 2000.

11.♘a4 ♘bd7 12.♕c4

Mit dem Damentausch will Weiß das „Kasparow-Feuer“ löschen. Aber der Weltmeister ist nicht nur für seine taktischen Fähigkeiten bekannt, sondern auch als Endspielkünstler, und diese Partie beweist es.

Die andere Möglichkeit 12.g5 wird mit 12...♘xe4! pariert; z.B. 13.fxe4 ♕c6 14.a3 ♕xa4 15.♕c4 ♗b7 16.axb4 d5 17.♖xa4 dxc4 18.♘d2 ♗c6 19.♖a1 ♗xb4 20.c3 ♗c5 21.♗xc5 ♘xc5 22.♗xc4 ♔e7 23.b4 (23.0-0 a5!) 23...♘xe4 24.♘xe4 ♗xe4 25.0-0 ♖hc8 26.♗xa6 ♖xc3 27.♗e2 ♖c2 mit schwarzem Endspielvorteil.

12...♕xc4 13.♗xc4 d5 14.exd5 ♘e5 15.♗e2

Interessant wäre 15.♘b6 ♘xc4 16.♘xc4 ♘xd5 17.♗c5 ♗xc5 18.♘xc5 ♖a7 19.0-0-0 ♖c7 20.♘e4 ♔e7 21.b3 ♗d7 22.♖he1 mit guten Ausgleichschancen.

15...♘xd5 16.♗d4 ♗d6 17.♗c5

17.♖d1!? war eine Überlegung wert.

17...♗e7

Vielleicht war 17...♗c7!? besser; z.B. 18.a3 bxa3 19.♗xa3 ♘e3 20.♘d4 h5∓, Analyse von Ftacnik.

18.a3 a5 19.♗d4 f6 20.♘ac5

Laut Ftacnik wäre die Stellung nach 20.0-0 bxa3 21.bxa3 ♗d7 22.♘ac5 ♘f4 etwas besser für Schwarz.

20...0-0 21.0-0

Nach der Partie wurde die Variante 21.♗xe5 fxe5 22.axb4 ♘xb4 23.♔d1 analysiert, die Weiß Ausgleichschancen bietet.

21...bxa3 22.♖xa3

Aber nicht 22.bxa3? a4 23.♘c1 ♘f4 mit schwarzem Vorteil.

22...♘f4 23.♗b5 ♖b8 24.♗xe5

Nach einer Analyse von Ftacnik hätte Schwarz nach 24.♖xa5 ♗d8 25.♗xe5 fxe5 26.♖fa1 (26.c4 ♗xa5 27.♘xa5 ♘e2+ 28.♔g2 ♘d4∓) 26...♗xa5 27.♖xa5 ♖d8 trotz Mehrqualität nur einen kleinen Vorteil. Diese Beurteilung scheint richtig zu sein, denn Schwarz hat Bauernschwächen und der Läufer c8 kommt nicht so schnell ins Spiel.

24...♘h3+!

Ein wichtiger Zwischenzug, denn nach 24...♖xb5 25.♗xf4 ♖xc5 26.♘xc5 ♗xc5+ 27.♗e3 ♗xa3 28.bxa3 ♗b7 wäre das Endspiel mit ungleichen Läufern ausgeglichen.

25.♔g2 ♖xb5 26.♗g3

Nach 26.♔xh3 fxe5 27.c4 ♖xc5 28.♘xc5 ♗xc5 29.♖xa5 ♗d4 hätte Schwarz bessere Aussichten, denn die starke Drohung e5–e4 hängt immer in der Luft.

26...♘g5

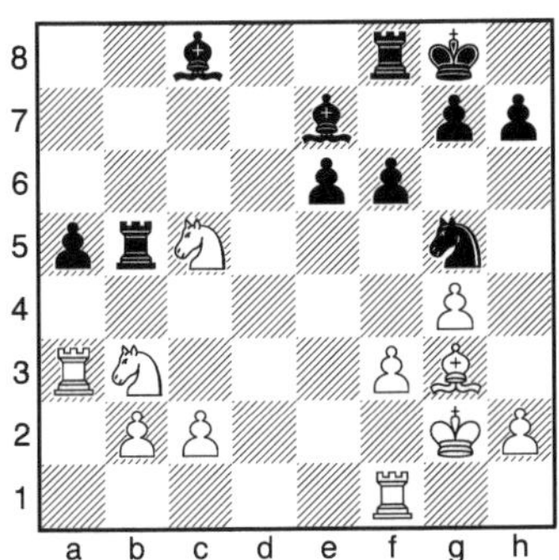

27.♗f2?

Nach diesem Zeitverlust in komplizierter Lage nutzt Schwarz alle Vorteile seiner Stellung.

Notwendig war 27.c4!? mit realen Rettungschancen.

27...♗b7! 28.♗g1

28.♘xb7 ♗xa3 29.bxa3 ♖xb7 30.h4 ♘f7 31.♘xa5 ♖b2∓

28...♖c8 29.h4 ♗xf3+

29...♘xf3!? war auch stark.

30.♖xf3 ♘xf3 31.♔xf3 ♗xc5 32.♘xc5 ♖bxc5 33.♗xc5 ♖xc5 34.c3

34.c4 g6 35.b3 e5–+

34...h5! 35.gxh5 ♖xh5 36.b4 axb4 37.cxb4 ♖xh4

Weiß gab sich geschlagen. Es könnte noch geschehen: 38.♖a8+ ♔f7 39.♖b8 ♔g6 40.b5 ♔f5 41.b6 ♖b4–+.

Partie Nr. 22
Sax – Gallagher
Baden 1999

1.e4 c5 2.♘f3 d6 3.d4 cxd4 4.♘xd4 ♘f6 5.♘c3 a6 6.f3 e5 7.♘b3 ♗e6 8.♗e3 ♗e7 9.♕d2 0-0 10.0-0-0 b5 11.g4 b4 12.♘d5

Zu 12.♘a4 – siehe **Kapitel 7** (Abspiel 1).

12...♗xd5 13.exd5 a5 14.♔b1

Diese prophylaktische Maßnahme ist in solchen Stellungen sehr oft anzutreffen.

Beachtlich ist hier 14.♘c5!? a4 (14...dxc5? 15.d6±) 15.g5 mit zwei spielbaren Fortsetzungen.

A) 15...♘h5 16.♘e4 b3!?

(Schwach ist 16...♕a5? 17.♘g3 ♘f4 18.♗xf4 exf4 19.♘f5 ♖e8 20.♖e1 ♘c6 und nun hätte Weiß in der Partie A. Horvath–Berkes, Zalaegerszeg 2004, 21.♘xg7! mit besseren Chancen spielen sollen.)

17.cxb3 axb3 18.a3 ♘d7 mit zweischneidigem Spiel.

B) 15...♘fd7 16.♘e4 ♕a5

(Zu prüfen ist 16...b3!?.)

17.♗h3 ♘b6?

(Besser ist 17...♖c8!? 18.♔b1 ♖c7 mit beiderseitigen Chancen.)

und nun wäre in der Partie Jenni–Forster, Lenzerheide 2006, 18.♘f6+ ♔h8 19.♕f2 mit besseren Chancen richtig gewesen.

14...♕c7 15.g5 ♘fd7 16.h4 ♘b6 17.h5

Scharf verlief das Duell Solak–Istratescu, Bukarest 1997: 17.♘c5 a4 (17...dxc5? 18.d6±) 18.♗b5 ♖a5 (18...♖c8!?) 19.♕xb4 ♖xb5 20.♕xb5 dxc5 21.d6 ♗xd6 22.♖xd6 ♕xd6 23.♗xc5 ♕d5 24.♕xb6 ♘d7 25.♕d6 ♕xf3 26.♖e1 ♘xc5 27.♕xc5 und die Partie endete später mit Remis.

17...a4

Schwarz muss energisch vorgehen, denn nach 17...♘c4 18.♗xc4 ♕xc4 19.g6 kommt Weiß schneller zur Sache.

18.♘c1 ♘c4 19.♗xc4 ♕xc4 20.g6!

In solch scharfen Stellungen ist der Zeitfaktor sehr wichtig. Nach 20.♖hg1 kam Schwarz in der Partie De la Riva–Gallagher, Frankreich 1998, schnell zu Gegenspiel: 20...b3! 21.cxb3 axb3 22.♘xb3 ♘d7 23.♘c1 f5 24.gxf6 ♗xf6 25.♖g4 ♕a6 26.♖dg1 ♖f7 27.♗g5 ♗xg5 28.♖xg5 ♘f6 29.a3 ♖b8 30.♔a1 ♕b7 31.♘d3 (31.♖d1 ♘xd5!) 31...♕xd5 und Schwarz übernahm völlig die Initiative.

20...♘d7 21.gxh7+

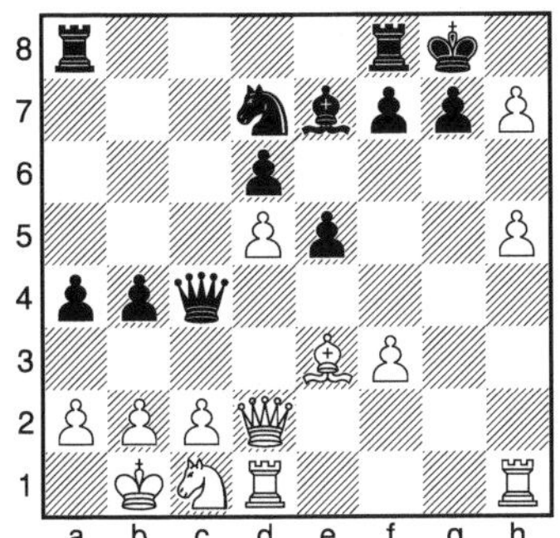

21...♔h8?

Das ist der kritische Moment des Duells. Der Textzug erweist sich als schwach, denn der weiße Angriff konnte nun schneller ans Ziel gelangen.

Spätere Analysen zeigten, dass sich Schwarz nur mit 21...♔xh7! halten konnte; z.B. 22.♖hg1 b3! 23.cxb3 axb3 24.♖g4 (24.♘xb3 ♖fb8⇄) 24...bxa2+

(24...♕c2+ 25.♕xc2+ bxc2+ 26.♔xc2 ♖fc8+ 27.♔b1 ♘f6 28.♖b4 ♖a5 29.♖b7 ♖xd5 30.♖h1 ♘g8 31.a4 f5∞)

25.♔a1 ♕b5 26.♖dg1 ♗f6 27.♗g5 (27.♕g2? e4–+) 27...♖fb8 28.♘d3 ♖g8 29.♕g2 ♔h8 30.♗xf6 ♘xf6 31.♖xg7 ♕b6 32.h6 ♕e3 mit haltbarer Stellung.

22.♖hg1 b3 23.axb3?

Führt umgehend zur Niederlage.

Nach dem richtigen 23.cxb3! wäre die schwarze Stellung nicht mehr zu retten: 23...axb3 24.♖g4! bxa2+ 25.♔a1 ♕b5 26.♖dg1 ♘f6 (26...♗f6? 27.♗h6+–) 27.♖xg7 ♕xd5 28.♕g2+–.

23...axb3 24.♘xb3 ♕a4 25.♕g2 ♗f6 26.♗g5 ♘c5! 27.♗xf6

27.h6 ♖fc8–+

27...♕a2+ 28.♔c1 ♘xb3+ 29.cxb3 ♖fc8+ 30.♔d2 ♕a5+! 31.♔e3 ♕b6+ 32.♔e2

32.♔d2 ♕b4+ 33.♔e3 ♕f4+ 34.♔e2 ♖c2+ –+

32...♖c2+ 33.♖d2 ♖xd2+ 34.♔xd2 ♕d4+

Weiß gab auf. Es könnte noch geschehen: 35.♔e2 (35.♔c2 ♖c8+ 36.♔b1 ♕d3+ 37.♔a2 ♖a8#) 35...♕xb2+ 36.♔d3 ♕d4+ 37.♔e2 ♖a2+ 38.♔f1 ♕a1#.

Partie Nr. 23

Caruana – Gelfand

Wijk aan Zee 2014

1.e4 c5 2.♘f3 d6 3.d4 cxd4 4.♘xd4 ♘f6 5.♘c3 a6 6.f3 e5 7.♘b3 ♗e6 8.♗e3 h5 9.♘d5 ♗xd5 10.exd5 ♘bd7 11.♕d2 g6 12.♗e2 ♗g7 13.0-0 0-0 14.♖ac1

14.♘a5 wurde in **Kapitel 7, Abspiel 1** besprochen.

14...b6

Logisch erscheint 14...e4!? 15.f4 ♘g4 16.♗xg4 hxg4

A) 17.♘d4 ♗xd4 18.♗xd4 (18.♕xd4 f5∞) 18...f5 19.c4 ♘f6 (19...♖f7 20.b4 b6∞) 20.b4 ♖c8 mit etwa gleichen Chancen, Kirejew–Müller Alves, Internet 2011.

B) 17.f5 ♗xb2 18.♖ce1

(18.♖b1 ♗e5 19.♗g5 ♕c7 20.♗h6 ♘f6 21.♕g5 ♔h7 22.♗xf8 ♖xf8∞, Lakudas–Pirhala, Email 2011)

18...♖c8 19.♗d4 ♗xd4+ 20.♘xd4 ♕e7 21.♖f4 ♕h4 22.♖fxe4 ♘f6 23.♖4e2 g5 24.♕d3 ♖c7 25.c4 ½–½, Bleker–Ottesen, ICCF 2012

15.h3

Nach 15.a4 hat Schwarz folgende Wahl:

A) 15...♕b8 16.♖b1 (16.c4 ♘c5=) 16...b5 17.axb5 axb5 18.♗f2 ♖c8 19.♖a1 e4 20.♘a5 exf3 21.♗xf3 ♘e5 22.♘c6 ♘xc6 23.dxc6 d5 24.♗xd5 ♖xa1 25.♖xa1 ♘xd5 26.♕xd5 ♗xb2=, Ermolajew–Rogos, ICCF 2012;

B) 15...♕c7 16.a5 b5 17.c3 ♕b7 18.♖cd1 ♖ac8 19.h3 ♖fe8 20.♖fe1 ♔h7 21.g4 hxg4 22.hxg4 ♖h8 23.♔g2 ♔g8 mit beiderseitigen Chancen, Unen–Cornejo, ICCF 2011.

15...♖e8 16.g4 hxg4 17.hxg4 ♘h7

Die prinzipielle Alternative 17...♘c5!? war bestimmt besser.

18.g5

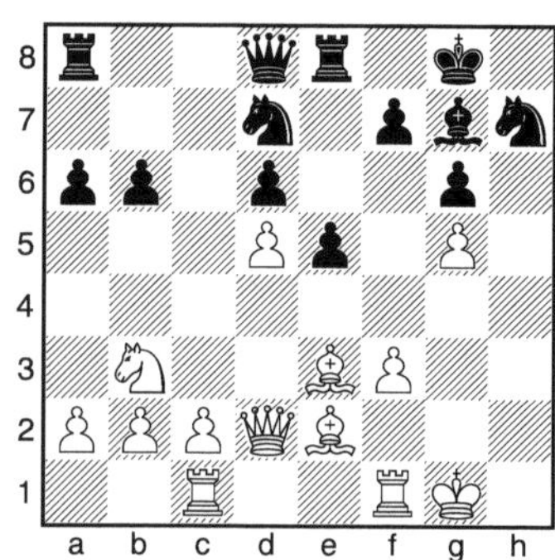

18...f5?

Statt dieses schlechten Zuges war 18...e4! richtig; z.B. 19.f4 ♗xb2 20.♖b1 ♗g7 21.♘d4 b5 22.♘c6 ♕c7 und Schwarz sollte Ausgleich halten können.

19.gxf6 ♗xf6 20.♖f2 ♗g5 21.♖g2!

Der schwarze König ist nun in Gefahr.

21...♗xe3+ 22.♕xe3 ♘df8 23.♗d3 ♖a7

Die schwarze Stellung ist schwer zu verteidigen; z.B. 23...♔g7 24.♘d2 ♘f6 25.♗xg6! ♘xg6 26.♕g5 ♖g8 27.♕xg6+ ♔f8 28.♕f5 ♖xg2+ 29.♔xg2 ♖a7 30.♘e4 ♖f7 31.♘g5 ♖g7 32.♖h1+–.

24.♖f1 ♖f7 25.♕h6 ♔h8 26.♘d2 ♖f4 27.♖g4 b5 28.♘e4!

Der entscheidende Schlag.

28...♘d7 29.♖xg6 ♖g8 30.♘g5

Schwarz kapitulierte.

Partie Nr. 24
Varadi – Le Quang Liem
Budapest 2006

1.e4 c5 2.♘f3 d6 3.d4 cxd4 4.♘xd4 ♘f6 5.♘c3 a6 6.♗e3 e5 7.♘b3 ♗e6 8.f3 ♘bd7 9.♕d2 ♗e7 10.0-0-0 0-0 11.g4 ♖c8

11...♕c7 wurde in **Kapitel 7** (Abspiel 1) erörtert.

12.♔b1 b5

Stellungen mit entgegengesetzten Rochaden garantieren einen äußerst spannungsgeladenen Spielverlauf.

13.g5 ♘h5 14.♘d5 ♗xd5 15.exd5 ♘b6 16.♘a5 ♕c7 17.♖g1 g6 18.h4 ♘xd5 19.♕xd5 ♕xa5

Das Bauernopfer ist nur vorübergehender Natur. Mit dem nächsten Zug holt sich Weiß den Bauern zurück und hofft, mit seinem Läuferpaar die Initiative zu übernehmen.

20.c4

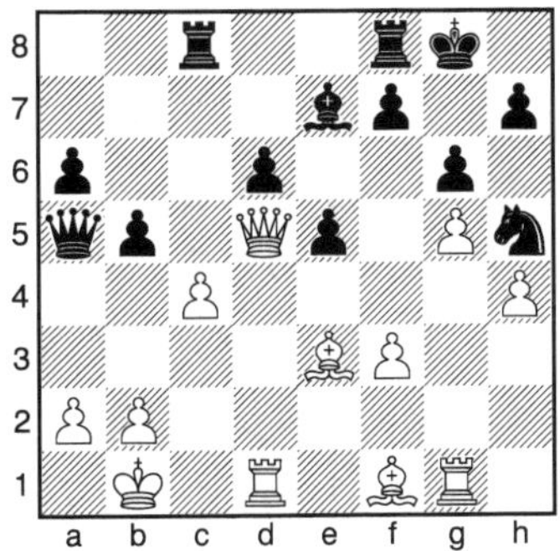

20...♗d8!?

Das war seinerzeit eine neue Idee.

In der bekannten Partie Bologan–Vallejo, Selfoss 2003, geschah 20...♘f4 21.♗xf4 exf4 22.cxb5 axb5 23.♕xb5 ♕a7 24.♗c4 ♕f2 25.♗b3 ♕xf3 26.♕a4 ♕f2 27.♖ge1 ♖c7 28.♖h1 ♖fc8 29.♕e4 d5 30.♗xd5 ♗f8 ½-½.

21.cxb5 ♗b6

Mit der Absicht, die schwarzen Felder zu erobern.

22.♗d2

Nach 22.♗xb6 ♕xb6 23.♗c4 (23.bxa6?? ♕xg1–+) 23...axb5 24.♕xb5 (24.♗xb5?? ♖c5–+) 24...♕f2 bekommt Schwarz wegen der Doppeldrohung ♖c8–b8 und ♕f2xh4 gute Chancen.

22...♕a4 23.b3 ♕a3 24.♖g4

Sofort verliert 24.bxa6?? ♗d4 25.♗c1 ♖xc1+ 26.♖xc1 ♕b2#.

24...axb5 25.♗b4 ♕a7 26.♕xb5

Beachtlich war eine interessante Variante mit Qualitätsopfer: 26.♗xb5!? ♘f4 27.♖xf4! exf4 28.♗c4 ♗c5 29.♗c3 mit dem Ziel, nach ♕d5–d2, ♗c3–a1, ♕d2–b2 bzw. ♕d2–c3 einen Mattangriff zu inszenieren.

26...♖a8

26...♗c5!? scheint stärker zu sein.

27.♖d2?

Nach diesem Fehler erhält Schwarz die Möglichkeit zu einem Figurenangriff gegen den weißen König.

Notwendig war 27.a3!.

27...♗e3 28.♖c2 ♖fb8 29.♕c6 ♘f4 30.♗b5

30.♗xd6 verliert sofort wegen 30...♖xb3+ −+.

30...♕d4 31.a3 ♔g7

31...♕d1+!? 32.♔a2

(32.♔b2 ♗d4+ 33.♗c3 ♖c8 34.♖c1 ♕d2+ 35.♖c2 ♕e3−+)

32...♗c5 33.♖d2 ♖xa3+! 34.♔xa3 ♗xb4+ 35.♔xb4 ♕xd2+ 36.♔a3 ♘e6 mit schwarzem Mehrbauern.

32.♖xf4 ♗xf4 33.♗c4 ♖xb4! 34.♕xa8

34.axb4 ♖a1#

34...♕d1+ 35.♔b2 ♗e3?

Dieser Fehlzug hätte beinahe einen halben Punkt gekostet.

Richtig war 35...e4! 36.♕xe4

(36.axb4 ♗e5+ 37.♔a3 ♕a1+ 38.♖a2 ♗b2+ 39.♔a4 ♕xa2+ −+)

36...♗e5+ 37.♕xe5+ dxe5 38.axb4 ♕d4+ 39.♖c3 ♕xh4 nebst ♕h4xg5 mit gewonnenem Endspiel.

36.♔c3??

Ein bereits entscheidender Fehlgriff.

Weiß hätte sich wie folgt retten können: 36.♕d8! ♗d4+ 37.♖c3 ♗xc3+

(Nichts bringt 37...e4 38.♗xf7! ♗xc3+ 39.♔xc3 ♕d4+ 40.♔c2 ♔xf7 41.♕d7+ mit Dauerschach.)

38.♔xc3 ♖xc4+ 39.bxc4 ♕xf3+ 40.♔b4 e4 41.♕xd6 e3 42.♕d4+ mit ewigem Schach.

36...♖xc4+! 37.bxc4

37.♔xc4 ♕xc2+ −+

37...♗d4+ 38.♔b3 ♕b1+

Weiß gab auf, da er den Turm verliert.

Partie Nr. 25

Van Kempen – Van Oosterom

Fernpartie 2003–2005

1.e4 c5 2.♘f3 d6 3.d4 cxd4 4.♘xd4 ♘f6 5.♘c3 a6 6.♗e3 e5 7.♘b3 ♗e6 8.f3 ♗e7 9.♕d2 0-0 10.0-0-0 ♕c7 11.g4 ♘bd7 12.g5

Zu 12.♔b1 – siehe **Kapitel 7** (Abspiel 1).

12...♘h5 13.♘d5

Weiß forciert das Geschehen, aber auch nach 13.♔b1 b5! bekommt Schwarz gute Angriffsmöglichkeiten am Damenflügel; z.B. 14.♕f2 ♖ab8

(14...♖fb8 15.♘d5 ♗xd5 16.♖xd5 ♘b6 17.♗xb6 ♖xb6 18.h4 ♘f4 19.♖d2 a5 20.♘c1 a4 21.♕e3 b4∓, Moes−Ferrari, Triesen 2005)

15.♖g1 ♘b6 16.f4 ♘xf4 17.♗xf4 exf4 18.♘d5 ♗xd5 19.exd5 ♖fe8 20.♕xf4 ♗f8 21.g6 hxg6 22.♖g3 ♖e5 23.♖c3 ♕e7 24.♖cd3 ♖e8 25.♖d4 ♖e1 und Schwarz gewann später die Partie, Armanda−Cvitan, Omis 2005.

13...♗xd5 14.exd5 a5 15.♔b1 a4

Es wurde auch schon 15...♖fc8 gespielt, aber Schwarz hat eine andere Idee.

16.♘c1 f6 17.g6

Der Sinn dieses Zuges besteht darin, die g-Linie für den Angriff zu öffnen.

Nach 17.a3 fxg5 18.♗xg5 ♗xg5 19.♕xg5 ♘f4 20.♘e2 ♖ac8 bekommt Schwarz gute Angriffsmöglichkeiten am Damenflügel, Hagara-Miniböck, Österreich 2005.

17...hxg6 18.♕g2

Zu überlegen war 18.a3!?, um die Königsstellung intakt zu halten.

18...a3 19.♕xg6 axb2 20.♘b3 f5 21.♗h3

Es geht nicht 21.♕xh5? wegen 21...♖xa2! mit starkem Angriff in folgenden Abspielen:

- 22.♖g1 ♗f6 23.♕xf5 ♖fa8–+;
- 22.c4 ♖a1+! 23.♘xa1 bxa1♕+ 24.♔xa1 ♕a5+ 25.♔b2 ♖a8–+.

21...♘b6

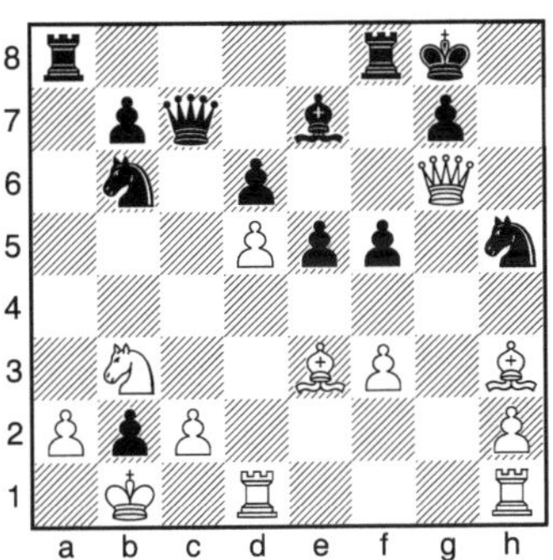

22.♕xh5?

Der Springer ist gefallen, doch der Textzug scheint zu optimistisch, wie wir gleich sehen werden.

Infrage käme 22.♗xb6! ♕xb6 23.♕xh5 ♕a7 24.♔xb2 ♕xa2+ 25.♔c1 ♕a3+ 26.♔d2 ♕b4+ 27.♔c1 (27.♔e2? ♕c4+!) 27...♕a3+ mit Dauerschach.

22...♘c4 23.♗xf5 ♖xf5 24.♕xf5 ♘xe3 25.♕d3

Weiß will die Dame näher bei seinem König halten.

Nach 25.♕e6+ ♔f8 26.♖d2 b5 27.c3 ♘c4 28.♖xb2 (28.♖g2 ♕a7 +) 28...♘xb2 29.♔xb2 ♕a7 30.♘c1 ♕a3+ 31.♔c2 ♕c5 wäre die Königsstellung ernstlich bedroht.

25...♘c4!

Eine Überraschung: Schwarz verzichtet auf den Rückgewinn des Materials und setzt weiter auf Angriff.

26.♘d2 ♘xd2+ 27.♖xd2 ♕a5 28.a3 ♕c5 29.♔xb2

Für den weißen König wird es immer kritischer, aber auch nach 29.♕b3 ♖xa3 30.♕xb2 ♗f6 31.♖d3 ♖a6 32.♖c3 ♕a5 mit der Drohung e5-e4 wäre die Lage nicht viel besser gewesen.

29...e4 30.♕b3 ♗g5 31.♖e2 ♗f6+ 32.c3 exf3 33.♖d2 ♖e8 34.♔a2 b5 35.♖c2 ♔h7 36.♖hc1 ♖e3

Steigert den Druck auf den rückständigen Bauern c3.

37.♖b2?

37.♔b2!? ist vielleicht stärker.

37...♗xc3 38.♕xb5 ♕d4 39.♖bc2 ♔h6 40.h4

40.♕c6 ♖e2 41.♕xd6+ ♔h5 42.♔b3 ♗d2 43.♕c5 ♕d3+ 44.♖c3 ♗xc3 45.♖xc3 ♕d1+ 46.♔b4 ♖e4+ 47.♔b5 ♕e2+ 48.♔b6 (48.♖c4 f2–+) 48...f2 49.♖c2 f1♕–+

40...♖e2 41.♔b3 ♗d2 42.♖f1 ♕e3+

Weiß gab auf.

Partie Nr. 26
Schirow – Kasparow
Linares 2004

1.e4 c5 2.♘f3 d6 3.d4 cxd4 4.♘xd4 ♘f6 5.♘c3 a6 6.♗e3 e5 7.♘b3 ♗e6 8.f3 ♘bd7 9.♕d2 b5 10.a4 b4 11.♘d5 ♗xd5 12.exd5 ♘b6 13.♗xb6 ♕xb6 14.a5 ♕b7 15.♗c4 g6

15...♗e7 wurde in **Kapitel 7** (Abspiel 1) analysiert.

16.♖a4

Mit dem direkten Angriff auf den b–Bauern will Weiß einige schwarze Figuren binden.

16...♖b8 17.♕d3 ♖a8 18.♕d2 ♖b8 19.♘c1 h5 20.♘d3 ♗h6

20...♘xd5? ist schwach wegen 21.♗xd5

(21.♘xe5? dxe5 22.♗xd5 ♕d7 23.♖a1 ♗c5=)

21...♕xd5 22.♘xb4 ♕b5

(22...♕xd2+ 23.♔xd2 ♗h6+ 24.♔d3±)

23.b3 und der Springer kommt mit positionellem Vorteil nach d5.

21.♕e2

Nach 21.♕xb4 ♕c7 22.♕a3 0-0 mit der Absicht e5–e4 hat Schwarz für den Bauern ausreichende Kompensation.

21...0-0 22.♘xb4 ♕d7 23.♘c6 ♖xb2 24.0-0

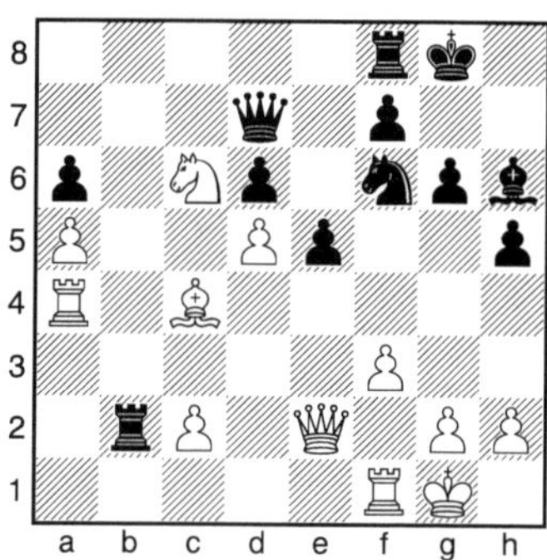

24...h4!

Schwarz muss Gegenspiel am Königsflügel organisieren, denn auf der anderen Seite ist seine Lage wegen des schwachen Bauern a6 nicht gerade rosig.

25.♗b3

Es geht nicht 25.♗xa6? wegen 25...♘xd5 26.♖c4 ♘e3–+.

25...h3 26.g3 e4!

Es ist wichtig, die Stellung zu öffnen, um mehr Felder für die Figuren zu bekommen.

27.fxe4

27.f4!? wäre wahrscheinlich stärker.

27...♕g4 28.♕d3

– Schwach wäre sowohl 28.♕e1? ♖b1! 29.♕xb1 ♗e3+ 30.♖f2 ♕f3 31.♕f1 ♘g4–+

– als auch 28.♕xa6? ♗e3+ 29.♔h1 ♖b1! 30.♖xb1 ♕f3#.

– Nach hingegen 28.♕xg4 ♗e3+ 29.♔h1 ♘xg4 müsste sich Weiß mit dem Dauerschach ♘g4–f2+ abfinden.

28...♕g5 29.e5 dxe5 30.♖h4 e4 31.♕d4 ♘g4

Eine beachtenswerte Idee wäre hier 31...♕e3+!? 32.♕xe3 ♗xe3+ 33.♔h1 ♗d2 mit der Drohung e4–e3–e2 usw.

32.♖xh6

Nach 32.♘e7+ analysiert Ftacnik die Variante 32...♔h7 33.♕xe4 ♕xh4! 34.♖xf7+

(34.gxh4 ♗e3+ 35.♕xe3 ♘xe3 36.♖c1 ♖b8 37.♘c6 ♖8xb3 38.cxb3 ♖g2+ 39.♔h1 ♘g4–+)

34...♔h8 mit den Abspielen:

– 35.♕d4+ ♕f6!! 36.♖xf6

(36.♕xf6+ ♘xf6 37.♘xg6+ ♔g8 38.♖xf8+ ♗xf8–+)

36...♖xf6+;

– 35.♘xg6+ ♔g8 36.d6 ♖b1+ 37.♖f1+ ♔g7 38.♖xb1 ♕g5 39.♘f4 ♕c5+ –+.

32...♘xh6 33.♕xb2 ♕e3+ 34.♖f2

34.♔h1? ♕e2–+

34...♕e1+ 35.♖f1 ♕e3+ ½–½

Eine sehr kämpferische Partie!

Partie Nr. 27
Anand – Morosewitsch
Monte Carlo 2006

1.e4 c5 2.♘f3 d6 3.d4 cxd4 4.♘xd4 ♘f6 5.♘c3 a6 6.f3 e5 7.♘b3 ♗e6 8.♗e3 ♗e7 9.♕d2 0-0 10.0-0-0 ♘bd7 11.g4 b5 12.♖g1

12.g5 wurde in **Kapitel 7** (Abspiel 1) analysiert.

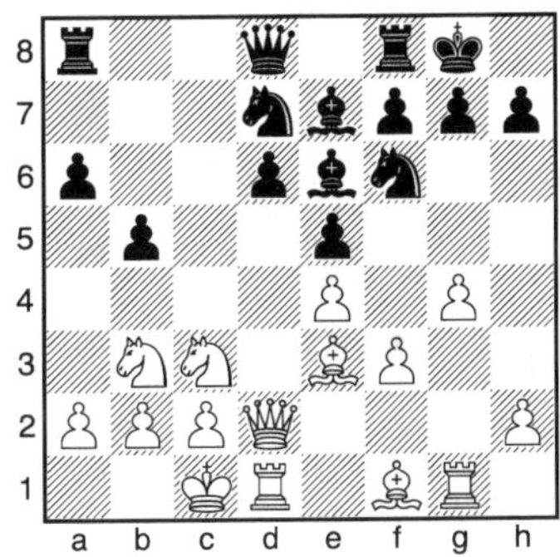

12...b4

Dieselbe Stellung spielte Morosewitsch gegen Vallejo in der 4. Runde mit Weiß. Dort folgte 12...♘b6!? 13.g5 ♘fd7 14.♘d5 ♗xd5 15.exd5 ♖c8 16.♕e1 ♕c7 17.♖g2 ♘c4 18.♗xc4 bxc4 19.♘a5 c3 20.♕xc3 ♕xc3 21.bxc3 ♖xc3 22.♔d2 ♖a3 23.♘c6 ♗d8 24.♖b1 ♗a5+ 25.♔e2 ♖xa2 26.♖b7 ♘c5 27.♘xa5 ♘xb7 28.♘xb7 ♖b8 29.♖g4 ♖xb7 30.♖c4 f5–+.

13.♘d5 ♗xd5 14.exd5 a5 15.g5 ♘h5 16.♔b1 ♖b8 17.h4 f5 18.♕e2

In Betracht kam 18.g6!?.

18...a4 19.♘d2 ♕c7 20.♕c4 ♖fc8 21.♕xc7 ♖xc7

Die Stellung ist etwa ausgeglichen.

22.♘c4 ♖a8

Es drohte 23.♘a5 nebst 24.♘c6.

23.b3 g6 24.♖g2 f4 25.♗f2 ♘g7 26.♖h2 ♘f5 27.♗h3 ♖a6 28.h5 ♗f8 29.♖dh1

Weiß steht aktiv, aber Schwarz hat genug Verteidigungsressourcen.

29...♗g7 30.♗f1 ♘g3! 31.♗xg3 fxg3 32.♖g2 ♘c5 33.♘d2

Weiß muss vorsichtig spielen. Nach 33.♖xg3 ♖ca7 34.♖g2 e4 35.hxg6 hxg6 36.♖h3

(36.fxe4 ♘xe4 37.♗d3 ♘c3+ 38.♔c1 ♘xa2+ 39.♔d2 a3 40.♖e2 ♗c3+ 41.♔d1 ♗d4–+)

36...axb3 37.cxb3 ♘xb3 38.fxe4

(38.axb3?? ♖a1+ 39.♔c2 ♖7a2+ 40.♘b2 ♖xb2#)

38...♘c5 hätte Schwarz für den Bauern die Initiative.

33...♖a8 34.h6 ♗f8 35.♗c4

35.♖h4!? wäre eine starke Alternative.

35...axb3 36.cxb3 ♗e7 37.♖xg3 ♖ca7 38.a4 bxa3 39.♔a2 ♖f8 40.♖h4 ♖f5 41.♖hg4 ♔f8

Infrage käme 41...♖f8!?, um nach 42.b4 ♖b8 ein ausgeglichenes Endspiel zu erreichen.

42.b4 ♘a4?

Dieser unvorsichtige Zug konnte Schwarz in Schwierigkeiten bringen.

Richtig war 42...♘d7! mit der möglichen Folge 43.♗d3 ♖f4 44.♘c4 ♖a4 45.♖xf4+ exf4 46.♖g4 ♔g8! 47.b5

(47.♖xf4 ♖xb4 48.♔xa3 ♘e5 49.♗f1 ♖b8 50.♗h3 ♘xc4+ 51.♖xc4 ♗xg5 52.♗e6+ ♔h8 53.f4 ♗xh6 54.f5 gxf5 55.♗xf5 ♖b7=)

47...♖b4 48.♖xf4 (48.♘xa3?? ♘e5–+) 48...♘c5 49.♗f1 ♗xg5 50.♖g4 ♗xh6 51.♘xd6 ♗f4 52.♘c8 g5 53.b6 ♔f8 und einem dynamischen Endspiel mit beiderseitigen Chancen.

43.♔xa3 ♘c3+ 44.♔b3 ♘d1 45.♖g1

Stärker war 45.♗d3!? ♖f4 46.♖xf4+ exf4 47.♖g1 ♘e3 48.♗e4 mit weißem Vorteil.

45...♘e3 46.♖e4?

Nach diesem Fehlgriff entwickelt sich das Spiel zu Gunsten von Schwarz.

Notwendig war 46.♗d3!? ♘xg4 (46...♖f7 47.♖e4 ♘xd5 48.♗c4±) 47.♗xf5 ♗xg5 48.♘c4 gxf5 49.fxg4 fxg4 50.♖xg4 ♗xh6 51.b5 und Schwarz steht vor Problemen.

46...♖xg5 47.♖e1 ♘f5 48.b5 ♖g2

49.♔c3 ♗d8 50.♘b3

50.♖4e2 ♖g3∓

50...♘xh6 51.f4 ♘f7 52.♖1e2 ♖g3+ 53.♔b4 ♗b6 54.fxe5 ♘xe5 55.♖xe5

In diesem schlechteren Endspiel versucht Weiß noch etwas zu unternehmen.

55...dxe5 56.♖xe5 ♖e7 57.♖xe7 ♔xe7

Der schwarze Materialvorteil entscheidet die Partie.

58.♘c5 ♖g1 59.♘e4

59.♘a4 ♗c7 60.b6 ♗d6+ 61.♔b5 h5–+

59...♖b1+

Auch 59...h5! lässt dem Gegner kaum Chancen; z.B. 60.d6+ ♔d7 61.♗d5 h4 62.♗c6+ ♔e6 63.d7 h3+.

60.♔c3 ♗c7 61.♔d4 ♖e1 62.♗d3 h5 63.♔c5 h4 64.b6

Auch 64.d6+ ♗xd6+ 65.♘xd6 ♖e5+ 66.♔c6 ♖e6 67.♗e4 ♖xd6+ 68.♔c7 g5 69.b6 ♖d4 70.♗c6 h3 71.b7 ♖b4 verliert.

64...♖c1+ 65.♔b5 ♗b8 66.d6+ ♗xd6 67.♘xd6 ♔xd6 68.♗xg6 h3

Weiß gab sich geschlagen wegen 69.♗e4 h2 70.♔a6 h1♕ 71.♗xh1 ♖xh1 72.b7 ♔c7 usw.

Partie Nr. 28

Karjakin – Anand

Wijk aan Zee 2006

1.e4 c5 2.♘f3 d6 3.d4 cxd4 4.♘xd4 ♘f6 5.♘c3 a6 6.♗e3 e5 7.♘b3 ♗e6 8.f3 ♗e7 9.♕d2 0-0 10.0-0-0 ♘bd7 11.g4 b5 12.g5 b4 13.♘e2 ♘e8 14.f4 a5 15.f5 a4 16.♘bd4 exd4 17.♘xd4 b3 18.♔b1 bxc2+ 19.♘xc2 ♗b3 20.axb3 axb3 21.♘a3 ♘e5 22.h4 ♖a5 23.♕c3?

Diese Entscheidung wurde als Fehler beurteilt, was die Partie bestätigt.

– In der Begegnung Najer–W. Popov, Moskau 2006, spielte Weiß das bessere 23.♕b4! – siehe Partie Nr. 26.

– Und andere Möglichkeiten wurden in **Kapitel 7** (Abspiel 1) vorgestellt.

23...♕a8 24.♗g2

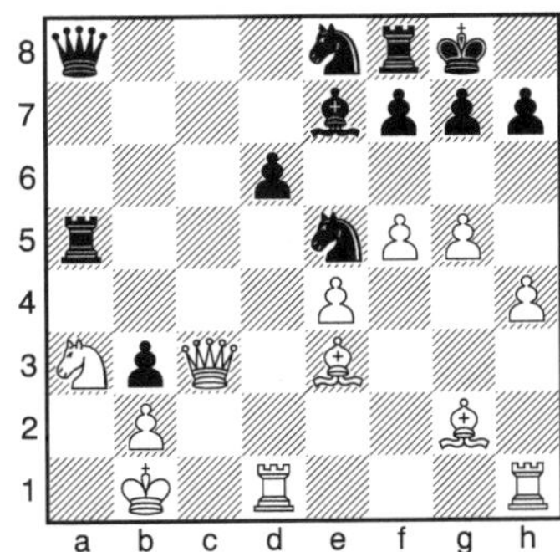

24...♘c7!!

Der Anfang einer schönen Kombination, bei der Schwarz seinen

Turm unter Figurenopfer in den Kampf einschalten will.

25.♕xc7

Es gibt nichts Besseres.

– 25.♗d2 ♖a7 26.♖h3 ♖b8–+

– 25.♗b6 ♖xa3 26.bxa3 ♘b5 27.♕xb3 ♘xa3+ –+

25...♖c8! 26.♕xe7

Auch hier gibt es keine Wahl: 26.♕b6 ♘c4 27.♕xb3 ♘xa3+ 28.bxa3 ♖xa3 29.♕b2 ♖b8 30.♗b6 ♖a6 und nach 31.e5 folgt 31...♖a1+! 32.♕xa1 ♖xb6+ 33.♔c2 ♕xg2+ 34.♔c3 dxe5–+, Analyse von Ftacnik.

26...♘c4!

Die Pointe der Kombination.

27.g6

Dieser Gegenspielversuch wird schnell widerlegt.

Andere Varianten verlieren aber auch, wie folgende Analysen von Ftacnik zeigen.

– 27.♗c1 ♕c6–+ bzw. 27.♗d4 ♖xa3

(27...♕c6 28.♘xc4 ♕xc4 29.♗c3 ♖ca8 30.♔c1 ♕e2 +)

28.bxa3 ♘xa3+ 29.♔b2 ♘c4+ 30.♔c3 ♕a5+ 31.♔d3 ♕a2 32.♗c5 ♕c2+ 33.♔d4 ♕f2+ 34.♔c3 ♕xc5+

– Relativ am besten war die Verteidigung 27.♗c5!? ♖xa3 28.bxa3 ♘xa3+ 29.♔c1 (29.♔b2 ♖xc5–+) 29...♖xc5+ 30.♔d2 ♖c2+ 31.♔e1 b2 32.g6 f6 mit schwarzem Vorteil.

27...hxg6 28.fxg6 ♘xa3+ 29.bxa3 ♖xa3 30.gxf7+

30.♕xf7+ ♔h8 31.♗d4 ♖a1+! 32.♗xa1 ♕a2#

30...♔h7 31.f8♘+

Um das Spiel zu verlängern.

31...♖xf8 32.♕xf8 ♖a1+ 33.♔b2 ♖a2+ 34.♔c3

34.♔xb3 ♕a4+ 35.♔c3 ♖c2+ 36.♔d3 ♕c4#

34...♕a5+ 35.♔d3 ♕b5+ 36.♔d4

36.♔c3 ♖c2+ 37.♔d4 ♕c4#

36...♖a4+ 37.♔c3 ♕c4+

Weiß gab auf. Es könnte noch 38.♔d2 ♖a2+ 39.♔e1 ♕e2# folgen.

Partie Nr. 29
Najer – W. Popow
Moskau 2006

1.e4 c5 2.♘f3 d6 3.d4 cxd4 4.♘xd4 ♘f6 5.♘c3 a6 6.f3 e5 7.♘b3 ♗e6 8.♗e3 ♗e7 9.♕d2 0-0 10.0-0-0 ♘bd7 11.g4 b5 12.g5 b4 13.♘e2 ♘e8 14.f4 a5 15.f5 a4 16.♘bd4 exd4 17.♘xd4 b3 18.♔b1 bxc2+ 19.♘xc2 ♗b3 20.axb3 axb3 21.♘a3 ♘e5 22.h4 ♖a5 23.♕b4!

Nach neuestem Stand ist dies das Beste für Weiß.

23...♕a8 24.♗b6

Dieser Zug war in der Partie Karjakin–Anand nicht möglich wegen 24...♕a8xe4+, denn die weiße

Dame stand auf c3. Jetzt sehen wir den Vorteil von 23.♕b4!.

24...♖a4 25.♕xb3 ♕xe4+ 26.♘c2

Zu untersuchen ist 26.♗d3!? ♕b4

(26...♘xd3 27.♕xd3 ♕b7 28.♗d4 d5 29.♘c2±)

27.♕xb4 ♖xb4 28.♗a5 ♖a4 29.♗c3 f6 usw.

26...♖a8 27.♕d5 ♕xd5 28.♖xd5 ♖b8 29.♖b5

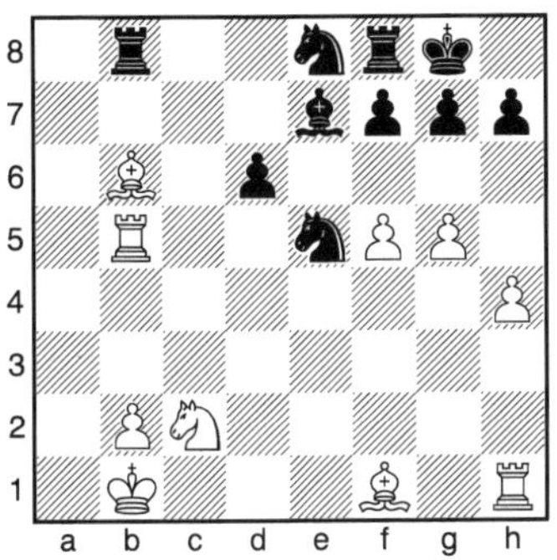

29...♗d8

Dies führt zu einer gedrückten Stellung.

Infrage kommt deswegen 29...f6!? mit der möglichen Folge 30.♘d4 d5 31.♗c5

(31.♗g2 ♘d6 32.♗xd5+ ♔h8 33.♖b3 ♘dc4 34.♗c7 ♘d2+ 35.♔a2 ♘xb3∓)

31...♖xb5 32.♗xe7 ♖b7 33.♗xf8 ♔xf8 34.♗g2 ♘c4 35.♗xd5 ♖xb2+ 36.♔c1 ♖b4 37.♖d1 ♘e3 38.♘e6+ ♔e7 39.♖e1 ♘xd5 40.♘xg7+ ♔f7 41.♘xe8 ♖xh4 42.♘d6+ ♔g7 43.♖d1 ♘c3 44.♘e8+

(44.gxf6+ ♔xf6 45.♖e1 ♘d5 46.♖e6+ ♔g5 47.♖e5 ♘f6∓)

44...♔f7 45.♘d6+ und Weiß kann die Züge wiederholen.

30.♗xd8 ♖xd8 31.♗g2 g6

Auch 31...♘c7 wurde schon gespielt: 32.♖b7 ♖c8 33.♖d1 ♖fd8 34.♘e3 ♔f8 35.♖c1 ♘e8 36.♘d5 ♘d3 37.♖d1 ♘c5 38.♖a7 ♖b8 39.b4 ♖d7 40.♖xd7 ♘xd7 41.♔b2 ♘b6 42.♔b3 f6 43.♘xb6 ♖xb6 44.♖a1 fxg5 45.hxg5 ♘c7 46.♖a7 ♘a6 47.♖a8+ ♔e7 48.♖g8 ♖xb4+ 49.♔c3 ♖b5!

(Aber nicht 49...♖g4?? 50.f6+ 1-0, Deepan-Arun, Visakhapatnam 2006.)

50.♖xg7+ ♔f8 51.♖a7

(51.f6 ♖c5+ 52.♔d4 ♘c7 53.♗h3 ♘e8 54.♖xh7 ♖xg5=)

51...♖xf5 52.♖xa6 ♖xg5 53.♗e4 h5 54.♖xd6 ♔g7 mit gleichem Endspiel.

32.f6 ♘c7 33.♖b6 ♖b8 34.♖xb8 ♖xb8 35.♔a2 h6 36.gxh6

Oder 36.♖d1 hxg5 37.hxg5 ♘e6 38.♘e3 (38.♖xd6?? ♘c4–+) 38...♘xg5

(38...♖b6 39.♘d5 ♖a6+ 40.♔b3 ♘xg5 41.♖h1 ♘h7 42.♘e7+ ♔h8 43.♗d5 ♖a7)

39.♖xd6 ♘e6 40.♖d5 ♘c6 und Schwarz sollte das Endspiel problemlos verteidigen können.

36...♘e8 37.b4 ♘xf6 38.♔b3 ♔h7 39.♘d4 ♔xh6 40.♘c6 ♘xc6

Man könnte noch 40...♖b6!? versuchen.

41.♗xc6 ♘g4 42.♖d1 und man einigte sich auf Remis. Eine für diese Variante wichtige Partie. Meines Erachtens sollte die Fortsetzung 29...f6!? weiter untersucht werden.

Partie Nr. 30

Sarana – Vachier-Lagrave

Germany 2020

1.e4 c5 2.♘f3 d6 3.d4 cxd4 4.♘xd4 ♘f6 5.♘c3 a6 6.♗e3 ♘g4 7.♗c1 ♘f6

Zu 7...♘c6 siehe **Kapitel 7**, **Abspiel 2**.

8.f3

Es geht natürlich auch 8.♗g5, was zur Hauptvariante des Najdorf-Systems führen würde.

8...e6 9.♗e3 b5 10.a4

Auch auf 10.g4 kann Schwarz mit 10...b4 reagieren; z.B. 11.♘ce2 h6 (11...e5 12.♘f5 g6 13.♘fg3 h6 14.♗g2 ♗e6 15.h3 h5 16.♕d2 ♘bd7 17.0-0 d5?, Vallejo Pons-Kramnik, Monte Carlo 2004)

12.c4 e5 13.♘c2 ♘c6 14.♘g3 ♗e6 15.h4 a5 16.♗f2 g6 17.♘e3 ♗g7 18.♖c1 0-0 19.♗d3 ♘d4 mit gutem Spiel für Schwarz, Vallejo Pons-Anand, Monte Carlo 2006.

10...b4 11.♘a2

Nach 11.♘ce2 kann Schwarz den Plan 11...e5 Δ12.♘b3 d5? wählen.

11...e5 12.♘b3 ♘c6

Die Hauptfortsetzung ist 12...d5 13.exd5 ♘xd5= bzw. 13.♗g5 d4=.

13.♗c4 ♕c7

Auf 13...♗e6 ist 14.♗d5! stark.

Der Textzug ist eine Neuerung, die weitere Erforschung verdient.

14.0-0 ♗e7 15.c3 bxc3 16.♘xc3 ♘b4 17.♕e2 0-0

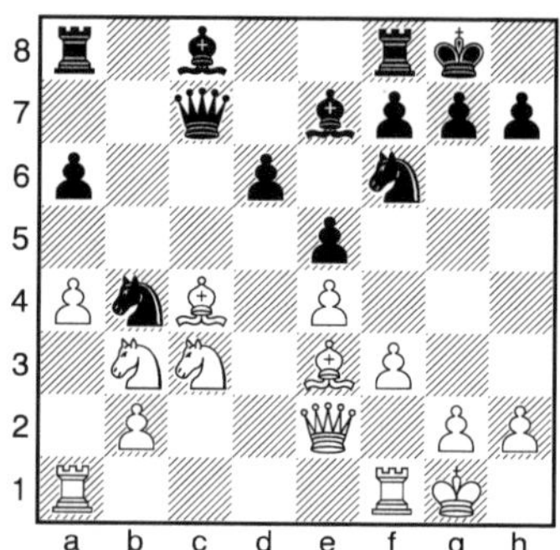

18.♖ac1?

Zwar verlangt diese Position nach einem Turm auf c1, aber logischer war 18.♖fc1! und der Unterschied wird sich gleich zeigen.

18...♕b8 19.a5 ♗d7

Wenn noch ein Turm auf a1 stünde, wäre nun 20.♘a4 mit guten Aussichten für Weiß möglich.

20.♖a1

Weiß räumt seinen Fehler ein und kehrt mit dem Turm ins Eck zurück.

20...♖c8 21.♘a4

Nach diesem ausgezeichneten Zug übernimmt Schwarz völlig die Initiative.

21...d5! 22.exd5 ♖xc4 23.♕xc4 ♗b5 24.♕h4?

Die Konsequenzen von 24.♕c1 wären weniger tragisch; nach der möglichen Folge 24...♗xf1 25.♕xf1 ♘c2 26.♘b6 ♘xe3 27.♕d3 ♘exd5 28.♘xd5 ♘xd5 29.♕xd5 ♕a7+ 30.♖♔f1 ♖b8 stünde Schwarz besser, aber Weiß könnte noch kämpfen.

24...♗xa4 25.d6

25.♖xa4 ♘bxd5–+

25...♗xb3 26.dxe7 ♘bd5 27.♗c5 ♘xe7 28.♗xe7 ♕a7+ 29.♕f2 ♕xe7 30.♖fc1 ♗d5 31.♕c5 ♕e6 32.♕b6 ♕f5 33.♖a4 h6

Weiß gab sich geschlagen.

Partie Nr. 31
Smirin – Kasparow
Jerewan 1996

1.e4 c5 2.♘f3 d6 3.d4 cxd4 4.♘xd4 ♘f6 5.♘c3 a6 6.♗e3 ♘g4 7.♗g5 h6 8.♗h4 g5 9.♗g3 ♗g7 10.♗e2 h5 11.♗xg4 ♗xg4 12.f3 ♗d7 13.♗f2

Andere Fortsetzungen wurden in **Kapitel 7** (Abspiel 2) vorgestellt.

13...♘c6 14.♘d5

Diese Aktivität kommt zu früh.

– Weiß sollte erst seine Entwicklung mit 14.0-0 beenden.

– Eine Alternative ist auch 14.♕d2.

14...♖b8 15.0-0 e6 16.♘xc6

Wie spätere Analysen zeigten, war 16.♘c3 besser, wonach 16...♘e5 zu einem Spiel mit beiderseitigen Chancen führt.

16...bxc6 17.♘e3 d5

Zu gefährlich wäre 17...♗xb2 18.♘c4 ♗xa1 19.♘xd6+ ♔f8 20.♕xa1 mit starker Initiative.

18.♖b1 0-0

– Ganz schlecht wäre 18...♗xb2?? 19.♖xb2 ♖xb2 20.♕d4+–.

– Hingegen könnte Schwarz nach 18...♖xb2 19.♖xb2 ♗xb2 20.♕d3 ♕a5 21.♖b1 ♗e5 einen Bauern erobern.

Kasparow wählte jedoch den soliden Weg: Erst wird der König gesichert und danach beginnen die aktiven Unternehmungen.

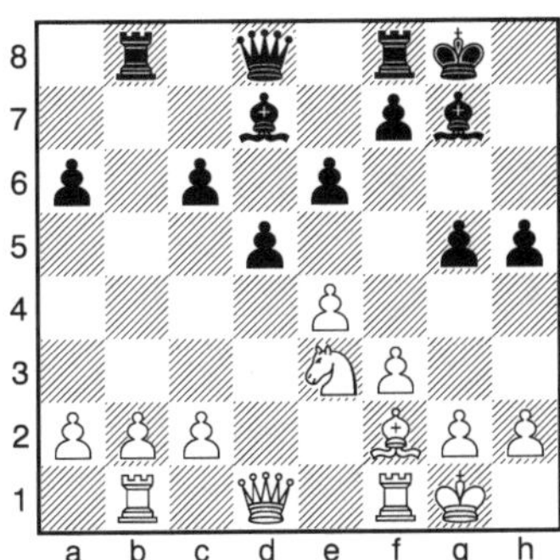

19.c4?

Die daraus resultierenden Komplikationen sind günstig für Schwarz.

19.c3!? war solider und stark.

19...d4 20.♘c2 e5

Somit hat Schwarz einen gedeckten Freibauern auf d4 erhalten.

21.♘e1 f5!

Der Auftakt zur Aktion am Königsflügel.

22.♘d3 g4 23.♘c5 gxf3 24.♕xf3

24.gxf3 ♗c8∓

24...fxe4 25.♕xh5 ♕e8! 26.♕g5

Die Stellung nach 26.♕xe8 ♗xe8 27.♘xe4 ♗g6 wäre klar günstig für Schwarz.

26...♖f5 27.♕d2 e3!

Damit erzwingt Schwarz den Übergang zum gewonnenen Endspiel.

28.♗xe3 ♖xf1+ 29.♖xf1 dxe3 30.♕xd7 ♕xd7 31.♘xd7 ♖xb2 32.♘f6+

Weiß sucht Rettung in einem Turmendspiel, jedoch vergeblich. Aber was sonst? Nach 32.♖e1 e4 wäre das Endspiel auch nicht mehr zu retten.

32...♗xf6 33.♖xf6 ♖xa2 34.♖f1 a5 35.♖e1 e2 36.♔f2 a4 37.♖b1

37.♖xe2 ♖xe2+ 38.♔xe2 a3−+

37...a3 38.♖b8+ ♔f7 39.♖a8 ♖a1 40.♔xe2 a2

Weiß gab auf, denn nach 41.♔f2 entscheidet die Drohung e5–e4–e3+.

Partie Nr. 32
Schirow – Kasparow
Linares 1997

1.e4 c5 2.♘f3 d6 3.d4 cxd4 4.♘xd4 ♘f6 5.♘c3 a6 6.♗e3 ♘g4 7.♗g5 h6 8.♗h4 g5 9.♗g3 ♗g7 10.♗e2 h5 11.♗xg4 ♗xg4 12.f3 ♗d7 13.0-0

Andere Fortsetzungen werden in **Kapitel 7** (Abspiel 2) besprochen.

13...♘c6 14.♗f2 e6!

Lässt den Springer nicht nach d5, wozu es nach 14...♖c8 15.♘d5! kommen könnte.

15.♘ce2

Die Stellung nach 15.♘xc6 ♗xc6 16.♗d4 ♗e5 17.♗xe5 (17.♕d2 ♕f6!) 17...dxe5 18.♕xd8+ ♖xd8 19.♖ad1 ♔e7 ist bequemer für Schwarz.

15...♘e5 16.b3

Nach 16.♕d2 ♖c8 17.b3 g4 18.f4 h4 19.fxe5 dxe5 20.♖ad1 ♕e7 entsteht eine komplizierte Stellung mit beiderseitigen Chancen.

16...g4 17.f4 h4! 18.♗e3

Oder 18.fxe5 dxe5 mit der Drohung g4–g3 und Initiative am Königsflügel.

18...h3 19.g3 ♘c6

Die Bauernstruktur am Königsflügel ist festgelegt und Weiß kann mit seinem König Probleme bekommen, sofern die Damen auf dem Brett bleiben.

20.♕d3 0-0 21.♖ad1 f5 22.c4 ♕a5

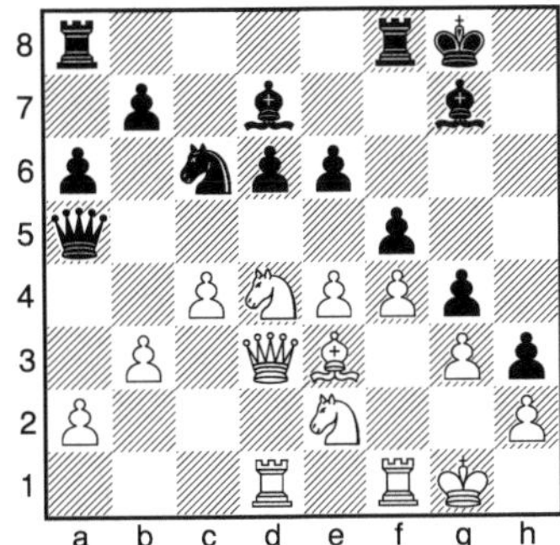

23.♘c3?

Ein schwacher Zug, weil der Springer nur durch die Dame gedeckt ist, was ihre Aktivität einschränkt.

Zudem vergibt Weiß hier die Chance, Damentausch anzustreben. Nach 23.♕d2! ♕xd2 (23...♕a3 24.♘c3!) 24.♖xd2 fxe4 25.♘xc6 ♗xc6 26.♖xd6 sollte er nicht schlechter stehen.

23...♖ae8 24.♖fe1 e5!

Schwarz übernimmt die Initiative. Das Ziel der Stellungsöffnung rückt näher.

25.♘xc6

25.♘xf5 ♗xf5 26.exf5 exf4–+

25...♗xc6 26.b4?

26.fxe5 war laut Kasparow notwendig.

26...♕a3

Nicht schlecht war 26...♕xb4!? 27.♘d5

(27.♖b1 fxe4 28.♘xe4 ♕a5 29.♘xd6 exf4 30.♘xe8 fxg3–+)

27...fxe4 28.♘xb4 (28.♕xe4 exf4–+) 28...exd3 29.fxe5 ♖xe5 30.♖xd3 ♖f3 31.♗d2 ♖xd3 32.♘xd3 ♖xe1+ 33.♗xe1 ♔f7 und das Läuferpaar sowie ein Mehrbauer reichen zum Gewinn.

27.b5

Oder 27.♘e2 ♕xd3 28.♖xd3 exf4 29.♗xf4 ♖xe4 30.♗xd6 ♖d8–+.

27...exf4! 28.♗xf4

Nach 28.bxc6 fxe3 29.♖xe3 bxc6 30.♕xd6 ♕xd6 31.♖xd6 c5 wäre die Lage von Weiß auch hoffnungslos.

28...axb5 29.cxb5 ♕c5+ 30.♗e3?

Der letzte Fehler. Rettungschancen bot nur noch 30.♖e3!? ♗xe4 31.♕xd6 ♕xd6 32.♖xd6 ♗f3 usw.

30...♕xc3 31.bxc6 ♕xc6 32.♕xd6 ♕xe4 33.♕d5+ ♕xd5 34.♖xd5 ♗c3

Die Fesselung des Läufers ist tödlich.

35.♖e2 ♖e4 36.♔f2

36.♖d3 ♗f6 37.♖ed2 ♔f7 38.♖d7+ ♔g6 39.♔f2 ♖fe8–+

36...♖fe8 37.♖d3 ♗f6 38.♖ed2 ♖xe3!

Weiß gab auf wegen 39.♖xe3 ♖xe3 40.♔xe3 ♗g5+ 41.♔e2 ♗xd2 42.♔xd2 f4 43.gxf4 g3 44.hxg3 h2–+.

Partie Nr. 33
Ye Jiangchuan – Sutovsky
Shenyang 1999

1.e4 c5 2.♘f3 d6 3.d4 cxd4 4.♘xd4 ♘f6 5.♘c3 a6 6.♗e3 ♘g4 7.♗g5 h6 8.♗h4 g5 9.♗g3 ♗g7 10.♗e2 h5 11.♗xg4 hxg4 12.0-0

Andere Ideen für Weiß finden Sie in **Kapitel 7** (Abspiel 2).

12...♘c6 13.♘f5 ♗xc3!?

Schwarz gibt seinen Läufer her, aber schwächt damit die Bauernstruktur des Gegners am Damenflügel.

14.bxc3

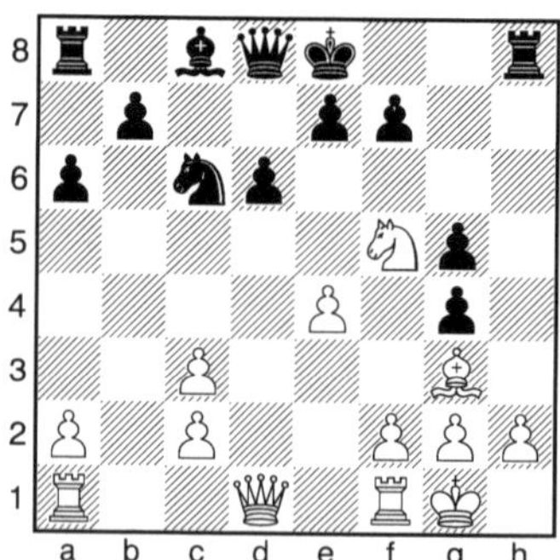

14...♕a5

Zur weiteren Untersuchung empfiehlt sich 14...♗xf5!?; z.B. 15.exf5 ♘e5

(15...f6 16.♕xg4 ♕a5 17.♖ab1 0-0-0 18.♖b3 ♖d7 19.♖fb1 ♖c7 20.f3 ♕d5 21.♖e1 ♔b8 22.♗f2 ½–½, R. Mainka–Tischbierek, Baden-Baden 1992)

16.♗xe5

(16.c4 ♕c7 17.♖b1 f6 18.c5 ♕xc5 19.♖xb7 ♔f7 20.♗xe5 ♕xe5∓, R. Mainka–Gallagher, Eupen 1993)

16...dxe5 17.♕xg4 f6 18.g3

(18.♖fd1 ♕c7 19.♕a4+ b5 20.♕b3 ♖c8 21.a4 e4 22.g3 e3 23.fxe3 ♕e5 24.♕e6 ♕xe6 25.fxe6 ½–½, O'Donnell–Gardner, Kanada 1994)

18...♕c7 19.♖ab1 b5 20.c4 ♔f7 21.♖b4 ♕c5 22.cxb5 axb5 23.a4 bxa4 24.♖xa4 ♕xc2 25.♖xa8 ♖xa8 26.♕h5+ ♔g7 27.♕g6+ ♔f8 ½–½, Miranovic–Ruck, Ungarn 1995

15.♕xg4 f6

Schwach wäre natürlich 15...♕xc3? wegen 16.♕xg5 mit Vorteil für Weiß.

16.♕f3 ♘e5 17.♕e3 ♗xf5 18.exf5 ♖c8 19.♕a7 ♔f7 20.♕xb7 ♖xc3 21.♖fd1 ♕c5 22.♖d2 ♕c6 23.♖b1 ♖c8 24.h3 ♖xc2!

Nur so. Schwach wäre 24...♕xb7? wegen 25.♖xb7 ♖xc2 26.♖xd6 ♖xa2 27.♗xe5 fxe5 28.♖e6 mit weißem Vorteil.

25.♕b3+ ♕c4 26.♖xc2 ♕xb3 27.♖xb3 ♖xc2 28.♗xe5 fxe5 29.♖a3 ♖c6 30.g4 ♔f6 31.♔g2 e4?!

Ein verfehltes Konzept. Richtig war 31...d5! mit guten Chancen nach z.B. 32.♖a5 (32.♔f3 e4+ 33.♔e3 ♔e5∓) 32...♖d6 mit starkem Freibauern.

32.♖a5!

Wahrscheinlich hat Schwarz diesen Zug übersehen und kommt nun nicht weiter.

32...♖c2 33.♔f1 ♖c3 34.♔g2 ♖c2 35.♔f1 ♖c3 ½–½

Partie Nr. 34
De la Villa Garcia – Hodgson
Saragossa 1993

1.e4 c5 2.♘f3 d6 3.d4 cxd4 4.♘xd4 ♘f6 5.♘c3 a6 6.♗e3 ♘g4 7.♗g5 h6 8.♗h4 g5 9.♗g3 ♗g7 10.♗e2 h5 11.h4 gxh4 12.♖xh4

12.♗xh4 wurde in **Kapitel 7** (Abspiel 2) analysiert.

12...♘c6 13.♘b3 ♗e6 14.♕d2

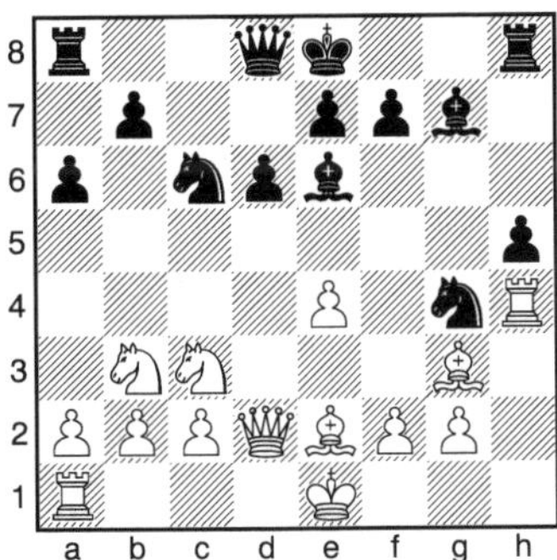

14...♕b6!

Ein starker Zug. Die Dame hat auf der Diagonale a7–g1 eine wichtige Aufgabe, nämlich die Drohung f2–f3 auszuschließen.

15.♘d5 ♗xd5 16.exd5 ♘ce5 17.0-0-0

In der Begegnung Topalow–Kasparow, Genf 1996, geschah 17.c3 ♘g6 18.♖h3 h4 19.♗xg4 hxg3 20.♖xh8+ ♗xh8 21.♕e3 gxf2+ 22.♔xf2 ♕xe3+ 23.♔xe3 ♘e5 24.♗e2 ♔d7 25.♘d2 ♖g8 mit etwas besserem Endspiel für Schwarz.

17...♗h6! 18.f4 ♕e3 19.♕xe3 ♘xe3 20.fxe5

Nach 20.♖dh1 ♖c8 21.♖xh5 ♖xc2+ 22.♔b1 ♖xe2 23.fxe5 ♖g8 24.♖xh6 ♖xg3 25.e6 ♔f8 hätte Schwarz bessere Chancen.

20...♘f5+ 21.♔b1 ♘xg3 22.exd6 ♗g5 23.♖b4 ♘xe2 24.dxe7 ♗xe7 25.♖xb7

Nach 25.♖e4 ♘g3 26.♖e3 ♘f5 27.♖e5 ♘h4 28.d6 ♘g6 29.♖ee1 0-0-0 30.dxe7 ♖xd1+ 31.♖xd1 ♘xe7= hätte Weiß nichts erreicht.

25...♗d6

Wie die Partie Milbachhofner–Miniböck, Österreich 1998, zeigte, kann Schwarz auch nach 25...♖g8 26.♖e1 ♖xg2 27.♘c1 ♗g5 erfolgreich um Ausgleich kämpfen.

26.c4 ♖g8 27.c5 ♖b8 28.♖xb8+ ♗xb8 29.d6 ♖g6

Zum Remis reicht auch 29...♔d7 30.♘a5 ♘f4 31.c6+ ♔c8 32.♘b7 ♗xd6 33.♘xd6+ ♔c7 34.♘xf7 ♔xc6 35.g4 hxg4 36.♖d4 g3 37.♖xf4 g2 38.♘e5+ ♔b5 39.♘f3 g1♕+ 40.♘xg1 ♖xg1+ 41.♔c2 ♖g6, denn das Turmendspiel ist für Weiß praktisch nicht zu gewinnen.

30.♘a5 ♗xd6 31.cxd6 ♔d7 32.♘c4 f6 33.♘b6+ ♔d8 34.a4

34.d7 ♖xg2 35.♖d6 ♖f2 36.a4 h4 37.♖e6 ♖f1+ 38.♔a2 ♘c1+ 39.♔a3 (39.♔b1 ♘b3+ ½–½) 39...♖f3+ 40.♔b4 ♘d3+ 41.♔c4 ♘e5+ 42.♔d4 ♘xd7 43.♘xd7 (43.♖d6? ♔c7!) 43...♔xd7 44.♖xa6 h3 45.♖a7+ ♔c6=

34...♖xg2 35.♔c2 h4 36.♔b3 h3 37.♖d5??

Das ist der Verlustzug.

Stattdessen sollte unbedingt 37.♖f1! geschehen; z.B. 37...f5 38.♔b4 (38.♖xf5?? ♘d4+ mit Turmgewinn) 38...♘g3 39.♖c1 ♖xb2+ 40.♔a5 ♖xb6 41.♔xb6 h2 42.♔xa6 h1♕ 43.♖xh1 ♘xh1 44.♔b7 ♘f2 45.♔c6!

(45.a5?? ♘e4 46.♔c6 ♘xd6 47.♔xd6 f4 48.♔c6 ♔c8 49.a6 ♔b8–+)

45...♘e4 46.d7! (46.a5?? ♘xd6–+) 46...♘g5 47.a5 ♘e6 48.a6 ♘c7 49.♔c5 ♘xa6+ 50.♔d5 mit Eroberung des letzten schwarzen Bauern und Ausgleich.

37...♖g5 38.♖d2 h2 39.♖xe2 h1♕ 40.♖c2 ♕d1

Weiß kapitulierte.

Partie Nr. 35

Lutz – Kempinski

Bundesliga 2004

1.e4 c5 2.♘f3 d6 3.d4 cxd4 4.♘xd4 ♘f6 5.♘c3 a6 6.♗e3 ♘g4 7.♗g5 h6 8.♗h4 g5 9.♗g3 ♗g7 10.h3 ♘f6 11.♗e2

Die Fortsetzung 11.♕f3 wurde in **Kapitel 7** (Abspiel 2) vorgestellt.

11...♕b6 12.♘b3 ♗e6 13.♕d2 a5?

Ein solcher Zug kann nicht gut sein, denn Schwarz sollte erst die Entwicklung beenden und den König sichern.

Die Theorie empfiehlt hier 13...♘bd7 14.f3 mit folgenden Abspielen:

- 14...♘h5 15.♗f2 ♕c7 16.♘d4 ♘f4 mit gutem Spiel für Schwarz;
- 14...♖c8 15.♗f2 ♕c7 16.♘d4 ♘e5 mit scharfem Spiel und beiderseitigen Chancen.

14.f3 ♘c6 15.♗f2 ♕c7 16.♘d4 ♘h5 17.♘db5

Jetzt sehen wir, warum 13...a5? ein Fehler war, denn das Feld b5 ist schwach.

17...♕d8 18.g3 a4 19.f4 ♘f6 20.0-0-0

Der weiße König hat ein Versteck am Damenflügel gefunden, sein Gegenüber aber ist immer noch im Zentrum. Weiß folgt nun dem simplen Plan, die Stellung in der Mitte und am Königsflügel zu öffnen.

20...a3 21.b3

Ganz einfach wird die schwarze Aktion gestoppt und es ist nicht zu sehen, wie der Nachziehende seinen Angriff gegen den weißen König weiterführen kann. Dagegen sind die aktiven Möglichkeiten von Weiß nicht erschöpft. Als Fazit hat Weiß klaren Vorteil.

21...♕a5 22.♔b1 ♘b4 23.♗d4 ♖c8 24.♕e3 0-0

Findet der schwarze König hier Ruhe? Wir werden es gleich sehen.

25.fxg5 hxg5 26.h4!

Der Bauer g5 ist unwichtig und Weiß will die h-Linie öffnen.

26...♘c6?

Das erleichtert nur die Aufgabe von Weiß. Stärker war wohl 26...g4!?.

27.hxg5 ♘xd4 28.gxf6! ♘xb5

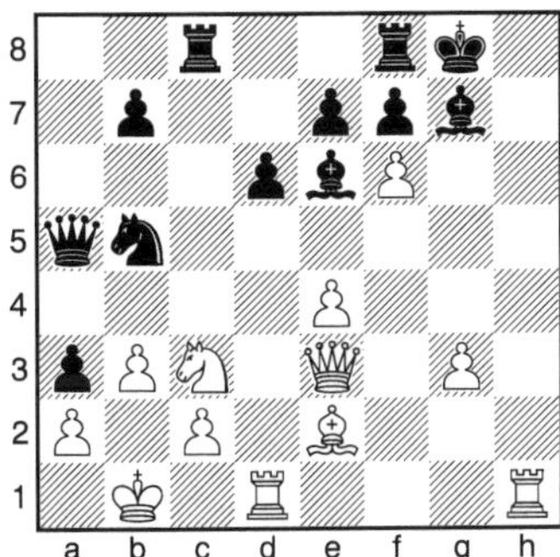

29.♖h8+! Eine hübsche Überraschung.

Schwarz gab sich geschlagen wegen folgender Möglichkeiten:

– 29...♗xh8 30.♕g5+ ♔h7 31.♖h1+ ♗h3 32.♖xh3#;

– 29...♔xh8 30.fxg7+ ♔g8 31.♕h6 ♘xc3+ 32.♔a1 f6 33.gxf8♕+ ♖xf8 34.♕g6+ ♔h8 35.♖h1+ nebst Matt.

Partie Nr. 36
Schirow – J. Polgar
Euro Tel Trophy 1999

1.e4 c5 2.♘f3 d6 3.d4 cxd4 4.♘xd4 ♘f6 5.♘c3 a6 6.♗e3 ♘g4 7.♗g5 h6 8.♗h4 g5 9.♗g3 ♗g7 10.h3 ♘e5 11.♘f5 ♗xf5 12.exf5 ♘bc6 13.♘d5 e6 14.fxe6 fxe6 15.♘e3 0-0 16.♗e2 d5 17.0-0 ♕b6

Zu 17...♘g6 – siehe **Kapitel 7** (Abspiel 2).

18.♘g4!?

Für die Initiative ist Schirow bereit, einen Bauern zu opfern.

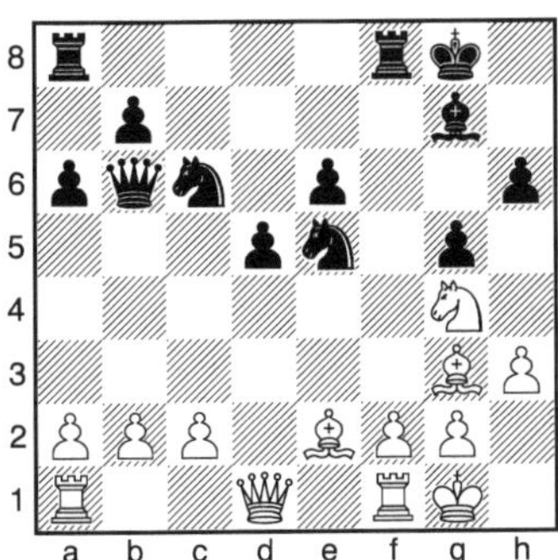

18...♖f5?

Dieser Zug hat eigentlich keinen

Sinn und Weiß erhält schnell einen Vorteil.

– Polgar hatte offensichtlich keine Lust, die Stellung nach 18...♕xb2 19.♖b1 ♕xa2 20.♖xb7 ♖f7 21.♘xe5 ♘xe5 22.♖b6 ♖e7 zu verteidigen.

– Doch logisch und stark war 18...♘g6!?.

19.c3 ♕xb2 20.♖b1 ♕xc3 21.♖xb7 ♖f7

Der Turm auf f5 hat also keine Karriere gemacht.

22.♕b1 ♖xb7

22...♖af8 23.♖xf7

(Aber nicht 23.♘xe5? ♘xe5 24.♗xa6 ♖xb7 25.♗xb7 ♘c4 und bei Schwarz ist alles in Ordnung.)

23...♖xf7 24.♘xe5 ♘xe5 25.♕b8+ ♔h7 26.♕e8 mit starker Initiative ungeachtet des Minusbauern.

23.♕xb7 ♖e8 24.♕xa6 ♘xg4 25.♗xg4 ♘d4 26.♖b1 ♕c2?

Noch zu versuchen war 26...♘f5!?.

27.♖b7 ♕g6 28.a4

Nun droht der weitere Marsch des Freibauern, so dass Schwarz versucht, auf der anderen Seite aktiv zu werden.

28...h5 29.♗d1 h4 30.♗d6 e5 31.♕a7 ♘f5 32.♗c5 e4 33.♖b6 ♖e6 34.♗b3!

Bereits der entscheidende Schlag.

34...♖xb6 35.♗xd5+ ♔h7

35...♖e6 36.♕d7+–

36.♕xb6 ♕h5 37.♕b1 ♔h6 38.♗xe4

Schwarz gab auf.

Partie Nr. 37
Swidler – Topalow
Saint Louis 2005

1.e4 c5 2.♘f3 d6 3.d4 cxd4 4.♘xd4 ♘f6 5.♘c3 a6 6.♗e3 ♘g4 7.♗g5 h6 8.♗h4 g5 9.♗g3 ♗g7 10.h3 ♘e5 11.♘f5 ♗xf5 12.exf5 ♘bc6 13.♘d5 e6 14.♘e3 ♕a5+

14...♕e7 wurde in **Kapitel 7** (Abspiel 2) besprochen.

15.c3

Nach 15.♕d2 ♕xd2+ 16.♔xd2 h5 hätte Schwarz keine Eröffnungsprobleme und die Stellung wäre ausgeglichen. Nach dem Partiezug folgen taktische Verwicklungen.

15...♘f3+!? 16.♕xf3

Im Endspiel nach 16.gxf3 ♗xc3+ 17.bxc3 ♕xc3+ 18.♕d2 (18.♔e2 ♘d4+ –+) 18...♕xa1+ 19.♘d1 ♘d4 20.♗g2 ♘xf5 21.0-0 ♕d4 22.♕xd4 ♘xd4 23.♗xd6 f6 24.♘c3 ♖c8 25.♘e4 ♔f7 26.f4 ♖c2 hätte Schwarz wohl etwas bessere Aussichten.

16...♗xc3+ 17.♔d1 ♕a4+ 18.♘c2

Weiß verzichtet auf das eventuelle Remis durch Dauerschach nach 18.♔c1 ♗xb2+ 19.♔xb2 ♕b4+ 20.♔c1 ♘d4 21.♕d1 ♕c3+

(21...♖c8+? 22.♗c4 ♖xc4+ 23.♘xc4 ♕xc4+ 24.♔d2 ♕b4+ 25.♔d3 e5 26.♖c1±)

22.♔b1 ♕b4+, denn offenbar will er mehr aus der Stellung herausholen.

18...♗xb2 19.fxe6 fxe6

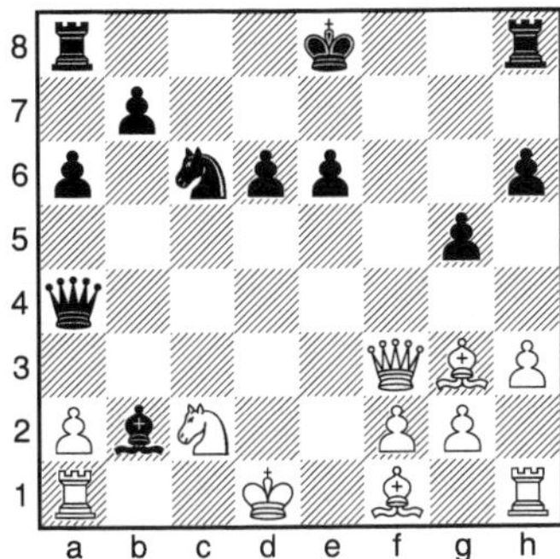

20.♕b3!

Die richtige Entscheidung, denn nach 20.♖b1? ♕xa2 21.♖xb2 ♕xb2 hätte Weiß nur Schwierigkeiten.

20...♕xb3 21.axb3 ♗xa1 22.♘xa1 ♔e7 23.♗d3 ♖ac8 24.♖e1

Weiß sollte schnell seinen Springer aktivieren: 24.♘c2!? ♘a5 25.♘d4 e5 26.♘f5+ ♔f6 27.b4 ♘c4 28.♔e2 d5 mit gleichem Endspiel, Analyse von Ftacnik.

24...♘d4 25.f3 ♖c3 26.♔d2 ♖hc8 27.♖b1

Nach 27.♗c4!? ♖8xc4

(27...♖xf3 28.gxf3 ♘xf3+ 29.♔e3 ♘xe1 30.♗xe1⩲)

28.bxc4 ♖xc4 hätte Schwarz drei Bauern für die Figur.

27...♖3c5 28.b4 ♖d5 29.♗f2 ♔d7 30.♗e3

30.♘b3? ♘c6 31.♔e2 ♘xb4 32.♗e4 ♘a2 33.♗xd5 ♘c3+ 34.♔e1 ♘xb1 35.♗xb7 ♖b8∓, Analyse von Ftacnik

30...♘f5 31.♗f2 ♘h4 32.♗xh4 gxh4 33.♘c2 h5 34.♖e1

Zu versuchen war 34.b5!?.

34...♖g8 35.♔c3?

Weiß hat seine Möglichkeiten einfach überschätzt. Nach 35.♖e2 ♖dg5 36.♘e1= hätte er eine verteidigungsfähige Stellung gehabt.

35...a5!

Aber nicht 35...♖xg2? wegen 36.♘e3.

36.♗c4?

Das verliert. Notwendig war 36.bxa5! ♖xg2 37.♘d4 mit etwa gleichem Endspiel.

36...♖c8! 37.♘e3

Auch andere Züge verlieren.

– 37.♔b3 a4+ 38.♔xa4 ♖xc4 39.♘e3 ♖e5–+

– 37.bxa5 ♖dc5 38.♘e3 d5–+

37...♖b5 38.♔d3

38.bxa5 d5–+

38...♖xb4 39.♗xe6+ ♔xe6 40.♘c2+ ♔d5 41.♘xb4+ axb4 42.♖e7 b5 43.♖h7 ♖c3+ 44.♔d2 ♖c4!

Weiß gab auf. Es könnte noch folgen 45.♖xh5+ ♔c6 46.♖h8 b3 47.♖e8 ♔c5–+.

Partie Nr. 38
Akopian – Kramnik
Wijk aan Zee 2004

1.e4 c5 2.♘f3 d6 3.d4 cxd4 4.♘xd4 ♘f6 5.♘c3 a6 6.♗e3 ♘g4 7.♗g5 h6 8.♗h4 g5 9.♗g3 ♗g7 10.h3 ♘e5 11.f3 ♘bc6 12.♗f2 ♗e6 13.♕d2 ♘xd4

Zu 13...♕a5 – siehe **Kapitel 7** (Abspiel 2).

14.♗xd4 ♕a5 15.a3 0-0?

Ich meine, dass dieser Zug die Ursache der schwarzen Eröffnungsprobleme ist. Mit der Rochade sollte man etwas warten und erst 15...♖c8!? ziehen.

A) 16.h4 ♗c4 17.♕f2 ♗xf1 18.♗b6

(18.♖xf1 ♖g8 19.0-0-0 ♘c4 20.♗xg7 ♖xg7 21.♘d5 ♕c5∞)

18...♗xg2 19.♗xa5 ♗xh1 20.f4 (20.0-0-0 ♗xf3∓) 20...gxf4 21.0-0-0 ♗f3 22.♖g1 ♗g4 23.♕xf4 h5 mit Kompensation für die Dame.

B) 16.0-0-0 0-0 17.h4 g4 18.f4 ♘c4 19.♗xc4 ♗xd4 20.♕xd4 ♖xc4 21.♕e3 f5 mit zweischneidigem Spiel.

16.h4 ♘g6 17.hxg5 hxg5 18.b4 ♕c7 19.♘e2!

Eine wichtige Verstärkung der Variante. In der Partie Anand–Ponomarjow, Mainz 2002, wurde nach 19.♗xg7 ♔xg7 20.0-0-0 ♖h8 21.♖xh8 ♖xh8 22.♔b2 f6 23.g3 ♘e5 24.f4 gxf4 25.gxf4 ♘c4+ 26.♗xc4 ♕xc4 Frieden geschlossen.

19...f6

Um den Abtausch der Läufer zu vermeiden, macht Schwarz einen passiven Zug.

Aber nach 19...♗e5 20.♗xe5 dxe5 21.♕xg5 ♕xc2 22.♖h6!?

(22.♖c1 ♕b3! 23.♖h6 ♖fc8 24.♖xg6+ fxg6 25.♕xg6+ ♔f8 26.♕h6+ ♔f7 27.♕h5+ ♔f6 28.♕h6+ mit Dauerschach)

22...♔g7 23.♖xg6+ fxg6 24.♕xe7+ ♗f7 25.♕xe5+ ♔g8 26.♕c3 ♕a4 27.♔f2 ♖ac8 28.♕e3 ♖c2 29.♔g1 hätte Weiß bessere Aussichten.

20.♗b2 ♗f7 21.♘d4 d5 22.exd5 ♕e5+

22...♗xd5 23.0-0-0

(23.♗d3 ♘f4 24.♗h7+ ♔f7 25.g3 ♘e6 26.0-0-0±)

23...♖ad8 24.♗d3±

23.♗e2

Stärker war 23.♔f2!? ♕xd5 (23...g4 24.c4 g3+ 25.♔g1+–) 24.c4 ♕d7 25.♕c2 mit weißem Vorteil.

23...♕xd5 24.0-0-0 ♖fc8?

Danach erhält Weiß entscheidenden Vorteil.

Notwendig war 24...e5! 25.♘f5 ♕xd2+ 26.♖xd2 ♖fd8 27.♖hd1 ♖xd2 28.♖xd2 ♘f4 29.♗f1 ♗e6 mit Rettungschancen.

25.♗d3 ♘e5

Oder 25...a5 26.♗e4 ♕c4 27.♗xb7 axb4 28.axb4 ♖a2 29.♗xc8 ♖xb2 30.♗e6 ♗xe6 31.♘xe6 ♖a2 32.♕d3

♕xb4 33.♕d4+−.

26.♗e4 ♕a2

Nach 26...♕d7 zeigt Ftacnik die Variante 27.♗f5 e6 28.♘xe6! ♗xe6 29.♕xd7 ♗xd7 30.♗xd7 ♘xd7 31.♖xd7+−.

27.♘f5

Interessant war laut Akopian 27.♗xb7!? ♘c4 28.♕c3 ♘b6 29.♘c6! ♘a4 30.♘xe7+ ♔f8 31.♘xc8 ♘xc3 32.♖d8+ ♗e8 33.♗xc3+−.

27...♘c4 28.♕c3 ♖c7

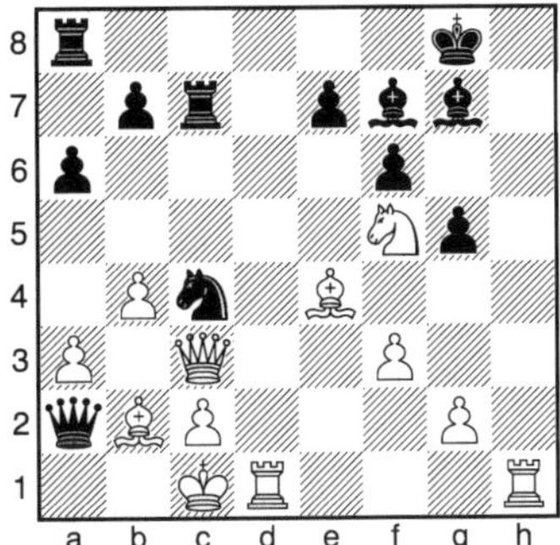

29.♖h7!!

Eine große Überraschung!

29...♕xb2+

Es gibt keine Rettung mehr.

– 29...♔xh7 30.♘xe7+ ♔h6 31.♖h1+ ♗h5 32.g4+−

– 29...♗f8 30.♖dh1+−

– 29...♘xb2 30.♖xg7+ ♔f8 31.♕xb2 ♕xb2+ 32.♔xb2 e6 33.♖xf7+ ♔xf7 34.♗xb7 ♖b8 35.♘d6+ ♔e7 36.♗xa6+−

30.♕xb2 ♘xb2 31.♖xg7+ ♔f8 32.♖h1!

Schwarz gab auf.

Partie Nr. 39

Schirow – J. Polgar

Dortmund 1996

1.e4 c5 2.♘f3 d6 3.d4 cxd4 4.♘xd4 ♘f6 5.♘c3 a6 6.♗e3 e6 7.g4 e5 8.♘f5 g6 9.g5 gxf5 10.exf5 d5 11.gxf6 d4 12.♗c4 ♕c7 13.♕d3 dxe3 14.0-0-0 exf2 15.♗xf7+ ♔xf7 16.♕d5+ ♔e8

Zu 16...♔xf6 – siehe **Kapitel 7** (Abspiel 3).

17.f7+ ♔e7 18.♕f3

Nichts bringt 18.f6+? ♔xf6 19.♕f3+ ♔e6 20.♘d5 ♕xf7 21.♕h3+ ♕f5 22.♘c7+ ♔f6 23.♕h4+ ♕g5+ 24.♕xg5+ ♔xg5 25.h4+ (25.♘xa8 ♗h3−+) 25...♔g4 26.♘xa8 ♗h6+ 27.♔b1 e4−+.

18...♗h6+ 19.♔b1 ♔f8 20.♕xf2 ♘d7 21.♘e4 ♗g7

21...♔xf7? 22.♕h4 ♗g7 23.♘g5+ ♔g8 24.♘e6+−

22.♖hg1 ♘f6

Schwarz muss genau spielen, denn nach z.B. 22...♕b6? könnte folgen: 23.♕g3 ♕h6 24.♕a3+ (24.♖d6+−) 24...♔xf7 25.♘d6+ ♔f6 26.♘xc8 ♖hxc8 27.♖d6+ ♔xf5 28.♕f3+ ♕f4 29.♕h3+ ♔e4 30.♕d3#.

23.♕g3 ♕xf7

Es verbietet sich 23...♘h5? 24.♕g5 ♗xf5 25.♕xf5 ♕xf7 26.♕h3 ♘f4

(26...♗f6 27.♖d7 ♗e7 28.♘d6 ♕f6 29.♕xh5 ♗xd6 30.♕d1 ♖d8 31.♖f1+−)

27.♕a3+ ♔g8 28.♖d7 ♕xd7 29.♘f6+ +−.

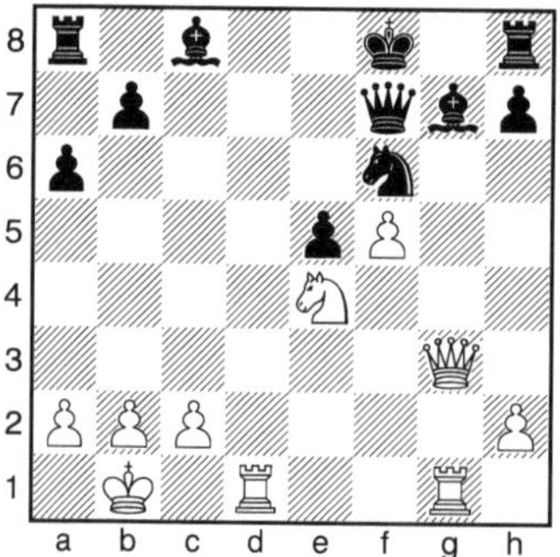

24.♕a3+!

Weiß versucht, mehr als Remis aus der Stellung herauszuholen.

24.♖d8+ ♔e7 25.♖xh8 ♗xh8 26.♕a3+ ♔d8 27.♖d1+ ♘d7 28.♕a5+ ♔e7 29.♕b4+ ♔d8=

24...♕e7

24...♔g8? 25.♖d8+ ♘e8 26.♘d6+−

25.♕xe7+ ♔xe7 26.♖xg7+ ♔f8 27.♖c7

Auch ohne Damen behält Weiß die Initiative. Schwarz muss aufpassen, dass er nicht schnell verliert.

27...♘e8 28.♖d8 ♖g8

28...♗xf5?? wäre ein grober Fehler wegen 29.♖xa8 ♗xe4 30.♖xe8+ ♔xe8 31.♖c8+ ♔d7 32.♖xh8+−.

29.♘g3 ♖g4 30.♖xh7 ♖d4 31.♖h8+ ♔f7 32.♖hxe8 ♗d7 33.♔c1 ♗xe8 34.♖xa8

So ist Schirow letzten Endes mit dem besseren Endspiel aus der ganzen Geschichte herausgekommen, jedoch hat Schwarz noch aktives Gegenspiel.

34...♖h4 35.♖d8 ♖xh2 36.♖d5 ♔f6 37.♖d6+ ♔g5 38.♖e6 ♖h8 39.f6 ♗c6 40.♖xe5+ ♔xf6 41.♖e3 ♖e8 42.♔d2 ♖xe3 43.♔xe3 ♔e5

Weiß hat immer noch einen Bauern mehr. Doch sollte Schwarz mit dem aktiven König und Läufer das Endspiel halten.

44.♘e2 ♔d5 45.♘d4 ♗e8 46.♔d3 ♗g6+ 47.♔c3 ♔c5 48.♘e6+ ♔d6 49.♘f4 ♗f5 50.♘d3 ♔d5 51.♔b4 ♗xd3!

Der Übergang in ein remisliches Bauernendspiel.

52.cxd3 ♔d4 53.♔a5 ♔xd3 54.♔b6 ♔c2 55.a4

55.♔xb7 a5! (55...♔xb2?? 56.a4 ♔b3 57.a5+−) 56.♔b6 a4=

55...♔b3!

Der Bauer kann natürlich nicht genommen werden: 55...♔xb2?? 56.a5 ♔c3 57.♔xb7+−.

56.a5 ♔a4!

Nur so! Verlieren würde 56... ♔xb2?? 57.♔xb7 ♔c3 58.♔xa6+. Nach dem korrekten Partiezug einigte man sich auf Remis.

Partie Nr. 40
Campora – Judasin
Moskau 1989

1.e4 c5 2.♘f3 d6 3.d4 cxd4 4.♘xd4 ♘f6 5.♘c3 a6 6.♗e3 e6 7.♕d2 b5 8.f3 ♗b7 9.0-0-0 ♘bd7 10.g4 ♘b6

Schwarz räumt das Feld d7 für den Königsspringer. Gegen die Drohung 11.g5 kann sich Schwarz auch mit 10...h6 verteidigen – siehe **Kapitel 7** (Abspiel 3).

11.♕f2 ♘fd7 12.♗d3 ♖c8

Probiert wurde hier auch 12...♕c7 Δ13...♘c4 14.♗xc4 ♕xc4 nebst 0-0-0.

13.h4

Auch nach 13.♔b1!? kann 13... ♖xc3!? geschehen.

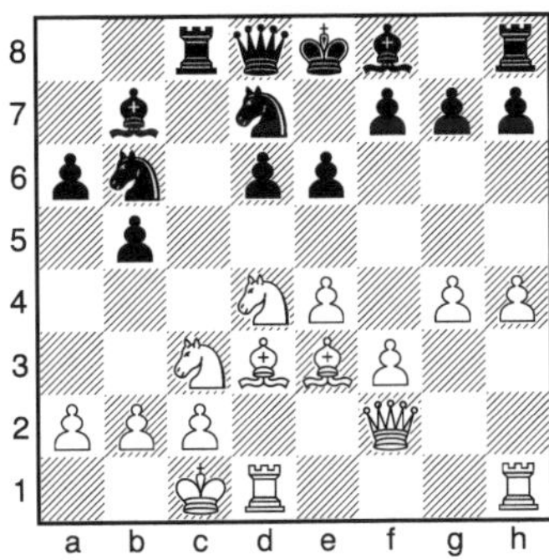

13...♖xc3!?

Ein positionelles Qualitätsopfer, das dem Nachziehenden angesichts der komplizierten Lage gute Angriffschancen bietet.

14.bxc3 ♕c7 15.♘e2 d5!

Nur wenn Schwarz die Entwicklung seines Königsflügels forciert und rochiert, kann er das Opfer rechtfertigen.

16.e5

Schlimm kann es Weiß ergehen, wenn er mit 16.exd5 ♗xd5 die Stellung freiwillig öffnet.

16...♘a4 17.f4 b4!

Dieser verdeckte Angriff auf das Fluchtfeld d2 ist logischer als der Bauerngewinn nach 17...♘xc3.

18.cxb4 ♗xb4 19.♗d4 0-0

Der Nachziehende hat seinen König gesichert, seine Kräfte mobilisiert und geht bald zum entscheidenden Angriff über.

20.c3 ♘dc5 21.♗c2 ♘e4 22.♗xe4 dxe4 23.♖h3 ♕c4

Schwarze Wolken sammeln sich über dem weißen König. Dieser sucht deshalb sein Heil auf dem anderen Flügel.

24.♔d2 ♗a5!

Unklar war 24...♕xa2+ 25.♔e1 ♗a5 26.♘c1 usw.

25.♖a1 ♖d8 26.♔e1 ♗c6 27.♔f1 ♗b5 28.♖b1 ♗xc3 29.♖xb5

Mit der Idee, auf 29...♗xd4 30.♕xd4! folgen zu lassen und den rettenden Endspielhafen anzusteuern: 30...♕xd4 31.♘xd4 axb5 32.♘xb5 h6 usw.

29...axb5! 30.♗xc3

Oder 30.♖xc3 ♘xc3 31.♗xc3 ♖d3 32.♕b6 h5–+.

30...♖d3 31.♖xd3 exd3 32.♗d2 dxe2+ 33.♕xe2 ♕d5

Das entstandene Endspiel ist materiell gleich, aber wegen der haltlos gewordenen weißen Bauern hat Schwarz klaren positionellen Vorteil, der in einen Sieg umgemünzt wird.

34.♕g2 ♕d3+ 35.♔e1 h6 36.g5 h5 37.♕b7 ♕b1+ 38.♔e2 ♕xa2

Da 39.♕xb5 an 39...♘c3+ scheitert, ist der Kampf praktisch schon beendet.

39.♕a8+ ♔h7 40.♕e4+ g6 41.♕b4 ♕c2 42.♕f8 ♘c3+

Wegen der möglichen Folge 43.♔f1 ♕d1+ 44.♗e1 ♕e2+ bzw. 43.♔e3 ♕e4+ 44.♔f2 ♕e2+ gab sich Weiß geschlagen.

Partie Nr. 41

Lutz – Anand

Bundesliga 2003

1.e4 c5 2.♘f3 d6 3.d4 cxd4 4.♘xd4 ♘f6 5.♘c3 a6 6.♗e3 e6 7.f3 b5 8.g4 b4

Zu 8...h6 – siehe **Kapitel 7** (Abspiel 3).

9.♘ce2 h6 10.♘g3

Der von Weiß gewählte Plan verspricht keinen Vorteil, denn Weiß sollte zuerst die Entwicklung beenden.

Stärker ist daher 10.♗g2!? mit der möglichen Folge 10...e5 11.♘f5 ♗e6

(Oder 11...g6 12.♘fg3 ♗e6 13.h4 ♘bd7 14.♕d2 ♖c8 15.g5 mit Angriffsmöglichkeiten für Weiß, der sich noch offen hält, lang zu rochieren oder den König sogar nach f2 zu stellen.)

12.♗f2 d5 13.exd5 ♕xd5 14.0-0 ♘bd7 15.c3 ♕xd1 16.♖fxd1 ♗xf5 17.gxf5 ♖c8 18.♖ac1 bxc3 19.♘xc3 ♗c5 20.♗xc5 ♖xc5 21.♘d5 ♖xc1 22.♖xc1 0-0 23.♘xf6+ ♘xf6 24.♗f1 a5 25.♖c5 mit besserem Endspiel für Weiß, Motylew–Schipow, Elista 2001.

10...e5 11.♘b3 ♗e6 12.♗d3

Infrage kam der Plan 12.♕d2!? zur Beendigung der Entwicklung; z.B. 12...♘c6 13.0-0-0 d5 14.exd5 ♗xd5 15.♕f2 usw. Lutz wählt jedoch einen langsamen Weg, wonach es Anand gelingt, den Vorstoß d6–d5 durchzusetzen.

12...♘bd7 13.♕e2 a5 14.h4 ♕c7 15.♘d2 a4 16.♘c4 ♘c5

Schwarz verstärkt systematisch die Aufstellung seiner Kräfte.

17.♗d2 ♖b8 18.b3 d5!

Das garantiert dem Schwarzen aktives Spiel.

19.exd5 ♘xd5

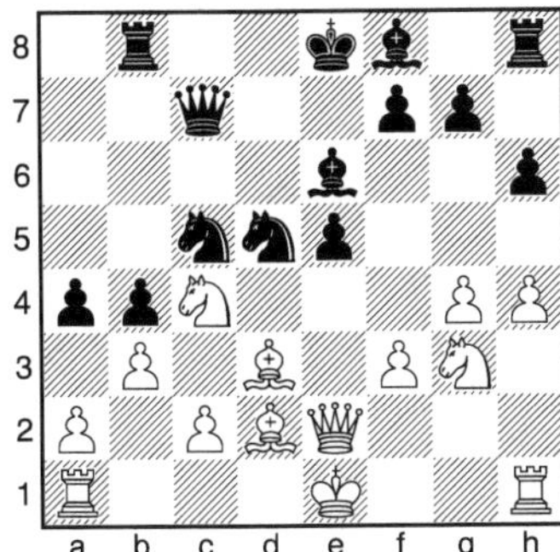

20.♗f5?

Weiß will eine Blockade auf e4 organisieren, doch der Plan bringt nichts.

– Beachtung verdiente 20.♕xe5!? mit der möglichen Folge 20...♕xe5+ 21.♘xe5 ♗d6 22.f4 ♗xe5 23.fxe5 ♘d7

(– 23...axb3 24.axb3 ♘d7 25.♖a5 ♘xe5 26.♗e4 ♖d8 27.♘f5 ist bequemer für Weiß.

– 23...♘xd3+ 24.cxd3 ♗xg4 25.bxa4 ♖a8 mit gleichem Endspiel.)

24.bxa4 ♘xe5 25.♗b5+ ♗d7 mit etwa gleichem Endspiel.

– Schwach wäre hingegen 20.♘xe5? f6 21.♗b5+ ♖xb5! 22.♕xb5+ ♗d7 23.♘xd7 ♕xg3+ 24.♔d1 ♕xf3+ 25.♕e2+ ♘e3+

(25...♕xe2+ 26.♔xe2 ♔xd7 ist auch besser für Schwarz.)

26.♗xe3 ♕xh1+ –+

20...g6 21.♗xe6 ♘xe6 22.h5 ♗g7 23.hxg6 fxg6 24.♕e4

Es scheint, dass Weiß sein Ziel erreicht hat, denn das Feld e4 wurde erobert. Aber Schwarz beherrscht dafür die wichtigen Zentrumsfelder f4 und d4, und das sichert ihm die besseren Chancen.

Auch 24.♘e4 0-0 25.♗xh6 ♘d4 26.♗xg7 ♕xg7 wäre besser für Schwarz.

24...♘df4 25.♗xf4 ♘xf4 26.0-0-0

Den Springer kann man nicht so einfach von f4 vertreiben: 26.♘e2 0-0 27.♘xf4 ♖xf4 28.♕xg6 e4! 29. 0-0-0 axb3 30.axb3

(30.cxb3 exf3 31.♖xh6 ♖xc4+! 32.bxc4 ♕f4+ –+)

30...exf3 31.♖xh6 f2 32.♖hh1 ♖a8 33.♕e6+ ♔f8–+

26...0-0 27.♖d2 axb3 28.cxb3 ♖bd8 29.♖hd1 ♖d4! 30.♕c2

30.♖xd4 exd4 könnte zu der Stellung führen, die später in der Partie entstand.

30...♖fd8 31.♔b1 ♕f7 32.♘e4

Die Blockade des Feldes e4 reicht nicht aus, weil Schwarz seine Kräfte in bessere Positionen bringen kann.

32...♘e6! 33.♖f1 ♕f4 34.♖xd4 exd4!

Eine logische Entscheidung; die Wirkung des Läufers g7 wird auf diese Weise verlängert. Zugleich bekommt Schwarz einen starken Freibauern.

35.♘b2

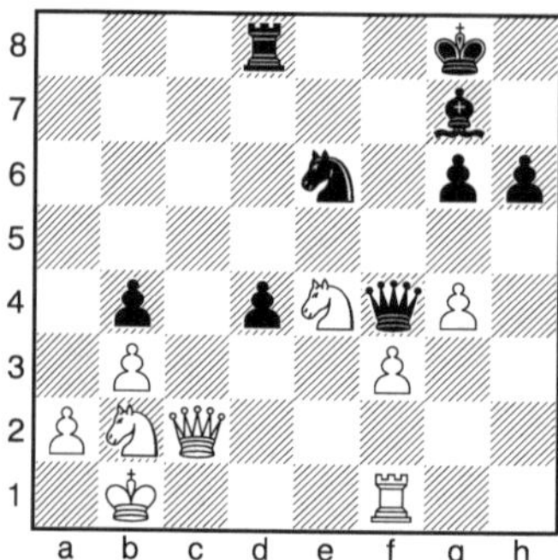

35...d3!

Für die Aktivierung des Läufers lohnt es sich, einen Bauern zu opfern.

36.♘xd3 ♕e3

Geduld ist sehr wichtig im Schach. Verfrüht wäre 36...♖xd3? 37.♕xd3 ♕e5 38.♔c2 ♕b2+ 39.♔d1 und es ist nicht zu sehen, wie Schwarz seinen Angriff verstärken soll.

37.♖d1 ♕xf3 38.♘df2 ♘d4 39.♕c7 ♕f8 40.♕c4+ ♔h8 41.♕a6 ♖c8 42.♖c1

Nach 42.♕xg6 ♘b5 könnte man sofort aufgeben.

42...♖a8 43.♕c4 ♕b8 44.♘g5 ♕a7! 45.a4 bxa3 46.♔a2 ♖f8

Schade, dass Schwarz das Springeropfer 46...♘xb3! nicht gesehen hat.

A) 47.♔xb3 ♖b8+ 48.♔c2

(48.♔a2 ♕xf2+ 49.♖c2 ♖b2+ 50.♖xb2 ♕xb2#)

48...♕xf2+ 49.♔d3 ♖d8+ 50.♔e4 ♖d4+ mit Eroberung der Dame.

B) 47.♕c8+ ♗f8 48.♕c3+ ♘d4 nebst ♗f8–g7 mit Gewinn.

C) 47.♘f7+ ♕xf7! 48.♕xf7 ♘xc1+ 49.♔b1 a2+ 50.♔xc1 a1♕+ usw.

D) 47.♕xb3 ♕xf2+ 48.♖c2 ♕f6 49.♘f7+ ♔h7 und Weiß kann aufgeben.

47.♘fe4 ♕e7 48.♖h1 ♕d7 49.♖d1 ♕xg4 50.♖xd4 hxg5 51.♖d2 ♕g1 52.♘c3 ♔h7 53.♕c7 ♔g8 54.♕c4+ ♔h8 55.♖d1

Oder 55.♘b1 g4 56.♕c2 ♖f5 57.♖h2+ ♖h5–+.

55...♕g2+ 56.♘e2 ♖e8 57.♖e1 ♔h7 58.♕d3 g4 59.♕d1 ♗f6 60.b4 ♖e7

Weiß gab auf wegen 61.b5 ♗h4 mit Materialgewinn.

Partie Nr. 42
Topalow – Kasparow
Linares 1999

1.e4 c5 2.♘f3 d6 3.d4 cxd4 4.♘xd4 ♘f6 5.♘c3 a6 6.f3 e6 7.♗e3 b5 8.g4 h6 9.♕d2 ♘bd7

9...b4 wurde in **Kapitel 7** (Abspiel 3) besprochen.

10.0-0-0 ♗b7 11.h4

Weiß spielt energisch und auch stellungsgerecht.

Das ruhigere 11.♗d3 bringt keinen Vorteil; z.B. 11...♘e5 12.♖he1 ♕a5 13.♘b3 ♕c7 14.♕f2 ♘xd3+

15.♖xd3 ♘d7 16.♖d2 ♗e7 17.a3 ♖c8 18.f4 ♘c5 19.♗xc5 dxc5 20.♖ed1 b4 21.♖d7 ♕b8 22.axb4 cxb4 23.♕b6 ♕xf4+ 24.♔b1 ♗c6–+, Fjodorow–Gelfand, Polanica Zdroj 2000.

11...b4 12.♘a4

Andere Züge sollten keine Gefahr darstellen.

I. 12.♘b1 d5 13.♗h3

A) 13...g5 14.hxg5 hxg5 15.exd5 ♘xd5 16.♗xg5 ♕b6 17.♗g2 ♖xh1 18.♗xh1 ♖c8 19.♖e1 ♕a5 20.f4 ♕xa2 21.f5 ♘c5 22.fxe6 ♗g7 23.exf7+ ♔xf7 24.♗xd5+ (24.♕f2+ ♔g8 25.♕f5!=, Stohl) 24...♕xd5 25.♖e7+ ♔g8 26.♖xg7+ ♔xg7∓, Anand–Kasparow, Linares 1999

B) 13...♘e5 14.g5 ♘fd7 15.♕e2 dxe4

(15...♕a5 16.f4 ♘c4 17.b3 ♘xe3 18.♕xe3 dxe4 19.g6 ♘c5 20.gxf7+ ♔xf7 21.♖hg1 ♖c8 22.♘xe6 ♘xe6 23.♖d7+ ♗e7 24.♗xe6+ ♔xe6 25.♕h3+ ♔f7 26.♖xb7 ♕c5∓, Iwantschuk–van Wely, Wijk aan Zee 1996)

16.f4 ♘d3+! 17.cxd3 exd3 18.♕xd3 ♘c5

(Stohl empfiehlt hier 18...♖c8+!? 19.♘c2 ♗xh1 20.♖xh1 hxg5 21.hxg5 ♘c5 mit guten Chancen für Schwarz.)

19.♕c2 ♗e4 20.♘xe6 fxe6 21.♖xd8+ ♖xd8 22.♗xc5 ♗xc2 23.♗xf8 ♔xf8 24.♔xc2 hxg5 25.fxg5 ♖xh4 26.♘d2 ♔e7 27.♘f3 ♖c4+ 28.♔b1 ♖e4∓, Anand–Topalow, Tilburg 1998

II. 12.♘ce2 d5 13.♗h3

(13.♘g3 dxe4 14.g5 hxg5 15.hxg5 ♖xh1 16.♘xh1 ♘d5 17.g6 ♕f6 18.fxe4 ♘xe3 19.gxf7+ ♕xf7 20.♕xe3 0-0-0 21.♗h3 ♗c5 22.♕g3 ♘f8 23.♖f1 ♕e7 24.♘b3 ♗xe4 25.♘f2 ♗d6 26.♕e3 ♗d5 27.♘e4 ♗c7 und in dieser scharfen Stellung sehen die schwarzen Chancen gut aus, Arnold–Stohl, Bundesliga 1997.)

13...dxe4 14.g5 hxg5 15.hxg5 exf3 16.♘f4 ♘e4 17.♕e1 ♖xh3! 18.♘xh3 e5 19.♘b3 a5 20.♘d2 ♕c7 21.♗b6 ♘xb6 22.♘xe4 ♖c8 23.♖h2 ♕c6 24.♘g3 ♕e6 25.♔b1 ♘c4∓, Anand–Ljubojevic, Buenos Aires 1994

12...♕a5 13.b3 ♘c5 14.a3 ♘xa4

Das Beste. 14...♖c8 15.♕xb4 ♕c7 16.♔b1! ist günstig für Weiß.

A) 16...♘fd7 17.♘b2 d5 18.♕d2 dxe4 19.f4 ♘f6 20.♗e2 ♘d5 21.♘c4 ♘d7 22.g5 ♘xe3 23.♕xe3 ♗d5 24.g6! ♗c5 25.gxf7+ ♔xf7 26.♖hg1

(26.f5 exf5 27.♕h3 ♘f6 28.♕xf5±)

26...♔g8 27.♕g3 ♘f8 28.b4 ♗xd4 29.♖xd4 a5 30.f5 ♕xg3 31.♖xg3 mit entscheidendem Vorteil für Weiß.

B) 16...♘cd7 17.♕d2 d5 18.♗h3 dxe4 19.g5 hxg5 20.hxg5 ♘d5 21.♗xe6 ♖xh1

(21...fxe6 22.♖xh8 ♘xe3 23.♕xe3 e5 24.fxe4 exd4 25.♕f2±)

22.♗xd7+ ♕xd7 23.♖xh1 exf3 24.♗f2 mit der Drohung c2–c4 nebst ♘a4–b6. Weiß steht klar besser.

15.axb4 ♕c7 16.bxa4 d5 17.e5 ♘d7 18.f4

Nach 18.♗f4 ♘xe5 19.♖e1 ♗d6∓ droht schon ♘e5–d3+ mit schwarzem Vorteil.

18...♘b6 19.a5

Das aggressive 19.f5!? kann Schwarz wie folgt unschädlich machen: 19...♘xa4 20.fxe6 ♘c3 21.exf7+ ♔xf7 22.♗d3 ♗xb4! 23.♖df1+ ♔g8 24.♕f2 ♗a3+ 25.♔d2 ♘e4+ 26.♗xe4 dxe4

A) 27.g5 ♗d5 28.gxh6 ♕a5+ 29.c3 ♗b2 (29...♖c8!?) 30.hxg7 ♕xc3+ 31.♔d1 ♗b3+ 32.♘xb3 ♕xb3+ 33.♔e1 ♗c3+ 34.♗d2 ♕b1+ 35.♔e2 ♕d3+ mit Dauerschach.

B) 27.♕f5 ♗b4+ 28.♔d1 ♕c4 29.♘e6 ♕d5+ 30.♔e2 ♕c4+ mit schnellem Remis, Anand–Gelfand, Shenyang 2000.

19...♘c4 20.♕c3 ♕e7!

Die letzten Züge geschahen schnell – ein Beweis für Kasparows häusliche Vorbereitungen.

21.♗xc4 dxc4 22.♗d2

Weiß ist praktisch gezwungen, die Qualität herzugeben, denn andere Antworten sind günstig für Schwarz.

– 22.♖h3 ♕xb4 23.♕xb4 ♗xb4 24.♗d2 ♗c5∓

– 22.♖hf1 ♕xb4 23.♕xb4 ♗xb4 24.f5 ♗d5 25.fxe6 fxe6 26.♘e2 g5 27.hxg5 hxg5 28.♗xg5 ♖h2 29.c3 ♗c5∓

22...♗xh1 23.♖xh1 ♕b7 24.♖d1 ♗e7

Interessant war 24...♕d5!?.

25.♕f3 0-0-0

Infrage käme 25...♕xf3!? 26.♘xf3 ♖b8 27.c3 ♖d8 28.♗e3 ♖xd1+ 29.♔xd1 ♔d7 30.h5 g6 mit besserem Endspiel für Schwarz.

26.♕c6+ ♕xc6 27.♘xc6 ♖d7 28.♘xe7+ ♖xe7 29.♖e1 h5 30.g5 ♔b7 31.♗e3 ♖d7 32.♗c5 ♔c6 33.♗d6 f6 34.gxf6?

Nach 34.g6! ♖h6 35.♖g1 hätte Weiß bessere Remischancen.

34...gxf6 35.♖g1 f5 36.♔d2 ♔d5 37.♔e3

37.♔c3!? war wahrscheinlich stärker.

37...♖hh7 38.♗f8 ♖hf7 39.♗h6 ♖h7

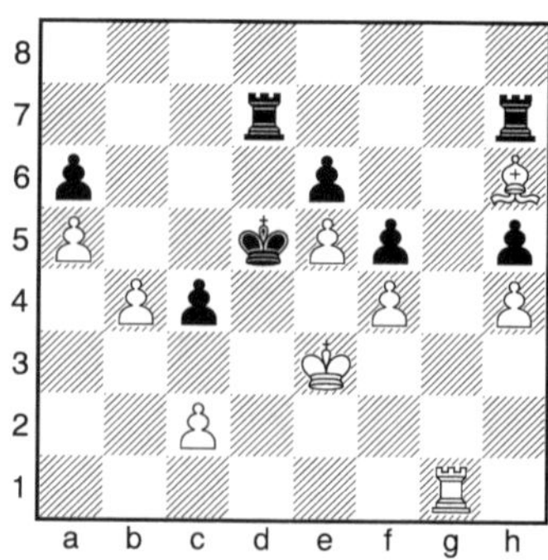

40.♖g6?

Topalow begeht den entscheidenden Fehler.

40.♗f8!? wäre wohl stärker; z.B. 40...♖hf7 41.♗h6 ♔c6 42.♖g6 ♖fe7 43.♗f8 ♖e8 44.♗d6 und es ist nicht zu sehen, wie Schwarz dieses Endspiel auf Gewinn spielen kann.

40...♖b7 41.♗f8 ♖hf7 42.♗d6 ♖g7 43.♖g5 ♖bf7! 44.c3

44.♖xh5 erlaubt ein sofortiges Eindringen in die weiße Stellung: 44...♖g3+ 45.♔e2 ♔e4–+.

44...♔c6 45.♔f3 ♔b5 46.♗c5 ♔a4 47.♗d4

Nach 47.♖xh5 ♖d7 48.♖h6 ♖d3+ 49.♔f2 ♖xc3 50.♖xe6 ♖g4 gewinnt Schwarz schnell.

47...♖d7!

Es droht das Schlagen des Läufers.

48.♔e3 ♔b3 49.♔e2 ♖xg5!

Ein Übergang ins gewonnene Damenendspiel.

50.fxg5 ♖xd4! 51.cxd4 c3 52.g6 c2 53.g7 c1♕ 54.g8♕ ♕c4+ 55.♔e3 ♔c3!

Trotz Minusbauer spielt Schwarz auf Gewinn. Ein Beispiel hervorragender Figurenkoordination im Endspiel.

56.♕d8 ♕d3+ 57.♔f4 ♕d2+

57...♔d2! 58.♔g5 f4!–+

58.♔f3 ♕d1+ 59.♔e3

59.♔f2 f4! 60.♕c8+

(60.♕g5 ♕xd4+ 61.♔f3 ♕e3+ 62.♔g2 f3+ 63.♔h2 ♕e2+ 64.♔g3 ♕g2+ 65.♔f4 ♕xg5+ 66.hxg5 f2–+)

60...♔d2 61.♕xa6

(61.♕xe6 ♕e2+ 62.♔g1 f3 63.♕a2+ ♔e3 64.♕b3+ ♔xd4–+)

61...♕e1+ 62.♔g2 ♕g3+ 63.♔h1 f3 64.♕f1 ♕xh4+ 65.♔g1 ♕g3+ 66.♔h1 ♕e1! 67.♔g1 h4 68.a6 f2+ 69.♔g2 h3+ –+

59...♕g1+ 60.♔e2

Oder 60.♔f3 ♕f1+ 61.♔e3 f4+ 62.♔e4 ♔d2! mit der Drohung ♕d3–e3#.

60...♕g2+ 61.♔e3 f4+!

Weiß gab sich geschlagen, denn auf 61...f4+ 62.♔xf4 folgt 62...♔d3 nebst Matt.

Partie Nr. 43
Anand – Topalow
Linares 2005

1.e4 c5 2.♘f3 d6 3.d4 cxd4 4.♘xd4 ♘f6 5.♘c3 a6 6.♗e3 e6 7.f3 b5 8.g4 h6 9.♕d2 b4 10.♘a4 ♘bd7 11.0-0-0 ♘e5 12.b3 d5

Zu 12...♗d7 – siehe **Kapitel 7** (Abspiel 3).

13.♗f4 ♗d6 14.♗xe5 ♗xe5 15.♘c6 ♕c7 16.♘xe5 ♕xe5 17.♕xb4 dxe4 18.♘b6 ♖b8 19.♔b1 ♕c7 20.♕a4+ ♔f8 21.♘xc8 ♖xc8 22.♕c4 ♕xc4 23.♗xc4 a5 24.♗a6 ♖b8 25.fxe4 h5

Meiner Ansicht nach kam 25... ♔e7!? in Betracht.

26.gxh5 ♘xe4 27.♖d4 ♘f6 28.♗e2 ♘xh5 29.♖h4 g6 30.♖g1 ♔e7 31.♖a4!?

Nur so kann Weiß auf Sieg spielen.

Der Gewinn eines Bauern nach 31.♗xh5 ♖xh5 32.♖xh5 gxh5 33.♖g5 f5 34.♖xh5 ♔f6 ist nicht klar, denn Schwarz hat zwei verbundene Bauern im Zentrum.

31...♖a8 32.♗f3 ♖a7 33.♖g5 f5

So kann Schwarz den Bauern hergeben.

Fehlerhaft wäre 33...♘g7? 34.♖gxa5 ♖xa5 35.♖xa5 ♖xh2 36.♖a7+ ♔f6

(36...♔f8 37.a4 ♘f5 38.♖d7 g5 39.a5+-)

37.a4 g5 38.a5 ♖f2 39.a6! ♖xf3 40.♖b7 ♖f1+ 41.♔b2 g4 42.a7 g3 43.a8♕ g2 44.♖xf7+ ♔xf7 45.♕xg2+-.

34.♖xg6 ♔f7 35.♖g2 ♘f6 36.♖e2 ♖h3 37.♗h1 ♘g4 38.♔b2 ♔f6 39.♗g2 ♖xh2 40.♗f3 ♖xe2 41.♗xe2 ♘e3

Das Material ist wieder gleich.

42.c4 e5 43.c5 e4 44.b4

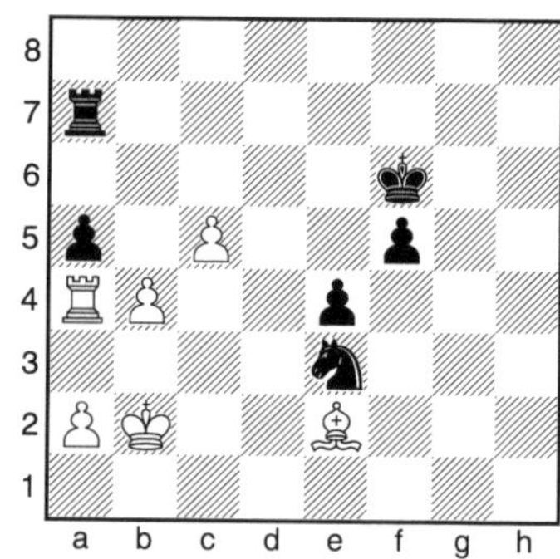

44...♖c7?

Danach erhält Weiß klaren Vorteil.

– Wie die Analyse nach der Partie zeigte, hätte Schwarz nach 44...♖d7!? Rettungschancen: 45.♗b5 ♖d2+ 46.♔c3 ♖c2+ 47.♔d4 axb4! 48.♖a6+!

(48.♔xe3?? ♔e5 49.♗e2 f4+ 50.♔f2 f3-+)

48...♔g5 49.♔xe3 ♖xc5 50.♗a4 ♖c3+ 51.♔d4 ♖d3+ 52.♔c4 ♖a3 53.♗b5 f4 54.♔xb4 ♖xa6 55.♗xa6 e3 und die starken Freibauern garantieren den Ausgleich.

– Auch 44...f4!? sollte die Partie retten: 45.b5 f3 46.♗xf3 exf3 47.♖f4+ ♔e5 48.♖xf3 ♘c4+ 49.♔c3 ♔d5 50.♖f5+ ♘e5 51.a4 ♖h7 usw.

45.bxa5 ♖xc5 46.a6 ♘d5 47.a7 ♘c7 48.a8♕ ♘xa8 49.♖xa8 f4 50.♖f8+ ♔e5 51.♗g4 f3 52.♖f5+ ♔d4 53.♖xc5 ♔xc5 54.♔c3 ♔b5 55.♔d2 f2

Oder 55...♔b4 56.♔e3 ♔a3 57.♗e6

♔b4 58.♗d5 ♔a3 59.♔f2 ♔b4 (59...♔b2 60.a4+-) 60.♗xe4+-.

56.♗e2+ ♔b4 57.♔c2 ♔a3 58.♔b1 e3 59.♔a1

Schwarz gab auf.

Partie Nr. 44
Anand – Topalow
Sofia 2006

1.e4 c5 2.♘f3 d6 3.d4 cxd4 4.♘xd4 ♘f6 5.♘c3 a6 6.f3 e6 7.♗e3 b5 8.♕d2 b4 9.♘a4 ♘bd7 10.c4

So war zuvor noch nicht gespielt worden.

Zu 10.0-0-0 – siehe **Kapitel 7** (Abspiel 3).

10...bxc3 11.♘xc3 ♗b7 12.♗e2 d5 13.exd5 ♘xd5 14.♘xd5 ♗xd5 15.0-0 ♕b8!

Mit dem Ziel, nach ♗f8–b4 und 0-0 die Entwicklung zu beenden.

Schwach wäre hingegen 15...♗e7 wegen 16.♘f5! 0-0 17.♘xe7+ ♕xe7 18.b4 ♖fc8 19.♖ac1 mit weißem Vorteil.

16.♘f5 ♕e5 17.♘g3 ♗b4 18.♕xb4 ♕xe3+ 19.♔h1 ♖b8 20.♕d6 ♖b6 21.♕c7 ♖c6 22.♕b7 ♖c2 23.♕xa6 0-0

Endlich hat Schwarz rochiert und seine Figuren sind aktiv aufgestellt. Er hat nun vollständige Kompensation für den Bauern.

24.b3?

Das gestattet den schwarzen Kräften, noch mehr Aktivität zu entfalten, denn auch der Springer greift sofort in den Kampf ein.

Deshalb war 24.♕a4! am besten, denn der Turm müsste sich zurückziehen: 24...♖c7 25.♗b5 ♘b6 26.♕b4 ♖fc8 27.a4 mit einem Mehrbauern für Weiß.

24...♘e5! 25.♖ae1 ♕d2 26.♖d1 ♕f4 27.♗b5 h5! 28.♘e2

Der Bauer ist tabu wegen 28.♘xh5 ♕h4 29.♘g3 ♘g4! 30.fxg4 ♖xg2 nebst Matt.

28...♕e3 29.a4 ♖b2!

Der Angriff ist wichtiger als der Bauernrückgewinn nach 29...♗xb3 30.♘d4, denn dieser würde den starken Läufer kosten.

30.♕d6 ♖c8 31.♖de1

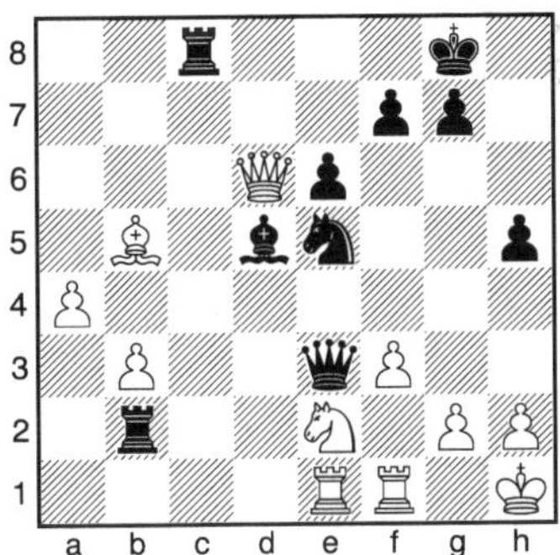

31...♘xf3!!

Diesen starken Zug hatte Weiß offensichtlich unterschätzt.

32.gxf3

Der Springer muss geschlagen werden, denn auf 32.♕g3 folgt 32...♘xe1!! 33.♕xe3 ♘xg2 und das drohende Abzugsschach entscheidet; z.B. 34.♕g3 (34.♕e5 ♘f4+ 35.♔g1 ♘h3#) 34...♘f4+ 35.♔g1 ♘xe2+ 36.♗xe2 ♖xe2 37.♖e1 ♖d2! mit der tödlichen Drohung ♖c8–c2–+.

32...♗xf3+ 33.♖xf3 ♕xf3+ 34.♔g1 ♕e3+ 35.♔f1 ♕f3+ 36.♔g1 ♕xb3

Die entstandene Stellung ist bequemer für Schwarz, denn angesichts seines geschwächten Königsflügels muss Weiß aufpassen, dass seinem König nichts Böses passiert. Aus diesem Grund entschied sich Anand für ein Endspiel, das jedoch vorteilhaft für Schwarz ist.

37.♕e5 ♖d8 38.♕c3 ♕xc3 39.♘xc3 h4 40.♖e4 ♖b3 41.♘e2 g5 42.♖e5 ♖d5 43.♖xd5 exd5

Nun hat der Turm gegen zwei Leichtfiguren zu kämpfen. Der schwarze Vorteil besteht darin, dass er Freibauern auf der Königsseite bilden kann.

44.♗c6 ♖a3 45.♘d4

Nach 45.♗xd5 ♖xa4 wäre das Endspiel bestimmt schwer zu verteidigen. Deshalb wollte Anand den a–Bauern behalten, mit dem er plante, die Aktivität des Turms zu binden.

45...♔g7 46.♗xd5 ♖d3 47.♘f5+ ♔f6 48.♗e4 ♖d1+ 49.♔g2 ♖d2+ 50.♔f3

Auf 50.♔g1?? folgt 50...♔e5 und Weiß verliert eine Figur.

50...♖xh2

Nun hat Schwarz drei Freibauern und der Kampf ist praktisch beendet.

51.♘e3 ♖a2 52.♗c6 ♖a3 53.♔f2 ♖a1 54.♗d7 ♔e5 55.♔f3 ♖a3 56.♔f2 ♔e4 57.♗c6+ ♔f4 58.♘g2+ ♔e5 59.♘e3 ♖a2+ 60.♔f3 f5 61.♗d7 h3

Weiß gab auf wegen 62.♘xf5 h2 63.♘g3 ♖a3+ 64.♔g2 ♖xg3+ 65.♔xh2 ♔f4 66.♗c6 g4 67.♗d5 ♖a3 68.♗c6 ♖a2+ 69.♔g1 ♔g3 70.♔f1 ♖a1+ 71.♔e2 ♔h2 und der g–Bauer hat freie Bahn.

Partie Nr. 45
Andrejew – Sasikiran
Cappelle la Grande 2006

1.e4 c5 2.♘f3 d6 3.d4 cxd4 4.♘xd4 ♘f6 5.♘c3 a6 6.f3 e6 7.♗e3 b5 8.♕d2 b4 9.♘a4 ♘bd7 10.0-0-0 ♕a5 11.b3 ♗b7 12.g4

Zu 12.a3 – siehe **Kapitel 7** (Abspiel 3).

12...♘c5 13.a3 ♘xa4 14.axb4 ♕c7 15.bxa4 ♘d7

Beachtenswert ist hier die sofortige Ausführung des sizilianischen Standardzugs 15...d5!?; z.B. 16.e5 (16.g5 ♘d7 17.exd5 ♗xd5 18.♗f4 ♕b7 19.c3 ♖c8 ist gut für Schwarz.)

16...♘d7

(Aber nicht 16...♕xe5?? wegen 17.♗f4+–.)

17.f4 ♘b6 mit beiderseitigen Chancen. Diese Idee ist es wert, weiter analysiert zu werden.

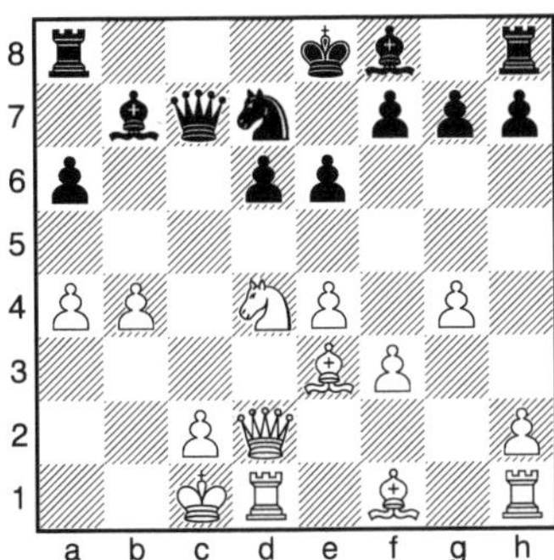

16.♘b3?

Das sieht wie ein entscheidender Fehler aus.

– Nach 16.b5 ♗e7 17.g5 0-0 18.h4 ♘c5 bekam Schwarz in der Partie Forcen Esteban–Sundararajan, Sort 2006, gute Angriffschancen am Damenflügel.

– Zu überlegen ist jedoch 16.♔b2!?, um den König aus der c–Linie zu entfernen. Dies muss noch geprüft werden.

16...d5!

Über diesen Zug musste Schwarz bestimmt nicht lange nachdenken.

17.♘a5 ♖c8 18.c4

Dieser ungewöhnlich aussehende Zug ist im gegebenen Stellungstyp keine Seltenheit, denn damit blockiert Weiß die c–Linie für die gegnerischen Figuren und nach d5xc4 würde sie endgültig geschlossen.

18...♗a8!

Das Endspiel nach 18...dxc4 19.♕xd7+ (19.♗f4 e5!) 19...♕xd7 20.♖xd7 ♔xd7 21.♘xb7 ♗xb4 22.e5 ♖c7 23.♘d6 ♗xd6 24.exd6 ♔xd6 wäre wohl remislich. Deshalb wählt Schwarz einen anderen Weg, der ihm mehr Chancen bietet.

19.c5

Nach 19.♕c3 dxc4 20.♖d2 (20.h4 ♘e5∓) 20...♖b8 21.♖b2 ♗d6 22.♔b1 0-0 23.♕xc4 ♕d8 24.♗e2 ♗xb4 25.♖xb4 ♕xa5 wäre die weiße Stellung sehr verdächtig.

19...♘xc5! 20.bxc5 ♗xc5 21.♗xc5 ♕b6! 22.♘c4

Nicht zu retten wäre das Endspiel nach 22.♘b3 ♕xb3 23.♕d4 ♕a3+ 24.♔d2 ♕xc5 25.♕xc5 ♖xc5 26.♗xa6 dxe4 27.♖c1 ♖d5+ 28.♔e3 exf3 29.♖c8+ ♖d8 30.♖hc1 ♔e7 mit klarem Vorteil für Schwarz.

22...♕xc5 23.♕d4 ♔e7 24.♕xc5+ ♖xc5 25.♗e2 dxc4

Das Endspiel ist für Schwarz gewonnen und der indische Großmeister setzt seinen Vorteil sicher um.

26.♔c2 ♗c6 27.♖a1 h5!

Um den Turm zu aktivieren.

28.gxh5 ♖cxh5 29.♔c3 a5! 30.♔xc4 ♖xh2 31.♖xh2 ♖xh2 32.♔d3 g5 33.♔e3 f5 34.♗b5 ♗b7 35.♖c1 ♔d6 36.♖d1+ ♔e5 37.♖d7 f4+ 38.♔d3 ♗xe4+! 39.fxe4 g4

Nun entscheiden die verbundenen Freibauern.

40.♖g7 g3 41.♖g6 g2 42.♗d7 ♖h3+ 43.♔c4 f3 44.♖xe6+ ♔f4 45.♖f6+ ♔e3 46.♗xh3 g1♕ 47.e5 ♕h1

Weiß gab auf.

Partie Nr. 46
Short – Gelfand
Tilburg 1990

1.e4 c5 2.♘f3 d6 3.d4 cxd4 4.♘xd4 ♘f6 5.♘c3 a6 6.f4 ♘bd7 7.♗e2 e5 8.♘f5 ♘c5 9.♘g3 ♕b6 10.♖b1 ♗d7 11.fxe5 dxe5 12.♗e3 ♕c6 13.0-0

Danach löst Schwarz ohne größere Schwierigkeiten seine Eröffnungsprobleme.

Stärker ist wohl 13.♗f3!? – siehe **Kapitel 8.**

13...♘cxe4! 14.♘cxe4 ♘xe4 15.♘xe4

In der Partie Mack–Howell, London 1991, geschah 15.♗f3 ♗c5 16.♘xe4 ♗xe3+ 17.♔h1 0-0 18.♘c3 ♕e6 19.♘d5 e4 20.♗h5 (20.♘xe3 exf3 21.♕xf3 ♗c6∓) 20...♗b5 21.♘xe3 ♗xf1 22.♕xf1 ♕h6 23.♕e2 f5 mit schwarzem Vorteil.

15...♕xe4 16.♕d2 ♗c6 17.♗h5

Auf 17.♗f3 folgt 17...♕g6. Deshalb muss Weiß energischer handeln, wenn er ausreichende Kompensation für den Bauern nachweisen will. Sein Zug erzwingt eine Schwächung der schwarzen Königsstellung.

17...g6 18.♗f3 ♕c4 19.♖bd1 ♗e7 20.♗e2

Oder 20.♗xc6+ ♕xc6 21.♗h6 ♖d8 mit günstigerem Spiel für Schwarz.

20...♕e6 21.♕c3 ♗b5!

Um den starken Läufer von Weiß abzutauschen, denn es drohte 22.♗c4.

22.♗xb5+ axb5 23.♗h6 f6

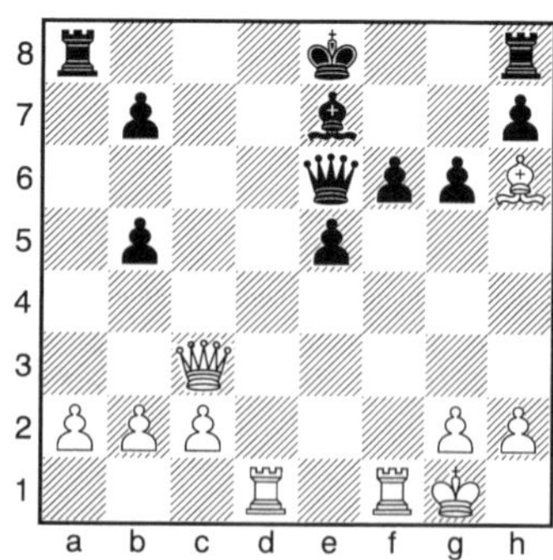

24.♕c7?

Die Zulassung des Damentauschs erleichtert die schwarze Verteidigung.

Laut Gelfand war 24.♕d3! ♔f7 25.♕xb5 b6 26.a3= besser

24...♖c8! 25.♕xb7 ♕c6 26.♕xc6+ ♖xc6 27.h4 ♔f7

Schwach wäre 27...♖xc2? 28.♗g7 ♖g8 29.♗xf6 ♖xb2 30.♖d5 ♗xf6 31.♖xf6 ♔e7 32.♖b6 mit gleichen Aussichten.

Gelfand selbst empfahl hier 27...♖g8!?.

28.♖d5 ♗c5+ 29.♔h2 ♔e6 30.♖d3 f5 31.♖b3 ♖b6 32.♖d1 ♖a8 33.a3 ♖a4! 34.g3 ♖c4

Das Endspiel steht materiell gleich, aber Schwarz hat aktivere Figuren (besonders den König), und das gibt ihm einen positionellen Vorteil, der zum Gewinn ausreicht.

35.♖d2 ♖d6 36.c3

Auch nach 36.♖xd6+ ♔xd6 37.c3 ♔c6 oder 37.♗f8+ ♔c6 38.♗xc5 ♖xc2+ –+ wäre die weiße Stellung hoffnungslos.

36...♖xd2+ 37.♗xd2 ♖e4 38.♗g5

38.♖xb5 ♖e2+ 39.♔h1 (39.♔h3 ♗g1–+) 39...♗f2 40.♗g5 ♗xg3 41.a4 f4 42.a5 f3–+

38...♖e2+ 39.♔h1 ♗f2 40.♔g2 ♖c2 41.♖xb5 h6! 42.♗xh6 ♗e3+ 43.♔f1 ♗xh6 44.h5 ♗e3! 45.hxg6 ♖f2+ 46.♔e1 ♖g2 47.g7 ♖xg3 48.♔e2 f4 49.♖b8 ♖xg7 50.♔d3 ♖f7 51.♔e4 f3 52.♔xe3 f2 53.♖b6+ ♔d5

Weiß gab auf.

Partie Nr. 47
Socko – Karjakin
Calvia 2004

1.e4 c5 2.♘f3 d6 3.d4 cxd4 4.♘xd4 ♘f6 5.♘c3 a6 6.g3 e5 7.♘b3 ♗e7

7...♘bd7 wurde in **Kapitel 9** vorgestellt.

8.♗g2 b5 9.0-0 ♘bd7 10.♗d2

Andere Fortsetzungen bereiten Schwarz keine Eröffnungsprobleme.

– 10.a4 b4 11.♘a2 a5 12.c3 ♗a6 13.♖e1 bxc3 14.♘xc3 0-0 15.♗d2 ♗c4 16.♘b5 ♕b6=

– 10.♘d5 ♘xd5 11.exd5 a5 12.a4 b4 13.♗d2 ♗g5 14.f4 ♗f6=

10...0-0 11.a4

Dieser Zug stellt für Schwarz keine Gefahr dar.

Besser ist laut Theorie 11.♖e1! mit der möglichen Folge 11...♘b6 12.a4 (Aufmerksamkeit verdient 12.♘a5!? ♗g4 13.♕c1 mit der Absicht ♘c3–d5.)

12...♗g4!?

(Nach 12...b4 13.♘d5 ♘fxd5 14.exd5 a5 15.c3 ♘c4 16.cxb4 ♘xd2 17.♕xd2 axb4 18.♕xb4 ♗d7 19.a5 ♕c7 20.♖ec1 ♕a7 21.♕d2 ♖fb8 22.♖a3 ♗d8 23.♗f1 f5 24.a6 hat Weiß die besseren Aussichten, Movsesian–Karjakin, Panormo 2002.)

13.♕c1 ♕d7 14.axb5 axb5 15.♘a5 ♗e6 16.♗g5 b4 17.♗xf6 ♗xf6

18.♘d5 ♗xd5 19.exd5 ♕b5 20.♘c6 ♖xa1 21.♕xa1 ♕c5 mit etwa gleichen Chancen, Movsesian-Gelfand, Budapest 2003.

11...b4 12.♘d5 ♘xd5 13.exd5 a5 14.c3 bxc3 15.♗xc3 ♕b6 16.♖a3 f5!

Da am Damenflügel nicht viel los ist, versucht Schwarz Gegenspiel auf der anderen Seite zu organisieren.

17.♖e1 ♗d8 18.♘d2 ♗a6 19.♘b3 ♗b7 20.♘d2 ♖c8 21.♘b3 ♕a7 22.♕d2 ♖a8

Schwarz ist nun mit der Verteidigung seines a-Bauern beschäftigt, aber das sind nur momentane Schwierigkeiten. Er kommt in Kürze zum Angriff am Königsflügel.

23.♘c1?

Weiß hat die Absicht des Gegners nicht erkannt, der einfach Druck gegen den Bauern f2 plant. Deshalb war 23.♔h1! besser, damit das eventuelle Schlagen auf f2 nicht mit Schach geschehen würde.

23...♘f6 24.b4

Weiß ist konsequent am Damenflügel aktiv, doch die Partie wird auf der anderen Seite entschieden.

24...♘e4! 25.♗xe4 fxe4 26.bxa5

Auch auf 26.♖xe4 gewinnt 26...♗g5!.

26...♗g5! 27.♕a2

27.♕xg5 verliert, den nach ♕xf2+ 28.♔h1 e3 kann Weiß aufgeben.

27...e3 28.f3

28.♘d3 ♗a6–+

28...e2+ 29.♔g2

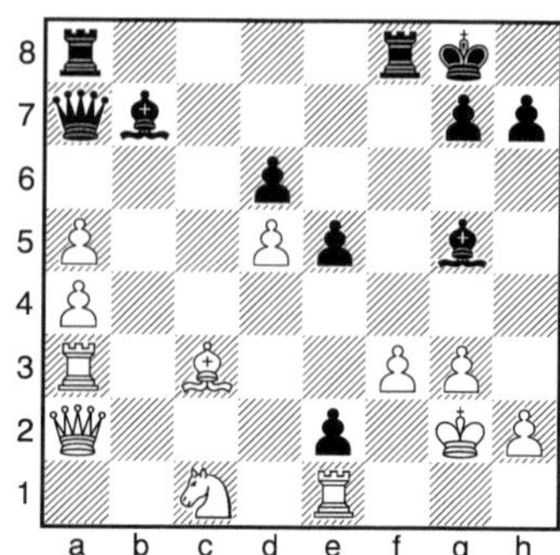

29...♖xf3!

Eine elegante Kombination.

30.♕xe2

30.♔xf3 verliert in allen Varianten: 30...♕e3+ 31.♔g2

(31.♔g4 ♗c8+ 32.♔h5 g6#)

31...♕e4+ 32.♔f2

(32.♔h3 ♗c8+ 33.g4 ♕xg4#)

32...♖f8+ 33.♔g1 ♗e3#.

30...♗xc1 31.♔xf3

Das verliert sofort und nur mit 31.♗d4 war das Spiel noch etwas zu verlängern: 31...♕xd4 32.♖xf3 ♗g5 33.♖d1 ♕xa4 34.♕b2 ♗c8 35.♖df1 ♕e4 36.h3 ♕xd5 37.♔h2 ♗f6–+.

31...♗xa3

Weiß kapitulierte.

Partie Nr. 48
Cernousek – Jakubiec
Ostrava 2005

1.e4 c5 2.♘f3 d6 3.d4 cxd4 4.♘xd4 ♘f6 5.♘c3 a6 6.♗e2 e5 7.♘b3 ♗e7 8.♗e3 ♗e6 9.0-0 0-0 10.♕d2 ♘bd7 11.a4 ♖c8 12.a5 ♕c7 13.♖fc1 ♘c5 14.♘xc5 dxc5 15.f3 ♖cd8 16.♕e1

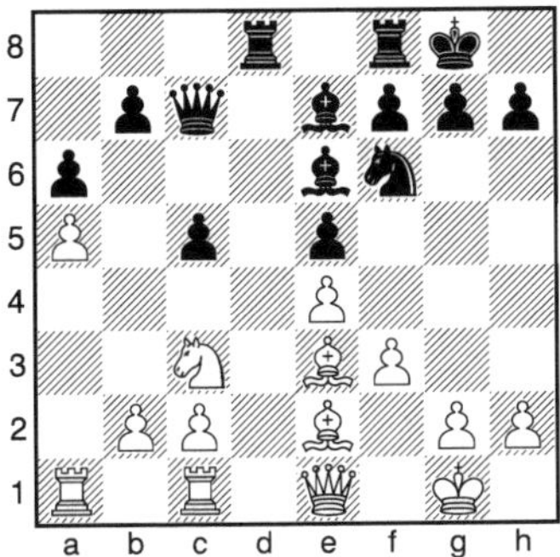

16...♖d4!?

Eine interessante Idee: Schwarz plombiert die Stellung im Zentrum, um die Aktivität der weißen Figuren zu beschränken. Im Gegenzug bekommt er Angriffschancen am Königsflügel.

Normalerweise wird das solidere 16...♘h5 gespielt – siehe **Kapitel 10**.

17.♗xd4 exd4 18.♘b1

Nach 18.♘d1 ♗d6 19.g3 h5 hätte Schwarz Druck auf die weiße Rochadestellung.

18...♘h5

Nun wäre der gerade gezeigte Angriffsplan nicht mehr effektiv: 18...♗d6 19.g3 h5 20.♘d2 h4 21.f4 und Weiß steht gut.

19.g3 ♗g5 20.♖d1

– Nach 20.♘d2 ♗xd2 21.♕xd2 ♘xg3 22.hxg3 ♕xg3+ hätte Schwarz Remis durch Dauerschach.

– Hingegen würde nach 20.f4 ♘xf4! 21.gxf4 eine sehr komplizierte Stellung mit unübersichtlichen Komplikationen entstehen.

– 21...♗xf4 22.♘d2 ♗xh2+ 23.♔g2 ♗f4 24.♖d1 ♕e5 25.♕h4 g5

– 21...♕xf4 22.♖d1 ♕xe4 23.♖a3 ♕xc2

Und in beiden Fällen stellt sich die Frage: Hat Schwarz genug Bauern für den Turm?

20...♗e3+ 21.♔g2 f5 22.exf5 ♗xf5 23.♗d3?

Weiß hat übersehen, dass dieser Zug den Königsflügel schwächt (Punkt f3) und sofort zum Verlust führt.

Notwendig war 23.♘a3!.

23...♗xd3

Schade! Das reicht zwar auch zum Gewinn, doch viel schöner war 23...♗h3+!! 24.♔xh3 (24.♔h1 ♖xf3 25.♘d2 ♖f2–+) 24...♖xf3 25.♘d2 (25.♔g2 ♕c6–+) 25...♘f4+ 26.♔g4 ♘xd3 27.cxd3 ♖f2 28.♕xf2 ♕d7+! 29.♕f5 (29.♔h4 g5+ 30.♔h5 ♕h3#) 29...h5+ –+.

24.♖xd3

Auch auf 24.cxd3 folgt das Turmopfer auf f3.

24...♖xf3!

Dieses Opfer beseitigt den Bauernschutz des weißen König und der Angriff erreicht seinen Höhepunkt.

25.♔xf3

Ein Eigentor. Hartnäckiger war 25.♘d2 ♖f2+ 26.♕xf2 ♗xf2 27.♔xf2 ♘f6 und Schwarz müsste noch viel für den Sieg arbeiten.

25...♕f7+ 26.♔g2 ♕d5+ 27.♔h3 ♕f3 28.♕d1 ♘f4+ 29.♔h4 g5+

Weiß gab sich geschlagen, denn 30.♔xg5 ♘e6+ 31.♔h4 ♗g5+ 32.♔h3 ♘f4# führt zum Matt.

Partie Nr. 49
Nisipeanu – Naiditsch
Sarajevo 2006

1.e4 c5 2.♘f3 d6 3.d4 cxd4 4.♘xd4 ♘f6 5.♘c3 a6 6.♗c4 e6 7.♗b3 ♘bd7 8.♗g5 ♕a5 9.♗xf6 ♘xf6 10.0-0 ♘d7!?

10...♗e7 wird in **Kapitel 11** erwähnt.

Die Partiefortsetzung war seinerzeit eine neue Idee. Sie basiert auf dem Plan, diesen Springer auf c5 zu platzieren und ihn eventuell gegen den starken gegnerischen Läufer abzutauschen.

Großmeister Arkadi Naiditsch ist bekannt dafür, dass er reich an originellen Ideen ist und sein Eröffnungsrepertoire sehr solide vorbereitet. Er kam 1996 aus Riga nach Deutschland, als 13-Jähriger mit den Eltern und drei Schwestern (auch starke Schachspielerinnen), und wurde in Dortmund ansässig. Fast das ganze Jahr 1997 war ich sein Trainer und meine Aufgabe bestand darin, seine Eröffnungen zu verbessern. Später wurde Naiditsch zum deutschen Spitzenspieler und drang bald sogar in die Weltelite vor.

11.f4 ♘c5 12.f5 ♗d7

Schwarz hat die Absicht, lang zu rochieren, was in dieser Stellung offensichtlich der beste Plan ist.

Nach 12...♘xb3 13.axb3 ♕e5 14.b4 ♗e7 15.fxe6 fxe6 16.♘db5 ♔d7 17.♘a3 ♗f6 18.♖xf6! ♕xf6 19.♘c4 ♖f8 20.♘b6+ ♔c6 21.♘xa8 ♕f2+ 22.♔h1 b5 23.♕d3 ♕f6 24.♖d1 gab sich Schwarz geschlagen, Nisipeanu–Paragua, Turin 2006.

13.♔h1 0-0-0!?

Das ist die Pointe des schwarzen Plans.

14.a3 ♘xb3 15.cxb3 ♗e7 16.b4 ♕e5 17.a4 ♔b8 18.fxe6 ♗xe6 19.♘f3 ♕h5 20.♘d5 ♗xd5 21.exd5 ♖c8 22.b5 a5 23.♕d2 ♗d8 24.♖ad1

Dies ist die positionelle Behandlung der Stellung.

Nach dem energischen 24.b4!? ♗f6 sollte Schwarz Ausgleich halten; z.B. 25.♖ad1

(25.♖ac1 axb4 26.♕xb4 ♕xd5∓)

25...♗c3 26.♕g5 ♕xg5 27.♘xg5 f6 28.♘f7

(Nach 28.♘e6 axb4 könnte der b-Bauer gefährlich werden.)

28...♖hg8 29.♘xd6 ♖cd8 30.♘e4 ♗xb4 mit gleichem Endspiel.

24...♖c4 25.b3 ♖e4 26.♕f2 ♖he8 27.♘d2 ♖e2 28.♕g3 ♖2e3 29.♕f4?

Statt den Bauern abzugeben, konnte Weiß mittels 29.♘f3!? die Balance halten.

29...♕xd5 30.♘f3

Das Endspiel nach 30.♕xf7 ♕xf7 31.♖xf7 ♖d3 32.♖ff1 d5 33.♘f3 ♖ee3 wäre besser für Schwarz.

30...♖d3 31.♖xd3 ♕xd3 32.♖c1 ♗f6 33.h3 ♔a7 34.♘d2

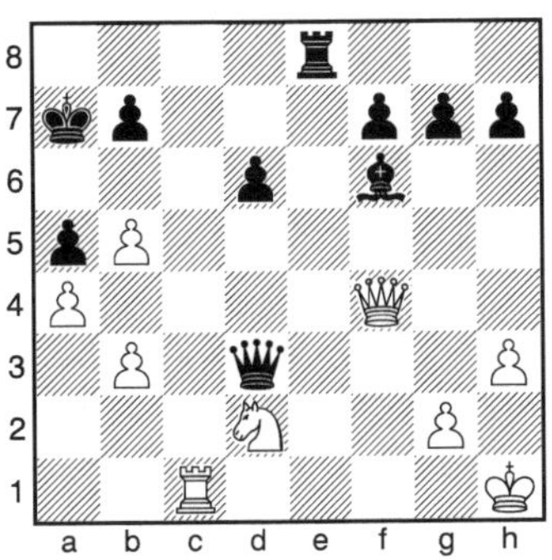

34...♕d4

Dabei hat Schwarz ein vorteilhaftes Turmendspiel im Visier.

Aber es scheint, dass das einfache 34...♗e5!? noch besser war; z.B. 35.b6+ ♔a6! 36.♕f1 (36.♕f2 ♗d4−+) 36...♕xf1+ 37.♖xf1 f6−+.

35.♕xd4+ ♗xd4 36.♘c4 d5 37.♘xa5 ♗b6 38.b4 ♖e4!

Jetzt sehen wir den Sinn von 34...♕d4. Es entsteht das erwähnte und für Schwarz gewonnene Turmendspiel.

39.♖b1 ♗xa5 40.bxa5 ♖xa4 41.♖d1 d4 42.g4 ♖xa5?

Statt dieser Ungenauigkeit war 42...f6! viel einfacher: 43.♔g2 ♖xa5 44.♖xd4 ♖xb5 45.♖d7 ♖g5 46.♔f3 h5 47.gxh5 ♖xh5 48.♖xg7 ♖xh3+ 49.♔f4 ♖d3 50.♔f5 ♖d6−+.

43.♖xd4 ♖xb5 44.♖d7 h5 45.♖xf7 hxg4 46.hxg4 ♖g5 47.♖f4 b5 48.♔g2 ♔b6 49.♔f3 ♔a5 50.♖f7 ♖g6 51.♖a7+ ♔b6 52.♖e7 ♖f6+ 53.♔e3 g6 54.♔d3 ♔a5 55.♖e4 ♖c6!

Der König ist abgeschnitten und der Rest ist einfach.

56.♖e5 ♔a4 57.♔e4 ♖c4+ 58.♔f3 b4

Weiß kapitulierte.

Partie Nr. 50
Naiditsch – Anand
Dortmund 2003

1.e4 c5 2.♘f3 d6 3.d4 cxd4 4.♘xd4 ♘f6 5.♘c3 a6 6.♗c4 e6 7.♗b3 ♘bd7 8.♗g5 ♕a5 9.♕d2

Zu 9.♗xf6 – siehe **Kapitel 11.**

9...♗e7 10.f3

Die Variante nach 10.0-0-0 ♘c5 11.♖he1 ♕c7 12.f4 h6 13.♗xf6 ♗xf6 14.♔b1 0-0 15.g4 b5 16.g5 hxg5 17.fxg5 ♗e5 18.♕f2 b4 19.♘a4 ♗d7 20.♘xc5 ♕xc5 führt zu einer etwa ausgeglichenen Stellung, Wan Yunguo–Zhao Jun, Ho Chi Minh City 2012.

♘c5 11.0-0-0 ♕c7 12.♔b1

Dies ist zu verhalten gespielt, denn in Stellungen dieser Art spielt die Zeit eine große Rolle.

Logischer ist es darum, mit 12.g4! sofort am Königsflügel aktiv zu werden.

12...0-0 13.h4 b5

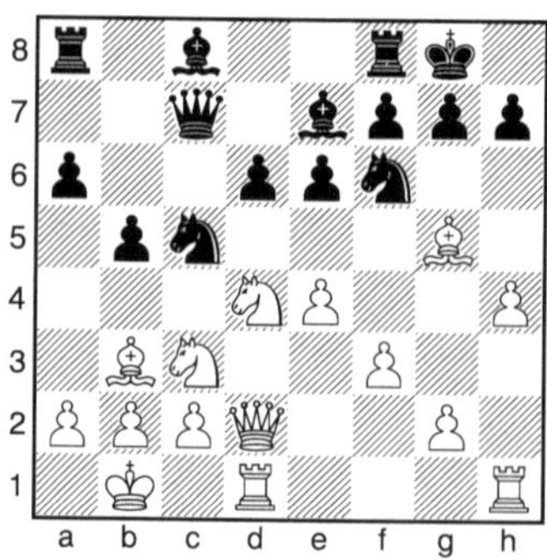

14.a3?

Der damals 18-jährige und noch wenig erfahrene Naiditsch schwächt mit diesem Zug nur seine Königsstellung.

Weiß sollte wiederum 14.g4! in Erwägung ziehen; z.B. 14...b4 15.♘a4 ♖b8 16.♗e3 mit der Absicht h4-h5 nebst g4-g5.

14...♖b8!

Schwarz ist schon bereit zum Gegenspiel am Damenflügel.

15.h5 h6

Aber nicht 15...b4? 16.axb4 ♖xb4 17.♗xf6 ♗xf6 wegen 18.♘d5! mit weißem Vorteil.

16.♗e3 e5! 17.♘f5

Nach 17.♘de2 empfiehlt Ftacnik 17...♘xb3 18.cxb3 b4! 19.axb4 ♗e6 20.♖c1 ♕b7 21.g4 d5–+.

17...♗xf5 18.exf5 ♘xb3 19.cxb3 b4 20.axb4

Erzwungen, denn es geht nicht 20.♘d5 ♘xd5 21.♕xd5 bxa3 22.bxa3 ♖b5 23.♕d3 ♖fb8 24.♔a2 d5 25.♖b1 ♗xa3! 26.♔xa3 ♕a5+ 27.♔b2 ♕a4 28.♔c2 ♕a2+ 29.♖b2 ♖c8+ –+.

20...♖xb4 21.♕c2

Wiederum wäre die weiße Stellung nach 21.♘d5 ♘xd5 22.♕xd5 ♖fb8 23.♖d3 ♖4b5 24.♕e4 ♖xb3 25.♖xb3 ♖xb3 26.♕a8+ ♖b8 27.♕xa6 ♕c3 28.♕e2 d5 29.♖c1 ♕b3 30.♗c5 ♗f6 nicht einfach zu verteidigen.

21...♕b7 22.g4

Auf 22.♔a2 folgt natürlich 22...♖b8–+.

22...♖xb3 23.g5 ♖b8!

Der Druck auf die weiße Königsstellung ist gewaltig und Weiß steht schon auf verlorenem Posten.

24.♗c1

Es gibt keine Wahl: 24.♘a4 ♘d5 25.♗c1 ♗xg5 26.♗xg5 ♘c3+ 27.♘xc3 ♖xb2+ –+.

24...hxg5 25.h6

Den Bauern f3 könnte man durch 25.♖d3 verteidigen, aber nach 25...♖c8 26.♗xg5 e4 wäre die weiße Stellung trotzdem hoffnungslos.

25...♕xf3 26.♔a1 ♗f8 27.hxg7 ♗xg7 28.♖hg1

28.♕h2 ♕xf5–+

28...g4 29.♖xd6 ♖3b6 30.♖d3

30.♖xb6 ♖xb6 31.♕d2 ♖b8 32.♕g5 ♕c6–+

30...♕c6 31.♖dg3 ♖b4 32.♕e2 a5 33.♕xe5

33.♕e1 a4 34.♕xe5 a3 35.bxa3 ♖b3 36.♔a2 ♕c4–+

33...♖e8

Weiß gab auf.

Partie Nr. 51
Short – Kasparow
London 1993
8. Matchpartie

1.e4 c5 2.♘f3 d6 3.d4 cxd4 4.♘xd4 ♘f6 5.♘c3 a6 6.♗c4 e6 7.♗b3 ♘bd7 8.f4 ♘c5 9.e5 dxe5

9...♘fd7 wurde in **Kapitel 11** vorgestellt.

10.fxe5 ♘fd7

Das sofortige 10...♘xb3 ist nicht gut wegen 11.axb3 ♗c5 12.♗e3 ♗xd4 (12...♘d5? 13.♘xe6!) 13.♗xd4 ♘d5 14.0-0 und Schwarz hat Probleme.

11.♗f4 b5

Mit dem Ziel, den Damenflügel zu entwickeln. Laut Theorie ist das der beste Plan.

12.♕g4

Auch 12.♕e2 kann zu scharfen Komplikationen führen; z.B. 12...♗b7 13.0-0-0

(13.0-0 b4 14.♘a4 ♘xb3 15.axb3 ♘c5 16.♖ad1 ♘xa4 17.bxa4 ♗c5∞)

13...♕a5 14.♖hf1

(14.♖he1 b4 15.♘d5 ♗xd5 16.♗xd5 exd5 17.e6 ♘f6 18.e7 ♘ce4 19.♘b3 ♕b6∞)

14...♘xb3+

(14...♗e7 15.♕g4 g6∞)

15.♘xb3 ♕c7 16.♘d4 ♘c5 17.a3 ♗e7 18.♕g4 0-0 19.♖de1 ♖fd8 20.♗h6 ♗f8 21.♗g5 ♖d7 22.♖e3

♖c8 mit zweischneidigem Spiel, Motwani–Pigott, BCF–ch 1989.

12...h5

Dieser Zug verrät, dass Schwarz am Königsflügel aktiv werden möchte.

Aufmerksamkeit verdient aber auch 12...♘f6!? 13.exf6 ♕xd4 14.fxg7 ♕xg7 15.♕e2 ♗e7 16.♗e5 f6 17.♗d4 ♘xb3 18.axb3 e5 19.♕f3 ♖b8 20.♗e3 ♗b7 21.♘d5 0-0 mit beiderseitigen Chancen.

13.♕g3 h4 14.♕g4 g5

Nun entsteht ein spannender Kampf.

Zu überlegen waren auch die Alternativen:

– 14...h3!? 15.g3 ♘xb3 16.axb3 ♕b6 17.0-0-0 ♗b7 18.♖hf1 ♖c8∞;

– 14...♘f6!? 15.exf6 ♕xd4 16.fxg7 ♕xg7 17.♕e2 ♗e7∞.

15.0-0-0!

Weiß muss aktiv spielen, wenn er Vorteil erzielen will.

Schwach wäre 15.♗xg5? ♘xe5 16.♗xd8 ♘xg4 17.♗g5 ♗b7 mit schwarzem Vorteil.

15...♕e7?

Mit diesem sehr riskanten Zug wollte Kasparow die Spannung aufrechterhalten, aber wie wir sehen werden, war diese Entscheidung leichtsinnig.

Er verzichtete auf das ausgeglichene Turmendspiel nach 15...gxf4! 16.♘xe6! (16.♗xe6 ♘xe5 17.♕e2 ♘ed3+! 18.cxd3 fxe6 19.♕e5 ♖h6 ist unzureichend für Weiß.)

16...♘xe6 17.♗xe6 ♕e7 18.♗xd7+ ♗xd7 19.♕f3 ♖a7 20.♘d5 ♗c6 21.♘f6+ ♕xf6 22.exf6 ♗xf3 23.♖he1+ ♖e7 24.fxe7 ♗xd1 25.exf8♕+ ♔xf8 26.♔xd1 h3 usw.

16.♘c6!

Mutig gespielt, besonders gegen den Angriffsmeister Kasparow. Weiß opfert eine Figur, um die unsichere Lage des gegnerischen König im Zentrum auszunutzen.

16...♘xb3+ 17.axb3 ♕c5 18.♘e4! ♕xc6 19.♗xg5 ♗b7

Dies ist erzwungen, denn nach 19...♖g8? geht 20.♘f6+! (20.♖xd7 ♔xd7 21.♘f6+ +–) 20...♘xf6 21.♗xf6+–.

20.♖d6!!

Der Punkt e6 wird angegriffen.

20...♗xd6

Es gibt keine andere Wahl, denn nach 20...♕xe4 gewinnt 21.♖xe6+! ♗e7 22.♖xe7+ ♔f8 23.♖xf7+! ♔xf7 24.♖f1+ ♔g6 25.♗f4+ ♔h7 26.♕xd7+ ♔g6 27.♕g4+ ♔h7 28.♕xh4+ ♔g7 29.♕e7+ ♔g8 30.♕e6+ ♔g7 31.♗h6+! ♖xh6 32.♖f7+ ♔g8 33.♖f6+ ♔h8 34.♖xh6+ und Schwarz kann aufgeben.

21.♘xd6+ ♔f8 22.♖f1 ♘xe5

Andere Züge verlieren; z.B. 22...♖h7? (22...f5 23.♖xf5+ +–) 23.♕xe6 ♘xe5

(23...♔g8 24.♖xf7 ♖xf7 25.♕xf7+ ♔h8 26.♕h5+ +–)

24.♕xe5 ♔g8 25.♗f6 ♕xg2 26.♖e1 ♖h6 27.♘f5 ♖xf6 28.♕xf6+–.

23.♕xe6 ♕d5

Aber nicht 23...♖h7 24.♕xe5 ♕xg2 25.♖xf7+! ♔g8 26.♖xh7 ♔xh7 27.♕f5+ ♔h8 28.♕f6+ mit schnellem Matt.

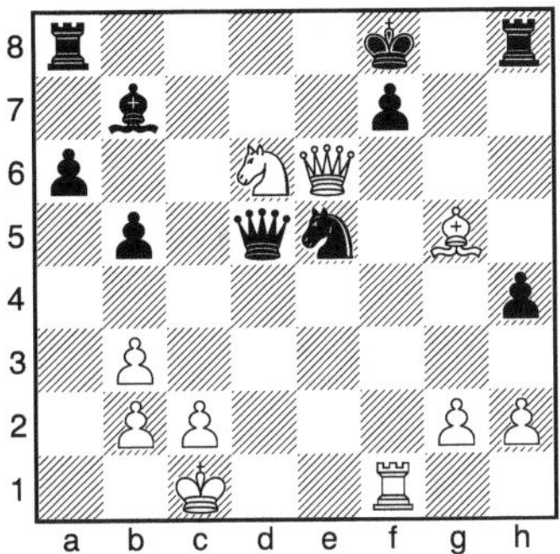

24.♖xf7+?

Leider lässt dieser effektvolle Zug den forcierten Gewinn aus. Es war an der Zeit, einen einfachen Weg einzuschlagen: 24.♕f6! ♖h7 (24...♔g8 25.♘f5+–) 25.♖f5 ♕xg2 26.♕xe5 ♔g8 27.♗f6 ♕h1+ 28.♔d2 ♖h6 29.♖g5+ ♖g6 30.♖xg6+ fxg6 31.♕e6+ ♔h7 32.♕f7+ ♔h6 33.♕g7+ ♔h5 34.♕h7+ ♔g4 35.♕xh4+ ♔f3 36.♕g3#.

24...♘xf7

Das ist die einzige Verteidigung, denn 24...♔g8? scheitert an 25.♖g7+! ♔xg7 (25...♔f8 26.♕e7#) 26.♘f5+ ♔h7 27.♕h6+ ♔g8 28.♕g7#.

25.♗e7+ ♔g7 26.♕f6+ ♔h7 27.♘xf7 ♕h5 28.♘g5+ ♔g8 29.♕e6+ ♔g7 30.♕f6+ ♔g8 31.♕e6+ ♔g7 32.♗f6+ ♔h6 33.♘f7+ ♔h7 34.♘g5+

Zu versuchen war noch 34.♘xh8!? ♖xh8 35.♕d7+ ♔g6 36.♗xh8 ♕g5+ 37.♔b1 ♕xg2 38.♔a2 ♗e4 39.c4 mit einigen Gewinnchancen.

34...♔h6 35.♗xh8+

Immer noch war 35.♘f7+ ♔h7 36.♘xh8 ♖xh8 37.♕d7+ ♔g6 38.♗xh8 von Interesse (siehe letzte Anmerkung).

35...♕g6

Ein fataler Fehler wäre 35...♔xg5?? 36.♕e5+ ♔g6 (36...♔g4 37.h3#) 37.♕f6+ ♔h7 38.♕g7#.

36.♘f7+ ♔h7 37.♕e7 ♕xg2?

Das hätte sehr traurige Folgen für Schwarz haben können.

Nach dem richtigen 37...♔g8! 38.♕xb7 (38.♘e5 ♕h7!) 38...♖f8 39.♘e5 ♖f1+ 40.♔d2 ♕d6+ wäre er außer Gefahr.

38.♗e5?

Das lässt definitiv den Gewinn aus.

Nach 38.♗d4! hat Schwarz keine Parade mehr: 38...♕f1+

(38...♕h1+ 39.♔d2 ♕xh2+ 40.♔c3 ♖c8+ 41.♔b4+–)

39.♔d2 ♕f4+ 40.♗e3! ♕xh2+ 41.♔c3 ♖c8+ 42.♔b4 ♖c7 43.♘g5+ ♔g6 44.♕e6+ ♔h5 45.♘f3 ♕xc2 46.♕h6+ ♔g4 47.♕f4+ ♔h3 48.♕xh4+ ♔g2 49.♕g4+ ♔f1

50.♕g1+ ♔e2 51.♕f2+ ♔d3 52.♘e1+ +–.

38...♕f1+ 39.♔d2 ♕f2+ 40.♔d3 ♕f3+ 41.♔d2 ♕f2+ ½–½

Weiß kann Dauerschach nicht vermeiden. Eine sehr spannende und nicht fehlerlose Partie.

Partie Nr. 52
Z. Almasi – Kasparow
Lyon 1994

1.e4 c5 2.♘f3 d6 3.d4 cxd4 4.♘xd4 ♘f6 5.♘c3 a6 6.f4 e6 7.♕f3 ♕b6 8.a3 ♘c6 9.♘xc6

Zu 9.♘b3 – siehe **Kapitel 12.**

9...bxc6

9...♕xc6 wurde selten gespielt; z.B. 10.♗d3 (△10.g4!?) 10...b5 11.0-0 ♗b7 12.♗d2 g6 13.♕e2 ♕b6+ 14.♔h1 ♗g7 15.a4 bxa4 16.♖xa4 ♘d7 17.♖c4 0-0 mit etwa gleichen Chancen, Wahls-Forster, Schweiz 1994.

10.b3

Auf 10.g4 scheint 10...♗b7!? am besten zu sein.

10...♗b7

Eine logische Entwicklung des Läufers auf die lange Diagonale, womit der Vorstoß d6-d5 bzw. die lange Rochade geplant wird.

11.♗b2 d5 12.0-0-0?!

Zu früh, denn Weiß rochiert in den schwarzen Angriff hinein.

– Nach 12.e5 ♘d7 13.♘a4

(13.0-0-0 c5! und Schwarz steht schon besser.)

13...♕c7 14.♗d3 c5 wäre das Spiel etwa ausgeglichen.

– Gespielt wurde auch 12.♗d3 c5 13.exd5 exd5 14.0-0-0 (14.♕e2+ ♕e6=) 14...0-0-0 15.♘a4 ♕c7 16.♗f5+

(16.♗e5!? ♗d6 17.♖he1 hält die Balance.)

16...♔b8 17.♗e5 ♗d6 18.♕c3 d4 19.♗xd6 ♕xd6 20.♕xc5 ♕xf4+ 21.♔b1 ♖d5 22.♖df1 ♕e5 23.♕c4 ♖b5 24.♕xf7 ♗d5 25.♕xg7 ♖g8 26.♕h6 ♗xb3 27.cxb3 ♖xb3+ 28.♔c1 ♕c7+ 29.♗c2 d3 30.♕f4 ♖c8 31.♕xc7+ ♖xc7 32.♖f2 ♘e4 33.♖f8+ ♔a7 34.♖f7 ♖bb7 35.♖xc7 ♖xc7 36.♖d1 ♖xc2+ 37.♔b1 ♖xg2 38.♖xd3 ♖xh2 und Schwarz gewann das Endspiel, J. Polgar-Kasparow, Dos Hermanas 1996.

12...♕a5 13.e5 ♘d7 14.♘a4 ♕c7

Verhindert f4-f5, weil Schwarz nach 15...♘xe5 16.♕g3 f6 17.fxe6 ♗d6 besser stünde.

15.♖e1

Bereitet f4-f5 vor, obwohl dieser Plan nicht einfach durchzusetzen ist.

Kasparow selbst empfahl hier 15.c4.

15...g6 16.g4

Der Anziehende strebt konsequent f4-f5 an.

16...c5 17.♗g2 ♖b8 18.♕d1

Weiß kann seinen Hauptplan weiterhin nicht umsetzen, denn nach 18.f5 d4 19.♕g3 ♗xg2 20.♕xg2 ♘xe5 21.fxe6 fxe6 22.♕e2 ♗d6 23.♕xa6 0-0 steht Schwarz klar besser.

18...c4!

Das ist der richtige Weg zum Königsangriff, denn nach 18...d4 19.♗xb7 ♕xb7 20.♕e2 ♕b5 21.h4 nebst ♖h1-h3 könnte Weiß seine Königsstellung verteidigen.

19.♔b1 ♕a5 20.♗c3 ♕b5 21.♔a2 ♗c6 22.f5

Endlich hat Weiß diesen Vorstoß durchgesetzt, aber er droht nichts.

Nach der Partie wurde 22.♖e3 ♘c5 23.♘xc5 ♕xc5 24.♕c1 mit einigen Verteidigungschancen vorgeschlagen.

22...♕b7 23.fxe6 fxe6 24.♘b2 cxb3+ 25.cxb3 ♘c5 26.♗b4?

Da dies schnell zum Verlust führt, sollte Weiß 26.b4!? probieren.

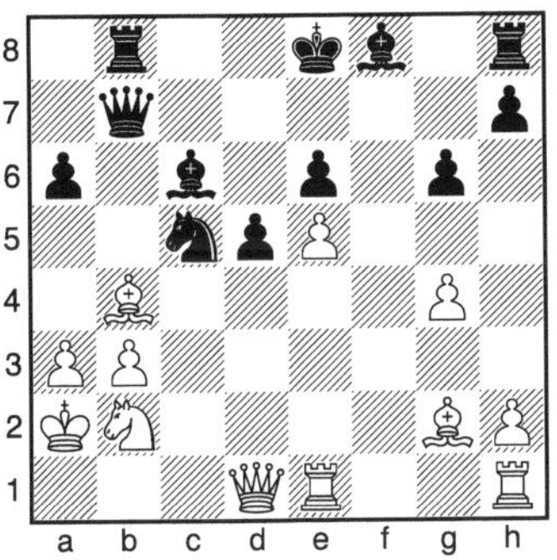

26...♘xb3!

Mit diesem Springeropfer wird die weiße Königsstellung ruiniert.

27.♕xb3 a5 28.♖hf1 axb4 29.a4 ♗e7 30.♖c1 ♖f8 31.g5

31.♖xf8+ ♔xf8 32.♖f1+ ♔g7–+

31...♗xg5 32.♕h3 ♖f5 33.♖xf5 exf5 34.♖d1 b3+ 35.♔b1 ♖c8 36.♖d3 ♗xa4!

Ein elegantes Ende. Weiß gab auf wegen 37.♘xa4 ♖c1+ 38.♔b2 ♖c2+ 39.♔b1 ♕b4 40.♖xb3 (40.♘c3 ♕a3–+) 40...♕e1+! 41.♔xc2 ♕c1+ 42.♔d3 ♕c4#.

Partie Nr. 53
Kamsky – Topalow
Sofia 2006

1.e4 c5 2.♘f3 d6 3.d4 cxd4 4.♘xd4 ♘f6 5.♘c3 a6 6.♗g5 e6 7.f4 ♕b6 8.♘b3 ♗e7

Andere Fortsetzungen wurden in **Kapitel 12** erörtert.

9.♕f3 ♘bd7 10.0-0-0 ♕c7 11.♗d3 b5 12.♖he1 ♗b7 13.♕h3?!

Es ist erstaunlich, dass der Weltklassespieler Kamsky nicht zum ersten Mal in seiner Turnierpraxis diesen Zug spielt, den die Theorie als minderwertig beurteilt.

Besser ist 13.a3, um den Vorstoß b5–b4 zu erschweren; z.B. 13...h6 14.♕h3

(14.♗xf6 ♘xf6 15.♕g3 ♘h5 16.♕g4 ♘xf4 17.♕xg7 0-0-0 18.g3 ♘g6

19.♕d4 ♘e5 20.♖f1 h5 21.a4 d5 22.exd5 b4 23.♘e4 ♖xd5–+, Mikhailitschenko–Subow, Kramatorsk 2002)

14...0-0-0 15.♗xf6 ♘xf6 16.♔b1 ♔b8 17.f5 e5 18.♕f3 ♖c8 mit beiderseitigen Chancen, Akopian–Van Wely, Cap d'Agde 1996.

13...b4 14.♘b1?

Der Springer entfernt sich vom Zentrum, wo er wohl nützlich wäre.

Deshalb käme 14.♘e2!? infrage, denn nach 14...♘xe4 könnte der schwarze König im Zentrum Gefahren ausgesetzt sein. In solch scharfen Situationen hat ein Mehrbauer sehr oft keine große Bedeutung.

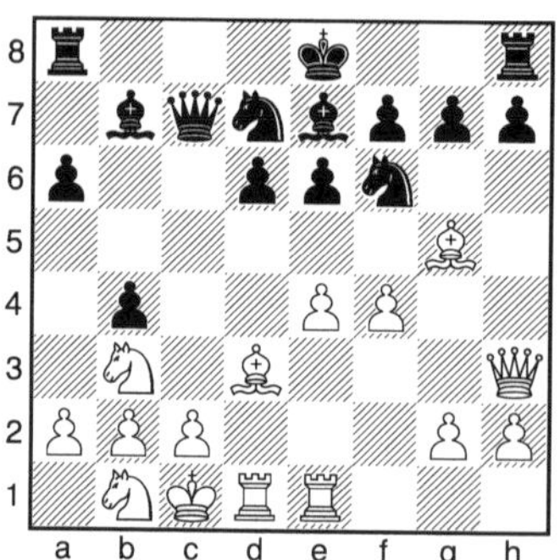

14...e5!?

Eine neue Idee. Smirin spielte gegen Kamsky (Chanty Mansiysk 2005) 14...a5 und war ebenfalls erfolgreich.

15.♘1d2 a5 16.♔b1

Nach der Partie wurde festgestellt, dass Weiß mit 16.♘c4 a4 17.♘bd2 seine Springer besser aufstellen konnte.

16...a4 17.♘c1 0-0 18.♘e2 ♖fc8 19.♘g3 g6

Schwarz lässt den weißen Springer nicht nach f5.

20.♘c4 ♗a6 21.b3

Die Überführung des Springers zum Königsflügel kommt schon zu spät: 21.♘e3 a3! 22.♘gf5 ♗f8!?

(22...gxf5 müsste auch gehen.)

23.♘h6+ ♗xh6 24.♕xh6 axb2 25.♕h4 ♗xd3 26.♖xd3 ♕a5 27.a3 bxa3 28.♔a2 ♘xe4–+

21...axb3 22.cxb3 ♘c5 23.♘e2 ♘fxe4 24.♗xe7 ♕xe7 25.♗xe4 ♘xe4 26.♘b6 ♕a7 27.♘xa8 ♖xa8 28.a4 ♗xe2 29.♖c1

Nach 29.♖xe2 ♘c3+ wäre die Partie auch verloren.

29...♕f2

Weiß gab auf.

Partie Nr. 54

Schirow – Hou Yifan

Gibraltar 2012

1.e4 c5 2.Nf3 d6 3.d4 cxd4 4.Nxd4 Nf6 5.Nc3 a6 6.Bg5 e6 7.f4 Qb6 8.Qd2 Qxb2 9.Rb1 Qa3 10.e5 h6!?

Die Fortsetzung 10...dxe5 wurde in **Kapitel 12** analysiert.

11.Bh4 dxe5 12.fxe5 Nd5

Es gibt noch zwei gute Möglichkeiten für Schwarz.

I. 12...Nfd7 13.Ne4 Qxa2 14.Rd1 Qd5 15.Qe3 Qxe5 16.Be2 Bc5 17.Bg3 Bxd4 18.Rxd4 Qa5+ 19.Rd2 0-0 20.Bd6 f5

(20...Rd8 21.Qg3 Qf5 22.Be5 Qg6=, Motylew–Anand, Wijk aan Zee 2007)

21.Bxf8 Nxf8 22.Nd6 Nbd7 23.Bc4 Qa1+ 24.Kf2 Qe5 (24...Qxh1!?) 25.Re1 Qxe3+ 26.Rxe3 Nf6 und Schwarz hat für die Qualität gute Aussichten, Kriwoborodow–Feher, Wien 2011.

II. 12...g5 13.exf6

(– 13.Bg3 Nh5 14.Ne4 Qxa2 15.Rb3 Nd7 16.Qc3 b6 17.Nd6+ Bxd6 18.exd6∞, Sjugirow – Njepomnjaschi, St. Petersburg 2009

– 13.Bf2 Ng4 14.Bg3 Nd7 15.Be2 Ngxe5 16.0-0 Bg7 17.Nxe6 fxe6 18.Ne4 Rf8 19.Bh5+ Ke7 20.Rb3 Rxf1+ 21.Kxf1 Nc4 22.Rxa3 Nxd2+ 23.Nxd2 Be5 24.Rf3 Bxg3 25.Rf7+ Kd6 26.hxg3 b5∓, Anand–Njepomnjaschi, Mainz 2009)

13...gxh4 14.Be2 Nd7 (14...h3!?) 15.0-0 Qa5 16.Kh1

(16.Qd3? Qe5 17.Ne4 Nc5∓)

16...Qg5 ½–½, Gusejnow–Areschenko, Antalya 2013

13.Nxd5 exd5 14.e6 Bxe6 15.Nxe6

Der Versuch 15.Rxb7 kann Schwarz nicht wirklich gefährden.

A) 15...Nd7 16.Bb5

(16.Nxe6 fxe6 17.Bd3 Be7 18.Bg6+ Kd8∞)

16...axb5 17.Nxb5 Be7 18.Nxa3 Bxh4+ 19.g3 Bg5 20.Qb4 Be7 21.Qb5 Rxa3 22.0-0 Bc5+ 23.Kh1 0-0 24.Rxd7 Bxd7 25.Qxc5 Rxa2 26.Qxd5 Be6 27.Qd3 Ra4 ½–½, Howhannisjan–Andriasjan, Jermuk 2013

B) 15...Bd6 16.Nxe6 fxe6 17.Be2 0-0 18.Qd4 Rf7 19.Rxf7 Kxf7 20.0-0+ Kg8 21.Qg4 Qe3+ 22.Bf2 Qe5 23.Bg3 Qe3+ 24.Bf2 Qe5 25.Bd4 Qxh2+ 26.Kf2 Qf4+ 27.Qxf4 Bxf4 28.Bg4 Nc6 29.Bxe6+ Kh8 30.Bxd5 Rd8 31.Bxg7+ Kxg7 32.Bxc6 Rd2+ 33.Kf3 Rxc2 mit gleichem Endspiel, Karjakin–Anand, Moskau 2013.

15...fxe6 16.Be2

Nach 16.Bd3 Be7 17.Bg6+ Kd8 18.Bxe7+ Qxe7 19.0-0 Nd7 20.Rf7 Qc5+ 21.Kh1 Rf8 22.Rxg7 Rf6 23.Bd3 Kc7 24.c4 d4 25.Qe1 Raf8

26.♕e4 b6 27.♕h7 ♖d8 sollte Schwarz seine Position erfolgreich verteidigen können, Naiditsch–Yilmaz, Antalya 2013.

16...♗e7 17.♗h5+ ♔d8 18.♗xe7+ ♕xe7 19.0-0 ♘d7

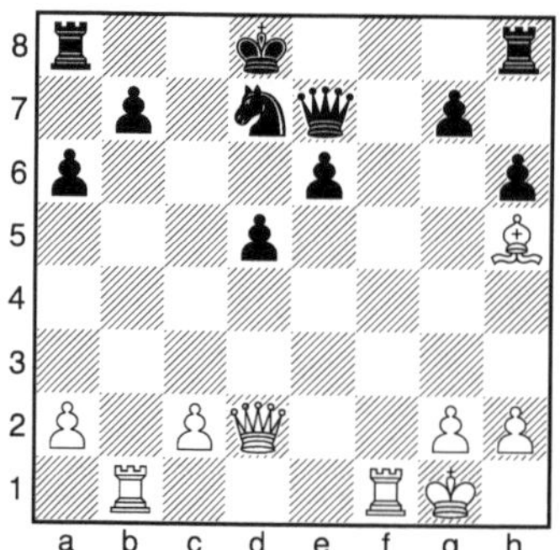

20.♖xb7

Eine Neuerung von Schirow.

Bisher hatte man hier 20.♖f7 gespielt; z.B. 20...♕c5+ 21.♔h1 ♖f8 22.♖xg7 ♖c8

(22...♖f6 23.♗f3 ♖c8 24.♖xb7 ♖c7 25.♖xc7 ♔xc7 26.h3 ♔d6∞, Wang Hao–Sutovsky, Ningbo 2011)

23.♕xh6

(23.h3 ♖c6 24.♕xh6 ♔c8=, N. Kosinzewa–Hou Yifan, Rostow)

23...♕b4 und die entstandene Stellung ist voll Dynamik mit beiderseitigen Chancen, Solak–Schigalko, Warschau 2013.

20...♕c5+ 21.♔h1 ♖b8 22.♖xb8+ ♘xb8 23.♕e2 ♕b5 24.♕xb5 axb5 25.♖f7 ♘c6 26.♖xg7 ♖f8 27.♔g1 ♘b4 28.♖b7?

Das ist ein Fehler, denn die nun entstehenden Komplikationen werden sich als günstig für Schwarz erweisen.

Richtig war 28.♖a7! ♘xc2 29.♗f7 ♘e3 30.♔f2 d4 31.♖a8+ ♔e7 32.♖xf8 ♔xf8 33.♗xe6=.

28...♘xc2 29.♖xb5 ♔e7 30.a4 ♖a8 31.♖b2 ♘e3 32.♔f2 ♘c4 33.♖b7+ ♔d6 34.♗d1 e5 35.♖h7 ♘b2 36.♖xh6+ ♔c5 37.♗c2 ♘xa4 38.h4

Das Turmendspiel nach 38.♗xa4 ♖xa4 39.♖e6 ♖a2+ 40.♔e3 e4 41.♖g6 ♖a3+ 42.♔f4 e3 43.♖e6 d4 44.h4 ♔c4 45.h5 ♔d3 wäre glatt verloren.

38...♘c3 39.♗f5 ♖a2+ 40.♔f1 ♖a1+ 41.♔f2 ♖a2+ 42.♔f1 ♘d1 43.g4 ♘e3+ 44.♔e1 ♔d4 45.♗c8 ♘g2+ 46.♔d1 e4 47.h5 e3 48.♗a6 ♘f4 49.♖b6 ♘d3 50.♗xd3 ♔xd3 51.♖b3+ ♔e4 52.h6 d4 53.h7 ♖h2

Weiß gab auf.

Partie Nr. 55
Iwantschuk – Kasparow
Linares 1990

1.e4 c5 2.♘f3 d6 3.d4 cxd4 4.♘xd4 ♘f6 5.♘c3 a6 6.♗g5 e6 7.f4 ♕b6 8.♕d2 ♕xb2 9.♖b1 ♕a3 10.f5 ♘c6 11.fxe6 fxe6 12.♘xc6 bxc6 13.♗e2 ♗e7 14.0-0 0-0 15.♖b3 ♕c5+ 16.♗e3 ♕e5 17.♗f4 ♕c5+ 18.♔h1 ♘g4 19.h3 e5 20.♘a4 ♕a7 21.♗c4+ ♔h8 22.hxg4 exf4 23.♘b6 d5 24.exd5 cxd5 25.♗xd5

♖b8 26.♘xc8 ♖bxc8 27.♖h3 ♕b6 28.♖e1

Andere Züge werden in **Kapitel 12** besprochen.

28...♗g5 29.♖e6 ♕d8 30.c4 ♖b8 31.♕d3 ♗h4!?

So hält Schwarz eventuelle Drohungen gegen den weißen König aufrecht.

Nach 31...h6 32.♕g6 ♗h4

(32...♖f6? 33.♕xg5+- bzw. 32...f3? 33.♖xf3 ♖xf3 34.gxf3 ♗f4 35.♔g1±)

33.g5 ♕xg5 34.♕xg5 ♗xg5 35.♖xa6 wäre das Endspiel etwas besser für Weiß.

32.♗e4

Weiß muss unbedingt die Spannung aufrechterhalten.

Das Endspiel nach 32.♖xa6? ♖e8 33.♖e6 ♖xe6 34.♗xe6 ♕xd3 35.♖xd3 ♖b1+ 36.♔h2 ♗g3+ 37.♖xg3 fxg3+ 38.♔xg3 g5 wäre für ihn ungünstig.

32...♕g5!

Zu Recht behält Kasparow die Damen auf dem Brett, denn das Endspiel nach 32...♕xd3 33.♗xd3 ♖fd8 34.♖xh4 ♖xd3 35.g5 wäre leicht besser für Weiß.

33.♗xh7

33.♗f5!? war eine Überlegung wert.

33...♖fd8

Nach 33...f3 34.♗e4! f2 35.♕f1 ♕xg4 36.♔h2 kann Weiß seine Stellung halten.

34.♕c2 f3!

Gegenangriff!

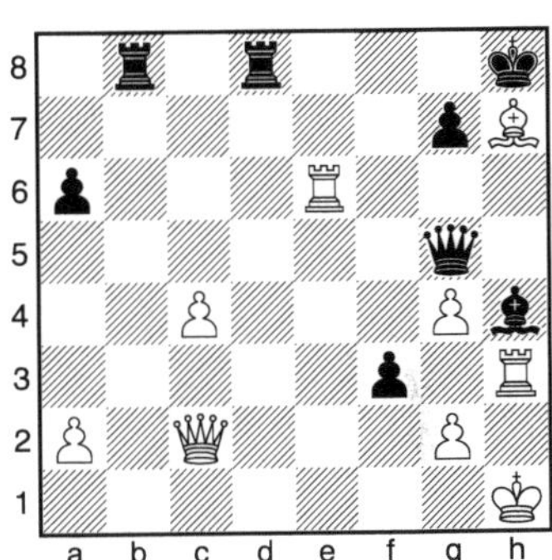

35.♖xf3?

Dieser Bock stellt die Sache auf den Kopf und Weiß verliert.

– Ebenfalls unzureichend ist 35.gxf3? ♖d2 36.♕xd2 ♕xd2 37.♖xh4 ♕f2 38.♖h3 ♕f1+ 39.♔h2 ♖b2+ 40.♔g3 ♕g2+ 41.♔h4 ♔xh7–+.

– Aber nach 35.♗f5! rettet Weiß die Partie, denn Schwarz hätte nicht Besseres, als sich nach 35...♖b2 36.♕xb2 ♖d1+ 37.♔h2 ♕f4+ 38.g3 ♖d2+ 39.♔h1 ♖d1+ mit Dauerschach zufrieden zu geben.

35...♖d2 36.♕e4 ♖d1+ 37.♔h2 ♖e1?

In Zeitnot macht Kasparow einen Fehler.

Sofort zum Sieg führte 37...♕c1! 38.♖e8+ ♖xe8 39.♕xe8+ ♔xh7

– 40.♕e4+ g6 41.♖f7+ ♔h6 42.g3 ♕c3!–+

– 40.♕h5+ ♕h6 41.♕f5+ g6 42.♕f7+ ♕g7–+.

38.♕f5 ♖xe6 39.♕xe6 ♔xh7 40.♕e4+ g6 41.♖h3?

Der letzte und entscheidende Fehler. Die rettende Variante lautete 41.♖f7+! ♔g8 42.♕e6 ♔h8 43.g3 ♕h6 44.♔g2 ♗g5 45.♕e5+ ♔g8 46.♕d5 ♔h8 mit Zugwiederholung.

41...♔g7 42.♕d4+ ♔g8 43.♕e4 ♕f6

Weiß gab sich geschlagen.

Partie Nr. 56
Nikitin – Polugajewski
Tiflis 1959

1.e4 c5 2.♘f3 d6 3.d4 cxd4 4.♘xd4 ♘f6 5.♘c3 a6 6.♗g5 e6 7.f4 b5 8.♕f3 ♗b7 9.a3 ♘bd7 10.f5

Andere Möglichkeiten wurden in **Kapitel 13** besprochen.

10...e5 11.♘b3 ♗e7 12.0-0-0 ♖c8 13.♗d3 0-0 14.♗xf6 ♘xf6 15.♘d5 ♗xd5 16.exd5

Eine Stellung mit verteilten Chancen, denn beide Seiten können den gegnerischen König angreifen. Und wem dies schneller und effektiver gelingt, der gewinnt.

16...♕c7

Die später gespielte Partie Zaremba–Ghaem Maghami, Oropesa del Mar 2000, nahm folgenden Verlauf: 16...♕b6 17.g4 a5 18.♘d2

(Nach 18.g5 e4 19.♗xe4 ♘xe4 20.♕xe4 ♗xg5+ 21.♔b1 ♖fe8 22.♕g4 ♗f6 bekommt Schwarz mit seinem aktiven Läufer gute Perspektiven.)

18...b4 19.axb4 ♕xb4 20.g5 ♖b8 21.b3 e4 22.♗xe4 a4 23.♖de1

(23.gxf6 ♕a3+ 24.♔b1 ♗xf6–+)

23...♘xe4 24.♘xe4 ♖fc8 25.f6 ♗d8 26.fxg7 axb3 27.c3 ♕a3+ 28.♔d2 ♕b2+ 29.♔e3 ♗xg5+ 30.♘xg5 ♖xc3+ –+

17.♔b1?

Dies ist in einer solch scharfen Stellung ein schlimmer Zeitverlust.

Laut Polugajewski war unverzüglich 17.♘d2!? besser – mit der Idee ♘d2–e4 und einer Aktion am Königsflügel.

17...♖fe8 18.♘d2

Zu beachten war 18.g4!?.

18...♕b7

Die Dame nimmt den Bauern d5 aufs Korn und unterstützt den Vorstoß des b-Bauern.

19.♘e4 b4 20.a4

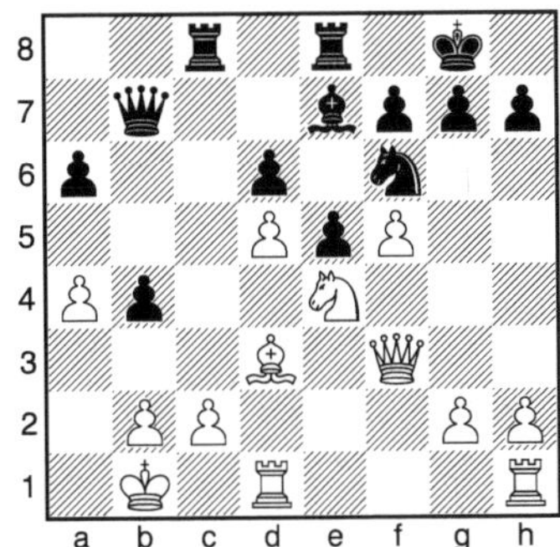

20...b3!

Bei einem Angriff ist stets der Zeitfaktor wichtig.

Schlechter ist 20...♘xd5? wegen 21.f6! gxf6 22.♘g3 mit weißer Initiative.

21.c3 ♕d7 22.♘xf6+ ♗xf6 23.♕e4 ♖c5 24.♕b4

Eine schöne Variante könnte nach 24.♗xa6?? folgen: 24...♖a8 25.♗b5 ♖xb5! 26.axb5 ♖a1+! 27.♔xa1 ♕a7+ 28.♔b1 ♗g5 nebst Matt.

24...♕a7 25.♕e4

Der Bauer ist tabu: 25.♕xb3 ♖b8 26.♕a3 e4 27.♗xe4 ♖xc3 28.♕a2 ♖cb3–+.

25...♖a5 26.♕b4 ♕c7 27.♕xb3 ♖b8 28.♕c4 ♕b7 29.♕b4 ♕xb4 30.cxb4 ♖xb4 31.♗c2?

Es ist klar, dass die weiße Stellung sehr schwierig ist, aber dieser Zug verliert forciert.

Hartnäckiger war 31.♖c1 g6 32.♖c4 ♖axa4 33.♖xb4 ♖xb4 34.fxg6 hxg6 35.♖f1 ♔g7 36.♗xa6 e4 37.♖f2 usw.

31...e4! 32.♔c1 ♖c5

Weiß gab auf, denn materielle Verluste sind nicht zu vermeiden.

Partie Nr. 57
Kusmin – Polugajewski
Riga 1975

1.e4 c5 2.♘f3 d6 3.d4 cxd4 4.♘xd4 ♘f6 5.♘c3 a6 6.♗g5 e6 7.f4 b5 8.e5 dxe5 9.fxe5 ♕c7 10.♕e2 ♘fd7 11.0-0-0 ♗b7 12.♕h5 g6 13.♕h4 ♗g7 14.♗e7 ♕xe5 15.♗xb5 axb5 16.♘dxb5 g5!?

Zu 16...♖a4 – siehe **Kapitel 13**.

17.♗xg5

Nichts bringt 17.♕b4 ♘c6 (17...♘a6!?) 18.♘d6+ ♔xe7 19.♘f5+ ♔f6 20.♕xb7 ♘c5 21.♕xc6 ♔xf5 22.♖hf1+ ♔g6 23.♖de1 ♕d4–+.

17...0-0 18.♖he1 ♕f5 19.♘d6 ♕g6 20.♘xb7 ♗xc3 21.bxc3 ♖xa2 22.♖d3 ♘c6

Es gibt nichts Besseres. Schwarz entwickelt den Springer und ist bereit, die Dame zu opfern, denn dafür bekommt er ausreichendes Gegenspiel.

23.♗h6 ♖fa8 24.♖g3 ♖xc2+ 25.♔b1 ♖xc3+ 26.♖xg6+ hxg6 27.♗c1 ♖b8 28.♗b2 ♖xb7 29.♖c1

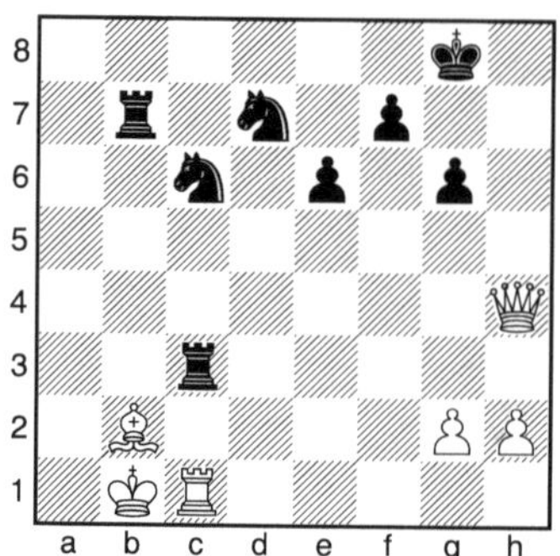

29...♖xc1+?

Dieser unvorsichtige Zug hätte Schwarz in große Schwierigkeiten bringen können.

Genauer war 29...♖b4!, um die Dame nicht nach c4 zu lassen; z.B. 30.♕h6 ♖xc1+ 31.♔xc1 ♘de5 mit dem Plan ♖b4–b5–d5 und die Festung ist nicht zu knacken.

30.♔xc1 e5 31.♕c4 ♖b6

Nach 31...♘e7 32.♗a3 ♘b6 33.♕c3 ♘ed5 34.♕xe5 könnte Schwarz Probleme bekommen.

32.h4 ♘f6 33.♕c5 ♘d7 34.♕d6 ♘cb8 35.♕e7 ♖c6+ 36.♔d1 ♖e6 37.♕d8+ ♔g7 38.g4 ♖f6 39.h5

Es bestand kein Grund zur Eile. Das ruhige 39.♔e2 hätte Schwarz vor unlösbare Probleme gestellt (Polugajewski).

39...♖f1+ 40.♔e2 ♖h1 41.♗a3 ♖a1 42.♗d6 ♖a6 43.♗xb8

Laut Polugajewski war 43.♕e7! besser, um die Spannung aufrechtzuerhalten. Nach dem Partiezug kann Schwarz mit Dame und Bauer gegen Turm und Bauer eine uneinnehmbare Festung errichten.

43...♘xb8 44.♕xb8 gxh5 45.♕xe5+ ♔g8 46.♕b8+ ♔g7 47.♕b2+ ♔g8 48.gxh5 ♖e6+ 49.♔f3 ♔h7 50.♔f4 ♖h6 51.♔g5 ♖e6 52.♕h2 ♖h6 53.♕f4 ♔g7 54.♕xf7+ ♔xf7 55.♔xh6 ½–½

Partie Nr. 58
Naiditsch – Vachier-Lagrave
Moskau 2006

1.e4 c5 2.♘f3 d6 3.d4 ♘f6 4.♘c3 cxd4 5.♘xd4 a6 6.♗g5 e6 7.f4 ♕c7 8.♕f3 b5 9.0-0-0 b4 10.♘ce2 ♘bd7 11.g4

11.e5 wird in **Kapitel 14** untersucht.

11...♗b7 12.♗xf6 ♘xf6 13.♘g3 ♖c8 14.♗d3 g6 15.h4

In dieser scharfen Stellung ist ein Flügelangriff die logische Fortsetzung des weißen Spiels.

In der Partie Van Riemsdijk–Sunye Neto, Guarapuava 1992, wählte Weiß einen anderen Plan: 15.f5 gxf5 16.gxf5 e5 17.♘b3 h5 18.♔b1?

(⌓18.♖hg1 h4 19.♘f1 d5 20.exd5 ♘xd5 21.♕f2)

18...h4 19.♘f1 d5 20.♘fd2 dxe4 21.♘xe4 ♘xe4 22.♗xe4 ♕xc2+! 23.♗xc2 ♗xf3–+

15...♗g7 16.h5 ♘d7

Schwarz verzichtet zu Recht auf den Bauerngewinn 16...♘xh5 17.♘xe6 ♗xb2+ 18.♔xb2 ♕c3+ 19.♔b1 ♘xg3 20.♕xg3 fxe6 21.f5! mit weißer Initiative.

17.♘b3 ♖g8 18.hxg6 hxg6 19.♕e2 ♘b6 20.♖he1 ♘a4 21.e5 dxe5 22.fxe5 ♗h6+ 23.♔b1 ♗f4 24.♘f1 ♖h8

Der Turm besetzt die h-Linie, die Weiß selbst im 18. Zug geöffnet hat.

25.♘bd2 ♗d5 26.♘b3 ♔f8 27.♗xa6 ♗f3 28.♕f2 ♗xd1 29.♗xc8 ♕xc8 30.♘d4 ♗xe5

30...♕c4!? wäre auch eine Möglichkeit; z.B. 31.♖xd1 (31.♕xf4? ♗xc2+ 32.♔a1 ♖h1∓) 31...♗xe5 und Schwarz steht gut.

31.♖xe5 ♗xg4 32.♘g3 ♖h3

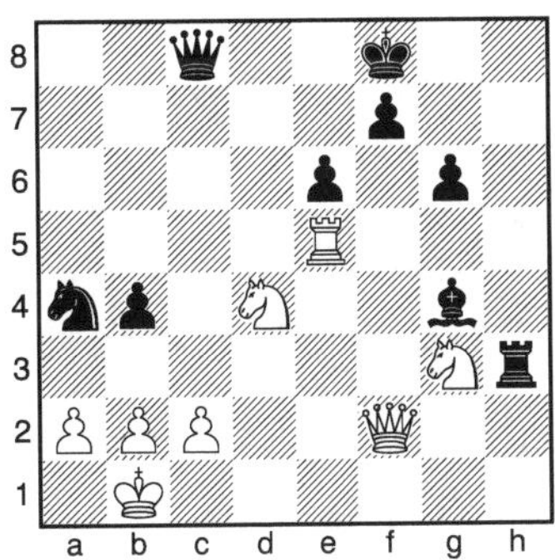

33.♖e1?

Dies ist der falsche Moment für diesen Zug.

Richtig war 33.♖e4!? und Weiß kann noch kämpfen; z.B. 33...e5 (33...♘xb2?? 34.♖xg4 ♘a4 35.♖xg6 ♕c3 36.♘xe6+ +-)

34.♖xe5 ♘xb2 35.♕f6 ♘a4 36.♖e7 ♘c3+ 37.♔c1 ♖h7 38.♘c6 ♘xa2+ 39.♔b2 ♗e6 40.♖xf7+ ♗xf7 (40...♖xf7?? 41.♕h8#) 41.♕d6+ ♔g7 42.♕d4+ mit Dauerschach.

33...♘xb2! 34.♖f1

Oder 34.♔xb2 ♕c3+ mit Doppelangriff.

34...♕c7 35.♘b5 ♘d1! 36.♖xd1 ♕xg3 37.♖d8+ ♔g7 38.♕d4+ e5 39.♕xb4 ♖h1+ 40.♔b2 ♕e1

Der Übergang zum gewonnenen Endspiel.

Aber infrage kam auch 40...♕g1!? 41.♕f8+ ♔f6 42.♖d6+ ♗e6 43.♖xe6+ (43.♕d8+ ♔g7-+) 43...♔xe6 44.♘c7+ ♔f6 45.♘d5+ ♔g5 46.♕xf7 ♕d4+ 47.c3 ♕d2+ 48.♔a3 ♖e1 49.♕f6+ ♔h5 50.♕f3+ (50.♕f7 ♖e2-+) 50...♔h4-+.

41.♕xe1

Auch das Schwerfiguren-Endspiel nach 41.♕xg4 ♕b1+ 42.♔c3 ♕xb5 wäre für Schwarz gewonnen.

41...♖xe1 42.a4 e4 43.♖e8 e3 44.♘d4 ♗d7 45.♖e4 ♗xa4 46.♔c3 f5 47.♖e7+ ♔f6 48.♖e6+ ♔f7 49.♖a6 ♗e8 50.♘f3 ♖f1 51.♖a7+ ♔f6 52.♖a6+ ♔g7

Weiß gab sich geschlagen.

Partie Nr. 59
Ljubojevic – Kasparow
Belgrad 1989

1.e4 c5 2.♘f3 d6 3.d4 cxd4 4.♘xd4 ♘f6 5.♘c3 a6 6.♗g5 e6 7.f4 ♕c7 8.♕e2 ♘c6 9.0-0-0 ♘xd4 10.♖xd4 ♗e7 11.g3

Andere Möglichkeiten wurden in **Kapitel 14** vorgestellt.

11...♗d7 12.♗g2 h6

Beachtenswert ist 12...♗c6!? mit dem Plan, lang zu rochieren.

13.♗h4 ♗c6 14.f5 0-0

Nach 14...e5 wäre die Bauernstellung im Zentrum festgelegt, aber Kasparow will die Spannung aufrechterhalten.

15.♖hd1 b5 16.g4 e5 17.♖4d3 b4 18.♗xf6

Zum Verlust führte 18.♘d5? ♘xd5 19.exd5 ♗b5, denn Schwarz gewinnt Material.

18...bxc3!

Richtig gespielt. Nach dem schwachen 18...♗xf6? 19.♘d5 ♗xd5 20.♖xd5 erobert Weiß das Feld d5 und steht etwas besser.

19.♗xe7 cxb2+ 20.♔b1 ♕xe7

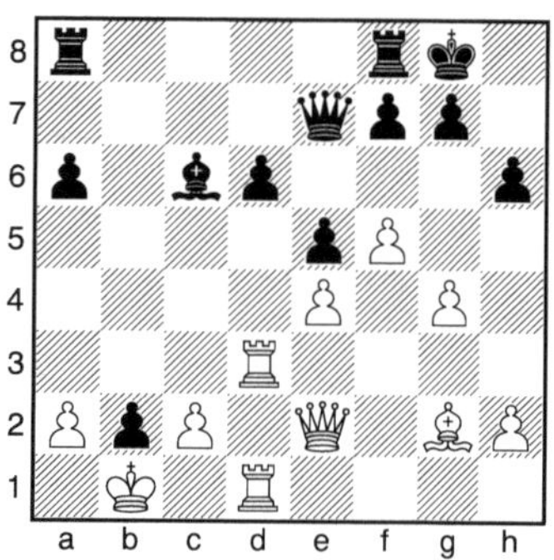

21.♖xd6?

Dieser Schuss geht nach hinten los.

Nach 21.f6!? gxf6 22.♕d2 ♔g7 23.♖h3 ♖h8 24.♕xd6 ♕xd6 25.♖xd6 ♗b5 26.♔xb2 hätte Weiß mehr Überlebenschancen.

21...♖fc8 22.♖1d2 ♗b5 23.♕e3 ♖ab8 24.♖b6 ♗c4 25.♖d1

Auch andere Züge verlieren schnell.

– 25.♖dd6 ♕xd6! 26.♖xd6 ♗xa2+ 27.♔xa2 b1♕+ –+

– 25.♔xb2 ♕g5–+

– 25.♖xb2 ♖xb2+ 26.♔xb2 ♕b7+ 27.♔c1 ♖b8–+

25...♖xb6 26.♕xb6 ♕a3 27.♕xb2 ♗xa2+! 28.♔a1

Es gibt nichts Besseres.

– 28.♕xa2 ♖b8+ 29.♔a1 ♕c3+ –+

– 28.♔c1 ♕e3+ 29.♖d2 ♖d8 30.♕b4 (30.c3 ♕e1+ –+) 30...♕e1+ –+

28...♕a4 29.♕xa2 ♕xa2+ 30.♔xa2 ♖xc2+ 31.♔b3 ♖xg2

Das Turmendspiel ist nicht zu retten.

32.♔c4 ♖xh2 33.♔d5 f6 34.g5 hxg5 35.♔e6 g4 36.♖d8+ ♔h7 37.♔f7 ♖h5

Weiß kapitulierte, denn auf 38.♖g8 folgt ♖g5–+.

Partie Nr. 60

Schirow – Gelfand

Dos Hermanas 1995

1.e4 c5 2.♘f3 d6 3.d4 cxd4 4.♘xd4 ♘f6 5.♘c3 a6 6.♗g5 e6 7.f4 ♘bd7 8.♕e2 ♕c7 9.0-0-0 b5 10.g3 b4 11.♘d5 exd5 12.♗g2

Weiß spielt einen ruhigen Entwicklungszug in einer sehr scharfen Stellung, behält sich jedoch die Möglichkeit e4–e5 vor.

12.exd5+ wurde in **Kapitel 15** besprochen.

12...♗e7 13.♘f5

Auf 13.exd5 folgt 13...0-0! und im Fall von 14.♕xe7 ♖e8 wird die Dame gefangen.

13...♘b6

Ernsthafte Beachtung verdient 13...h6!? mit folgenden Varianten.

A) 14.exd5 ♘c5 15.♘xg7+ (15.♗xf6 ♗xf5 16.♗xg7 ♖g8–+) 15...♔f8 16.♗xf6 ♗xf6 17.♘e8 ♕e7 18.♖de1 ♕xe2 19.♖xe2 ♗g4–+

B) 14.♘xg7+ ♔f8 15.♗xf6 ♘xf6 16.e5 ♔xg7 17.exf6+ ♗xf6 18.♗xd5 ♖b8 mit materiellem Vorteil.

C) 14.♘xe7 ♔xe7 15.e5 (15.exd5+ ♔f8–+) 15...dxe5 16.♗xd5

(Nach 16.♗xf6+ gxf6 17.♗xd5 ♗b7 hat Weiß keine Kompensation für die Figur.)

16...♖b8 17.fxe5 ♕xe5 18.♕xe5+ ♘xe5 19.♗f4 ♘fd7 20.♖he1 f6–+

14.♘xg7+ ♔f8

Ebenfalls möglich ist 14...♔d8!? Δ15.e5 ♗g4! mit guten Chancen für Schwarz; z.B. 16.♕f2

(– 16.♗f3 ♗xf3 17.♕xf3 ♖c8 18.♖d2 ♘e4 19.exd6 ♘xd6–+

– 16.exf6 ♗xe2 17.fxe7+ ♔d7 18.♗h3+ ♔c6 19.♖de1 ♗f3–+)

16...♘e8! 17.exd6

(17.♘xe8 ♖xe8 18.♗xd5 ♗xd1 19.♖xd1 ♘xd5 20.♖xd5 ♗xg5 21.♖xd6+ ♔e7 22.fxg5 ♔f8–+)

17...♘xd6 18.♖de1 ♗xg5 19.fxg5 ♕c6 20.♕f6+ ♔c7 21.♖e7+ ♗d7 und Weiß dürfte keine ausreichende Kompensation haben, Analyse von Gelfand.

15.♗h6 ♔g8 16.♘h5

Nach 16.e5 sollte Schwarz am besten 16...♘g4 spielen.

16...♘g4 17.♗g7 ♕c4 18.♕xc4

Nach dem Damentausch wird die schwarze Verteidigung leichter. Aber dies konnte Weiß nicht vermeiden: 18.♖d3 ♕xa2 19.b3 ♘c4 (19...♘e5!?) 20.bxc4 dxc4–+.

18...♘xc4 19.e5 ♘ge3 20.exd6 ♘xd6

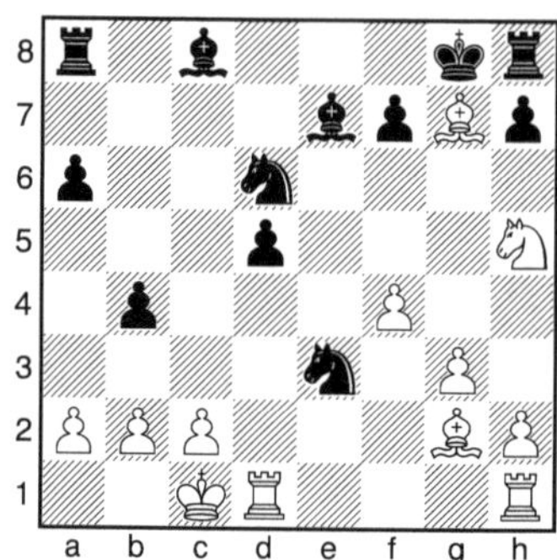

21.♖he1!

Mutig gespielt; allerdings gab es nichts Besseres.

– 21.♗xh8 ♔xh8 22.♖de1 (22.♖he1 ♘xd1 23.♖xe7 ♗e6∓) 22...♘xg2 23.♖xe7 ♗e6∓

– 21.♖de1 ♘df5 22.♗xh8 ♘xg2 23.♖xe7 ♘xe7 24.♗e5 ♘c6∓, Analyse von Gelfand

21...♘df5

Die beste Verteidigung.

Schlechter war 21...♗g4 22.♖xe3

(22.♖xd5? ♘xd5 23.♗xd5 ♖e8–+)

22...♗xd1 23.♔xd1

(23.♖xe7? ♗xh5 24.♗xh8 ♔xh8 25.♖e5 ♗g4 26.♖xd5 ♖d8 mit guten Gewinnchancen)

23...♘f5 24.♖xe7 ♘xe7 25.♗f6 und Weiß hat volle Kompensation für die beiden Qualitäten, Analyse von Gelfand.

22.♗xd5 ♘xd5 23.♗xh8

23.♖xd5 ♘xg7 24.♖xe7 ♗e6! 25.♖g5 ♔f8–+

23...♘fe3 24.♘f6+

24.♗f6 ♘xd1 25.♗xe7 ♗g4∓

24...♗xf6 25.♖xd5 ♔xh8!

25...♘xd5?? 26.♖e8#

26.♖xe3 ♗e6

Nach dem Spiel mit dem Feuer ist ein kompliziertes Endspiel entstanden.

27.♖d6 ♔g7

Um den Läufer zu verteidigen.

Zu beachten war jedoch 27...h5!? mit der möglichen Folge 28.h3 ♔g7 29.g4 hxg4 30.hxg4 ♖h8 mit guten Chancen.

28.a4?

Stärker war 28.g4! h6 29.b3 a5∞, wonach die Läufer eingeschränkt sind, Analyse von Gelfand.

28...h5 29.a5 ♗f5 30.c3 bxc3 31.bxc3 ♖c8 32.♔d2 ♖c5?!

Ein Fehler in Zeitnot. Gelfand gibt die Verbesserung 32...♖b8!? 33.♖b6 ♖d8+ 34.♔c1 ♗d3∓; 34.♔e2 ♗g4+ ∓.

33.♖xa6 ♖b5 34.♖a8?

Statt den Bauern abzugeben, sollte man 34.h4! spielen.

34...♖b2+ 35.♔e1 ♖xh2 36.a6 ♖a2 37.a7 ♖a1+ 38.♔d2 ♖a2+ 39.♔c1 ♔h7 40.c4 ♖a1+ 41.♔d2 ♖a2+ 42.♔d1 ♔g7

42...♗d4!? kam in Betracht.

43.♖g8+

43.c5 ♗d4 44.♖e7 ♗xc5–+

43...♔xg8 44.♖e8+ ♔g7 45.a8♕ ♗g4+ 46.♔c1 ♖xa8 47.♖xa8

In diesem Endspiel ist die schwarze Gewinnführung nicht einfach, aber Gelfand zeigt seine hohe Endspielkunst.

47...♗d4 48.♔d2 ♗f2 49.♖a3 ♔f6 50.♖d3 ♔e6

50...♗e6!? Δ♔f5-g4 kam infrage.

51.♔c3 ♗e2 52.♖d8 ♔e7 53.♖d5 f6 54.♔d2 ♗g4! 55.♖d3 ♔e6 56.♖a3 ♔d7 57.♖a6 ♗xg3 58.♖xf6 ♔e7

Viel einfacher war sofort 58...h4!.

59.♖a6 h4 60.♔e3 h3 61.c5 h2 62.♖a1 ♔f6!

Die Frucht von eineinhalb Stunden Hausanalyse. Schwarz gewinnt nun in allen Varianten.

63.♖b1

– 63.♔e4 ♔g6 64.c6 ♔h5 65.c7 ♔h4 66.♔e3 ♔h3 67.♖c1 ♔g2 68.♖c2+ ♔f1–+

– 63.c6 ♔e7 64.♖c1 ♔d8 65.c7+ ♔c8 66.♔e4 ♗e2 67.♔e3 ♗h5 68.♔e4 ♗f2 69.♖h1 ♗g1 70.f5 ♗e8–+, Analyse von Gelfand.

63...♔f5 64.c6 ♗xf4+ 65.♔f2 ♗h3 66.♔f3 ♗c7 67.♖b5+ ♔f6 68.♖b1 ♗e6 69.♖d1

Weiß gab auf.

Partie Nr. 61
Radjabow – Gelfand
Göteborg 2005

1.e4 c5 2.♘f3 d6 3.d4 cxd4 4.♘xd4 ♘f6 5.♘c3 a6 6.♗g5 e6 7.f4 ♘bd7 8.♗c4 ♕b6 9.♕d2 ♕xb2 10.♖b1 ♕a3 11.♗xe6?

Wie in **Kapitel 15** analysiert wurde, ist 11.f5 besser.

11...fxe6 12.♘xe6 ♔f7 13.f5

Um den Springer auf e6 zu befestigen.

Keinen Nutzen bringt 13.e5 dxe5 14.fxe5 ♘xe5 15.♘xf8 ♖xf8 16.♗xf6 gxf6 17.0-0 ♔g7 und Weiß hat keinen Ersatz für die Figur.

13...♕a5 14.0-0 b5! 15.a4

Nach 15.♘xf8 ♖xf8 16.♕xd6 ♖e8 17.♖b3 ♕b6+ 18.♕xb6 ♘xb6 19.♗xf6 gxf6 20.♖f3 ♖a7 entsteht ein vorteilhaftes Endspiel für Schwarz.

15...♗b7 16.axb5 ♖c8 17.bxa6 ♗xa6 18.♖f3 ♗e7 19.♖g3

19.♕e1 (um mit ♖b1-a1 die Dame aus der aktiven Position zu verjagen) sollte ungefährlich sein; z.B. 19...♗c4 20.♖a1 ♕b6+ 21.♗e3 ♕c6 22.♖a7 (22.♘d4 ♕c7∓) 22...♖he8 23.♕g3 ♗f8 24.♗d4 ♗xe6 25.fxe6+ ♖xe6 26.♘d5 ♖xe4 27.♘xf6 gxf6 28.♖xd7+ ♕xd7 29.♖xf6+ ♔e8 30.♕f3 ♖e1+ 31.♔f2 ♗g7 32.♔xe1 ♗xf6 33.♗xf6 d5 34.♔d1 ♖c6 mit schwarzem Vorteil.

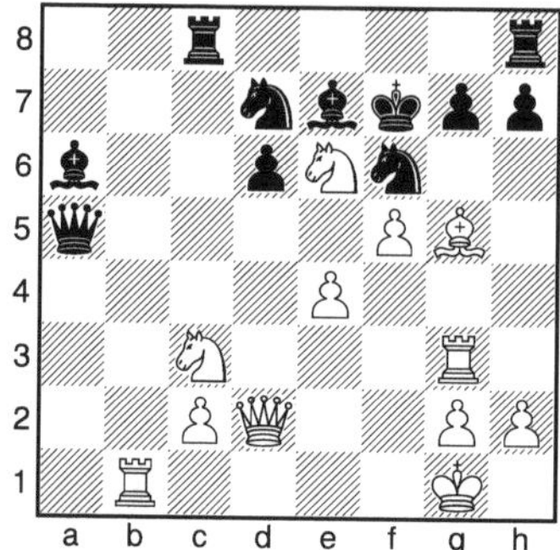

19...♖hg8!

Da es wichtig ist, erst die gegnerischen Drohungen zu parieren, verteidigt der Turm den eventuell taktisch gefährdeten Bauern auf g7.

20.♕e1

20.♗xf6 ♘xf6 21.♘g5+ ♔e8 ist günstig für Schwarz.

20...♗c4 21.♖a1

21.♗d2 ♗xe6 22.fxe6+ ♔xe6 23.♘b5 ♕b6+ 24.♗e3 ♕d8 25.♗d4 ♔f7∓

21...♕b6+ 22.♗e3 ♕c6 23.♘d4

23.♘g5+ ♔e8 24.♗d4 (24.♘f3 ♘e5∓) 24...♘h5 25.♖g4 ♗f6 usw. garantiert Schwarz Vorteil

23...♕c7 24.♘f3 ♖ge8 25.♖a7 ♕b8 26.♗d4 ♗f8 27.♕c1 ♖c7 28.♖a5 ♔g8!

Der König fand endlich ein sicheres Versteck am Königsflügel.

Natürlich geht nicht 28...♘xe4?? 29.♘xe4 ♖xe4 30.♘g5+ ♔g8 31.♘xe4+−.

29.♕g5 ♘xe4 30.♘xe4 ♕b1+ 31.♔f2 ♕f1+

Weiß gab auf wegen 32.♔e3 ♕e2+ 33.♔f4 ♕xe4#.

Partie Nr. 62
Kamsky – Gelfand
Linares 1993

1.e4 c5 2.♘f3 d6 3.d4 cxd4 4.♘xd4 ♘f6 5.♘c3 a6 6.♗g5 e6 7.f4 ♘bd7 8.♕f3 ♕c7 9.0-0-0 b5 10.e5 ♗b7 11.♕h3 dxe5 12.♘xe6 fxe6 13.♕xe6+ ♗e7 14.♘xb5 axb5 15.♗xb5 ♗e4 16.♖d2

Andere Züge wurden in **Kapitel 15** (Abspiel 1) besprochen.

16...♔f8 17.♗c4 ♗g6 18.♗xf6 ♘xf6 19.fxe5 ♗b4 20.♖f2

20.c3 ♖e8∓

20...♗f7 21.♕xf7+

Der Übergang ins Endspiel ist die beste Chance.

Nach 21.♖xf6 gxf6 22.♕xf6 ♖g8 23.e6 ♖g7 bleibt Schwarz mit einem materiellen Vorteil.

21...♕xf7 22.♗xf7 ♔xf7 23.a3 ♗e7

23...♗c5!? war eine Alternative.

24.exf6 ♗xf6

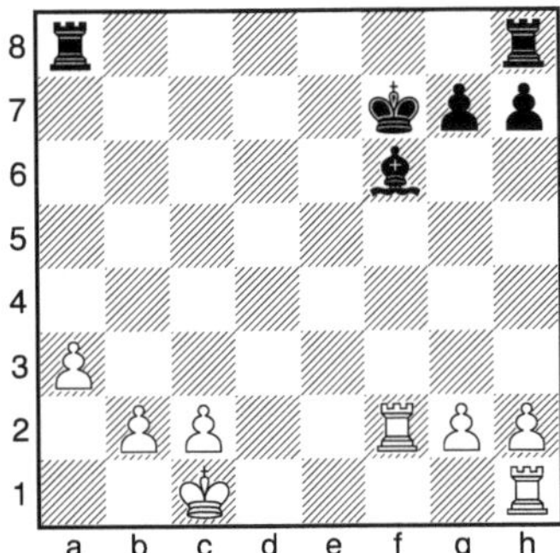

Für die Figur hat Weiß drei Freibauern am Damenflügel. Gelfand zeigt jedoch, dass in solchen Stellungen ein Läufer den Bauern überlegen ist.

25.c3 h5 26.♖d1 h4 27.h3 ♖he8 28.♖d7+ ♔g6 29.♔d1 ♖ab8 30.♖dd2 ♖b6! 31.♖fe2 ♖eb8 32.♖f2 ♗g5 33.♖de2 ♖8b7 34.a4 ♗f6 35.♔c1 ♖a6 36.♖e4 ♖ba7 37.b3 ♗xc3 38.♖g4+ ♔h5 39.♖f5+ ♔h6 40.♖xh4+ ♔g6 41.♖c5 ♗f6 42.♖g4+ ♔h6 43.♔c2 ♖e6 44.a5 ♖e3 45.b4 ♖a3

Stärker war nach Gelfand 45... ♖ae7!? 46.a6 ♖a3 47.♖a5 ♖e2+ 48.♔d1 ♖xa5 49.♔xe2 ♖xa6 und am Damenflügel ist nur noch ein Bauer geblieben; Schwarz steht besser.

46.♖e4 ♖d7!?

Schwarz will seine Türme optimal postieren und den gegnerischen König von den Bauern fernhalten.

Nach 46...♖a2+ 47.♔b3 ♖xg2 48.♔a4 kommt der König seinen Bauern zu Hilfe und Weiß hat Gegenspiel.

47.g4 ♗g5 48.♖e6+

48.h4 ♖d2+ 49.♔b1 ♗e3 50.♖c2 ♖dd3!∓, Analyse von Gelfand

48...g6 49.♔b2

49.h4 ♖d2+ 50.♔b1 ♗f4–+, Analyse von Gelfand

49...♖xh3 50.♖c3 ♖h4 51.a6?

Laut Gelfand musste Weiß 51.♖cc6! ♖xg4 52.♖xg6+ ♔h5 53.♖gd6= spielen.

51...♖xg4 52.♔b3?

Noch zu versuchen war 52.b5!?.

52...♖dd4 53.♖h3+ ♔g7 54.♖b6 ♗e7 55.a7 ♖xb4+ 56.♔c2

56.♖xb4 ♖xb4+ 57.♔c3 ♖a4–+

56...♖a4 57.♖b7 ♖ge4 58.♖c3 ♔f6 59.♖c8 ♖e2+ 60.♔d3 ♖ea2–+ 61.♖c6+ ♔f7 62.♖cc7 ♖4a3+ 63.♔c4

Oder 63.♔d4 ♖d2+ 64.♔e5 ♖e2+ 65.♔d5 g5 66.♖c8 ♖d2+ 67.♔e5 ♖da2 68.♖cc7 ♖e2+ 69.♔d4 g4–+; 69.♔f5/♔d5 ♖a4–+, Analyse von Gelfand.

63...♖c2+ 64.♔b5 ♖b3+ 65.♔a4 ♖a3+ 66.♔b5 ♖b2+ 67.♔c6 ♖a6+ 68.♔d5 ♖xb7

Zum Gewinn führte auch 68...♖a5+

– 69.♔c6 ♖c5+ 70.♔d7 ♖d2+ 71.♔c8 ♖d8#

– 69.♔c4 69...♖xb7 70.♖xb7 g5–+

69.♖xb7 ♖a5+! 70.♔c6 ♔e6

71.♖c7 ♗c5! 72.a8♕ ♖xa8 73.♔xc5 ♖d8!

Nachdem der König vom gegnerischen Bauern abgeschnitten wurde, ist der Rest einfach.

74.♖h7 g5 75.♔c4 ♔f5 76.♖f7+ ♔e4 77.♖e7+ ♔f4 78.♖f7+ ♔g3 79.♔c3 g4 80.♖g7 ♔f3

Weiß gab auf.

Partie Nr. 63
Kotronias – Lesiège
Montreal 2002

1.e4 c5 2.♘f3 d6 3.d4 cxd4 4.♘xd4 ♘f6 5.♘c3 a6 6.♗g5 e6 7.f4 ♘bd7 8.♕f3 ♕c7 9.0-0-0 b5 10.♗d3 ♗b7 11.♖he1 ♗e7 12.♕g3 b4 13.♘d5 exd5

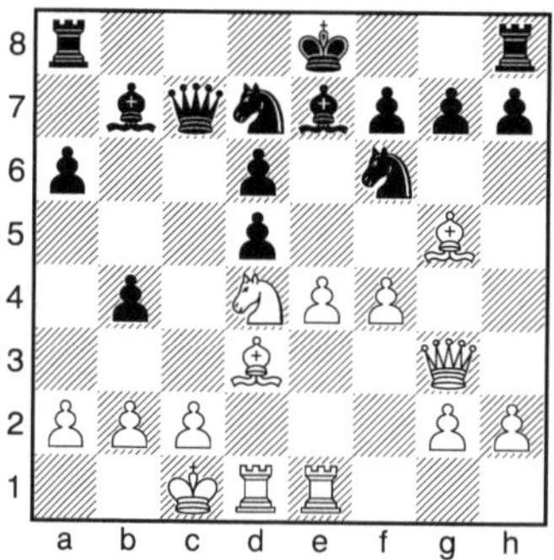

14.exd5!

Nur so kann Weiß um die Initiative kämpfen.

14.e5? ist schwach – siehe **Kapitel 15** (Abspiel 2).

14...♔d8 15.♘c6+! ♗xc6 16.dxc6 ♘c5

Laut GM Luther hat Weiß nach 16...♘b6 17.♗h4 ♖g8 18.♖d2 die besseren Chancen.

17.♗h4 ♗f8

Es ist nicht einfach, etwas Besseres zu empfehlen.

– Nach 17...g6 folgt stark 18.f5!.

– Und 17...♖g8 wird mit 18.♗xh7! beantwortet; z.B. 18...♖h8 19.♕xg7 ♖xh7 20.♕xf6! ♖xh4

(20...♗xf6 21.♗xf6+ ♔c8 22.♖e8+ ♕d8 23.♗xd8+–)

21.♕xf7 ♖h8 22.♖e5 ♘a4 23.♖e6 ♘c5

(23...♘b6 24.♖de1 ♘c8 25.♕g7 ♖e8 26.f5 ♕xc6 27.f6±)

24.♖e5 ♘a4 25.♖e3 ♖a7 26.♖de1 ♖e8

(Nach 26...♕xc6 27.♖xe7 ♖xe7 28.♕xe7+ ♔c8 29.h4 entsteht eine unklare Stellung. Für die Figur hat Weiß Freibauern am Königsflügel. Aber bietet das ausreichende Kompensation?)

27.f5 ♕xc6 28.f6 ♕xg2?

(28...♘c5 29.fxe7+ ♔c8 war notwendig.)

29.fxe7+ ♔d7 30.♖g3 ♕a8 (30...♕xh2 31.♕xe8+!+–) 31.♖g6 ♘c5 32.♖d1 ♘b7 33.♕e6+ ♔c7 34.♖g4+–, Kotronias–Shneider, Korinthos 2004

18.♗c4!

Mit dem Ziel, den Bauern c6 zu stützen. Die Stellung von Schwarz ist nicht einfach zu verteidigen.

18...♖a7 19.♗d5 a5 20.♖e3 ♕c8 21.♖de1 ♕f5

Nichts ändern würde 21...♔c7 22.♗xf6 gxf6 23.♕f3 mit weißem Vorteil. Das Problem von Schwarz liegt darin, dass ihm die Koordination seiner Figuren fehlt.

22.♗xf6+ gxf6 23.♖e8+ ♔c7 24.♕f3 h5 25.♔b1 ♗g7 26.♖xh8 ♗xh8 27.♗xf7 ♔b6 28.♗xh5 a4 29.♗g4 ♕h7 30.c7!?

Um Linien für seine Figuren zu öffnen, opfert Weiß seinen stolzen Bauern.

30...♖xc7?

Erleichtert die weiße Aufgabe. Infrage käme 30...♕xc7!?.

31.♕d5 f5

Keine Rettung bringt 31...♘b7 32.♕d4+ ♖c5 33.♕xb4+ ♖b5 34.♕d4+ ♖c5 35.♕xa4 f5 36.♗e2 und die Lage von Schwarz ist schwierig.

32.♕xd6+ ♖c6 33.♕d8+ ♕c7

Das Damenendspiel nach 33...♖c7 34.♕b8+ ♘b7 35.♖e6+ ♖c6 36.♖xc6+ ♔xc6 37.♗f3+ ♔b6 38.♗xb7 ♕xb7 39.♕xh8 ♕xg2 40.♕d4+ ♔b5 41.a3 bxa3 42.bxa3 wäre klar verloren.

34.♕xh8 fxg4 35.♕d4 ♔b5

Noch zu versuchen war 35...b3!?.

36.b3! axb3 37.axb3 ♕d6 38.♕c4+ ♔a5 39.♖e5 ♕d1+ 40.♔a2 ♕d6 41.♖d5 ♕c7 42.f5 ♔b6 43.♕xb4+ ♔a7 44.♕d4

Schwarz gab auf.

Partie Nr. 64
Nakamura – Gelfand
Biel 2005

1.e4 c5 2.♘f3 d6 3.d4 cxd4 4.♘xd4 ♘f6 5.♘c3 a6 6.♗g5 e6 7.f4 ♘bd7 8.♕f3 ♕c7 9.0-0-0 b5 10.♗d3 ♗b7 11.♖he1 ♕b6 12.♘d5 ♕xd4 13.♗xf6 gxf6 14.♗xb5 ♕c5 15.♘xf6+ ♔d8! 16.♘xd7 ♕xb5 17.♘xf8 ♖xf8 18.♕a3 ♖c8 19.♕xd6+ ♔e8 20.c3

Zu 20.♖e3 – siehe **Kapitel 15** (Abspiel 2).

20...♕c6 21.♕b4

Das Endspiel nach 21.♕xc6+ ♗xc6 ist vorteilhaft für Schwarz.

21...a5! 22.♕xa5

Nach 22.♕d4 empfiehlt Gelfand 22...f6∓.

22...♖a8 23.♕g5

23.♕b4 ♖xa2 24.♖d6 ♖a4! 25.♖xc6 ♖xb4 26.♖c7 ♖xe4∓ (Gelfand)

23...f6 24.♕d5?

Dieser optisch sehr hübsche Zug ist schwach und führt zu einem günstigeren Endspiel für Schwarz.

Deshalb sollte sich Weiß nach 24.♕h5+ ♖f7 (24...♔e7?? 25.e5 ♖xa2 26.♕xh7+ +–) 25.a3 ♖xa3

26.bxa3 ♕xc3+ mit Ausgleich zufrieden geben.

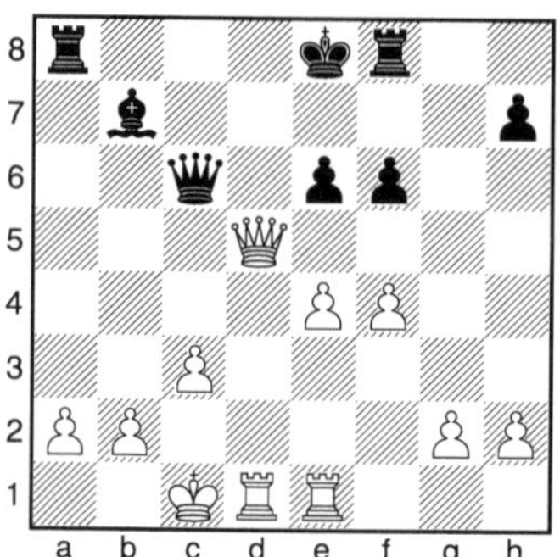

24...♕xc3+!

Offensichtlich hat Weiß diesen Zug übersehen.

25.bxc3 exd5 26.exd5+ ♔d7 27.♔b1 ♖a4 28.g3 ♖fa8! 29.♖d2 ♖8a5 30.d6?

Dieser unvorsichtige Zug erleichtert dem Schwarzen das Leben.

Hartnäckiger war laut Gelfand 30.♖e6!? ♖xd5 31.♖de2 ♖d6 32.♖e7+ ♔c8 33.♖e8+ ♖d8∓.

30...♗e4+ 31.♔a1 h5!

Wie wir gleich sehen werden, ist dieser Zug sehr wichtig.

32.h3 ♗d5 33.g4 ♖xa2+ 34.♖xa2 ♖xa2+ 35.♔b1 ♖h2 36.♖e3 h4!

Die Pointe von 31...h5!, denn jetzt macht sich die Schwäche des h-Bauern bemerkbar.

37.♔c1 ♔xd6 38.f5 ♖f2 39.♔d1 ♖f3

Weiß gab sich geschlagen, denn z.B. ist das Endspiel nach 40.♔e2 ♖xe3+ 41.♔xe3 ♗g2 42.♔f4 ♗xh3 43.g5 ♗xf5! 44.gxf6 (44.g6 ♔e7 45.c4 ♔f8–+) 44...♔e6 45.c4 ♔xf6 für ihn verloren.

Partie Nr. 65
Schabalow – Gelfand
Bermuda 2004

1.e4 c5 2.♘f3 d6 3.d4 cxd4 4.♘xd4 ♘f6 5.♘c3 a6 6.♗g5 e6 7.f4 ♘bd7 8.♕f3 ♕c7 9.0-0-0 b5 10.♗d3 ♗b7 11.♖he1 ♕b6 12.♘d5 ♕xd4 13.♗xf6 gxf6 14.♗xb5 ♕c5 15.b4 ♕xb5 16.♘c7+ ♔e7 17.♘xb5 axb5 18.♕h5

Zu 18.♕d3 – siehe **Kapitel 15** (Abspiel 2).

18...♖xa2! 19.♕xb5

Schlecht wäre 19.♔b1 ♖a6 20.e5 fxe5 (20...d5!?) 21.fxe5 ♘xe5 22.♖xe5 ♗g7–+.

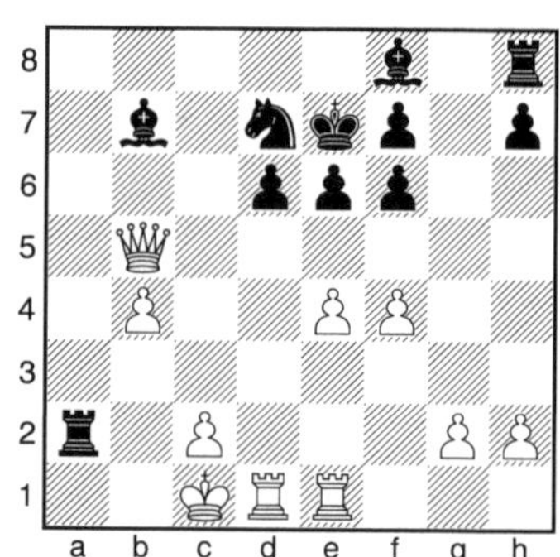

19...♗h6!

Mit diesem überraschenden Zug

leitet Schwarz einen Angriff gegen den weißen König ein, für den er sogar bereit ist, seinen Läufer zu opfern.

20.e5?

Weiß überschätzt seine Angriffsmöglichkeiten. Gelfand gibt hier folgende Verbesserungen an.

– 20.g3 ♖b8!?

(20...♖c8 21.♕xb7 ♖cxc2+=)

21.♖xd6 ♖xc2+ 22.♔d1

(22.♔xc2 ♗xe4+ mit Damengewinn)

22...♖c7∓

– 20.♔b1!? ♖ha8 21.♕xb7 ♗xf4 22.c3 ♗e5

(22...♖2a7 23.♕b5 ♘e5=; 22...♖8a3!?)

23.♕c6 ♖8a3 24.♕c4 ♖xg2 25.♖e2 ♖xc3 mit voller Kompensation für die Dame.

– 20.♕xb7 ♗xf4+ 21.♔b1 ♖aa8 (21...♖ha8!?) 22.♕b5 ♗e5 mit Initiative.

20...fxe5?!

– Schwach wäre 20...♗xf4+? 21.♔b1 ♖ha8 22.exd6+ ♔d8 23.♕xb7 ♖a1+ 24.♔b2 ♖1a7 25.♕xa8+ ♖xa8 26.c4±.

Aber laut GM Golubew sollte Schwarz nach 20...♖c8! gute Angriffsmöglichkeiten haben; z.B. 21.exd6+

(– 21.♖xd6 ♖cxc2+ 22.♔d1 ♖c7

– 21.exf6+ ♔xf6 22.♖e2 ♗e4 23.♖xe4 ♖cxc2+ 24.♔b1 ♖cb2+ 25.♔c1 ♘c5, in beiden Fällen mit klarem Vorteil für Schwarz.)

21...♔d8 22.♕d3

(22.♕xb7 ♖cxc2+ 23.♔b1 ♖cb2+ 24.♔c1 ♗xf4+ –+) 22...♖cxc2+ 23.♕xc2 ♗xf4+ und Schwarz ist dem Gewinn nahe. Schade, dass er diese interessante Variante übersehen hat.

21.♕xb7 ♗xf4+ 22.♔b1 ♖ha8 23.g3

Gelfand erwartete 23.♖xd6!? ♖a1+ 24.♔b2 ♖8a2+

(Schwarz kann hier mit 24...♖1a2+ Remis durch Dauerschach forcieren, weil 25.♔b3? ♖8a3+ 26.♔c4 ♖xc2+ 27.♔b5 ♔xd6–+ verliert.)

25.♔b3 ♔xd6 26.♖xa1 ♖xa1 27.c4 ♖c1 28.g3 mit unklarem Endspiel.

23...♖2a7 24.♕c6 ♖a6!?

Schwarz vermeidet das Dauerschach 24...♗d2 25.♖xd2 ♖a1+ 26.♔b2 ♖8a2+ 27.♔b3 ♖a3+ 28.♔b2 und spielt auf Gewinn.

25.♕c3 ♗h6 26.♖e4 d5 27.♖h4 d4! 28.♕b2 ♗g5 29.♖xh7 ♘f6 30.h4

Das Endspiel nach 30.b5 ♖a1+ 31.♕xa1 ♖xa1+ 32.♔xa1 ♘xh7∓ ist laut Gelfand für Schwarz günstiger.

30...♘d5?!

Auf der Stelle gewann 30...♘e4! mit den Abspielen:

– 31.b5 ♖a4 32.♖d3 ♗d2–+; 32.hxg5 ♘c3+ –+;

– 31.hxg5 ♘c3+ 32.♔c1 ♖a1+ 33.♕xa1 ♖xa1+ 34.♔b2 ♖xd1 35.g6 ♖b1+ 36.♔a3 ♔f8 37.♖xf7+ ♔g8 38.♖e7 e4 39.♖xe6 e3–+.

31.♖d3 ♗d2?!

Schwarz hat einen Mattangriff im Sinn.

Stärker war jedoch laut Gelfand das ruhigere 31...♗f6! 32.b5

(32.♖f3 e4 33.♖xf6 ♖a1+ 34.♕xa1 ♖xa1+ 35.♔xa1 ♘xf6 36.♖h8 e3–+)

32...♖a4 33.b6 e4 34.b7 ♖b8 35.♖b3 (35.♖a3 d3–+) 35...d3 36.c3 e3–+.

32.♖xd2 ♘c3+ 33.♔c1 ♖a1+ 34.♕xa1 ♖xa1+ 35.♔b2 ♖b1+ 36.♔a3 e4!

Dieser wichtige Trumpf wird nun zur Entscheidung des Kampfes eingesetzt.

37.♖f2

37.♖xd4 e3 38.♖d3 ♘d5 39.♖d4 ♘xb4!

– 40.♖f4 e2 41.♖hxf7+ ♔d6 42.♖e4 e1♕ 43.♖xe1 ♘xc2+ 44.♔a4 ♖xe1–+

– 40.♖e4 ♘xc2+ 41.♔a2 ♖b4 42.♖e5 ♔d6 43.♖xe3 ♘xe3 44.♖xf7 ♘f5 45.h5 ♖g4–+

37...e3 38.♖fxf7+ ♔d6 39.♖d7+ ♔c6

Sofort 39...♔e5! war stärker.

40.♖c7+ ♔d5 41.♖cd7+

41.♖hd7+ ♔e4 42.♖c6 e5–+

41...♔e4!

Mit der Idee, den Gegner nach ♔f3–e2–d2 usw. matt zu setzen.

42.♖de7 ♔f3 43.♖xe6 ♔e2! 44.♖d7 ♔d2! 45.♖xe3

Nur so ist das Matt zu verhindern: 45.♖xd4+ ♔xc2 46.♖xe3 ♖b3#.

45...♔xe3 46.♖f7 ♘d5 47.b5

47.h5 ♔d2 48.♖f2+ ♔c3 49.♖f3+ ♔xc2–+

47...♔d2

Weiß gab auf.

Partie Nr. 66
Lintchevski – Negi
Kirishi 2005

1.e4 c5 2.♘f3 d6 3.d4 cxd4 4.♘xd4 ♘f6 5.♘c3 a6 6.♗g5 e6 7.f4 ♘bd7 8.♕f3 ♕c7 9.0-0-0 b5 10.♗xb5 axb5 11.♘dxb5 ♕b6

Gewöhnlich wird 11...♕b8 gespielt; siehe **Kapitel 15** (Abspiel 3).

12.e5 ♗b7 13.♕e2

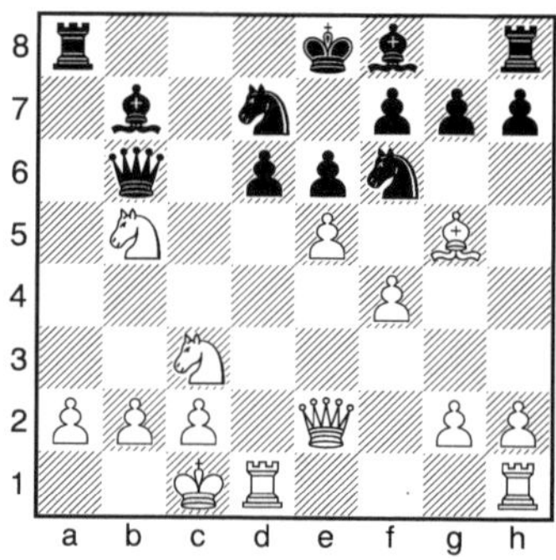

13...h6

Die Fortsetzung 13...dxe5 wurde noch nicht genau untersucht. Ich vermute jedoch, dass Weiß bessere Chancen hat; z.B. 14.fxe5

A) 14...♘d5 15.♘xd5

(Nach 15.♖xd5 exd5 16.♘d6+ ♗xd6 17.exd6+ ♔f8 18.♕e7+ ♔g8 19.♕xd7 h6 20.♗e7!? sehen die weißen Chancen besser aus.)

15...♗xd5 16.♖xd5 exd5 17.♘d6+ ♗xd6 18.exd6+ ♔f8 19.♕e7+ ♔g8 20.♕xd7 h6 21.♗e7

(21.♖f1 hxg5 22.♕xf7+ ♔h7 23.♕h5+ mit Dauerschach.)

21...♕f2

(21...♖xa2? 22.♕c8+ ♔h7 23.♕f5+ ♔g8 24.d7 ♕xb2+ 25.♔d2 ♕d4+ 26.♔e2 ♖xc2+ 27.♕xc2 ♕e5+ 28.♔d1 ♕xe7 29.♕f5+–)

22.♔b1 ♕xg2 23.♖c1 ♕e4 nebst ♔g8–h7. Allerdings stellt der weiße d-Freibauer eine große Gefahr dar.

B) 14...♕c5 15.exf6 ♕xg5+ 16.♔b1 ♕xg2 17.♘c7+!

(17.♕d3? ♕c6 18.♕g3 gxf6 19.♘c7+ ♔e7 20.♘xa8 ♗xa8 21.♖he1 ♕b6 22.♘b5 ♕xb5 23.♕a3+ ♘c5 24.♕xa8 ♕b6 25.♕a3 ♗h6∓)

17...♔d8 18.♕d3 ♕c6 19.♘xa8 ♗xa8 20.♖hf1 mit starker Initiative.

14.♗h4?

Diese Entscheidung hätte Weiß in Schwierigkeiten bringen können. Besser ist 14.♗xf6! gxf6 15.♘xd6+ ♗xd6 16.♖xd6 ♕b4 17.♕d2 ♘b6 18.a3 ♕a5 19.♖d1 ♘d5 20.♘xd5 ♕xd2+ 21.♖xd2 ♗xd5 22.exf6 mit genügend Bauern für den Läufer. Zudem droht f4–f5 oder b2–b3 nebst c2–c4, Groszpeter–Barbero, Ungarn 1997.

14...dxe5 15.fxe5 ♘d5 16.♘xd5 ♗xd5

16...exd5? 17.♘d6+ ♗xd6 18.exd6+ ♔f8 19.♕e7+ ♔g8 20.♕xd7 ♖xa2 21.♕d8+ ♕xd8 22.♗xd8±

17.♖xd5 exd5 18.♘d6+

Nach 18.e6 ♖xa2 19.exd7+ ♔xd7 20.♔b1 ♖a5 hat Schwarz bessere Chancen.

18...♗xd6 19.exd6+ ♔f8 20.♕e7+ ♔g8 21.♕xd7 ♖xa2

Damit akzeptiert Schwarz Dauerschach. Zu versuchen war noch 21...♖b8!? 22.b3 ♕d4 und der Kampf würde andauern.

22.♕c8+ ♔h7 23.♕f5+ ♔g8 24.♕c8+ ½–½

Partie Nr. 67
Timman – Gelfand
Wijk aan Zee 2002

1.e4 c5 2.♘f3 d6 3.d4 cxd4 4.♘xd4 ♘f6 5.♘c3 a6 6.♗g5 e6 7.f4 ♘bd7 8.♕f3 ♕c7 9.0-0-0 b5 10.♗xb5 axb5 11.♘dxb5 ♕b8 12.e5 ♖a5 13.exf6 gxf6 14.♗h6 ♗xh6 15.♘xd6+ ♔e7 16.♔b1 ♖d8

17.♖he1

Andere Züge finden Sie in **Kapitel 15** (Abspiel 3).

17...♘b6 18.♘cb5 ♖xb5 19.♘xb5

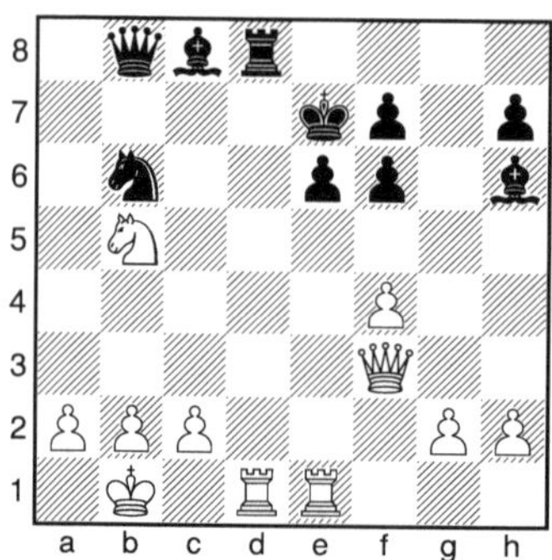

19...♖xd1+

Die folgende Abtauschaktion bringt Weiß das bessere Endspiel. Hier muss also ein neuer Weg gesucht werden. Infrage kommt 19...♘c4!? mit folgenden Möglichkeiten.

A) 20.♕h5 ♘d2+ 21.♔a1 ♗xf4 22.c3 e5 23.♘a3 ♗b7 mit schwarzem Vorteil.

B) 20.♕b3 ♘d2+

(Nach 20...♕xf4 21.♕b4+ ♔e8 22.♕c5 ♘d2+ 23.♔a1 ♗b7 24.g3 ♕b8 25.♘c7+ ♔d7 26.♕h5 ♔xc7 27.♕xh6 sehen die Chancen von Weiß besser aus.)

21.♖xd2 ♖xd2 22.♕b4+ ♖d6 23.g3 ♗a6 24.♕xd6+ ♕xd6 25.♘xd6 ♔xd6 26.a4 e5 27.b4 ♗c4 28.f5 ♔c6 29.♖e4 ♔d5 30.♖h4 ♗d2 und der e-Bauer geht durch.

C) 20.♖xd8 ♕xb5 21.♕b3 ♕xb3 22.cxb3 ♔xd8 23.bxc4 ♗xf4 24.g3 ♗d6 25.a3 ♗d7 26.b4 ♔c7 27.c5 ♗f8 und in diesem komplizierten Endspiel sollte Schwarz Ausgleich halten.

20.♖xd1 ♗xf4 21.g3 ♗e5 22.♕a3+ ♔e8 23.♘d6+ ♗xd6 24.♕xd6 ♕xd6 25.♖xd6 ♘d5

Ein Versuch, diese Variante zu verstärken.

Es scheint, dass 25...♘d7 doch besser ist; z.B. 26.c4 e5

(Auf 26...♔e7 folgt 27.c5! und nun geht nicht 27...♘xc5 wegen 28.♖c6+–.)

27.b4 ♔e7 28.c5 f5 29.♔c2 f4 30.gxf4 exf4 31.♖d4 f3 32.♖e4+ ♔f8 33.♔d2 ♗b7 34.♖f4 ♔e7 35.a4 ♘f6 36.♔e1 ♘e4 37.♖xf3 ♘xc5 38.♖e3+ ♘e6

A) 39.b5 ♔d6 40.a5 ♘c7 41.b6 (41.a6 ♗d5=) 41...♘a6 42.♖d3+ ♗d5 43.♖h3 ♗e4 44.♖h4 ♔e5 45.♔d2 ♔d4 und Schwarz hat reale Rettungschancen.

B) 39.♖h3 ♘f4 40.♖xh7 ♘d3+ 41.♔d2 ♘xb4 42.♔c3 ♘d5+ 43.♔d4 ♘f6 44.♖h8 ♘d7 45.♖h5 f6 46.♖h7+ ♔e6 47.h4 f5 48.♔e3 ♗e4 49.♔f4 ♘f6 50.♖h6 ♔f7 51.♔g5 ♘d5 52.a5 f4 53.a6 f3 54.a7 f2 55.a8♕ f1♕ mit baldigem Remis, Niering–Hänsel, Deutschland 2002.

26.c4 ♔e7??

Der Verlustzug. Die einzige Rettungschance bestand in 26...♘e3!, aber meiner Meinung nach hat Weiß immer noch Gewinnaussichten, denn die Bauern am Damenflügel können schnell zur Dame marschieren.

27.♖c6 ♗b7 28.cxd5 ♗xc6 29.dxc6 ♔d6 30.g4

Schwarz kapitulierte.

Partie Nr. 68
Sulskis – Kanep
Tallinn 2006

1.e4 c5 2.♘f3 d6 3.d4 cxd4 4.♘xd4 ♘f6 5.♘c3 a6 6.♗g5 e6 7.f4 ♕c7 8.♕f3 ♘bd7 9.0-0-0 b5 10.♗xb5 axb5 11.♘dxb5 ♕b8 12.e5 ♖a5 13.exf6 gxf6 14.♗h6 ♗xh6 15.♘xd6+ ♔e7 16.♔b1 ♖d8 17.♖d4

Andere Möglichkeiten finden Sie in **Kapitel 15** (Abspiel 3).

17...♘b6 18.♘ce4

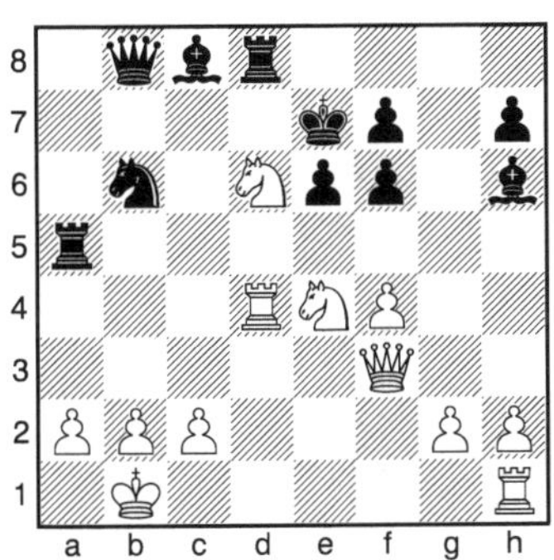

18...♖d5

18...♘d5!? scheint stärker zu sein.

19.♘xc8+ ♘xc8 20.♕a3+ ♘d6 21.♖xd5 exd5 22.♘c3 ♔f8

Schwarz will endlich den König in Sicherheit bringen.

Doch ernsthaft infrage kam 22...d4!? 23.♘e2

(23.♘d5+ ♔f8 24.♘xf6 ♗g7 25.♘xh7+ ♔g8 26.♘g5 ♘c4–+)

23...♔f8 24.g3 ♔g8 25.♘xd4 ♕b6 26.♕d3 f5 27.♘b3

(27.♘xf5 ♘xf5 28.♕xf5 ♗g7 29.c3 ♗xc3 30.♕c2 ♗g7 31.♔a1 ♖b8 32.♖b1 ♕e6–+)

27...♘e4 28.♕e2 ♗g7–+

23.♘xd5 f5 24.♖d1 ♗g7 25.♕b4 ♕xb4 26.♘xb4 ♖b8 27.c3 ♘c4 28.a3 ♖e8 29.♖d5?

Danach erhält Schwarz Gewinnchancen im Endspiel.

Mehr technische Probleme hätte er nach 29.♔a2!? ♘e3

(Nichts bringt 29...♖e2 30.♖d8+ ♔e7 31.♘c6+ ♔f6 32.♖d4 und nun geht weder 32...♘xb2 noch 32...♖xb2+.)

30.♖d2 ♘f1 31.♖d3 ♘xh2 32.♖h3 ♘g4 33.♖xh7 ♖e2 34.♔b3 ♖xg2 35.a4, denn der a-Bauer kann gefährlich sein.

29...♖e2 30.♖d8+ ♔e7 31.♘c6+ ♔f6 32.♖d4 ♘d2+

Aber nicht 32...♘xb2??, denn nach 33.♖d6+ geht der Springer verloren.

33.♔a2 ♘e4 34.♖c4 ♔e6 35.♘e5

Nichts ändern würde 35.♘d4+ ♗xd4 36.cxd4 ♖xg2 37.a4 ♖xh2 38.a5 ♖g2 39.a6 ♖g8 40.b4 ♔d5 41.♖c7 ♔xd4 42.♖xf7 ♖a8 43.a7 ♘d6 44.♖d7 ♔d5 45.♔b3 h5 46.b5 ♔e6 47.♖h7 ♘xb5 48.♔c4 ♘xa7 49.♖xh5 ♖c8+ 50.♔d3 ♘b5−+.

35...♗xe5 36.fxe5 ♖xg2 37.a4 ♔xe5 38.a5 f4 39.♖c7 f3 40.♖e7+

Nach 40.♖xf7 und der Antwort 40...f2 verliert Weiß den Turm.

40...♔f5

Weiß gab auf.

Partie Nr. 69
Adams – Anand
Linares 1997

1.e4 c5 2.♘f3 d6 3.d4 cxd4 4.♘xd4 ♘f6 5.♘c3 a6 6.♗g5 e6 7.f4 ♘c6 8.e5 h6 9.♗h4 dxe5

Zu 9...g5 – siehe **Kapitel 16** (Abspiel 1).

10.♘xc6 ♕xd1+ 11.♖xd1 bxc6 12.fxe5

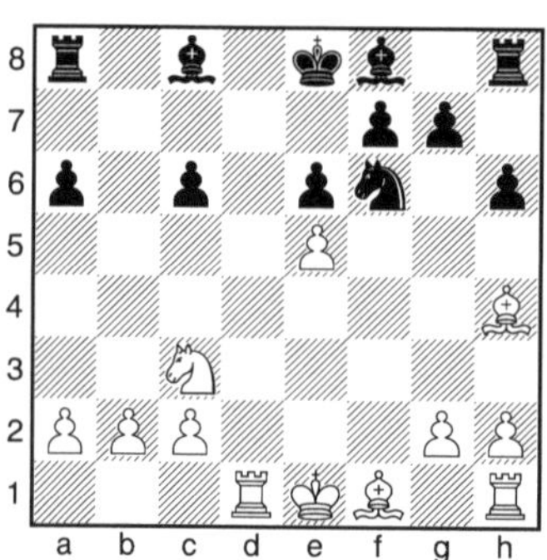

12...♘d5

12...♘d7!? ist ein Gebiet für weitere Analysen.

13.♘e4 ♖b8 14.b3

Nach 14.c4 ♖xb2!? 15.cxd5 ♗b4+ 16.♘d2 exd5 bekommt Schwarz für die geopferte Figur ohne Zweifel ausreichenden Ersatz.

14...♗e7 15.♗g3

– Oder 15.♗xe7 ♔xe7 16.c4 ♘e3 17.♖d6 ♘g4! 18.♖xc6 ♗b7 19.♖c7+ ♔d8 20.♖xb7 (20.♖xf7 ♗xe4−+) 20...♖xb7 21.♘c5 ♖a7 22.♘d3 ♘e3 mit schwarzem Vorteil.

– In der Partie Luther–Bykhovsky, Sotschi 1990, folgte stattdessen 15.♘d6+ ♗xd6 16.exd6 ♔d7 17.♗d3 ♘c3 (17...f6!?) 18.♖d2 f6 19.0-0 ♘xa2 20.♗c4 ♘c3 21.♗xe6+ ♔xe6 22.♖e1+ ♔f5 23.d7 ♗xd7 24.♖xd7 g5 25.♗f2 ♖bd8∓.

15...0-0 16.♗e2

Gleiches Spiel erhält Schwarz nach 16.c4 ♗b4+ 17.♔f2 ♘c3 18.♘xc3 ♗xc3 19.♗e2 c5 20.♗f3 ♗d4+ 21.♔e2 ♗b7=.

16...a5

Der Versuch, mittels 16...♘e3 einen Bauern zu gewinnen, ist nicht zu empfehlen. Nach weiterem 17.♖d2 ♘xg2+ 18.♔f2 ♘h4 19.♘f6+ gxf6 20.♗xh4 ♗c5+ 21.♔f3 fxe5 22.♗f6 erreicht Weiß Vorteil.

17.c4 ♘b4 18.♖d2 ♖d8 19.♖f1 ♖xd2 20.♔xd2 ♘a6

Wie ernst die Lage von Schwarz ist, zeigt die Variante 20...♘xa2? 21.♖a1 ♘b4 22.♖xa5 ♘a6 23.♘d6 ♖xb3 24.c5 ♗xd6 25.exd6 ♘b8 (25...♘b4 26.♖a8+) 26.♖a8 ♗d7 (26...f6 27.d7+−) 27.♔c2 ♖b7 28.♗a6 ♖b4 29.♗e1+−.

21.♗h5 g6 22.♗f3 ♗b7 23.♔c3 ♖d8 24.♘d6 ♗a8 25.a3

Später wurde 25.♖d1!? mit weißem Vorteil vorgeschlagen.

25...f5 26.b4 g5 27.h3 ♗f8 28.c5 ♖b8 29.♗h5 ♘c7 30.♗f3 ♘a6 31.♗h5 ♘c7 32.♗f3 ½–½

Partie Nr. 70
Luldaschew - Sagrebelny
Doha 2003

1.e4 c5 2.♘f3 d6 3.d4 cxd4 4.♘xd4 ♘f6 5.♘c3 a6 6.♗g5 e6 7.f4 ♘c6 8.♘xc6 bxc6 9.e5 h6 10.♗h4 g5 11.fxg5 ♘d5! 12.♘xd5 cxd5 13.♗g3 hxg5 14.♗d3

Andere Möglichkeiten finden Sie in **Kapitel 15** (Abspiel 2).

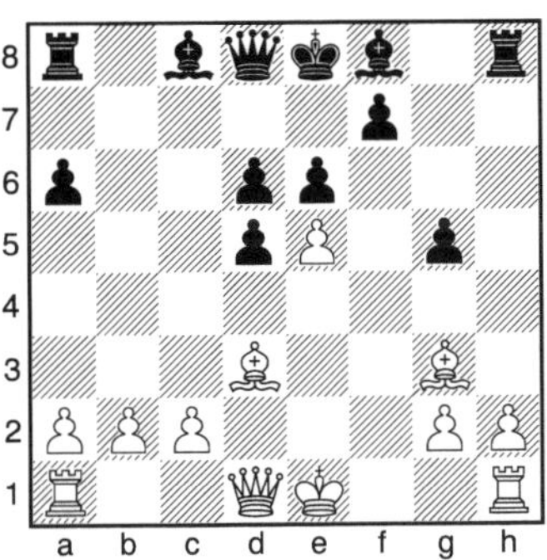

14...♗g7

Zu beachten und für weitere Analysen zu empfehlen ist 14...♕b6!? 15.♕f3 ♗g7 16.♖f1 ♖f8 (16...♖a7!?) 17.exd6 g4? (△17...♕xb2!?) 18.♕xg4 ♗xb2 19.♕a4+ ♗d7 20.♕h4 f6 21.♕h7 (△21.♖b1!) 21...0-0-0 mit scharfem Spiel, Garcia Magadan–Roiz Baztan, Oviedo 2005.

15.exd6

15.♕e2 dxe5 16.♗xe5 ♗xe5 17.♕xe5 f6 18.♕e3 ♕d6 19.0-0-0 ♕f4 20.♕xf4 gxf4 21.g3 f3 (21...fxg3 22.hxg3 ♖g8=) 22.♖hf1 e5 23.♗g6+ ♔e7 24.♖xd5 ♖xh2 25.♖d2 ♖xd2 26.♔xd2 ♗b7=, Mitrovic–Burg, Mureck 2004

15...e5?!

Schwarz will schnell den d–Bauern beseitigen, aber damit werden die weißen Felder geschwächt.

Deshalb sehen die Alternativen 15...♗xb2!? bzw. 15...f5!? besser aus.

16.0-0 ♕xd6 17.♔h1

Ein prophylaktischer Zug, um die Schachs auf der Schräge a7–g1 zu vermeiden.

17...♗e6 18.♕e2

Bereitet Druck auf den schwarzen Zentralbauern vor.

18...♖h6 19.c4 d4 20.b4

Nach dem einfachen 20.♖ac1! müsste Schwarz ernste Probleme bewältigen.

20...♕xb4 21.♗xe5 ♗xe5 22.♕xe5 ♕b8

Nun ist Damentausch unvermeidbar, was dem Schwarzen das Leben erleichtert.

23.♖ae1 g4 24.♔g1 ♕xe5 25.♖xe5 ♔e7 26.♖f4! ♖ah8 27.♖xg4

Nach 27.♖xd4 ♖xh2 28.♖xg4 ♔f6! 29.♖gg5

(29.♖ge4 ♖h1+ 30.♔f2 ♗f5! mit Qualitätsgewinn)

29...♖h1+ 30.♔f2 ♖d8 31.♗e2 ♖d2 hat Schwarz für den Bauern ausreichendes Gegenspiel.

27...♔d6 28.♖ge4 ♖xh2 29.♖a5

So gewinnt Weiß einen Bauern.

29...♖h1+ 30.♔f2 ♖d1 31.♗e2

Oder 31.♖xa6+!? ♔c7

(31...♔c5? 32.♖e5+ ♔b4 33.♖b6+ ♔c3 34.♖b3+ ♔d2 35.♖e2+ ♔c1 36.♖c2#)

32.♖xd4 ♖d2+ 33.♔f3 ♖h6 34.♖a7+ ♔b6 35.♖b7+! ♔xb7

(35...♔c5 36.♔e3 ♖xa2 37.♖b5+ ♔c6 38.♗e4+ ±)

36.♗e4+ ♔b6 37.♖xd2 ♗xc4 und Schwarz bleibt mit einem Bauern weniger.

31...♖d2 32.♔e1 ♖b2 33.♖xd4+ ♔c7 34.♖xa6 ♖h1+ 35.♔f2 ♖c1 36.♔e3??

Weiß begeht einen groben Fehler, der seinen Läufer kostet.

Nach 36.♖a5! hätte er die besseren Perspektiven: 36...♖cc2 37.♖c5+ ♔b6 38.♖b5+ usw.

36...♖e1

Nun ist die weiße Stellung hinüber.

37.♔f4

Oder 37.♖d2 ♖xd2 38.♔xd2 ♖xe2+! 39.♔xe2 ♗xc4+ und Schwarz gewinnt den Turm.

37...♖exe2 38.g4 ♖xa2 39.♖xa2 ♖xa2 40.♔g5 ♖a8 41.♔f6 ♖g8 42.♔e7 ♔c6 43.♖e4 ♔c5 44.♔f6 ♖g6+ 45.♔e7 ♗xc4 46.♖f4 ♗e6 47.♖a4 ♗c4 48.g5 ♔d4 49.♖a5 ♗d5

Weiß gab auf.

Partie Nr. 71
Przybylski – Konikowski
Fernpartie 2005–2006

1.e4 c5 2.♘f3 d6 3.d4 cxd4 4.♘xd4 ♘f6 5.♘c3 a6 6.♗g5 e6 7.f4 ♘c6 8.♘xc6 bxc6 9.e5 h6 10.♗h4 g5 11.fxg5 ♘d5 12.♘e4 ♕b6 13.c4 ♕xb2 14.exd6 hxg5 15.♗f2 ♗g7 16.♖b1

Der Zug 16.cxd5 wurde in **Kapitel 16** (Abspiel 2) vorgestellt.

16...♕e5 17.♕e2 ♘f4 18.♕e3 f5 19.♘xg5 ♕a5+ 20.♔d1 ♕xa2 21.♔c1 e5 22.♗g3 ♘g6 23.♗e2?!

Mit der Absicht, den Turm h1 zu aktivieren.

Doch stärker war 23.♕c3!? mit der Drohung 24.♖a1 und Damenfang; z.B. 23...♗h6! 24.♗f4 (24.♖a1 ♗xg5+ 25.♔d1 ♗d2–+) 24...exf4 25.♕f6! (25.♖a1?? ♕f2–+) 25...♕a3+ 26.♔c2 ♕a2+ 27.♖b2 ♕a4+ und Schwarz muss mit Dauerschach zufrieden sein.

23...♗d7 24.h3

Zu versuchen war 24.c5!?.

24...f4 25.♕e4 ♕a3+ 26.♖b2?

Das führt forciert zum Verlust.

Besser war 26.♔d2!? und Schwarz muss noch lange um den Sieg kämpfen: 26...♕xd6+ 27.♕d3 ♕xd3+ 28.♗xd3 fxg3 29.♗xg6+ ♔e7 usw.

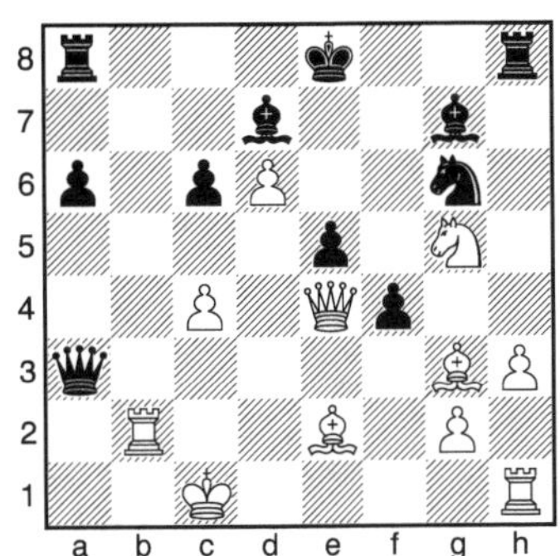

26...♖b8!

Eine große Überraschung für Weiß.

27.♕xg6+ ♔d8 28.♕b1 e4

Weiß gab sich geschlagen.

Partie Nr. 72
Naiditsch – Enders
Höckendorf 2004

1.e4 c5 2.♘f3 d6 3.d4 cxd4 4.♘xd4 ♘f6 5.♘c3 a6 6.♗g5 e6 7.f4 ♗e7 8.♕f3 h6 9.♗h4 g5 10.fxg5 ♘fd7 11.♘xe6 fxe6 12.♕h5+ ♔f8 13.♗b5 ♖h7 14.0-0+ ♔g8 15.g6 ♖g7 16.♖f7 ♗xh4 17.♕xh6 ♖xf7 18.gxf7+ ♔xf7 19.♖f1+ ♗f6 20.e5

Weiß weicht dem Remis nach 20.♕h7+ aus (siehe **Kapitel 17**) und kämpft um die Initiative. Mit dem Bauernzug räumt er e4 für den Springer.

20...dxe5

Nach 20...♕f8 21.♖xf6+ ♘xf6 22.♕xf6+ ♔g8 23.♕g6+ ♕g7 hätte Schwarz ein sicheres Remis in der Tasche.

21.♘e4

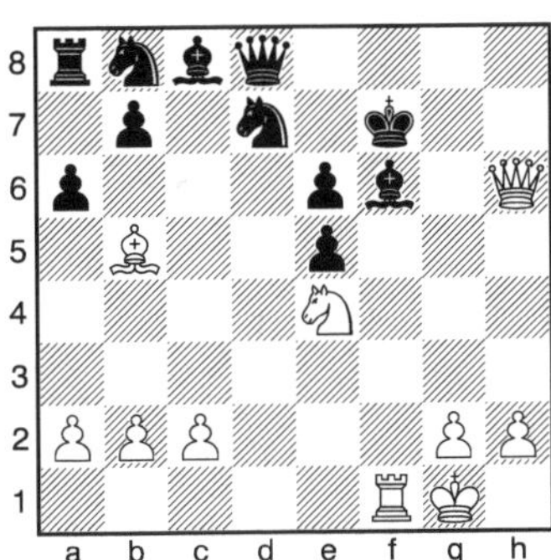

21...axb5?

Schwarz bricht unter dem gegnerischen Druck zusammen.

Nur nach 21...♕b6+! konnte er sich

erfolgreich verteidigen: 22.♔h1 axb5! 23.♘xf6 ♔e7 24.♕h7+ ♔d8 25.♕g8+ ♔c7 26.♘e8+ ♔d8 27.♘d6+ ♔c7 28.♘e8+ mit ewigem Schach.

22.♕h7+ ♔f8 23.♕h8+

23.♘xf6! war natürlich auch sofort möglich.

23...♔e7 24.♕h7+ ♔f8 25.♘xf6! ♕b6+

Dies beschleunigt den Verlust.

– Es verliert auch 25...♘xf6 26.♕h8+ ♔f7

(26...♔e7 27.♕xf6+ ♔d7 28.♖d1+ mit Damengewinn)

27.♕xd8 ♘bd7 28.g4+–.

– Aber mit 25...♕xf6 konnte Schwarz noch Widerstand leisten: 26.♕h8+ ♔e7 27.♖xf6 ♘xf6 28.♕xc8 ♘fd7 29.♕xb7 ♖xa2 30.♕xb5 und die Freibauern am Königsflügel müssten auf Dauer entscheiden.

26.♔h1 ♘xf6 27.♖xf6+ ♔e8 28.♖f7

Schwarz kapitulierte.

Partie Nr. 73
Lobron – Chandler
Bundesliga 1986

1.e4 c5 2.♘f3 d6 3.d4 cxd4 4.♘xd4 ♘f6 5.♘c3 a6 6.♗g5 e6 7.f4 ♗e7 8.♕f3 ♕c7 9.0-0-0 ♘bd7 10.g4 b5 11.♗xf6 ♘xf6 12.g5 ♘d7 13.f5 ♘c5

Meiner Meinung nach bietet 13...♗xg5+ oder 13...0–0!? bessere Chancen – siehe **Kapitel 18.**

14.f6!?

Wahrscheinlich kann Weiß nur mit diesem Zug seine Hoffnungen auf Vorteil wahren, denn es hat sich gezeigt, dass der Nachziehende im Fall von 14.h4 gute Aussichten erlangt: 14...b4 15.♘ce2 e5 16.♘b3 ♘xe4! 17.♕xe4 ♗b7 18.♖d5 ♖c8 19.c3 ♕c4 20.♕xc4 ♖xc4 21.♗g2 ♗xd5 22.♗xd5 ♖xh4 23.♖g1 bxc3 24.♘xc3 ♖f4 25.♗c6+ ♔f8 26.♗e4 h5 mit gutem Endspiel für Schwarz, Nunn–Browne, Gjovik 1983.

14...gxf6 15.gxf6 ♗f8 16.♖g1!

Diese interessante Idee wurde erstmals und mit Erfolg in der Partie Perényi–Browne, New York 1986, angewandt. Weiß besetzt als Erster die offene g–Linie und plant ein gelegentliches Qualitätsopfer auf g7.

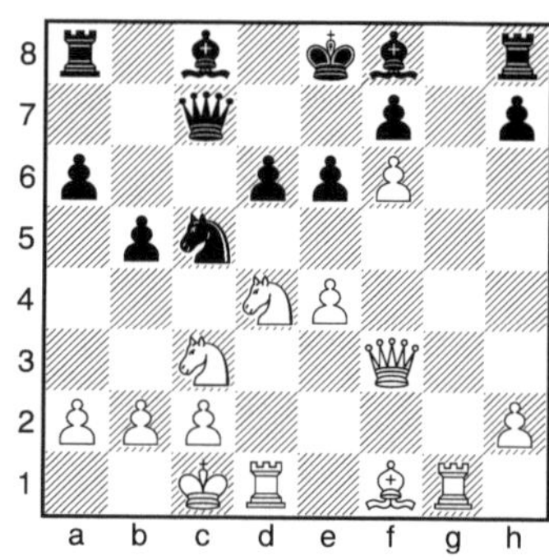

16...♗d7

Wie ernst die Lage von Schwarz ist, zeigen die folgenden praktischen Beispiele.

I. 16...h5

A) 17.♖g7 b4 18.♘d5 exd5 19.exd5 ♗g4

(19...♘d7 20.♘c6 ♗b7 21.♗h3 ♗xc6 22.dxc6 ♘e5 23.♗d7+ ♔d8 24.♕g2 ♕b6 25.♗e6 ♔c7 26.♗xf7 ♗xg7 27.fxg7 ♕e3+ 28.♔b1 ♘xf7 29.gxh8♕ ♘xh8 30.♕g7+ 1-0, Brkic–Beck, Oberwart 2004)

20.♖e1+ ♔d8 21.♕f4 ♔c8 22.♘e6 fxe6 23.♖xc7+ ♔xc7 24.♕xb4 a5 25.♕c3 exd5 26.f7 ♖h7 27.♗g2 ♗g7 28.♖e7+ ♔b6 29.f8♕ ♖xf8 30.♖xg7 ♖xg7 31.♕xg7 ♖f2 32.♕e7 ♔c6

(32...♖xg2 33.♕xd6+ ♔b5 34.a4+ +–)

33.♕e8+ ♔c7 34.b4 axb4 35.♗xd5 ♖f1+ 36.♔b2 ♗d7 37.♕xh5 ♗b5 38.♗b3 ♖f2 39.♔c1 ♖f1+ 40.♔d2 ♘e4+ 41.♔e3 ♖e1+ 42.♔f4 ♘c3 43.♕h7+ ♔b6 44.h4 mit gewonnenem Endspiel, Venkatesh–Suvrajit, Indien 2004.

B) 17.♖e1 ♗b7

(17...♗d7 18.♔b1 0-0-0 19.♖g5 h4 20.♖d1 ♔b8 21.a3 ♕b6 22.♖h5 ♗h6 23.♖xh4±, Luther–Efimenko, Ohrid 2001)

18.♗h3 0-0-0 19.♘d5 ♕a5 20.♘e7+ ♔d7 21.a3 ♗h6+ 22.♔b1 ♕d2 23.♖d1 ♕xh2 24.♕xh5 ♗e3 25.♕xf7 ♖df8 26.♗xe6+ +–, Thurrott–E. Rodrigues, IECG 2002

II. 16...b4 17.♘d5 exd5

(17...♕b7 18.♖g7 exd5 19.exd5 ♗d7 20.♘c6 ♗xc6 21.dxc6 ♕c7 22.♕e3+ +–, Perényi–Haragos, Kecskemét 1985)

18.exd5

A) 18...♘d7 19.♘c6 ♗b7

(19...♘e5 20.♘xe5 dxe5 21.d6 ♗b7 22.dxc7 ♗xf3 23.♗xa6+–)

20.♗h3 ♗xc6 21.dxc6 ♘e5 22.♖ge1 a5 23.♔b1 h5 24.♕g3 ♗h6 25.♖xd6 1-0, Perényi–Deak, Eger 1985

B) 18...♗d7 19.♖g7 0-0-0

(19...♗xg7 20.fxg7 ♖g8 21.♖e1+ ♔d8 22.♕xf7+–)

20.♖xf7 ♗h6+

(– 20...♕a5 21.♔b1 ♗h6 22.♘c6 ♕b6 23.♘xd8 ♕xd8 24.♗h3 ♔b8 25.♗xd7 ♘xd7 26.♕g4 ♘c5 27.♕xb4+ ♔a8 28.♕h4 ♕b6 29.♕xh6+–, Tarakanow–Tschurikow, Russland 2000

– 20...♖e8 21.♘e6 b3 22.axb3 ♕a5 23.♔b1 ♘b7 24.♗h3 ♗h6 25.♘d4 ♘c5 26.♗xd7+ ♘xd7 27.♕h3 1-0, Collas–Daubenfeld, Le Touquet 2001)

21.♔b1 ♖df8 22.♖xf8+ ♖xf8

(22...♗xf8 23.f7 h5 24.♘e6 ♕b6 25.♖e1 ♔b7 26.♗h3 ♗a4 27.b3 ♗b5 28.♕f6 ♖h6 29.♕g5 ♘xe6 30.dxe6 ♕f2 31.♕g2+ ♕xg2 32.♗xg2+ ♔b6 33.e7+–, Stuart–Converset, ICCF Email 2002)

23.♘e6 ♘xe6 24.dxe6 ♗xe6 25.♗h3 ♕c4 26.♕a8+ ♔c7

27.♕a7+ ♔c8 28.b3 ♕e4 29.♕xa6+ ♔c7 30.♕xd6+ ♔b7 31.♗xe6 +–, V. Istrati–I. Istrati, Ghiocelul 2000

17.♖g7!

Unbeirrt setzt Weiß sein im vorigen Zug eingeleitetes Vorhaben in die Tat um.

Aber auch andere Wege versprechen bereits Erfolg, wie die Partie Schumi–Wohlmann, Österreich 1986, zeigt: 17.♗h3 b4 18.♘ce2 ♖c8?

(18...0-0-0!? ist stärker; z.B. 19.♔b1 ♔b8 20.c3 ♕b7 21.♗g2 ♗a4 22.b3 bxc3 23.♕xc3 ♖c8 24.♕b2 ♗d7 mit beiderseitigen Chancen.)

19.♔b1 ♘a4 20.♘f4 h5 21.♖g7! ♕c5

(21...♗xg7 22.fxg7 ♖g8 23.♘xh5+–)

22.♕g2 ♖h6 23.♘d5! ♘b6

(23...exd5 24.♗xd7+ ♔xd7 25.♖xf7+ +–)

24.♖g8 ♖h7 und Schwarz gab gleichzeitig auf wegen 25.♖xf8+! ♔xf8 26.♖g1+–.

17...♗xg7

Jetzt ist es bereits zu spät für 17...b4, wonach der typische Vorstoß 18.e5! gewinnt; z.B. 18...♖c8 (18...d5 19.♘xd5!+–) 19.♕h5 ♗xg7 20.fxg7 ♖g8 21.♕xh7 ♖xg7

(21...♔e7 22.♘f5+! exf5 23.♘d5+ mit schnellem Matt)

22.♕h8+ ♔e7 23.♘f5+ exf5 24.♘d5+ usw.

18.fxg7 ♖g8 19.e5 d5

Auch nach 19...0-0-0 ist die Stellung nicht leicht zu verteidigen; z.B. 20.exd6 ♕b7 21.♕xf7 b4 22.♘ce2 ♕d5 23.♕f2!?

Diese Empfehlung von Perényi und Adorjan bringt Weiß in Vorteil.

23...♕xa2 24.♘b3 ♘xb3+ 25.cxb3 ♗c6

(25...♕a5 26.♕a7 ♗c6 27.♘g3+–)

26.♕c5 ♔b7 27.♕xb4+ ♔a8 28.♘c3 +–

20.♕f6 b4

Im Fall von 20...♕d8 könnte Weiß bereits zwischen den starken Fortsetzungen 21.b4 und 21.♕h6 wählen.

21.♘f5!

Zum Abschluss noch ein schönes und diesmal entscheidendes Opfer.

21...exf5 22.♘xd5 ♕d8 23.♕d6 f6 24.♗c4! ♗e6 25.♘c7+ ♔f7 26.♗xe6+

Schwarz streckte die Waffen.

Partie Nr. 74
Schirow – Huschenbeth
Bundesliga 2012

1.e4 c5 2.♘f3 d6 3.d4 cxd4 4.♘xd4 ♘f6 5.♘c3 a6 6.♗g5 e6 7.f4 ♗e7 8.♕f3 ♕c7 9.0-0-0 ♘bd7 10.g4 b5 11.♗xf6 ♘xf6 12.g5 ♘d7 13.f5 0-0 14.f6 gxf6 15.gxf6 ♘xf6 16.e5 dxe5 17.♘c6 ♔h8?

Stärker ist 17...♗b7! – siehe **Kapitel 18**.

18.♘xe7 ♕xe7 19.♕xa8 b4

19...♗b7 20.♕a7 ♖a8 21.♕e3 ♗xh1 22.♕xe5 b4 23.♗d3! bxc3 24.♖xh1 cxb2+ 25.♔b1 ♖g8 26.♖f1 ♔g7 27.♕g5+ +-

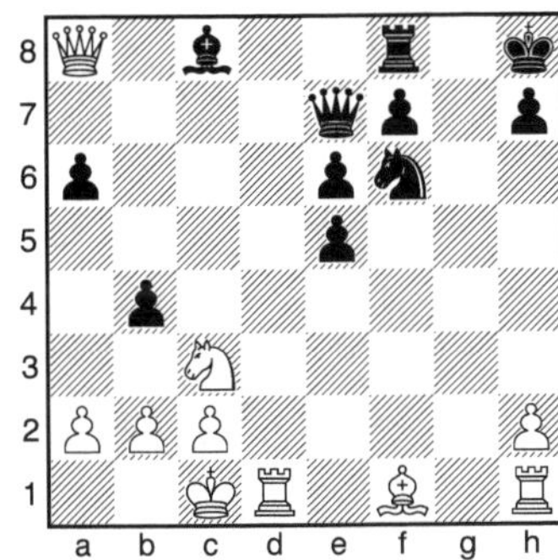

20.♕b8

Besser war 20.♘e2! ♗b7 21.♕a7 ♖a8 22.♕g1 ♖g8 23.♘g3 ♗xh1 24.♕xh1 mit einer Mehrfigur.

20...♘d7

– Nach 20...bxc3 21.♕xe5 cxb2+ 22.♔b1 ♖g8 23.♗xa6! ♗xa6 24.♖d7 ♕f8

(24...♕xd7 25.♕xf6+ ♖g7 26.♖g1+–)

25.♕xf6+ ♕g7 26.♖xf7 gewinnt Weiß ohne Probleme.

– Und auch nach 20...♗b7 21.♕xe5 ♗xh1 22.♗xa6 bxc3 23.♖xh1 cxb2+ 24.♔b1 ♖g8 25.♖f1 ♖g6 26.♗d3 ♖h6 27.a4 sollte er dank des starken a–Freibauern leicht gewinnen.

21.♕c7 bxc3 22.♕xc3 ♕g5+ 23.♔b1 ♗b7 24.♗xa6

24.h4! ♕h5 25.♗xa6 ♗xh1 26.♖xh1 ist eine bessere Version als die Partiefolge.

24...♗xh1 25.♖xh1 ♘f6 26.h4 ♕f4 27.♖e1 ♖d8

Der letzte Versuch war 27...♘e4!.

28.a3 ♕d4

Es gibt nichts Besseres. Falls 28...♘e4, so 29.♕c7 ♕xh4 30.♖e2 ♘d2+ 31.♔a2 ♕f6 32.♖xe5 ♖g8 33.♖e2+–.

29.♕c7 ♖d7 30.♕xe5 ♕xe5 31.♖xe5 ♖d4 32.h5 ♘d7 33.♖a5 ♔g7 34.b4 f5 35.c3 ♖d6 36.c4 f4 37.c5 ♖c6 38.♗b5 ♖c7 39.♗xd7 ♖xd7 40.c6 ♖f7 41.♖c5 f3 42.♖c1 f2 43.♖f1

Schwarz gab auf.

Quellenverzeichnis

Bücher:

Plaskett, J.: Sicilian Grand Prix Attack, Everyman Chess 2000

Golubev, M.: The Sicilian Sozin, Gambit 2001

Rozentalis, E./Harley, A.: Play the 2.c3 Sicilian, Gambit 2002

Emms, J.: Starting out: The Sicilian, Everyman Chess 2002

Davies. N.: Taming the Sicilian, Everyman Chess 2002

Emms, J.: Play the Najdorf: Scheveningen Style, Everyman Chess 2003

Rogozenko, D.: Anti-Sicilians: A Guide for Black, Gambit 2003

Arizmendi, J./Moreno, J.: Mastering the Najdorf, Gambit 2004

de Firmian, N./Fedorowicz, J.: English Attack, Batsford 2004

Sammalvuo, T.: The Englisch Attack, Gambit 2004

Palkövi, J.: Morra-Gambit, Caissa Chess Books 2005

Aagaard, J./Shaw, J.: Experten vs. Sizilianisch, Quality Chess 2005

Stohl, I.: Garry Kasparov´s Greatest Chess Games Vol 1., Gambit 2005

Stohl, I.: Garry Kasparov´s Greatest Chess Games Vol 2., Gambit 2006

Palliser, R.: Starting out: Closed Sicilian, Everyman Chess 2006

Palliser, R.: Starting out: Sicilian Najdorf, Everyman Chess 2006

Kohlmeyer, D./Konikowski, J.: Von Schachgiganten lernen, Joachim Beyer Verlag 2011

Esserman, M.: Mayhem in the Morra!, Quality Chess 2012

Andriasjan, Z.: Winning with the Najdorf Sicilian, New In Chess 2013

Konikowski, J./Schulenburg, P.: Fischers Vermächtnis, Joachim Beyer Verlag 2017

Konikowski, J./Bekemann, U.: Sizilianische Verteidigung (lesen - verstehen - spielen), Joachim Beyer Verlag 2017

Konikowski, J.: Eröffnungen-richtig gespielt, Joachim Beyer Verlag 2020 (6. Auflage)

Konikowski, J./Bekemann, U.: 1.e4 siegt, Joachim Beyer Verlag 2020 (2. überarbeitete und ergänzte Auflage)

Konikowski, J.: Schnellkurs der Schacheröffnungen (Theorie), Joachim Beyer Verlag 2021 (8. überarbeitete und ergänzte Auflage)

Elektronische Bücher (CD):

CorrDatabase 2020

Fernschach–CD 2020 (Herbert Bellmann)

Eröffnungslexikon 2020

Mega Database 2020

Periodika: Schachinformator, ChessBase Magazin, Rochade Europa, Schach, Schach–Magazin 64, Fernschachpost